개정판

재활행정

Rehabilitation Administration Plaining Policy

개정판

재활행정

나운환
박경순
류정진
김동주
강윤주
박은아

집문당

개정판

재활행정

2024년 8월 25일 1판 1쇄

저자 | 나운환 · 박경순 · 류정진 · 김동주 · 강윤주 · 박은아
발행인 | 임동규
발행처 | **(주)집문당**
등록 | 1971. 3. 23. 제2012-000069호
주소 | 03134 서울시 종로구 돈화문로 82, 5층
전화 | +82-1811-7567
이메일 | sale@jipmoon.com
홈페이지 | www.jipmoon.com

ISBN 978-89-303-1968-3 93350

가격 30,000원

(주)집문당 이순신돋움체B (저작권자 아산시, 무료글꼴)

서 문

융합사회라 일컫는 최근 우리 사회는 지식과 학문의 융합, 분화가 지속적으로 일어나면서 장애인 재활현장도 급격하게 변화하고 있는 것이 사실입니다. 이와 함께 장애인 재활현장은 다른 분야에 비해 단시간에 증대된 공적 예산과 많은 국민들의 관심 증대, 이용자인 장애인과 가족들의 욕구 증대와 서비스 질에 대한 기대 등으로 현장에서 일을 하는 재활전문가들에게 상당한 책임성과 윤리성을 요구하고 있습니다.

이러한 변화에도 장애인 재활 현장은 이용자에게만 초점을 둔 직업재활 방법론에 급급하다 보니 전문가들의 많은 노력과 열의를 통해 상당한 성과가 있었음에도 불구하고 이에 대한 우리 사회의 인정은 미약한 것이 사실입니다.

장애인 재활도 우리 사회를 구성하는 다른 모든 분야와 마찬가지로 성과에 대한 평가가 중요해졌으며 성과를 내기 위한 일련의 과정도 비과학적인 당연성이나 필요성만으로 우리 사회의 기대치를 설명하기에는 한계에 온 것이 사실입니다. 이제는 장애인 재활분야도 다른 공공분야나 민간분야와 마찬가지로 이용자의 체계적인 욕구에 기반을 둔 자원개발과 자원의 체계적인 투입, 그리고 이 투입에 대한 적절한 과정 모니터, 평가 등을 통해 과학적이고 논리적인 분야가 될 수 있도록 노력해야 할 시점에 온 것입니다.

본 저자들이 재활행정을 집필하게 된 이유는 재활전문가들의 방법론적인 노력에 비해 성과가 지나치게 낮게 평가되는 이러한 상황을 극복하는 가장 핵심적인 방안은 전문가들이 행정이나 정책적인 측면에 대한 인식을 가질 필요가 있다는 시각에서 시작된 것입니다.

따라서 재활 행정의 목적은 국가의 재활정책을 입안하는 과정에서 재활행정가나 전문가들의 현장 의견을 반영하며, 전달하는 과정에서도 효율적인 활동을 원조하고 도움이 될 수 있는 행정, 정책, 조직, 기획, 예산, 평가 등에 관한 부분을 재활전문가들이 이해하기 쉽게 소개하고자 하는 데 있습니다.

재활의 기본이념은 인간의 가치실현이고 이것은 모든 인간은 그들이 살고 있는 사회에서 존경받을 만한 가치를 가지며 생계를 유지할 수 있는 천부의 권리를 부여받았다는 의미이기 때문에 장애인이 우리사회에서 이 같은 권리와 의무를 평등하게 유지할 수 있도록 하기 위해서는 행정이나 정책의 뒷받침은 필요하다 하겠습니다.

이 책은 이와 같은 점을 충분히 고려하여 총 11장으로 구성하였습니다. 제1장에서는 재활행정의 기초이론으로 재활행정의 개념에서 이념, 특성, 행정의 과정 및 접근방법, 재활행정의 발달사를 다룸으로써 행정의 기본이념과 가치관을 심어주기 위해 노력하였고, 제2장에서는 재활조직론으로 조직의 의의와 조직이론, 조직의 구조론과 재활조직의 관리를 통해 모든 재활행정이 조직 내에서 이루어짐을 감안하여 조직을 이해하는 데 역점을 두었으며, 제3장에서는 재활서비스 전달체계로 재활서비스 전달체계의 개념과 기본원칙, 서비스 전달에 영향을 미치는 요인, 공공부분과 민간부분의 재활서비스 전달체계를 다룸으로써 우리나라의 재활서비스의 전달과정을 체계적으로 이해할 수 있도록 하였습니다.

제4장은 재활기관의 인력관리로 인력관리의 기초이론, 인력관리의 방법, 재활분야의 전문직제 도입 등에 대해 다룸으로써 재활분야의 전문직제 도입과 효율적인 인력관리를 통해 사업의 효과성을 증진시킬 수 있도록 하였고, 제5장은 리더십으로 재활조직을 이끄는 리더가 가져야 할 미션이나 리더십 유형을 다루었으며, 제6장은 재활기관의 재무행정으로 재무행정의 개념 및 관계법규, 예산의 기능 및 원칙, 예산의 종류, 예산제도의 유형, 예산의 성립과정 등을 다룸으로써 재활기관에서 공적자금의 확보와 집행에 있어서 합리성을 가질 수 있도록 하였습니다. 제7장에서는 문서관리를 다룸으로써 현장에서 재활전문가들의 행정을 일관성 있게 할 수 있도록 기본적인 내용을 다루었으며, 제8장에서는 자원개발과 네트워크로 인간

서비스 조직이 서비스를 원활하게 제공하기 위한 자원동원을 비롯한 관리, 조직 간의 네트워크를 다루었고, 제9장에서는 최근 관심이 집중되고 있는 재활프로그램 기획 및 평가로 프로그램 기획의 개념과 과정, 평가의 목적과 방법, 평가의 한계 등을 통해 재활행정가들이 앞으로 가장 중요하게 다루게 될 현장에서의 기획 및 평가 기능을 가질 수 있도록 하였습니다.

마지막으로 제10장은 비영리법인의 설립과 운영에 대한 기본적인 내용과, 제11장에서는 비영리 조직의 홍보와 장애인직업재활시설의 마케팅에 대한 내용들을 체계화하는 부분으로 구성하였습니다.

이 책은 지난 2000년 재활행정 및 기획론으로 출간되고 2014년 사회·환경과 재활패러다임 흐름에 따라 1차 교정 후 금번 2차 교정으로 재집필하게 된 것입니다.

이 책을 마무리하면서 오랜 기간의 연구와 실천 경험을 가진 저자들이 재활현장에서 실용성 있는 내용으로 구성하였기 때문에 재활분야를 공부하는 학생들이나 현장의 전문가들에게 좋은 참고자료가 될 것이라 확신하지만 늘 아쉬운 마음이 있음을 느끼게 됩니다.

끝으로 이 책이 출판되기까지 공동집필을 해 주신 박경순, 류정진, 김동주, 강윤주 교수, 박은아 교수님께 감사의 마음을 전하며 이 책을 출판해준 집문당 임동규 사장과 관계자 여러분에게도 깊은 감사를 표하는 바입니다.

2024년 더운 여름날

연구실에서 대표저자 雲巖 나 운 환

차 례

제2장 재활조직론

제3장 재활행정 전달체계

제4장 재활기관의 인적자원관리

제5장 미션·비전·전략과 리더십

제6장 재활기관의 재무행정

제7장 재활조직의 문서작성 및 관리

제8장 재활기관의 자원개발과 네트워크

제9장 재활프로그램의 기획 및 평가

제10장 비영리법인 설립과 운영

제11장 재활시설 홍보 및 마케팅

제1장 재활행정의 기초이론

제1절 재활행정의 의의

1. 재활행정의 의의

재활행정(rehabilitation administration)이란 재활행정 현상에 관하여 연구하는 학문이며, 재활행정의 생성·변화되는 과정과 원인, 결과, 사실을 연구하는 학문이다. 따라서 재활행정에 대하여 이해하기 위해서는 재활과 행정이 무엇인가를 먼저 이해해야 한다.

먼저 장애인 재활에 관한 정의는 시대나 학자들의 보는 관점에 따라 매우 다양하게 정의되는데 최초의 정의는 1943년 샌프란시스코에서 개최되었던 미국재활전국회의(national conference for rehabilitation)의 정의로 재활을 "신체적으로 장애를 가지고 있는 사람으로 하여금 그가 가지고 있는 잔존기능을 최대한으로 발휘시킴으로써 신체적, 정신적, 사회적, 직업적 그리고 경제적인 능력을 회복시켜주는 것"이라고 정의하고 있다. 여기서 회복시켜 준다는 의미는 신체적 장애를 입기 전의 상태로 돌려놓는다는 의미가 아니라 능력을 장애를 입기전의 상태로 회복시킨다는 의미를 뜻하는 것이다.

또한, 1976년 제29차 세계보건총회에서 결의(WHA 29.68)된 장애예방과 재활에서는 재활을 "제3의 의학으로 정의하면서 의료적, 사회적, 교육적, 직업적 조치를 통합적으로 사용하여 개인을 훈련시키고 재훈련시켜 개인의 기능적 능력을 가능한 최고의 수준으로 높이는 것"이라고 정의하고 있다. 그러나 최근 재활이라는 용어에 대해 장애인들은 극단적인 거부감을 보이고 새로운 용어로의 대체를 주장하고 있다. 2004년 노르웨이에서 개최된 RI 세계대회에서는 이 용어에 대해 재조명하는 논의가 있었지만 아직은 재활이라는 용어를 사용하는 것이 적절하며 지금보다도 더욱 해빌리테이션(habilitation)을 포함한 총체적 측면에서 강조되어야 한다고 정리되었다.

즉, 재활이란 제한된 시간과 계획된 과정을 통하여 달성하고자 하는 잘 정의된 목표와 수단이며, 다양한 행위자들로 하여금 그들 자신의 노력으로 사회에서 최대한의 기능과 대처능력, 자립과 사회참여를 달성할 수 있도록 협력하는 것이다. 이러한 개념에 대해 2006년 UN장애인 권리협약은 제26조에서 재활은 장애인이 최대한 자립성, 완전한 신체적, 정신적, 사회적 및 직업적 능력 그리고 삶의 전 분야에서 완전한 통합과 참여를 달성하고 유지할 수 있도록 동료집단의 지원을 포함하여 효과적이고 적절한 조치를 총칭하는 것이라 정의하고 있다.

따라서, 상기의 개념들을 종합적으로 정리하면 재활은 치료, 훈련 등과 같이 단순한 기술적인 것을 의미하는 것이 아니라 장애인을 한 사람의 사회인으로서 시민권을 가지고 생활이 가능하도록 도와주는 총체적인 서비스 활동이라 할 수 있다.

행정(administration)에 관한 정의 역시 재활과 마찬가지로 체계적이고 일목요연한 정의를 내리기는 어렵다. 그러나 일반적으로 행정이란 공동의 목표를 설정하고 그 공동목표를 달성하기 위한 체계적이고 합리적인 일련의 과정을 행정이라고 할 수 있다. 이러한 관점에서 보면 정부기관이나 민간기업체 또는 어떠한 조직이나 단체도 행정을 하는 것으로 볼 수 있다.

그러나 일반적으로 행정이라고 할 때 정부기관을 중심으로 하는 공행정(public administration)을 의미하는데, Public은 공공가치를 Administration은 관리를 의미하므로 요약하면 '공공가치를 추구하는 관리'로 이해 할 수 있다. 인간은 먹고,

입고, 잠자고, 활동한다. 이와 같은 인간의 의·식·주 행위 모든 것이 행정과 관련된다. 교통, 주택, 공해, 인구, 교육, 경제, 복지, 재활 등 모든 것들이 우리 인간 생활과 관련되고 행정이란 이러한 문제를 집단적, 합리적으로 개선하는 과정이다. 즉 인간 생활에 제기되는 이와 같은 문제의 해결을 위하여 공공정책을 결정하고 결정된 정책을 집행하는 것이 행정인 것이다. 이와 같은 관점에서 볼 때, 행정은 국민생활과 관련된 의·식·주 행위를 원활히 하고 개선되도록 하기 위한 정책을 결정하고 결정된 정책을 집행하는 것이라고 할 수 있으므로, 행정이란 사회의 공공가치를 실현하기 위하여 인적·물적 자원을 확보하고 관리해서 국민에게 재화와 서비스를 제공하는 조직적인 활동 또는 합리적 협동행위로 정의 할 수 있다.

이렇게 본다면 재활행정이란 재활과 행정의 복합적인 개념이라고 볼 수 있는데, Nelson(1980)은 재활행정은 재활전문가들의 고객을 위한 전문적인 행동을 돕는 일련의 체계라고 정의하면서 이를 위해 재활행정가는 우선적으로 재활기관의 장기적인 목표와 계획을 설정하여야 할 것을 주장하고 있으며[1], Riggar (1981)은 재활행정은 재활기관 종사자의 인력관리, 의사소통, 적절한 욕구조사와 효과성 평가 등을 통해 재활기관들이 합리적인 정책결정과 집행을 위한 일련의 체계라고 정의하고 있다.[2]

이렇게 볼 때 재활행정은 '총체적인 재활서비스를 필요로 하는 이용자에게 사회인으로서 시민권을 가지고 생활할 수 있도록 장애인의 재활과 관련된 정책, 프로그램, 서비스 등을 체계적이고 효율적으로 관리하고 운영하는 행정 과정'으로 정의할 수 있다.

따라서 재활행정은 그 목표를 달성하기 위한 수단이지 목적이 아닌 것이다. 재활행정이란 재활을 위한 행정이며 이 관점에서 본다면 재활기관 종사자가 가장 중요한 기관으로서 역할을 하게 되며 행정은 그의 필요를 충족시켜 주는 것으로 그의 서비스 활동의 능률을 증대시키는 위치에 놓이는 것이다. 그러므로 재활행정을 행정학적인 관점에서 보면, 재활행정은 단순한 기술적 차원을 넘어 정치, 사회적 맥락과 연계되어 재활의 목적과 가치를 결정하고 실현하는 과정이자 수단으로서, 이를 통해 그 존재 의미를 부여받는 행정학적 기능이라고 할 수 있다.

이런 의미에서 재활행정과 공행정은 다음과 같은 차이점이 있다.

첫째, 행정철학 측면이다. 공행정은 국가 전체의 이익과 효율성을 최우선으로 하며, 공정성과 합법성을 강조하는 반면, 재활행정은 재활행정의 철학은 장애인의 완전한 사회통합과 자립생활 실현에 초점이 맞춰져 있으며 장애인 개인의 인권과 자아실현을 중시한다.

둘째, 조직화 측면이다. 공행정은 계층제 조직과 엄격한 위계질서를 특징으로 하는 반면, 재활행정은 수평적이고 유연한 조직 구조를 지향하여 장애인 개인의 다양한 욕구에 부응할 수 있도록 한다. 또한 재활행정에서는 전문가 중심의 조직이 강조되어 장애 유형과 정도에 따른 전문적 재활서비스 제공 능력이 중요시 된다.

셋째, 행정가 역할 측면이다. 공행정의 행정가는 일반 행정 업무 수행을 위한 일반적 전문성을 갖고 정책 집행과 관리에 주력한다면, 재활행정 행정가는 전문적인 행정을 전공한 사람보다는 직접적인 서비스를 담당하는 인력 중에서 선발되며 장애 유형과 정도에 따른 전문적 재활서비스 제공 능력을 갖고 장애인 개인의 잠재력 계발과 자립을 위한 전문적 지원에 중점을 둔다.

결론적으로 재활행정(rehabilitation administration)은 완전한 사회통합과 참여 증진이라는 목표 아래, 재활 관련 제반 정책과 프로그램, 서비스를 체계적으로 관리하고 효율적으로 운영하는 행정 과정으로 정의할 수 있다.

재활행정의 내용도 재활사업의 성질에 따라 그것에 충실히 적용될 수 있어야 함은 물론이다. 여기에서 재활행정의 주요내용을 요약해 보면 다음과 같다.

첫째, 인간다운 생활권의 보장 또는 기본적 인권에 관련된 부분으로 모든 장애인은 건강하고 문화적이며 인간다운 생활을 영위 할 수 있는 최저생활이 보장되어야 하며 기본적인 권리로써 지역사회에서의 삶이 장애가 없는 사람들과 같이 모든 부분에서 평등하고 공평성 있는 기회가 주어져야 하기 때문에 이를 위하여 일차적으로 필요로 하는 것이 재활행정이라는 것이다.

둘째, 개별적이고 구체적인 인격적 서비스로 파악되는 부분으로 재활은 장애인과 그 사회적 환경과의 관계를 조정함으로써 장애인 개인들의 인격을 발전시키는 수단이어야 한다는 것이다. 따라서 단순한 구호나 구빈사업이 아니라 서비스 또는 재활의 조치를 주축으로 한다. 그러므로 개별적이고 구체적이며 개성에 입각한 적절한 서비스로 자립의 길을 열어주는 방향으로 인도하는 것이 기본적인 방법이 되어야 한다는 것으로 이것은 재활행정을 획일적인 행정사무처리로 다루어서는 안 된다는 것이다. 예컨대 장애인과 그 가족에게 무상으로 생계비를 지원하는 것보다는 직업을 주어 그 노력에 비례하는 대가를 지급하면 일거양득의 효과를 거둘 수 있을 것이다.

셋째, 재활사업이 장애를 가진 사람들을 대상으로 하는 내면적 인격적인 관계라는 면으로 공적 복지사업의 발전은 대상자인 사회적 약자의 사적생활내에 공권력의 참여가 증대됨을 의미하는 것으로 그 운영을 잘못하면 그들 대상자에게 공권력에서의 종속감을 조성하고 개인으로서의 자유와 책임의 상실을 초래할 수도 있다. 따라서 재활행정 과정을 정비함에 있어서는 여러 가지 면에서 이 점에 대한 배려가 필요하다.

넷째, 전문적 사업으로써 재활사업이라는 면으로 재활사업은 하나의 전문적 분야로서 ① 고도의 개인적 책임을 수반한 지적조작의 사용을 포함하며, ② 습득되지 않으면 아니 되는 기술적인 것이며, ③ 전문적 훈련을 매개로 하여 전달될 수 있는 것이기 때문에 재활행정은 전문적이어야 한다.

2. 행정에 대한 관점

행정을 보는 관점은 시대적인 요청과 사회·환경적인 변화에 의하여 달라진다. 일반적으로 행정을 보는 관점은 시대적인 흐름에 따라 대체적으로 다음으로 같이 분류된다. 즉 행정학이 발달하던 초기의 행정관리설, 1930년대 이후의 통치기능설, 1940년대 후반의 행정행태설, 1960년대의 발전기능설[3], 1970년대 정책화기능설, 1980년대 신공공관리설, 1990년대 이후의 (뉴)거버넌스가 그것이다.

이와 같은 행정에 대한 관점은 완전한 경계선에 의하여 분리되기보다는 상호영향을 주면서 시대와 환경에 따라 어느 하나의 학설이 지배적인 역할을 하였다.

1) 행정관리설

행정관리설은 정치·행정이원론이라고도 하는 이론으로 행정을 관리현상으로 보는 입장을 말한다. Wilson은 행정학에 있어서 최초의 논문이라고 할 수 있는 "행정의 연구"(the study of administration)에서 행정의 분야는 정치의 분야가 아니라 사무의 분야라고 하여 정치와 행정을 엄격히 분리하고, 행정을 사무의 관리라고 하여 관리현상으로 파악하였다. 이와 같이 정치와 행정을 엄격히 분리하여 행정은 정치에 의하여 설정된 목적을 실현하기 위한 기술적인 과정 내지 수단으로서 파악하여 정치·행정 이원론적인 입장을 취하였다. 이러한 견해를 기술적 행정학이라고도 한다.

정치와 행정을 엄격히 분리하고 행정을 단순히 기술 내지 수단으로 보게 된 연유는 그 당시의 정치·행정적인 상황에서 찾아볼 수 있다. 당시는 행정에 대한 정치적인 영향이 너무 지나쳐서 행정의 능률이 떨어지고 행정의 부정과 부패가 심하였다. 소위 공무원의 임명과 파면을 정당에 대한 충성심에 기준을 두는 엽관제(spoils system)로 인하여 공무원의 정치 활동과 정치자금의 제공 등을 유발하였고, 그 결과 행정능률이 떨어지고 행정의 부정과 부패가 나타나게 되었던 바, 이는 행정에 대한 정치적인 관여 때문이라는 데 착안하여 행정으로부터 정치를 분리시켜 행정의 능률을 높이고자 하였다. 즉, 능률적인 행정을 위하여 정치와 행정을 분리시키고 목적달성을 위한 수단 내지 기술로써 행정을 이해하고자 하였다. 이같이 능률을 강조하였다는 점에서 이때의 행정학을 행정능률학 이라고도 한다. 당시의 행정학설은 행정학이 처음 성립되던 시기의 이론으로서 고전적 또는 전통적 행정학으로 불리어지기도 하며 공식구조에 중심을 둔 능률지상주의적·원리 접근법적인 이론이다.

지적한 바와 같이 당시의 정치와 행정을 엄격히 분리하고 행정에서 정치를 배제하며, 행정이란 목적달성을 위한 수단으로 보아 수단성을 강조하였다. 이와 같이 행정에서 정치적인 것이 제외되고 수단으로서 파악할 때는 사행정(경영)과도 유사하다. 즉, 행정관리설은 공·사행정 동질론의 입장을 취한다.

행정관리설에 입각한 학자는 Wilson, Gulick, Urwick, Willoughby, White 등이 있다. 다만 행정학의 최초 교과서인 「행정학입문」(introduction to the study of public administration)을 출간하였던 White는 이 책 제3판을 낼 때 통치기능설을 취하는 입장으로 바뀌었다.

행정을 관리현상으로 보게 된 배경은 전술한 바와 같이 엽관제의 폐해를 극복하고 행정의 능률성을 높이자는 데서 나타난 것이며,[4] 당시 사기업에서 발달한 과학적 관리법과 인간관계론은 이러한 입장의 뒷받침이 되었다. 절약과 능률의 원리로써 개발된 과학적 관리법은 행정에 도입되어 예산의 절약과 행정의 능률화에 크게 공헌하였으며 행정을 관리현상으로 이해하게 하였다. 인간관계론도 관리적인 관점에서 보았다는 점에서 행정을 관리현상으로 보게 한 요인이다. 행정의 정치성을 배제하고 수단으로 파악하여 사기업체에서 개발된 과학적 관리론이나 인간관계론이 그대로 도입될 수 있었고, 이 두 이론은 행정을 관리적인 관점의 이론으로써 더욱 발전시켰다.

행정관리설은 Wilson 이후 1930년대 통치기능설이 나타날 때까지 주된 행정이론이었고 다음과 같은 효과(영향)를 가져왔다고 하겠다.

첫째, 행정을 정치와 분리시켜 행정의 독자적인 영역과 위치를 설정하고 행정학 이론을 처음 성립시켰다는 점에서 의의가 크다. 둘째, 인간관계론은 그 후 행정행태론의 발달에도 공헌하였다. 행정의 수단성을 중시하고 정치·행정의 이원론을 취하는 점에서 행정관리설과 행정행태설은 유사하다. 물론 행정을 보는 관점이나 방법은 상당한 차이가 있다.

2) 통치기능설

통치기능설은 정치·행정 일원론이라고도 하는 이론으로 통치기능을 수행하는 것이 행정이라는 입장을 말한다.

즉, 행정이 통치과정의 기능을 수행하여 통치 상에 제기되는 문제점을 해결하기 위한 정책을 결정하고 결정된 정책을 집행한다고 보는 관점이다. 즉, 행정이 정치적 기능을 수행하는 것으로 본다. 따라서 정치와 행정은 분리할 수 없는 상호작용과정 내지 순환과정으로 보는 정치·행정 일원론을 취한다. 행정이 정치적 기능까지 수행한다고 보면 행정은 정치성을 지니고 있으며 따라서 정치성이 없는 사행정과는 명백히 달라진다. 즉, 공·사행정 이질론이 된다.

정치와 행정을 구분하지 아니하고 기능적인 관점에서 행정을 보고 있다는 점에서 통치기능설의 이론을 기능적 행정학이라고도 한다. 기능적인 관점에서는 발전기능설도 기능적 행정학으로 볼 수 있으나 발전기능설은 발전의 관점에서 본다는 점에서 통치기능설과는 차이가 있다.

통치기능설을 지지하는 학자로서 Dimock, Appleby 등이 있다. Dimock은 사회적인 이익, 사회전체적인 관점에서의 능률, 즉 사회적 능률을 강조하고 정치와 행정은 배타적이 아니라 상호보완적인 관계라고 하였다. Appleby는 행정이란 정책형성이며 정치와 행정은 연속적 과정이라고 주장하였다. 이외에도 사회학적인 관점에서 사회적인 기능을 수행하는 것이 행정이라고 Selznick의 환경에 대한 적응적 흡수(cooptation)와 적응적 변화(adaptation)의 이론도 이에 속한다. 또 Gaus와 Riggs의 생태론적인 연구도 사회적 기능의 관점에서 보았다는 점에서 여기에 포함된다.

정치와 행정을 분리하지 아니하고 정치적·사회적 기능을 수행하는 것이 행정이라고 본 통치기능설이 나타난 근본적인 배경은 1929년 세계대공황이며 기타 엽관제의 문제점이 극복되었다는 점, 기계적 능률이 변하여 사회적 능률을 요청하였다는 점에서 찾을 수 있다.

1929년 세계대공황은 경제적인 불황과 빈곤·질병·실업·범죄 등의 경제적·사회적 위기를 초래하였으며, 이러한 위기에서 행정이 단순히 사무처리만 할 수는 없었다. 대공황 이전까지만 하여도 자유방임주의사회였고 국가는 개인생활에 대해서 가능한 한 간섭하지 않는 것이 훌륭한 정부로서 인정받았다. 행정은 관리적인 관점에서 파악되었으며 정치에 의하여 결정된 정책을 충실히 수행하는 수단적인 역할만을 하였다.

그러나 1929년 세계대공황은 행정이 사무처리만 하고 있어서는 해결될 수 없고 행정이 적극적으로 관여하여 경제적·사회적 위기를 극복해 줄 것을 요청하였다. 이리하여 뉴딜(New Deal)정책과 같은 정책결정기능과 이의 수행에 따른 행정의 적극화가 이루어졌고, 행정은 단순한 사무관리만이 아니라 국가·사회적인 문제를 해결하는 담당자로서 정책을 결정하고 집행하는 단계에 이르게 되었다.

행정이 이와 같이 정치적·사회적 기능까지 수행하여 정치·행정은 분리되지 않는 정치·행정 일원론이 되었고 행정이 정치적인 역할까지 담당하게 되었다. 이와 같이 행정에 정치성이 나타나도 이미 엽관제(spoils system)는 극복되었기 때문에 별다른 문제가 없었으며 행정의 능률도 단순히 기계적인 능률이 아니라 사회적인 능률로써 능률관의 변화를 가져왔다. 즉, 사회 총체적인 관점에서 능률을 높이기 위해서는 행정이 정치적·사회적 기능까지 담당해야만 했다.

통치기능설은 1930년대 이래로 오늘날까지도 상당한 영향력을 지니고 있으며 다음과 같은 영향을 미쳤다고 하겠다.

첫째, 행정이 정치적 기능까지 수행하게 됨에 따라서 행정학의 연구범위가 확대되고, 둘째 행정을 단순히 수단적·기술적인 관점이 아니라 정치·사회현상의 관점에서 보게 되었으며, 셋째 기능적인 관점의 이론은 1960년대의 발전기능설의 대두와 연결되고, 넷째 행정기능을 확대·강화시키는 요인이 되었다.

3) 행정행태설

행정행태설은 정치·행정의 새로운 이원론으로 의사결정과정(decision making process)을 핵심으로 한 행정행태(administration behavior)를 의미하는 것이다.

여기서 사용된 용어들을 생각해 보면, 행태(behavior)란 인간의 행동양식을 의미한다. 즉, 인간행동은 규칙성(regularities)이 존재하며 이 같은 인간의 규칙적인 행동양식을 행태라고 할 수 있다. 의사결정(decision making)이란 어떠한 문제가 제기될 때 그 문제를 해결하기 위한 여러 방안(alternatives)을 작성·분석·검토하여 그 방안들 중에서 문제해결을 위한 최선의 대안을 선택하는 것을 의미한다. 또한 행정활동은 집단활동(group activities)이다. 물론 어떤 특정한 한 사람이 자기 자신의 일을 위해서 계획하고 실행하는 단순한 상황도 흔히 볼 수 있다. 그러나 일이 많아지면 그 일을 완수하기 위해서 여러 사람의 노력이 필요로 되고 이렇게 되면 혼자의 힘으로는 불가능하게 된다. 따라서 집단의 과업(공동의 목표)을 달성하기 위한 조직적인 노력이 요청되고 이와 같은 집단적인 협동의 과정이 곧 행정이라고 할 수 있다.

이상의 관계를 정리하여 보면 행정이란 공동의 목표를 달성하기 위한 집단적·합리적 협동행위를 의미하며, 이러한 목표의 달성을 위한 계속적인 의사결정의 과정이 전개되고 이는 집단적인 행위로서 나타난다. 따라서 공동목표의 달성을 위한 집단적인 행위로서의 행태가 행정이라고 할 수 있다.

인간의 행동은 그가 지니고 있는 가치관이나 사회심리적 상태를 바탕으로 하여 이루어지며, 따라서 행정에 관한 연구는 사회심리적인 바탕에서 이루어져야 한다. 이와 같이 사회심리적인 바탕 하에 행정의 문제를 다루는 방법을 사회심리학적 접근방법이라고 하며, 행정행태론은 이 같은 사회심리학적 접근방법과 논리실증주의적 접근방법에 의하고 있다.

논리실증적 접근방법에 입각하여 행정학도 과학으로서 논리적인 실험과 검증을 거쳐야 한다는 것이다. 즉, 논리적인 실험·검증이 된 것만이 이론이 되고 법칙이 될 수 있다는 것이다. 고전적 행정학이론-조직의 원리, 부처조직의 기준 등은 실험·검증을 거치지 않는 가설(hypotheses)에 지나지 않는다[5]고 하였다. 논리적인 실험·검증을 위한 수단으로서 계량적인 방법이 도입되었다.

행정을 의사결정과정으로 파악하였으나 모든 의사결정이 행정이라고 보지는 않는다. 논리실증주의에 입각하여 그 대상을 가치명제 〈당위적인(Sollen) 명제〉와 사실명제 〈현상 그대로의 존재(Sein) 명제〉로 구분하여 가치명제는 논리적인 실험·검증이 불가능하여 행정의 대상이 될 수 없고 행정은 오직 논리적인 실험·검증이 가능한 사실명제만을 대상으로 하여야 한다고 하였다. 이리하여 가치명제는 정치의 대상이 되고 사실명제는 행정의 대상이 된다고 하여 정치와 행정을 다시 구분하여 정치·행정의 새 이원론을 제시하였다.[6]

가치명제와 사실명제의 개념을 좀 더 명확히 하여 본다면 어떠한 결정은 상위의 어떤 목적이나 방법을 위하여 이루어진다. 예컨대 걸어가는 사람은 걷기 위해서 근육을 움직이고, 그가 걷는 것은 학교에 가기 위해서, 학교에 가는 것은 공부하기 위해서, 공부하는 것은 장래의 인생을 위하여 등과 같이 하나의 결정이나 행동은 목적을 위한 것이다. 이러한 과정은 목표의 연쇄적 과정이다. 즉, 하나의 결정은 어떤 목표달성을 위하여 이루어지고 그것은 또한 다른 목표의 달성을 위하여 이루어진다. 이와 같이 어떠한 결정이 최종목표의 달성을 위한 것이면 가치판단적인 것, 즉 가치명제가 되고, 목표의 실행을 위한 것(수단적인 것)이면 사실판단적인 것, 즉 사실명제가 된다.

논리실증주의에 입각하여 정치와 행정을 구분하면 행정에서 정치적인 것이 제외되고 수단적인 것이 강조된다. 이와 같이 정치성이 없어지거나 약화되고 수단적인 것이 강조될 때, 공·사행정은 동질성을 지니게 된다.

Simon은 「행정행태론」(administrative behavior)의 서문에서, 공공행정에 일차적인 관심을 가진 것이나 군사·상공 및 사조직에서도 적절하다고 하였다.

행태론을 대표할 수 있는 것은 Simon이고 그 이후 Maslow, Presthus, Argyris, McGregor 등 많은 학자들이 이러한 입장을 취하였다.

행태론이 성립한 것은 미국의 실용주의(pragmatism), 영국의 경험주의(empiricism)와 공리주의(utilitarianism) 등을 배경으로 하고 있다. 즉, 실용주의 영향에 의하여 실제 상황에서 적용될 수 있는 이론을 요청하였고 검증의 수단(기법)으로서 경험주의와 공리주의 철학의 영향을 받았다.

이와 같은 행태론적인 연구는 행정학의 과학화에 공헌하였고 행태과학(behavioral sciences)의 발달에 영향을 미쳤다.

4) 발전기능설

발전기능설은 정치·행정의 새로운 일원론으로 행정을 발전의 기능을 수행하는 것으로 파악하는 입장을 말한다. 즉, 행정은 사회적 변화에 대처(to meet)하고 사회를 의도적으로, 계획적으로 변동시키는 것이라고 보는 입장이다. 행정은 변화담당자 내지 변화역군(change agent)이며 목표지향적이고 미래지향적이다.

통치기능설에서 행정은 정책을 결정하고 집행하는 것으로 파악하였다. 그러나 이때의 정책결정은 정치·경제·사회적인 문제가 제기될 때 그 문제를 해결하기 위한 정책결정이고 이를 집행하는 정도였었다. 발전기능설은 한 걸음 더 나아가 제기되는 문제해결뿐만 아니라 행정이 주도적으로 변화를 유인하고 발전을 유인하는 것으로 본다. 행정은 발전을 위한 정책을 결정하고 결정된 정책의 수행에 의하여 발전을 성취하고자 한다.

발전기능설은 이와 같이 정치·사회·경제적인 변화의 주도자로서 발전을 위한 정책을 결정하고 집행한다는 입장을 취하기 때문에 정치·행정은 구분이 어렵다. 그러나 발전지향적인 관점에서 행정의 주도적인 역할이 강조된 점에서 통치기능설의 단순한 정치·행정 일원론과는 다르며 이러한 입장의 정치·행정의 일원론을 정치·행정의 새 일원론이라고 부르고 있다.

행정에 정치성이 포함되면 공행정과는 구별되며 따라서 공·사행정의 이질론이 된다. 발전기능설을 취하는 입장은 Esman, Weidner 등이 있다.

발전기능설은 개발도상국가의 발전을 위한 필요성에 의하여 대두된 발전행정에서 보는 행정의 관점으로 비교행정이 중간에서 매개적인 역할을 하였다. 즉, 비교행정에 의하여 개발도상국의 행정체제가 분석되고 그 결과 개발도상국이 발전하지 못한 원인이 규명되었다. 그러나 비교행정은 단순히 체제의 분석에 그쳤고 발전의 문제를 다루지 못했을 뿐만 아니라 오히려 발전에 대하여 비관적이었다. 이에 개발도상국가의 발전을 위한 이론의 필요성이 제기되었고 그 결과 발전행정이 나타났으며 발전행정에서의 행정의 관점이 발전기능설이다.

그러나 이 같은 행정의 주도적 역할에 의한 국가발전, 즉 정부주도형 발전전략은 결과적으로 민간부분의 취약성을 초래하고 권위주의적 국가관료제에 의한 국가독점자본주의를 초래하여 자유민주주의 내지 자본주의의 강점을 약화시키게 되기 쉽다. 또 권위주의적 정부관료에 의한 정책의 결과는 정치발전을 저해하고 민주주의 발전에 역행하게 된다.

5) 정책화 기능설

1960년대에 미국은 베트남전과 반전운동, 대규모 흑인폭동 등 사회적 격동기를 맞게 되면서 가치중립적인 행태주의가 사회문제 해결에 아무런 도움이 되지 못하였다는 비판이 일어나게 되었다. 이러한 학문적 반성으로 적실성과 실천을 강조하는 후기행태주의가 등장하면서 가치를 지향하는 신행정학이 대두되고 사회문제를 해결하는 정책학이 폭발적으로 성장하게 되었다.

이러한 배경에서 등장한 것이 정책화기능설(agenda setting)이다[7]. 정책화기능설이 1970년대에 등장하게 된 주요 이유를 살펴보면, 첫째, 행정의 역할에 대한 인식 변화이다. 기존에 행정은 정책결정이 아닌 단순 집행기능으로만 인식되었으며 그러나 행정이 정책형성에 중요한 역할을 한다는 인식이 대두되었다. 둘째, 정치와 행정의 통합적 관점 대두이다. 정치행정일원론의 관점에서 정치와 행정은 분리될 수 없는 통합체로 보고 행정은 정책결정 과정의 일부분으로 정치과정과 연계되었다. 셋째, 가치지향적 행정이론의 등장이다. 행정가치의 중요성이 강조되면서 공익실현을 위한 정책형성 기능이 부각되면서 행정을 단순 중립적 집행기관이 아닌 가치지향적 정책형성 주체로 인식하게 되었다. 넷째, 1970년대 말 석유파동 등으로 인한 정부실패 치유 필요성이다. 1970년대 말 제1·2차 오일쇼크 등으로 인한 경제위기 발생하면서 이에 따른 정부실패를 치유하기 위해 행정의 적극적 정책형성 역할이 요구되었다. 정책화기능설은 이러한 배경에서 행정의 정책형성 기능을 강조하며 등장하였다. 행정이 정치과정의 일부로서 정책의제 설정과 정책형성에 중요한 역할을 한다고 보는 관점이다. 정책화기능설의 대표적인 학자들로는 이스턴(D. Eason), 샤칸스키(I. Sharkansky) 등이 있다.

정책화기능설은 행정을 정부가 사회문제를 정책문제로 채택하는 과정 또는 행위로 보았다. 즉, 사회에 존재하는 여러 가지 문제들 중에서 정부가 정책적으로 해결해야 할 문제로 인식하고 정책의제로 설정하는 것을 말한다. 정책화기능설은 행정을 단순 집행기능이 아닌 정책형성 기능으로 인식하고, 정부가 정책의제를 설정하는 중요한 첫 단계에 주목한다. 이 과정에서 어떤 사회문제가 정책화되느냐에 따라 이후 정책의 방향과 내용이 결정되기 때문에 정책화기능설은 정책과정 전반을 이해하는 데 중요한 이론이다.

정책화기능설은 행정이 공공정책 형성에 중요한 역할을 한다고 보는 관점으로, 공공정책 형성에 다음과 같은 영향을 미쳤다.

첫째, 행정의 정책형성 기능 강조이다. 기존에 행정은 정책집행 기능만 수행하는 것으로 인식되었는데 정책화기능설은 행정이 정책의제 설정과 정책형성에 적극적인 역할을 한다고 보았다.

둘째, 정치와 행정의 통합적 관점 제시이다. 정치행정일원론의 관점에서 정치와 행정은 분리될 수 없는 통합체이므로 행정은 정책결정 과정의 일부분으로 정치과정과 연계된다고 보았다.

셋째, 가치지향적 정책형성의 중요성 부각이다. 행정가치의 중요성이 강조되면서 공익실현을 위한 정책형성 기능이 부각되고 행정을 단순 중립적 집행기관이 아닌 가치지향적 정책형성 주체로 인식되었다.

넷째, 복잡한 현대사회 문제 해결을 위한 행정의 역할 확대이다. 현대사회의 복잡한 문제 해결을 위해 행정의 적극적인 정책형성 역할이 요구되고 정책화기능설은 행정이 정책의제 설정과 정책형성에 중요한 역할을 하며, 정치과정과 통합되어 있다고 보았다. 이를 통해 행정의 정책형성 기능이 강조되고 공공정책 과정에서 행정의 역할이 확대되는 계기가 되었다.

6) 신공공관리설

신공공관리론(New Public Management, NPM)은 1980년대 서구 자본주의 국가들에서 복지국가의 위기와 정부의 과부하, 정부 규모의 확대, 정부 실패 등으로 인해 이른바 '통치불능' 상태가 심화된 배경에서 확산되었다. 국가의 정치적 참여와 사회적 권리를 광범위하게 인정하면서 정부가 감당할 수 없을 정도로 문제 해결 요구가 팽창되었고, 이는 정부의 효율성을 저해하는 결과를 초래했다. 오일쇼크와 영국병 같은 위기를 겪으며 대규모 행정부 개입의 정당성이 훼손되자, 행정부의 권한을 제한하자는 움직임이 일어나게 되었다. 이러한 배경에서 신보수주의와 신자유주의로 대표되는 신공공관리가 등장하게 되었다.

1980년대 이후 신공공관리설은 민간부문의 시장주의(경쟁원리와 고객강조)와 민간기업의 관리기법을 결합한 이론이다[8]. 특히 경제적 효율성에 초점을 둔 '시장적 정부모형'을 강조하는 이론이다. 신공공관리의 주요 정책 수단으로는 인력감축, 민영화, 재정지출 억제, 책임운영기관, 규제완화 등이 있다. 유민봉(2019)[9]에 따르면 "시장원리와 민간부문의 경영기법을 도입해서 보다 효율적이고 국민의 요구에 더 잘 대응할 수 있도록 기존의 정부관료제 방식을 개혁하는 것"이 신공공관리론이라고 하였다.

신공공관리는 전통적인 관료제의 비효율성을 극복하고 정부 운영의 효율성을 높이기 위해 등장하였다. 이는 '작지만 강한' 작고 아름다운 행정부를 추구하며, 대규모 국가 개입 대신 규제와 유인책을 통해 행정을 운영한다. 또한, 시장(민간)과의 파트너십을 통해 공공서비스와 재화를 공급하고, 정부 부문에 민간 경영에서 개발된 우월한 기법들을 도입하여 정부의 문제 해결 능력을 높이고자 한다. 이는 정부를 기업처럼 운영하고, 관료를 공공 기업가로 본다는 관점을 제시한다.

신공공관리론은 공공서비스의 효율성을 높이는 데 기여했지만, 사회적 형평성(social equity) 측면에서는 취약점을 지니고 있다는 평가를 받고 있다. 이는 단일한 이론으로 정립되지 않았기 때문에 국가마다 적용하는 방식이 다양하다. 예를 들어, 영국은 행정부의 잦은 정치적 판단을 배제하는 방식으로 관리의 영역을 강조했으며, 미국은 행정부의 자체적인 능력과 책임성을 제고하기 위해 경쟁과 성과 지표를 도입하는 방식을 채택했다. 이러한 차이는 각 국가가 기존 관료제를 어떻게 바라보는지에 따른 관점 차이에서 비롯되었다. 영국은 관료제 자체를 불신하는 경향이 강했던 반면, 미국은 관료제 체제는 긍정하되 시스템적인 면을 개선하고자 했다.

신공공관리론의 주요 내용은 크게 성과, 고객, 경쟁으로 요약할 수 있다. 먼저, 성과관리 기법의 도입이다. 성과계약을 통해 권한과 책임을 동시에 부여하고 성과에 따른 보상을 제공한다. 둘째, 고객중심이다. 막연히 시민을 대상으로 하는 공급자 중심 행정서비스에서 벗어나 수요자 중심의 서비스를 제공한다. 시민을 고객으로 인식한다. 셋째, 경쟁 원리의 도입이다. 시장경쟁 원리를 도입하여 공급자를 다양화하고 내부 경쟁을 유도한다. 민영화, 아웃소싱 등을 활용하여 공급자를 다양화하고, 내부적으로도 성과주의와 경쟁을 유도한다.

전통적 행정과 신공공관리설은 몇 가지 점에서 차이를 가지는데, 오스본과 개블리(1992)[10]에 따르면, 〈표1-1〉과 같이 정리할 수 있다.

신공공관리론의 핵심적인 주장은 관리주의와 계약주의의 결합으로 볼수 있다. 관리주의(managerialism)는 관리자에게 재량권을 부여해야 조직(사업)성과가 향상된다는 입장이다. 즉, 업무 또는 사업을 담당하는 관리자가 자신의 업무 또는 사업에 적합한 인원을 채용하고 적재적소에 배분할 수 있는 권리를 줄 때, 조직 및 사업의 성과가 향상된다는 것이다. 한편 계약주의(contractualism)는 신제도주의 경

〈표 1-1〉 전통적 행정과 신공공관리의 비교

기준	전통적 행정(관료제 정부)	신공공관리(기업가적 정부)
정부역할	노젓기(rowing) 역할	방향잡기(steering) 역할
정부활동	직접 해줌(service)	권한 위임(empowering)
서비스 공급	독점적 공급	경쟁 도입
관리 방식	규칙 중심 관리	임무 중심 관리
예산 제도	투입 중심 예산	성과 연계 예산
행정가치	관료 중심 지출 지향 사후 치료	고객 중심 수익 창출 미래 예측
행정주체	집권적 계층제	참여와 팀워크
행정방식	명령과 통제	협의와 네트워크
주요 운영기제	행정메커니즘	시장메커니즘

자료 : Osborne & Gaebler(1992).

제학, 공공선택이론, 거래비용이론, 대리이론에 기반하여 공무원에 대해 막연하게 신뢰하기 보다는 분명한 성과계약관계를 통해서, 관리자가 결과에 대한 책임을 지고 성실히 업무를 수행할 수 있도록 해야 한다는 입장이다. 그러나 후드(Hood, 1995)[11]에 따르면, 실제 거의 모든 나라의 정부에서 결과에 대한 책임을 강조하면서도 관리자에게 재량권을 부여하지 않았기 때문에 신공공관리론은 적절히 작동할 수 없었다.

신공공관리론의 도입은 재정적 정책적 효율성, 공직문화의 기업문화화로 인한 관료주의 약화 등의 효과가 있다. 하지만 능률성에 치중한 나머지 민주성을 간과한다는 점, 부처들 간의 협력과 소통 상실, 제대로 된 성과평가 지표의 부재 등이 한계로 꼽히기도 한다.

7) (뉴)거버넌스

(1) 개념

거버넌스(Governance)는 사회문제를 해결하는 다양한 기제로 정의되며, 국정관리, 신국정관리, 국가경영, 통치, 협치 등으로 불린다. 일반적으로 '국가경영' 또는 '공공경영'으로 번역되며, 최근에는 행정을 거버넌스의 개념으로 보는 견해가 확산되고 있다. 거버넌스는 신공공관리론에서 중요시되며, 정부의 통치기구를 의미하는 'government'와 구별된다.

'Governance'는 지역사회에서 국제사회에 이르는 여러 공공조직의 행정서비스 공급체계의 복합적 기능에 중점을 두는 포괄적 개념으로, 통치나 지배보다는 경영의 뉘앙스가 강하다. 거버넌스는 정부와 준정부, 반관반민(半官半民) 조직, 비영리 및 자원봉사 조직이 수행하는 공공활동, 즉 공공서비스 공급체계를 구성하는 다원적 조직체계 및 조직 네트워크의 상호작용 패턴으로 이해된다.

거버넌스의 특징은 다음과 같다.

㉠ 파트너십 중시 : 거버넌스 이론은 정부, 시민사회, 시장 간의 파트너십을 전제로 하며 이를 중요하게 여긴다. 이들 간의 관계는 기본 목표와 가치를 공유하며 상호 협력하는 네트워크형이 바람직하다.

㉡ 유기적 결합관계 중시 : 거버넌스는 개별적 요인이나 요인들 사이의 단순한 상관관계보다는 구성 요인들의 유기적 결합 내지 네트워크를 중시한다.

㉢ 공식적·비공식적 요인 고려 : 거버넌스는 공식적 측면뿐만 아니라 비공식적 측면도 중요하게 여긴다. 공식적 권한 부여와 실제 행동 사이의 차이에 주목하고 그에 대한 분석을 강조한다.

㉣ 정치적 특성 강조 : 거버넌스는 자원 배분 장치로서 경쟁적인 이익과 목표들을 조정해야 하므로 정치적 과정이 매우 중요하다.

미국은 2000년대 이후 (뉴)거버넌스 이론이 유행하게 되었다. 2001년 9월 11일

발생한 9.11 테러 이후 위기관리(Emergency Management)가 강조되었는데, 이 위기관리는 정부 단독으로 공공문제를 해결하는 것이 불가능하다는 것을 보여주었고[12], 이에 뉴거버넌스 이론이 주목받기 시작했다. 또한, 1990년대에 인터넷의 등장으로 정보통신기술이 급속도로 발달하면서 국가의 영향력이 점차 감소했고, 이로 인해 국가와 행정의 존재 양식에 대한 재검토가 이루어졌다. 마지막으로 다양한 정책 도구의 등장도 중요한 요인이었다. 연방정부가 단독으로 수행하는 업무는 감소하고, 대신 민간 위탁, 민관 파트너십 등 다양한 방식으로 정책이 집행되면서 새로운 형태의 정책 도구에 많은 관심이 집중되었다. 결과적으로 이러한 사회적 배경 속에서 정부가 단독으로 공공문제를 해결해야 한다는 입장에서 벗어나 정부, 시민사회, 시장이 공동으로 문제를 해결해야 한다는 거버넌스 이론이 유행하게 되었다.

살라몬(Salamom, 2002)[13]은 공공문제를 해결하는 다양한 방식을 거버넌스라고 정의하였는데, 이러한 정의의 거비넌스와 이전의 전통적 패러다임 간 차이를 비교하면, 다음 〈표 1-2〉와 같이 요약할 수 있다.

〈표 1-2〉 전통적 행정학과 뉴거버넌스 패러다임의 비교

기준	전통적 행정학	뉴거버넌스
분석 단위	사업/기관	정책도구
관심 대상	계층제	네트워크
정부와 다른 부문 간 관계	공공 vs. 민간	공공 + 민간
공공문제 해결 접근방식	명령 및 통제	협상 및 설득
공공관리자들에게 요구되는 기술(skill)	관리기술	-네트워크 활성화 기술 화합능력(orchestration) -조정능력(modulation)

자료 : Salamon(2002).

(2) 거버넌스의 유형[14)]

① 시장주도형 거버넌스

세계화로 인해 신자유주의적 논리에 기반한 시장주도적 거버넌스 경향이 나타났다. 신자유주의는 관료주의적 정부가 시민 요구에 대한 반응성이 떨어지고 비효율적이며 무책임하다고 비판하면서, 작고 효율적인 정부 구조를 주장한다. 이러한 정부의 비효율을 극복하기 위해 시장주도적 거버넌스는 민영화를 강조한다.

민영화의 논리는 정부의 규모와 영향력을 감소시키는 데 초점을 두고 있으며, 탈규제를 통해 국가가 사회에 제공하는 공공복지서비스의 규모와 시장에 대한 공적 규제를 줄이고자 한다. 그러나 시장주도형 거버넌스는 공공복지서비스와 시장에 대한 공적 규제를 줄이는 데 초점을 맞추기 때문에 공적 권한을 공공성이 약한 주체들에게 넘겨주어 공공 영역의 축소와 쇠퇴 가능성을 초래한다. 이는 민주적 책임성 결여와 시민사회에 기반한 사회적 거버넌스의 퇴화로 귀결될 수 있다.

이러한 시장주도형 거버넌스는 1970년대 신자유주의의 등장과 1980년대 대처리즘과 레이거노믹스로 대변되는 시장 강화 정책으로 설명된다.

② 국가주도형 거버넌스

국가주도형 거버넌스는 국가가 시장과 시민사회를 주도적으로 관리하는 입장을 취한다. 이 유형은 시장과 시민사회에 대한 국가의 개입 규모보다는 잘못된 통치 행태에 문제의 원인을 두고 있는 것이 특징이다. 따라서 정부는 새로운 모습으로 계속 중심 위치에서 문제를 해결해 나가야 한다는 입장이다.

국가중심 거버넌스의 원리는 관리주의와 관료주의를 기본 원리로 삼고 있다. 관료주의는 합리주의와 법치주의를 중심 가치로 하며, 관리주의는 효율성과 능률성을 주요 가치로 여긴다. 결국, 국가주도형 거버넌스는 합리주의, 능률성, 효율성, 합법성을 정부 운영의 내부적 기본 가치로 삼는다.

국가가 거버넌스를 주도하는 경우, 새로운 조정 양식과 네트워크가 형성되더라도 정부는 여전히 핵심적인 역할과 위치를 유지해야 한다. 이를 통해 정부의 신뢰

수준과 정당성을 강화하고, 시민사회와 시장의 발전을 함께 추구해야 한다.

③ 시민사회주도형 거버넌스

시민사회주도형 거버넌스는 국가도 시장도 아닌 시민사회가 주도하는 국정 관리로, 시민사회의 참여를 통한 민주주의적 관점을 중시한다. 이러한 거버넌스는 정부가 정책 결정 과정을 투명하게 하고 사회적 약자들을 잘 대변할 수 있어야 한다는 전제를 가진다. 이를 실현하기 위해서는 시민사회와 비정부기구를 통한 국민들의 직접적인 참여가 증대되어야 하며, 이를 통해 시민사회주도형 거버넌스가 발전할 수 있다.

시민사회주도형 거버넌스의 기본 원리는 참여주의와 공동체주의를 특징으로 한다. 참여주의는 내부 참여와 외부 참여로 구분된다. 내부 참여는 정부 내부의 의사결정에 시민사회가 관료 조직의 참여를 유도하는 것을 의미한다. 외부 참여는 시민 참여 자체를 의미하며, 시민사회주도형 거버넌스의 가장 핵심적인 가치이다. 공동체주의는 정책 활동과 행정 관리에 직접적으로 관련된 공동체를 구축하고, 공동 문제를 구성원들이 직접 참여하여 해결해야 한다는 주장을 의미한다.

시민사회주도형 거버넌스는 시민사회가 자율적으로 힘을 키워가는 열린 기회를 제공하여 시민의 권한을 강화할 수 있는 장점이 있다. 그러나 시민사회 간의 불평등한 권력 관계가 존재하는 상황에서, 거버넌스가 강조하는 다양한 주체 간의 참여와 협력보다는 새로운 갈등과 문제를 유발할 우려도 있다.

(3) 거버넌스의 주요모형

① Rhodes의 모형

Rhodes의 거버넌스 모형에는 다음과 같은 여섯 가지 유형이 있다.

㉠ 최소국가(minimal state) :

시장으로의 기능 이관이나 시장에 대한 규제를 완화시켜 시장 중심의 공공서비스를 제공하고 국가 기능을 최소화시키려는 모형이다.

ⓛ 기업적 거버넌스(corporate governance) :

기업의 전반적인 방향 제시 및 최고 관리 활동의 통제 등 기업의 범위를 넘어서는 이해관계자들에 대한 책임과 규제에 관한 일을 포함하며, 이러한 기업의 관리 철학이 공공부문에 도입될 경우 내부 시장화, 경영 형태 등이 강조된다.

ⓒ 신공공관리(new public management) :

신관리주의와 신제도주의 경제학을 결합한 것으로, 시장의 경영 방식이나 유인 체제를 공공부문에 도입하려는 것으로 노 젓기보다는 '방향 잡기'에 주력한다.

ⓔ 좋은 거버넌스(good governance) :

국가 일을 관리하기 위해 정치 권력을 행사하는 활동으로, 신공공관리와 자유민주주의를 결합한 의미이다. 구성원 간 경쟁보다는 동등하고 능동적인 참여, 협력과 보완의 관계를 강조한다.

ⓜ 사회적 인공지능체계(socio-cybernetic system) :

하나의 공공정책은 공공 부문과 민간 부문 간 상호작용 속에서 이루어진다는 차원에서 파악한 뉴거버넌스의 한 속성이다. 정부 조직뿐 아니라 비공식, 비정부기구들이 포함된 상호작용으로서 '정부 없는 거버넌스' 또는 '사회·정치적 거버넌스'로 이해된다.

ⓑ 자기조직화 네트워크(self-organizing network) :

계층제와 시장의 중간지대로서 '자발적인 조직 간 연결망'으로 정의된다. 시장이나 계층제 조직에 대한 대안이 되는 조직으로, 연결 조직 간 계층제적 질서가 존재하지 않는 공동화된 네트워크 정부를 의미한다.

② Peters의 모형

피터스(B. G. Peters)는 전통적 정부 모형에 대한 대안으로 네 가지 정부 모형을 제시했다. 각 모형의 특징은 다음과 같다.

㉠ 시장적 정부모형(Market Government Model) :

거버넌스의 가장 대표적인 모형으로 공공부문에서도 시장운영기법이 동일하게 적용될 수 있다고 보고 공공부문의 시장경제화를 지향하며, 저비용과 고효율을 목표로 한다. 시장을 신뢰하는 공공선택론이나 신공공관리론에 뿌리를 두고 있으며, 정부의 '독점성'을 주로 문제 삼고, 경쟁과 효율성을 강조하여 공공서비스의 민영화와 성과 기반 보상을 추진한다. 장점은 비용 절감, 서비스의 질 향상, 효율성 증대 등이며, 단점은 공공성 약화, 사회적 불평등 심화 가능성 등이다.

㉡ 참여적 정부모형(Participatory Government Model) :

'계층제'를 문제 삼으며, 대내외 구성원들의 광범위한 참여를 중시하는 모형으로 시민의 참여를 통해 민주적 의사결정과 투명성을 강화한다. 전통적인 계층제 모형에서 소외되었던 집단들에게 더 큰 관여를 허용하여 권한위양정부로 불린다. 다양한 이해관계자의 정책 결정 참여와 공청회, 시민 협의회를 활성화한다. 장점은 정책 결정의 민주성 강화, 정책 수용성 증가 등이며, 단점은 의사결정 과정의 복잡성 증가, 실행 속도 저하 등이다.

㉢ 신축적 정부모형(Flexible Government Model) :

조직의 '경직성'을 문제시하는 모형으로 연성정부모형이라고도 하며, 조직 구조, 인력관리, 예산관리 등에 있어 탈항구성과 유연성·융통성을 추구한다.

조직의 경직성을 문제시하는 모형으로 변화하는 환경에 유연하게 대응할 수 있는 정부 구조와 프로세스가 특징이다, 연성정부모형이라고도 불리며 조직 구조, 인력 관리, 예산 관리 등에 있어 탈항구성과 유연성, 융통성을 추구한다. 탈집중화, 팀 기반 조직, 학습 조직 도입을 통해 변화에 유연하게 대응하고 혁신을 촉진한다.

장점은 변화에 대한 빠른 대응, 혁신 촉진 등이며, 단점은 일관성 부족, 조직 내 갈등 가능성 등이다.

㉣ 탈내부규제 정부모형(Deregulated Government Model) :

내부 규제를 문제시하며, 정부에 대한 통제를 축소하여 공무원들의 자율성과 창의력을 제고시키려는 모형이다. 규제 완화와 결과 중심의 관리, 관리자에게 재량권 부여를 통해 행정 통제를 제거하면 정부는 기능을 보다 능률적으로 수행할 수 있을 것이라고 가정하며, 기업형정부와 관련된 모형이다. 장점은 의사결정 속도 증가, 창의성 및 자율성 증대 등이며, 단점은 책임성 저하 가능성, 규제 완화에 따른 리스크 증가 등이다.

각 모형은 정부 운영의 효율성, 민주성, 유연성, 자율성 등을 강조하며, 전통적인 정부 운영 방식에 대한 대안으로 제시된다.

피터스(Peters)[15]의 정부모형과 전통적 정부모형의 특징을 구체적으로 살펴보면 다음 〈표 1-3〉과 같다.

〈표 1-3〉 거버넌스의 모형 비교

구분	전통적 정부모형	시장적 정부모형	참여적 정부모형	신축적 정부모형	탈내부규제 정부모형
문제의 진단기준	전근대적 권위	독점	계층제	영속성	내부 규제
구조의 개혁방안	계층제	분권화	평면조직	가상조직	특정 제안 없음
관리의 개혁방안	직업공무원제 절차적 통제	성과급 민간부문의 기법	총품질관리 팀제	가변적 인사관리	관리 재량권 확대
정책결정의 개혁 방안	정치·행정의 구분	내부시장 시장적 유인	협의 협상	실험	기업가적 정부
공익의 기준	안정성 평등	저비용	참여 협의	저비용 조정	창의성 활동주의

자료 : Peters(1996).

(4) 신공공관리론과 뉴거버넌스의 관계

신공공관리론과 뉴거버넌스의 관계에 대한 설명을 요약하면 다음과 같다.

① 공통점

- 정부역할 축소와 방향잡기 강조 : 두 이론 모두 정부의 역할을 축소하고, 방향잡기에 중요성을 부여한다.
- 행정과 민간의 구분의 상대성 : 공공부문과 민간부문의 역할 구분을 비교적 상대적으로 접근한다.
- 민관협력 강조 : 정부와 민간이 협력하여 공공문제를 해결하는 접근을 인정한다.

② 차이점

- 경쟁의 원리 vs 신뢰와 협동 : 신공공관리론은 경쟁과 효율성을 중시하는 반면, 뉴거버넌스는 신뢰와 협동을 중시한다.
- 행정의 민영화 vs 국가 역할 강조 : 신공공관리론은 행정기능을 민간에 위탁하거나 민영화하는 반면, 뉴거버넌스는 국가의 역할을 강조하며 민간의 참여를 유도한다.
- 국민의 역할 : 신공공관리론은 국민을 '고객'으로 보지만, 뉴거버넌스는 '시민'으로서의 국민 참여와 시민적 덕성을 중시한다.
- 행정의 중심 : 신공공관리론은 행정의 생산성과 효율성을 중시하지만, 뉴거버넌스는 구성원 간의 참여와 합의, 행정의 민주성을 중시한다.

제2절 재활행정의 이념 및 특성

1. 재활행정의 이념

재활행정이란 재활정책을 결정하고 결정된 정책을 집행하는 것을 의미한다. 그러면 이와 같은 정책결정과 집행이 어느 방향으로 어떻게 이루어져야 할 것인가 하는 문제가 제기된다. 이는 행정의 방향을 제시하는 행정철학이요 행정의 전반을 규제하는 행동규범이라는 점에서 중요한 의의를 갖는다.

재활행정은 어떻게 이루어져야 할 것인가? 또는 어떠한 입장에서 이루어져야 할 것인가? 하는 것이 중요한 문제이며 이와 같은 문제가 곧 행정철학 또는 행정이념이다. 즉 행정이념이란 행정이 지향하고자 하는 방향, 이상, 가치 및 정신을 의미하며 그것을 추구할 가치와 지도원칙이다.

재활행정 이념은 시대와 장소에 따라서 그 중요성이 다르게 제기되었으나 대체적으로 민주성, 효과성, 생산성, 능률성, 합법성, 중립성, 형평성, 신뢰성, 안정성, 합목적성, 계속성, 복지성, 책임성 등 여러 가지가 제기 되었고 또한 모두 필요하고 중요한 것이겠으나 여기에서는 민주성, 능률성, 효과성, 생산성, 합법성 및 책임성을 중심으로 고찰하고자 한다.

1) 민주성

(1) 민주성의 의의

민주주의란 본질적으로 인간의 존엄성을 절대적인 것으로 받아들여 이를 지키려는 것이라고 할 수 있으며 이를 실현하기 위하여 제도적으로는 “주권재민”과 “민본주의”를 실현하고자 한다.

재활행정의 민주성이란 바로 이와 같은 민주주의 정신에 입각한 행정을 지향하려는 것이다. 따라서 민주성은 인간존엄성의 가치를 어느 정도 수호하고 실현시키고 있는가의 문제이다.

이와 같은 의미에서 재활행정의 민주성이란 외적인 면에서(재활행정의 국민과의 관계에서) 장애인을 "장애인의 입장에서" 또 "장애인을 위하여" 이루어지는 행정이며 내적인 면에서(행정조직의 내부의 관계에서) "행정의 인간화" 또는 "인격적 행정관리체계"가 이루어지는 것을 의미한다고 볼 수 있다. 그리하여 장애인 욕구의 존중, 정책결정에의 장애인의 참여, 장애인에 대한 전문적인 서비스, 장애인에 대한 행정책임 등이 확보되고 재활행정 구성원들의 인격적 관계설정, 결정과정에의 참여, 자유스러운 의사소통 등이 보장된 상태가 확보되는 것이다. 이를 통하여 행정조직 내적인 면에서나 장애인과의 관계에서나 모든 인간의 존엄성이 보장되도록 하는 행정이 민주적 재활행정이라고 할 수 있다.

(2) 민주성의 확보방법

재활행정의 민주성을 보장하기 위해서는 다음과 같은 것들이 확보되어야 한다.

① 각종 위원회제도 즉 자문기관의 활용과 행정의 분권화를 통한 정책결정에의 하부조직 참여의 확대 등을 보장함으로써 재활행정기구의 민주화가 이루어져야 한다. 우리나라의 경우 국무총리산하의 장애인 정책조정위원회, 시·도지사의 장애인 복지심의위원회 등이 좋은 예가 될 것이다.[1]

② 공청회, 욕구조사, 실태조사 등을 통하여 재활행정 결정에 관한 사전 절차를 확대하고 재활행정 과정을 민주화하여야 한다.

③ 재활행정에 대한 외부통제, 즉 입법적, 사법적, 상급기관의 통제는 물론 압력단체, 장애인에 의한 국민통제가 강화되어야 한다.

---

1 우리나라 장애인정책조정위원회는 비 상설조직으로 심의기구이다. 그러나 민주성 확보방안의 하나로 UN의 장애인 권리협약이나 각종 선언 등에서는 대통령 산하의 상설기구 설치를 권고하고 있다.

④ 행정소송, 행정심판, 옴부즈맨(ombudsman)제 등에 의한 행정구제 제도가 확립되어야 한다.

⑤ 재활행정의 담당자인 전문요원이나 기관 담당자는 특정 장애인이나 특정 단체의 대표자가 아니라 전 장애인의 대표성을 가져야 하며 공인으로서의 윤리의식, 공익의 실현, 정치적 중립의 견지, 업무수행의 공정성과 전문성 등과 같은 행정윤리가 확립되어야 한다. 그러나 무엇보다도 정치의 민주화가 선행되어야 재활행정의 민주화가 가능하며 동시에 정치인의 재활행정에 대한 불간섭과 이를 위하여 재활행정 직업공무원제의 확립 및 그들의 신분보장 등이 전제되어야 한다고 볼 수 있다.

2) 능률성

(1) 능률성의 의의

능률성이란 투입에 대한 산출의 비율을 말한다. 즉 최소의 비용이나 노력으로써 최대의 산출을 얻고자 하는 것이 능률이다. 행정의 능률성은 행정학이 발달하던 초기에서 20세기 초반에 이르기까지 강조되었던 행정이념이다.

행정학이 발달하던 초기에 있어서의 행정이론은 능률지상주의적인 이론이었다. 이때의 능률은 기계적 능률의 관점인데, 기계적 능률이란 목적이나 가치를 무시하고 수단만을 중시한 관점으로서의 능률을 의미한다. 즉 행정의 목적이나 가치를 무시하고 기술, 과정, 수단만을 강조하여 최소의 비용으로써 최대의 효과를 올리려는 합리성만을 강조한 능률이다. Gulick이 능률을 제1의 공리(axiom of number one)로 본 것이나 Simon이 지적한 대차대조표적인 능률(balance sheet efficiency) 등은 기계적 능률이라고 하겠다. Simon에 의하면 조직으로 돌아오는 돈을 최대화하는 것이 능률이다. 즉, 동일한 비용으로 수입의 극대화를 가져오는 것 또는 동일한 수입이라면 비용의 최소화를 가져오는 것이 능률이며 이는 곧 기계적 능률이다. 이러한 능률관은 수단성이 강조되고 목적가치가 등한시되며 인간성이 무시되기 쉽다.

그러나 사회적 환경의 변화와 더불어 능률관도 변화되었다. 즉, 인간관계론이 나타나면서 인간성이 중시되고 한편으로는 기능적인 관점의 행정이론이 대두되었고 사회적인 가치, 사회적 공익의 실현이 중요시되면서 능률관도 이러한 관점에서 보는 능률관, 즉 사회적 능률관으로 변하게 되었다. 사회적 능률이란 타산적인 관점에서 보는 기계적 능률과는 달리 인간성의 존중, 사회적 목적의 실현, 사회적 유효성의 관점에서 본 능률을 의미한다. 즉 조직 내의 인간적인 가치가 존중되고 사회적 목적이 실현되며 시민생활에 편익을 제공하고 공익을 실현하는 정도에서 능률을 파악하는 것이 사회적 능률이다. 사회적 능률은 인간적 능률, 합목적적 능률, 상대적 능률 및 장기적 능률의 개념을 포함한다.

이와 같은 사회적 능률관은 민주성과 상통하며 1930년대 중반 이후 인간관계론, 통치기능설을 배경으로 한 것이다. 특히 재활행정은 투입과 산출이 단순하지 않고 단시간에 계량적으로 나타낼 수 있는 것이 아니기 때문에 기계적 능률 이라는 관점만으로는 이해가 되지 않는 부분이다.

(2) 민주성과 능률성의 상호관계

능률만을 강조하면 민주성이 위협받을 수 있고 또 민주성만 강조하면 비능률을 초래할 수도 있다. 따라서 양자는 조화되어야 할 것이다. 한편 민주성과 능률성은 상반되는 것과 같이 보일 수도 있으나 반드시 상반되는 것만은 아니며 상호보완적인 관계로 이해될 수도 있다. 즉 재활행정의 민주화는 목적가치요 재활행정의 능률화는 수단가치이다. 목적과 수단은 상호보완적인 것으로 목적의 실현을 위하여 수단이 요구되며 목적 없는 수단은 무의미한 것이다. 또 민주주의를 실현하기 위해서는 능률이 수반되어야 하며 가장 능률적인 방법은 민주적인 방법이다.

3) 효과성

효과성이란 목표달성의 정도를 의미한다. 따라서 효과성은 과정보다는 산출결과에 관심을 갖는다. 효과성은 능률성과 유사한 점이 있다. 즉 능률성에 있어서 투입에 대한 산출의 비율로서의 산출과 효과성에 있어서 목표달성의 결과로서의 산출의 면은 동일한 것이다. 그러나 효과성이 결과로서의 목표성취를 강조한다는 점에서 능률성과는 구별된다. 또 효과성이 목표달성도를 의미한다면 능률성은 목표성취에 들어가는 비용과의 관계를 비교한다는 점에서 차이가 있다. 즉 효과성이 자원이나 비용과 같은 조건을 고려하지 않고 목표달성의 결과만을 고려한다면 능률성은 비용의 문제가 개입된다.[16] 이와 같이 효과성은 목표달성의 정도라는 결과를 중시하나 능률성은 투입이라는 과정 내지 수단을 강조한다. 한편, 능률성과 효과성을 합쳐 효율성이라는 용어를 사용하기도 한다. 우리나라의 재활기관에 있어서 효과성에 관한 부분은 상당기간동안 관심 밖의 일로 여겨져 왔으나 최근 정부예산의 증가와 민간의 관심증대로 인한 책임성의 증대. 고객의 서비스의 질적인 향상 등의 요구로 인하여 재활행정의 효과성이라는 측면이 중요시되고 있다.

4) 생산성

생산성이란 재화나 서비스를 생산하는데 있어서의 능률, 또는 일정기간에 있어서 조직에 의해서 제공된 재화나 서비스와 생산에 소비된 자원과의 비율을 의미한다.[17] 이와 같이 재활행정의 생산성이란 특정 재활서비스 활동의 투입에 대한 산출의 비율을 의미한다. 재활기관의 생산성은 넓게는 기관의 총 실적을 높이는데 있어서의 기관의 적절한 역할을 중시하여 직원 1인당 1년간의 산출량을 가지고 그것을 측정하고자 한다. 이러한 점에서 생산성은 능률성과 유사하지만 생산성은 능률성보다는 넓은 의미로서 행정목표나 사회적 기대수준 등을 산출의 개념 속에 포함시키고 있다. 이리하여 생산성은 양적, 질적인 것을 모두 연관시켜 능률성과 효과성을 모두 포함하는 것으로 이해된다. 따라서 효율성과 거의 같은 것으로 사용하게 된다.

5) 사회적 형평성

사회적 형평성(social equity)이란 재활기관의 결정과 집행에 있어서의 평등성, 고객인 장애인에 대한 책임성, 국민의 욕구에 대한 대응성을 의미하며 동시에 어렵고 불리한 입장에 놓여 있는 사람들에 대한 책임과 대응을 의미한다. 이러한 의미에서 평등이라고 하는 것은 단순히 기회균등만을 의미하는 것은 아니며 실질적으로는 보장받는 형평의 원리에 맞아야 한다. Rawls는 정의이론(justice theory)에서 형평성 윤리에 대한 기본 틀을 제시하고 있다. 그에 의하면 "개개인은 정의에 기초한 불가침성을 소유하고 있으며 따라서 몇몇 사람의 희생과 손실에 의하여 얻어진 것은 그것이 대부분의 사람들에 의하여 공유되는 선이라고 하더라도 정당화 될 수 없고 그것은 정의일 수 없다. 그러므로 정의에 의하여 보장된 권리는 정치협상이나 사회적 이해관계에 예속될 수 없는 것이다."[18]

누구든지 사회 속에서의 자신의 지휘나 계급, 자산이나 능력, 지식이나 힘 등을 알지 못하며 무지의 장막(the veil of ignorance)속에서 사회적, 경제적, 정치적 활동을 한다. 결국 자기의 특정상황을 알지 못하기 때문에 자신이 유리한 입장에 놓여 있는지 불리한 입장에 놓여 있는지를 알지 못한다. 누구든지 쉽게 불리한 입장의 사람들을 포함한 모든 다른 사람들에 대한 책임과 의무를 갖는 것이며 그들에게 봉사해야 할 도덕적 의무를 지니고 있다.[19]

요컨대 재활행정의 사회적 형평성이란 재활 차원에서의 행정을 의미하며 따라서 획일적 평등이 아니라 불리한 입장 즉, 중증의 장애를 가진 사람을 포함한 모든 장애인에 대한 책임성과 대응성 및 서비스를 의미하며 이는 도덕적 의무의 이행이라고 할 수 있다.

6) 책임성

재활행정에 있어서 책임성(accountability)이란 재활기관들이 그들이 수행해야 하는 사업에 대한 정당한 분석과 설명을 제시할 수 있는 능력을 의미한다.[20] 이러한 의미에서 재활기관들은 장애인을 위해 일하고 있다는 사실만으로서 그 존재 이유를 설명할 수 없게 된 것이다.

점차로 재활사업은 그 자체가 목적이 아니고 사회적으로 인정된 목표를 달성하는 수단으로 생각되고 있다. 재활기관들이 수행하는 모든 사업은 그것들이 사회적 목표를 달성하는데 이바지 할 수 있다는 것을 보여주지 않으면 안 되게 되었다. 더구나 이들 기관들은 그들이 수행하는 프로그램에 투입한 사업비가 사회에 얼마나 공헌하고 있는가를 면밀히 검토해야 한다는 압력을 받고 있는 것이다. 이러한 압력은 바로 재활행정이 사회에 대해서 책임성을 지녀야 한다는 것을 의미한다.

2. 재활행정의 특성

행정의 특성을 이야기할 때 행정은 공행정이라는 의미에서 공공성, 공익성, 합리성, 기술성, 정치성과 권력성, 안정성과 계속성을 지니며 재활행정이라는 독특한 의미에서 사회적 책임과 주관성, 조직적인 활동성, 장애인과의 직접적인 관계성, 인간의 복지우선성이라는 특성을 지니고 있는 것으로 볼 수 있다.

1) 공공성

(1) 의의

공공성은 개인적인 것이 아닌 사회 일반의 많은 사람과 관계된 것을 의미한다. 공공성의 본질을 이해하기 위해 '공'이 들어간 여러 단어를 통해 그 의미를 고찰할 수 있다. 공공기관, 공공사업, 공설운동장, 공중화장실, 공기업, 공익법인, 공중전화, 공직 등에서 '공'은 개인적이지 않고 사회적인 특성을 나타낸다. 이는 '사적(私)'과 대조되는 개념으로 볼 수 있다.

공공성은 다음과 같은 특성을 포함한다.

- 접근성 : 공적인 소유나 행위는 누구에게나 차별 없이 접근이 허용된다.
- 이익 : 특정 개인의 이익이 아닌, 많은 사람과 관계된 공익성을 담고 있다.
- 서비스 : 공공성이 강한 서비스는 언제 어디서나 누구라도 차별 없이 평등하게 제공되어야 한다.
- 주체 : 공적인 행위나 소유는 정부와 관련이 깊으며, 이는 법적 권위성을 가진다.

(2) 공공성의 특징

① 공개성

정부가 보유한 정보와 업무를 국민에게 공개하는 것이다. 이는 투명성과 유사한 개념으로, 행정정보의 공개와 국민의 참여를 보장하는 것을 포함한다. 웹 2.0, 웹 3.0 등의 영향으로 정보의 공개가 더욱 강조되며, 빅데이터의 공개와 활용 또한 중요한 이슈가 된다.

② 공익성

공공성의 공개성은 궁극적으로 공익성과 연결된다. 행정 과정에서의 공개와 참여가 공익의 범위를 결정하는 중요한 기준이 된다. 공익은 행정의 정당성을 판단하는 가치 기준이며, 정책 결정에 있어 자원의 배분을 정당화한다.

③ 보편성

모든 국민에게 동등하게 제공되는 서비스의 특성이다. 이는 통신, 전기 등의 필수 재화와 관련되며, 누구도 배제하지 않는 평등한 서비스 제공을 의미한다. 보편적 서비스의 예로는 전면 무상급식, 전자 민원 서비스 등이다.

④ 권위성

행정의 공공성은 법적 권위성과 강제성을 가진다. 이는 정부가 행위의 주체라는 점에서 다른 공공 서비스와 차별화된다. 시민단체의 공공성은 자발적이지만, 행정의 공공성은 법에 근거하여 강제력을 가진다.

2) 공익성

(1) 의의

공익성은 사회 일반의 이익을 지향하며, 이는 행정이 추구해야 할 주요 가치이다. 공익은 개인이나 특정 집단의 이익보다 사회 전체의 이익을 중요시하는 개념으로, 행정의 정당성과 합리성을 뒷받침하는 역할을 한다.

(2) 공익성의 특징

① 전체효용의 극대화

공익은 사회 구성원 전체의 효용을 극대화하는 것을 목표로 한다. 이는 공리주의와 후생경제학의 관점에서 개인의 효용을 합산하여 사회 전체의 총효용을 극대화하는 방식이다. 예로는 공공 프로젝트의 결정에서 사회 전체의 복지를 최우선으로 고려하는 것이다.

② 도덕적 절대가치

공익은 절대적인 도덕적 가치를 포함한다. 이는 사회 공동체가 추구해야 할 규범적 선의 가치를 의미한다. 예로는 기본 인권의 보호, 사회적 정의의 구현 등이다.

③ 공유하는 이익

공익은 사회 구성원 모두가 공유하는 공동의 이익이다. 이는 특정 개인이나 집단의 이익과는 구별되며, 보편적으로 사회 구성원들이 관심을 가지는 이익을 포함한다. 예로는 대중교통 체계의 개선, 공공 의료 서비스의 제공 등이다.

(3) 공익성의 학설

① 실체설

공익을 실체적 개념으로 이해하는 접근이다. 하위 개념으로는, 첫째, 개인의 효용을 계산하여 사회 전체의 총효용을 극대화하는 전체효용의 극대화이다. 둘째, 사회 공동체의 절대적 선의 가치를 추구하는 도덕적 절대가치이다. 셋째, 사회 구성원이 보편적으로 공유하는 공동의 이익을 강조하는 공유하는 이익이다.

② 과정설

공익을 과정적 개념으로 이해하는 접근이다. 공익은 서로 상충되는 이익을 조정하고 타협하여 도출되는 결과다. 특징으로는, 첫째, 서로 상충되는 이익을 조정하고 타협하여 균형 상태의 결론에 도달하는 이익 조정과 타협이다. 둘째, 적법 절차의 준수를 통해 공익을 보장하는 절차적 합리성이다.

(4) 개념의 절충과 관리적 의미

공익은 특정 사회구성원이 아닌 일반 사회나 공동체의 여러 구성원에게 두루 관계되는 이익을 의미하며, 그 범위는 상황에 따라 유동적이다. 공익 개념의 유동성에서 오는 유연성을 받아들여 행정에서 실체설적 공익개념과 과정론적 접근의 절충을 통해 공익은 행정의 방향을 이끌고 정당한 절차를 통해 구체적 지침과 결론에 도달하는 데 도움을 준다. 공무원은 공익을 실현하기 위해 사회 또는 공동체의 여러 구성원에게 차별 없이 이익을 제공하고 조정하는 노력을 기울여야 하며, 이를 통해 사회 전체의 복지를 증진할 수 있다.

3) 합리성

(1) 의의

행정은 공동목표를 달성하기 위한 합리적 협동행위를 의미하며, 합리성은 이러한 행정의 중요한 특징 중 하나이다. 합리성은 다양한 의미를 지니고 있으며, 다음과 같이 여러 측면에서 이해될 수 있다.

㉠ 경제적 합리성 : 최소한의 비용과 노력으로 최대한의 성과를 달성하는 것을 의미한다. 효율성을 중시하며, 자원 배분의 최적화를 목표로 한다. 예로는 예산 절감과 동시에 서비스 품질을 유지하는 행정 운영 등이다.

㉡ 지성적 합리성 : 이성적 사고와 논리적 판단을 바탕으로 한 행위를 의미한다. 감정이나 본능이 아닌, 논리적이고 체계적인 사고 과정을 중시한다. 예로는 데이터 분석과 과학적 연구를 기반으로 정책을 수립하는 과정 등이다.

㉢ 목표 지향적 합리성 : 설정된 목표를 달성하기 위한 수단과 방법이 기능적으로 적합한 경우를 의미한다. 목표 달성을 위한 전략적 계획과 실행을 강조하나. 예로는 정책 목표를 명확히 설정하고, 이를 달성하기 위한 구체적 행동 계획을 수립하는 것이다.

㉣ 사회적 합리성 : 사회 구성 요소 간의 조화와 통합을 중시하는 합리성을 의미한다. 사회 전체의 조화로운 발전과 균형을 목표로 한다. 예로는 다양한 이해관계자 간의 의견을 조율하고, 공정하고 투명한 의사결정을 추구하는 행정이다.

(2) 합리성의 특징

합리성은 일반적으로 충동이나 본능, 감정 등의 잠재의식이나 무의식적 요소의 영향을 받지 않고, 오직 이성에 의한 의식적이고 체계적인 사유 과정을 통해 이루어지는 행위 속성을 의미한다. 그러나 합리성에 의한 결과는 사고 기준이 다를 수 있기 때문에 다양할 수 있다. 이는 이성의 판단 기준이 다르기 때문이다. 따라서 합리성은 주어진 상황을 기준으로 한 이성적이고 의식적인 사유 과정을 의미한다.

합리성은 행정의 모든 과정에서 중요한 기준이 된다. 이는 행정이 감정이나 본능에 의존하지 않고, 이성적이고 체계적인 사고와 논리를 바탕으로 운영되어야 함을 의미한다. 이를 통해 행정은 보다 효율적이고 효과적으로 운영될 수 있으며, 사회 전체의 목표를 달성하는 데 기여할 수 있다.

4) 기술성

(1) 의의

행정은 목표를 달성하기 위해 다양한 기술을 필요로 한다. 기술성은 행정의 중요한 특징 중 하나로, 다음과 같은 여러 측면에서 요구된다.

㉠ 사무처리 과정에서의 기술성 : 효율적이고 체계적인 사무 처리를 위해 정보기술을 활용하는 것을 의미한다. 문서 관리, 데이터베이스 구축, 전산화 시스템 운영 등 정보기술(IT)의 활용이 중요하다. 예로는 전자결재 시스템 도입, 클라우드 기반 데이터 관리, 자동화된 행정 절차 등이다.

㉡ 정책결정 및 집행과정에서의 기술성 : 정책을 수립하고 집행하는 과정에서 분석적이고 과학적인 접근을 의미한다. 정책 분석, 통계 기법, 빅데이터 분석, 예측 모델링 등 다양한 과학적 기법이 요구된다. 예로는 빅데이터를 활용한 정책 수립, 시뮬레이션을 통한 정책 효과 예측, 데이터 기반 의사결정 등이다.

㉢ 조직 관리에서의 기술성 : 조직의 효율적 운영을 위해 필요한 관리 기술을 의미한다. 인사관리, 재무관리, 성과관리, 조직구조 설계 등 다양한 관리 기법이 포함된다. 예로는 성과 평가 시스템 도입, 예산 관리 소프트웨어 활용, 조직 진단 및 재설계 등이다.

㉣ 사람 관리에서의 기술성 : 직원의 동기부여, 교육 및 훈련, 갈등 해결 등을 위해 필요한 기술을 의미한다. 인적 자원 관리, 리더십, 커뮤니케이션, 갈등 해

결 기법 등이 중요하다. 예로는 직무 교육 프로그램 개발, 팀 빌딩 워크숍, 갈등 관리 워크숍 등이다.

(2) 기술성의 특징

㉠ 전문성 : 행정 업무의 효율적 수행을 위해 높은 수준의 전문 지식과 기술이 요구된다. 특정 분야에 대한 깊이 있는 지식과 경험을 바탕으로 전문적인 업무 처리가 가능하다.

㉡ 과학성 : 합리적이고 체계적인 접근 방식을 통해 문제를 해결하고 목표를 달성한다. 데이터 분석, 통계 기법, 예측 모델링 등 과학적 방법론을 사용하여 의사결정을 내린다.

㉢ 효율성 : 최소한의 자원과 비용으로 최대한의 효과를 달성하기 위한 노력이 포함된다. 자원의 최적 배분, 프로세스 개선, 자동화 등을 통해 업무 효율성을 극대화한다.

㉣ 혁신성 : 새로운 기술과 방법을 도입하여 행정의 질을 높이고 변화를 선도한다. 기존의 방식을 탈피하고 창의적인 해결책을 모색하며, 최신 기술을 적극적으로 도입한다.

㉤ 적응성 : 급변하는 환경과 상황에 유연하게 대응할 수 있는 능력을 의미한다. 변화하는 기술 환경에 신속히 적응하며, 지속적인 학습과 개선을 통해 업무 방식을 개선한다.

㉥ 정확성 : 오류를 최소화하고 신뢰성 높은 결과를 제공하는 능력이다. 데이터 관리, 정보 처리의 정확성을 유지하며, 높은 품질의 서비스를 제공한다.

㉦ 투명성 : 행정 과정과 결과를 공개하고 이해관계자와의 신뢰를 유지하는 것을 의미한다. 정보 공개, 참여 기회 제공, 피드백 수렴 등을 통해 투명성을 유지한다.

행정에서의 기술성은 전문성, 과학성, 효율성, 혁신성, 적응성, 정확성, 투명성 등의 다양한 특징을 가지고 있다. 이러한 특징들은 행정의 목표를 효과적으로 달성하고, 사회 전체의 복지와 발전에 기여하는 데 중요한 역할을 한다. 지속적인 기술 발전과 함께 행정에서도 이러한 기술적 특징들을 적극적으로 활용하고 발전시켜 나가는 것이 필요하다.

5) 정치성과 권력성

행정은 본질적으로 정치적 환경 속에서 이루어지며, 권력적 수단이나 공권력을 바탕으로 한다는 점에서 정치성과 권력성을 지니고 있다. 이 두 가지 특성은 행정이 공공의 목표를 달성하는 과정에서 중요한 역할을 한다.

(1) 정치성

정치성은 행정이 정치적 환경과 밀접하게 연결되어 있다는 것을 의미한다. 구체적으로 다음과 같은 특징을 지닌다.

㉠ 정책 결정 과정 : 행정은 정책을 계획하고 실행하는 과정에서 정치적 결정과 밀접하게 연관되어 있다. 정책 결정은 다양한 정치적 이해관계자들(정치인, 시민, 이익 단체 등)의 의견과 요구를 반영하게 된다. 예산 편성, 법률 제정, 공공 프로젝트 수행 등에서 정치적 타협과 조율이 필요하다.

㉡ 이해관계의 조정 : 행정은 다양한 이해관계자들 사이에서 갈등을 조정하고, 사회적 합의를 도출하는 역할을 한다. 지역 개발 정책에서 주민의견 수렴, 기업과의 협력, 환경 보호 단체의 요구 반영 등 공익과 사익, 다수와 소수의 이해관계를 균형 있게 반영하여 정책을 수립하고 집행한다.

㉢ 정당성과 신뢰성 : 행정의 결정과 행동은 정치적 정당성을 가지고 있어야 하며, 국민의 신뢰를 얻어야 한다. 선거로 선출된 공직자의 정책 집행, 국민 여론 조사 및 공청회 등을 통한 의견 반영 등 투명하고 공정한 절차를 통해 정책

을 수립하고 집행함으로써 정치적 정당성을 확보한다.

(2) 권력성

권력성은 행정이 공공의 목표를 달성하기 위해 권력적 수단과 공권력을 사용하는 것을 의미한다. 구체적으로 다음과 같은 특징을 지닌다.

㉠ 법적 권한 : 행정 기관은 법률에 의해 부여된 권한을 바탕으로 정책을 집행하고 공공 서비스를 제공한다. 법적 권한을 통해 사회 질서를 유지하고, 공공의 이익을 보호한다. 경찰의 치안 유지, 세금 징수, 건축 허가 등의 행정 활동이 예시이다.

㉡ 강제력 : 행정은 필요할 때 법적 강제력을 동원하여 정책을 집행하고 규제를 시행한다. 강제력은 법의 테두리 안에서 행사되며, 시민의 권리와 자유를 보호하는 동시에 사회 질서를 유지한다. 불법 건축물 철거, 과세 및 벌금 부과, 공공 질서 유지 등이 예시이다.

㉢ 공권력의 행사 : 행정은 국가를 대표하여 공권력을 행사하며, 이는 국민의 안전과 복지를 보장하기 위한 것이다. 공권력의 행사는 법적 절차와 규정을 준수하며, 국민의 권리를 보호하고 사회 정의를 실현한다. 비상 사태 시 정부의 긴급 조치, 공공 프로젝트 강제 집행, 행정 명령의 발동 등이 예시이다.

6) 안정성과 계속성

행정은 국민의 요구와 국가적 이익을 추구하는 과정에서 안정성과 계속성을 필요로 한다. 이는 행정의 지속적인 운영과 안정된 상태 유지를 통해 국민의 요구에 적절히 대응하고 국가적 손실을 방지하기 위한 것이다.

(1) 안정성

안정성은 행정이 예측 가능하고 일관되게 운영되는 것을 의미한다. 주요 특징은 다음과 같다.

㉠ 예측 가능성 : 행정의 결정과 행동이 일관되게 수행되어 국민이 행정의 방향을 예측할 수 있는 능력이다. 정책의 일관성과 지속성을 통해 국민의 신뢰를 형성해야 한다.

㉡ 신뢰성 : 행정이 공정하고 투명하게 운영되어 국민이 행정에 대해 신뢰를 가질 수 있는 능력이다. 정책 집행 과정의 투명성과 책임성을 통해 국민의 신뢰를 확보해야한다.

㉢ 사회적 안정 : 행정이 사회적 혼란을 최소화하고 안정된 사회 환경을 유지하는 역할을 의미한다. 사회 질서 유지와 공공 안전 보장을 통해 사회적 안정을 도모해야한다.

(2) 계속성

계속성은 행정이 중단 없이 지속적으로 운영되는 것을 의미한다. 주요 특징은 다음과 같다.

㉠ 지속적 운영 : 행정이 외부 환경 변화에도 불구하고 계속적으로 운영될 수 있는 능력을 의미한다. 정책의 지속적인 집행과 공공 서비스의 연속성을 통해 국민의 안정적인 삶을 보장해야 한다.

㉡ 계획의 일관성 : 장기적 목표와 계획이 일관되게 유지되고 실현되는 능력을 의미한다. 중장기 계획의 일관된 추진을 통해 지속 가능한 발전을 도모해야 한다.

㉢ 공공 서비스의 연속성 : 공공 서비스가 중단 없이 제공되어 국민의 생활에 필요한 서비스를 계속적으로 제공하는 능력을 의미한다. 공공 서비스의 연속성을 통해 국민의 생활 안정과 복지를 보장해야 한다.

7) 사회적 책임과 주관성

재활행정은 공공적 목적을 위해 수행되는 활동으로, 사회적 책임과 주관성을 중요한 특징으로 가지고 있다. 이는 재활행정이 단순히 개인의 이익을 추구하는 것이 아니라 사회 전체의 이익과 복지를 목표로 한다는 점에서 중요한 의미를 갖는다.

(1) 사회적 책임

사회적 책임은 재활행정이 사회적 약자와 소외된 계층을 보호하고 지원 즉, 공공의 이익을 위해 수행되는 활동임을 의미한다. 주요 특징은 다음과 같다.

㉠ 공적 목적 : 재활행정은 사적 이익보다는 사회 전체의 이익을 위해 운영된다. 공공 자금과 지역사회의 성금을 기반으로 재활 프로그램을 운영하며, 사회적 필요에 맞춰 서비스를 제공한다.

㉡ 공적 자금 사용 : 재활행정은 공적 자금과 기금을 통해 운영되며, 이는 공공의 이익을 위해 사용된다. 투명하고 책임감 있게 자금을 사용하며, 지역사회의 요구를 반영한다.

㉢ 사회적 기관의 역할 : 재활기관은 사회적 필요를 충족하기 위해 존재하며, 지역사회의 요구를 널리 받아들여야 한다. 기관의 문호를 개방하고 지역사회와 협력하며, 사회적 자금을 받을 자격을 유지한다.

(2) 주관성

주관성은 재활행정이 개별 대상자의 특성과 필요를 반영하여 맞춤형 서비스를 제공하는 것을 의미한다. 주요 특징은 다음과 같다.

㉠ 개인 중심의 접근 : 재활행정은 각 개인의 특성과 필요에 맞춘 맞춤형 지원을 중요시한다. 개인별 상황에 따라 유연하고 적절한 지원을 제공하며, 개인의

존엄성을 존중한다.

㉡ 이용자 이익 중심 : 재활행정은 궁극적으로 이용자의 이익과 복지를 최우선으로 한다. 이용자의 복지 향상을 위해 최선을 다하며, 이용자의 의견과 요구를 반영해야한다.

㉢ 전문성과 유연성 : 재활기관은 전문성을 유지하면서도 이용자의 다양한 필요를 반영할 수 있는 유연성을 갖추어야 한다. 전문성을 기반으로 한 맞춤형 서비스 제공, 이용자의 다양한 요구에 대한 유연한 대응이 필요하다.

8) 조직적 활동성

재활행정은 사회적으로 승인된 제시설 및 기관에 의거하여 정규적이고 전문적인 조직적 활동을 수행하는 특성을 지니고 있다. 이는 개인적 자선행위와는 구분되며, 사회적 책임과 주관성에서 유래한 필연적인 측면을 반영한다. 주요 특징은 다음과 같다.

㉠ 공식의 조직 기반 : 재활행정은 공식적인 사회단체나 제시설을 기반으로 하여 활동을 진행한다. 개인적 자선행위와는 달리, 조직적인 구조와 규정에 따라 운영된다.

㉡ 정규적, 전문적 활동 : 재활행정은 정규적이고 전문적인 접근을 통해 활동을 수행한다. 개인적 자선행위는 항상성과 일관성을 갖지 못하는 반면, 재활행정은 조직적 구조를 통해 안정성과 일관성을 유지한다.

㉢ 사회적 승인과 제 시설 : 재활행정은 사회적으로 승인된 제 시설과 기관을 바탕으로 활동을 펼친다. 사회가 공식적으로 인정하는 재활 기관에서 제공되는 서비스는 투명하고 신뢰성 있다.

9) 장애인과의 직접적인 관계성

재활행정은 장애인의 개인적인 소비욕구와 직접적으로 관련되며, 이용자 개인에게 직접적으로 적용되는 특성을 갖는다. 재활행정은 이용자와의 직접적인 관계를 통해 신속하고 효과적인 지원을 제공하며, 이용자 중심의 접근을 통해 개인의 필요를 반영한 지원을 제공한다. 사회적 목적에 의해 규제된 공식적인 조직활동은 재활분야에만 국한되는 것이 아니라 다양한 인간 활동에서도 중요한 역할을 한다. 주요 특징은 다음과 같다.

㉠ 개인적 소비욕구와 관계 : 재활행정은 장애인이 가진 개인적인 필요와 소비욕구에 직접적으로 관계되어야 한다. 장애인의 다양한 요구와 필요를 충족시키기 위해 개별적이고 맞춤형 접근이 필요하다.

㉡ 사회적 목적과의 연계 : 재활행정은 사회적 목적에 기반하여 규제된 공식적 조직활동으로, 재활 분야에 국한되지 않고 다양한 사회적 활동에서 중요한 역할을 한다. 국가나 지방 정부의 다양한 정책이나 사회적 활동은 모두 사회적 목적과 국민의 복지와 관련이 있다. 재활행정 역시 이러한 사회적 필요에 부응하며 운영되어야 한다.

㉢ 직접성의 중요성 : 재활분야와 다른 사회적 활동 사이의 구분점은 주로 직접성에서 찾을 수 있습다. 재활행정은 개별 이용자의 직접적인 필요와 관련된 활동으로, 이를 통해 사회적 서비스의 효율성과 효과를 극대화한다.

10) 인간의 복지 우선성

재활행정은 인간의 존엄성과 복지 향상을 최우선 목표로 하며, 장애인의 사회통합과 정상화를 중시한다. 이는 사회적이고 조직적인 정책 수립의 주된 목적이다. 인간의 복지 우선성은 장애를 가진 개인들의 존엄성과 인권을 존중하며, 그들의 삶의 질을 향상시키기 위해 사회적으로 지속적인 노력이 필요한 중요한 정책 목표이다. 이를 통해 모든 개인이 평등하고 자유롭게 사회에 참여할 수 있는 기회를 제공하는 것이 핵심적인 의미이다. 주요 특징은 다음과 같다.

㉠ 인간의 존엄성 : 재활행정은 모든 개인이 동등하게 존중받고 인간다운 삶을 살 수 있도록 지원하는 것을 목표로 한다. 개인의 가치와 존엄성을 존중하며, 장애인이나 다양한 특수 상황에 처한 사람들도 사회적으로 포용되고 존중받을 수 있는 환경을 조성하는 것이 중요하다. 사회적으로 소외되거나 차별받는 장애인들도 포용되고 존중받을 수 있는 환경을 조성하는 것이 중요하다. 그들의 인권을 보장하는 것에 중점을 둔다. 법적, 정책적으로 장애인에 대한 차별금지 조치와 접근성 확보를 통해 사회적 참여의 기회를 보장한다.

㉡ 복지 향상 우선성 : 재활행정은 사회적 공정성을 통해 모든 개인의 복지를 증진시키는 것을 목표로 한다. 사회적으로 소외되거나 어려움을 겪는 개인들에게 복지 서비스를 제공하여 삶의 질을 향상시키는 것을 중시한다. 경제적 지원, 건강 관리, 교육, 직업재활 등의 서비스를 통해 장애인의 자립과 사회적 참여를 촉진한다.

㉢ 사회적·법적 기반의 강화 : 재활행정은 사회적, 법적으로 장애인의 권리를 강화하고, 그들의 자유와 자립을 증진시키는 것을 목표로 한다. 장애인을 위한 법적 보호, 정책적 지원을 통해 사회적으로 공정하고 통합적인 사회를 실현하는 데 기여한다.

제3절 재활행정의 과정 및 접근방법

1. 재활행정의 과정

재활행정은 재활환경과 상호작용하면서 재활목표를 달성하기 위한 순환과정을 거친다. 이러한 의미에서 재활행정의 과정은 목표를 달성하기 위해 체계적이고 순환적인 일련의 단계를 거치는 것으로 이해할 수 있다. 이를 통해 재활행정이 효율적이고 효과적으로 이루어질 수 있다.

1) 행정과정에 대한 학자별 견해

행정과정에 대한 학자별 견해는 행정학의 발전과 함께 다양하게 제시되었다. 주요 학자들의 행정과정 이론을 소개하면 다음과 같다.

㉠ 앙리 페이욜(Henri Fayol) : 앙리 페이욜은 관리 과정에 대한 초기 이론을 제시한 프랑스의 관리학자이다. 그는 관리 기능을 다섯 가지로 분류한다.

- 기획(Planning) : 미래의 목표와 이를 달성하기 위한 행동 방침을 설정하는 것이다.
- 조직화(Organizing) : 조직의 구조를 설계하고, 인적 및 물적 자원을 배치하는 것이다.
- 지휘(Commanding) : 조직의 활동을 이끄는 것이다.
- 조정(Coordinating) : 모든 활동이 조화를 이루도록 조정하는 것이다.
- 통제(Controlling) : 목표와 성과를 비교하고, 필요한 수정 조치를 하는 것이다.

㉡ 루서 굴릭(Luther Gulick) 및 린달 어윅(Lyndall Urwick) : 굴릭과 어윅은 고전적 행정관리설의 핵심모형인 POSDCORB라는 용어를 사용하여 최고관리층의

일곱 가지 기능으로 행정과정을 설명한다.

- 기획(Planning) : 목표와 방침을 결정하는 과정이다.
- 조직화(Organizing) : 작업을 나누고 구조를 설계하는 것이다.
- 인사관리(Staffing) : 인력을 모집하고, 훈련시키고, 유지하는 것이다.
- 지휘(Directing) : 의사결정과 명령을 내리는 것이다.
- 조정(Coordinating) : 부서 간 활동을 조정하는 것이다.
- 보고(Reporting) : 성과를 기록하고 보고하는 것이다.
- 예산편성(Budgeting) : 재정을 계획하고 관리하는 것이다.

㉢ 허버트 사이먼(Herbert Simon) : 사이먼은 행정과정에서 의사결정의 중요성을 강조한다. 그의 주요 이론은 다음과 같다.

- 지향(Intelligence) : 문제를 탐색하고 정의하는 단계이다.
- 설계(Design) : 가능한 해결책을 개발하는 단계이다.
- 선택(Choice) : 최적의 해결책을 선택하는 단계이다.
- 검토(Review) : 선택한 해결책의 결과를 검토하고 평가하는 단계이다.

㉣ 체스터 바너드(Chester Barnard) : 바너드는 조직 내 협력 시스템을 강조하며, 다음과 같은 행정과정을 제시한다.

- 의사소통(Communication) : 조직 내 정보와 명령의 흐름을 관리하는 것이다.
- 권한의 수용(Acceptance of Authority) : 구성원들이 권위를 수용하는 과정이다.
- 목표 설정(Goal Setting) : 조직의 목표를 명확히 하고 구성원들과 공유하는 것이다.
- 유인과 기회(Incentives and Opportunities) : 구성원들이 목표 달성을 위해 협력하도록 유인책을 제공하는 것이다.

㉤ 피터 드러커(Peter Drucker) : 드러커는 현대 경영학의 거장으로, 행정과정을 다음과 같이 설명한다.

- 목표 관리(Management by Objectives, MBO) : 명확한 목표를 설정하고, 목표에 따라 성과를 평가하는 과정이다.
- 조직 설계(Organizational Design) : 조직의 구조와 기능을 설계하는 것이다.
- 의사결정(Decision Making) : 정보를 바탕으로 합리적인 결정을 내리는 것이다.
- 커뮤니케이션(Communication) : 명확하고 효율적인 정보 전달과 피드백이다.
- 혁신(Innovation) : 새로운 아이디어와 방법을 도입하여 조직을 발전시키는 것이다.

이와 같이 각 학자들은 자신들의 이론을 통해 행정과정을 다각도로 분석하고 제시한다. 이들의 이론은 행정 관리의 기초가 되어 오늘날 다양한 조직에서 활용되고 있다.

2) 전통적 행정과정

전통적 행정이론인 행정관리론에서는 정치와 행정을 분리하여 행정이 정치적 결정으로부터 독립적으로 운영된다는 입장이다. 이 이론은 주로 효율성과 규칙 준수를 강조하며, 이미 수립된 법령이나 정책을 집행하는 것으로 행정을 이해한다. 주오 특징으로는 첫째, 폐쇄체제이다. 행정을 환경과 무관한 폐쇄체제로 취급하여 외부와의 상호작용을 고려하지 않는다. 둘째, 정태성이다. 행정기능을 정태적(static)으로 보아 변화와 적응을 등한시한다.

행정과정은 대체로 계획(Plan), 실시(Do), 평가(See)의 간략한 과정으로 행정을 인식한다. 대표적 행정과정은 굴릭(Gulick)과 어윅(Urwick)이 제시한 최고 관리층의 기능으로, 행정의 7가지 기능 POSDCORB을 강조한다.

3) 현대적 행정과정

현대적 행정과정은 국가발전 목표의 달성을 위해 적극적인 정책 및 계획 수립과 환경과의 상호작용을 중시한다. 이는 통치기능설이나 발전행정론 등의 관점에서 행정을 파악한 것이다.

주요 특징으로는 첫째, 개방체제이다. 행정을 환경과의 상호작용 속에서 이해하며, 외부 변화에 적응하고 반응하는 개방체제로 인식한다. 둘째, 동태성이다. 행정기능을 동태적(dynamic)으로 보아 변화와 발전을 중시한다. 셋째, 통합적 접근이다. 목표 달성에서부터 환류까지의 포괄적 과정을 강조한다. 전통적인 행정과정이 보다 구조적이고 단계적인 반면, 현재적 행정과정은 유연하고 변화에 신속하게 대응하는 특징을 가지고 있음을 알 수 있다.

현대적 행정과정은 목표달성 → 정책결정 → 기획 → 조직화 → 동작화 또는 동기부여 → 평가 → 환류로 구분해 볼 수 있다.[21]

4) 재활행정과정

재활행정의 과정은 개방체계 관점에서 투입(input), 전환(transfer), 산출(output), 환류(feedback)의 순환과정으로 이해될 수 있다. 목표설정부터 환류까지의 일련의 과정을 통해 재활행정은 효율적이고 체계적으로 운영된다.

현대적 행정과정을 반영한 재활행정과정은 다음과 같이 구성할 수 있다. 각 단계는 목표달성 → 정책결정 → 기획 → 조직화 → 서비스 실시 → 평가 → 환류로 구분해 볼 수 있다.

(1) 목표설정

목표설정이란 재활행정이 달성하고자하는 바람직한 미래의 상태를 의미하며 행정과정에 있어서 이와 같은 목표를 설정하는 것이 최우선의 과제이다. 재활의 궁극적인 목표는 장애인의 완전 참여와 평등이며 이는 다시 구체적으로 장애인이 사회통합을 위한 분야별로 목표가 규정되어 나오는 것을 의미한다.

목표는 전체 시스템의 방향을 설정하는 중요한 요소로, 시스템 내의 모든 요소가 목표 달성을 위해 조화를 이룰 수 있도록 설정한다. 또한 목표는 재활환경과 상황을 고려하여 설정해야 하는데 장애인의 다양한 요구와 환경적 조건을 반영하여 목표를 세워야 한다.

이와 같은 목표가 설정된 다음 이 목표를 달성하기 위한 정책수립을 하게 되는 것이다.

(2) 정책결정

목표설정이 되면 이러한 목표의 달성을 위하여 무엇을 할 것인가를 결정하게 되는데 이것이 정책결정이다. 다시 말해 정책결정이란 재활기관이 재활의 궁극적인 목표를 실현하기 위하여 기본적인 활동지침을 결정하는 과정을 의미한다. 합목적적이고 합리적인 결정을 통해 목표 달성 방안을 수립한다.

정책결정은 다양한 대안들을 비교하고 분석하여 최적의 정책을 선택하는 과정이다. 이를 위해 비용-효과 분석, 비용-편익 분석 등을 사용한다. 또한 상황에 맞는 정책을 선택하기 위해 환경 분석과 이해관계자의 요구를 고려한다.

(3) 기획

기획이란 설정된 목표를 달성하고 결정된 정책을 집행하기 위한 구체적이고 합리적인 수단을 선택하는 과정이다. 즉 목표를 달성하기 위하여 미래의 방법과 절차를 의식적으로 개발하는 과정이 기획이다. 예를 들어, 장애인들의 완전고용이라는 목표를 설정하고 이것을 위해 관련법을 마련한다면 고용의 목표 달성을 위해 이루어지는 면접, 평가, 훈련, 배치, 사후지도 등을 포괄하는 사업에 대한 계획이 바로 기획인 것이다.

기획은 구체적인 목표를 설정하고 이를 달성하기 위한 전략과 전술을 계획하는 과정이다. 목표를 달성하기 위한 구체적이고 측정 가능한 계획을 수립한다. 또한 기획은 시스템 내 각 요소의 상호작용을 고려하여 통합적이고 체계적으로 이루어져야 한다.

(4) 조직화

목표설정과 정책결정 그리고 기획이 이루어진 다음 이를 구체화시키는 수단으로 인적, 물적 자원을 동원하고 배분하는 조직화가 이루어지게 된다. 즉 서비스를 수행하기 위하여 업무가 분담되고 사람, 자원, 예산, 물자 등의 동원과 배분이 이루어지게 된다. 이에 따라 조직구조, 인사, 예산 등이 마련되는데 이는 모두 연속적인 과정으로 이루어지게 된다.

조직화는 인적 자원과 물적 자원을 효과적으로 배분하고 관리하는 과정이다. 조직구조를 명확히 하고, 역할과 책임을 분명히 하여 효율적인 자원 배분을 도모한다. 또한 조직화는 시스템 내의 각 요소가 조화를 이루도록 설계되어야 하며, 각 요소 간의 상호작용을 최적화하는 것이 중요하다.

(5) 서비스 실시

이는 조직화가 이루어진 다음 실제 행동으로 옮겨져서 일이 수행되는 것을 의미한다. 일반적인 사업에서는 대부분의 일들이 지시, 명령에 의해서 이루어지는 경우도 있지만 재활서비스는 전문가의 자발적이고 적극적인 행동을 더욱 강조하고 있으며 이를 위하여 적극적인 서비스 유도를 위한 관리방식이 요구된다.

서비스 실시 과정에서는 상황에 맞는 적절한 접근 방법을 선택해야 한다. 다양한 환경과 상황을 고려한 유연한 실행이 필요하다.

(6) 평가

서비스는 언제나 의도한대로 수행되는 것은 아니다. 즉 설정된 목표나 결정된 정책, 수립된 기획의 방향으로 사업이 진행되고 있는가를 항시 확인, 점검하는 과정이 필요한 것이다. 이는 객관적인 평가기준을 설정하여 이 기준과 나타난 실적을 비교하여 평가하게 된다.

평가는 설정된 목표와 실제 성과를 비교하는 과정이므로 성과 지표와 평가 기준을 명확히 하고, 이를 바탕으로 객관적인 평가를 실시한다. 평가 결과는 시스템의 피드백 과정을 통해 반영되어야 한다. 이를 통해 시스템의 개선과 발전을 도모한다.

(7) 환류

행정의 과정을 평가하여 서비스의 잘못된 부분이 있거나 비능률적, 비민주적, 비전문적인 결과가 나타나면 이를 시정 조치하여 시행착오를 반복하지 않게 하고 필요하고 잘된 부분은 재이용하여 서비스의 지속성과 발전을 증가시키는 것이다.

환류는 평가 결과를 바탕으로 시스템을 조정하고 개선하는 과정이다. 피드백을 통해 잘못된 부분을 수정하고, 성공적인 요소를 강화한다. 환류 과정을 통해 조직은 지속적으로 학습하고 발전해야 한다. 이를 위해 조직 내 지식 공유와 학습 문화를 장려한다.

2. 재활행정의 접근방법

재활행정을 보는 관점은 시대적인 요청이나 환경적인 변화에 의하여 달라지며 접근하는 방법도 차이가 있을 수 있다. 이와 같은 의미에서 재활행정의 접근방법도 행태론적 접근방법, 생태학적 접근방법, 체계론적 접근방법으로 살펴볼 수 있다.

1) 행태론적 접근방법

(1) 행태론적 접근방법의 의의

행태론적 접근방법은 재활행정을 포함한 사회과학에서 중요한 연구 방법론 중 하나로, 주로 경험적 인식과 검증에 기초한 접근을 의미한다. 이는 행정 및 재활행정의 이해와 실천에서 다양한 관찰 가능한 행동과 경험적 자료를 중시한다.

행태론적 접근방법은 과학적 방법론을 통해 재활행정을 이해하고 설명하려고 한다. 이는 경험적 자료를 수집하고 검증하는 과정을 통해 이루어진다. 실증주의는 관찰 가능한 사실과 경험을 중시하며, 직접적으로 지각할 수 있는 관찰을 통해 연구 데이터를 수집한다. 이는 재활행정에서 장애인의 행동과 관련된 경험적 증거를 수집하고 분석하는 데 중요한 역할을 한다. 과학이란 경험적인 인식과 검증에 바탕을 둔 지적활동을 의미하는 것으로 볼 수 있다. 과학은 경험의 세계(the empirical)를 이해하는 방편이며 비경험적(non-empirical) 혹은 초경험적(super-empirical) 현실을 대상으로 삼지 아니한다. 경험적인 인식이 무엇을 의미하는가에 대한 견해는 실증주의, 행태주의, 자연과학주의 등의 경험적 접근방법과 관념주의, 현상학 또는 인간주의 등의 접근방법으로 나누어지며, 이들 양자의 논쟁은 지속되어 오고 있다.

장애인의 사회행동도 모든 과학의 대상처럼 사람의 5관을 통해서 직접 지각할 수 있는 관찰의 대상이며 그와 같은 관찰에서 얻은 사실만이 과학적 연구의 자료라고 하는 것이 실증주의적 입장이다. 물론 5관으로 직접 관찰하지 못하는 심리현상이라 할지라도 그러한 직접적 경험에 입각하여 얻은 자료를 가지고 간접적으로라도 추리할 수 있도록 개념의 조작화만 실증적으로 할 수 있으면 이것도 타당한 근거라 한다. 실증주의적 접근은 경험적 자료를 수집하고 검증하는 과정을 통해 이루어집니다. 장애인의 사회적 행동을 분석할 때는 겉으로 나타나는 행동을 중심으로 연구가 진행되며, 이를 통해 가치관, 목적의식, 감정, 동기 등의 심리적 작용도 간접적으로 추론할 수 있다. 겉으로 나타난 행동이란 몸으로 하는 행동도 있지만 말로 나타날 수도 있다. 사람의 행동은 생각이나 느낌같이 속으로 일어날 수도 있지만, 이와 같은 내면적인 행동(covert behavior)도 결국은 겉으로 나타나는 행동을 통해서만 파악해야 한다.

다시 말하자면 인간의 행동을 알려고 함에 있어서도 마치 물의 원자 구성을 발견하고 알기 위해서는 물이라는 물질의 물리적, 화학적 반응에서 제공되는 증거에 입각하듯이, 겉으로 나타난 행동에서 보여주는 증거를 바탕으로 하여 그것을 알 수 있다는 것이다. 같은 논리로 인간행동이 왜 일어나는가를 설명하는 일도 인과적인 연관에 대한 외적인 지식으로 충분하다고 본다. 이때 외적인 지식이란 겉으로 나타난 행동들에 대한 경험적 관찰에서 얻어지는 것을 말한다.

경험적 접근방법에 의한 연구는 Simon 이후의 행태주의 이론과 Riggs의 비교행정연구를 지적할 수 있으며 최근에도 이러한 입장의 연구가 많이 진행되고 있다. **Herbert A. Simon**은 논리실증주의(logical positivism)에 입각하여 사실명제(경험적 검증이 가능한 명제)와 가치명제(경험적으로 검증할 수 없는 명제)로 구분하고, 논리적 실험과 검증이 가능한 사실명제만을 행정의 연구 대상으로 삼았다. 그의 연구는 계량적 방법을 도입하여 행정 연구의 과학적 접근을 강조했다. **Fred W. Riggs**는 비교행정연구에서 규범적 연구방법과 실증적 연구방법을 구분하며, 실증적 연구의 중요성을 강조했다. 그의 연구는 다양한 환경에서의 행정 현상을 비교하고 분석하는 데 초점을 맞추었다.

(2) 행태론적 접근방법의 특징

행태론적 접근방법은 다음과 같은 특징을 지니고 있다.

① 인간행동의 규칙성 전제

행태론은 인간행동의 규칙성을 전제로 하고 있다. 즉 인간의 행동은 일정한 규칙적 행동양식을 지니고 있으며 재활행정이란 이러한 장애인의 집단행태에 의하여 이루어지는 것으로 보고 행태론은 행태의 규칙성을 발견하고 일반화시키고자 한다.

② 논리실증주의 접근방법과 정치·행정의 이원론

재활행정학도 과학이라는 입장에서 가치명제와 사실명제를 구분하여 논리적 실증이 가능한 사실명제만을 대상으로 하고 가치명제는 제외시키고자 한다. 이에 따라 가치명제는 정치가 다루고 재활행정은 사실명제만을 대상으로 하여야 한다는 것이다. 이같이 논리실증주의에 의하여 가치와 사실을 구분하고 이에 따라 정치와 행정을 구분시키는 정치·행정의 새로운 이원론적 입장을 취하고 있다. 그러나 여기서 이원론은 과학으로서 재활행정학이 되기 위해서 가치와 사실의 구분에 의한 것이며 본질적으로 정치와 재활행정은 단절된 것은 아니다. 재활행정의 정책결정 기능을 인정하고 있으며 정책결정과정에는 가치개입이 따르는 것이다.

③ 계량화와 기법 및 입증의 중시

행태론적 접근법은 계량화를 통한 사실의 입증을 중요시하고 있다. 이에 따라 연구방법과 기법을 중시 여기며 계량적 기법을 통하여 경험적 검증을 하고자 한다. 이러한 측면에서 특히 자료의 수집이나 분석기술을 중시하고 있다.

④ 통합과학적 접근

행태주의는 인접 학문 간의 연관성을 표방한다. 즉 행태주의자는 재활행정이 심리학·사회학·문화인류학·의학 등의 인접 학문과의 상호연관성이 깊다는 점에서 개별학문의 영역에 한정하지 않고 다른 분과와의 협력적 관계를 시도한다. 다른 학문분야의 연구방법이나 이론 또는 연구에 의하여 얻어진 내용을 응용하고 통합 활용하려고 한다.

⑤ 사회심리학적 접근방법

행태론적 행정이론은 인간 즉 장애인의 행태에 관심을 갖는다. 장애인의 행태의 이해를 위해서는 인간과 장애인의 사회심리적 과정을 이해하여야 하기 때문에 사회심리학적 접근법에 의한 행정의 연구를 시도한다. 이에 따라 의사결정과정의 합리성과 갈등관계, 권위의 수용, 인간의 욕구, 동기 등 사회심리적 측면에 관심을 갖는다.

⑥ **공·사행정의 동질론**

행태론적 행정이론은 논리실증주의에 의해 가치와 사실을 구분하고 이에 입각하여 정치와 행정을 구분한다. 이같이 행정에서 정치가 제외됨으로서 공·사행정에 공통점이 강조된다. 즉, 수단, 기술 등 행정의 유사성이 강조되어 공·사행정 동질론적 입장을 취한다.

2) 생태학적 접근방법

(1) 생태론적 접근방법의 이해

생태학적 접근방법(ecological approach)은 재활행정에서 중요한 연구 방법으로, 재활행정과 그 주변 환경과의 상호작용을 중심으로 연구하는 방식이다. 생태학적 접근방법은 원래 생태학(ecology)에서 비롯된 개념으로, 유기체와 환경 간의 상호작용을 연구하는 학문이다. 이를 재활행정에 적용하면, 재활행정과 외부 환경 사이의 상호관계를 분석하는 방법론이 된다. 즉 유기체(재활행정)와 환경(사회적, 경제적, 문화적 맥락)의 상호작용을 분석한다.

장애인에 대한 부정적인 사회적 인식이 재활행정에 미치는 영향, 장애인의 사회통합을 저해하는 환경적 요소와 그 해결 방안, 재활행정이 운영되는 외부 환경의 변화와 그 대응 전략 등을 연구한다.

생태학적 접근방법은 재활행정에서 환경의 중요성을 강조하며 유용한 연구 방법을 제공하지만, 몇 가지 한계를 가지고 있다.

첫째, 조직외적인 환경변수만을 연구하고 조직내부적인 문제는 무시이다. 생태학적 접근방법은 주로 조직 외부의 환경변수에 초점을 맞추고, 조직 내부의 문제는 충분히 다루지 않는다. 내부 구조, 조직 문화, 내부 커뮤니케이션 등의 요소가 간과될 수 있다.

둘째, 변수 간 상호작용 분석의 한계이다. 생태학적 접근방법은 개별 변수들 간의 관계를 체계적으로 분석하지 않는다. 변수들 간의 복잡한 상호작용을 이해하고 예측하는 데 한계가 있다.

셋째, 행정의 독립변수적인 역할을 간과하고 있다. 이 접근방법은 행정 자체가 환경에 미치는 영향을 충분히 고려하지 않는다. 재활행정의 주체로서 행정의 능동적인 역할과 그 영향력을 간과할 수 있다.

(2) 생태학적 접근방법의 특징

재활행정에서 생태학적 접근방법의 특징은 재활행정과 그 주변 환경 간의 복잡하고 상호의존적인 관계를 이해하고 이를 반영하여 정책과 프로그램을 설계하고 실행하는 데 있다. 다음은 재활행정에서 생태학적 접근방법의 주요 특징이다.

① 통합적(Holistice) 관점

생태학적 접근은 시스템 전체를 하나의 유기체로 보고, 그 안의 모든 요소들이 상호작용하며 기능한다고 본다. 이는 부분적인 분석이 아닌, 전체적인 맥락에서 문제를 이해하려는 시도를 의미한다. 재활행정에서 장애인, 가족, 사회적 환경 등 모든 관련 요소들을 통합적으로 고려한다. 재활행정은 단순히 개별 장애인의 문제를 해결하는 것이 아니라, 그들이 속한 전체 시스템을 이해하고 개선하려고 한다. 장애인의 재활 목표를 설정할 때, 개인의 신체적 상태뿐만 아니라 사회적, 경제적 환경까지 고려하여 포괄적인 지원을 제공한다.

② 상호작용과 상호의존성

재활행정은 장애인, 가족, 서비스 제공자, 정책 결정자 등 다양한 주체들이 상호작용하며 서로에게 영향을 미친다는 점을 강조한다. 장애인 서비스 제공 과정에서 사회적 인식 변화, 법적 제도, 경제적 지원 등이 서로 영향을 미치는 방식에 주목한다. 재활 프로그램 개발 시, 가족의 지원, 지역 사회 자원의 활용, 법적 지원 등을 모두 고려하여 통합적인 접근을 시도한다.

③ **동태적 특성**

생태학적 접근은 시간에 따라 변하는 동적인 과정을 중시한다. 환경은 고정된 것이 아니라 끊임없이 변화하며, 이에 따라 행정의 대응도 변화해야 한다. 장애인의 상태와 환경은 시간이 지남에 따라 변할 수 있으므로, 재활행정은 이러한 변화를 반영하고 적응할 수 있어야 한다. 재활 서비스는 지속적인 모니터링과 평가를 통해 상황 변화에 따라 조정되고 개선된다.

④ **맥락적 이해**

특정 행정 현상이나 문제를 그 맥락 속에서 이해하려고 한다. 장애인 재활은 특정한 시간, 장소, 문화적, 사회적 조건에서 이루어지는 활동으로 이해해야 한다. 지역 사회의 문화적 특성과 자원을 고려한 맞춤형 재활 프로그램을 개발하고 실행한다.

⑤ **적응과 생존**

시스템이 환경에 적응하고 생존하는 과정을 연구한다. 이는 시스템이 변화하는 환경에 대응하여 구조와 기능을 조정하는 능력을 의미한다. 재활행정은 변화하는 환경에 적응하고 지속 가능한 서비스를 제공하는 것을 목표로 한다. 정책 변화나 자원 제한에 유연하게 대응할 수 있는 재활 서비스 체계를 구축한다.

⑥ **복잡성과 비선형성**

생태학적 접근은 복잡하고 비선형적인 상호작용을 강조한다. 재활행정에서 발생하는 문제는 단순한 원인-결과 관계가 아니라 다양한 요인이 복합적으로 작용함을 인식한다. 장애인의 사회적 통합 문제를 단일한 원인으로 설명하기보다는, 다양한 각도에서 분석하고, 다차원적인 해결책을 모색한다.

⑦ **개방체계**

재활행정은 외부 환경과 끊임없이 에너지, 정보, 자원을 교환하며 외부 변화에 민감하게 반응하는 개방된 시스템으로 본다. 사회적 변화, 법적 규제, 경제적 상황

등 외부 요인에 맞추어 재활 서비스와 정책을 지속적으로 조정한다.

⑧ **환경의 다차원성**

환경을 물리적, 사회적, 문화적, 경제적, 정치적 차원 등 여러 차원에서 이해하려고 한다. 재활행정에서 다양한 환경적 요인들이 장애인의 삶에 미치는 영향을 종합적으로 분석하여 포괄적인 지원 체계를 구축한다.

이와 같은 특징들을 통해 재활행정에서 생태학적 접근방법은 장애인의 재활을 보다 포괄적이고 통합적으로 이해하고 지원할 수 있게 한다. 이는 장애인 개인뿐만 아니라 그들이 속한 환경 전체를 개선하고자 하는 노력을 의미하며, 지속 가능한 재활 성과를 달성하는 데 중요한 역할을 한다.

3) 체계론적 접근방법

(1) 체계(systems)의 개념과 체계이론(systems theory)

체계(systems)란 상호의존적이고 상호 영향을 주고받는 부분들의 모임(set)을 의미한다. 예컨대 생물학적 체계로서 한 그루의 나무를 체계로 본다면 나무는 줄기, 뿌리, 잎이라고 하는 부분으로 구성되어 있고, 줄기와 뿌리와 잎은 상호 독립적이면서도 상호의존적인 관계를 맺고 있다. 이와 같이 나무라고 하는 체계는 뿌리라고 하는 하위체계(sub system)와 줄기라고 하는 하위체계 그리고 잎이라고 하는 하위체계로 구성되어 있고, 그들 하위체계는 독립성을 지니면서도 상호의존적인 관계에서 나무라고 하는 전체체계를 유지, 생성, 발전시킨다. 또한 하위체계는 자체 내의 여러 하위체계로 구성되고 체계는 외부의 다른 체계의 하위체계가 되어 체계로서의 독립성을 지니면서 다른 체계에 영향을 미친다. 나무는 외적 요소인 물과 산소 그리고 태양열의 공급에 의하여 유지되면서 외부에 새로운 산출물을 내보내게 된다.

재활행정체계도 이와 유사하다. 즉, 장애인의 사회통합을 장애인의 욕구, 전문가에 의한 서비스, 국민들의 인식이 하나의 체계를 형성하여 새로운 산출물을 내보내는 것으로 재활행정 분야의 사회현상이라고 하는 전체의 한 부분이다. 이와 같은 관점에서 체계란 상호독립성을 유지하면서도 상호의존적인 부분들로 구성된 모임(set)을 의미한다. 따라서 조직 내의 부분이나 단위들은 그 조직을 이루고 있는 경계(boundary) 속에서 활동하면서 한 부분의 변화가 다른 부분에 영향을 미치도록 연결되어 있다. 이와 같이 체계론적 접근방법은 행정현상을 체계로 파악하여 행정체계는 전체체계의 부분체계이며 부분체계는 다시 하위부분체계로 구성되고 그들 간에는 독립성을 지니면서도 상호의존적이고 상호작용하는 가운데 질서와 통일성을 유지하는 것으로 보는 입장이다.

(2) 체계의 특성

체계는 다음과 같은 속성을 지닌다.

① 전체성

체계는 수개의 하위의 구성요소, 즉 하위체계로 구성된 것이며, 수개의 하위체계가 모여서 구성된 전체로서의 체계는 단순한 개별적인 하위체계의 집합체가 아니라 전체로서의 새로운 기능을 수행하는, 즉 새로운 속성을 지닌 체계이다. 전체는 단순한 부분의 총체계가 아니라 그보다 크다는 사실이다. 이는 부분의 협력에 의한 결과이며, 이것이 전체성의 특성이다. 부분의 결합에 의한 전체체계는 부분요소의 속성과는 관계없는 새로운 속성을 지닌 체계이다. 즉, 부분이 부분요소들로서의 설명될 수 없는 전체적 특성을 지닌 새로운 특성이 나타난다는 것이다.

② 상호연관성

부분들로 구성된 체계는 부분들 간에 상호 영향을 주고받은 의존적인 관계를 맺고 있다. 상호간에 상호작용을 하고 의존하며 규제하고 촉진한다. 하위체계 상호간의 영향은 전체체계에 변화를 일으키게 되고 그것은 다시 하위체계로 영향을 미치게 된다.

③ **계층성**

하나의 체계는 여러 개의 하위체계로 구성되고 그 하위체계는 다시 여러 개의 하위체계로 구성된다. 이와 같이 체계는 계층성을 지니고 있다. 예컨대 재활체계(rehabilitation system)는 정치체계·경제체계·행정체계·사회체계·교육체계 등의 하위체계들로 구성되고, 행정체계는 보육·복지·노동·건축 등의 하위체계로 구성되며, 복지부는 다시 여러 국으로 구성되어 계층으로 연결된다.

④ **개방성**

체계는 외부의 환경으로부터 영향을 받기도 하고 영향을 주기도 하며 유지, 변화하는 개방적인 체계이다. 전통적(고전적)인 행정이론에서는 폐쇄적인 것으로 파악이 되었으나 오늘날에는 개방적인 것으로 파악되고 있다.

⑤ **목표추구**

체계는 목표를 갖고 있으며 그 목표를 추구한다. 목표가 여러 개인 것이 보통이고 그 목표들 간의 우선순위는 달라질 수 있다. 그러나 중요한 것은 체계전체의 발전, 유지에 공헌할 수 있는 목표가 되어야 한다. 조직의 목표는 조직의 생존과 발전에 직접 관계된다.

⑥ **안정성과 형평의 유지**

체계는 안정성을 유지한다. 여기서 안정성이란 정태적인 것이 아니라 동태적이면서도 일정한 상태(항상성)가 유지되는 것을 의미한다. 이러한 의미에서 체계는 외부환경과의 적응을 하면서 항상성을 유지한다. 즉, 일정한 형평성을 유지하게 되는 것이다.

⑦ **규제**

체계는 체제의 안정을 유지하도록 통제 또는 규제를 받게 된다. 활동의 제한을 받는다든가 활동이 목표성취에 기여하도록 조절을 하게 되는 것이 모두 이러한 규제에 속한다. 또 조직이 현대의 능력으로는 해결할 수 없는 상황에 직면했을 때 부분요소를 변경시키거나 새로운 부분요소를 부가시켜 상황에 적응하는 것도 체계의 규제활동에 속하는 것이라고 하겠다.

⑧ 분화와 통합

체계는 분화와 통합의 과정을 거친다. 즉 업무를 분담하여 효율적으로 처리하기 위해서 계속적인 분화가 일어나고 동시에 전체체계의 목표를 성취하기 위해서 분화된 각 부분은 전체로서의 통합이 요구된다. 이에 따라 조직이 성장, 발전할수록 분화와 통합이 계속된다.

(3) 재활행정체계의 특징

재활행정체계는 주어진 환경 속에서 투입(input) → 전환과정(through- put) → 산출(output) → 환류(feedback)의 순환과정을 거친다.

재활행정체계의 과정은 처해있는 장애인이나 재활현장의 상황에 따라 투입요소, 전환과정, 산출결과, 환류과정 및 환경여건의 구체적 특성이 다르겠으나 일반적으로 〈그림 1-1〉과 같은 과정을 거치는 것으로 이해할 수 있을 것이다.

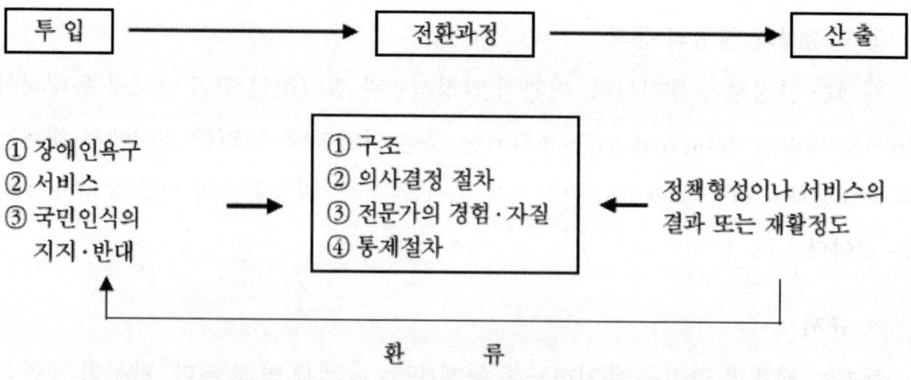

〈그림 1-1〉 재활행정체계의 특징

제4절 재활행정의 발달

1. 재활행정발달의 사상적 배경

재활행정의 변화과정에서 나타나고 있는 기본적인 사상은 재활의 발달 과정 속에서 나타난 기본이념인 사회적 역할가치 부여이론(정상화이론)과 전문가의 의존에서 탈피하려고 하는 장애인들의 독립생활운동, UN을 중심으로 전 세계에 권고하고 있는 완전참여와 평등을 기반으로 한 시민권주의 등이 많은 영향을 미치고 있다고 볼 수 있다.

1) 사회적 역할가치 부여이론(normalization theory : social role valorization)

1960년대 유럽에서 막대한 예산과 서비스를 제공함에도 불구하고 지적장애인의 재활이 이루어지지 않자 근본적인 원인을 찾고자 하는 운동이 일어났으며 이 과정에서 Wolfensberger는 그 원인을 사회의 비장애인들이 장애인에 대하여 낮은 가치(devalue)를 부여함으로써 장애인들이 체계적인 훈련을 하고 정부가 재원을 많이 투자해도 결국 장애인들은 사회적으로 가치 있는 역할을 하지 못한다는 결론에 도달하게 된다.

이 이론의 목적은 어떠한 유형의 사람들도 그가 속한 사회 안에서 사회적으로 가치 있는 역할을 할 수 있도록 하거나 지원해 주는 것으로써, 기본적으로 한 개인의 사회적 역할이 사회적으로 가치 있는 것이라면 그 사람이 속한 사회의 환경이나 규범 내에서 다른 것들은 거의 자동적으로 바람직한 것으로 여겨진다는 것에 기초하고 있다.

따라서 장애인이 사회적으로 가치 있는 생활조건과 가치 있는 역할의 목표를 획득하여 사회통합되어 살아갈 수 있게 하려면 낮은 가치를 전환시키기 위한 사회적

이미지(social image)개선과 자신의 능력을 증진시키는데 행정이 초점을 맞추어야 한다는 것이다.

이와 같은 이론은 오늘날까지 재활행정이나 정책에 상당한 영향을 주고 있다.

2) 독립생활운동

독립생활운동(independent living movement)에서 말하는 독립생활의 개념은 적어도 세 가지의 의미가 내포되어 있는 개념으로 첫째, 선택할 권리로 즉 장애인이 생활하면서 생활방식을 자기 스스로가 선택할 수 있다는 것이다. 지금까지는 타인에 의해 의·식·주가 결정되고 의사나 전문가에 의해 어떤 서비스가 결정되는 시스템에서 장애인 스스로가 선택할 수 있는 독립의 의미를 내포하는 것이다. 둘째, 장애인은 사회에서 독립하여 생활하는데 필요한 각종 서비스를 제공받을 권리가 있다는 것이며, 세 번째 개념은 자기결정권이다. 즉 독립생활이란 이 세 가지 의미를 내포한 사회적 지원체계를 기반으로 장애인 자신에게 만족스러운 생활방식을 선택하고 자신의 생활 전 영역에 걸쳐 주도권을 행사하며 제반 의사결정과정에 참여함으로써 스스로의 문제를 결정하고 행사할 수 있는 주체적인 생활을 의미한다.

적어도 독립생활이론이 탄생하는 데는 미국의 시민법, 소비자 보호운동, 자조운동, 탈의료화 및 탈시설화 등의 사상이 영향을 주었으며 상당기간동안 서구사회의 재활에 지대한 영향을 미쳤다. 따라서 재활행정도 장애인의 이러한 독립생활운동에 기초한 행정이 필요한 것이며 이를 뒷받침할 수 있는 체계가 만들어 져야 할 것이다.

3) 완전참여와 평등을 기반으로 한 시민권 운동

1961년 12월 16일 UN은 UN헌장에서 선언했던 바와 같이 인권 및 기본적 자유, 평화의 원칙, 인간의 존엄과 가치 그리고 사회정의의 촉진에 관한 원칙을 재확인하면서 세계장애인의 해를 선언하고 그 주제를 완전참여로 정한다. 또 이를 이행하기 위해 1980년 1월 세계장애인의 행동계획을 채택하는데 세계장애인의 해의 목표를 장애인의 완전참여와 평등이라 정한다.

여기서 평등이란 사회 내 다른 시민들과 동등한 생활조건 및 사회경제개발에 따른 생활조건의 개선에 있어서 균등한 분배를 의미한다.

1983년 채택된 장애인에 관한 세계행동계획(world program of action concerning disabled persons)에서는 다시 이 사상을 확인하면서 기회의 균등화(equalization of opportunities)사상이 제창되는데 이 사상은 물리적, 문화적 환경, 주택과 교육, 사회·보건서비스, 교육과 취업의 기회, 스포츠와 레크레이션 시설을 포함한 문화, 사회생활 등 전반적인 사회제도를 모든 사람이 이용할 수 있도록 해주는 과정을 의미한다.

이와 같이 완전참여와 평등주의는 모든 국가의 재활정책에 주류화 이념으로 영향을 끼쳤으며 우리나라의 특수교육법, 장애인복지법 등 장애인복지제도와 정책도 이와 같은 사실을 적극 반영하고 있다.

이러한 영향으로 미국은 1964년 시민법(civil rights act)을 제정함으로써 그동안 미국 내에서의 불평등과 차별 특히 흑인들에 대한 인권을 크게 개선하는 계기가 되었다.

즉 시민법은 헌법상의 투표권을 보장하고 공공시설에 있어서 차별을 중단시키고 구제하기 위해 미합중국 법원에 재판권을 부여하며 공공기관, 공교육에 있어서의 헌법상의 권리를 보장하기 위하여 소송을 제기할 권한을 법무장관에게 위임하고, 인권위원회를 확대하고 연방인권계획에서의 차별을 방지하고, 고용기회균등위원회를 설치하는 등의 내용을 포함하고 있었다.

그러나 이 법의 시행으로도 미국 내에서의 차별과 분리의 문제는 존재하고 있었다. 즉 장애가 있는 사람은 여전히 차별이 존재하고 있었고 미국인으로서의 주류(mainstream)속으로 통합되지 못하고 살아가고 있었다.

이런 의미에서 1990년의 미국장애인법(the american with disabilities act,

ADA)은 장애를 가진 사람을 평등이 보장되는 미국 시민으로 받아들이는 계기가 된다. 이 법을 서명한 당시 부시대통령의 연설문 중에서도 이 의미는 나타나고 있는데, ADA는 역사적으로 신시대헌법이며 이것에 의해 장애를 가진 사람도 미국인으로서 인정받고, 자유롭고, 독립적인 평등한 입장에서 경쟁할 수 있는 기회를 갖게 되었다고 적시한다. "이 역사적인 법률은 장애인의 평등에 관한 세계 최초의 포괄적인 선언이고 이 법의 통과로 인해 미합중국도 인권문제에 있어서 국제적인 리더로서의 지위를 확립하게 되었다."

미국장애인법은 1992년 호주, 1995년 영국, 2008년 한국 등에서 장애차별법이 제정되는데 영향을 미치며, 2006년 12월 13일 UN총회에서 회원국 192개국 만장일치로 장애인 권리협약이 채택되는데도 영향을 미쳤다.

2. 미국재활행정의 발달[22)]

미국의 재활행정은 1808년 연방행정이 시작된 이래 상이군경을 위해 복지·교육 그리고 수당을 포함하는 여러 가지 형태의 지원이 있었다.

그러나 이들 지원이나 인간서비스비용은 재활이념이라는 측면보다는 국가를 위해 기여한 사람에 대한 국가의 책임을 다한다는 의미를 내포하는 수준이었다.

재활이념이라는 측면에서 미국에서 재활행정이 시작된 것은 1917년 연방정부가 직업교육을 위해 보조금을 지원하기로 한 것이며 그 이후 1920년 직업재활법이 제정되어 1954년 동법의 획기적인 개정이 있기 전까지를 태동기라고 볼 수 있으며 1954년부터 1990년 미국장애인법이 제정되기 전까지를 발전기, 1990년 이후를 안정기로 분류하여 발달사를 정리해 볼 수 있을 것이다.

1) 태동기

1917년 미연방정부는 직업교육을 위해 보조금을 지원하기로 하는데, 이것은 다른 인간서비스 프로그램에도 전례를 만드는 계기가 되었으며, 이 서비스는 연방직업교육위원회(the federal board for vocational education)에 의해 집행되었다. 이 위원회는 후에 상이군인만이 아니라 일반장애인에게까지 재활서비스를 제공하는 권한을 갖게 되었다.

1918년 재향군인재활법(veterans rehabilitation act, PL 65~178)은 상이군인들의 직업교육상 필요한 재훈련 권한을 부여하고, 장애를 가진 군인들의 복직, 취업알선 등의 직업재활서비스 등을 시행할 것을 규정한다. 이 법 제정시에는 적격판정을 연방정부의 전쟁보험국(the bureau of war risk insurance)이 담당하였으나 대상자의 폭증으로 연방직업교육위원회가 이 업무를 담당하게 되었다.

연방정부의 일반장애인의 직업재활프로그램은 1920년 시작되는데, 민간인 직업재활법(civilian vocational rehabilitation (Smith-Fess)act. PL66-236)은 일반장애인의 직업재활을 위해 예산을 지원하도록 하였으며, 특히 동법은 예산의 5 : 5 라는 주정부의 각출금 형식을 취함으로써 주정부가 연방정부와 유사한 정책을 시행하도록 하는 계기를 마련하였으며, 조성된 예산은 장애인의 진로지도, 직업교육, 직업적응 및 훈련, 직무배치 등의 서비스를 실시하는데 사용하도록 한다.

1930년대 들어 미국을 비롯한 전 세계에 밀어닥친 경제대공황은 보다 적극적인 재활정책을 필요로 하게 되었고 그 일환으로 1935년 사회보장법(the social security act : PL74-271)이 제정되었다. 이 법은 장애인에 대한 직업재활이 주기적이고 선택의 사항이 아니라 영구적 성격의 공적 의무라는 것을 규정하였으며, 이를 근거로 상당한 연방정부의 예산이 직업재활프로그램을 보조하게 되었고, 또한 시각장애인의 직업재활을 위하여 그들이 만든 상품들을 판매하기 위한 안정된 시장을 개발하도록 하여, 1936년 랜돌프 쉐퍼드법(the randolph- sheppard act : PL)과 1938년 와그너 오데이법(wagner-O`day act : PL92-28)이 제정될 수 있도록 한다.

랜돌프 쉐퍼드법은 시각장애인들의 자영업확대와 보호를 위하여 그들이 연방정부의 건물에서 자동판매기나 매점 등을 우선적으로 영업할 수 있도록 하였으며, 와그너 오데이법은 보호작업장에서 일하는 시각장애인들의 유상적인 임금제공과 일자리를 확대해 나갈 수 있도록 시각장애인들의 보호작업장에서 생산한 생산품들을 연방정부가 의무적으로 구매토록 하였으며 이는 1974년 자비트 수정법(the Javits act : PL)으로 개정되어 전 보호작업장으로 확대되었으며 보호작업장 활성화에 결정적인 계기를 마련한다.

그리고 이 사업을 수행하기 위하여 미국시각장애인산업단(the national industries for the blind : NIB)과 중증장애인산업단(the national industries for the severely handicapped)이 만들어지게 되었다. 또한 1943년 직업재활법 개정안(PL78-113)은 연방-주정부의 직업재활 프로그램에 많은 변화를 가져왔다.

먼저 재활프로그램의 효과적인 수행을 위하여 교육부에 직업재활국(the office of vocational rehabilitation)이 설치되었으며, 그동안 신체장애인 위주로 서비스해왔던 범위를 지적장애와 정신장애인들에게로 확대되었다. 서비스의 범위도 교정수술, 치료요법, 입원치료, 운전 및 각종 자격증 훈련, 직업도구와 장비, 훈려자의 생계부양, 직업배치, 보장구 사용훈련, 의료검사 및 지도 등으로 확대되는 등 미국에서 장애인을 위한 공행정이 시작되었다.

2) 발전기

1954년부터 1990년 미국장애인법이 제정되기까지 직업재활법은 수차례 개정과정을 겪게 되는데 이 과정을 살펴보면 재활행정의 발달과정을 짐작해 볼 수 있다.

1954년 직업재활법개정안(PL83-565)은 재활프로그램의 획기적인 전환을 하는 계기가 되었다. 이 개정안은 우선적으로 연방정부 예산대비 주정부 예산의 비율을 6 : 4로 연방정부의 책임을 증대시켰으며 예산의 지원범위를 ① 장애인의 재활을 위한 시설물에 대한 지원 ② 연구 및 시범사업에 대한 지원 ③ 재활전문가들의 훈련 및 재교육에 대한 지원 등으로 확대되어 재활프로그램의 확대와 전문화에 기여하게 되었다.

1965년 직업재활법 개정안(PL89-333)에서는 연방정부와 주정부의 예산분담비율을 75 : 25로 증대시키는가 하면 ① 중증장애인에게 서비스를 제공하기 위한 공학에 대한 지원 ② 작업장의 증설 및 기능의 내실화 ③ 고용을 저해하는 건축구조 및 시설물을 개선하기 위하여 건축장벽개선위원회(the national committee on architectural barriers)와 정책 및 행정위원회(the national policy and performance council)의 설치 ④ 직업재활 전문교육을 받는 학생에 대한 장학금 지원 ⑤ 직업재활분야 각 기관의 내실화를 위한 지원 등을 규정한다.

그리고 1961년, 1968년 부분적인 개정과정을 거쳐 1973년 재활법(PL93-112)으로 전문개정이 이루어진다.

1973년 재활법은 보건 및 복지부(HEW)에 재활서비스국(the rehabilitation services administration)을 설치하는 등 다음과 같은 내용이 추가되었다.

① 중증장애인에 대한 서비스의 우선권 부여
② 장애인 개인에 대한 성문화된 재활프로그램(individualized written rehabilitation plan : IWRP)작성의 의무화
③ 고용잠재력은 부족하나 자립생활능력 등의 향상을 필요로 하는 중증장애인에 대한 재활서비스 방법의 연구
④ 재활전문가에 대한 훈련기회 확대
⑤ 공공기관 및 연방조달계약기관(관공서)의 장애인 고용 시 장애인 차별금지
⑥ 공적서비스의 장애인의 평등권 보장
⑦ 건축물 및 교통기관에 대한 장벽제거에 관한 연구시행
⑧ 장애인에 대한 전반적인 서비스 확대

또한 1974년과 1978년, 1986년에 계속적인 개정이 이루어지는데 1986년 주요

개정내용은 다음과 같다.

① 지원고용(support employment)의 제도화

② 재활분야에의 공학의 적극적인 도입

③ 전국고용촉진주간의 실시

④ 각 주에 자립생활위원회의 설치

⑤ 연방정부 사용의 모든 전자기기를 장애인이 이용할 수 있도록 하는 지침의 제정 등이다.

이 외에도 이 시기에는 1976년 발달장애인 원조 및 권리법(the developmental disabilities assistance and bill of right act) 및 1975년 전장애아교육법(the education for all handicapped children act) 등이 제정되는 등 미국 재활행정발달에 발전을 이룬 시기이다.

3) 안정기

1990년 7월 26일 부시 대통령은 미국장애인법(the american with disabilities act of 1990 : ADA)에 서명하는데, 이 법은 인종과 성별, 출신국가 및 종교에 바탕을 두고 장애를 가진 개인에게 시민권을 보호(civil right protection)하는 것을 규정 하고 있다.

이 ADA가 규정하고 있는 법 내용을 요약하면 장애를 가진 개인에게 고용(주 및 지방정부), 공공서비스, 공공교통, 일반시민이 이용하는 민간운영교통, 대중이용시설과 장소, 일반대중에 제공되는 전화서비스 등에 있어서 균등한 접근기회(equal opportunity)를 보장하는 것이다.

고용에 있어서는 15인 이상의 종업원을 고용하는 고용주는 다음과 같은 분류에서 장애를 이유로 자격이 있는 장애인을 차별하는 것이 금지되며 이것은 고용주뿐만 아니라 고용알선기관, 노동단체, 그리고 노사합동위원회에도 적용된다.

① 구직절차
② 고용, 진급, 퇴직
③ 보상
④ 직업훈련
⑤ 고용에 수반되는 기타 조건, 특전

공공교통(public transportation)을 포함한 공공서비스(public service)에 있어서도 차별을 금지하고 있는데 공공교통은 90년 8월 26일자로 고정노선을 운영하는 모든 공공기관은 휠체어를 사용하는 장애인을 포함하여 모든 장애인이 접근할 수 있는 버스를 구입해야 하며 또한 공공기관이 고정노선 버스를 운영할 때에는 그 담당지역 내에서 보조적 교통서비스(complementary para-transit)나 다른 특별한 가치를 취해야 한다.

그리고 공공기관에 의해서 건설되는 공공교통을 제공하는 모든 새로운 시설과 기존시설을 개수할 때에는 장애인이 접근할 수 있도록 해야 한다.

고속 및 경철도에 있어서는 한 열차 중 적어도 한 차량을 휠체어를 사용하는 장애인을 포함해서 장애인이 접근할 수 있도록 해야 하며, 국유철도에 의해 새로이 구매되는 모든 새로운 승객차량은 장애인에게 접근성이 있어야 하며, 단층객차의 경우 휠체어를 탄 채로 차내에 탑승할 수 있어야 하며 열차 내의 공중화장실을 이용할 수 있어야 한다.

민간기관에 의해 운영되는 공공시설(public accommodation)에 있어서는 장애를 가진 사람들을 차별하지 못하도록 하고 있는데 일반적으로 다음과 같은 조항을 포함한다.

① 장애를 가진 개인이나 그 계층에 속하는 사람들을 차별하는 경향이 있는 자격구분의 제시
② 공공성 편의시설 장소의 운영에 있어서 적절한 변경이나 즉시 조치를 하지 못하는 것

③ 공공시설에 필요한 보조적 시설이나 서비스 제공을 못하는 것
④ 공공성 시설에 있어서 별로 큰 어려움이나 큰 비용이 소요되지 않고 쉽게 할 수 있는 건축상 혹은 통신상의 장벽을 제거하지 못하는 일
⑤ 건축물 혹은 통신상의 장벽을 제거하는 것이 용이하지 못 할 때에 대안을 마련하여 장애를 가진 사람의 편의를 봐주는 방안을 마련하지 못하는 일

또한 여기서 공공성시설이란 다음과 같은 시설이 해당한다.

① 여관, 호텔, 모텔 기타 숙박시설(임대시설이 5실 이상일 때 해당)
② 영화관, 극장, 콘서트 홀, 스타디움 기타 전시나 접대장소
③ 레스토랑, 바, 기타 음식제공 시설
④ 강연장, 대회장, 강의실 등 기타 공중집합장소
⑤ 제과점, 세탁소, 의복점, 철물점, 쇼핑센터 혹은 기타 판매 혹은 임대업체
⑥ 은행, 이발소, 미장원, 여행사, 구두수선소, 장의사, 주유소, 회계사나 변호사 사무소, 약국, 보험사무소, 보건소, 병원, 기타 서비스 업체
⑦ 버스정류장, 고속버스터미널 등 특정 공공 교통을 위한 정류장
⑧ 박물관, 도서실, 화랑 등 기타 공공 전시 혹은 집회장소
⑨ 공원, 동물원, 오락공원 등 기타 위락시설
⑩ 사립육아원, 초·중고학교, 대학 혹은 대학원 기타 교육의 장
⑪ 주간 간호센터, 노인센터, 사회복지기관 등
⑫ 실내스포츠센터, 헬스센터, 볼링센터, 골프코스, 기타 운동 및 오락장소

청각장애와 언어장애를 가진 사람들을 위해 통신서비스 제공에 관해서도 규정하고 있는데, 모든 통신회사는 이들을 위해 전화통신 릴레이 서비스(telecommunication relay service)를 마련하도록 하고 있다. 이 서비스는 청각장애나 언어장애를 전혀 갖지 아니한 두 사람의 유·무선으로 음성통신을 하는 것과 마찬가지로 이들이 장애가 없는 사람과 유·무선 통신을 할 수 있도록 하는 서비스이다.

이러한 내용을 규정하고 있는 장애인 법은 장애를 가진 사람들을 평등이 보장되

는 미국시민으로 끌어올리는 계기를 마련한다.

이 외에도 1998년 노동력 투자법(Workforce Investment Act)과 TWIIA(Ticket to Work and Work Incentives Improvement Act)법은 장애인의 직업기회 확대를 위한 행정의 효율화를 꾀한 법률로서 노동력 투자법은 노동관련 준비와 고용서비스 등을 구직자, 고용주, 지역사회의 필요한 욕구에 부합하도록 통합지원체계로 결합하는 것이다. 이 법의 1장에서는 장애인을 포함하여 모든 구직자들에게 효과적이고 유의미한 방법으로 서비스를 제공하는 주 및 지방정부 차원에서 종합서비스 제공시스템으로 통합되어야 한다고 규정하고 이 규정에 의해 통합직업재활센터(one-stop system with vocational rehabilitation)들이 설치되었다. 이 법률에 의해 이 센터는 장애인들이 노동시장에 진입하기 위해 혹은 재진입하기 위해 필요한 종합적인 지원을 제공하는 것이다. 이 센터에는 재활상담사들이 배치되어 장애인들이 방문을 하게 되면 직업재활 프로그램만이 아니라 다른 일반적인 고용프로그램을 포함한 다양한 서비스를 제공받게 된다. 또한 TWIIA는 보충보장소득(Supplemental Security Income : SSI)과 사회보장장애보험(Social Security Disability Insurance : SSDI)을 받는 장애인들이 취업을 준비하고 촉진하는데 필요한 동기부여를 위해 제정된 법률이다. 주요 목적은 보충보장소득이나 사회보장장애보험을 받는 장애인들을 일을 하게 하기 위해 혹은 일하고자 하는 장애인들에게 일을 함으로써 건강보험혜택이나 위의 급여를 상실하지 않도록 일정기간 유지될 수 있도록 티켓을 부여함으로서 장애인들의 고용방벽을 제거하고자 하는 것이다. 결국 이러한 행정발달은 이용자인 장애인의 편의를 고려하기 위한 조치를 행정이 이용자의 욕구를 충족시키기 위하여 움직이고 있다는 반증이다.

3. 우리나라 재활행정의 발달

근세 이전에는 삼국시대, 고려시대, 조선시대의 구휼제도 등에서 재활행정의 흔적을 찾을 수 있는데 구빈정책의 일환으로 준비된 것이다. 오늘날의 재활행정 태동은 아무래도 1950년 군사원호법을 시작으로 1980년 세계장애인의 해 전까지를 태동기로 볼 수 있으며 1981년 세계장애인의 해 기념사업 등이 시작된 이후부터 현재의 상황을 발전기로 볼 수 있을 것이다.[23)]

1) 태동기

1950년 군사원호법과 1951년 경찰원호법은 상병군인, 상이경찰관의 생계부조, 직업보호, 수용보호와 의료시설의 수용제도를 규정하여 정부수립이후 재활행정의 시발이 되었다.

그 이후 1960년 개정 상속세법은 제 11조에서 피상속인의 동거가족 중 장애인이 있을 때에는 상속세 과세가액에서 1인당 50만원을 공제하는 내용으로 개정이 되었고, 1961년 군사원호 보상법, 군사원호대상자 임용법, 군사원호대상자정착대부법, 군사원호대상자자녀교육보호법 등은 상이군경에 대한 재활행정을 구체화했는데 일반 장애인에 대하여는 1974년 소득세법 개정이 이루어지기 전까지는 특별한 전환점이 없었다.

소득세법 개정은 종합소득, 퇴직소득, 양도소득, 산림소득의 과세표준 계산 시 개인의 인적사정을 고려한 인적공제제도를 채택하면서 장애인에 대한 세제상의 혜택 즉 장애인 1인에 대하여 12만원을 공제하는 것을 처음으로 규정한다.

1978년 6월 17일 당시 보건사회부는 처음으로 장애인 종합보호대책을 발표하는데 이 대책은 ① 49개 보호시설 수용장애아동에게 적성에 따른 직업훈련을 실시하고, ② 49개 보호시설에 물리치료실 10개, 작업치료시설 18개, 직업훈련시설 38개를 설치하고, ③ 시설장애아동의 영양급식을 위하여 지급물자의 양과 종류를 개선하고, ④ 목발과 보청기 등 보장구를 지급하고, ⑤ 장애인실태조사를 실시하고, ⑥ 국립각심원에 연구 및 훈련기관을 설치한다는 내용을 포함하고 있다.

1997년 12월 31일 정부는 특수교육을 위한 특수교육진흥법(법률 제3053호)을 제정·공포하는데 이 법은 시각, 청각, 정신, 지체부자유와 정서·언어장애 및 기타 심신장애인을 특수교육대상자로 규정하고 국가 및 지방자치단체에게 특수교육진흥을 위한 시책을 강구하도록 하였으며, 특히 특수교육대상자가 학교에 입학하고자 할 경우 특수교육대상자임을 이유로 입학지도 거부 및 입학시험 합격자의 입학거부 등 불이익한 처분을 하지 못하도록 하는 내용을 담고 있으나 실제 이 조항은 구체적 권리보장규정이 없었기 때문에 명분적인 사항이었다.

1978년 7월 11일 내무부는 도시환경시설 개선지침을 마련하여 시달하면서 횡단보도와 도로의 경계선을 낮추어 휠체어 이용 장애인이 통행할 수 있게 하고 백화점등 주요 공공건물의 출입구에도 턱을 없애게 하는 등 편의시설에 관한 행정을 시작한다.

그리고 1978년 12월 5일 개정관세법은 청각·언어장애, 지체부자유 등 신체장애인용으로 특수하게 제작된 물품 중 재무부령으로 정하는 신체장애인이 직접 사용하는 물품에 대하여는 관세를 감면할 수 있도록 하는 등의 재활행정이 이루어졌다.

2) 발전기

1980년 5월 세계장애인의 해 한국사업추진위원회 구성이 대통령령으로 제정·공포되고 당시 보건사회부장관을 위원장으로 각 부처 차관, 장애인대표, 의회, 언론관계, 법조계, 종교계 대표 등 30인 내외로 위원회가 구성되고, 1981년 1월 국무총리의 담화문이 발표되면서 추진사업(안)이 〈표 1-4〉와 같이 확정된다.

이 기념사업계획이 확정되자 재활행정에 관한 각종제도와 정책이 만들어지기 시작하는데 대표적인 것이 1981년 6월 5일에 제정된 심신장애인복지법이다.

〈표 1-4〉 세계장애인의 해 기념행사 및 사업

구분	기념행사 및 사업
제도개선	- 장애인 복지법 제정·시행 - 장애인의 날 시행 - 장애인에 대한 교육기회 확대
기념사업	- 장애인실태조사 - 시범재활시설설치 - 장애인 조기발견, 요육센터설치 - 시범·재활서비스 사업 - 영세가구 장애인 보장구 지급사업 - 고용시설, 교통설비 편의시설 제공 - 보장구 보급 모금사업 - 기념우표발행
기념행사	- 장애인의 날 행사 - 각종 발표회 - 각종 전시회 - 각종 체육대회 - 각종 실기경연대회 - 각종 학술대회
교육·홍보	- 각종 학교 프로그램 - 영화, 슬라이드, 팜플렛, 표어제작 배포 - 유공자포상 홍보
특수대상자사업	- 원호대상자 사업 - 질환자 사업 - 산업안전사업
장애인단체 육성지원	- 단체설립육성 - 사업지원

자료: 세계장애자의 해 기념사업계획. 보건사회부. 1980. 3.

심신장애인복지법은 재활행정에 전반적인 부분을 다루는 최초의 기준을 정하고 있는데 그 내용을 요약해 보면 다음과 같다.

① 장애인복지정책의 국가와 지방자치단체의 책임과 의무 규정

② 심신장애인의 범위와 기준 설정

③ 재활상담 및 의료기관 또는 심신장애인 복지시설에의 입소·통원·조치

④ 보장구의 교부

⑤ 고용촉진사업의 실시

⑥ 시설 우선 이용

⑦ 공공건물, 교통, 통신 등의 편의시설 설치

⑧ 심신장애인 복지 시설의 종류와 설치·운영

⑨ 보장구 제조, 수리업체의 허가

또한 이와 같은 정책을 집행하기 위해 1981년 11월 2일 보건복지부 사회국내에 재활업무를 총괄 담당하는 재활과가 신설되었다.

1983년 1월 1일에는 도로교통법이 개정되어 운전면허자격요인이 완화되고 신체장애인에게 2종 운전면허시험 응시자격이 부여되고, 1984년 5월 7일에는 건축법 시행령이 개정되어 일부건축물과 공공시설에 장애인 편의시설 설치를 의무화한다.

1986년 5월 9일 직업훈련기본법이 개정되어 공공직업훈련소는 훈련대상자의 5%범위 내에서 생활보호대상자를 비롯한 신체장애인에게 훈련기회를 부여하도록 하였으며, 1998년 8월 1일 대통령령 제12501호로 장애인복지대책위원회 규정이 통과되고 동년 9월 15일 장애인 복지대책위원회가 구성되어 1989년 8월 28일 대통령께 11개 부문에 걸친 대책 안을 건의하는데 지금까지 재활정책의 지침서로 활용되고 있을 정도이다.

① 장애발생의 예방

② 의료의 보장

③ 재활용구의 교부

④ 교육기회의 확대

⑤ 취업의 보장

⑥ 소득의 보장과 경제적 부담의 경감

⑦ 장애인 복지시설의 확충

⑧ 생활환경의 조성

⑨ 국민의 이해증진

⑩ 전문가의 양성과 연구의 활성화

⑪ 전달체계의 개선

이 건의를 실현하기 위하여 정부는 1989년 12월 30일 심신장애자복지법을 장애인복지법으로 전면개정하고, 1990년 1월 13일 장애인고용촉진등에관한법률을 제정한다.

장애인복지법은 먼저 국가 및 지방자치단체의 책무를 보다 구체적으로 명시하는데 즉 ① 장애발생의 예방 ② 재활의료 ③ 중증장애인의 변호 ④ 보호자에 대한 배려 ⑤ 장애인의 교육 ⑥ 장애인의 직업지도 ⑦ 장애인용 주택의 보급 ⑧ 문화환경의 정비 ⑨ 경제적 부담의 경감 등에 있어서 의무와 책임을 확실히 한다.

둘째, 장애인 등록 제도를 규정한다.

셋째, 복지조치로 ① 재활상담 및 의료기관, 장애인 복지시설에의 입소·통원·조치 ② 장애인의 의료비 지급 ③ 장애인이 부양하는 자녀의 교육비 지급 ④ 보장구의 교부 수리 ⑤ 자금 대여 ⑥ 공공시설 내 매점 또는 자동판매기 설치 우선허가 ⑦ 담배소매인 홍삼판매인 우선 지정 ⑧ 우표류 판매업 ⑨ 자립훈련비 지급 ⑩ 장애인 제작품 우선구매 ⑪ 공공시설의 우선이용 ⑫ 생계보조수당의 지급 ⑬ 도로·공원·공공건물·교통시설·통신시설·공동주택·기타 공중이 이용하는 시설의 편의시설 설치 ⑭ 방송의 수화·자막 삽입 등을 규정한다.

넷째, 장애인 복지시설로 ① 장애인 재활시설, ② 장애인 요양시설, ③ 장애인 유료 복지시설, ④ 장애인 이용시설, ⑤ 장애인 직업재활시설, ⑥ 점자도서관, ⑦ 점서 및 녹음서 출판시설 등을 규정한다.

다섯째, 장애인의 날과 장애인주간 설정을 법률로 정한다.

그리고 이 법률은 1999년과 2007년 전면 개정되어 장애범주가 15개 유형으로 확대되고 장애인 자립생활이념이 반영되는 등 점차적으로 장애인복지행정이 확대되었다.

장애인고용촉진 등에 관한 법률은 장애인 고용에 관하여 의무고용제를 도입하는 것을 골자로 하고 있는데 50인 이상을 고용하는 사업주는 근로자 총수의 100분의 2이상(2014년 현재 공공부분3%, 민간부분 2.7%)에 해당하는 장애인을 고용하여야 하는 것으로 하고 이 기준고용률에 미달하는 장애인을 고용하는 사업주는 최저임금의 100분의 60이상에 해당하는 고용부담금을 납부하여야 하고, 기준 고용률을 초과하는 장애인을 고용하는 사업주에게는 고용장려금을 지급하고, 이 법에 의하여 장애인 고용의무를 부담하지 아니하는 사업주가 장애인을 고용할 때에도 장려금을 지급할 수 있게 한다. 국가 및 지방자치단체도 장애인이 소속공무원 정원의 100분의 3이상 고용될 수 있도록 노력할 것을 규정한다. 한편 장애인의 고용촉진업무를 효율적으로 수행하게 하기 위하여 독립된 법인인 한국장애인고용촉진공단(현, 한국장애인고용공단)을 설립하는 것으로 하고, 노동부에 정부출연금 사업주의 부담금 등으로 조성되는 장애인고용촉진기금을 설치하는 것으로 한다.

한국장애인고용촉진공단의 주요 사업은 장애인 고용에 관한 정보의 수집·분석·제공 및 직업소개, 장애인의 고용촉진 및 직업재활에 관한 조사연구, 장애인 적응훈련 및 장애인 직업생활 상담원의 양성 연수, 사업주와 관련기관에 대한 직업생활 및 고용 관리에 관한 기술적 사항의 지도 지원, 장애인에 대한 적성검사·직업지도·평가·기타 직업에 필요한 지식과 기능교육, 장애인 직업훈련원 및 장애인 표준사업장 운영, 장애인 고용촉진을 위한 홍보·교육 및 장애인기능경진대회 등 관련 사업을 실시하고 있다.

또한 이 법을 수행하기 위하여 1991년 노동부에 장애인고용업무를 전담하는 장애인고용과가 설치되었다.

1994년 1월 7일 특수교육법이 전면 개정되는데 이 개정법은 특수교육대상자의 교육에 있어 통합교육이 원천임을 천명하고, 특수교육이 개별화 교육원천에 입각하여 이루어져야 함을 선언하고, 순회교육제도·파견교육제도·치료교육제도·보호자교육제도를 신설하고, 특수교육대상자에 대한 초등학교·중학교 과정을 의무교육으로, 유치원 및 고등학교 과정을 무상교육으로 할 것을 명시하고, 특수교육에 관한 주요 사항을 심의·건의하기 위하여 교육부 산하에 중앙특수교육심사위원회를, 서울특별시·광역시·도에 지방특수교육위원회를 설치하고, 고등학교 과정을 설치한 특수교육기관에 전문기술교육을 실시하기 위하여 수업연한 1년 이상의 전공과를 둘 수 있도록 한다. 또한 이 법률은 2007년 장애인 등에 관한 특수교육법으로 특수교육 관련 서비스를 구체화하고 특수교육지원센터를 설치하며 또한 특수교육의 국가책임성을 분명하게 규정하고 통합교육을 위한 여러 가치 조치와 평생교육 들을 위한 조치들을 규정한다.

1994년 12월 23일 장애인편의시설 및 설비의 설치 기준에 관한 규칙이 보건복지부령으로 제정되어 장애인편의시설을 설치해야 하는 「공공건물 및 공중이용시설」의 종류를 근린공공시설, 종교, 의료, 숙박, 집회, 교통시설 등 13개로 구분하여 32개 적용시설을 규정하였으며, 장애인 편의시설을 경사로, 휠체어리프트, 장애인용화장실, 장애인전용주차장 등 26개 시설로 구분하여 각 시설마다 설치항목을 세분화하여 설치기준을 정한다.

1995년 2월 11일 주택공급에 관한 규칙을 개정하여 국민주택특별공급대상에 장애인을 포함한다.

1997년 4월 장애인·노인·임산부 등의 편의증진 보장에 관한 법률을 제정한다. 동 법률은 장애인·노인·임산부 등이 생활을 영위함에 있어 다른 사람의 도움 없이 안전하고 편리하게 시설 및 설비를 이용하고 정보에 접근하도록 보장함으로써 이들의 사회활동 참여와 복지증진에 이바지함을 목적으로 제정되어 장애인의 접근권의 권리를 명시하고 대상시설을 도로, 공원, 공공건물 및 공중이용시설, 공동주택, 교통수단, 통신시설 등의 시설로 규정하고 있고 세부시설 및 설치기준을 대통령령으로 규정하도록 하고 있다. 또한 동 법률은 이행하지 않은 시설에 대해서는 일차 시정명령을 내릴 수 있고 이를 지키지 않을 때는 이행강제금을 부과하는 등 강력한 제재조치를 가지고 있다.

2006년 교통약자의 이동편의 증진법은 교통약자가 안전하고 편리하게 이동할 수 있도록 교통수단, 여객시설 및 도로에 이동편의시설을 확충하고 보행환경을 개선하여 인간중심의 교통체계를 구축함으로써 '장애인, 고령자, 임산부, 영유아를 동반한 사람, 어린이 등 일상생활에서 이동에 불편을 느끼는 사람들의 사회참여와 복지증진에 이바지함을 목적으로 제정되었다. 이동편의시설의 설치 기준 마련과 관리, 교통수단 등 인증, 특별교통수단의 운행, 자가운전 지원 등, 보행우선 구역 및 보행안전시설물의 설치, 실태조사와 이동편의 증진계획의 수립, 이행장치 등을 규정하고 있다.

이 외에도 2005년 장애인기업 활동 촉진법, 2007년 장애인차별금지 및 권리구제에 관한 법률, 2008년 중증장애인생산품우선구매특별법, 2010년 장애인연금법, 2011년 장애인활동 지원에 관한 법률, 2011년 장애인아동복지지원법, 2014년 발달장애인 권리보장 및 지원에 관한 법률, 2015년 장애인·노인 등을 위한 보조기기 지원 및 활용 촉진에 관한 법률 등의 제정을 통해 한국의 재활정책은 급속한 변화를 시도한다.

2005년 장애인기업 활동 촉진법은 장애인의 창업과 기업활동을 적극적으로 촉진하여 장애인의 경제적사회적 지위를 높이고 경제력 향상을 도모하여 국민경제 발전에 이바지함을 목적으로 제정되었다. 장애인기업 활동 촉진을 위한 종합 지원대책과 기본계획의 수립 및 추진, 장애인기업 활동 촉진위원회 설치, 장애인기업 실태조사, 장애인의 창업시 우대지원, 자금지원, 세제지원, 한국장애경제인협회 설립 및 장애인기업종합지원센터 설치 등을 규정하고 있다.

2007년 장애인차별금지 및 권리구제에 관한 법률은 장애인의 인권과 사회참여 보장을 목적으로 총칙, 차별금지, 장애여성, 아동, 권리구제 등 총 50개 조항으로 구성되었으며 고용, 교육, 재화와 용역의 제공 및 이용, 사법·행정절차 및 서비스와 참정권, 모·부성권, 성, 가족·가정·복지시설, 건강권, 장애여성·장애아동·정신적 장애 등의 영역에서의 차별을 금지한다. 만약 차별을 한다면 이 법률은 먼저, 행정적 측면에서 국가인권위원회 진정 및 직원조사, 장애차별 시정 소위원회 심의 등을 통한 시정명령을 하며 형사적 측면에서는 벌칙규정 제49조에 의해 3년 이하 징역 혹은 3천만 원 이하 벌금을 부과하며, 민사적 측면에서는 손해배상을 청구할 수 있도록 규정한다.

2008년 중증장애인생산품우선구매특별법은 경쟁고용이 어려운 중증장애인들을 고용하는 직업재활시설 등의 생산품에 대한 우선구매를 지원함으로써 중증장애인의 직업재활을 돕고 국민경제발전에 기여함을 목적으로 도입된 제도로 이 제도는 공공기관은 공공기관 총 구매량의 1%를 중증장애인생산품지정시설에서 우선구매하도록 하고 이를 위한 우선구매촉진위원회와 이를 지원하기 위한 수행기관 등의 지정을 규정한다. 우선구매촉진위원회는 이 법률 제5조에 의해 구성되는 심의·의결기구로 동 위원회는 보건복지부에 의해 임명되는 7인의 위촉직 위원과 당연직위원들로 구성되며, 당연직 위원들은 기획재정부, 교육과학기술부, 행정안전부, 문화체육관광부, 지식경제부, 고용노동부, 여성가족부, 국토해양부, 국가보훈처, 중소기업청, 조달청 소속의 고위공무원단에 속하는 공무원 중에서 각 1인과 위촉직 위원은 이 법 제11조에 따른 중증장애인생산품 업무수행기관의 장을 포함하여 장애인 관련 학식과 경험이 풍부한 자 7인으로 이 중 3인 이상은 장애인으로 구성된다.

동 위원회는 동 법률과 관련된 최고 의사결정기구로 다음과 같은 역할을 한다. 그러나 이 역할은 2024년 법 개정을 통해 장애인복지법의 장애인정책조정위원회로 통합되었다.

첫째, 공공기관이 우선구매 할 상품이나 서비스 품목 및 구매비율의 결정
둘째, 조달계약 공공기관 및 조달 납품 대상시설의 지정
셋째, 중증장애인생산품의 인증기준 및 방법의 결정

넷째, 중증장애인생산품 생산시설의 지정기준 및 방법의 결정
다섯째, 중증장애인생산품 제도 및 운영에 관한 사항
여섯째, 우선구매촉진계획 수립에 관한 사항
일곱째, 그 밖에 중증장애인생산품 우선구매와 관련하여 대통령령으로 정하는 사항

2010년 장애인연금법은 소득활동이 어렵고 장애로 인해 추가비용이 발생하는 장애인들의 생활을 지원하기 위한 법률로 대상은 소득인정액 하위 70%인 18세 이상 중증장애인이며 선정기준액은 매해 달라지며 기본급여와 추가급여가 지원된다.

2011년 장애인활동지원에 관한 법률은 만6세 이상 65세 미만 1급 장애인(시설장애인과 노인장기요양급여 이용장애인 제외)과 같은 독립생활이 어려운 장애인의 사회참여를 지원하기 위한 법률로 기본급여와 추가급여가 지급되는데 급여종류는 활동보조, 방문간호, 방문목욕서비스(재가, 시설, 특별현금급여 제외) 등이며 선정과정은 신청 - 등급심사(국민연금공단) - 방문조사 - 자격심의(시·군·구) 등으로 이루어진다.

2011년 장애인아동복지지원법은 장애아동의 조기지원을 통해 자립과 사회통합을 지원하기 위한 정책으로 대상은 18세 미만 등록장애인(6세미만의 아동으로 장애가 있다고 보건복지부장관이 별도로 인정하는 자)이며, 지원서비스는 의료비, 보조기구, 발달재활, 보육, 가족, 돌봄 및 일시적 휴식, 전환서비스, 문화, 예술 등 복지지원-취약가정(부, 모가 장애인, 한 가정에 2명이상 장애아동, 한부모가족 자녀 등 우선지원)이며 지원수준은 매해 다르게 결정된다.

2014년 우리나라에서는 발달장애인 권리보장 및 지원에 관한 법률은 발달장애인에 대한 구체적인 장애 범위, 그 가족이나 보호자 등의 특수한 수요에 부합될 수 있는 지원체계 및 발달장애인지원센터 설립의 근거를 제시하고, 자기결정권과 성년후견제 이용, 의사소통지원, 자조단체의 결성, 형사·사법절차상 권리 지원, 발달

장애인 대상 범죄 방지 등의 권리를 규정하고 있다.

2015년 장애인·노인 등을 위한 보조기기 지원 및 활용 촉진에 관한 법률은 보조기기 서비스를 효율적으로 제공하여 장애인·노인 등의 활동의 제약을 최소화하고 삶의질 향상에 이바지하는 것을 목적으로 장애인보조기기 지원 및 활용촉진 사업, 보조기기 교부 등, 중앙보조기기센터 설치, 지역보조기기센터 설치, 그 외 전문인력(보조공학사 양성), 보조기기 연구 개발 및 활성화 등의 내용을 규정하고 있다.

미주

1) Wright, G. N.(1980). *Total Rehabilitation*, Boston : Litter, Brown and Company.

2) Riggar, T. F.,& Lorenz, J. R.(1981). *Readings in Rehabilitation Administration.* NY : State University of New York Press.

3) 권기성 외(1955). **행정학개론**. 서울 : 진성사.

4) Caiden, G. E.(1971). *The Dynamics of Public Administration.* New York : Holt.

5) Simon, H. A.(1946). "The Proverbs of Administration," *Public Administration Review.*

6) Simon, H. A., et al.(1956). *Public Administration.* New York : Knopf.

7) 김중규(2024). **2025 김중규 ALL바른 선행정학**. 서울 : 카스파.

8) 박연호·이종호·임영제(2018). **행정학 개론**. 서울 : 박영사.

9) 유인봉(2019), **한국행정학**. 서울 : 박영사.

10) Osborne, D. and Gaebler, T.(1992). *Reinventing Government.* New York.

11) Hood, C.(1995). The New Public Management in the 1980s : Variations on a Theme, *Accounting, Organizations and Society*, 20 (2-3) : 93-109.

12) 제갈돈·김병규·도수관·윤기웅·이곤수(2017). **행정학 개론**. 경기 : 법문사.

13) Salamon,(2002). *The Tools of Government : A Guide to the New Governance.* New York : Oxford University Press.

14) 성영태(2018). **행정학개론**. 서울 : 박영사.

15) Peters, B. G.(1996). The future of Governing : Four Emerging Models. University Press of Kansas(2002). 거버넌스의 개념화, 한국행정학보, 36(4) 321-338.

16) Hannan, T., & Freeman, J.(1979). "Obstacles to Comparative Studies", Goodman, S., & Pennings M.,1979). *New Perspectives on Organizational*

Effectiveness. San francisco : Jossey-Bass Publisers.

17) Balk, W.(1978). *Productivity in Government : Public Administration Review,* Vol. 38, No, 1.

18) Rawls.(1971). *A Theory of justice.* Cambridge, Mass. : The Belknap Press of Harvard University Press.

19) Frederidson, H. G.(1980). *New Public Administration.* Alabama : The University of Alabama Press.

20) York, O.(1982). *Human Service Plaining : Concepts, Tools & Methods.* Chapel Hill, North Carolina : The University of North Carolina Press.

21) 성영태(2018). **행정학개론**. 서울 : 박영사.

22) Wright, G. N.(1980). *Total Rehabilitation*, Boston : Litter, Brown and Company.

23) 나운환(2024). **장애학과 재활상담**, 동문사.

제2장 재활조직론

제1절 조직의 의의

현대사회는 조직 사회이다. 우리는 조직에서 태어나 조직에 의해 교육되고 인생의 대부분을 조직을 위하여 일하는 데 보내게 된다. 여가의 대부분을 조직에서 소비하고, 생활하며 보낸다. 인간은 조직에서 죽게 되며 이때에도 가장 큰 조직, 즉 국가의 공적인 허가를 얻어야 한다. 이와 같이 인간은 조직에서 태어나 조직과 더불어 살다가 조직에서 죽게 되는 조직의 시대에 살고 있다. 따라서 재활현장도 재활이라는 동일의 목적을 추구하는 조직사회이며 조직이기 때문에 문화적 특성을 가진다.

이와 같이 인간생활과 분리할 수 없는 것이 조직이라고 한다면 과연 조직이란 무엇인가? 조직에 대한 정의는 학자에 따라 다양하다. Etzioni는 "조직이란 특정한 목적을 추구하기 위하여 신중하게 구성된 사회적 단위 혹은 인간집합"이라고 정의하고 있다.[1)] Parsons는 "조직이란 특정한 목적을 가진 사회체계(social system)"라고 정의한다.[2)] Barnard는 "조직이란 2인 이상이 활동(activities)이나 힘(forces)을 의식적으로 조정하는 체계(system)"라고 정의하며,[3)] Schein은 "조직이란 노동과 기능의 분화 및 권한과 책임의 계층제를 통하여 공동의 명백한 목적이나 목표의 달성을 위한 사람의 활동을 계획적으로 조정하는 것"이라고 정의하고 있다.[4)]

한편 Pfiffner & Sherwood는 "조직이란 많은 사람으로 이루어지는 것으로서 대면적인 접촉이 곤란하고 많은 과업을 행하며 모든 구성원이 서로 과업으로 관련되고 서로의 합의된 목적을 달성하기 위하여 노력하는 것"이라고 정의한다. Duncan은 "공동목적을 성취하기 위하여 상호작용하고 상호의존적인 사람들의 집합체"로서 그 사람들의 관계는 구조에 따라서 결정되는 것이 조직이라고 하였다. 이와 같이 조직에 대한 정의는 다양하지만 현대 사회적인 환경 속에서 다음과 같이 정의할 수 있다. 조직이란 공동목표를 달성하기 위한 인간의 결합체로서, 이러한 목표의 달성을 위하여 계층적 구조와 분업 및 조정이 이루어지는 형태이고, 외부적인 환경과 상호작용하여 사회적 기능을 수행하는 체계(system)이다. 따라서 이들 조직은 조직구성원 상호간과, 또 조직의 집단이나 계층 간의 상호작용관계를 맺고 상호의존적인 관계 속에서 목표달성을 위한 활동을 하게 된다.

그러면 재활조직은 어떤 조직인가? 에 대한 문제에 있어서는 제 학자들의 분류방법에 따라 다양하게 이해되어지는데 D. Katz와 R. Kahn은 조직은 ① 적응 ② 목표달성 ③ 통합 ④ 형태유지의 4가지 기능을 갖는다고 규정하고, 조직을 4가지 기능에 대응해 ① 생산적 내지 경제적 조직(productive or economic organization) ② 형태유지 조직(maintenance organization) ③ 적응조직(adaptive structure) ④ 관리 내지 정치적 조직(managerial or political organization)의 4가지로 분류하면서 재활조직을 형태유지조직으로 보고 다시 이 조직 유형을 두 가지로 분류했다.[5)]

첫째는 교육, 교화, 훈련 등을 통하여 형태유지의 직접적 기능을 다하는 조직과 둘째는 복지활동, 정신·육체적 치료활동, 교정활동 등을 통하여 사회복귀의 기능을 다하는 조직으로 분류했는데 장애인복지조직은 바로 이용자의 사회복귀를 위해 노력하는 서비스 조직이라는 것이다.

Blan과 Scott는 조직의 수혜자 즉 ① 구성원 ② 조직의 소유자(운영자) ③ 클라이언트 ④ 사회전체 또는 대중에 따라 조직을 ① 공익단체(mutual-benefit associations) ② 사업조직(business concerns) ③ 서비스조직(service organizations) ④ 공중복지조직(commonwealth organizations)으로 분류하였는데 재

활조직은 클라이언트가 주요 수혜자인 서비스 조직으로 이 조직의 가장 중요한 문제는 전문적인 서비스를 제공하는데 있으며 클라이언트의 복지가 가장 큰 관심사가 되는 조직이라는 것이다.[6] Hughes는 일종의 분석적 분류 방법을 통해 조직을 ① 자원조직(voluntary association of equals) ② 군대모형(military model) ③ 자선단체모형(philanthropy model) ④ 회사모형(corporation model)으로 분류하면서 재활조직은 특정한 클라이언트로 이루어지는 자선단체모형이라는 것이다.[7]

이 외에도 Etzioni는 조직이 사용하는 통제유형과 조직참여자들의 순응 유형에 따라 조직을 ① 강제적 조직(coercive organization) ② 공리적 조직(utilitarian organization) ③ 규범적 조직(normative organization)으로 분류하고 재활조직은 통제의 주된 원천이 규범적 권력이며 조직구성원이 높은 귀속감을 지니는 규범적 조직으로 분류하고 있다.[8] 이와 같은 맥락을 통해서 볼 때 재활조직은 장애인을 돕는 규범적이고도 전문적인 인간서비스 조직으로 특징화 될 수 있다.

Hasenfeld는 이런 인간서비스 조직을 두 가지 차원에 의해 분류하고 있는데 하나의 차원은 인간서비스 조직의 서비스를 받는 고객의 성질에 따른 분류인데 고객들의 기능이 정상적이냐 비정상적이냐 하는 것이다. 또 다른 차원은 인간서비스 조직이 제공하는 서비스 종류에 따른 구분으로 인간분류, 인간유지, 인간변화 유형으로 분류한다. 이 두 가지 차원을 교차적으로 분류하여 〈표 2-1〉과 같이 6가지의 인간서비스 조직의 유형으로 구분하고 있다.[9]

〈표 2-1〉 인간서비스조직의 6가지 유형

클라이언트유형	인간분류	인간유지	인간변화
유형	I	III	V
정상기능	대학입학허가사무소 신용사정국	사회보장 양로원	공립학교 YMCA
유형	II	IV	VI
비정상기능	소년병원 진료소	공적부조 요양원	병원 재활센터

I. 정상기능 + 인간분류 (Maintaining) : 기능 정상성을 가진 고객들을 대상으로 하면서, 그들의 일상적인 기능을 유지하고 지원하는 서비스를 제공하는 조직이다. 예를 들어, 일반적인 사회 서비스나 교육 프로그램을 제공하는 사회 서비스 기관이다.

III . 정상기능 + 인간유지 (Sustaining) : 기능 정상성을 가진 고객들을 대상으로 하면서, 그들의 상태를 유지하고 지원하는 서비스를 제공하는 조직이다. 예를 들어, 건강 정보 센터나 직업 교육 기관이 여기에 해당될 수 있다.

V. 정상기능 + 인간변화 (Changing) : 기능 정상성을 가진 고객들을 대상으로 하면서, 그들의 기능을 개선하거나 변화시키는 서비스를 제공하는 조직이다. 예를 들어, 직업 재교육 프로그램이나 심리 치료 센터가 여기에 속한다.

II. 비정상기능 + 인간분류 (Maintaining) : 기능 비정상성을 가진 고객들을 대상으로 하면서, 그들의 일상적인 기능을 유지하고 지원하는 서비스를 제공하는 조직이다. 예를 들어, 장애인 서비스 센터가 여기에 해당될 수 있다.

IV. 비정상기능 + 인간유지 (Sustaining) : 기능 비정상성을 가진 고객들을 대상으로 하면서, 그들의 상태를 유지하고 지원하는 서비스를 제공하는 조직이다. 예를 들어, 정신 건강 치료 센터가 여기에 속한다.

VI. 비정상기능 + 인간변화 (Changing) : 기능 비정상성을 가진 고객들을 대상으로 하면서, 그들의 기능을 개선하거나 변화시키는 서비스를 제공하는 조직이다. 예를 들어, 장애인 재활 프로그램이나 중독 치료 센터가 여기에 속한다.

이러한 분류는 인간서비스 조직이 제공하는 서비스의 종류와 고객의 특성을 고려하여 조직의 목표와 기능을 명확히 이해하고 분석할 수 있도록 도와준다.

Miringoff는 인간서비스 조직을 2가지 형태, 즉 전달조직(delivery organization)과 계획조직(planning organization)으로 구분한다.

- 전달조직은 실제로 서비스를 특정한 클라이언트 대상층에게 직접적으로 전달하는 조직이다. 서비스를 직접 제공하는 데 중점을 두는 이러한 조직은 클라이언트

에게 직접적인 도움을 주거나 지원 서비스를 제공하는 역할을 한다. 예를 들어, 의료 서비스 제공 기관, 상담 센터, 직업재활 서비스 기관 등이 이에 해당된다. 이 조직들은 클라이언트의 필요를 충족시키기 위해 직접적인 상호작용을 통해 서비스를 전달한다.

- 계획조직은 서비스자체를 실제로 전달하지 않으나 특정한 지역이나 특정한 책임의 영역 내에서 인간서비스를 계획하고 관리하며 자금을 전달하고 조정하는 기능을 수행한다.[10] 서비스를 제공하기 위한 계획 및 조정을 담당하는 이러한 조식은 정책을 개발하고, 자원을 할당하며, 서비스 전달 체계를 구축하는 역할을 한다. 예를 들어, 정부 기관, 비영리 단체의 본부, 정책 연구 기관 등이 이에 해당된다. 이 조직들은 전체적인 서비스 제공 전략을 수립하고, 서비스가 효과적으로 전달될 수 있도록 지원한다.

이 두 가지 조직 형태는 인간 서비스의 효과적이고 효율적인 제공을 위해 상호보완적으로 작용한다. 전달 조직이 실제 서비스를 제공하는 반면, 계획 조직은 이러한 서비스가 필요한 사람들에게 적절히 도달할 수 있도록 체계와 전략을 마련한다.

이상과 같이 볼 때, 재활조직은 다양한 조직 이론가들의 분류에 따라 여러 특성을 지니고 있다. 다음은 재활조직의 조직 유형에 대한 다양한 분류와 그 특성이다.

- Katz와 Kahn 분류의 형태유지 조직 : 재활조직은 형태유지 조직의 특성을 지니며, 이는 조직의 지속성과 안정성을 유지하는 데 중점을 둔다. 이러한 조직은 구조와 규범을 유지하면서 내부 균형을 유지하려고 한다.

- Blau와 Scott 분류의 서비스 조직 : 재활조직은 서비스 조직의 특성을 지니며, 이는 클라이언트에게 직접 서비스를 제공하는 데 중점을 둔다. 서비스 조직은 클라이언트의 필요를 충족시키기 위해 다양한 전문 서비스를 제공한다.

- Hughes 분류의 자선단체 모형 : 재활조직은 자선단체 모형의 특성을 지니며, 이

는 주로 사회적 약자나 도움이 필요한 사람들에게 지원을 제공하는 조직을 의미한다. 이러한 조직은 주로 비영리적이고 공익적인 목적을 가지고 운영된다.

- Etzioni 분류의 규범적 조직 : 재활조직은 규범적 조직의 특성을 지니며, 이는 조직 구성원들이 공유하는 가치와 규범에 의해 운영되는 조직을 의미한다. 이러한 조직은 규범과 가치에 따라 사람들의 행동을 조정하고 통제한다.

재활조직의 공통점은 이용자에게 필요한 서비스를 제공하는 규범적이고 전문적인 인간 서비스 조직이라는 것이다. 이를 통해 재활기관의 조직 유형은 장애인에게 재활 서비스를 제공하는 인간 서비스 조직으로 분류될 수 있다. 이를 다시 장애인에게 직접적인 재활 서비스를 제공하는 전달 조직과 이러한 서비스를 체계적으로 계획하고 관리하는 계획 조직으로 구분할 수 있다. 이러한 구분을 통해 재활기관의 조직적 역할과 기능을 명확히 이해하고, 효율적인 서비스 제공을 도모할 수 있다.

제2절 조직이론

조직이론은 조직을 어떤 측면에서 이해하느냐의 문제로 고전적 조직이론, 인간관계론적 조직이론, 구조론적 조직이론으로 살펴 볼 수 있다.

1. 고전적 조직이론

고전적 조직이론(classical organization theory)은 과학적 관리법의 이론을 배경으로 성립된 관리론적 이론이다. 즉, 테일러(Taylor)의 공장관리론과 과학적 관리법의 원리를 중심으로 한 그의 과학적 관리법을 배경으로 하여 Fayol, Urwick, Gulick, Mooney, Reiley 등에 의해서 발전되고 최근에는 Koontz의 관리과정학파 및 Breck, Alien 등에 의해서 계승되었다.[11] 이와 같은 고전적 조직이론에 대한 논술은 Koontz의 관리과정학파, Simon & March의 고전적 조직이론, Kat 와 Kahn의 고전적 조직이론, Etzioni의 고전적 조직이론, Waldo의 고전적 조직이론, Tauski의 고전적 이론 등 여러 학자들의 견해가 거의 유사하다.

고전적 조직이론은 다음과 같은 특징을 지니고 있다.

첫째, 고전적 조직이론은 기계적(mechanical)·합리적(rational)·구조적(structural) 이론이다. 따라서 고전적 조직이론은 육체적·생리적 인간유기체를 특정목적을 위하여 기계와 같이 전환시키려는 이론이며 융통성이 없는 이론이다. 목적과 과업을 달성하기 위하여 인간을 기계적으로 활용하게 하고 인간은 합리적, 기계적으로 행동하는 기계적 존재라는 전제에 입각하고 있다. 또한 최소의 비용과 노력으로써 최대의 효과를 가져오려는 행동을 가치척도로 삼는 합리적이고, 타산적인 이론이다. 인간의 감정이나 비합리적 인간행동은 연구대상에서 제외되고 합리적인 행동만을 전제로 한 이론이다.

행정가는 행정목적을 달성하는 데 필요한 모든 활동을 포함한 과업을 집합시키고 이들을 합리적인 조직기구로 설계해야 한다는 것을 강조하고 있다. 따라서 절약과 능률을 가져올 수 있는 공식구조의 편성이 주된 관심이었으며 조직은 두 가지의 기본구조, 즉 계선과 막료에 의해 수행되도록 짜여졌다.

둘째, 고전적 조직이론은 능률지상주의적 이론이다. Wilson의 「행정의 연구」(the study of administration) 이래 초기에 있어서의 행정이론은 관리론적인 이론으로서 성립되었는바, 이는 정치와 행정을 분리하여 행정의 능률화를 기하고자 하는 데 목적을 두었다. 과학적 관리법의 성립은 이와 같은 관리론적이고 능률지상주의적 이론의 발전에 기여하였다. 즉, 기업에서 발달한 관리법이 행정에 적응되어 행정능률의 달성을 위한 방법으로 이용되었다.

당시의 이론에 의하면 행정은 정치의 고유영역 밖에 존재하며 행정관리는 능률을 위한 수단으로써의 의의를 지니고 있었다. 따라서 이때의 조직이론은 능률을 창조하기 위한 방법 또는 수단을 위한 이론이었다고 하겠다.

셋째, 고전적 조직이론은 원리접근법적 이론이다. Fayol은 관리의 5가지 요소로서 계획설정·조직·지휘·조정·통제를 지적하고, 이들의 주된 과제는 조직구조의 분석과 조직의 합리적인 편성을 위한 일반적인 원리·원칙을 명시하고자 하는 데 있었다고 지적하고 있다. 즉, Urwick이나 Gulick 등 거의 모든 고전적 조직이론은 능률을 가져올 수 있는 조직구조를 편성하기 위한 원리·원칙을 찾는 것이었다. 조직의 원리-계층제의 원리, 통솔범위의 원리, 분업의 원리, 명령통일의 원리, 조정의 원리- 등이 대표적인 원리이고, 부처조직의 원리-목적 또는 기능에 의한 조직, 과정 또는 절차에 의한 조직, 수혜자나 취급물에 의한 조직, 지역 또는 장소에 의한 조직-도 능률적인 조직편성을 위한 원리로써의 이론이다. 그 외에도 집권과 분권, 계선조직과 참모조직 등에 관한 많은 원리, 원칙들이 제시되고 있다.

넷째, 고전적 조직이론은 관리 지향적 이론이다. 이미 지적한 바와 같이 과학적 관리법의 이론을 배경으로 해서 조직을 효과적으로 관리할 수 있는 방법을 발견하려는 데 중점을 둔 이론이다. 그리하여 인간유기체를 효율적으로 활용함으로써 조직의 능률을 높일 수 있는 이론의 구성에 초점을 둔 관리론적 조직이론이다.

2. 인간관계론적 조직이론

인간관계론은 구조적(structural)·기계적(mechanical)·합리적(rational)인 고전적 조직이론의 결함을 수정·보완하고자 하는 이론이다, 고전적 조직이론이 과학적 관리법의 영향으로 성립된 이론인 데 반하여 인간관계론은 과학적 관리법에 대한 반발로서 나타난 이론이다. 따라서 인간관계론은 조직 내의 인간상호 간의 대면적인 관계(face to face relationship)에 의하여 자연발생적으로 형성된 비공식적 조직(informal organization)이 있다는 것을 발견하고, 따라서 인간상호 간의 관계에 있어서도 공식적인 직무와 권한의 관계에 의한 명령체계보다는 비공식적인 인간상호작용의 관계에 의한 것이 직무의 습관이나 태도에 더 큰 영향을 미치는 것으로 보고 있다. 이와 같이 인간관계론은 비합리적인, 감정적인 인간의 결합관계로서의 비공식적 조직을 중시하고 물리적·물질적 요인보다는 사회심리적 요인이 생산성을 결정하는 데 더 중요한 역할을 한다고 보고 있다.

인간관계론은 Mayo교수를 중심으로 한 호손 실험에 의하여 성립되었다. 인간조직을 하나의 기계와 같이 취급하는 과학적 관리법은 노동조합의 극렬한 반대에 부딪쳤고 이에 따라 산업조직에서 새로운 관리방법이 요청되었으며 이러한 요청에 부응하여 성립된 이론이 인간관계론이다. 인간관계론은 Mayo교수를 중심으로 Roe thlisberger, Dickson, Whitehead 등에 의하여 호손 공장(hawthorne plant of western electric company)에서 조명실험, 계전기 조립작업실험, 배전기 권선작업관찰실험, 면접계획 등의 실험의 결과에 의해서 성립되었다.[12] 그 결과조직 내의 인간적 요인의 중요성이 강조되었으며 생산성은 기술조직(organization of techniques)보다는 인간관계의 조직(organization of human relation)에 힘을 입고 있다는 것이 발견되었다. 인간관계론의 주요내용이라고 할 수 있는 호손 실험의 중요한 결론은 다음과 같다.[13]

① 생산성은 사회적 요인에 의하여 결정된다는 것으로 즉, 조직에 있어서의 능률성과 합리성의 수준은 종업원의 육체적인 능력이 아니라 사회적인 능력(social capacity)에 의해서 결정되며 생산성은 생리적인 능력(physiological capacity)이 아니라 사회적 규범에 의하여 결정된다는 것이다.

② 비공식적인 요인이 종업원의 형태에 중요한 영향을 미친다. 즉, 비경제적인 보상(non-economic rewards)과 제재는 종업원의 형태에 중요한 영향을 미치며 경제적인 유인제도의 효과를 크게 감소시킨다. 비경제적인 보상에 의한 동기부여는 생산성의 결정에, 또 종업원의 만족도를 결정함에 중요한 역할을 한다.

③ 종업원은 집단구성원의 한 사람으로서 행동한다. 즉, 종업원은 개인으로서 행동하는 것이 아니라 집단구성원의 한 사람으로서 사회적인 규범에 의하여 행동한다. 과학적 관리법에서의 노동자 개개인을 대상으로 충분한 과업을 부여하고 그 과업달성의 성공 또는 실패에 따라 보상과 손실이 주어졌다. 이는 개인적인 행동을 전제로 한 것이었다. 그러나 종업원은 개개인이 목표 또는 과업의 달성을 위해서 노력하는 것이 아니라 집단이 정한 사회적 규범에 따라서 사회적 구성원의 한 사람으로서 행동한다는 것이다. 이와 같은 사회적 규범으로부터 심하게 이탈되는 자는 동료에 의해서 제재를 받는다. 또 사기의 형성은 이러한 소집단을 중심으로 이루어지며 이러한 집단에 소속된 종업원간에 성립된 인간관계는 비합리적이고 감정적인 자극에 의해서 강하게 영향을 받는다.

④ 사회적 규범의 설정과 여행에 있어서는 리더십이 중요한 역할을 하며 공식적 리더십과 비공식적인 리더십이 반드시 일치하는 것은 아니다. 종업원의 행동을 구속하는 사회적 규범은 비공식적인 집단의 비공식적인 리더십에 의하여 결정되고 민주적인 리더십이 가장 효율적이며 이에 따라서 생산성이 결정된다.

⑤ 인간관계로는 또한 의사전달, 의사결정에의 참여, 민주적 리더십 등의 중요성을 강조한다. 이와 같은 내용은 관리의 민주화에 공헌하였다. 요컨대 노동의 생산성은 노동에 대한 만족도의 함수(function)이며 이는 작업집단의 비공식적인, 사회적인 패턴에 의해서 결정된다고 하겠다.

3. 구조론적 조직이론

구조론적 조직이론은 조직의 구조와 그 기능을 이해하는 데 중점을 둔 이론으로, 조직을 공식 구조와 비공식 구조를 포함한 전체적인 시스템으로 바라본다. 이 이론은 조직 내외부의 복잡한 상호작용과 환경과의 관계를 분석하여 조직의 목표를 효율적으로 달성하고자 한다. 조직을 다양한 구조적 요소와 환경적 상호작용의 복합체로 이해하며, 이를 통해 조직의 다양한 문제를 해결하고 성과를 높이려는 접근법이다.

구조(structure)란 일반적으로 역할을 근거로 하여 이루어지는 유형화된 관계라고 정의할 수 있다. 따라서 구조란 각 구성원의 역할과 책임이 명확히 구분되는 분업체계로 파악할 수 있으며 환경과의 끊임없는 교류를 통하여 존재의식을 확인하는 것이라 할 수 있다. 구조론이란 과학적 관리론의 공식적 측면(효율성, 규칙, 절차)과 인간관계론의 비공식적 측면(인간관계, 감정, 동기부여)을 모두 포함하여 조직을 보다 포괄적으로 통합한 것이다. 이는 조직 내의 문제뿐만 아니라 조직 환경과 문화를 고려하는 접근이다. 또한 인간과 조직 사이의 갈등을 필연적인 것으로 보며, 갈등을 관리하고 해결하는 방법을 중시한다. 특히 현대조직은 복잡하고 격변하는 환경 속에서 복잡성을 지니고 있으며 격변하는 소용돌이의 장에서 조직은 불확실성을 줄이고 미래를 예측하기 위해 다양한 전략을 사용한다.

요컨대 현대조직은 복잡한 환경의 상황에서 공식구조를 바탕으로 외부환경 또는 조직 내 하위체계 간에 상호작용 하면서 조직의 목표를 효율적으로 달성하고자 하며, 동시에 조직 내 인간의 행동을 이해·진단·예측·통제하여 조직의 목표를 성취하고자 한다.

상기와 같은 조직이론을 검토해 볼 때 재활조직은 과학적 관리론이나 인간관계론만으로 설명 될 수 없고 통합적인 측면에서의 조직으로 이해하고 접근해야 할 것으로 생각된다.

즉, 재활조직은 다양한 외부환경과 조직의 공식구조를 서로 조화·통합해가면서 사회통합을 달성하고자 하며 더욱이 이용자의 인권과 특성을 고려하기 위하여 조직 내의 다양한 분야의 전문가들의 팀워크를 이끌어 조직의 목표를 성취하고자 한다는 것이다.

제3절 조직의 구조론

조직구조는 조직 내에서 직위와 그 직위 간의 관계 체계를 정의하며, 이는 조직의 운영과 성과에 중요한 영향을 미친다. 다양한 학자들이 조직구조를 정의하고 설명하는 방식에는 약간의 차이가 있지만, 기본적으로 조직구조는 직위, 역할, 관계, 권한, 지위 등을 포함하는 시스템으로 이해할 수 있다. Robbins은 조직구조란 복잡성(complexity), 공식화(formalization), 집권화(centralization)의 3요소를 갖는 것으로 정의하고 있다. Kast와 Rosenzweig는 조직구조란 조직에 구성요소나 부문들 간에 확립된 관계의 유형이라고 하였다. 조직은 사람과 직무를 일정한 형식과 절차에 따라서 제도화시키고 조직화시켜 일정한 양식과 관계에 따라 운영하게 된다. 이같이 사람과 직무를 조직화 또는 제도화한 것이 조직의 구조라 할 수 있다. 따라서 조직에 속해 있는 사람들의 권한, 지위, 역할관계가 정립되어 일정한 양식에 따라 행동하게 되고 직무와 책임의 정도 그리고 권력과 권위에 따라 계층제로 형성되고 이러한 모든 관계는 공식적으로 제도화되어 조직 도표로서 나타나게 된다.[14)]

재활조직의 목표는 외부 환경과의 상호작용, 공식 구조와 비공식 구조의 조화, 전문가 팀워크, 갈등 관리와 해결을 통해 효율적인 재활 서비스를 제공하고 조직 목표를 달성하는 것이다. 이를 위해 조직의 구조적 요소를 효과적으로 활용하고, 다양한 관계와 상호작용을 통해 조직의 성과를 높이는 것이 중요하다.

1. 조직구조의 기본 변수

조직구조는 다양한 요인과 변수에 의해 형성되고 운영된다. 특히 재활조직의 경우, 일반 조직과는 다르게 그 특성이 나타난다. 재활조직구조는 세분화된 분화 형식이 아닌 영역별로 구성되어 있다는 것이다. 이를 이해하기 위해 장애인 복지관의 조직도표를 보면 〈표 2-2〉와 같다.

〈표 2-2〉 장애인종합복지관 조직도

관 장 → 사무국장

팀명	아동성장 지원팀	청소년 전환지원팀	가족지원팀	성인능력 개발지원팀	성인사회 참여지원팀	장노년 서비스 지원팀	지역사회 개발팀	기획·운영 지원팀
주요기능	유아초등 발달지원	중고등 발달 및 성인기 전환 지원	가족 역량 강화 및 가족 휴식 지원	직업지원	낮활동 및 중증장애인 행동 지원, 평생교육	문화, 여가, 건강 지원	사례관리, 권익옹호, 지역사회 중심지원	기획, 홍보, 운영

자료 : 장애인복지사업안내, 보건복지부, 2024.

조직구조는 역할, 규범, 지위, 권력과 권위 등의 구조 형성 요인에 의해 형성된다. 이러한 요인들은 조직 내에서 각자의 위치와 관계를 명확하게 하여 조직이 체계적으로 운영되도록 한다. 구조 형성 요인과 상호작용하여 조직의 전체적인 운영과 성과에 중요한 영향을 미치는 조직구조의 변수를 보면, 기본 변수로서 복잡성·공식화·집권화, 상황변수로서 규모·기술·환경·전략·권력작용을 들 수 있다. 기본변수는 구성요소(components)이고 상황변수는 결정요소(determinants)이다.

여기서는 상황적 요인을 대표하는 규모, 기술, 환경을 각각 조직의 구조적 차원인 복잡성, 공식화, 집권화와 연결시켜서 상황적 요인을 독립변수로 보고 구조적 특성을 종속변수로 설명하면 다음과 같다.[15]

① 규모

규모는 조직의 구성원 수로 쉽게 이해할 수 있으며, 병원의 병상수, 대학의 학생수, 교도소의 수감인원, 예산 등 다양한 형태로도 표현될 수 있다. 조직의 규모와 구조적 특성 간의 관계는 연구에 따라 상이한 결과를 보일 수 있지만, 일반적으로 다음과 같은 가설을 세울 수 있다.

첫째, 규모가 커짐에 따라 조직의 복잡성이 높아진다. 이는 규모가 커질수록 이질적이고 전문적인 업무가 증가하고 계층이 늘어나기 때문이다. 다만, 규모의 증가에 따른 복잡성의 증가는 한계효용체감의 법칙과 같이 점차 약해질 수 있다.

둘째, 규모가 커짐에 따라 조직의 공식화가 높아진다. 작은 규모의 조직에서는 구성원 간의 직접적인 면대면 통제가 가능하지만, 큰 규모의 조직에서는 구성원의 다양성이 높아지면서 통제 비용이 증가하게 된다. 이에 따라 업무수행지침 제정과 같은 표준화의 필요성이 증가한다. 특히, 큰 조직일수록 정형화된 업무가 많아 표준화가 용이해진다.

셋째, 규모가 커짐에 따라 조직의 분권화가 촉진된다. 조직의 규모가 커지면 계층수가 늘어나고 수직적 커뮤니케이션의 왜곡 가능성이 높아지기 때문에 권한을 위임하는 분권화가 강화된다.

② 기술

기술(technology)은 자원을 재화나 서비스로 전환시키는 지식, 기법, 과정을 의미한다. 조직 구조와의 관계를 검토하면 다음과 같다.

첫째, 기술과 복잡성의 관계를 보면, 비일상적인 기술일수록 복잡성이 높아진다. 단순 반복 업무를 수행하는 일상적인 기술은 과업의 다양성과 전문성이 낮다. 반면, 비일상적인 기술은 전문화의 정도가 높고 통솔의 범위가 좁으며, 비정형적 결정이 많고, 고객지향의 다양성이 높다. 일상적 기술은 자동차 생산이나 은행 수납 업무처럼 업무처리 과정이 표준화되어 있고 객관적으로 분석 가능하다. 반면, 비일상적 기술은 대학이나 연구소의 연구개발처럼 과업이 매우 다양하고 투입에서 산출까지의 전환 과정을 분석하기 어렵다.

둘째, 기술과 공식화의 관계를 보면, 비일상적인 기술일수록 공식화가 낮아진다. 정형화된 일상적 업무처리의 경우 업무처리지침을 구체적으로 개발할 수 있으나, 비일상적 기술을 요하는 업무처리는 예외적인 상황이 많고 통제가 어려워 획일적인 기준 적용이 곤란하다.

셋째, 기술과 집권화의 관계를 보면, 비일상적인 기술일수록 분권화가 높아진다. 비일상적 기술의 경우 예외적 상황이 많아 그때그때의 상황에 맞게 탄력적으로 업무를 수행해야 하므로 권한을 위임하는 것이 유리하다. 일상적 기술의 경우, 업무처리 과정이 표준화되어 있다면 분권화가 가능하나, 그렇지 않은 경우 집권적으로 조직을 통제할 가능성이 높다.

③ 환경

환경은 조직을 둘러싸고 있는 모든 외부 요소를 포함하며, 이러한 요소들이 종합적으로 만들어내는 불확실성의 정도가 조직의 구조에 많은 영향을 미친다. 불확실성은 환경을 구성하는 요소의 다양성과 변화 속도에 비례하여 높아지며, 이는 확실성과 불확실성의 연속선상에서 이해할 수 있다.

첫째, 환경과 복잡성의 관계를 보면, 불확실성이 높을수록 복잡성이 커진다. 이는 환경의 많은 이질적 요소에 대응하기 위해 조직의 다양성이 요구되기 때문이다. 조직의 하위 부서는 각각의 불확실한 환경에 대응하는 과정에서 서로 다른 목표와 과업 성향, 업무 처리에 대한 시간관념을 형성할 가능성이 높다.

둘째, 환경과 공식화의 관계를 보면, 불확실성이 높을수록 공식화가 낮아진다. 환경이 빠르게 변하고 예측이 불가능한 경우, 조직 구조는 그에 대응할 유연성을 갖추어야 한다. 업무 처리 지침이나 규정을 강요하는 경우, 조직의 경직성이 높아져 환경에 대한 대응 능력이 낮아진다. 때로는 외부 환경의 경계 감시 활동 부서는 공식화를 낮게 하고, 환경과 어느 정도 독립적으로 생산 활동에만 전념하는 부서는 공식화를 높이는 조직 내 차별화 전략도 가능하다.

셋째, 환경과 집권화의 관계를 보면, 불확실성이 높을수록 분권화가 높아진다. 불확실한 환경에서는 상위 계층의 관리자가 모든 정보를 수집하고 관리할 수 없으며, 이질적인 요소가 많아 분권화를 통해 각 하위 부서에서 환경에 탄력적으로 대응하는 것이 필요하다. 다만, 국가 재난, 기업의 적대적 합병이나 부도 위기 등 조직의 존립에 영향을 미치는 환경 요인이 있을 경우, 일시적으로 집권적 대응이 필요할 것이다.

조직구조의 기본변수는 복잡성, 공식화, 집권화이다. 복잡성은 분화와 통합의 원리, 집권화는 권한과 책임의 원리, 공식화는 성문화와 불문화의 원리가 적용된다.

1) 복잡성

조직 구조적 특성의 하나인 복잡성(complexity)에 대한 개념을 이해하기 위해서는 복잡성의 구성요소를 검토할 필요가 있겠다. 복잡성의 구성요소로서는 수평적 분화, 수직적 분화 및 공간적(장소적) 분산의 3요소를 들 수 있다.

(1) 수평적 분화

수평적 분화는 조직이 수행하는 업무를 조직의 구성원들이 분할·세분하여 수행하는 양태를 말한다. 이러한 업무의 분할·할당·세분하는 방법에는 두 가지가 있다. 첫째로, 고도로 훈련된 전문가들에게 비교적 포괄적인 업무를 수행하게 하는 방법이고, 둘째, 업무를 세분화시켜 비전문가도 수행할 수 있도록 하는 방법이다. 업무수행 상에 전반적인 책임을 지는 전문가나 숙련공에게 일을 맡기는 것은 첫 번째 방법이고, 직원들이 한두 가지의 반복적 업무를 수행하는 경우는 두 번째 방법이다. 첫 번째 방법은 사람을 기준으로 그 사람의 숙련도, 전문기술성의 정도에 따른 분화의 방법이고, 두 번째 방법은 직무를 기준으로 하여 업무를 분담하는 방법이다. 일상적이고 획일적인 업무는 둘째 방법에 속하기 쉽고 비일상적이고 변화가 많은 업무는 첫 번째 방법에 속하는 것이 보통이다. 재활업무는 두 가지의 속성을 가지고 있다고 볼 수 있으나 구분해 준다면 첫 번째 방법에 속하는 업무라고 볼 수 있을 것이다.

(2) 수직적 분화

수직적 분화는 계층적 분화라 볼 수 있으므로 계층의 높이로써 측정될 수 있다. 즉, 조직 내에 있는 계층의 수, 계층깊이를 수직적 분화의 지표로 삼을 수 있다. 구체적으로 감독층의 수, 관리직의 장과 생산직 직원 사이의 직위의 수, 가장 높은 부서에서의 계층의 수와 조직 전체로서의 계층의 수의 평균, 최고관리자와 하급관리자 사이의 직위의 수를 수직적 분화의 지표로 할 수 있다.

수직적 분화의 지표로써 계층의 수를 사용할 때에는 계층구분에 부합되게 권한의 배분이 이루어지고 있는가 하는 문제를 고려해야만 한다. 즉, 권한이 계층에 따라 분배됨으로써 계층이 높아지면 권한도 높아져야 하는 것이다. 조직에 따라서는 높은 계층의 경우에도 권한이 그에 상응하지 않는 경우도 있다. 수직적-수평적 분화가 되면 될수록 통제·의사전달·조정·인과관계 등이 복잡해지고 조직상에 많은 문제들이 수반되게 된다.

(3) 공간적 분산

공간적 분산은 수평적 분화 또는 수직적 분화의 한 형태일 수 있다. 즉, 직무활동과 직원의 수평적·수직적 기능에 따라 권한과 책임의 분리가 일어나고 이에 따라서 공간적으로 분산될 수 있는 것이다. 즉 장소의 분화·변동이 일어날 수 있다.

예컨대, 복지관 분관이나 복지관 내의 작업장 설치와 같은 것이 그 예이다. 조직이 동일한 분업과 계층을 가지고서 상이한 장소에서 동일한 기능을 수행할 수 있다고 인식될 때 공간적 분산이 일어난다고 볼 수 있다. 따라서 수직적·수평적 분화가 동일하다고 하더라도 공간적으로 분산된 활동의 성장은 조직의 복잡성을 증가시키는 것이다.

2) 공식화

공식화(formalization)란 조직이 어떠한 일을 누가, 언제, 어떻게, 수행해야 하는가에 대한 공식적 규정의 정도이다. 공식적 규정이 매우 정밀하고 엄격하게 되어 있는 조직도 있고 다소 느슨하게 규정되고 있는 조직도 있다. Pfiffner와 Sherwood는 구체적으로 문서화된 규칙·절차·지시·명령을 공식화의 정도로서 제시하고 있다.[16] Pugh는 규칙·절차·지표 및 의사전달이 문서화되는 정도를 공식화라 하였고, Blau와 McKinly는 문서화된 인사규칙의 유무를 공식화의 측정지표로 삼았다.[17]

이상의 학자들이 제시한 관점에서 유추해 본다면, 공식화된 문서화로 이해할 수 있으며 결국 조직 내의 직무에 대한 규칙설정의 정도, 이에 대한 문서화를 의미하는 것으로 볼 수 있다. 조직이 어떠한 일을 언제, 누가, 어떻게 해야만 한다는 것을 제도화시키고 문서화시킨 것이 공식화이다. 곧 문서화된 규칙의 수가 많을수록, 그리고 그 규칙이 엄격히 시행 될수록 공식화의 수준은 높은 것으로 볼 수 있다. 공식화의 정도가 어느 정도인가 하는 것은 그 시대와 조직이 처하고 있는 상황에 따라 다르다고 볼 수 있으며 공식화의 중요성에 대한 인식도 시대에 따라서 다르다고 할 수 있을 것이다. 어느 정도로 공식화되는 것이 바람직한 것인가 하는 것은 획일적으로 규정지을 수 없고 그 상황에 따라서 해결할 수 있는 상황의 정의 또는 상황 적응적 문제 해결에 맡겨야 할 것이다. 즉, 업무의 성격, 기술유형, 조직성원의 특성, 조직환경 등 여러 요인과 관련해서 공식화의 수준이 적절하게 될 때 조직의 효율성을 높이게 될 것이다.

재활직의 경우에는 사회복지사업법과 장애인복지법에서 기본적인 기준에 대한 문서화가 이루어져 있고 세부적인 규칙·절차·지시·명령 등은 장애인복지사업안내(보건복지부)나 운영법인에서 자체문서로 공식화하고 있는 것이 일반적이다.

3) 집권화

집권화(centralization)란 조직에 있어서 권력배분에 관한 것으로서 그 권력의 소재가 조직상층부에 있는 것을 말한다. 권력중추로부터 하위단위로 위임되는 것을 분권화라고 하며, 여기서 권력의 위임은 권력의 포기와는 다른 것이며 권력의 위임자는 피위임자의 권력행사를 취소할 수 있는 최종의 권력을 요구한다.

이와 같이 집권화된 권력의 배분과 관련하여 조직계층상 어느 위치에 권력이 존재하는 것인가를 말하는 것이다. Robbins는 집권화란 의사결정의 권한이 어느 위치에 있는가를 의미하는 것으로 정의하고 조직에 따라서 고도로 집권화된 경우와 분권화된 경우로 구분하였다. 이 같은 집권화와 분권화는 연속선상의 것으로 이해되었다.[18] 많은 경험적 연구에서 의사결정권을 집권화와 분권화의 지표로 삼았다. Child는 집권화란 계층제에 상급계층에서 대부분의 결정권한을 가지는 상태를 말한다고 하였고,[19] Zaltman 등은 집권화라는 것은 권한과 의사결정의 위치와 관련하여 의사결정의 위치가 높을수록, 의사결정에 대한 참여가 적을수록 집권화의 수준이 높은 것이라고 하였다.[20] Litterer는 전부 또는 대부분의 중요한 결정이 한 사람 또는 소수인에 의해서 이루어질 때 집권화되었다고 한다.[21] 이때의 결정은 조직계층의 최상층에서 이루어지는 것이며 의사결정이 하급계층으로 미루어져 하급관리자나 일반직급에서 결정할 수 있을 때 분권화 되었다고 하였다.

이상의 정의들에서 보는 바와 같이 집권화와 분권화는 조직상의 의사결정권의 위치를 나타내는 것이다. 의사결정권의 위치를 지표로 하여 집권화의 수준을 측정하는 것이 일반적이다. 이와 같이 대부분의 결정이 조직상의 고위층에서 이루어진다면 그 조직은 집권화 되어 있다. 그러나 이러한 결정권의 위치와 더불어 조직의 정책상의 문제도 고려되어야 한다. 만약 관리직원들이 결정권을 가지고 있다 하더라도 조직의 정책에 의해 제한을 받을 수도 있는 것이다. 따라서 집권화의 문제는 의사결정권의 위치가 어디에 있는가와 더불어 조직의 정책상의 문제도 고려되어야만 한다.

하위수준의 사람이 많은 결정을 하더라도 그러한 결정이 조직의 정책에 의해서 계획된 것이라고 한다면 결정이 조직의 하위수준에서 이루어지고 있음에도 불구하고 조직정책에 의해서 집권화된 상태로 남아 있는 것이다. 집권화와 관련해서 고려되어야 할 또 하나의 요인은 조직활동에 대한 평가문제이다. 평가 과정은 업무가 적절히 그리고 훌륭하게 또 신속히 수행되었는가를 결정하는 것이다. 만약 조직고위층에 의해서 평가가 이루어진다면 의사결정이 어느 수준에서 이루어지는 것과는 관계없이 조직은 집권화되어 있는 것이다. 조직활동에 대한 평가가 조직의 고위층에서 이루어짐으로써 조직이 집권화된 경우에는 조직의 정책도 집권화 되는 것이 일반적이라고 하겠다. 요컨대 조직구조에 집권화 문제는 권력의 배분, 즉 의사결정권의 위치, 조직상의 정책, 조직활동에 대한 평가활동의 문제라고 하겠다. 의사결정권이 조직의 상층부에서 이루어질수록, 확고한 조직상의 정책이 정해져 있으면 있을수록, 조직활동에 대한 평가가 고위층에서 이루어지면 질수록 집권화된 것이라 할 수 있다.

이런 의미에서 본다면 재활조직은 주요한 원칙을 이사회나 운영위원회 등에서 결정되지만 전문적인 서비스나 조직활동에 대한 평가가 하위층과 중간관리층에서 이루어지는 경우가 많기 때문에 집권화의 정도는 경미하다고 할 수 있을 것이다.

2. 조직구조형성의 원리

조직구조형성의 원리는 전통적 조직의 원리를 중심으로 전개되어 왔으며 이후 인간관계론적 조직이론에서 공식구조 외에 비공식조직도 논의되기에 이르렀고, 최근에 와서는 adhocracy(특별조직) 등이 발전되고 있다.

1) 조직의 기본원리

조직편성에 기본이 되는 조직원리는 ① 계층제의 원리 ② 통솔범위의 원리 ③ 분업(전문화) ④ 명령통일의 원리 ⑤ 조정의 원리 등이 있다.

(1) 계층제의 원리

계층제(hierarchy)의 원리란 권한과 책임의 정도에 따라 최고 정점에서 최하위에 이르기까지 등급화시키는 것을 말한다.

즉, 상·하의 계층을 설정하여 각 조직의 최상층으로부터 최저변에 이르기까지 계층 간의 명령복종과 지휘감독체계를 확립하는 것이다. 행정조직은 수평적으로는 분업화되고 수직적으로는 각 계층이 설정된다. 따라서 조직 전체는 하나의 사다리형을 이루게 된다. 이와 같이 계층제는 직무를 수직적으로 등급화 하여 각 등급마다 책임과 권한을 부여하게 되며 이를 통하여 계층이 설정된다. 계층제가 확립되면 상위의 등급이 하위의 등급을 지배함으로써 지배와 복종관계가 이루어지게 된다. 이러한 지배와 복종관계는 체계적으로 명령에 입각해야 한다.

여기서는 필연적으로 발생하는 것이 책임과 권한의 위임문제인데, 각 등급계층의 권한 행사는 책임수행을 위한 수단으로서 책임의 정도에 상당해야 한다. 그러나 궁극적인 책임은 최고책임자인 최고관리자(top manager)에게 귀결되며, 각 계층의 장도 위임된 권한에 대한 직접적인 책임을 지게 된다. 이러한 과정을 통해서 각 계층 활동의 과정이 유기적이고 연속적으로 이루어지게 된다.

① 계층제의 실현과정

계층제는 지도력, 권한의 임무, 직무의 결정에 의하여 형성된다.[22)]

지도력(leadership)은 구성원들로 하여금 조직목적달성의 방향으로 모든 노력을 집중시키도록 유도하는 능력을 말하며, 이는 법적 권한행사를 효율적으로 보완해 주는 역할을 한다. 즉, 조직과 관리상의 모든 활동을 지휘하도록 하는 능력, 조직 전체에 대한 책임과 권한을 가진 자들은 지도력을 발휘하여 계층제가 실현되도록 한다.

권한의 위임(delegation of authority)이란 하부구성원들에게 특정권한을 부여하는 것을 의미하며 이 때 이중의 책임이 주어진다. 즉, 권한을 부여한 상관은 권한을 위임받은 부하로 하여금 직무를 완수하도록 지휘감독 할 책임이 있으며, 반면 권한을 위임받은 부하는 그 책임을 완수할 책임이 있는 것이다. 그러나 앞에서 설명한 바와 같이 최종적인 책임의 소재는 조직의 최고책임자에게 있다. 직무의 결정(functional definition)이란 책임과 권한을 각 계층에 배정하는 것을 말한다. 이와 같이 계층제는 지도력, 권한의 위임, 직무결정 등에 의해 형성되며 유지된다.

② 계층제의 장·단점

계층제는 다음과 같은 점에서 조직에 대하여 장점을 가진다.[23)]

▷ 명령과 보고 및 권한위임의 통로를 형성한다.

▷ 의사소통의 통로가 된다.

▷ 행정조직의 질서, 통일성 및 안정성 등을 확보할 수 있다.

▷ 행정기관 내부를 통제할 수 있는 기능을 갖는다.

▷ 행정업무의 적정배분이 가능하다.

▷ 책임소재가 명확하다.

▷ 계층제는 동기부여의 수단으로서 구성원에게 상승의 유인작용을 한다.

반면 계층제는 다음과 같은 단점을 가진다.

▷ 계층이 심화될 경우 의사소통을 방해하며 또한 끊임없이 변동하는 상황에 대하여 조직의 적응력을 상실케 한다.

▷ 조직의 경직성을 초래하여 인간관계의 형성을 저해하기 쉽다.

▷ 계층제는 직무수행을 위한 체계로서보다는 인간을 지배하는 상·하관계를 만

들기 쉽다.

▷ 엄격한 계층제는 인간성의 개성(personality)을 상실케 하고 조직구성원의 귀속감을 감소시키며, 융통성이 없는 경직화된 조직이 되기 쉽다.

▷ 조직구성원으로 하여금 창의력을 발휘할 수 없게 하여 인간을 한낱 기계적인 전달도구로서의 역할만을 하게 하기 쉽다.

(2) 통솔범위의 원리

통솔(control)범위의 원리란 한 사람의 상사가 직접 통솔할 수 있는 부하구성원의 합리적인 수를 말한다. 통솔범위가 제기되는 것은 인간이 가질 수 있는 「관심의 폭」(the span of attention)과 통솔능력에는 한계가 있고 또한 행정능률을 증가시키기 위해서는 직접 통솔할 수 있는 부하구성원수와 관계가 있기 때문이다.

통솔범위에 관한 이론은 다양하게 나타나고 있다. 즉, 통솔범위를 어떻게 정의할 것인가의 문제에 관한 숫자적 표시는 다음과 같다.

① 영국의 Haldane위원회에서는 내각구성원수의 적정 수는 10~12명이라고 하여 10~12명이 적정한 통솔범위라고 하였다.

② 한편 Davis는 일선감독자는 10~30명, 행동감독자는 4~5명이 바람직한 통솔범위라고 하였다.

③ Graicunas는 한 사람의 통솔자가 피 통솔자수를 몇 사람으로 할 것인가에 관한 수리적 공식을 제시하고 그 수는 6명이 가장 적정범위라고 하였다.[24)]

그러나 Simon은 「통솔범위에 대한 마술적인 숫자는 알 수 없다」고 하여 비판하였으며[25)], 통솔범위를 숫자로 확정하는 것은 조직을 너무 기계적으로 보는 것이며 경험과 실제에서 벗어난다는 것이다.

따라서 통솔범위는 다음과 같은 요인에 따라서 달라질 수 있다.

① 시간적 요소

② 공간적 요소(장소)

③ 직무의 성질(기능)

④ 감독자의 능력과 개성(personality)

⑤ 부하구성원의 자질

⑥ 부하구성원의 사기와 창의성

⑦ 참모기능과 정보관리체제

(3) 분업(전문화)의 원리

분업의 원리(division of work)란 업무를 성질별로 나누어 한 사람에게 한 가지 업무만을 맡기는 것을 말한다. 조직규모가 확대되고 업무처리의 전문성이 증가하면 할수록 분업이 요청되며 이것은 상부뿐만 아니라 모든 계층에까지 적용된다. 분업의 원리는 일의 성질(기능)에 따라 분담시키는 것이므로 기능의 원리라고도 하며 분업화 될 때 전문화되기 때문에 전문화의 원리라고도 한다.

분업의 방법을 보면 조직의 최고관리층은 그들이 수행하는 기능에 따라 Gulick이 말한 POSDCoRB(계획·조직·인사·지휘·조정·보고·예산)의 원칙에 의하여 분업화 한다. 또한 하급조직은 과학적 관리법의 「기본작동」에 따라 분업이 된다.

분업에는 각 국별·부별·과별로 분업화되는 수평적 분업(횡적분업)과 상급기관과 하급기관, 상급계층과 하급계층, 중앙과 지방 등과의 관계에서 분업화되는 수직적 분업(종적분업)이 있다. 수평적 분업이란 효과적이고 능률적인 업무수행을 위하여 같은 계층상의 동료들 간에 조정과 협동이 잘 이루어지도록 업무의 종류에 따라 분업화시키는 것을 말하며 수직적 분업이란 최상층에서 최하위의 계층에 이르기까지 업무의 정도에 따라 분업화시키는 것을 말한다.

(4) 명령통일의 원리

명령통일(unity of command)의 원리란 오직 한 사람의 상사로부터만 명령을 받고 그 상관에게만 보고해야 된다는 것을 의미한다.

여러 사람으로부터 명령을 받는 부하는 ① 혼돈을 일으키고 ② 비능률적이며 ③ 무책임해지며, 한사람의 상사에게 명령을 받는 부하는 ① 능률적이고 ② 조직적이며 ③ 책임감이 있다고 하였다. 그러나 명령통일의 원리는 다음과 같은 점에서 비판되고 있다.

① 명령통일을 강요한다면 모든 직원은 전문가, 즉 막료의 제안도 거부해야 한다.

② 상급기관의 어느 특정 분야의 직원은 동일 분야 전문가의 의견을 듣지 않을 수 없다.

③ 명령통일의 원리를 엄격히 지켜 모든 제시·제안이 반드시 공식계층을 통하여 이루어져야 한다면 공식적 의사전달(communication)의 통로는 과중한 부담을 가지게 되고 전문가의 영향력은 감소된다.

(5) 조정의 원리

조정(coordination)의 원리란 조직의 모든 성원이 공동목적을 달성하기 위하여 행동통일을 이룩하도록 집단적 노력을 질서정연하게 배열하는 과정을 의미한다.

즉, 조정이란 일정한 목적을 향하여 조직체의 여러 구성원의 행동이나 여러 기능을 조화 있게 조절하는 것을 말한다. 대규모화된 사회에서는 조직의 각 기능이 분업화·전문화될 경우 각 단위가 전체적 안목을 상실하여 부분품화 할 우려가 있다. 그러므로 조직을 하나의 유기체로 이끌어 가기 위하여 조정이 필요하다.

Simon은 조정을 절차적 조정(procedural coordination)과 실제적 조정(substantive coordination)으로 구분하였다. 절차적 조정이란 조직 단위의 목적을 설정하고, 그 목적에 따라 구성원에게 직무를 배정하면 구성원이 배정 받는 직무와 직무간의 상호관계를 명백히 함으로써 조정하는 것을 말하며 실제적 조정이란 조직단위의 활동내용을 조정하는 것을 말한다. 그러나 조직에서는 이와 같은 조정을 저해하는 요인들이 존재하는데 그 요인은 다음과 같다.

① 행정조직의 확산현상

② 행정기능의 전문화·기술화

③ 사회적 이해관계의 대립과 행정에 대한 압력의 격화

④ 정치적 알력이나 대립

⑤ 조직의 목표와 구성원간의 이해관계에서 나타나는 차이

⑥ 전근대적인 사회구조경향(제1차 집단)과 행정기관의 할거주의(sectionalism)

⑦ 관리자 혹은 구성원의 조정능력부족, 지도력(leadership)의 부족, 정보처리능력부족, 일반 행정직과 전문직간의 갈등 등과 같은 조직의 내재적 요인 등이다.

2) 조직구조의 유형

조직 구조를 이해하기 위해 이론적 유형과 실제 유형으로 구분할 수 있다. 이론적 유형에서는 기계적 조직과 유기적 조직으로 나누며, 기계적 조직의 대표적인 예로 관료제를, 유기적 조직의 대표적인 예로 애드호크라시를 살펴본다. 실제 유형에서는 우리나라 행정조직의 중요한 유형으로 부처조직, 집권조직과 분권조직, 계선조직과 참모조직, 공식적 조직과 비공식적 조직, 그리고 위원회 조직을 다룬다.

기계적 조직과 유기적 조직의 구분은 개념적으로 가능한 순수형 또는 이상형 차원의 모형이다. 현실에서는 두 모형을 양극으로 하여 이들 모형의 특성을 복합적으로 반영한 다양한 조직이 존재한다. 예를 들어, 정부 관료조직의 경우 책임운영기관 도입, 인사교류, 개방형 임용, 고위공무원단 등과 같은 유기적 조직의 특성을 많이 도입하여 과거 기계적 조직이 안고 있던 단점을 보완하고 있음을 알 수 있다.

(1) 기계적 조직

기계적 조직은 기계의 특성을 닮아 효율적인 운영을 위해 철저하게 구조화된 조직을 의미한다. 이 조직에서는 각자의 업무가 직무 내용에 따라 구체적으로 정의되어 있으며, 그에 맞는 능력을 갖춘 사람을 찾아 업무를 맡긴다. 만약 누군가가 맡은 일을 제대로 수행하지 못할 경우, 기계의 부품을 교환하듯이 능력 있는 다른 사람

으로 교체된다.

기계적 조직에서는 기대되는 업무 성과와 업무 수행 방식이 명확하게 규정되어 있으며, 이에 상응하는 보상 체계가 갖추어져 있다. 권한은 엄격한 계층 구조를 통해 분배되며, 각자의 책임과 역할이 확실하게 나누어져 있다. 또한, 보고 체계는 명령 통일의 원리가 적용되어 혼란을 피하고 명확하게 정립되어 있다.

이 조직에서는 사람보다는 일을, 개인의 특성보다는 직무 수행 능력을 우선시한다. 대인 관계는 공식적인 관계에 초점을 맞추며, 업무 수행의 통제와 질서를 중시하여 모호성과 혼란을 최소화함으로써 조직의 효율성을 높이는 데 중점을 둔다. 이러한 기계적 조직의 특성은 조직 운영에서 높은 효율성을 추구하는 시각을 잘 반영하고 있다.

① 관료제

관료제(bureaucracy)의 개념은 학자마다 다르게 정의되기 때문에 단일한 정의를 내리기 어렵다. 대체로 관료제는 합리적인 관점에서 대규모 조직을 설명하는 Weber의 이론과 병리적이고 정치 권력적인 관점에서 설명하는 Laski 등의 이론으로 나눌 수 있다.

Weber의 견해에 따르면, 관료제는 구조적인 측면에서 계층제를 형성하고 합리적·합법적(rational-legal) 지배가 제도화된 대규모 조직을 의미한다. 산업 사회의 발전과 함께 현대 사회의 복잡한 문제를 해결하기 위해서는 합리성과 규칙(rule)에 기반을 두고 계층 구조의 대규모 조직을 편성하고, 이러한 규칙(합법성)에 따라 지배되는 것이 요구되었다. Weber는 이러한 합리성과 합법성에 근거하여 계층제 구조가 제도화되고 지배되는 대규모 조직을 관료제라고 정의한다.

반면, Laski 등의 견해는 관료제를 통치 구조로 보는 관점이다. 이들은 관료제를 역기능적이고 병리적인 관점에서 특권층을 형성한 관료 집단이 통치 권력을 장악하고 있는 상태의 통치 구조로 본다. 이 관점에 따르면, 정치 권력을 장악한 특권층이 정부를 좌우하는 권력 집단을 형성한 것이 관료제 집단이라고 한다. Laski 등은 비판적인 관점에서 관료제를 정의하였다.

이 외에도 Laski와 Weber의 관료제 이론을 수정한 다양한 이론이 제시되었지만, 관료제의 개념은 여전히 Weber의 이론이 많이 사용되고 있는 것이 현실이다.

이 관료제가 갖는 특징은 다음과 같다.

첫째, 관료가 지니게 되는 책임과 권한, 관료의 자격 등이 엄격히 법규에 의하여 규정되고, 지배와 복종관계가 법적인 권리의무관계로 이루어진다.

둘째, 계층제

셋째, 공·사의 엄격한 구분·관료제내의 직무관계는 공적인 것과 사적인 것을 엄격히 구분하며, 사적인 목적을 위하여 일할 수 없다.

넷째, 전임직(전문 직업화됨)

다섯째, 법규에 의한 행정

여섯째, 문서주의

일곱째, 전문지식과 기술을 요함

여덟째, 고용관계의 자유계약

이와 같은 관료제는 조직 운영에 있어서 많은 순기능을 제공하지만, 동시에 상당한 역기능도 발생시킨다.

첫째, 법규를 지나치게 강조한 나머지 목표보다 법규 준수에 급급하게 되어 형식주의, 서민주의, 법규만능사상, 무사안일주의 현상이 나타날 수 있다. 이는 조직이 본래의 목표를 달성하는 데 장애가 될 수 있다.

둘째, 관료제 구성원은 관료제 구조 내에서 주어진 책임과 권한을 행사하는 기계적 장치로서 인간성을 상실하기 쉽다. 이는 구성원들 사이에 좌절감, 권태감, 욕구불만 등을 발생시킬 가능성이 크다.

셋째, 관료제는 독선적이고 소극적이며 보수적인 성향을 지니고 있어 변화에 적응할 능력이 부족하다. 이로 인해 관료제는 때로는 개혁과 쇄신, 발전을 저해하는 보수 집단의 성향을 나타내기도 한다.

이러한 역기능들은 조직이 유연하게 변화하고 발전하는 것을 방해하며, 구성원들의 동기와 사기를 저하시키는 요인으로 작용할 수 있다.

(2) 유기적 조직

기계적 조직은 안정적인 환경에서 효과적일 수 있지만, 현대 조직은 비일상적인 기술의 확대와 환경의 불확실성이 증가하는 상황적 특성을 가지고 있다. 이러한 환경에서는 조직의 수평적 분화가 심화되고 공식성이 낮아지며, 분권화가 강화되는 구조가 필요하다. 즉, 엄격한 규정보다는 상황에 적합한 대응을 하도록 조직 내부의 구조가 느슨해지고 권한이 위임되어야 한다. 이러한 변화와 요구를 반영한 것이 바로 유기적 조직이다.

유기적 조직은 규칙적인 작동을 반복하는 기계가 아니라, 인체와 같은 살아있는 유기체에 비유할 수 있다. 유기체는 환경 변화에 개방적이고 내부적으로 유연성을 가지고 있으며, 유기적 조직도 마찬가지로 환경 변화에 탄력적으로 적응하고 조직의 생존에 필요한 에너지를 지속적으로 유지하는 능력을 갖추고 있다. 커뮤니케이션과 의사결정은 기계처럼 일방향으로만 이루어지는 것이 아니라, 권한과 책임이 분산되어 필요에 따라 상하좌우로 양방향의 상호작용 관계를 유지한다. 또한, 조직 내부의 구성원은 단순히 기계의 부품처럼 수동적인 존재가 아니라, 자율적 의지와 다양한 욕구를 가진 주체적인 존재로 인정된다.

이러한 유기적 조직의 특성은 특히 급변하는 현대 사회에서 조직이 적응하고 혁신할 수 있는 중요한 요소로 작용한다. 유기적 조직은 변화하는 외부 환경에 민첩하게 대응하고, 조직 구성원 간의 협력을 통해 문제를 해결하며, 창의성과 혁신을 촉진할 수 있는 구조를 제공한다.

〈표 2-3〉은 이상의 논의를 중심으로 기계적 조직과 유기적 조직을 비교하여 정리한 것이다.

〈표 2-3〉 기계적 조직과 유기적 조직의 비교

조직의 특성	기계적 조직	유기적 조직
복잡성(분업, 전문화)	부서간 구분 뚜렷, 배타적	부서간 구분 모호, 업무중복
공식화(규칙, 문서 등)	높다	낮다
집권화(권위구조)	집권, 계층구조	분권, 다원구조
환경에의 개방성	폐쇄성	개방성
과업, 역할, 기능	분명, 구체적, 직무기술	상황적, 유동적
구조의 영속성	고정	상황에 계속 적응 변화
권위의 근원	자리(직위)	사람(전문지식, 대인관계)
커뮤니케이션	하향식(top-down), 수직적	상향식(bottom-up), 수평적
의사결정	집권화	분권화
보상	계급(계층)에 따라 큰 차이	계급 간 작은 차이
동기부여	금전적 보상	인간의 다양한 욕구 충족
실제 예	정부관료조직, 일반은행	IT기업, 투자은행(IB)

자료 : 유민봉(2019)[26].

① 애드호크라시

애드호크라시(adhocracy)는 관료제 및 고전적 조직이론과 대립되는 구조 형성 이론으로, 높은 융통성과 적응도, 혁신적인 성격을 갖는 조직 형태이다. 관료제가 대규모적 복잡성, 표준화된 고정적 구조나 계층제를 갖는 데 반하여, 애드호크라시는 변화하는 상황에서 문제 해결 능력을 향상시키기 위해 상이한 분야의 전문가들을 특별한(ad hoc) 프로젝트 팀으로 통합하여 유기적인 적응을 할 수 있도록 한다. 이는 유기체적, 문제 해결 조직이다.

애드호크라시는 특정 문제를 해결하기 위해 관련 전문가들로 팀을 구성하여 운영하는 조직으로 매우 탄력적이고 상황 적응력이 높다. 일반적으로 문제 해결을 위한 한시적 조직으로 목표가 달성되면 해체되는 경우가 많다. 관료제와는 달리, 애드호크라시에서는 권한이 계층 구조의 각 직위에서 나오는 것이 아니라 구성원 각자가 보유하고 있는 전문성에서 나오기 때문에, 의사소통이나 권한의 흐름이 구조적 틀의 제한을 받지 않고 상당히 유동적이다.

애드호크라시(adhocracy)는 두 가지 의미를 가진다. 첫째, 그때그때 일에 유연하게 대응하려는 주의로서, 이는 1968년경부터 미국에서 쓰기 시작한 조어이며, 변동이 많은 현대의 산업사회에서 명확한 선택 안을 갖고 문제를 해결하려는 주의이다. 둘째, 특별위원회형 기구로서, 종래의 관료제(bureaucracy)에 대신하여 특별위원회를 구성하고, 소위원회마다 사회의 전문 분야의 일을 창조적으로 해 나가도록 하는 새로운 사회 기구의 형태이다.

따라서 애드호크라시는 정교한 혁신이 요구되는 상황에서 각 분야의 전문가들을 통합하여 문제를 해결하고, 필요한 경우에만 구성되고 목표 달성 후에는 해체되는 조직으로, 변화와 혁신에 대한 높은 적응력을 가진 조직 형태이다.

이 애드호크라시조직이 갖는 특징을 살펴보면 다음과 같다.

㉠ 낮은 수준의 복잡성을 나타낸다.

애드호크라시는 공식적 훈련을 받은 고도의 전문성을 가진 사람들로 구성되기 때문에 조직구조상의 복잡성은 낮다. 즉, 수평적 분화는 높지만 수직적 분화는 낮다. 따라서 관료제에서와 같은 많은 계층제를 갖고 있지 않다. 그 결과 전문가들이 적응력을 갖고 필요한 행동을 스스로 취할 수 있게 된다.

㉡ 낮은 수준의 공식화를 나타낸다.

애드호크라시는 규정과 규칙이 별로 없으며 있다고 하더라도 느슨하거나 문서화되어 있지 않다. 애드호크라시는 전문가들에 의하여 상황에 대응하여 문제를 해결하도록 맡겨진 조직이다. 따라서 공식화의 정도가 낮다.

㉢ 낮은 수준의 집권화를 나타낸다.

애드호크라시 조직은 전문성에 의해 의사 결정이 이루어지기 때문에 의사결정권이 분권화 되어 있기 때문에 집권화의 정도가 낮게 나타난다.

애드호크라시에 속하는 대표적인 조직 유형으로는 태스크 포스(TF), 프로젝트 팀, 매트릭스 조직, 그리고 네트워크 조직이 있다(유민봉, 2019).

㉠ 태스크 포스(TF, task force) : 특수한 과업을 완수하기 위해 기존의 서로 다른 부서에서 사람들을 선발하여 구성한 팀이다. TF는 구성의 본래 목적을 달성하면 해체되는 임시조직으로, 예를 들어 정부가 국제대회를 유치하기 위해 유관부서의 공무원으로 TF를 구성하는 경우가 있다. TF 참여자들은 각기 자신이 속한 부서의 이해를 대변하거나 회의에서 나온 의견을 소속 부서에 피드백시키는 역할을 하며, 관련 부서를 횡적으로 연결시켜 여러 부서가 관련된 현안 문제를 해결하는데 효과적이다.

㉡ 프로젝트 팀(project team) : 조직에서 전략적으로 중요하거나 창의성이 요구되는 프로젝트를 진행하기 위해 여러 부서에서 프로젝트 목적에 가장 적합한 사람들을 선발하여 구성한 조직 모형이다. 참여자들은 프로젝트와 관련하여 다른 사람과 차별화된 전문성을 가지며, 원래 소속 부서에서의 보고 라인을 유지하지만, 프로젝트의 특수성과 명확한 목적 때문에 팀을 하나의 독립된 조직으로 인식하고 자신을 그 팀 소속으로 인식하는 경향이 강하다. TF와 마찬가지로 한시적이고 횡적으로 연결된 조직 유형이지만, 참여자의 전문성과 팀에 대한 소속감이 더 강하다.

㉢ 매트릭스 조직(matrix organization) : 기능 중심의 수직적 분화가 되어 있는 기존의 지시·감독 라인에 횡적으로 연결된 또 하나의 지시·감독 라인을 인정하는 조직이다. 매트릭스 조직은 전통적인 수직 조직과 새로 구성된 프로젝트 수평 조직의 이원적 권위 계통이 서로 교차하면서 매트릭스 모양을 만들며, 한 사람이 두 명의 상사로부터 명령을 받는 구조이다. 예로는 지역에 있는 영업점이 본사의 재무, 인사, 영업 등의 지시·감독을 받으면서 해당 지역의 본부장으로부터도 지시·감독을 받도록 조직화한 경우가 있다.

㉣ 네트워크 조직(network organization) : 현대의 많은 조직은 과거 모든 기능을 수행하던 거대하고 둔한 조직 형태를 탈피하여, 결정과 기획 등 핵심 기능

만 남기고 나머지 집행 사업 기능은 각각 전문 업체에 위탁 경영하는 경향을 보인다. 네트워크 조직은 핵심 기능을 수행하는 소규모의 조직을 중심에 놓고 다수의 협력 업체들을 네트워크로 묶어 일을 수행하는 조직이다. 협력 업체들은 하위 조직이 아닌 별도의 독립된 회사들로, IT 기술의 발전과 밀접한 관련이 있어 전국 또는 전 세계 어디든 위치에 상관없이 각 분야의 최고 기업을 골라 IT 네트워크로 묶는 조직화가 가능해졌다.

이와 같은 애드호크라시 조직이 갖는 장점은 다음과 같다.

㉠ 높은 적응력과 창조성을 요구하는 조직의 경우에 적합하다.

㉡ 어떠한 공동목표를 달성하기 위해 개별적으로 활동하고 있는 여러 유형의 전문가들을 모아 상호 협력하도록 하고자 할 경우에 적합하다.

㉢ 수행해야 할 업무가 전문지식을 요할 뿐 아니라, 비정형화 되어 있고, 또 너무 복잡해서 한 사람의 힘으로는 감당하기 어려운 경우, 애드호크라시는 유용한 대안이 될 수 있다.

또한 애드호크라시 조직이 갖는 단점은 다음과 같다.

㉠ 애드호크라시에서 갈등이란 불가피한 것이다. 왜냐하면, 여기에서는 상위자와 하위자 간의 관계가 불분명할 뿐 아니라, 권한과 책임 간에도 명확한 구분이 없기 때문이다. 따라서 애드호크라시는 업무의 표준화가 가져다주는 장점을 결여하고 있는 것이다.

㉡ 애드호크라시는 구성원들의 대인관계에 문제를 야기하며, 또 그들에게 심리적 불안감을 안겨준다. 즉, 어떤 업무에 종사하다가 그 업무의 목표가 달성되었다고 해서 모든 업무가 그 업무로 인해 생긴 인간관계를 갑자기 중단하고 새로운 업무에 적응하는 그러한 방식은 구성원에게 커다란 부담감을 가져다주게 되는 것이다.

㉢ 관료제와 비교할 때 애드호크라시는 분명히 비효율적인 구조를 취하고 있다. 그 중에서도 가장 큰 단점은 관료제에서와 같은 기계적 모형이 제공하는 정밀

성과 편의성을 결여하고 있다는 것이다.

(3) 부처조직

부처조직이란 정부의 업무를 수행함에 있어서 능률적이고 통일성 있는 행정을 확보할 수 있도록 행정수반의 지휘·감독권 밑에 설치된 독임형의 단독제 행정기관을 말한다. 행정권은 행정수반에게 속하나 정부의 업무를 행정수반 한 사람에게 전담시킬 수는 없다. 그러므로 여러 사람에게 적절하게 업무분담을 시킴으로써 능률을 증가시킬 수 있게 된다. 또한 전체적인 통일성을 확보할 수 있도록 행정수반의 지휘·감독권 밑에 부·국·과 등의 피라미드구조의 행정기관을 설치하게 된다. 그렇게 함으로써 국가정책의 효율적인 수행을 가능케 하며 국민에 대하여 봉사할 수 있는 체제를 갖출 수 있게 된다.

부처조직은 ① 모든 행정기관이 행정수반에게 통합되어 있는 통합형 조직이며 ② 부·처의 책임자는 단일인 독임형 조직이라는 데 그 특징이 있다. 부처조직을 편성하는 기준은 Gulick이 제시한 ① 목적 또는 기능 ② 과정 또는 절차 ③ 고객 또는 대상물 ④ 지역 또는 장소 등 네 가지가 대표적이다.[27)]

① 목적 또는 기능

목적 또는 기능(purpose or function)을 기준으로 한 조직이란 동일한 종류의 사무(동일목적 또는 동일기능의 사무)는 동일부처에 전담시켜 처리하게 함으로써 기능상의 중복이나 부처 간의 마찰과 간섭을 배제하려는 데 목적을 둔 조직을 말한다. 조직의 기능은 크게 정책결정기능(입법)·정책집행기능(행정), 그리고 법규해석기능(사법)으로 구분하는데, 영국의 Haldane Committee는 목적에 따라 ① 재무 ② 외교 ③ 국방 ④ 조사 및 정보 ⑤ 생산·수송 및 상업 ⑥ 고용 ⑦공급 ⑧ 교육 ⑨ 보건 ⑩ 사법 등의 10개 부문으로 나누고 있다.

목적 또는 기능을 기준으로 한 조직유형의 장점은 다음과 같다.

▷ 정부활동이 목적별로 명확히 구분되어 있기 때문에 국민들이 정부의 활동을 이해하기 쉽고 또 정부는 국민에게 정부의 활동상황을 쉽게 이해시킬 수 있다.

▷ 기능상 업무가 중복되지 않기 때문에 낭비와 부처 간의 충돌을 방지할 수 있다.

▷ 목적별로 구분되어 있기 때문에 목적달성이 용이하다.

▷ 책임소재가 명백하여 책임전가의 우려성이 없다.

목적 또는 기능을 기준으로 한 조직유형의 단점은 다음과 같다.

▷ 국가의 업무를 기능별로 구분하여 기계적으로 분류를 한다는 것이 실제적으로는 그 한계가 모호하기 때문에 기능에 따라 세분하는 것은 사실상 힘들다.

▷ 목적에 치중한 나머지 행정과정·수단 및 기술을 무시하게 되어 이들을 활용하지 못하는 경향이 있다.

▷ 각 부처가 주요 목적별로 분류되어 있기 때문에 각 부처의 구성원은 자기 부처의 행정수행에만 집중한 나머지 타 부처에 대하여는 배타적인 태도를 취하는 할거주의(sectionalism)가 나타나기 쉬우며 이에 따라 부처 간의 조정이 어렵게 된다.

▷ 한 부처는 한 가지 기능의 업무만을 처리하기 때문에 여러 가지 기능을 지닌 일을 처리해야 할 국민으로서는 여러 부처를 상대해야 하기 때문에 정부와의 접촉이 복잡하고 어렵다.

▷ 목적을 강조하게 되면 중앙집권화 될 우려성이 있다.

② 과정 또는 절차

과정 또는 절차(process or procedure)를 기준으로 한 조직이란 행정목적의 수행을 위하여 필요한 수단이나 과정을 기준으로 편성한 부처를 말한다. 즉, 동일한 직종에 종사하는 사람을 동일한 기관에 편입시켜야 한다는 기준이다. 이 기준은 예산·통계·법제·조달 등과 같은 보조기관이나 부처의 하위단위의 조직에 바람직한 기준이다.

이 과정 또는 절차에 의한 조직의 장점은 다음과 같다.

▷ 직종별로 통합되어 있기 때문에 최신의 기술을 활용할 수 있다.

▷ 대량생산이 가능하기 때문에 경비와 노력이 절약된다.

▷ 직종에 대한 전문가를 활용할 수 있기 때문에 업무의 능률을 향상시킬 수 있다.

▷ 전문적인 기술의 향상을 가져올 수 있다.

▷ 기술에 따른 효과적인 분업·전문화가 가능하다.

▷ 기술업무의 조정이 가능하다.

과정 또는 절차에 의한 조직의 단점은 다음과 같다.

▷ 타 부처와의 관계에 있어서 시야가 좁고 전체적 상황파악을 하지 못하는 전문가에 의하여 조직이 운영되므로 비협조적이고 부처 간의 조정이 어렵다.

▷ 행정절차상 하나의 실패가 전 부처에 영향을 미친다.

▷ 전문성의 지나친 강조는 행정의 독선화와 민주적 통제의 곤란을 초래한다.

▷ 목적보다 수단을, 내용보다 형식을 중시할 우려가 있다.

▷ 부분적으로 부처편성에는 기준으로 적용될 수 있지만 모든 행정사무의 분류기준으로 적합하지 않다.

③ 고객 또는 대상물

고객 또는 대상물(clientele or material)을 기준으로 한 조직이란 행정행위로 인하여 혜택을 받는 사람인 고객이 취급하는 대상물을 기준으로 하여 동일한 고객이 동일한 취급업무를 다루는 행정은 동일행정기관에 편입시키는 것을 말한다. 국가보훈처·산림청 등이 이 기준에 의하여 조직된 기관이다.

이 조직은 다음과 같은 장점이 있다.

▷ 국민과 정부와의 관계를 밀접하게 하고 대정부 접촉이 쉬워진다.

▷ 국민에 대한 서비스를 집중시킬 수 있어 국민에 대한 철저한 봉사가 가능하다.

▷ 동일업무의 반복으로 행정기술이 향상되고 관계업무의 조정이 용이하다.

▷ 취급물의 생산량을 수적으로 표시함으로써 실적에 관한 책임을 명백히 할 수

있다.

고객이나 대상물에 의한 조직의 단점은 다음과 같다.

▷ 부처가 지나치게 세분화될 우려성이 있다. Haldane위원회는 이 기준이 철저하면 아동부·소년부·장년부·노년부 등으로 나누게 되어 소인국행정이 된다고 비판하였다.

▷ 수혜자 및 취급물이 다양하기 때문에 조직편성이 복잡하고 소관업무가 중복되기 쉬워 부처 간의 권한충돌을 유발하기 쉽다.

▷ 수혜자에 의한 집중적인 압력을 받아 압력에 의한 행정이 될 우려성이 있다. 부처가 지나치게 세분화될 우려성이 있다.

④ 지역 또는 장소

지역 또는 장소(territory or place)를 기준으로 한 조직이란 행정수행의 대상지역이나 장소를 기준으로 하여 편성된 조직을 말한다. 행정활동이 수행되는 장소·지역을 기준으로 하여 부처를 편성하는 방법은 주로 부처내부 또는 일선기관의 조직방법으로 사용되고 있다. 지방행정조직이나 외교통상부의 아주국·미주국·중남미과 또는 재정경제부 산하의 세관, 정보통신부 산하의 우정사업본부 등이 이러한 기준에 의한 조직이다.

지역 또는 장소에 의한 조직은 다음과 같은 장점이 있다.

▷ 특정 지역 내에 있어서의 업무의 조정과 통제가 용이하다.

▷ 지역적인 특성에 맞는 행정을 가능케 한다.

▷ 지역적인 한계 내에서 행정을 하기에 행정수요의 파악이 용이하다.

▷ 지역사회의 종합개발을 수행하기 쉬워진다.

▷ 행정에 지역주민의 요구와 소망을 반영할 수 있다.

지역 또는 장소에 의한 조직은 다음과 같은 단점이 있다.

▷ 전체적이고 통일적인 국가의 정책을 수립하기가 곤란하다.

▷ 지방유지의 압력에 의하여 행정이 좌우되기 쉽다.

▷ 지역 간 경계선을 합리적으로 확정하기 어렵다.

▷ 지방적 이익에만 편중한 행정이 될 우려가 있다.

이와 같은 부처조직의 원리에 대하여 비판의 소지도 있는 것이 사실인데 즉

▷ 어느 한 기준에 있어서 장점이 다른 기준의 단점이 될 수 있다.

▷ 용어자체가 애매모호하여 한계가 명확하지 못하다.

(4) 집권과 분권 조직

집권과 분권은 의사결정권이 조직계층상 어디에 존재하느냐의 문제이다.[28] 집권이란 의사결정권이 조직의 상층부에 있는 것을 의미한다. 의사결정권이 조직의 상층부에 있다는 것은 책임과 권한의 소재도 조직의 상층부에 있다는 의미이다. 분권이란 의사결정권이 조직의 하층에 있는 것을 의미하며 따라서 책임과 권한이 조직의 하층에 있게 된다.

집권과 분권은 정도상의 차이이고 상대적인 개념이다. 즉, 어느 정도까지가 집권이고 어느 정도까지가 분권인가 하는 한계는 명확하지 않으며 다만 그 정도에 따라 집권화와 분권화로 구분하게 된다. 현대의 조직은 급변하는 사회적 환경에 신속하게 대처하기 위해서, 또 정보체제의 발달에 힘입어 집권화되는 경향이 있다.

분권에는 조직 내 분권과 조직간 분권이 있다. 조직 내 분권이란 동일한 중앙관서 내에서 또는 동일한 지방자치단체 내에서 권한이 상급자로부터 하급자로 위임되는 것을 말하며 조직간 분권이란 조직과 조직 사이에 일어나는 분권을 의미한다. 즉, 중앙관서에 의한 하급일선기관으로의 권한의 위임이나 중앙정부에서 지방정부에 권한을 위임하는 것 등이 조직간 분권이다. 이 중에서 중앙정부와 지방정부 사이의 분권을 지방분권이라고 한다.

일반적으로 집권화를 촉진시켜 주는 요인은 다음과 같다.[29]

① 소규모조직

소규모조직에서는 상층부에서 모든 일을 할 수 있기 때문에 권한을 위임할 필요성이 없다. 따라서 소규모조직에서는 조직의 최고정점에서 결정되어 수행된다. 장애인복지관, 장애인 생활시설, 장애인 직업재활시설 등 대부분의 재활조직은 여기에 속한다.

② 신설조직

신설조직의 경우 책임과 권한의 한계설정이 명확하지 못한 상태이며 또 부하들의 능력이나 태도를 알 수 없기 때문에 권한을 위임하지 않는다.

③ 위기의 존재

조직이 위기를 맞으면 신속한 결정과 대비책이 요구되므로 집권화 된다.

④ 개인적 리더십이 있는 경우

조직의 상층부에서는 능력 있는 사람인 경우 의욕적으로 직접 수행하려 하는 경향이 있다.

⑤ 통일성·획일성이 요구

행정의 전체적인 통일성이나 획일성이 요구되면 권한을 상층부에 집중하여 직접 지휘·통솔하게 된다.

⑥ 행정관리의 전문화

전문적인 행정관리가 요구될 때 조직의 정점에서는 각 분야의 전문가를 막료(참모)로 임명하여 정점에서 직접적인 관리를 하게 된다.

⑦ 정보체제의 발달

현대전자기술의 발달에 힘입어 고도정보기술이 발달되었고, 또한 교통·통신이 발달됨으로써 지방에까지 가지 않아도 중앙정보 통제장치를 통하여 모든 정보를 수립·분석·평가할 수 있게 되었다. 따라서 하위조직계층이나 지방에 권한을 위임할 필요성이 없어졌다.

⑧ 경비의 효율적인 사용

경비를 효율적으로 사용하기 위해서는 조직의 상층부에서 효과적인 조정과 통제가 요구된다.

⑨ 특정활동의 강조

조직의 상층부에서 특별히 강조하는 분야는 직접 결정하게 되므로 집권화 된다.

⑩ 하위층의 능력부족

하위층에서 능력을 갖고 있지 못하면 권한위임을 할 수 없게 된다.

이에 반해 분권화를 촉진시키는 요인은 다음과 같다.

① 상층부의 업무과중

조직상층부의 업무량이 과중 되면 권한의 위임에 의하여 분권화된다.

② 신속한 업무처리

업무의 신속한 처리를 위하여 분권화된다. 일선에서는 업무를 수행하는 사람에게 권한이 없으면 상층부의 재가를 받아야하며 이 때문에 시간이 지체된다.

③ 지방사정에의 적응

그 지방의 실정에 맞는 행정을 하기 위해서는 지방행정조직단위에서 직접 결정하여 수행할 수 있어야 한다.

④ 책임감의 강화

직접 결정하여 수행한 것에 대하여 책임감이 커지게 된다. 따라서 책임의식을 강화시키기 위해서 분권화가 요청된다.

⑤ **관리자의 양성**

관리능력을 키우기 위해서는 직접적인 결정을 하여 수행하고 그에 따른 책임도 인식하게 하여야 한다. 따라서 관리자의 양성을 위하여 분권화되어야 한다.

⑥ **사기앙양**

직접적인 결정권을 부여받을 때 상관으로부터의 인정을 받은 것으로 생각되며 긍지와 보람을 느끼게 되어 사기가 앙양된다.

⑦ **민주적 통제의 강화**

국민의 행정부에 대한 통제는 국민들이 항상 접촉하는 일선담당자를 효과적으로 통제할 수 있어야 한다. 일선담당자에 대한 통제가 이루어지려면 일선담당자에게 권한이 주어져야 한다. 따라서 시민에 의한 민주적 통제를 위하여서는 분권화되어야 한다.

(5) 계선 조직과 참모조직

계선 조직이란 계층제의 구조를 가진 조직으로서 정책을 수립·집행할 뿐만 아니라, 하급기관에 대하여 지휘·명령을 함으로써 조직의 목적달성을 위하여 직접적으로 활동하는 조직을 말한다.[30]

이에 대하여 참모(막료)조직이란 계선 조직이 그 목적수행을 원활히 할 수 있도록 자문에 응하고 행정상의 제 업무에 관하여 연구·조사·조언·건의·권고하며, 보좌·지원하는 조직을 말한다.[31] 즉 자문위원회나 운영위원회 같은 조직을 의미한다.

계선 조직은 지휘·복종관계에 의한 수직적인 계통을 중심으로 하여 정책결정·집행·명령 등을 하게 되는데, 막료조직은 횡적이고 병립식 조직으로서, 각자가 그의 높은 식견과 전문지식으로 조직의 최고책임자를 보좌해 주고 지원해 줌으로써 그의 활동영역의 확장을 가능하게 해주며 계선의 부족한 점을 보완해 주는 역할을 한다.

한편 계선 조직은 행정활동의 결과에 대하여 직접 책임을 지게 되고, 대민 접촉과 봉사가 직접적인 데 반하여, 참모조직은 행정업무를 직접 수행하는 것이 아니라, 보좌한 계선의 장을 통해 그의 활동과 봉사가 인정되므로 고객에 대한 서비스가 간접적이고 또한 그 활동에 대해서도 간접적·윤리적인 책임을 질 뿐이다. 이와 같은 계선 조직과 참모조직의 장·단점은 다음과 같다.

① 계선 조직의 장·단점

계선 조직의 장점은 다음과 같다.

▷ 책임과 권한의 한계가 명확하기 때문에 자기 업무에 대한 강한 책임의식을 갖게 되어 자발적인 업무수행을 위한 노력이 나타나게 됨으로써 행정상의 능률을 향상시키게 된다.

▷ 계선 조직은 단일기관(unitary agency)으로 구성되어 있기 때문에 의사결정이 조직의 최고책임자 한 사람에 의해 결정되므로 의사결정의 신속을 기할 수 있다.

▷ 명령·복종의 관계로 구성된 조직이므로 조직의 장은 강력한 통솔력을 발휘할 수 있고, 전체성과 통일성을 확보할 수 있는 행정을 가능하게 함으로써 행정과 조직의 안정성을 확보할 수 있다.

▷ 계선 조직은 단일조직으로 구성되어 있어서 인원이 적기 때문에 경비가 절약된다. 특히 단순 업무를 처리하는 경우와 소규모 조직의 경우에는 한 사람의 지휘·감독으로 업무를 충분히 수행할 수 있기 때문에 계선 조직이 능률적이며 합리적인 데 반하여 단점은 다음과 같다.

▷ 융통성이 없는 경직화된 조직이 될 가능성이 높고, 폐쇄적이고 보수적이며, 관료제적 병리현상을 나타낼 우려성이 있다.

▷ 계선조직의 장은 타인의 의견과 객관적인 요인을 고려하지 않고, 오직 주관적이고 독단적인 결정을 할 우려성이 있다.

▷ 조직의 장이 전체를 다 지휘·감독하게 되어 있기 때문에 특히 조직이 대규모

조직인 경우에는 조직의 장의 업무량이 과중하게 된다.

▷ 계층제 내의 각 구성원은 자기에게 부여된 책임과 권한만을 고수하기 때문에 상호간의 조정과 협조가 잘 안되고 조직의 운영상 능률을 저하시키게 된다.

▷ 특수 분야 전문가의 지식과 경험을 활용할 수 없다.

② 참모조직의 장·단점

참모조직이 갖는 장점은 다음과 같다.

▷ 참모(staff)의 전문적인 지식과 경험을 활용함으로써 합리적이고 객관적인 의사결정과 지시·명령을 가능하게 한다.

▷ 참모의 자문·조언·권고·연구 등을 통하여 계선의 장의 활동영역을 넓혀 주고 통솔범위를 확대시켜 준다.

▷ 수평적인 업무조정에 도움이 되고 협조관계를 증진시켜 준다.

▷ 계층제가 갖는 경직성을 완화해 주고 융통성 있고 신축성 있는 조직이 되게 한다.

▷ 계선의 과중한 업무를 덜어주게 되고 대규모 조직에서 유용하게 활용할 수 있다.

참모조직이 갖는 단점은 다음과 같다.

▷ 인간관계가 복잡해지고 계선과 막료간의 반목과 대립이 파생될 우려가 있다.

▷ 인원의 증가로 예산의 증가를 가져온다.

▷ 참모들도 계산상의 구성원들에게 직접 지시·명령을 내리는 경우가 있기 때문에 의사전달의 통로가 복잡해지고, 직접적인 집행권을 갖고 있지 않기 때문에 책임을 전가시킬 우려가 있다.

▷ 조직책임자의 활동영역을 넓혀 주고 통솔의 범위를 확대시켜 주는 장점이 경우에 따라서는 지나친 중앙집권화를 촉진시킬 우려가 있고, 조직이 비대해질 우려성이 있다.

▷ 소규모 조직에서는 적합하지 않다.

③ **계선 조직과 참모조직의 상호관계**

계선 조직과 참모조직은 때에 따라서 상호보완적일 때도 있지만 불화·대립의 관계에 놓일 때가 있다. 불화·대립의 주요원인은 다음과 같다.

▷ 양자 간에는 사회적 지위·야심·지식 등에 차이가 있다.

▷ 계선은 참모의 영향력이 조직의 장에게 미치는 것을 싫어한다.

▷ 참모는, 보수적이며 현상유지(status quo)를 원하는, 계선에 대하여 비판적이고 개선을 시도한다.

▷ 참모는 전문지식 또는 기술에 집착하여 자기의 주장만을 내세우고, 계선의 권한을 침해할 때가 있다.

▷ 참모는 지나치게 이론적이어서 계선의 현실성을 무시한 결과 이상론에 빠지기 쉽다.

이를 조정하고 해결하는 방안으로는 다음과 같은 방법이 있다.

▷ 양자 간의 인사교류를 시킴으로써 서로간의 이해를 증진시킨다.

▷ 양자 간의 책임한계를 명백히 하여 상호간의 권한침해를 방지한다.

▷ 양자의 접촉으로 이해를 증진시킨다.

▷ 교육훈련을 통하여 이해와 협력을 확보한다.

▷ 조직의 장이 직접 조정의 역할을 담당하여 조정한다.

(6) 공식적 조직과 비공식적 조직

공식적 조직이란 법률 또는 규정에 의하여 인위적으로 제도화시킨 조직을 말하며,[32] 비공식조직이란 공식적 조직 내에서 현실적인 인간관계에 입각하여 자연발생적으로 형성된 조직을 말한다.[33]

공식적 조직과 비공식적 조직의 개념을 명확히 하기 위하여 그 차이점을 살펴보면 다음과 같다.

① 공식적 조직은 외면적·외재적이고 가시적인 조직인데 반하여, 비공식적 조직은 내면적·내재적이고 불가시적인 조직이다.

② 공식적 조직은 규칙·규정·편람 등에 의하여 명문화된 제도적·인위적 조직인데 반하여, 비공식적 조직은 자연발생적으로 생성된, 성문화되지 않은 비제도적 조직이다.

③ 공식적 조직은 제도화된 계층구조를 중심으로 한 조직으로서 법적으로 권한의 배분이 이루어지지만, 비공식적 조직은 현실적인 인간관계를 바탕으로 한 조직으로서 공식적인 권한의 배정이 이루어지지 않는다.

④ 공식적 조직은 능률성과 합리성이 전제된 행동으로 나타나지만, 비공식적 조직은 현실적인 인간관계에서 생기는 감정의 일치가 이루어질 때 비로소 나타나는 조직이다.

⑤ 공식적 조직은 하나로 일관된 전체질서를 요구하는 조직이고, 비공식조직은 공식조직 내에서 여러 개가 존재할 수 있는 것으로서, 각자의 비공식조직은 서로 다른 부분적 질서를 추구하는 조직이다.

⑥ 공식적 조직은 하나의 목표를 추구하는 조직인데 반하여, 비공식적 조직은 여러 목표를 추구하는 특수조직이다.

⑦ 공식적 조직은 성문화된 규정에 의하여 편성·운영되기 때문에 정적인 조직이라고 한다면, 비공식적 조직은 현실적인 인간관계를 중심으로 생동하는 동태적 조직이다.

조직에 있어서 비공식적 조직을 연구하는 목적은 비공식조직이 공식조직의 목표달성에 있어서 어느 정도 기여할 수 있는가를 파악하여 활용하고자 하는 데 있다. 비공식적 조직이 조직의 목표달성에 기여하는 기능을 순기능이라 하고, 이에 저해되는 기능을 역기능이라고 한다.

공식적 조직과 비공식적 조직의 목표가 일치된 경우 순기능을 하게 되어 능률적인 행정이 이루어지겠으나, 그렇지 못할 경우 조직의 목표를 달성치 못함은 물론 조직의 파괴를 몰고 올 역기능을 초래하게 된다. 이러한 의미에서 비공식적 조직의 순기능과 역기능을 고찰할 필요가 있다.

먼저 비공식 조직의 순기능적인 측면은 다음과 같다.

① 비공식적인 인간관계를 통해서 자유스러운 의사소통이 가능하기 때문에 행정의 민주화에 기여할 수 있다.

② 정적인 조직에서 동적인 조직으로 변화하게 하여 능률만을 강조하는 기계적이고 비인격적인 합리주의적 조직에서 오는 모순과 폐단을 수정 또는 보완함으로써 공식조직의 경직성을 완화하고 결함을 보완할 수 있다.

③ 능률은 물적 환경만으로 이루어지는 것이 아니라, 조직의 구성원이며 행정의 주체인 인간의 심리적·사회적 만족에서도 이루어지기 때문에 비공식조직은 조직의 능률화에 기여하게 된다.

④ 조직구성원이 귀속감·안정감을 갖게 됨으로써 사기가 높아지고 심리적 안정감을 갖게 되어 조직의 안정에 기여하게 된다.

⑤ 조직구성원의 욕구불만에 대한 발산 처로서의 역할을 하기 때문에 불만에서 만족을 얻어, 다시 새로운 의욕을 북돋아 주는 역할을 한다.

⑥ 비공식조직은 공식적 조직이 제도적인 규칙 및 절차 등에만 집착한 나머지 진부한 상태와 퇴보를 야기할 위험이 있는 데 활기를 넣어 줌으로써 발전적인 생동감을 주는 역할을 한다.

⑦ 비공식적 조직의 자유스런 의사전달을 통하여 공식조직 내의 문제점이 발견되고 공식조직에 쇄신적 분위기를 조성하게 된다.

⑧ 비공식적인 의사전달을 통하여 정보의 신속을 기하거나, 알 수 없었던 정보까지 알 수 있게 된다.

⑨ 비공식적인 인간관계를 통하여 공식적 지도자의 능력을 보완할 수 있다.

⑩ 지식과 경험을 공유하여 업무대행능력을 향상시킨다.

비공식적인 조직의 역기능적인 측면은 다음과 같다.

① 비공식적 조직이 조직 상층부의 요구를 거절하고 자기들 스스로가 수립한 직무수행방법을 고집할 경우, 적대적인 태도를 취하게 되어 조직의 기능을 발휘할 수 없게 하고, 이와 같은 적대감정이 비공식적 조직을 지배할 경우 비공식적 조직의 응집력이 강화되어 더욱 더 심한 역기능을 초래하게 된다.

② 비공식적 조직의 구성원은 비공식적 조직의 구성원이기 때문에 받을지도 모르는 승진의 제한·면직 또는 좌천·장래에 대한 공포 등으로 심리적 불안감을 갖게 되고, 개인의 불안과 개인의 의사를 조직 전체의 불안으로 확대시킬 우려성이 있다.

③ 비공식적 의사전달이 공식적인 의사전달을 오도하거나, 혹은 그릇된 의사를 전달함으로써 조직의 활동을 잘못 유도할 수도 있다.

④ 정실주의가 만연될 가능성이 있다.

⑤ 계획이 사전에 누설되거나 직원 혹은 간부의 사생활이 유포되어 사기를 떨어뜨리고 불필요한 불안감을 가져올 염려가 있다.

⑥ 비공식 접촉을 통하여 개인의 이해와 관련된 정치적인 활동을 하게 될 우려성이 있어 행정의 정치적 중립성을 저해한다.

⑦ 비공식적 조직은 사 집단화되어 압력 단체적 역할을 할 우려가 있다.

(7) 위원회 조직

위원회(committee)조직이란 여러 사람으로 구성된 합의체기관을 말하는 것으로 조직에 있어 1인에 의한 단독적인 결정과 행위에서 오는 폐단을 방지하고, 중지를 모아서 합리적인 결정을 함으로써 계층제의 경직성을 완화하고 조직의 운영과 의사결정에 민주성을 확보하려는데 목적이 있다,

재활기관은 종종 특수분야의 업무를 담당할 필요성이 생길 경우가 있고, 또는 일시적인 업무를 담당하게 되는 경우도 생긴다. 이와 같이 정상업무가 아닌 특수업무

나 일시적인 업무를 담당하기 위하여 계층제 조직과는 별도로 위원회조직을 설치하게 되는 것이다. 이 위원회조직은 조사·연구·조정·자문·건의 등에 관한 기능뿐 아니라, 경우에 따라서는 준 입법적·준 사법적 기능까지도 가지고 있다. 위원회는 계층제의 경직성을 수정·보완해 주는 것 이외에도 전문가들로 구성된 다수의 위원에 의한 합의로써 결정이 이루어진다는 의미에서 민주적 조직이라는 데에 그 의의가 있다.

이 위원회조직이 갖는 장점은 다음과 같다.

① 중지를 모은 결정과 민중통제(popular control)로서 각 위원들이 구성원들의 여론을 집약하여 중지를 모은 결정을 함으로써 계층제의 독단적인 의사결정에서 오는 병폐를 방지할 수 있을 뿐만 아니라 성원들의 통제를 가능케 함으로써 민주행정을 실현할 수 있다.

② 신중하고 공정한 결정과 창의성 있는 결정을 유도하는 것으로서 즉 위원회조직은 신속하고 능률적이지는 못하나 집단적인 판단에 의해 신중하고 공정한 결정을 할 수 있고, 여러 사람에 의해 창의성 있는 결정을 할 수 있다.

③ 우호적인 인간관계의 확보와 조정의 증진으로 위원회조직에서의 구성들은 상호 빈번한 접촉과 토의로 의사결정을 하기 때문에 우호적인 인간관계를 가질 수 있으며, 합리적이 조정을 증진시킬 수 있다.

④ 전문지식의 활용으로 전문가를 위원으로 구성할 경우 전문지식을 활용할 수 있으므로 합리적인 결정에 도달할 수 있다.

⑤ 정치적 중립성으로 전문가나 집행부와 관계가 없는 위원회를 구성하여 힘의 균형을 유지함으로써 행정의 정치적 중립성을 확보하고 계속성을 지닐 수 있어서 행정의 안정을 유지할 수 있다.

⑥ 다수의 지지획득이 가능하다는 것으로 위원회의 결정은 다수의 의견을 종합·반영하여 이루어지기 때문에 보다 많은 사람의 지지를 획득할 수 있다.

⑦ 행정의 계속성과 안정성 유지로 위원의 교체를 부분적으로 하여 행정의 계속

성을 유지할 수 있고 따라서 행정의 안정성을 기할 수 있다.

이에 반해 위원회 조직이 갖는 단점은 다음과 같다.

① 시간과 경비의 낭비

② 타협결정을 할 가능성이 높음

③ 책임의식의 결여

④ 비밀유지의 어려움

⑤ 신속한 결정의 곤란

⑥ 통솔력의 약화

⑦ 사무국의 위원회 지배 우려성 농후

제4절 재활조직의 관리

1. 개인 측면의 관리

조직은 기본적으로 개인의 집합체이다. 구조적인 측면에서는 직무, 책임, 권한 등이 중요하지만, 관리 측면에서는 개인이 조직의 핵심적인 구성요소이다. 좋은 조직구조를 설계하더라도 이를 조직의 성과로 연결하려면 개개인의 태도와 행동이 변화해야 한다. 즉, 개인은 현대 조직의 성공에 가장 중요한 요소이다. 따라서 조직관리는 개인을 직접 관리 대상으로 삼고, 이들의 태도와 행동 변화를 유도하는 것이 중요하다. 이를 위해서는 개인에 대한 올바른 이해가 필요하다.

개인은 지각, 능력, 태도, 성격, 가치 등에서 매우 다양한 특성을 지니며, 사람마다 차이가 있다. 이 중 능력은 학습을 통해 변화가 가능하지만, 성격이나 가치관은 안정적이고 일관성이 강해 관리하기 어렵다. 조직에서 사람을 관리하기 위해서는 이러한 다차원의 다양성과 복잡성을 이해하는 것이 중요하다. 조직관리 이론의 발전과 함께 개인에 대한 기본적인 이해도 변화해 왔다.

1) 조직이론과 인간관

조직이론은 이론의 발달 순서에 따라 과학적 관리론, 인간관계론, 후기 인간관계론, 체제론·상황론으로 분류할 수 있다. 한편 조직 내의 인간에 대해서는 욕구를 중심으로 분류한 마슬로우(Maslow)의 계층이론과 앨더퍼(Alderfer)의 ERG이론, 그리고 인간관에 대해서는 합리적 경제인, 사회인, 자아실현인, 복잡인[34]의 분류가 가능하다.

① **과학적 관리론 : 합리적 경제인**

조직이론의 시작은 테일러(Taylor)의 과학적 관리론에서 찾을 수 있다[35]. 테일러는 조직의 목표를 가장 효율적으로 달성하기 위해 과학적 사고를 적용하고자 하였다. 대표적인 예로는 시간-동작 연구가 있다. 예를 들어, 탄광에서 석탄을 트럭에 퍼 올릴 때, 삽의 크기를 달리하여 시간당 적재량을 측정하고 비교하여 가장 효율적인 삽의 크기를 결정했다. 보상 체계에서도 차등성과급을 도입하여, 목표를 초과 달성한 부분에 대해 더 높은 임금률을 적용하였다.

테일러의 과학적 관리론은 조직을 기계로, 개인을 기계의 부품으로 간주했다. 기계를 잘 설계하면 효율성이 높아지듯이, 조직을 잘 설계하면 조직의 효율도 높아질 것이라고 믿었다. 테일러는 근로자의 재량에 맡기기보다는 관리자가 직무를 설계하고 그 수행 방법을 표준화한 뒤, 직무에 적합한 육체적 및 지적 능력을 갖춘 근로자를 선발하여 훈련시켜야 한다고 주장했다. 이는 개인을 완벽한 부품으로 만들어 조직의 기계가 설계한 대로 효율성을 발휘할 수 있게 하려는 접근 방식이다. 과학적 관리론은 사람보다 조직의 구조에 초점을 맞춘 이론이다.

과학적 관리론은 테일러의 이론으로 대표되지만, 1900년대 초까지의 관리이론들은 기본적으로 과학적 관리론이 지향한 효율성과 구조 중심의 사상을 담고 있다. 예를 들어 구조설계의 원리론이나 귤릭(Gulick)의 POSDCORB은 모두 고전이론의 범주에 속한다.

과학적 관리론에서의 인간관은 합리적 경제인이다. 이 관점에서는 조직 내 개인이 자기 이익을 극대화하기 위한 합리적 기준을 가지고 있으며, 주로 경제적 이익에 의해 동기가 부여된다고 본다. 테일러의 차등 성과급제가 이러한 인간관에 기반한 보상 시스템의 예이다. 이 시스템은 성과에 따라 보상을 차등화하여 경제적 이익을 통해 동기를 부여한다.

합리적 경제인의 욕구 측면에서는 생리적 욕구와 신체적 안전의 욕구 등 생존에 대한 기본적인 욕구가 동기의 근원으로 전제된다. 관료제는 기계적 조직으로서 합리적 경제인의 인간관을 가장 잘 반영하고 있다. 관료제는 효율성과 구조적 일관성을 강조하며, 합리적인 조직 설계와 절차를 통해 조직의 목표를 달성하려고 한다.

② **인간관계론 : 사회인**

인간관계론은 1930년대 전후 미국 웨스턴 일렉트릭 회사의 호손(Hawthorne) 공장에서 진행된 실험을 토대로 발전하였다. 이 이론은 인간이 경제적 동기보다 사회심리적 동기에 더 큰 영향을 받는다고 주장하며, 인간의 내면적인 감정, 비공식적인 인간관계, 집단에 대한 소속감 등의 중요성을 처음으로 강조하였다.

호손 실험은 세 가지 단계로 진행되었다. 첫 번째 실험에서는 과학적 관리론의 검증을 위해 조명도와 생산성의 관계를 연구했으나 뚜렷한 결과를 얻지 못했다. 두 번째 단계에서는 휴식시간을 스스로 결정하고 제안을 할 수 있도록 하는 등의 변화를 주었고, 이 연구에서 연구자들은 감독자의 호의적 관심이 종업원들을 더 열심히 일하게 만든다는 호손 효과를 발견하였다. 마지막으로 세 번째 단계에서는 면접을 통해 호손 효과의 원인을 분석하였고, 비공식 집단이 생산성에 큰 영향을 미친다는 사실을 확인하였다.[36)]

인간관계론은 효과적인 동기부여 방법으로 과학적 관리론이 주장하는 경제적·물질적 보상 대신, 사회심리적 보상을 강조한다. 호손 실험 결과는 조직 내 인간관을 합리적 경제인에서 사회인으로 변화시키는 계기를 제공하였다. 관리의 관심은 조직의 구조적 측면에서 사람으로 이동하였고, 경제적 유인보다 인간관계 측면과 비공식 조직의 중요성이 강조되었다.

욕구 측면에서 사회인은 사람들과의 인간관계에서 느끼는 귀속감이나 일체감과 같은 사회적 욕구와, 사람들로부터 인정받고 싶어하는 존중욕구를 가진 인물이다. 사회인은 공식적인 관계보다는 비공식적인 관계에서 느끼는 심리적 위안을 중시한다.

③ **후기 인간관계론 : 자아실현인**

후기 인간관계론은 기존 인간관계론의 한계를 지적하며, 인간관계론이 여전히 과학적 관리론과 유사하게 조직의 이익을 일방적으로 대변한다고 주장한다. 인간관계론이 개인에 대한 인간적 배려와 관심을 강조하고 있지만, 그 이면에는 여전히 조직의 생산성을 높이기 위한 조직중심의 통제적 사고방식이 지배하고 있다는 점을 지적한다.

후기 인간관계론은 인간욕구의 획일성, 인간의 피동성, 동기부여의 외재성에 반대[37]하여, 인간욕구의 다양성과 자율적이며 자아실현적인 욕구를 강조한다. 이론적으로는 맥그레거(McGregor)의 Y이론, 아지리스(Argyris)의 성숙인, 마슬로우(Maslow)의 욕구 5단계 이론이 대표적이다. Y이론에서는 조직의 구성원이 자기 책임 하에 일을 하고, 자율적인 통제와 창의적인 문제해결이 가능한 사람으로 본다.[38] 아지리스는 성격발달을 미성숙과 성숙으로 구분하고, 성숙한 인간은 Y이론과 유사한 독립심, 자기통제력, 적극성을 가진다고 강조한다. 그는 지시와 통제보다는 인본주의적이고 민주적인' 가치를 중요시한다. 마슬로우의 욕구계층론에서는 자아실현 및 자기존중 욕구가 후기 인간관계론의 가치와 일치한다.

후기 인간관계론의 인간관은 자아실현인으로 압축될 수 있다. 자아실현인에게는 단순한 경제적 보상이나 사회심리적 보상보다, 도전적이고 자기계발이 가능한 업무를 부여하는 것이 중요하다. 이는 업무에서 타인에 대한 의존도를 줄이고 자율성과 성장 가능성을 제공하는 관리 전략을 의미한다. 후기 인간관계론과 인간관계론을 포함한 이러한 이론들은 종종 신고전이론으로 분류되며, 고전 이론과 대조된다.

④ 체제론·상황론 : 복잡인

과학적 관리론, 인간관계론, 후기 인간관계론은 공통적으로 조직의 성과를 위한 통제 변수를 조직 내의 구조와 인간에서 찾았다. 이들은 모두 원인과 결과의 선형적 사고에 의존하고 있다. 그러나 후기 인간관계론 이후 등장한 체제론과 상황론은 조직을 전체적으로 보거나 환경과의 관계 속에서 이해하며, 과거의 미시적 관점에서 거시적 관점으로 시각을 전환했다. 이들 이론은 선형적 인과관계보다 부분과 부분의 상호작용 관계를 강조한다. 이러한 이유로 체제론과 상황론은 고전 이론과 신고전 이론을 넘어서 현대 이론으로 분류된다.

체제론은 조직을 개방체제 또는 유기체로 보고, 조직 전체를 서로 밀접하게 연결된 부분으로 접근한다. 반면, 상황론은 조직 구조 설계에서 규모, 기술, 환경 등의 조건에 따라 적합한 조직 구조를 갖추어야 성과를 향상시킬 수 있다고 주장한다. 상황론은 모든 상황에 보편적으로 적용될 수 있는 인과 이론을 거부하고, 상황에 적합한 탄력적인 이론을 지향한다.

체제론과 상황론에서 가정하는 인간관은 다음과 같다. 개인을 규정하는 유일한 최선의 시각은 존재할 수 없으며, 단일 관리 방식이 효과적이지 않다고 본다. 개인은 다양한 차원에서 다양한 특성을 지니고 있으며, 개인 간의 관계에서는 복잡한 상호작용을 보인다. 샤인(Schein)은 기존의 모든 인간관이 인간을 지나치게 단순화하고 일반화했다고 비판하며, 복잡한 현실에 적합한 인간관은 상황에 따라 다양한 시각으로 이해하는 '복잡인'이라고 주장한다.[39] 복잡인의 시각에 담겨있는 기본전제를 요약하면 다음과 같다.

- 인간은 복잡할 뿐만 아니라 고도의 가변성을 가지고 있다.
- 인간은 조직생활을 통하여 새로운 동기를 습득할 수 있다.
- 인간의 동기는 조직의 성격 및 그의 조직내에서의 위치에 따라 다르다.
- 인간은 여러 종류의 관리전략에 대응할 수 있다.

2) 동기부여

(1) 의의

동기부여는 조직의 목표 달성을 위해 사람과 직무를 통합하여, 개인이 더 열심히 그리고 지속적으로 일하도록 만드는 과정이다. 동기부여는 단순한 의욕이나 노력의 차원을 넘어서, 목표 지향적이고 지속적인 행동을 유도한다. 이는 일시적인 충동이 아니라 합리적 판단에 기반하여 일정 기간 동안 지속적으로 나타나는 현상이다. 또한, 동기부여는 자율성의 측면에서도 중요하다. 즉, 외부의 통제나 압력에 의해 강제로 이루어지는 것이 아니라, 개인이 그 일을 하는 것에 대해 내적 의미를 부여하고 자발적으로 임하는 자세를 말한다. 동기부여를 받은 사람은 자신의 역할을 적극적이고 즐거운 마음으로 수행하며, 이는 조직의 목표를 효과적으로 달성하는 데 기여한다.

사람의 능력 수준이 같더라도 최종 성과는 크게 다를 수 있다. 이는 일의 성과가 단순한 능력 외에도 추가적인 요소(알파, ∝)에 의해 결정되기 때문이다. 알파의 모든 측면을 규명하는 것은 어려울 수 있지만, 동기부여가 알파의 중요한 요소임은 분명하다[40]. 즉, 동기부여의 수준에 따라 직무 수행의 성과가 크게 달라질 수 있다. 동기부여가 높은 사람과 낮은 사람의 근무 성과를 비교하면, 동기부여의 중요성을 쉽게 인식할 수 있다. 동기부여가 높을 때는 이직률과 결근율이 낮고, 조직에 대한 불만도 적다는 것이다. 이는 조직의 비용 절감을 돕고 생산성을 향상시키는 효과를 가져온다. 또한, 동기부여가 높은 사람은 질 높은 상품이나 서비스를 제공하며, 이들은 정신적으로 더 건강한 근무 집단을 구성한다는 것이다.

(2) 유형

동기부여이론은 크게 내용론과 과정론으로 구분된다.

첫째, 내용론은 "무엇이 사람의 동기를 유발시키는가?"를 다룬다. 이 이론은 개인, 직무, 상황적 요인 등에서 동기를 유발하는 요소를 규명하여 이를 통해 동기를 부여하고자 한다. 즉, 내용론은 인간의 욕구와 그 욕구를 충족시키는 유인에 관한 이론체계로, 이를 욕구이론이라고도 부른다. 주요 내용론 이론으로는 마슬로우의 욕구계층 이론, 앨더퍼의 ERG 이론, 허즈버그의 두 요인 이론 등이 있다.

둘째, 과정론은 동기가 어떻게 생겨나고 실제 행동과 성과로 연결되는지를 다룬다. 이 이론은 동기부여가 어떻게 형성되고, 이를 통해 어떻게 행동과 성과로 이어지는지에 초점을 맞추고 있다. 과정론은 동기부여의 과정을 분석하며, 주요 이론으로는 브룸의 기대 이론, 애덤스의 공정 이론, 록의 목표 설정 이론 등이 있다.

① **내용론**

내용론은 사람들이 무엇에 의해 동기가 부여되는지를 인간의 욕구에서 찾는다. 욕구(need)란 결핍된 상태에서 생기는 필요를 의미하며, 내용론은 이러한 결핍된 욕구를 채워줌으로써 동기를 부여할 수 있다고 본다. 주요 내용론 이론으로는 욕구계층론과 동기·위생 2요인이론이 있다.

㉠ 욕구계층론

마슬로우의 욕구계층론[41]은 인간의 욕구를 다음과 같은 다섯 개의 계층으로 나누어 설명한다.

- 생리적 욕구 : 기본적인 생존을 위한 욕구로, 음식, 물, 수면 등 기본적인 생리적 필요를 포함한다.
- 안전 욕구 : 신체적, 경제적 안정과 안전을 추구하는 욕구이다.
- 사회적 욕구 : 사회적 소속감, 친밀한 관계, 사랑과 같은 관계적 욕구이다.
- 존중 욕구 : 자아존중감과 타인으로부터의 존중을 요구하는 욕구이다.
- 자아실현 욕구 : 개인의 잠재력을 최대한 발휘하고 자기 실현을 추구하는 욕구이다.

마슬로우는 이들 욕구가 하나의 계층 구조를 형성하며, 하위 계층의 욕구가 충족되어야 상위 계층의 욕구가 나타나기 시작한다고 보았다. 예를 들어, 생리적 욕구가 충족되면 안전 욕구를 추구하게 되고, 안전 욕구가 충족되면 사회적 욕구를 추구하게 된다.

이러한 계층 간의 경계는 완전히 단절적인 것이 아니라, 한 욕구가 지배적인 위치에 있으면서도 다른 욕구가 부분적으로 중복되어 나타날 수 있음을 시사한다.

〈표 2-4〉 마슬로우의 욕구 5계층

욕구계층	개념	해당욕구의 일반적 범주	욕구충족과 관련된 조직요소
생리적 욕구	생존을 위해 반드시 충족시켜야 할 욕구	물, 음식, 잠	보수, 식당, 쾌락한 작업환경
안전 욕구	위험과 사고로부터 자신을 방어, 보호하고자 하는 욕구	안전, 방어	안전한 작업환경, 신분보장
사회적 욕구	다수의 집단속에서 동료들과 서로 주고받는 동료관계를 유지하고 싶은 욕구	애정, 소속감	결속력이 강한 근무집단, 형제애 어린 감독, 직업의식으로 뭉친 동료집단
존중 욕구	남들로부터 존경과 칭찬을 받고 싶고, 자기 자신에 대한 가치와 위신을 스스로 확인하고 자부심을 갖고 싶은 욕구	자기존중, 위신	사회적 인정, 직급명칭, 타인이 인정해 주는 직무, 자신의 위신에 걸맞은 직무
자아실현 욕구	자신의 능력을 최대한 발휘하고 이를 통해 성취감을 맛보고자 하는 자기완성 욕구	성취	도전적인 직무, 창의력을 발휘할 수 있는 기회, 자신이 정한 목표달성

앨더퍼의 ERG(Existence, Relatedness, Growth) 욕구이론[42]은 마슬로우의 욕구계층론을 단순화하고 포괄적으로 설명하는 이론이다. 이 이론은 욕구를 다음 세 가지 범주로 구분한다.

- 존재 욕구 (Existence Needs) : 생존에 필요한 물질적 욕구로, 생리적 욕구와 안전 욕구를 포함합니다. 즉, 생존과 관련된 물질적 요구이다.
- 관계 욕구 (Relatedness Needs) : 다른 사람과의 관계에서 발생하는 욕구로, 사회적 욕구와 존중 욕구를 포함합니다. 이는 인간관계와 사회적 소속감을 중시한다.
- 성장 욕구 (Growth Needs) : 자기 자신을 개발하고 잠재력을 실현하려는 욕구로, 자아실현 욕구와 관련이 있다.

앨더퍼는 마슬로우의 욕구계층론에 대해 다음과 같은 보완적 주장을 했다.

- 하위욕구의 중요성 : 한 계층의 욕구가 만족되지 않을 경우, 그 계층의 욕구가 더욱 강하게 나타난다고 주장했다. 즉, 성장 욕구가 충족되지 않는 상태에서는 관계 욕구가 더욱 강하게 느껴질 수 있다. 예를 들어, 승진 기회가 부족한 사람은 대인 관계에서 더욱 강한 유대감을 느끼려 할 수 있다.
- 욕구의 유동성 : 마슬로우의 이론이 주장하는 것처럼 욕구가 단계적으로 충족되어야 한다는 주장에 대해, 앨더퍼는 모든 경우에 해당하지 않는다고 보았다. 즉, 하위 욕구가 충족되지 않아도 상위 욕구를 추구할 수 있으며, 이는 특히 다양한 문화적, 사회적 배경에 따라 달라질 수 있다. 예를 들어, 경제적 어려움 속에서도 자아 실현을 추구할 수 있다.
- 욕구의 다양성 : 사람마다 욕구는 다를 수 있으며, 사회적, 문화적 배경에 따라 달라질 수 있다. 이는 욕구가 고정적이지 않고 유동적이며 다양하다는 점을 강조한다.
- 욕구 간의 상충 : 욕구 간에 상충이 발생할 수 있으며, 하나의 욕구를 추구할 때 다른 욕구가 희생될 수 있다. 예를 들어, 생리적 욕구를 충족하기 위해 건강에 해로운 환경에서 일을 하면 정신적 스트레스가 증가할 수 있다. 이는 욕구만으로 인간의 행동을 충분히 설명하기 어렵다는 것을 의미한다.

ⓛ 동기·위생 2요인이론

허즈버그[43]의 2요인이론은 동기부여 이론의 중요한 발전을 가져왔다. 허즈버그는 동기부여의 관점을 욕구 충족이 아닌 동기 요인 측면에서 접근하였으며, 다음과 같은 주요 개념을 제시하였다.

- 동기요인(Motivators) : 허즈버그는 동기요인을 직무수행과 관련된 요소로 구분하였다. 이들 요소는 개인에게 만족감과 동기부여를 제공하며, 마슬로우의 자아실현 욕구와 존중 욕구에 해당하는 부분이다. 주요 동기요인으로는 성취감, 책임감, 승진 기회,타인의 인정, 직무 자체 등이다. 이러한 요소들은 개인이 직무에서 더 높은 성과를 내고 더 많은 동기를 가지도록 만드는 역할을 한다.

- 위생요인(Hygiene Factors) : 위생요인은 직무수행에 수반되는 외부적이고 부수적인 조건들로, 주로 하위 욕구를 만족시키는 요소이다. 이들은 단순히 불만을 예방하는 역할을 하며, 동기부여를 직접적으로 가져오지는 않는다. 주요 위생요인으로는 보수, 기관의 정책, 신분 보장, 작업 조건, 대인 관계, 상사의 감독 방식과 내용 등이다. 이러한 요소들은 직무의 기본적인 만족도를 유지하는 데 필수적이지만, 이들이 충족된다고 해서 직무에 대한 동기부여가 항상 증가하는 것은 아니다.

허즈버그의 2요인이론은 다음과 같은 문제점을 가지고 있다.

- 개인차와 동기 요인 : 특정 요인이 한 사람에게는 동기부여를 제공하지만, 동일 집단의 다른 사람에게는 위생요인으로 작용할 수 있다. 즉, 개인의 차이에 따라 동기 요인과 위생 요인의 구분이 다를 수 있다.
- 동기요인과 위생요인의 효과성 : 허즈버그는 동기요인이 항상 위생요인보다 동기부여 측면에서 더 효과적이라고 보았지만, 이는 모든 경우에 해당하지 않을 수 있다. 예를 들어, 일부 상황에서는 작업 환경이나 보수와 같은 외재적 요소가 동기부여에 더 큰 영향을 미칠 수 있다. 허즈버그의 이론은 동기부여를 이해하는 데 중요한 기초를 제공하지만, 인간의 동기와 욕구는 매우 복잡하고 다양한 측면이 존재함을 인정해야 한다.

② 과정론

과정론은 동기부여가 단순한 요인에 의해 결정되는 것이 아니라, 이 요인이 실제 행동과 성과로 어떻게 이어지는지를 설명한다. 과정론의 주요 이론은 동기부여의 과정을 다루며, 특히 동기부여가 어떻게 형성되고, 행동으로 전이되는지에 초점을 맞춘다. 대표적인 과정론 이론으로는 기대이론(Expectancy Theory)과 형평이론(Equity Theory)이다.

㉠ 기대이론

기대이론(Expectancy Theory)은 사람들의 동기부여를 설명하는 이론으로, 행동 결정 과정에서 기대치(Expectancy), 수단치(Instrumentality), 유인가(Valence)이라는 세 가지 인지 요소가 결합하여 동기가 형성된다고 주장한다. 이 이론은 브룸(Vroom)[44]에 의해 제안되었으며, 사람들은 자신의 능력과 노력에 대한 신념, 성과와 보상 간의 관계, 보상이 자신에게 얼마나 중요한지를 평가하여 동기를 부여받는다고 설명한다. 〈그림 2-1〉은 브룸의 이론을 토대로 도식화한 것이다.

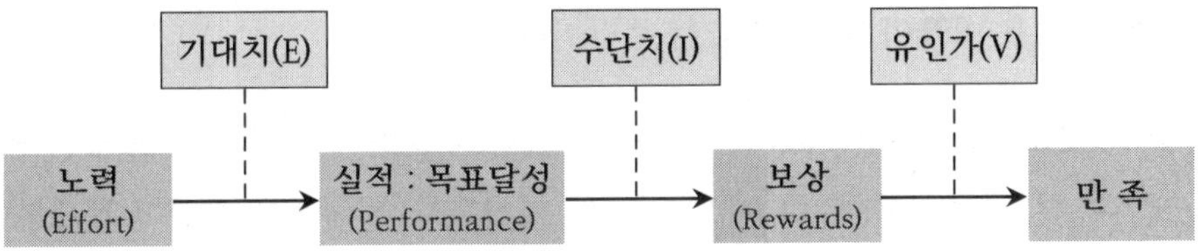

〈그림 2-1〉 기대이론 모형

- 기대치(Expectancy) : 개인이 특정 행동을 통해 성공적으로 목표를 달성할 수 있을 것이라는 신념이다. 즉, 자신의 능력으로 주어진 일을 성공적으로 수행할 수 있을 것이라는 믿음이 동기부여의 핵심이다. 이 요소는 노력과 성과 간의 관계를 평가하는 것이다.
- 수단치(Instrumentality) : 성과가 특정 보상으로 이어질 것이라는 신념이다. 즉, 성과를 달성했을 때 보상이 주어질 것이라는 믿음이 필요하다. 이 요소는 성과와 보상 간의 관계를 평가한다.
- 유인가(Valence) : 보상이 개인에게 얼마나 중요한지를 의미한다. 즉, 보상이 개인의 욕구와 목표에 얼마나 부합하는지를 평가한다. 보상이 개인에게 긍정적인 의미를 가질 때 동기부여가 강화된다.

어떤 일에 대한 동기나 노력은 기본적으로 그 노력이 가져올 세 가지 결과들, 즉 목표달성, 보상, 만족의 각각에 대한 주관적 믿음(기대치, 수단치, 유인가)에 의해 결정됨을 보여주고 있다. 아무리 노력해도 나에게 부과된 목표나 과업의 성취가 불가능한 경우에는 노력을 처음부터 포기할 것이다(기대치 = 0). 한편 목표달성이 100% 가능하다 하더라도 그 결과 아무런 보상이 주어지지 않을 것이라고 믿는다면 역시 동기는 부여되지 않을 것이다(수단치 = 0). 끝으로 보상이 실현된다는 믿음이 있더라도 주어진 보상이 나에게 아무런 가치가 없어 만족을 가져다주지 않는다면 이 또한 동기를 유발시키지 못할 것이다. 바로 이러한 세 단계에서의 조건이 충족되어야(적어도 0이 아니어야) 비로소 만족도가 향상되고 결과적으로 동기 내지 일에 대한 노력을 이끌어 낼 수 있다는 주장이다.

기대이론(Expectancy Theory)은 동기부여의 과정을 세 가지 주요 요소를 통해 설명한다. 첫째, 동기부여는 기대와 신념에 기반한다. 사람들은 자신이 목표를 달성할 수 있는 능력이 있는지, 성과가 보상으로 이어질 수 있는지, 보상이 자신에게 중요한지를 평가한 후, 동기부여를 받게 된다. 둘째, 동기의 강도는 세 가지 요소의 결합으로 결정된다. 동기부여의 강도는 기대치(노력과 성과의 관계), 수단치(성과와 보상의 관계), 유인가(보상이 개인에게 주는 가치)라는 세 가지 요소의 결합에 의해 결정된다. 셋째, 관리자의 역할이다. 기대이론은 관리자가 직원들에게 동기를 부여하기 위해, 직원들이 일을 성공적으로 수행할 수 있도록 지원하고, 성과가 보상으로 이어지며, 그 보상이 직원들에게 중요한 가치를 제공한다고 인식시키는 것이 중요하다고 강조한다. 즉, 관리자는 직원들이 목표 달성을 위한 확신을 가질 수 있도록 하고, 성과와 보상 간의 명확한 연결고리를 제공하며, 보상의 가치를 명확히 해야 한다.

기대이론에서 동기 관리는 주로 기대치와 수단치를 조작하고 통제하는 데 중점을 둔다. 유인가(보상의 개인적 가치)는 개인 차원의 문제로, 관리자가 직접 조작하기 어렵기 때문이다. 따라서 관리자는 다음과 같은 방법으로 기대치와 수단치를 높일 수 있다.

□ 기대치를 높이는 방법

- 능력과 성과목표 일치 : 직원의 능력과 직무 수행의 성과 목표를 일치시킨다. 이를 위해, 직무 수행에 요구되는 능력을 갖춘 인재를 채용하고, 교육훈련을 통해 직원의 능력을 향상시킨다. 능력의 한계가 있는 경우에는 적합한 보직을 부여하는 것도 고려할 수 있다.

- 성과 목표의 명확화 : 목표를 명확히 설정하고, MBO(목표에 의한 관리)와 같은 절차를 통해 구성원과 함께 목표를 합의한다. 이는 목표를 명확히 하고, 개인의 능력과 목표의 일치를 유도하여 기대치를 높이는 데 도움이 된다.

□ 수단치를 높이는 방법

- 성과와 보상의 상관성 강화 : 목표 달성 시 적절한 보상을 제공하여 성과와 보상 간의 명확한 연결을 유지한다. 목표 달성에 미달할 경우에는 마이너스 보상(징계)도 고려할 수 있다.

- 보상의 신뢰성 확보 : 목표 달성에 대한 평가가 정확하게 이루어지고, 그에 따른 보상이 반드시 이루어져야 한다. 보상 시스템의 신뢰성을 확보하는 것이 중요하다.

- 형평성 유지 : 각 개인 간의 보상에서 형평성을 유지해야 한다. 형평성이 결여되면 불만을 초래할 수 있으며, 이는 형평이론의 핵심 내용 중 하나이다.

이러한 관리 전략을 통해 기대치와 수단치를 적절히 조정하면, 직원들의 동기부여를 효과적으로 증진시킬 수 있다.

기대이론은 사람들이 자신의 능력과 노력, 성과와 보상 간의 관계, 보상의 중요성 등을 평가하여 동기를 형성하고 행동을 결정한다고 본다. 이는 행동 결정 과정의 복잡성을 설명하는 데 유용하다. 기대이론은 동기부여의 과정에 대한 깊은 통찰을 제공하며, 조직에서 동기부여를 효과적으로 관리하고 직원들의 행동을 유도하는 데 중요한 이론적 기초를 제공한다.

㉡ 형평이론

형평이론(Equity Theory)은 John Stacey Adams에 의해 개발된 이론으로, 개인의 동기부여를 형평성의 관점에서 설명합니다. 이 이론은 개인이 자신의 노력과 보상 비율을 타인과 비교하고, 이 비교를 통해 형평성을 평가하여 동기부여가 이루어진다고 주장한다.

형평이론은 심리적 균형과 안정성을 중심으로 한 동기부여 이론이다. 이 이론의 핵심 전제는 형평이란 균형 상태를 의미하며, 균형이 깨지면 심리적으로 불안정해지며 균형을 회복하려는 경향이 있다는 것이다. 형평은 둘 이상의 비교를 통해 성립되는 개념이다. 이는 개인이 자신이 받는 보상과 투입된 노력의 비율을 다른 사람과 비교하여 공정성을 평가하는 과정이다. 만약 자신의 비율이 다른 사람에 비해 불공정하다고 느끼면, 이는 불만족을 초래하고 형평을 회복하기 위해 행동을 수정하게 된다.[45] 개인은 직무수행에 투입(Inputs)한 것(예 : 교육, 경험, 기술, 노력, 시간)과 결과로 받는 보상(Outcomes)(예 : 보수, 편익, 성취감)의 비율을 평가한다. 이 비율을 다른 사람의 비율과 비교하여 자신의 만족도와 행동을 결정한다. 투입과 보상의 가치는 주관적이며, 객관적 시장 가치가 아니다.

형평이론을 간단한 공식으로 나타내면 다음과 같다.

자신의 (O/I) = 다른 사람의 (O/I)

형평이론은 위 등식이 깨지면 사람들은 그것을 다시 균형상태로 돌리기 위한 노력을 한다고 본다. 불균형이 자신쪽으로 기울면(>상태) 과대보상이 되고, 다른 사람쪽으로 기울면(<상태) 과소보상이 된다. 그 중에서도 특히 문제가 되는 것은 과소보상이다.

형평이 깨지면 사람들은 자신이 과소보상을 받았다고 느낄 때 불만족을 느끼며, 이를 해결하기 위해 행동을 조정하려 한다. 이는 불만족의 원인을 제거하거나 자신의 보상을 증가시키기 위해 노력하는 것을 의미한다. 각 개인의 형평에 대한 인식은 매우 주관적이기 때문에, 관리자나 감독자는 투입 요소나 보상에 대한 충분한 이해를 제공하는 노력이 필요하다. 상담, 피드백, 참여 등 다양한 커뮤니케이션 경로를 통해 왜곡된 인식을 바로잡는 것이 중요하며, 이는 공정한 보상 제도를 갖추는 것만큼 중요하다.

형평이론은 개인의 동기와 행동을 이해하고 관리하는 데 있어 중요한 시사점을 제공한다. 사람들은 공정하게 대우받는다는 인식을 가지고 있으며, 이러한 인식을 통해 동기부여가 이루어지기 때문에, 관리자는 공정성을 확보하고 투명한 커뮤니케이션을 통해 형평을 유지하는 것이 필요하다. 형평이론은 동기부여를 이해하고 관리하는 데 중요한 역할을 하며, 공정한 보상 시스템 구축과 직원들의 동기부여를 유지하는 데 유용한 이론이다.

2. 조직측면의 관리

1) 조직관리의 개념

조직관리(management)에 대한 정의는 다양하다. 그러나 이들 많은 정의에 나타나 있는 공통점은 조직의 목표나 목적을 수행하기 위한 관리자의 업무라고 할 수 있다. 이는 조직의 유형에 관계없이 적용되며, 모든 조직에서 공통적으로 나타나는 관리 활동을 포함한다. 관리란 조직의 목표를 달성하기 위하여 개인이나 집단과 더불어 그리고 개인이나 집단을 통하여 일을 이루어 나가는 과정을 의미한다. 이와 같은 관점에서는 그 조직이 사회조직이든, 산업조직이든 구분하지 아니한다. 그래서 관리란 재활조직은 물론 사회, 교육기관, 병원, 정치조직은 물론 가정에까지도 적용될 수 있는 것이다.

이러한 의미에서 재활조직관리란 재활서비스의 목표를 달성하기 위하여 장애인이나 가족, 재활기관과 더불어 또한 장애인이나 재활기관을 통하여 서비스를 수행하는 과정을 의미한다. 따라서 재활조직의 특성에 맞춘 구체적인 관리 요소는 다음과 같다.

① 서비스목표

조직관리는 서비스의 목표를 달성하기 위한 활동이며 따라서 당연한 목표를 전제로 한다.

② 팀활동

행정의 목표는 집단구성원의 팀 활동을 통하여 달성될 수 있고, 이러한 의미에서 조직관리는 합리적 팀 활동을 이루도록 하는 과정이다.

③ 목표달성을 위한 방법

조직관리는 서비스목표의 달성을 위한 방법이며 전략이다. 즉, 조직관리는 서비스목표를 효율적으로 달성할 수 있는 방법과 전략을 개발하고 수행하는 특정 활동이다.

④ 관리자

조직을 성공적으로 운영해 가기 위해서는 인간관계적인 기술을 갖고 있는 관리자를 확보하고 있어야 한다.

또한 재활조직을 효율적으로 관리하고 운영하기 위해서는 재활조직의 특성을 이해해야 하는데 재활조직의 특성을 한마디로 말한다면 서로 다른 전문인사들의 팀워크조직이라는 것이다. 그렇기 때문에 재활조직의 특징은 다음과 같이 요약될 수 있다.[46)]

첫째, 재활조직의 명령체계는 자율성과 의존성을 어떻게 잘 조정해 나가느냐는 것이다.

둘째, 재활조직의 성패는 각 전문성을 어떻게 배합시키고 개발시키느냐는 것이 조직의 성패와 관련이 있다.

셋째, 재활조직에 대한 사회적 인식이 극히 미약한 형편이기 때문에 외적 조건이 장애인복지기관에 크게 영향을 미친다.

Taber & Finnegan은 재활기관의 조직특성을 다음과 같이 세 가지로 정리하고 있다.[47)]

첫째, 재활조직은 책임성의 대상이라는 것으로 영리기관은 생산자(투자자)에 대한 책임성이 있다면 재활조직은 소비자인 장애인에 대한 책임, 후원자(sponsor)에 대한 책임, 대국민에 대한 책임성을 가진 기관이다.

둘째, 목표가 단일화되지 않고 복합적이다. 즉 장애인과 함께 환경을 동시에 변화시켜야 한다.

셋째, 조직의 산출물이 계량화 할 수 없는 비물질적 추상적 산물이다.

또한 Simon은 재활조직의 생산성과 관련된 특징을 두 가지 형태로 정리하고 있다.[48)]

첫째, 생산성을 측정하기 위해서는 기관의 노력에 대한 직접적인 결과와 staff output(전문인력의 산출)을 반영해야 하는데 여기서 전문인력의 산출은 장애인의 서비스 완결상태와 경제적인 benefit을 의미한다.

둘째, 투입은 일반적으로 노동비용으로 표현되는데 영리기관은 비인간적인 내용(기계류)까지를 투입으로 보지만 재활조직은 인간적인 측면에만 의존한다.

Hasenfeld는 재활조직의 특징을 두 가지로 정리하고 있다.[49)]

첫째, 재활조직은 변화 또는 발전을 요하는 속성을 지닌 장애인과 직접 접촉하며 작업을 한다는 것이고

둘째, 장애인복지를 유지 증진하도록 사회로부터 위임을 받고 있다는 것이다. 즉 장애인복지기관에서 투입되는 것은 사람들이고 이로부터 산출되는 것도 역시 사람들이라는 것이다.

이상과 같은 내용을 가지고 종합적으로 정리해 보면 재활조직도 다른 모든 조직체와 마찬가지로 특정한 목표를 수행하기 위해 의도적으로 마련된 사회체계이다. 이러한 조직체계가 추구해야 할 최대의 과제는 산출의 효과성을 올리는 것인데 여기서 재활조직은 다른 조직과는 분명히 다른 특성이 있음을 유의하여야 한다. 즉, 결과로 산출되는 효과성도 중요하지만 전달되는 과정이나 장애인의 재활정도 혹은 사회통합 정도 등도 대단히 중요하다. 따라서 재활조직의 효과성은 산출의 효과를 의미하는 생산성과 내·외적환경에 적응하고 쇄신해 가는 신축성 그리고 전문적인 서비스를 제공하는 구성원이나 고객인 장애인 만족을 종합한 다면적 측면을 가진 조직이라는 특징을 가진다.

2) 조직관리의 요소

조직관리는 다양한 요소로 구성되며, 이는 조직의 목표를 효율적으로 달성하기 위해 필수적이다. 재활조직의 경우, 조직관리의 주요 요소로 관리자, 재활프로그램 기획, 의사결정, 의사소통, 갈등 관리 등이다. 이는 조직 운영의 기본적인 관리 요소를 강조하며, 각 요소는 조직의 성공적인 운영과 목표 달성에 중요한 역할을 한다.

(1) 관리자

관리자(manager)란 관리의 담당자를 의미한다. 즉, 관리자는 조직체내에서 조직목표 달성을 위하여 타인의 노력을 이끌어 내어, 조직의 목적으로 향하도록 집중·조정하는 역할을 수행하는 사람이다. 관리활동을 전개하는 조직이 존재한다 할지라도 그 자체만 가지고 목적을 달성하기 위한 노력이 스스로 우러나지 않는 것이다. 즉, 여기에는 조직구성원의 자발적인 노력을 이끌어 낼 수 있는 역할을 수행하는 담당자가 필요한 것이다. 이 역할의 담당자를 관리자라 할 수 있다. 조직을 성공적으로 잘 운영해가기 위해서는 이들 모든 유형의 조직들이 인간관계적인 기술을 갖고 있는 관리자를 확보하고 있을 것이 요구되는 것이다. 관리자를 통하여 관리활동이 이루어지기 때문이다.

관리자는 관리의 과정을 수행해 나가기 위하여 적어도 다음 세 가지 기술이 필요하다. 즉, ① 전문적 기술(technical skill) ② 인간관계적 기술(human skill) ③ 개념적 기술(concept skill)이 요구된다.

전문적 기술은 경험, 교육, 훈련에 의해 얻어지는 것으로서 어떤 직무를 수행하는 데 필요한 지식, 방법, 기술 및 장비 등을 활용할 줄 아는 능력이다. 인간관계적 기술이란 사람과 더불어 일하고 또 사람을 통해서 일을 이루어 나가는 능력이나 판단력으로써, 여기에는 동기부여에 대한 이해와 효과적인 지도력의 행사가 포함된다. 개념적 기술은 조직전체의 복잡성을 이해하고 자기 자신의 활동이 전체로서의 조직 어디에 관련되어 있으며, 조직 어디에 적합한가를 알고 있는 능력이다. 이것을 알고 있음으로써 자기가 직접 속해 있는 단일집단의 목표와 필요에 근거하여 행동하는 것이 아니라, 오히려 전체로서 조직의 목표와 필요에 따라 행동하는 것을 가능케 해준다. 이들 세 가지 기술들이 어느 정도로 혼합되어 있는 것이 가장 적절한가는 일선 재활전문가로부터 최고 관리자에 이르기까지 관리계층에 따라 달라진다.

(2) 재활프로그램 기획

재활프로그램 기획은 재활문제를 해결하기 위한 재활서비스의 개발, 개선, 조정 등에 관심을 갖는 일련의 과정이라고 정의된다.

그렇기 때문에 재활프로그램의 기획은 ① 중요한 관리 결정들이 이루어지는 하나의 준거들이며, ② 재활전문가와 행정가가 명확한 결정을 하고 이러한 결정을 하기 위한 분석적 수단을 제공하는 과정이며, ③ 사회, 장애인, 전문가, 정부 간의 의사일정을 체계적으로 조정하게 한다. 따라서 재활프로그램 계획이 결여된 상태에서의 재활업무에 종사하는 전문가들은 그들이 취해야 할 과업이 무엇인지 확신을 가질 수 없게 하기 때문에 프로그램기획은 중요하다.

재활프로그램 기획을 잘 하기 위해서는 과정이 필요하게 되는데 일반적이고도 보편적인 프로그램 기획과정은 문제의 사정 → 프로그램의 목표설정 → 목표와 연관된 정보·자료 수집 → 기획의 전체를 설정하는 단계(이 단계에는 문제의 당연성 예측 또는 전망 등이 포함된다.) → 목표달성을 위한 대안의 모색 → 대안들의 비교·검토 → 최선의 대안 선택 → 집행을 위한 세부계획 수립 및 준비 → 예산책정, 사업의 집행 → 프로그램의 평가 및 환류이다. 이에 대한 자세한 내용은 재활프로그램기획 및 평가 장에서 세부적으로 다루기로 한다.

(3) 의사결정

의사결정(decision-making)이란 여러 가지 대안들 중에서 최선의 대안을 선택하는 것을 의미한다. 즉, 제기된 문제의 해결을 위하여 또는 설정된 목표를 달성하기 위하여 여러 가지의 대안을 탐색하고 분석 평가하여 그 중에서 최선의 것이라고 생각되는 것을 선택하는 것이 의사결정이다. 따라서 의사결정은 정책결정과 성격상 유사한 점이 많다. 다만 결정의 주체, 목적 등에 있어서 차이가 있다.

의사결정은 다음과 같은 특징을 지니고 있다.

① 의사결정은 갈등이 수반되는 동태적 과정을 거친다.

② 의사결정은 행동 지향적이며 실천하기 위한 준비과정으로서의 성격을 지닌다.

③ 의사결정은 확실한 경우의 결정도 있으나 불확실한 미래의 대처를 위한 최선의 방법을 모색한다.

④ 의사결정은 대안을 탐색하고 대안을 비교-분석-평가하여 최선의 대안을 선택한다.

⑤ 의사결정은 조직계층 어디에서나 이루어진다.

그리고 바람직한 의사결정을 하기 위해서는 제이론과 과정, 기법이 필요한데 이 부분에 대해서는 정책론에서 다시 언급하기로 한다.

(4) 의사소통

의사소통(communication)또는 의사전달은 정보의 교환을 의미하는 것으로 볼 수 있다. Simon은 의사소통이란 형식적으로는 조직 내의 구성원으로부터 다른 구성원에게 의사결정의 제 전제를 전달하는 모든 과정이라고 정의하고 있다. 또 Redfield는 인간과 인간 사이에 있어서 사실과 의견을 전달하고 교환하는 것을 의미한다고 하였다. 이와 같이 의사전달은 인간사회의 제관계에서 나타나는 정보의 교환과정으로써 설명되고 있다. 사회의 모든 관계는 이와 같은 정보의 교환을 요구하고 있다. 정보교환이 요구되기 때문에 메시지(message)가 정보원(source)으로부터 수용자(receiver)에게 일정한 통로의 매체(channel)를 통하여 전달되며 그 결과 영향을 미치게 된다. 이와 같은 정보의 전달과정 또는 교환과정을 의사소통이라고 할 수 있다.

이와 같은 의사소통은 과정을 이해함으로써 개념을 명확히 해 준다. 의사소통의 과정에 대한 견해는 대체로 유사하다.

① Fisher의 의사소통 과정

Fisher는 의사소통의 과정을 다음과 같은 다섯 단계로 본다.

첫째, 문제점을 명료화시킨다.

둘째, 피전달자를 참여시킨다.

셋째, 전달내용을 피전달자에게 전달한다.

넷째, 전달된 내용이 실제 행동에 옮겨지도록 동기부여를 한다.

다섯째, 그 결과를 평가한다.

② Johnson의 의사소통 과정

Johnson은 두 사람 사이의 의사소통과정을 다음과 같이 설명하고 있다.

㉠ 시각, 청각 또는 기타 오관을 통한 자극으로부터 신경충동이 송신자(또는 전달자)의 뇌수에 전달되고 그로부터 근육과 내선으로 전달되어 여러 가지 긴장이나 언어화 이전의 감정이 나타난다.

㉡ 전달자는 이미 자신에게 관습이 되어버린 일정한 용어에 따라 그것들을 단어로 변화시키기 시작한다.

㉢ 그래서 생각나는 단어 중에서 어떤 종류의 단어를 선택 혹은 끄집어내어 어떤 형식으로 배열한다.

㉣ 그 다음에 음파와 광파를 사용하여 수신자(수용자)에게 전달한다.

㉤ 수신자(수용자)는 그러한 광파나 음파에 의하여 그의 눈 또는 귀에 자극을 받는다.

㉥ 그 결과 신경충동이 수신자(수용자)의 뇌에 전달되어 그로부터 근육과 내선에 전달되고 여러 가지 긴장과 언어화 이전의 감정이 나타난다.

㉦ 그로부터 수신자는 자기의 습관으로 되어 버린 일정한 용어형에 따라서 그것을 단어로 옮겨 놓기 시작한다.

㉧ 그래서 그가 생각나는 모든 단어 가운데서 어떤 종류의 단어를 선택 또는 이끌어내어 그것을 일정한 형식으로 배열한다.

효과적인 의사소통을 하기 위해서는 다음과 같은 원칙을 지적할 수 있다.

㉠ 명료성(clarity)으로 정보의 내용이 명확한 언어와 간결한 문장으로 표현되어 누구나 쉽게 이해할 수 있어야 한다는 것이다.

㉡ 일관성(consistency)으로 정보의 내용이 상호 모순되어서는 아니 되며 전후가 일관되어야 한다.

㉢ 적정성(adequacy)으로 정보의 양이 적당해야 하며 너무 많아도, 너무 적어도 아니 된다는 것이다. 즉, 피전달자가 이해하기에 적당한 양의 정보라야 된다는 것이다.

㉣ 적시성(timeliness)으로 정보는 적절한 시기에 전달되어야 하며 너무 이르거나 너무 늦으면 아니 된다.

㉤ 분포성(distribution)으로 정보의 내용이 전달자로부터 피전달자에게 명확하게 전달되어야 하며 다른 사람에게 전달되어서는 아니 된다.

ⓗ 적응성과 통일성(adaption and uniformity)으로 먼저, 적응성이란 의사소통의 융통성·현실성·개별성을 말하며, 통일성이란 의사소통이 전체로서 통일된 의사로 표현되어야 한다는 것을 말한다. 따라서 적응성과 통일성은 상호모순되는 개념이나, 관리자는 이 두 가지의 원칙을 잘 조화시켜야 한다.

ⓢ 관심과 수용(interest and acceptance)으로 의사소통은 피전달자가 관심을 가져야 수용되어 행동으로 옮겨지게 된다. 따라서 의사소통의 과정에서 피전달자가 관심을 갖게 되고 수용할 수 있도록 동기부여를 해야 한다.

또한 의사소통을 방해하는 장애요인에 대해서도 고려할 필요가 있는데 장애요인은 다음과 같다.

㉠ 언어상의 장애로 지나치게 어려운 문자나 딱딱한 용어(예컨대 「자에」「상기와 같이」 등) 및 전문용어 등은 외국어가 아니라고 하더라도 의사소통을 방해한다.

㉡ 행동기준의 차이(사고기준의 차이)로 동일한 문제를 놓고도 사고기준이 다를 때 상이하게 받아들이게 되어 의사소통이 왜곡되기 쉽다.

㉢ 지위상의 차이로 지위상의 차이는 의사소통을 방해한다, 특히 권위주의적 풍토에서는 소위 「모두 잘 돼 갑니다」식 보고가 일반적인 것이 될 수 있다.

㉣ 지리적 거리감으로 지리적으로 너무 멀리 떨어져 있을 때 접촉에 의한 전달이 불가능하고 교통, 통신의 수단을 이용해야 하므로 그만큼 어려움이 있다.

㉤ 전달자의 자기방어기제로 전달자가 자기에 유리한 정보는 확대시키고 불리한 정보는 삭제, 축소하여 전달하게 되는 소위 자기방어기제(self-defense mechanism)가 나타나기 쉽다.

ⓗ 전달자의 의식적인 제한(비밀주의)으로 정보를 혼자 독점하여 다른 사람들보다 유리한 입장에 서려고 하거나 자신의 약점을 은폐하기 위하여 보호적 수단으로서 정보를 독점하려는 데서 의사소통은 장애를 받는다.

ⓢ 타업무의 압박으로 인간의 관심의 폭에는 한계가 있는 것이며 업무량이 너무 많아지면 이러한 한계로 인하여 모두 전달하지는 못하는 경우가 생긴다.

◎ 피전달자의 능력부족으로 정보의 내용을 이해하지 못하거나 잘못 이해하며 또 전달을 못하는 등의 경우가 있다.

(5) 갈등

갈등은 다양하게 정의되고 있으나 일반적으로 다음과 같이 정의할 수 있을 것 같다.

첫째, 조직 내에 두개 이상의 목표 또는 문제점이 존재하여 조직 내의 개인 또는 조직 단위 간에 대립, 경쟁, 충돌을 일으키는 나머지 조직의 유지 존속과 발전을 저해하게 되는 상태를 말한다.

둘째, 조직 내의 의사결정이나 정책결정에 있어서 대안의 선택기준이 애매모호하여 어느 대안을 선택해야 할지 곤란을 겪게 되는 상황을 말한다.

조직 내의 개인의 욕구가 상호 대립, 경합하거나 또는 2개 이상의 목표가 공존하여 어느 목표를 추구해야 할지 개인 간 또는 집단 간 대립, 충돌되는 상태가 곧 갈등이다. 또한 심리적인 욕구의 불만이나 사회적인 대립, 재활기관의 요원들의 욕구불만 등으로 갈등이 생긴다.

갈등은 재활조직의 유지, 발전에 역기능을 하기도 하고 순기능을 하기도 한다.

역기능 ㉠ 조직구성원 간에 또는 부서 간에 반목, 대립으로 적대의식을 격화시킨다.
㉡ 행정조직의 위계질서를 어지럽힌다.
㉢ 이상과 같은 관계는 조직 내의 불안을 초래하고 사기를 저하시킨다.

순기능 ㉠ 갈등이 합리적으로만 해결되면 조직의 발전과 쇄신의 계기를 가져온다.
㉡ 조직에 적응력, 창의력, 융통성을 부여한다.

이와 같은 갈등의 원인과 해결방안은 다음과 같다.

① 갈등의 원인

개인적 갈등과 조직적 갈등 및 집단적 갈등에서 각각 그 원인을 검토 한 바와 같이 목표와 이해관계의 차이, 인지와 태도의 차이, 의사소통의 장애, 구조적 분화와 상호기대감의 차이 등으로 갈등이 생기며 이것은 하나 또는 여러 가지 요인이 상호복합적인 작용을 하여 갈등이 생긴다.

㉠ 목표와 이해관계의 차이 : 개인 간에 있어서 또는 사업부서와 관리부서 단위 간에 있어서 이해관계가 상충되거나 또는 추구하는 목표가 상이할 때 갈등이 생긴다.

㉡ 인지(perception)와 태도(attitudes)의 차이 : 동일한 문제를 놓고도 보는 관점이 다르다. 즉, 개개인의 장애정도, 교육정도, 경력, 성장배경, 경험, 가치관, 태도 등에 따라서 사물을 보는 관점이 달라지며, 이와 같이 사물을 파악하는 인지와 수용하는 태도가 다르기 때문에 갈등이 생긴다.

㉢ 의사소통(communication)의 장애 : 의사소통이 제대로 되지 않을 때 오해가 생기고 해석과 수용이 달라지며 그 결과 조직의 일체감을 와해시키고 갈등을 일으키게 된다, 의사소통의 장애요인은 언어상의 장애, 주관, 가치관, 지위상의 차이, 지리적인 거리, 업무의 과다 등이며 이로 인한 의사소통의 장애는 갈등의 원인이 된다.

㉣ 구조적 분화(전문화)와 상호기대의 차이 : 조직구조의 분화는 의사소통의 장애가 되고, 구성원 상호 간의 의존적인 관계는 증대하면서 일체감은 약화되어 갈등을 초래할 우려성이 있다. 또 의존적인 관계에서 상호기대감은 커지나 이의 충족은 어려워지고 이와 같은 기대감의 차이는 갈등을 초래한다.

② 갈등의 해결방안

March와 Simon은 갈등의 해결방안으로서 다음 4가지를 들고 있다.

㉠ 문제해결 : 문제해결(problem-solving)은, 목표는 일치되어 갈등이 없고 수단에서 갈등이 생길 경우 이 목표의 달성을 위한 해결방안을 강구하기 위한 것이다. 따라서 문제해결은 목표는 일치되고 이 목표를 만족시켜 주는 해결책을 인지하는 것으로 가정된다. 따라서 문제해결과정에 있어서는 정보수집

의 중요성이 강조되고, 탐색활동이 증가하며, 새로운 대안을 환기시키는 것이 상당히 강조된다.

㉡ 설득 : 설득(persuasion)의 경우에는 개인적 목표가 조직 내에서 상이할 수도 있지만, 그 목표는 불변의 고정된 것으로 간주할 필요가 없다는 것을 가정하고 있다. 설득을 이용하는 데는 어느 수준에서인가 목표가 공유되며, 하위목표(수단)를 둘러싼 의견의 불일치는 공통의 목표와 관련하여 조정될 수 있다는 신념이 함축되어 있다. 여기서는 정보수집보다는 문제해결에 의존하고 있으며, 기타 목표와의 일관성을 위하여 하위목표를 시험하는 데 보다 큰 중점이 주어지고 있다.

㉢ 협상 : 협상(bargaining)의 경우에는 목표를 둘러싼 의견의 불일치를 고정된 것으로 간주하고 설득 없이 협상을 추구한다. 협상이론에 있어서 중요한 것은 협상에 의한 「해결」은 고집이나 힘 등의 관점에서 투쟁이라기보다는 오히려 「공정성」(fairness)이나 「명료성」(obviousness)과 같은 공유된 가치에 어느 정도 호소하느냐 하는 것이다. 어느 경우에 있어서나 우리는 이해관계와 위협 및 지위의 조작과 경기정신(gamesmanship)이라는 인정된 갈등의 장치를 통하여 협상과정을 확인할 수 있다.

㉣ 정략 : 정략(politics)은 세력이 약한 당사자의 일방이 관계당사자의 범위를 확대시킴으로써 지지자를 끌어들여 협상을 유리하게 하려는 전략을 말한다.

이상 네 가지 해결방안 중 문제해결과 설득은 목표 자체에는 갈등이 없고 목표를 달성하기 위한 수단에서 갈등이 생길 때 갈등의 내용을 객관적으로 분석하여 합리적으로 해결하려는 것이며, 협상과 정략은 기본목표에서부터 갈등이 생길 때 영향을 미칠 수 있는 책략 등에 의하여 조작된 합의(manipulated agreement)를 보려는 것이다. 문제해결 → 설득 → 협상 → 정략으로 올수록 갈등의 원인이 근본적인 데 있는 경우의 해결방안이다.

미주

1) Etzoini, A.(1964). *Modern Organizations.* New Jersy : Prentice-Hall.

2) Parsons, T.(1960). *Structure and Process in Modern Societies.* Glencoe, Ⅲ : Free Press.

3) Barnard, C.(1938). *The Functions of the Executive.* Cambridge : Harvard University Press.

4) Schein, E. H.(1980). *Organizational Psychology 3rd ed Administrative Organizations.* New Jersy : prentice Hall, Inc.

5) Katz, D., & Kahn R.(1966). *The Social Psychology of Organization.* New York : Wiley.

6) Blan, P., & Scott R.(1962). *Formal Organizations.* San Francisco : Chandler Publishing Co.

7) 유종해(1988). 현대조직관리. 서울 : 박영사.

8) Etzioni, A.(1954). *Modern Organizations.* Englewood Cliffs. New Jersey : Prentice-Hall Inc.

9) Hasenfeld, Y.(1983). *Human Service Organizations.* Englewood Cliffs, N. J. : Prentice-Hall Inc.

10) Miringoff, M. L.(1980). *Management in Human Service Organizations.* New York : Macmillan Publishing Inc.

11) Taylor, F. W.(1957). *The Principles of Scientific Management.* New York : Harper & Brothers., Fayol, H.(1984). *General and Industrial Management.* trans. by Constance Stons. London : Sir Isaac Pitman and Jons., Gulick, L., & Urwick, L.(1954). *Papers on the Science of Administration.* New York : Institute of Public Administration., Breck, E. F. R.(1973). *Organization.* London : Longmans, Green & Co., Allen, L.(1958). *Management and Organization.* New York : McGraw-Hill., Richard, H. Hall.(1982). *Organizations : Structure and Process 3e.* New York : Prentice-Hall, Inc.

12) Bandix, R., & Fisher, L.(1962). "The Perspective of Elton Mayo,"in A. Etzioni(ed.), *Complex Organization : A Sociological Reader.* New York : Holt, Reinhart and Winston, Inc., Elton Mayo.(1938), *The Human Problems of an industrial Civilization.* New York : The Macmillan com., Whitehead, T. N.(1938). *The Industrial Worker.* Cambridge, Mass. Harvard University Press., Poethlisberger, F. J & Dickson, W. J.(1939). *Management and the Worker.* Cambridge, Mass : Harvard University Press.

13) Bandix R., & Fisher, L.(1962). "The Perspective of Elton Mayo,"in A. Etzioni(ed.), *Complex Organization : A Sociological Reader.*

14) Fremont, E., & Rosenzweig, J. E.(1981). *Organization and Management 3re.* McGraw-Hill International Book co.

15) 유인봉(2019), **한국행정학**. 서울; 박영사.

16) Pfiffner, M., & Sherwood, F. P.(1968). *Administrative Organization.* Englewood Cliffs, New Jwesey : Prentice-Hall.

17) Pugh(ed.), D. S.(1985). *Organization Theory seconded.* Harmondsworth, Middle-Sex : Penguin Books.

18) Robbins, *op. cit.,* p.76.

19) Child, J.(1976). *A Guide to Problems and Practice.* New York : Harper and Row.

20) Zaltman, G., et al.(1973). *Innovations and Organizations.* New York : John Wiley & Sons.

21) Litterer, J. A.(1965). *The Analysis of Organizations.* New York : John Wiley & Sons.

22) Mooney, J.(1953). "The Principles of Organization", in Waldo(ed.), *Ideas and Issues in Public Administration.* New York : McGraw-Hall Book Co.

23) White, L. D.(1955). *Introduction to the Study of Public Administration 4th ed.* New York : Macmillan.

24) Graicunas, V. A.(1937)."Relationship in Organization,"in L. Gulick & L.

Urwick (ed.), *Papers on the Science of Administration.* New York : Institute of Public Administration.

25) Simon, H. A.(1964). "The Provers of Administration," *PAR*(Winter). Public Administration Review, Vol. 6, No. 1.

26) 유민봉(2019). **한국행정학**. 서울 : 박영사.

27) Wallace, S. C.(1953). "Considerations Which Enter into the Constructions of a Depart-ment," in D. Waldo(ed), *Ideas and Issues in Public Administration.* New York : Mc-Graw-Hill.

28) Allen, L.(1958). *Management and Organization.* NewYork : McGraw-Hill., Simon, H. A., et al(1954). *Centralization vs. Decentralization in Prganizing the Controller's Department.* New York : Controllership Foundation.

29) Gross, B. M.(1968). *Oraganizations and their Manageing.* New York : Alfred A. Knopf.

30) Pfiffner, L. M & Sherwood, F. P.(1960). *Administrative Organization.*, New Hersey : Prentice-Hall., White, L. D(1955). *Introduction to the Study of Public Administration 4th ed.* New York : Macmilan.

31) Pfiffner, L. M & Sherwood, F. P.(1960). *Administrative Organization.*, White, L. D(1955). *Introduction to the Study of Public Administration 4th ed.*, 유완빈 역. **행정학대의**. 서울 : 법문사.

32) Schein, E. H.(1950). *Organizational Psychology.* New Jersey : Prentice-Hall., Simon, A., et al.(1991). *Public Administration.* New York : Knopf.

33) Roethlisberger, F. J & Dickson, W. J.(1939), *Management and the Worker.* Cambridge : Harvard University Press., Nigro, F. A.(1984), *Modern Public Administration 6th ed.* New York : Harper & Row, Publishers.

34) Edgar H. Schein, *Organizational Psychology*, New York : Prentice- Hall, 1965.

35) Frederick W. Taylor, *The Principles of Scientific Management*, New York, NY, 1911.

36) 서인덕·김윤상, **경영학 원론**. 서울 : 문영사, 1996, pp. 58-59.

37) 오석홍, **인사행정론**. 서울 : 박영사, 2000, p. 524 .

38) Douglas McGregor, *The Human Side of Enterprise,* New York : McGraw-Hill, 1960

39) Schein, op. cit.

40) Paul Hersey & Kenneth H. Blanchard. *Management of Organizational Behavior.* Englewood Cliffs, NJ : Prentice-Hall 1972, p. 5; 박동서, 인사행정론, 서울 : 법문사, 2001, p. 301.

41) Abraham J. Masolw, A Theory of Human Motivation,. Psychological Review, 50, 1943, pp. 370-396; Abraham H. Maslow, *Motivation and Personality,* New York : Harper & Row, 1954; Abraham H. Maslow *Toward a Theory of Being,* 2nd ed., New York : Van Norstrand Reinhold. 1968.

42) Clayton P. Alderfer, An Empirical Test of New Theory of Human Needs, *Organizational Behavior and Human Performance,* 4, 1969, pp. 142-175.

43) Frederick Herzberg, B. Mausner, and B. Snyderman, *Motivation to Work,* 2nd ed. New York : John Wiley &Sons, 1959.

44) Victor Vroom, *Work and Motivation,* New York : John Wiley & Sons, 1964.

45) J. Stacy Adams, Toward an Understanding of Inequity, *Journal of Abnormal and Social Psychology,* 67, 1963, pp.422-436.

46) 민은식(1990). "**팀웍을 위한 재활사업조직**", **민은식선생유고집 『장애인의 재활과 복지』**, 삼육재활원, 1990, pp.330-331.

47) Taber, M & Finnegan, D.(1980). *Realistic Program Goals and Objectives : Outcome of Analytic Process,* Illinois : University of Illinois at Urbana Champaign.

48) Simon, S. E.(1993). "Work Measurement Methods : An Approach to Productivity Management in the Human Services", *Journal of*

Rehabilitation Administration.

49) Hasenfeld, Y.(1983). *Human Service Organizations.* Englewood Cliffs, N. J. : Prentice-Hall Inc.

제3장 재활행정 전달체계

제1절 재활행정 전달체계의 개념과 원칙

1. 재활행정 전달체계의 개념

최근 지역사회중심재활사업(community based rehabilitation)이 강조되면서 재활을 위한 지역사회 내의 자원이 강조되고, 장애에 관한 지식과 재활기술들이 광범위하게 장애인과 가족, 그리고 지역사회주민에게 이전되고 있다. 또한 프로그램의 계획, 의사결정, 평가에 있어서 지역사회의 참여가 인정되면서 효율적인 전달체계는 재활서비스 방법에 중요한 문제로 제기되고 있다.

특히 재활은 다중적이고 복합적인 서비스를 필요로 하고 일시에 여러 관련기관이나 전문가들로부터 서비스를 받아야 하기 때문에 전달체계 확립은 매우 중요한 것이다.

전달체계(delivery system)란 서비스의 공급자와 소비자를 연결시키기 위한 조직적 연계[1] 혹은 사회정책을 구체적 서비스로 바꾸어 대상 인구에게 전달하는 것으로서의 행정조직이다.[2]

Friedlander & Apte는 사회복지서비스 전달체계는 복지대상자 측면에서 그를 둘러싼 일체의 공·사복지기관과 이들 기관간의 서비스 전달망을 전달체계라고 정의하였으며[3] Gilbert & Specht는 지역사회(local community)의 맥락에서 사회복지급부의 분배자들간, 그리고 분배자와 소비자간의 조직적인 장치를 전달체계라고 하였다.[4]

이와 같은 학자들의 견해를 종합해 볼 때 재활행정 전달체계는 장애인을 위해 제공되는 공공행정이나 의료, 교육, 직업, 사회, 심리, 공학적인 서비스를 제공하는 재활기관들이 서비스의 내용, 제공절차 등에 있어서 서로 유기적인 관계를 형성하게 되는 관계망을 의미한다. 즉, 장애인복지 행정이나 서비스를 담당하는 기관 또는 개인이 그 서비스를 제공, 전달하는 조직적인 관계를 의미한다.

재활서비스 전달체계가 효과적이고 원활한 기능을 발휘하기 위해서는 전달체계의 부분(sub-system) 혹은 단위(unit)를 구성하는 일선 재활기관들이 적절한 기능을 수행해야 한다. 왜냐하면 단위조직이나 몇 개의 단위조직들로 구성된 협의체가 맡은 바 기능을 수행하지 못할 때는 자원의 낭비, 서비스의 중복 및 누락은 물론 장애인들의 치료와 재활서비스에 역기능을 하기 때문이다.

Perlman은 모든 재활행정과 서비스 전달기관들은 대상자를 돕기 위한 일련의 과업을 수행해야 하는데 이에 따른 이상적인 기능으로서 다음을 지적하고 있다.[5]

① 초입 기능(entry function)으로 재활기관은 재활욕구를 지닌 장애인에게 이용 가능한 서비스와 방법에 대해 홍보와 안내역할을 해야 하며, 전문적인 서비스를 필요로 하는 장애인에게 이의 소재와 접근방법을 알려주어야 하고 문제해결을 위해 지역사회에 있는 다른 재활기관들과 협력하거나 이관(refer)하여야 한다.

② 책임기능(accountability functions)으로 재활기관은 서비스를 전달함에 있어 경제성·효율성·효과성을 고려하지 않으면 안 되는데 즉 서비스 자격이 있는 장애인에게 서비스가 전달되었는지, 계획 전 서비스가 제대로 제공되었는지, 서비스 전달에 있어 사전에 계획된 방식을 준수하였는지, 서비스 질이 특정수준을 유지하고 있는지, 또한 이런 서비스 전달에 관한 내용들이 정확하

게 진행, 기록되고 보관되고 있는지에 대한 책임성을 가져야 한다는 것이다.

③ 서비스 기능(service functions)으로 재활은 장애인의 직업적응과 사회통합을 돕기 위해 계획된 목표 지향적이고, 개별화된 체계적인 서비스이다. 따라서 이 기능은 재활전문가와 재활기관에 의해 주어지는 특정한 형태의 서비스라는 것이다. 이 서비스는 장애인의 욕구(needs)에 따라 의학적, 심리적, 교육적, 사회적, 그리고 직업적 서비스를 포함할 수 있으며, 장애인 개인에게 적절한 시기와 가장 적절한 단계에 맞는 서비스 운영이 중요하다.

④ 계획 및 통제기능(Plaining and control)으로 이 기능은 장애인의 욕구와 이를 충족시켜 줄 수 있는 여건과 상황을 파악하는 것과 관련된 것이다. 이를 위해서 재활기관은 지역사회의 장애인의 실태를 파악하고, 새로이 발생된 문제를 해결하기 위해 필요한 지역사회 인적·물적 자원의 이용가능성에 따른 변화를 파악하여야만 한다. 만일 지역사회에 있는 장애인의 욕구가 충족되지 않을 때는 재활기관은 이를 해결하기 위해 지역사회에 있는 유관기관과 협력체제를 구축하는 등 가능한 한 장애인의 욕구에 맞도록 자체의 서비스를 조정하는 기능을 가져야 한다.

또한 서비스 전달체계는 서비스를 전달하는 과정에서 여러 가지 특성들이 발견되는데 특징은 다음과 같다.

① 서비스전달은 복잡한 과정이다.

② 서비스전달은 순환성(circularity)을 지니며 서비스계획, 평가와 더불어 순환적인 관계를 가질 수밖에 없다.

③ 서비스전달은 고도의 행정·정치적인 성격을 지닌다. 서비스를 전달하기 위해서는 재활기관 내부의 다양한 전문가들이 관여하게 되며, 이들이 복잡하게 얽혀 상호작용하기 때문에 전달과정에서 타협과 조정이 불가피하게 나타나는 경우가 있고 이것은 애초의 계획과는 다른 결과를 초래하게 하기도 한다.

④ 정책결정과정과 중복되어 있다. 정책결정자와의 계속적인 상호작용 그리고

서비스전달 자체의 기능에 입각한 해석과 수정들은 정책결정자의 구분을 불명확하게 하고 있다.

2. 재활서비스 전달체계의 주요원칙

효과적인 서비스전달체계를 구축함에 있어서 고려해야 할 기본적인 원칙은 행정적인 측면과 서비스제공의 측면으로 나눌 수 있다.[6]

1) 행정적인 측면

행적적인 측면이란 장애인들에게 적절한 서비스를 제공하기 위해 모든 재활기관들이 수행하고 있는 다양한 기능들의 효과성과 효율성을 극대화시키는데 필요한 원칙들을 포함하게 된다. 재활기관들이 원활한 기능을 수행하기 위해서는 다음과 같은 원칙들이 지켜져야 한다.

(1) 기능분담의 원칙(function distribution)

앞에서 열거한 재활기관의 주요기능은 모든 차원의 재활에 두루 해당되는 것이기는 하지만, 정책의 효율성을 고려한다면 개별 재활기관의 행정상의 위치에 따라 각각의 주 기능에는 차이가 날 수밖에 없다. 예컨대 전달체계를 상부와 하부체계로 나누고 상부와 하부를 연결시켜 주는 중간체계를 생각할 때 보건복지부와 같은 상부체계의 주 기능은 정책결정과 관련된 계획 및 통제기능이 되고 감독과 기획 및 지원을 하게 될 중간체계인 시·도 단위에서는 책임기능 및 서비스제공기능에 초점을 맞추며, 시·군·구 및 읍·면·동 단위의 하부체계는 대상자와의 접촉을 가장 예민하게 가져야 하는 초입기능 및 서비스제공기능을 주로 맡게 되는 것이다. 따라서 이상적인 전달체계는 상부로부터 하부 또는 하부에서 상부로 연결되는 기능상의 분담이 체계성과 일관성을 유지해야 한다.

(2) 전문성에 따른 업무분담(job distribution)의 원칙

장애인서비스의 제공과 관련된 제반업무는 그 특성에 따라 반드시 전문가가 해야 할 일과 그렇지 않은 것으로 구별될 수 있다. 예컨대 재활대상자의 욕구파악이나 진단, 그가 필요로 하는 서비스의 판정 및 평가, 그리고 자원봉사자의 관리 등과 같은 업무는 전문적인 성질의 것이지만, 각종 기록 및 보고서의 정리 및 보관, 현금 및 현품의 전달, 복지대상자의 소재파악, 그리고 타기관의 위치 및 업무의 소개 등과 같은 업무는 전문가의 감독 하에 비전문가도 할 수 있는 것이다. 따라서 전문가의 활용에 수반되는 고가의 인건비를 고려할 때 우선 해당기관의 업무를 전문적인 것과 비전문적인 것으로 구분하는 업무분담이 요구되며, 전문가의 필요성이 낮은 업무는 최대한 비전문가에게 맡기는 것이 좋다. 그리고 경우에 따라서는 전문인력을 전문가(professional)와 준전문가(semi-professional or para-professional)로 구분함으로써 행정비용을 절감시킬 수 있다.

그 다음으로는 전문가가 전문성을 발휘할 수 있는 정치구조를 마련해야한다. 전문가라 함은 자신의 전문적 업무에 대한 결정권 및 책임성을 지녀야 하는 전문적 권위와 자율성을 가진 사람을 말하는 것이기 때문에 전문행정의 구조는 그러한 권위와 자율성을 최대한 보장할 수 있는 구조를 의미한다. 전문행정의 구조가 일반행정의 그것과 구별되는 중요한 특성으로서는 위계의 구분이 상대적으로 단순하며, 위계질서가 관료주의적 서열이 아닌 전문성의 수준에 따라 유지되고 전문가 각자의 개별적 전문성과 그 깊이에 따라 업무분담이 이루어진다는 점을 지적할 수 있겠다.

(3) 책임성(accountability)의 원칙

장애인복지가 사회의 한 제도로 존재한다는 의미 속에는 장애인복지 서비스의 제공과 관련된 모든 절차를 규정에 따라 수행해야 할 책임이 서비스의 제공자에게 주어져 있다는 뜻이 담겨져 있다. 그것을 전달체계의 책임성이라고 부르는데 책임성의 문제는 서비스의 효과성과 밀접히 관련된다.

장애인재활서비스의 제공자가 구체적으로 누구에 대해 책임을 지는가에 관해서는 사회에 대한 책임, 복지대상자에 대한 책임, 그리고 전문가에 대한 책임과 같이 세 가지로 나누어 생각할 수 있다. 사회에 대한 책임이란 사회로부터 재활기관이 위임받은 소정의 기능을 적절히 수행해야 하는 책임을 의미하는 것으로서, 예를 들면 기관의 기능평가결과에 따라서 또는 업무태만과 같은 사실의 발견 시에 해당기관에 책임을 명확하고 신속하게 물을 수 있는 행정체계가 되어야 한다는 뜻이다. 복지대상자에 대한 책임은 그의 욕구를 최대한 해결해야 할 책임을 의미하는 것으로서 전문가의 능력 또는 근무태도 등에 대한 복지대상자의 불만이나 차별이 자유롭게 표출될 수 있고, 또 그렇게 되었을 때 적절한 대처를 할 수 있는 행정체계를 갖추어야 한다는 것이다. 마지막으로 전문직에 대한 책임은 전문가로서의 윤리강령을 준수하고 전문가다운 지식과 기술을 지속적으로 연마하고 발전시킬 책임을 의미한다. 예컨대 전문가로서의 무능력이나 비리가 판정되면 그에 따른 행정적 조치는 물론 전문가협회로부터 전문가로서의 자격이 박탈되는 조치까지도 따를 수 있는 전달체계를 갖추어야 할 것이다.

(4) 접근용이성의 원칙

장애인복지서비스를 필요로 하는 사람이 필요한 때에 편리한 곳에서 해당서비스를 받을 수 있는가 하는 문제는 매우 중요하다. 왜냐하면 서비스제공의 시기가 늦어진다면 복지대상자의 문제가 그만큼 더 악화되어 서비스의 효과가 떨어질 뿐 아니라, 그 문제의 악영향이 크게 파급될 가능성이 높아지기 때문이다. 서비스가 제공되는 위치와 장소도 마찬가지이다. 자신의 문제 해결을 위해 도움을 받고자 원하지만, 어디를 찾아가야 할지 모른다거나 설사 알고 있다 하더라도 그 장소가 원거리에 위치한다든지 혹은 찾아가 보고 싶은 마음이 내키지 않게 된다면 결국 서비스와 복지대상자의 욕구는 별개로 존재하여 상호연결이 될 수 없게 되는 것이다. 이때 서비스와 욕구의 연결 상태를 우리는 접근용이성이라고 부른다. 전달체계상의 접근용이성은 서비스제공자의 측면과 복지대상자의 측면으로 나누어 생각해 볼 수 있다.

복지대상자의 측면에서 본다면 사회복지서비스에 대한 필요성을 느낄 때 용이하게 접근할 수 있는 전문체계가 만들어져야 한다. 이는 지리적으로 서비스 제공의 장소가 자기의 거주지로부터 교통이 편리한 곳에 위치할 뿐 아니라, 심리적으로도 소외의식이나 차별적인 대우가 없다는 느낌을 줄 수 있는 것이라야 한다. 다른 한편으로 전문가의 입장에서 볼 때, 문제를 안고 있으면서도 재활기관의 이용을 기피하거나 무시하기 때문에 재활기관의 존재를 전혀 모르고 있는 재활대상자가 있을 수 있기 때문에 이 경우에는 재활기관들이 잠재적 재활대상자를 발견해 낼 수 있는 전달체계가 되어야 하는 것이다. 특히 재활기관의 사무실 분위기가 재활대상자에게 위압감을 주거나 불편하게 느껴지거나 기관의 종사자들이 무뚝뚝하거나 불친절하다면 접근용이성은 저하될 수밖에 없는 것이다. 그러므로 이상적인 전달체계는 재활대상자의 기관에 대한 접근과 기관의 재활대상자에 대한 접근이 용이하도록 만들어져야 한다.

(5) 통합조정(coordination)의 원칙

뒤에서 설명될 포괄성의 원칙에서 볼 수 있듯이 장애인복지의 문제는 한두 가지의 서비스로 복지대상자의 문제가 해결될 수 있는 성질의 것이 아니라, 다양한 서비스가 동시에 투입되어야 할 정도로 복잡하게 얽혀있는 특징을 가진다. 한편 재활서비스는 행정의 편의상 그리고 전문성의 문제 때문에 다양하게 분산되어 있는 것이 현실이다. 따라서 자칫하면 여러 개의 서비스 기관이 각기 독자적으로 동일한 복지대상자에게 서비스를 제공함으로써 서비스의 효과를 저하시키고 자원을 낭비하는 문제를 야기할 우려가 있다. 따라서 다양한 서비스를 통합하여 관리할 수 있는 책임기관의 선정 또는 책임전문가의 선정이나 재활계획 및 자원의 배분 그리고 업무수행 시에 관계기관 및 관계자들 간의 협조·조정이 원활하게 이루어질 수 있는 전달체계를 구축해야 할 것이다.

(6) 지역참여(community participation)의 원칙

현대사회의 장애인복지문제는 공식적인 재활서비스전달체계만으로 해결하기에는 서비스의 양과 질이 모두 부족한 것이 사실이다. 다시 말해서 비공식적인 재활체계의 복지기능을 결코 과소평가할 수 없는 바, 이상적인 관점에서 보면 공식적 체계가 비공식적 체계를 최대한으로 수용, 활용해야 한다.

이를 위해서는 지역사회의 광범위한 참여가 여러 가지 측면에서 필요하다. 지역사회의 참여는 자원의 동원이나 활용 면에서는 물론이고 지역사회주민, 나아가서는 국민전체의 복지의식을 증대시키는데 기여하게 된다.

그리고 수많은 복지대상자의 개별성이 고려되어야 하는 장애인복지서비스의 제공에는 지역의 특수성이 필수적으로 요청되기 때문에, 지역참여의 원칙은 보다 적절한 재활계획의 수립이나 보다 정확한 주민의 욕구파악을 가능하게 해주며, 나아가서 서비스의 효과를 증대시키는 데에도 기여하게 된다. 예컨대, 자원봉사활동의 촉진, 지역사회의 자치성 고취, 지역공동모금활동의 전개, 민간자원의 확대, 재활계획에 있어서 지역주민의 참여 등과 같은 재활의 중요한 목표들을 성취할 수 있는 재활서비스의 전달체계가 확립되어야 할 것이다.

(7) 조사 및 연구의 원칙

앞에서 열거한 재활기관의 주요기능 중의 하나인 계획 및 통제기능을 수행하기 위해서는 조사 및 연구의 필요성이 지대하다. 표출된 욕구를 발견하는 노력, 그리고 서비스의 효과성과 효용성을 평가하는 기술의 개발, 사회적 보호의 질을 개선시킬 수 있는 전문적 임상기술의 개발, 서비스의 관리 및 운영기법 개발 등, 조사와 연구를 필요로 하는 활동영역은 광범위하다. 한마디로 말해 사회복지 서비스의 전문화는 바로 이 조사 및 연구활동의 성패에 따라 좌우된다고 해도 과언이 아니다. 따라서 재활서비스의 전달체계는 조사 및 연구기능을 극대화시킬 수 있도록 구성되어야 한다. 그러나 재활기관이 활용할 수 있는 자체 내의 전문 인력 보유상태는 서비스의 제공부문에만 국한해 보더라도 매우 부족한 실정이다. 그래서 항상 제기되는 문제가 현장과 학계의 유기적인 협조체제의 구축이다. 즉, 바람직한 재활서비스의 전달체계는 조사 및 연구의 기능을 활성화시키기 위해 자체 전문인력의 개발과 동시에 산업협동 체제를 구축하는 노력을 해야 할 것이다.

2) 서비스제공 측면

서비스제공 측면과 관련된 전달체계의 기본원칙은 일정시점에서 정해진 가용자원, 즉 현재의 서비스와 대상자의 욕구를 연결시킴에 있어서 서비스의 효과성과 효용성을 제고시키기 위한 원칙들이다. 앞에서 언급한 재활기관의 4대 기능과 관련시켜 보면 행정적인 측면이 포괄적인데 반해 서비스 제공의 측면은 주로 초입기능 및 서비스 제공기능과 관련되는 것으로서, 특히 하부전달체계에서 지켜져야 할 원칙들이 포함된다고 하겠다.

(1) 평등성(equality)의 원칙

이 원칙은 모든 장애인이 재활서비스를 신청 또는 이용할 수 있는 권리를 부여받을 수 있음을 규정하는 것이다. 즉 재활대상자는 성, 연령, 지역, 종교, 지위 및 소득, 특히, 장애유형이나 정도와도 관계없이 필요로 하는 서비스를 받을 수 있어야 한다는 것이다. 다만 복지자원의 희소성을 고려하여 사전에 공개적으로 규정된 수혜자격요건(eligibility)이나 전문가의 전문적 진단에 의한 수혜자격의 판단에 따라 서비스의 제공이 제한될 수 있다. 그러나 이러한 경우에도 서비스의 신청자 또는 당사자가 그 제한의 배경을 충분히 납득할 수 있어야 함은 두말 할 필요도 없다. 따라서 재활서비스의 전달체계는 평등성을 최대한 유지할 수 있도록 구성되어야 한다.

(2) 재활 및 자활목표(self-support)의 원칙

재활서비스의 궁극적 목표는 대상자로 하여금 재활서비스의 필요성을 절감케 하거나 해소케 함으로써 자립 또는 정상적인 사회복귀를 시켜주는 것이다. 따라서 일부 자립능력을 완전히 상실한 상태에 있는 대상자를 제외한다면 대부분의 복지 대상자들은 일시적 보호대상자에서 서비스가 종료될 수 있도록 하는 서비스전달 체계가 마련되어야 한다.

(3) 적절성(appropriateness)의 원칙

재활서비스의 대상자는 앞에서 언급한 서비스의 궁극적인 목표인 자활 및 재활을 성취하는 과정에서 필요로 하는 충분한 서비스의 양과 질을 제공받을 수 있어야 한다. 어느 정도의 서비스가 필요하고 적당한가에 대한 서비스의 양과 질에 대한 판정은 매우 어려운 작업이다. 사회적 욕구에 대한 객관적 측정이 사실상 불가능한 상황에서 재활대상자 자신이 바라는 소위 인지된 욕구(felt need)와 전문가가 판단한 규범적 욕구(normative need)간에는 불일치현상이 종종 발생하게 된다. 그럼에도 불구하고 필요한 서비스의 양과 질에 대한 최종판정은 전문가의 고유권한이기 때문에 이상적인 재활서비스의 전달체계는 전문가가 인지된 욕구와 규범적 욕구를 최대한으로 조화시킬 수 있도록 보장해 줄 수 있어야 한다.

(4) 포괄성(comprehensiveness)의 원칙

인간의 욕구는 다양하다. 재활과 관련된 문제를 가진 사람일수록 욕구의 다양성은 증가되는 것이 보통이다. 그러기에 재활대상자들이 필요로 하는 서비스도 다양해질 수밖에 없는 것이다. 교육, 의료, 주택, 소득, 사회적응 등 서비스의 종류가 다양할 뿐 아니라 예방을 목적으로 하는 서비스가 있는가 하면 치료를 목적으로 하는 서비스가 존재하는 등 서비스의 성격도 다양해진다. 따라서 이상적인 재활서비스의 전달체계는 재활대상자의 다양한 욕구를 처리할 수 있게 구성되어야 한다. 재활

대상자의 욕구가 복합적이기 때문에 재활서비스의 속성의 하나인, 문제해결을 위한 다양한 전문가의 필요성이 대두되는 것이다. 그런데 여기에서 문제가 되는 것은 서비스의 포괄성과 서비스의 전문화는 자칫 잘못하면 상호 배타적인 개념으로 발전될 우려가 있다는 점이다. 이 문제는 결국 포괄성과 전문성의 조화를 극대화시킬 수 있는 전달체계가 바람직하다는 결론을 도출해 낸다. 포괄성의 문제는 또 다른 차원의 통합조정의 원칙이 필수적으로 요청되는 것이다.

(5) 지속성(continuity)의 원칙

재활서비스가 추구하는 자활 및 재활의 목표를 달성하기 위한 전문적 과정은 오랜 기간을 요하는 어려운 과정이다. 재활대상자가 다양한 서비스를 이용함으로써 점차 정상화에 접근해 가는 발달과정에서 특정기간별로 필요한 서비스의 종류와 양이 달라져야 함은 두말할 필요가 없다. 서비스 제공자인 전문가가 재활대상자의 변화과정을 면밀히 분석·평가하는 인내심을 가져야 한다는 말을 재활대상자의 입장에서 해석하면 자활 및 재활의 목표가 성취될 때까지 지속적으로 서비스를 받아야 한다는 뜻이 된다. 예컨대 직업재활대상자인 경우 실업기간 중에 제공되는 각종 서비스를 이용하여 재취업이 됨으로써 자활이 이루어질 때까지 모든 서비스는 자활이라는 목표를 중심으로 통합되고 지속되어야 하는 것이다. 따라서 지속성의 원칙은 앞에서 설명한 포괄성의 원칙이나 통합조정의 원칙 및 적절성의 원칙과도 밀접히 관련되는 것이다.

(6) 가족중심(family-centered)의 원칙

일반적으로 재활의 문제는 대부분 개인에게서 발견되지만 많은 경우 그 문제의 원인은 개인의 차원으로 국한시킬 수 없는 것이 사실이다. 즉, 개인이 갖고 있는 문제는 그가 속해 있는 가족, 집단, 지역사회 또는 전체사회의 구조적 결함으로까지 확대될 수 있기 때문이다. 따라서 문제의 해결을 호소하는 단위가 개인일지라도 문제해결을 위한 서비스 제공의 기본단위는 가족 또는 가정이 되어야 하는 것이다. 특히 서비스제공의 일선기관의 하부체계는 해당구역 내에 거주하고 있는 지역주민들의 가정상황을 가능한 세밀히 파악할 수 있도록 구성되어져야 하는 것이다.

3. 서비스전달에 영향을 미치는 요인

정책이나 서비스가 정해진 목적을 달성하기 위하여 효과적으로 집행되고 전달되기 위해서는 고려해야할 요인들이 많은데 고려해야할 요인들을 정책 및 서비스 전달의 내부적 요인과 외부적 요인으로 나누어 살펴보기로 한다.

1) 내부적 요인

(1) 정책결과 및 목표의 명확성

정책효과나 결과는 그 내용이 구체적이고 이의 달성을 위한 수단이나 방법이 뒷받침되어야 하는데 재활행정 및 서비스는 인간을 대상으로 한다는 점에서 많은 제약을 받는다.

정책목표도 역시 명확하게 정의해야 한다. 그러나 목표가 반드시 세부적이거나 특정적이어야 한다는 것은 아니다. 왜냐하면 장애인의 재활정책은 문제의 요인이 다양하고 복합적이기 때문에 장애유형이나 정도에 따라서 정책목표에 대한 갈등과 불화가 심화될 수 있기 때문이다. 따라서 정책결과나 목표는 전달자 즉, 재활행정가의 능력을 고려하여 결정되어야 한다.

(2) 정책 및 서비스 자체의 성격

재활문제는 대체로 복잡하고 다양하기 때문에, 그의 해결을 위한 정책의 내용도 단순한 것만은 아니다. 특히 다음과 같은 정책이나 서비스의 집행에 있어서 난점이 많다.

① 신규정책이나 프로그램으로 즉, 집행자는 정책목표, 자원획득, 절차수립, 지지획득, 서비스 수행기관의 수립 등을 기존정책과는 달리 새롭게 검토하여야 하므로 집행상 어려움을 겪는다.

② 분권화된 정책으로 힘에 의해 이루어지는 분권화된 정책은 다수의 전달자가 개입하므로 합의가 어렵고, 의사소통이나 상호협조 등에 있어서 어려움을 겪는다.

③ 논란이 많은 정책으로 장애인들 간에 논란이 많은 정책은 합의가 추상적으로 이루어지기 쉽고, 기관의 재량권이 강해짐에 따라 전달에 있어서 관련 집단들의 영향력이 강하게 작용한다. 따라서 재활에 있어서 일관성을 유지하기가 어렵게 된다.

④ 복잡한 정책으로 재활행정은 복잡하기 때문에 이의 해결을 위한 정책의 내용도 복잡하게 된다. 즉 정책의 목표가 복수이고 고도의 기술적인 수단이 필요하게 된다. 그러나 기관의 문제해결능력에는 한계가 있는 것이다.

⑤ 위기정책으로 어떤 문제는 신속한 해결을 필요로 하는 중대한 국면에 처할 경우가 있게 되는데 자원을 융통적으로 활동할 수 없거나 시간적인 제약을 받는 경우가 많다.

(3) 자원

서비스전달에 필요로 되는 자원은 인적·물적 자원과 정보 및 권한 등을 들 수 있다. 인적자원으로는 정책목표를 달성할 능력 있는 재활행정가의 확보가 중요하다. 물적자원이란 경제적 재원의 양으로서 이것은 정부재정의 규모와 재활기관의 재원확보능력 및 재원의 능률적인 관리, 시설물 등과 밀접하게 관련된다. 또 무형자원으로서의 권한이 있는데, 정보는 특히 고도의 전문성이나 기술을 요하는 서비스전달에 있어 중요하며, 또한 권한은 정책기관이 집행활동에 필요한 효과적인 제한과 통제를 위한 힘을 가지는 것이다.

(4) 서비스전달자의 성향

서비스전달자는 편견을 가지고 특정정책이나 특정이익을 선호해서는 안 된다. 그리고 전달자의 심리적 태도나 가치관 등은 물론 행태적 특징도 서비스 전달에 영향을 끼친다. 전달자가 법규위주나 무사안일적인 태도를 가지거나 또는 적극성과 능동성을 가지고 관리 지향적이고 쇄신적·문제해결적인 태도를 가지는가 등에 대한 동기부여욕구도 서비스의 성패에 중요한 역할을 한다. 이외에도 서비스전달자에게 있어서 중요한 것은 전문능력, 대인관계능력, 추진능력, 지도력이나 창의성 등이다.

(5) 재활기관의 조직구조

일상적인 서비스전달에 대하여 재활기관은 비교적 권위적이고 집권적인 계층제 구조를 채택한다. 그러나 비일상적인 정책에 대하여 재활기관은 신속한 대응구조를 가져야 하며 이를 위하여 민주적이고 분권적인 구조를 신축성 있게 활용하여야 한다.

(6) 재활기관의 규칙이나 절차

서비스전달이 일관성 있게 실행되려면 잘 수립된 규칙이나 절차에 따라야 한다. 정책이 합리성을 유지할 수 있는 범위 내에서는 표준운영절차(SOP) 등을 활용할 수도 있다. 그러나 제도화된 절차에 따라 집행될 때에는 지나치게 획일화되어 상황변화에 대처할 수 없게 되어서는 안 된다.

(7) 의사소통

재활기관 내부의 의사소통은 물론 기관 상호간의 의사소통은 서비스전달의 전반에 걸쳐 중요하다. 위로부터의 명령이나 지시, 아래로 부터의 보고 그리고 협의나 자문 등의 의사소통의 원활화와 의사소통의 다양화를 통해 서비스 전달의 일관성과 통일성을 확보할 수 있다.

2) 외부적 요인

(1) 재활문제와 집단의 특성

해결해야 할 재활문제는 정책이 집행되고 있는 동안에도 계속적으로 변화하기 때문에 전달자는 합리성을 유지하는 범위 내에서 융통성 있게 정책을 적용시켜야 한다. 또 서비스 전달에 있어서 정부, 장애인, 부모 또는 이익집단들로부터의 지지는 서비스전달의 정당화와 정책목표달성에 매우 중요한 역할을 한다. 특히 관련된 집단들은 서로 다른 조직규모와 영향력을 가지고 서로 갈등하면서 상이한 이익을 표출하고 있기 때문에 이를 조정하여 정책의 공정성을 유지하는 것은 성공적인 서비스전달을 위하여 중요하다.

(2) 국민들의 인식과 태도

재활정책 및 서비스 전달시 국민들의 의식과 태도는 정책의 우선순위를 변화시킬 정도로 민감하게 작용한다. 따라서 정책과 서비스 전달에서 근본적으로 지역주민의 의식과 태도를 점검해 보는 것은 중요하다. 특히, 재활행정이나 정책은 비장애인들이 장애인에 대해 갖고 있는 부정적 인식이 많은 영향을 주기 때문에 이를 감안한 인식과 태도의 이해가 중요하다 하겠다.

(3) 사회·경제·문화적 특성

재활정책과 서비스 전달시 이와 관련되어 있는 사회의 각종제도와 문화적 풍토, 생활양식이나 가치관등은 서비스 전달 방식에 있어서 변화를 가져오게 한다. 장애인에 대한 님비현상이나 천대풍토는 재활정책 수립과 서비스 전달을 어렵게 하는 요인으로 작용된다.

(4) 시간적 제약

어떤 정책도 적시에 집행되지 않으면 바람직한 결과를 얻을 수가 없다. 또 어떤 정책은 정책이 진행되는 즉시 효과를 발생하는 경우도 있고 어떤 정책은 오랜 시간이 경과한 후에 그 효과를 발생하는 경우도 있다. 재활행정가나 사회전달자는 적절한 시간의 관리를 통하여 보다 성공적인 정책집행을 할 수 있는 것이다.

(5) 대중매체의 관심

재활정책이나 서비스 전달에 대한 홍보는 신문, 라디오, 텔레비전 등 언론매체를 통하여 관심을 불러일으키고 지지를 획득할 수 있다. 아무리 중요한 정책이라 하더라도 대중매체에서 소극적인 관심을 가지고 소홀히 다룬다면 서비스전달은 성공적으로 수행할 수 없을 것이다. 대중매체는 정보전달, 잘못된 처분의 공개 및 구제요청, 비판, 여론형성 등으로 기관과 장애인을 연결시켜주는 기능을 한다.

(6) 여론의 지지

정책에 대한 이익집단의 적극성, 장애인들의 지속적인 관심과 지지는 서비스 전달을 성공적으로 할 수 있도록 해 준다. 재활행정가는 여론을 주도하고 이들의 지지를 획득하여야 비로소 성공적인 전달을 보장받을 수 있는 것이다.

(7) 정책집행기관 상호간의지지

서비스 전달은 여러 기관을 통하여 실행된다. 이때 전달 기관 상호 간의 이해와 협조, 그리고 원활한 의사소통망의 개발, 자원의 상호원조 등은 성공적인 전달에 중요한 역할을 한다. 또한 정책결정기관과도 상호작용 하여 서비스 전달에 대한 지지를 얻어야 한다.

제2절 공공부분의 재활행정 전달체계

1. 공공부분 재활행정 전달체계의 특성

장애인이 완전 참여와 평등을 확보하여 헌법에서 규정하고 있는 인간다운 생활을 할 권리를 향유하기 위해서는 장애를 가진 사람도 인간으로서 기본권이 구체적 권리로서 실현이 보장될 때 가능해지는 것이다.

여기서 장애인 기본권의 직접적 근거가 되는 것은 인간다운 생활을 할 기본권과 그것의 피상적 권리인 사회보장 수급권이지만 장애인 인권의 법 이념적 기초는 근원적으로 인간으로서의 존엄성과 가치 및 행복 추구권과 평등권에 있다고 보아야 할 것이다.

따라서 장애인 복지법도 장애인의 인간의 존엄과 가치의 보장(제4조) 및 이들에 대한 사회연대책임(제9조, 제10조)을 규정하고 있는 것이다.

장애인의 완전참여와 평등을 확보하기 위한 실질적 기초는 평등권의 보장에 있다. 모든 영역에 있어서 소극적으로 장애인에 대한 부당한 갖가지의 차별을 방지하고, 적극적으로는 장애인에 대한 사회적·물리적 제약요인을 제거함으로써 실질적 평등이 구현되는 것이다.

일반적으로 평등의 의미에 관해서는 상대적 평등성을 취하여 능력에 따른 평등, 즉 능력에 따른 합리적 차별을 정당화 한 것으로 평가하고 있다. 그러나 이러한 평등의 이론을 장애인에게 그대로 적용하기에는 무리가 있다. 왜냐하면 장애인의 경우에는 합리적 차별의 준거가 되는 "능력(ability)" 그 자체에 핸디캡이 있는 것이므로 능력에 따른 평등원칙의 적용은 결과적으로 장애인과 일반인 사이에 근본적인 불평등을 야기하게 되기 때문이다.

따라서 장애인 기본권의 실질적 기초가 되는 평등의 의미는 능력에 따른 평등이 아니라 수요(needs)에 따른 평등으로 해석되어야 하는 것이다.

또한 장애인 사이에 있어서도 장애의 정도에 따라서 수요의 정도가 다양하기 때문에 획일적인 보호기준만 제시하게 됨으로써 생길 수 있는 장애인간의 실질적 불평등을 제거하는 것도 중요한 문제가 된다. 그러므로 장애인의 권리보장은 장애인에게는 "수요에 따른 평등" 그리고 일반인에게는 "능력에 따른 평등"을 적용함으로써 장애인과 일반인 사이에 실질적 평등이 구현되어 궁극적으로는 장애인의 완전참여와 평등이 보장된다고 하겠다.7)

〈표 3-1〉 장애인을 위한 사회보장에 관한 법률

□ 공적부조에 관한 법률	① 국민기초생활보장법 ② 의료급여법 ③ 결핵예방법 ④ 의사상자 등 예우 및 지원에 관한 법률
□ 사회복지서비스에 관한 법률	① 사회복지사업법 ② 공동모금법 ③ 외국민간원조단체에 관한 법률 ④ 영유아보육법 ⑤ 아동복지법 ⑥ 노인복지법 ⑦ 장애인복지법 ⑧ 장애인 등에 대한 특수교육법 ⑨ 장애인고용촉진 및 직업재활법 ⑩ 장애인·노인·임산부등의 편의증진 보장에 관한 법률 ⑪ 교통약자의 이동편의 증진법 ⑫ 중증장애인생산품우선구매특별법 ⑬ 장애인활동지원에 관한 법률 ⑭ 장애인아동복지지원법 ⑮ 장애인연금법 ⑯ 발달장애인 권리보장 및 지원에 관한 법률
□ 사회보험에 관한 법률	① 국민연금법 ② 건강보험법 ③ 산업재해보상보험법 ④ 고용보험법

이러한 장애인의 실질적 평등을 보장하기 위하여 다양한 조치가 행해지게 되는데 그것이 공적부조와 사회복지서비스, 사회보험 등을 포함하는 사회보장제도이다. 재활과 관련된 사회보장에 관한 법체계를 보면 〈표 3-1〉과 같다.

〈표 3-1〉과 같은 재활관련 입법에 규정된 사업을 담당하는 부처는 보건복지부, 고용노동부, 교육부, 행정안전부, 국토교통부 등으로 거의 모든 부처가 관련되어 있다고 보아야 할 것이다. 따라서 UN을 중심으로 한 국제사회나 서구에서는 이와 같이 모든 부처에 관련되어 있는 사업을 원활히 조정하고 효율성을 확보하기 위하여 국가조정위원회(national coordinator board)를 두도록 하고 있다. 우리나라도 장애인복지법에 근거하여 국무총리를 위원장으로 한 장애인정책조정위원회를 설치하고 있지만 비 상설기구로 상시적인 업무조정 역할을 하는 것이 아니기 때문에 제한성이 있다.

즉, 이와 같은 위원회를 설치하더라도 기능별로 분화되어 있는 재활관련 업무분담이 부처 간의 통합성을 결여하여 인력과 재원을 낭비하게 한다거나 재활서비스의 전문성과 체계성을 저해하는 요인이 될 수 있다는 사실을 염두에 두어야 한다.

2. 중앙정부의 재활행정 조직 및 업무

장애인의 재활행정은 언급한 보건복지부, 교육부, 고용노동부, 국토교통부 등 중앙의 여러 부처가 관계하고 있으나 공적부조와 대부분의 재활서비스는 보건복지부, 고용노동부, 교육부를 중심으로 서비스가 전달되고 있으며 각 부처의 업무를 조정하기 위하여 총리실 산하에 장애인정책조정위원회를 두도록 하고 있다.

1) 장애인정책조정위원회

1999. 2. 8 법률 제5931호에 의거 장애인복지법이 전면 개정되면서 장애인복지법 제11조에 의거 장애인 종합정책을 수립하고 관계 부처 간의 의견을 조정하며 그 정책의 이행을 감독·평가하기 위하여 국무총리 소속하에 장애인복지조정위원회(현 장애인정책조정위원회로 개정)를 두었으며, 이 조정위원회의 구성은 위원장 및 부위원장 각 1인을 포함한 30인 이내의 위원으로 구성하도록 하고 위원장은 국무총리가 되고, 부위원장은 보건복지부장관이 되며, 위원은 당연직 위원과 위촉위원으로 한다. 당연직 위원은 기획재정부장관, 교육부장관, 행정안전부장관, 국가보훈부장관, 문화체육관광부장관, 산업통상자원부장관, 고용노동부장관, 여성가족부장관, 국토교통부장관, 국무조정실장, 법제처장 및 위원회의 심의사항과 관련되어 위원장이 지정하는 중앙행정기관의 장이 된다. 위촉위원은 장애인 관련 단체의 장이나 장애인 문제에 관한 학식과 경험이 풍부한 자 중에서 위원장이 위촉하되, 위촉위원 중 2분의 1 이상은 장애인으로 하며, 위촉위원의 임기는 3년으로 하되 연임할 수 있다.

장애인정책조정위원회의 심의·조정사항은 다음과 같다.〈개정 2024. 1. 9.〉

1. 장애인복지정책의 기본방향에 관한 사항
2. 장애인복지 향상을 위한 제도개선과 예산지원에 관한 사항
3. 중요한 특수교육정책의 조정에 관한 사항
4. 장애인 고용촉진정책의 중요한 조정에 관한 사항
5. 장애인 이동보장 정책조정에 관한 사항
6. 장애인정책 추진과 관련한 재원조달에 관한 사항
7. 장애인복지에 관한 관련 부처의 협조에 관한 사항

7의2. 다른 법령에서 위원회의 심의를 거치도록 한 사항

8. 그 밖에 장애인복지와 관련하여 대통령령으로 정하는 사항

또한 장애인정책조정위원회는 필요하다고 인정하는 때에는 관계 행정기관에 대하여 소속직원의 출석·설명과 자료의 제출을 요구할 수 있도록 하였다. 또한 이 법 11조 4항은 위원회 부의사항을 미리 검토하고 관계 기관 사이의 협조 사항을 정리하기 위하여 위원회에 장애인정책조정실무위원회를 두도록 하고 있으며 위원장 1명과 부위원장 1명을 포함한 30명 이내의 위원으로 구성하며 실무위원장은 보건복지부차관이 되고, 부위원장은 보건복지부 소속 장애인 관련 업무를 담당하는 고위공무원단 소속 공무원이 되며, 위원은 당연직 위원과 위촉 위원으로 한다. 당연직 위원은 기획재정부, 교육부, 행정안전부, 국가보훈부, 문화체육관광부, 산업통상자원부, 고용노동부, 여성가족부, 국토교통부, 국무조정실, 법제처의 고위공무원단 소속 공무원 및 위원회의 심의사항과 관련된 중앙행정기관의 고위공무원단 소속 공무원 중에서 실무위원장이 지정하는 자가 된다. 위촉위원은 장애인 관련 단체의 장이나 장애인 문제에 관한 학식과 경험이 풍부한 자 중에서 실무위원장이 위촉하되, 위촉위원 중 2분의 1 이상은 장애인으로 한다. 실무위원회는 업무를 효율적으로 수행하기 위하여 장애인이동편의분과, 장애인고용확대분과 등 분야별 분과위원회를 둘 수 있도록 규정하고 있다.

2) 보건복지부의 행정조직 및 업무[8)]

보건복지부는 1948. 11. 4. 정부수립과 동시에 대통령령 제25호로 사회부가 발족되어 1심 5국 22과(비서실, 보건국, 후생국, 노동국, 주택국, 부녀국)로 출발하여 그 이듬해인 1949. 7. 29. 대통령령 제147호로 보건국이 폐지되고 동년 1949. 1. 5. 대통령령 제188호로 후생국을 사회국으로 개편하여 사회과와 군사원호과가 증설되고, 부녀국에 생활개선과가 증설되어 1실 4국 19개과로 이때부터 재활서비스 업무를 사회국 사회과에서 관할하게 되었다.

또한 1963. 8. 26. 법률 제1395호(대통령령 제10278호)로 노동국을 폐지하고 노동청을 신설하여 보건사회업무와 노동업무를 분리하였으며, 1980. 1. 1. 대통령령 제19748호로 환경관리관을 폐지하고 환경청을 신설하여 환경업무로 분리되게 되었다.

1981. 11. 2. 대통령령 제10565호로 재활과가 사회국내에 신설되어 재활업무의 총체적 계획 및 정책입안을 위한 조직이 마련되었다. 이후 국민의 복지욕구가 강해지고 경제개발과 삶의 질 향상이라는 측면에서 1990. 11. 14. 대통령령 제13165호로 사회국과 가정복지국이 통합하여 사회복지정책실이 신설되고 사회국이 사회복지심의관실, 가정복지국이 가정복지관실로 개편됨과 아울러 사회복지정책실에 복지지원, 자립지원, 노인복지과가 신설되고 사회과는 복지정책과로 변경되었으며 94. 4. 21. 대통령령 제14218호로 재활과를 장애인복지과로 변경하였다.

1994. 12. 23. 정부조직을 개편하여 보건사회부를 보건복지부로 개편하고 2실 6국 32과에서 2실 5국 30과로 조정되었고, 1997. 5. 22. 대통령령 제15377호로 사회복지정책실장 밑에 장애인복지관을 사회환경에 대처하려는 정부의 강력한 의지를 천명하였다.

1998. 2. 28. 대통령령 제15732호와 보건복지부령 제61호로 보건복지부조직의 운영에 대한 자율성과 탄력성을 위하여 보건복지부와 그 소속 기관 직제를 2실 5국 8관 42과에서 2실 4국 8관 39과로 개편하고 식품의약품 안전청을 독립하여 오늘에 이르고 있다.

2008. 2. 29. 대통령령 제20679호와 보건복지부령 제1호로 정부기능의 효율적인 재배치를 통하여 미래에 대비한 전략기획기능 및 민간과 지방의 활력을 강화하고 유연하면서도 창의적인 정부를 구축하기 위한 「정부조직법」이 개정(법률 제8852호, 2008. 2. 29. 공포·시행)되고 이 법률에 의해 국가청소년위원회, 여성가족부의 가족 및 보육업무 및 기획예산처 양극화민생대책본부의 업무를 통합하여 보건복지부로 이관함에 따라 **보건복지부를 보건복지가족부로 개편**하였다. 또한 2010.3.15. 대통령령 제22075호와 2010.3.19. 보건복지부령 제1호로 보건복지가족부의 청소년 · 가족 기능을 여성부로 이관하고 보건복지가족부의 기능을 보건복지정책 중심의료 개편하는 내용으로 『정부조직법』이 개정(법률 제9932호, 2010.

1. 18. 공포, 3. 19. 시행)됨에 따라 **보건복지가족부를 보건복지부로 개편하고** 그 소속기관의 조직과 직무범위 및 정원 등을 조정하고 인력과 기능을 합리적으로 조정하였다.

현 보건복지부의 조직은 〈표 3-2〉와 같다. 기구표에 나타난 각 실, 관, 국, 과의 업무는 보건·복지분야의 정책수립과 지도·감독기능을 중심으로 분담되고 있는데 여기서는 장애인의 공적부조와 재활서비스부분을 주로 담당하고 있는 사회복지정책실의 기초생활보장과 의료보장, 장애인정책국의 업무를 중심으로 살펴보기로 한다.

(1) 사회복지정책실

사회복지정책실에는 사회복지업무를 총괄하기 위하여 복지정책관, 복지행정지원관, 연금정책관을 두며 기초생활보장을 위한 업무는 복지정책관내에 복지정책과, 기초생활보장과, 자활정책과와 기초의료보장과 등에서 담당하며 주요 업무는 다음과 같다.

① 복지정책과

복지정책과는 사회복지정책에 관한 종합계획의 수립 및 조정, 사회안전망관련 정책의 수립·조정 및 평가, 복지정책 총괄 및 관련 부서 간 조정, 사회복지사업법령 총괄, 사회복지분야 업무효율화 방안 마련, 재한 외국인 관련 사회복지분야 업무 총괄, 복지급여 관련 권리구제 등 사후관리에 관한 사항, 사회복지사 자격제도의 운영에 관한 사항, 한국사회복지협의회 운영 및 육성에 관한 사항, 농어촌 보건복지업무 총괄 및 운영, 그 밖에 실내 다른 과의 주관에 속하지 아니하는 사항 등의 업무를 수행한다.

② 기초생활보장과

기초생활보장과는 국민기초생활보장 관련 종합계획의 수립, 국민기초생활보장

〈표 3-2〉 보건복지부 조직도

- 장관
  - 대변인
    - 홍보기획담당관
    - 디지털소통팀
  - 감사관
    - 감사담당관
    - 복지급여조사담당관
  - 장관정책보좌관
  - 제1차관
    - 운영지원과
    - 인사과
    - 기획조정실
      - 보건복지상담센터
      - 정책기획관
        - 기획조정담당관
        - 재정운용담당관
        - 혁신행정담당관
        - 규제개혁법무담당관
        - 양성평등정책담당관
        - 정보통계담당관
        - 정보보호팀
      - 국제협력관
        - 국제협력담당관
        - 통상개발담당관
      - 비상안전기획관
    - 사회복지정책실
      - 복지정책관
        - 복지정책과
        - 기초생활보장과
        - 자활정책과
        - 기초의료보장과
      - 복지행정지원관
        - 지역복지과
        - 급여기준과
        - 복지정보기획과
        - 복지정보운영과
      - 연금정책관
        - 국민연금정책과
        - 연금급여팀
        - 국민연금재정과
        - 기초연금과
    - 인구정책실
      - 사회서비스정책관
        - 사회서비스정책과
        - 사회서비스사업과
        - 사회서비스자원과
        - 사회서비스일자리과
      - 인구아동정책관
        - 인구정책총괄과
        - 청년정책팀
        - 출산정책과
        - 아동정책과
        - 아동보호자립과
        - 아동학대대응과
      - 노인정책관
        - 노인정책과
        - 노인지원과
        - 요양보험제도과
        - 요양보험운영과
        - 노인건강과
    - 장애인정책국
      - 장애인정책과
      - 장애인권익지원과
      - 장애인자립기반과
      - 장애인서비스과
      - 장애인건강과
    - 사회보장위원회사무국
      - 사회보장총괄과
      - 사회보장조정과
      - 사회보장평가과

자료: 보건복지부 홈페이지, 2024. 7. 11.

관련 조사 및 연구, 국민기초생활보장 관련 법령에 관한 사항, 국민기초생활보장 수급자의 선정 및 적정관리에 관한 사항, 국민기초생활보장 수급자의 기준 중위소득 산정 및 최저보장수준 결정, 국민기초생활보장 급여체계에 관한 사항, 국민기초생활보장제도의 평가 및 홍보, 중앙생활보장위원회의 운영에 관한 사항, 난민의 구호 및 지원에 관한 사항, 긴급복지지원제도에 관한 종합계획의 수립, 법령·제도 운영 및 사업평가· 홍보에 관한 사항 등의 임무를 수행한다.

③ **자활정책과**

자활정책과는 자활급여 기본계획의 수립 및 조정, 자활사업에 대한 조사 및 평가, 취약계층을 위한 일자리창출에 관한 사항, 자활사업대상자의 선정 및 관리, 지역자활센터의 지정·평가 및 지원에 관한 사항, 자활기업의 지원 및 육성에 관한 사항, 지역자활센터협회 등 소관 법인의 지도·감독, 자활기금의 관리 및 운용에 관한 사항, 자활기관협의체의 운영지원 관한 사항, 자활소득공제의 집행에 관한 사항, 광역자활센터의 설립, 지도·감독 및 지원에 관한 사항, 저소득층에 대한 자금대여 총괄, 저소득층에 대한 자산형성 지원정책 총괄, 자활지원정책 정보시스템 구축 · 운영에 관한 사항, 근로능력판정제도 운영에 관한 사항, 정부양곡할인 지원에 관한 사항, 한국자활복지개발원(한국자활연수원 포함)의 지도·감독 및 지원에 관한 사항, 노숙인 등 보호사업 관련 계획의 수립, 노숙인 등 관련 법령 · 예산에 관한 사항, 노숙인 시설 지원 등 노숙인 복지사업에 관한 사항 등의 업무를 수행한다.

④ **기초의료보장과**

기초의료보장과는 의료급여 관련 정책에 대한 종합계획의 수립, 의료급여제도 및 법령에 관한 사항, 의료급여수가 및 급여기준의 수립·조정, 의료급여비용의 청구·심사 및 지급에 관한 사항, 의료급여 수급권자의 자격관리에 관한 사항, 의료급여기관에 대한 지도 및 행정처분, 의료급여재정 및 기금운용에 관한 사항, 의료급여 사례관리사업의 종합계획 수립 및 조정, 중앙의료급여심의위원회의 운영, 저소득층 의료비 지원에 관한 사항 등의 업무를 담당한다.

(2) 장애인정책국

장애인정책국은 장애인정책과, 장애인권익지원과, 장애인자립기반과, 장애인서비스과, 장애인건강과로 구성되는데 주요업무는 다음과 같다.

① 장애인정책과

장애인정책과는 장애인복지 관련 종합계획의 수립 및 조정, 장애인복지 관련 정책의 수립 및 평가, 장애인복지 관련 법령에 관한 사항, 장애인등록 및 판정에 관한 사항, 장애인 복지업무 평가에 관한 사항, 장애인단체에 관한 사항, 한국장애인개발원 운영 지원, 장애예방과 발생에 관한 사항 총괄 및 조정, 외국인 장애인복지서비스에 관한 사항, 장애인차량 LPG지원 사업, 장애인복지 전문인력의 양성 및 지원, 그 밖에 국내 다른 과의 주관에 속하지 아니하는 사항 등의 업무를 담당한다.

② 장애인권익지원과

장애인권익지원과는 장애인거주시설의 지원 및 육성, 장애인복지관 등 지역사회재활시설의 지원 및 육성, 장애유형별 재활프로그램의 개발 및 지원, 장애인 자립생활센터 및 관련 서비스의 지원·육성, 장애인차별 관련 관리·운영 및 종합대책 수립, 장애인차별금지 관련 법령 및 제도개선에 관한 사항, 장애인의 권익증진 및 사회적 인식개선에 관한 사항, 「장애인의 권리에 관한 협약」 등 국제협력에 관한 사항, 장애인의 사회참여 평가에 관한 사항, 장애인 편의증진에 관한 계획의 수립 및 평가, 장애인 편의증진 관련 법령에 관한 사항, 장애인의 이동편의 지원에 관한 사항 등의 업무를 담당한다.

③ 장애인자립기반과

장애인자립기반과는 장애인의 직업재활 및 소득보장에 관한 계획의 수립 및 조정, 장애인 소득보장 관련 법령에 관한 사항, 장애인의 일자리 창출 관련 사항, 장애인 직업재활시설의 지원 및 육성, 장애인 직업재활 프로그램의 실시 및 평가, 장애인생산품의 판매촉진 및 우선구매제도에 관한 사항, 장애인의 창업 지원 및 자립자금의 대여사업 등 생활안정 지원에 관한 사항, 장애인 직업재활 전문인력 제도의 운영 및 지원, 장애인연금 관련 법령 및 제도에 관한 사항, 장애인연금 운영에 관한 사항, 장애인연금 국비·지방비 부담 기준 관리 등 재정운영에 관한 사항, 장애인연금 수급자의 선정 및 적정관리에 관한 사항, 장애수당 및 장애아동수당 운영에 관한 사항, 장애아동 특별보호연금에 관한 사항, 장애인 자산형성 및 경제적 지원대책에 관한 사항 등의 업무를 담당한다.

④ 장애인서비스과

장애인서비스과는 발달장애인 지원 기본계획의 수립 및 평가에 관한 사항, 여성장애인 관련 정책의 개발 및 지원에 관한 사항, 장애아동 및 장애인가족 지원에 관한 사항, 장애인 후견제도 지원에 관한 사항, 장애인활동지원 관련 법령 및 제도에 관한 사항, 장애인활동지원 수급자의 관리 및 지원정책 수립·조정에 관한 사항, 장애인활동지원급여의 기준 및 급여비용의 산정에 관한 사항, 장애인활동지원 관련 이용지원에 관한 사항, 장애인활동지원기관 운영 및 활동보조인 양성에 관한 사항, 장애인활동지원기관의 현지조사 및 관리·평가 등에 관한 사항, 장애인활동지원급여의 사후관리에 관한 사항, 장애인활동지원사업 관리기관의 관리·감독에 관한 사항, 장애인활동지원사업 국비·지방비 부담 기준 관리 등 재정운영에 관한 사항, 장애인활동지원사업에 관한 조사·연구·홍보 및 통계관리에 관한 사항 등의 업무를 담당한다.

⑤ 장애인건강과

발달장애인 지원 기본계획의 수립 및 평가에 관한 사항, 여성장애인 관련 정책의 개발 및 지원에 관한 사항, 장애아동 및 장애인가족 지원에 관한 사항, 장애인 후견제도 지원에 관한 사항, 장애인활동지원 관련 법령 및 제도에 관한 사항, 장애인활동지원 수급자의 관리 및 지원정책 수립·조정에 관한 사항, 장애인활동지원급여의 기준 및 급여비용의 산정에 관한 사항, 장애인활동지원 관련 이용지원에 관한 사항, 장애인활동지원기관 운영 및 활동보조인 양성에 관한 사항, 장애인활동지원기관의 현지조사 및 관리·평가 등에 관한 사항, 장애인활동지원급여의 사후관리에 관한 사항, 장애인활동지원사업 관리기관의 관리·감독에 관한 사항, 장애인활동지원사업 국비·지방비 부담 기준 관리 등 재정운영에 관한 사항, 장애인활동지원사업에 관한 조사·연구·홍보 및 통계관리에 관한 사항, 발달장애인 주간활동서비스 및 방과 후 활동서비스에 관한 사항, 발달장애인지원센터 운영에 관한 사항, 발달장애인 권리보장 및 지원 사업에 관한 조사·연구·홍보 및 통계관리에 관한 사항 등의 업무를 담당한다.

3) 지방정부의 재활행정조직 및 업무

지방정부의 행정조직은 「지방자치법」에 따라 광역자치단체(17개)인 특별시, 광역시, 도, 특별자치시, 특별자치도 단위 조직과 기초자치단체(226개)인 시, 군, 구 단위 조직 단위 조직으로 구분해 볼 수 있다.

(1) 광역자치단체

특별시, 광역시, 도, 특별자치시, 특별자치도 단위 조직에는 서울특별시의 경우에는 〈표 3-3〉과 같이 복지실에 복지기획관과 돌봄고독정책관을 두며, 복지기획관 내에 복지정책과, 안심소득과, 장애인복지과, 장애인자립지원과, 자활지원과를 두고 장애인 업무는 장애인복지과와 장애인자립지원과에서 담당한다. 광역시의 경우에는 명칭은 조금씩 다르게 표현되고 있는데 대구광역시의 경우 보건복지국의 장애인복지과에서 담당한다. 도의 경우에는 도마다 조금씩 다르며, 강원특별자치도는 보건복지국의 장애인복지과에서 재활행정 업무를 담당하고 있다.

□ 서울특별시 장애인복지과

장애인복지과는 장애인복지정책팀, 장애인협력지원팀, 장애인거주시설팀, 장애인지역사회거주팀, 장애인권익보장팀으로 구성되어 있다. 주요 업무는 어울림플라자(가칭) 조성, 장애인 버스요금 지원, 발달장애인 평생교육센터 설치·운영 지원, 장애인 개인예산제 시범사업 추진, 뇌병변장애인 지원 관련 사업, 장애인보조기기센터 운영, 장애인 거주시설, 단기거주시설, 공동생활가정 등 운영·관리, 장애인 자립생활주택 사업 운영, 장애인 지원주택 사업 운영, 장애인복지정책과 소관 사회복지법인 및 사단법인 업무, 장애인권익옹호기관, 피해장애인 쉼터 운영 등을 담당한다.

□ 서울특별시 장애인자립지원과

장애인자립지원과는 장애인자립정책팀, 장애인일자리팀, 장애인이용시설팀,장애인가족지원팀, 장애인편의증진팀으로 구성되어 있다. 주요 업무는 장애인활동지원사업 제도개선, 장애인자립생활지원센터 제도개선, 장애 유형 맞춤형 특화일자리 사업, 서울시립장애인생산품판매시설 운영, 장애인 공공일자리 사업 총괄, 장애인일자리 실적 통계관리, 장애인일자리통합지원센터 위탁 운영, 커리어플러스센터 위탁 운영, 장애인직업재활시설 운영 계획 수립 및 운영, 맞춤형 중증장애인 일자리(동료지원상담가) 사업, 중증장애인 고용지원활동가 양성사업(어울림) 뉴딜일자리, 장애인직업재활시설 기능보강 및 안전점검, 중증장애인생산품 우선구매 홍보, 장애인 인턴제 운영, 장애인기능경기대회, 장애인복지관 확충(건립 및 확충) 및 운영지원, 장애인 체육시설 및 의료시설 운영 지원, 장애인가족지원센터 및 장애인주간보호시설 운영·관리 지원, 장애인생활이동지원센터 운영 지원, 시청각장애인학습지원센터 운영 등의 장애인편의증진업무 등을 담당한다.

대구광역시 보건복지국내에는 복지정책과, 보건의료정책과, 어르신복지과, 장애인복지과, 건강증진과, 위생정책과로 구성되며 장애인의 재활행정업무와 서비스는 장애인복지과가 맡게 되는데 주요업무내용은 다음과 같다.

□ 대구광역시 장애인복지과

장애인복지과는 장애인정책팀, 장애인복지팀, 탈시설자립지원팀, 장애인시설팀, 재활복지팀으로 구성되며 장애인복지단체 동향 파악, 장애인복지사업 평가, 장애인복지계획 수립, 장애인 법인인가 및 관리, 장애인비영리민간단체 등록, 장애인복지위원회 운영, 장애인복지단체 보조금 지원 및 관리, 장애인등록 및 통계, 장애인복지단체 행사지원, 정부합동평가, 장애인복지, 교육 비교조사, 장애인활동지원사업, 장애인복지관(체육관) 운영, 장애인거주시설운영지원, 장애인일자리사업 지원, 장애인 자립지원 국가시책 대응, 저소득장애인 지원, 여성장애인 교육·출산비용 지원사업, 장애인직업재활시설 운영(근로사업장, 보호작업장 등), 장애인재활지원센터 운영 등의 관련 업무를 담당한다.

강원특별자치도의 보건복지국은 복지정책과, 노인복지과, 장애인복지과, 여성청소년가족과, 보건식품안전과, 공공의료과, 감염병관리과로 구성되는데 재활행정과 서비스는 주로 장애인복지과에서 담당하며 주요업무내용은 다음과 같다.

□ 강원특별자치도 장애인복지과

장애인복지과의 장애인 담당업무는 장애인복지 종합계획 수립 및 관리, 장애인 복지증진 및 생활안정 등 지원, 장애인 단체 및 장애인 관련 시설에 관한 사항, 장애인 활동지원서비스 및 발달장애인 지원에 관한 사항, 탈시설 장애인 지원에 관한 사항, 장애인 인권증진 및 권익옹호에 관한 사항, 장애인 일자리 정책 총괄 기획 및 조정, 장애인 일자리 종합대책 수립·실행, 그 밖의 장애인 관련 정책추진에 관한 사항 등을 포함한다.

〈표 3-3〉 서울특별시, 광역시, 도 단위 조직표

▶ 서울특별시

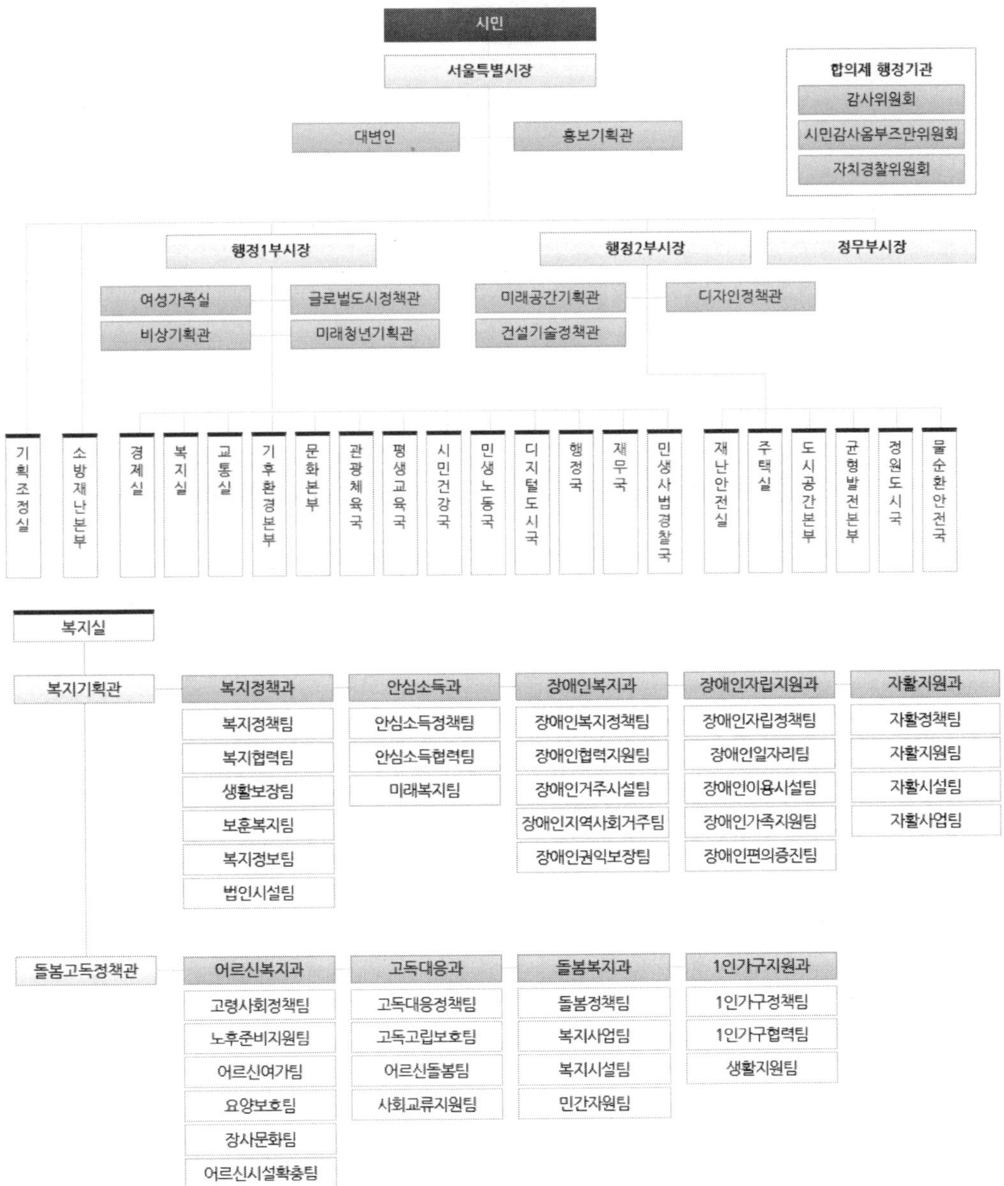

▶ 대구광역시

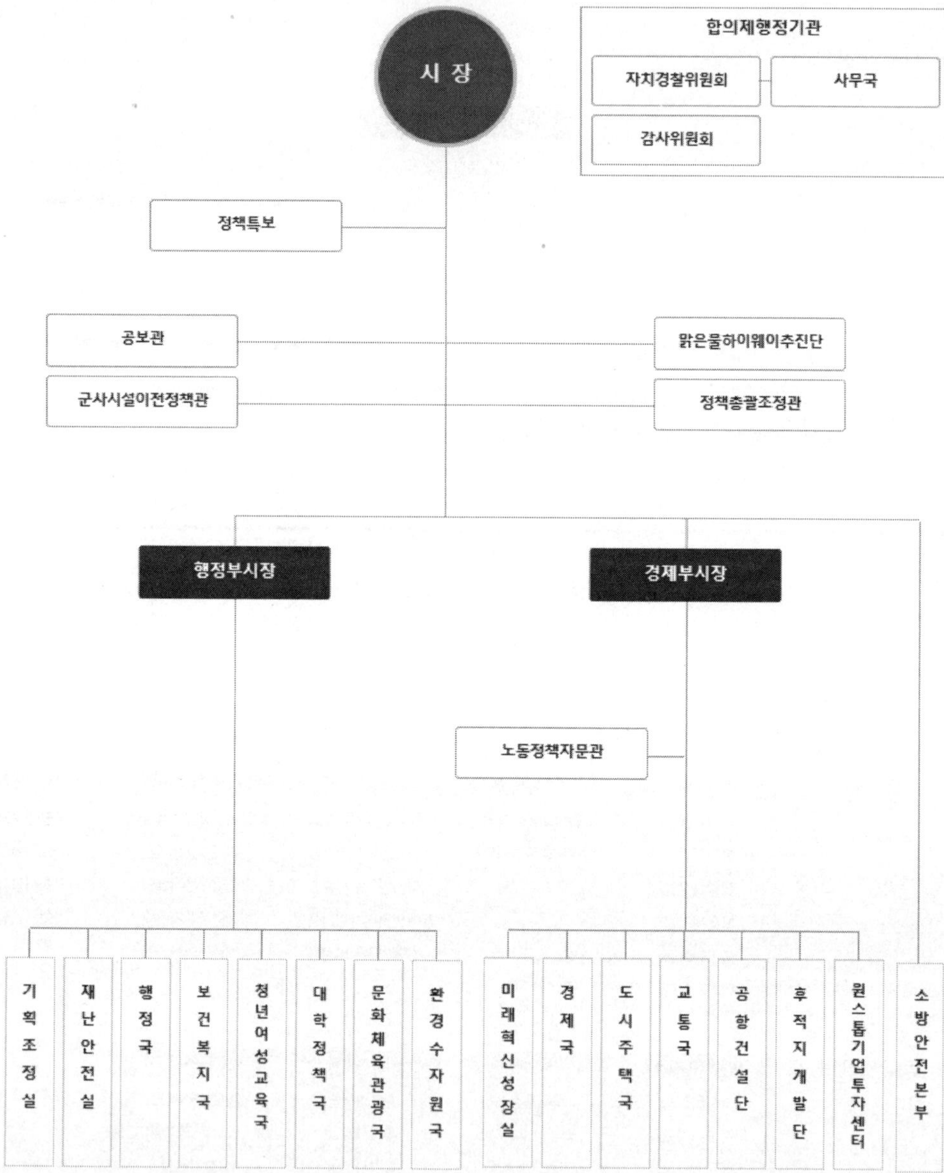

시 장
합의제행정기관
자치경찰위원회
사무국
감사위원회
정책특보
공보관
맑은물하이웨이추진단
군사시설이전정책관
정책총괄조정관
행정부시장
경제부시장
노동정책자문관
기획조정실
재난안전실
행정국
보건복지국
청년여성교육국
대학정책국
문화체육관광국
환경수자원국
미래혁신성장실
경제국
도시주택국
교통국
공항건설단
후적지개발단
원스톱기업투자센터
소방안전본부

▶ 강원특별자치도

자료 : 인터넷 홈페이지, 2024.7.11.

(2) 기초자치단체

기초자치단체인 시·군·구 단위에서는 지방자치제실시 이후 지방의 여러 가지 상황을 고려하여 차이가 있거나 대체적으로 〈표 3-4〉와 같이 복지정책과나 사회복지과 내에 필요한 계나 담당을 두어서 업무를 추진하고 있는데 시·군·구 단위의 조직의 예는 〈표 3-4〉와 같다.

〈표 3-4〉 시, 군, 구 단위 조직도

▶ 강원도 원주시

▶ 경기도 포천시

포천시민
시장
시장비서실
감사담당관
홍보담당관
허가담당관
부시장
인구성장국
기획예산과
정주여건조성과
신성장사업과
교육정책과
관광과
자치행정국
자치행정과
정보통신과
세정과
징수과
회계과
민원과
문화복지국
문화체육과
도서관정책과
복지정책과
가족여성과
노인장애인과
경제환경국
기업지원과
일자리경제과
식품위생과
기후환경과
환경지도과
산림공원과
안전도시국
시민안전과
도시정책과
주택과
건축과
토지정보과
건설교통국
건설하천과
도로과
교통행정과
수도과
하수과

▶ 대구광역시 남구

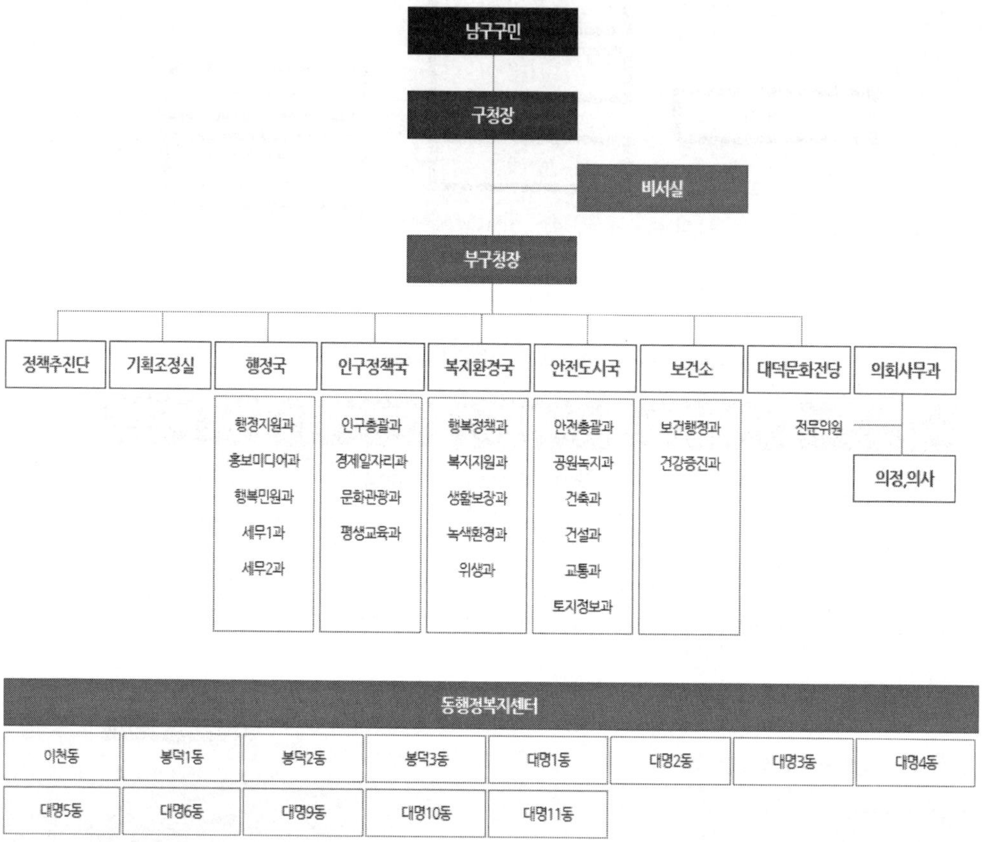

자료 : 인터넷 홈페이지, 2024.7.11.

원주시의 경우 재활행정은 복지국 내의 장애인복지과에서 이루어지며 장애인복지과는 장애인정책팀, 장애인시설팀, 장애인재활팀으로 이루어진다. 장애인복지과는 장애인 복지정책 계획 및 기본계획 수립, 장애인단체 관리, 장애인 인식개선 교육, 장애인의 날 행사지원, 예산, 회계, 장애인 일자리 사업, 중증장애인 강원형 일자리, 장애인 복지증진사업, 장애인 복지위원회 운영지원, 장애인 고용촉진장려금 지원, 중증장애인 동료상담 사업, 장애인가족지원센터 운영지원, 장애인 평생교육이용권(바우처) 지원, 장애인연금 및 장애수당 지원, 장애인복지 사회복지법인 관리, 장애인복지시설 관련 조례 재개정, 장애인거주시설 운영관리, 장애인직업재활시설 운영관리 및 기능보강, 장애인 종합상담실 운영관리, 발달장애인 지원 사업 등의 업무를 담당한다.

경기도 포천시의 경우 재활행정은 문화복지국의 노인장애인과에서 이루어지며 장애인 업무는 노인장애인과 내의 장애인복지팀과 복지시설팀이 담당한다. 장애인 단체관리, 장애인복지종합계획, 장애인일자리 지원사업, 장애인편의시설 협의, 중증장애인자립생활센터 운영, 장애인가족지원센터 운영, 장애인 자립생활 정착금 지원, 고령장애인 쉼터 운영, 재가장애인복지일반, 장애인등록업무, 장애인등록진단비 지급, 장애인활동지원사업, 장애인 바우처사업(발달재활 등), 장애인 인권 일반, 장애인 전용주차관리, 장애인 복지서비스관리, 급여지급 관리(장애인연금, 장애수당, 장애아동수당 등), 장애인의료비 및 보조기구 교부사업 관리 등의 업무를 담당한다.

대구광역시 남구청의 경우는 복지환경국내의 복지지원과에서 담당하며 주요업무는 원주시나 포천시와 대동소이하다.

4) 고용노동부의 행정조직 및 업무[9)]

노동부는 1963. 8. 26. 법률 제1395호(대통령령 제10278호)로 보건복지부에서 노동청으로 독립한 후 1981. 4. 8. 노동청에서 노동부로 승격한다. 노동부로 승격한 후에도 장애인을 대상으로 하는 노동행정을 총괄하는 전담 부서는 두지 않고 직업안정국에서 일반인과 같이 직업안정정책을 펼쳐오다가 1990. 1. 13. 장애인고용촉진등에 관한 법률이 통과되자 1991. 3. 25. 직업안정국의 장애인고용과를 신설하고 1995. 5. 1. 직업안정국과 직업훈련국을 결합하여 고용정책실을 신설하여 직업안정심의관과 고용보험심의관, 직업능력개발심의관으로 개편하고, 1996. 6. 29. 직업안정심의관을 고용총괄심의관으로 개편하였으며, 2000. 5. 17. 기획관리실 행정관리담당관과 정보화담당관을 행정정보화담당관으로 통합하고 고용총괄심의관을 고용정책심의관으로 변경하였고, 고용지원과를 신설하며, 심의관 밑에 있던 보험제도과와 실업급여과를 폐지하되, 그 기능은 노동보험심의관이 관장토록 이관하였고 고용총괄심의관 밑에 있던 장애인고용과는 고용평등국으로 이관하였으며 근로여성정책국을 고용평등국으로 하고, 여성정책과를 평등정책과로 여성고용지원과를 여성고용과로 변경하였다. 2009. 4. 30. 고령자고용과와 장애인고용과를 합쳐서 장애인고령자고용과로 변경하였다.

2010. 7. 12. 정부조직법이 개정되어 노동부가 고용노동부로 명칭이 변경되고 2011. 3. 2. 고용평등정책관 소속 여성고용과를 여성고용정책과로 장애인고령자고용과를 장애인고용과, 고령사회인력정책팀으로 분과 개편하였다.

2019. 4. 16. 고령사회인력정책관'을 '통합고용정책국'으로 확대·개편하여, 여성, 장애인, 중장년 등 일자리 취약계층을 위해 체계적이고 종합적인 지원방안을 수립·조정해 나갈 계획이다. 기존 청년여성고용정책관의 '여성고용정책과'를 통합고용정책국으로 이관하였다. 고용노동부의 행정조직은 〈표 3-5〉와 같다.

〈표 3-5〉 고용노동부 조직도

- 장관
  - 정책보좌관
  - 대변인
    - 홍보담당관
    - 디지털소통팀
  - 감사관
    - 감사담당관
    - 고객지원팀
  - 차관

기획조정실
- 정책기획관
  - 기획재정담당관
  - 혁신행정담당관
  - 규제개혁법무담당관
  - 양성평등정책담당관
  - 비상안전담당관
  - 정보화기획팀
- 국제협력관
  - 국제협력담당관
  - 외국인력담당관
  - 개발협력지원팀
  - 외국인력지원과
- 운영지원과

고용정책실
- 노동시장정책관
  - 고용정책총괄과
  - 지역산업고용정책과
  - 기업일자리지원과
- 고용서비스정책관
  - 고용서비스정책과
  - 고용보험기획과
  - 고용지원실업급여과
  - 자산운용팀
  - 국민취업지원기획팀
- 고용지원정책관
  - 고용서비스기반과
  - 고용문화개선정책과
  - 미래고용분석과
  - 노동시장조사과

노동정책실
- 노동개혁정책관
  - 노동개혁총괄과
  - 노사관행개선과
  - 임금근로시간정책과
  - 공공노사관계과
  - 미조직근로자지원과
- 노사협력정책관
  - 노사협력정책과
  - 노사관계법제과
  - 노사관계지원과
- 근로기준정책관
  - 근로기준정책과
  - 근로감독기획과
  - 퇴직연금복지과
  - 고용차별개선과

산업안전보건본부
- 산업안전보건정책관
  - 산업안전보건정책과
  - 산재보상정책과
  - 산업안전기준과
  - 산업보건기준과
  - 직업건강증진팀
- 산재예방감독정책관
  - 안전보건감독기획과
  - 산재예방지원과
  - 건설산재예방정책과
  - 중대산업재해감독과
  - 화학사고예방과
- 중대재해감축로드맵 이행추진단

통합고용정책국
- 고령사회인력정책과
- 장애인고용과
- 여성고용정책과
- 사회적기업과
- 일가정양립추진단
- 청년고용정책관
  - 청년고용기획과
  - 청년취업지원과
  - 공정채용기반과

직업능력정책국
- 직업능력정책과
- 직업능력평가과
- 인적자원개발과
- 기업훈련지원과

자료: 고용노동부 홈페이지, 2024.7.11.

기구표에 나타난 장애인고용과의 주요업무를 보면 다음과 같다.

장애인기금 운용관리, 장애인직업훈련 총괄, 근로지원인 지원사업, 한국장애인고용공단 지도 감독, 직장 내 장애인 인식개선 교육, 통계조사, 고용연수원 설립, 장애인고용우수사업주 및 포상, 보조공학기기 지원 사업, 장애인 의무고용제도 총괄, 통합고용지원(장애인고용컨설팅), 공공부문 의무고용 이행 관리, 장애인 고용부담금 및 연계고용제도, 고용기여인정제도, 장애인취업알선지원, 장애인취업성공패키지 지원, 중증장애인 지원고용, 장애인 인턴제, 장애 학생 및 대학생 취업 지원, 장애인 직업생활상담원, 저소득 중증장애인근로자 출퇴근 비용 지원, 장애인고용촉진법령, 국회, 국정과제 등 외부기관 협조, 장애인고용연구, 직무개발, 고용장려금·신규고용장려금 제도 운영, 장애인표준사업장 설립·운영 지원, 비영리법인 및 단체 관련 업무, 경계선 지능인, 직업적 장애기준, 최저임금 적용제외, 근로장애인 전환지원, 장애인고용환경개선사업, 장애인근로자지원센터, 장애인기능경기대회 등

이와 같이 고용노동부행정을 전달하는 하부 전달체계는 보건복지부와 달리 자체조직을 가지고 있는데, 6개 지방청 및 40개 지청, 2개의 출장소 그리고 한국장애인고용공단을 포함한 12개의 산하기관으로 구성된다.

지방청과 지청의 경우에는 고용센터에서 주로 장애인고용업무를 다루고 있으나 실제적인 업무는 한국장애인고용공단에서 하고 있다. 서울지방노동청의 조직은 〈표 3-6〉과 같다.

〈표 3-6〉 서울지방고용노동청의 조직도

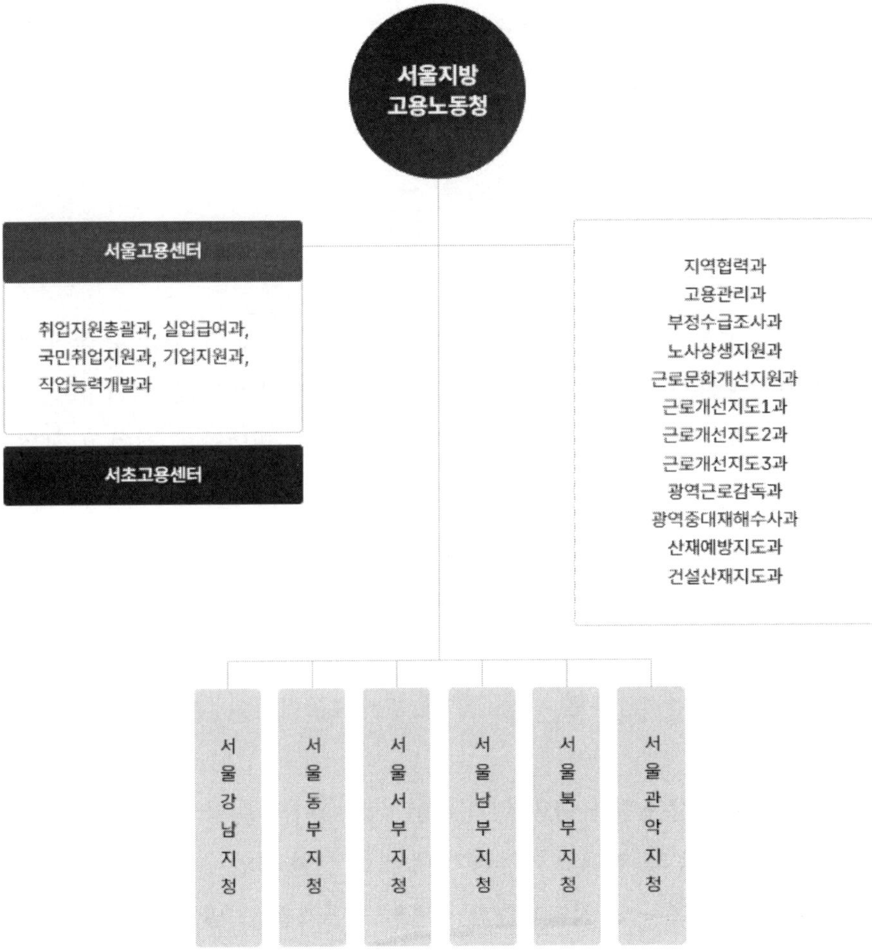

자료 : 서울지방노동청 홈페이지, 2024. 7.11.

한국장애인고용공단은 장애인의 고용촉진과 직업재활을 지원하기 위하여 장애인 직업상담, 취업알선, 교육홍보, 직업훈련, 기금지원 및 융자, 조사연구 등 장애인 직업재활업무의 최일선 전달체계로 1990. 9. 1. 설립되어 6개 지역본부, 전국 17개 지사, 6개 직업능력개발원, 고용개발원, 보조공학센터를 소속기관으로 두고 있다.

공단 및 지사의 조직은 〈표 3-7〉과 같다.[10)]

공단본부의 주요 업무 내용은 다음과 같다.

① 장애인 고용촉진 및 직업재활에 관한 정보의 수집·분석·제공 및 조사·연구

② 장애인에 대한 직업상담, 직업적성 검사, 직업능력 평가 등 직업지도

③ 장애인에 대한 직업적응훈련, 직업능력개발훈련, 취업알선, 취업 후 적응지도

④ 장애인 직업생활 상담원 등 전문요원의 양성·연수

⑤ 사업주의 장애인 고용환경 개선 및 고용 의무 이행 지원

⑥ 사업주와 관계 기관에 대한 직업재활 및 고용관리에 관한 기술적 사항의 지도·지원

⑦ 장애인의 직업적응훈련 시설, 직업능력개발훈련시설 및 장애인 표준사업장 운영

⑧ 장애인의 고용촉진을 위한 취업알선 기관 사이의 취업알선 전산망 구축·관리, 홍보·교육 및 장애인 기능경기 대회 등 관련 사업

⑨ 장애인 고용촉진 및 직업재활과 관련된 공공기관 및 민간 기관 사이의 업무 연계 및 지원

⑩ 장애인 고용에 관한 국제 협력

⑪ 그 밖에 장애인의 고용촉진 및 직업재활을 위하여 필요한 사업 및 고용노동부 장관 또는 중앙행정기관의 장이 위탁하는 사업

〈표 3-7〉 한국장애인고용공단 및 지사 조직도

자료 : 한국장애인고용공단 홈페이지, 2024.7.11.

5) 교육부의 행정조직 및 업무

(1) 교육부의 행정조직 및 업무

교육부는 1948. 11. 4. 정부수립과 동시에 대통령령 제22호로 문교부 직제가 설치되어 장·차관 1실 5국(보통국, 고등국, 과학국, 문화국, 편수국) 22과로 출발하여 여러 차례 기능별 조직위주로 개편되었다.

이때 보통교육국에 특수교육과를 설치하였는데 1950. 3. 10. 대통령령 제473호에 의거 문교부 직제가 개정되면서 보통교육국의 특수교육과와 고등교육국의 고등교육과가 합쳐져서 특수교육과의 업무가 확대되었으며, 1955. 2. 17. 대통령령 제1000호에 의한 문교부 직제 개편으로 특수교육과는 없어지고 특수교육에 관한 업무는 보통교육국 중등교육과에 통합되었다.

1963. 12. 16. 각령 제1737호에 의해 계제로의 설치에 따라 보통교육국 교육행정과에 특수교육계가 설치되었으나 1970. 1. 26. 대통령령 제435호에 의해 계제로가 없어지고 교육행정과 업무로 흡수되었다.

1973. 3. 19. 대통령령 제9380호에 의해 보통교육국의 특수교육업무가 의무교육과로 이관되었다.

1994. 5. 16. 문교부 직제개편에 따라 의무교육과가 해체되면서 특수교육업무는 유아교육담당관실과 합쳐 유아·특수교육담당관실로 변경되고, 이때 특수교육에 관한 실험·연구와 학습자료의 개발 보급 및 특수교육 담당교원 등의 연수에 관한 사무를 관장하기 위하여 문교부 장관 직할기관으로 국립특수교육원이 설립되었다.

1994. 12. 23. 정부조직을 개편하여 문교부를 교육부로 개편하고 1996. 7. 5. 교육부와 그 소속기관 직제를 대폭 개정하여 유아·특수교육담당관을 유아교육담당관과 특수교육담당관으로 분리·확대 개편하였다.

그러나 1998. 2. 28. 교육부 조직운영에 대한 탄력성과 자율성 확보를 위하여 직제를 개편하여 다시 유아교육담당관과 특수교육담당관을 통합하여 유아·특수교육과로 개편하였다.

2001. 1. 29. 국가수준의 인적자원개발정책의 수립 및 총괄조정기능을 수행하기 위하여 교육인적자원부로 변경하고 2008. 2. 29. 정부조직법이 다시 개정되어 교육과학기술부로 변경하여 과학기술인력양성, 기초과학정책, 원자력 안전 및 연구 산업자원부의 산업인력양성 기능을 인적자원개발기능과 연계하게 되었다. 2012. 8. 8. 특수교육과를 학교지원국 소속으로 변경하고 2013. 3. 23. 정보조직법이 다시 한 번 개정되어 교육부로 출범하였으며 특수교육과는 지방교육지원국의 특수교육정책과로 변경되어 오늘에 이르고 있으며 조직표는 〈표 3-8〉과 같다.

교육관련 기구표에 나타난 특수교육정책과의 주요업무는 중장기정책 수립, 성과관리, 특수교육 교원 수급, 장애학생 행동중재 지원, 장애학생 교육지원, 장애학생 인권보호, 진로·직업교육, 특수교육 대상자 선정 및 진단평가, 부설 특수학교 설립, 국립대부설특수학교 개교 지원, 장애영유아교육지원, 통계 등이 있다.

〈표 3-8〉 교육부 조직도

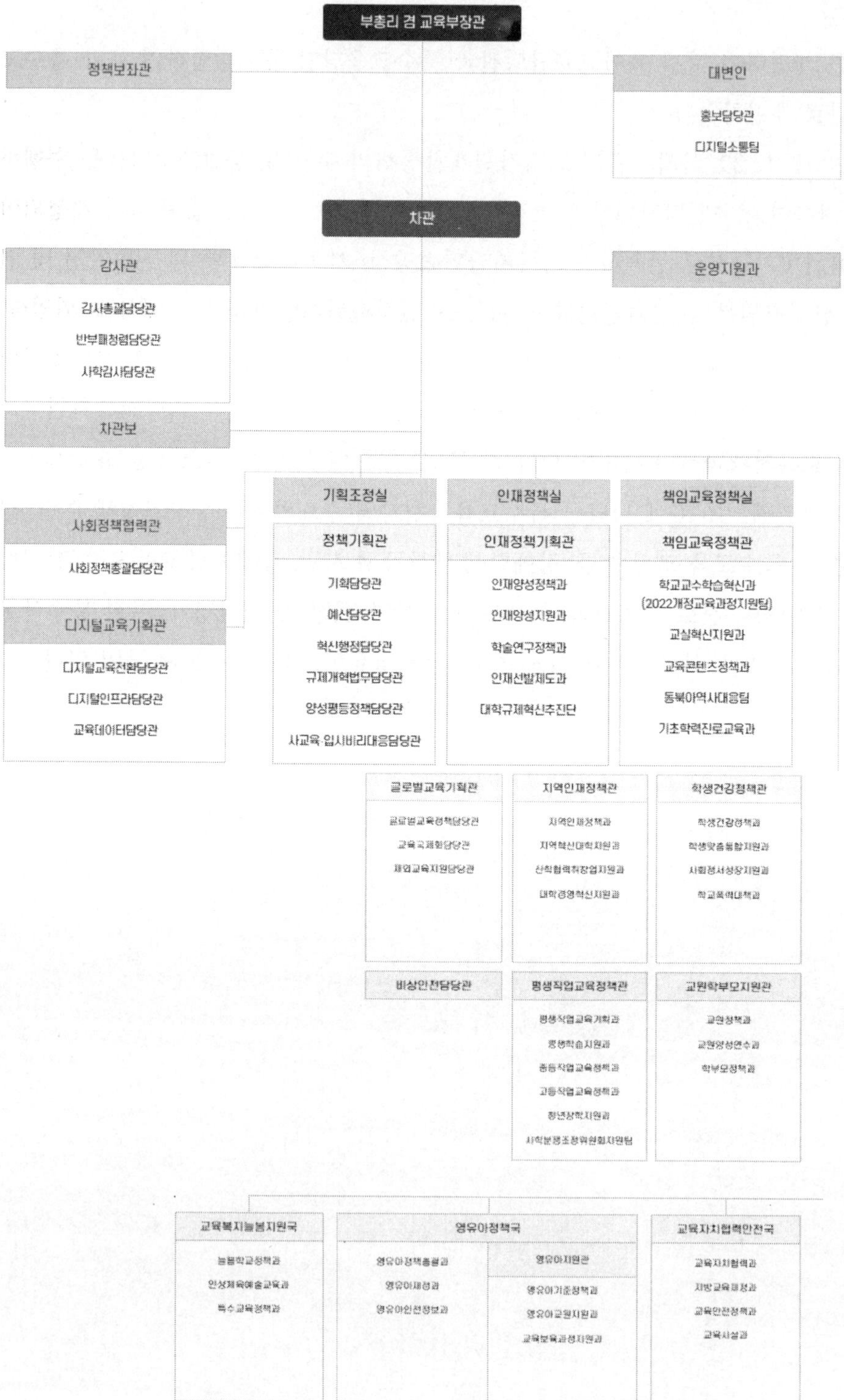

자료 : 교육부 페이지, 2024. 7.11.

(2) 시·도교육청의 특수교육행정 조직 및 업무

특별시·광역시·도 단위, 세종특별자치시, 제주특별자치도 등에는 17개 교육청이 설치되어 있으며 교육청은 지방자치에 의해 지역마다 조금은 차이가 있으나 조직구성은 〈표 3-9〉와 같으며 특수교육정책은 학교정책과 혹은 인성교육과, 평생교육과 등에서 이루어지고 있다.

지방교육청의 특수교육 관련 주요 업무는 특수교육 업무 총괄, 특수학교 현장장학협의회 운영, 특수학교 평가 관련 업무, 장애 및 특수교육 관련 단체 업무 조정, 특수교육 5개년 발전계획 추진, 특수교육 교육과정 운영지원, 특수교육 컨설팅 장학계획 수립·추진, 특수학교(급) 신·증설 업무 지원, 특수교육운영위원회 운영 및 특수교육 대상자 선정·배치업무, 특수교육 시범학교 운영, 특수교육 현황 및 연차보고서 작성, 특수교육지원센터 업무지원, 특수학교(급) 방과 후 학교 운영, 특수학교(급) 종일반 운영, 특수교육 인력지원, 교원(학생) 및 학교 표창 업무, 특수교육정보화 업무, 장애학생 체육활동 지원 업무, 특수교육 관련 단체 업무지원, 진로(직업)교육 계획 수립 및 추진, 특수학교 학교기업형 직업훈련실 관리 지원, 통합형 직업교육거점학교 관리 지원, 전공과 운영, 전국장애학생진로·직업 기능경기대회 업무, 특수교육지원센터 업무 지원, 순회교육 계획 수립 및 추진, 특수교육대상자 교통비 지원, 특수교육대상자 치료지원비 업무, 장애영아 조기 진단비 및 유아 무상교육비 지원, 상설모니터단 운영, 토요현장체험프로그램 운영, 특수교육대상자 계절제학교 운영, 병원학교 및 화상강의 시스템 운영, 장애학생 학력평가제 및 평가조정제 업무, 특수교육 통계 및 실태조사서 작성, 특수교육 연구회 업무 지원, 특수교육관련자 연수 업무, 특수교육 자료 개발 및 교재교구 확충, 특수교육 소식지 및 홍보자료 개발, 통합(장애이해)교육 및 관련 행사 추진, 특수학교 통학차량 관련 업무, 특수교육 관련 단체 업무 지원 등이다.

〈표 3-9〉 시·도 교육청의 행정조직

자료 : 제주특별자치도 교육청 홈페이지, 2024.7.11.

(3) 시·군·구 교육지원청의 특수교육행정조직 및 업무

시·군·구 단위에는 교육지원청이 시·군·구 단위 혹은 연합해서 설치되어 있으며 조직은 교육지원청마다 조금은 상이하나 대체로 〈표 3-10〉과 같이 구성되어 있다.

시·군·구 단위 교육지원청에서는 시·도교육청과 마찬가지로 차이가 있으나 대체로 교육지원국의 초등교육지원과에서 특수교육행정이 이루어지고 있으며 주요 업무는 시·도 교육청과 유사하다.

〈표 3-10〉 시·군·구 지역교육청 행정조직

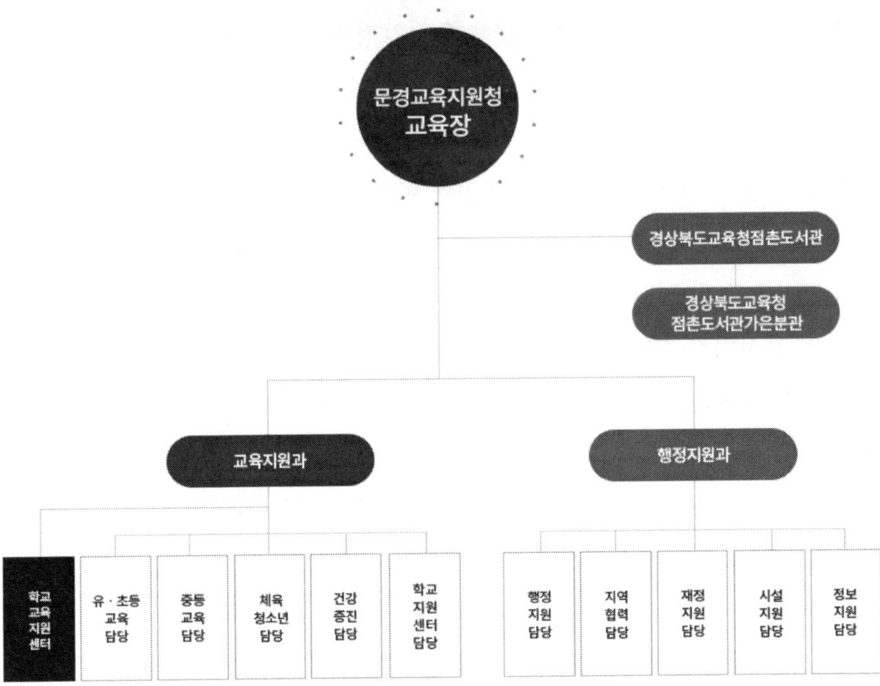

자료 : 문경교육지원청 홈페이지, 2024.7.11.

제3절 민간부분의 재활서비스 전달체계

우리나라 재활분야에 있어서 민간부분의 역할은 국가의 기능만큼 많은 역할을 하고 있는 것이 사실이다. 물론 재활에 있어서 일차적인 책임은 국가에 있는 것이 사실이지만 전문서비스 기능이나 민간자원 동원이라는 측면에서는 오히려 국가보다 그 역할이 강조되고 있는 것이 사실이다.

이와 같은 민간부분의 서비스 전달체계가 갖는 특성은 여러 가지로 지적되고 있는데[11] 첫째, 공적 재활서비스전달체계에 대한 보충적 역할을 한다.

언급한 바와 같이 공적서비스전달체계 일차적인 책임을 완벽히 수행한다면 민간의 역할이라는 것은 어떻게 보면 필요가 없을 것이다. 그러나 공적전달체계에서는 장애인 가운데 최소한의 자격요건을 갖춘 장애인을 선별해서 서비스하는 선별주의적 성격을 띤 정책을 수행하기 때문에 여기에서 소외되는 장애인에 대해서는 민간부분에서 보충적인 역할을 할 수밖에 없고, 또한 보충적 역할을 하는 것이 민간서비스 전달체계이다.

둘째, 민간서비스 전달체계는 시범적이며, 융통성이 있고 전문적이면서 봉사적이라는 특징을 갖는다. 정부의 공적서비스는 법에 의한 서비스를 제공한다는 점에서 융통성이 적고 변화에 대해 저항성이 강한 반면, 민간의 복지활동은 수혜대상자의 욕구에 따른 새로운 접근방법을 개발한다거나 새로운 전달체계를 시도하는 등 시범적인 사업을 시도하기가 훨씬 용이하다.

또한 공공의 재활정책이 법과 행정에 의해 관료적인 복지활동을 전개한다면, 민간의 복지활동은 전문적인 서비스에 역점을 두는 것이 보통이다. 따라서 구미 복지국가의 민간복지기관들은 정부의 프로그램에 비해 훨씬 많은 전문가를 활용하고 있는 것이다.

셋째, 민간복지 부문에 의해 제공되는 서비스는 정부의 복지서비스보다 수혜대상자의 자존심을 유지시키는 데 있어 유리하다는 것이다. 정부기관에 의해 제공되는 공공정책 사업이 갖는 가장 큰 취약점의 하나는 자산조사(means test)나 기타 자격요건(eligibility)을 확보하기 위한 조치 등으로 말미암아 대상자에게 무능력자 혹은 낙오자라는 낙인(stigma)을 찍을 가능성이 높다는 것이다. 이에 비해 민간기관은 복지대상자의 자발적 참여를 전제로 하고 자격요건에 있어 비교적 융통성을 가지기 때문에 복지대상자가 불필요한 낙인을 찍힐 소지가 없는 것이다.

넷째로, 민간복지기관은 그 설립과 운영에 있어서 많은 주민들의 참여를 촉구하기 때문에 주민들로 하여금 복지의식을 갖게 하고, 사회적 연대의식을 갖게 하여 사회통합에 기여할 수 있다는 것이다.

마지막으로, 현대국가들은 정치·경제·사회 등 모든 분야에서 정부의 개입을 축소하려는 이른바 「작은 정부」(small government)를 지향하는 경향이 있기 때문에 재활분야에 있어서 민간부문의 역할이 더욱 중요시되고 있다는 점이다. 따라서 재활 서비스 전달체계에 있어서 민간복지기관들의 체계적인 협력이 요청된다고 할 수 있다.

일반적으로 재활분야에 있어서 민간기관이란 영리를 목적으로 하지 않는 장애인 자조조직, 사회복지법인, 재단법인, 사단법인, 종교법인 및 특수법인 또는 단체가 사회복지사업을 목적으로 운영하는 시설(institution)과 기관(agency)을 일컫는 말이다.12)

재활분야에 있어서 민간기관의 유형은 서비스제공 기능에 따라 단체, 시설로 나누어 볼 수 있고 시설은 다시 장애인 복지법 58조의 규정에 의해 장애인 거주시설, 장애인 지역사회재활시설, 장애인 직업재활시설, 장애인 의료시설로 나누어 볼 수 있다.

1. 장애인복지단체

장애인복지단체는 직접적인 서비스 제공보다는 장애인의 권익향상과 정책의제 형성이나 결정 및 집행과정의 참여 등 주로 간접적인 형식의 서비스를 제공하는 기관으로 〈표 3-11〉과 같이 보건복지부 산하에 재단법인 4개, 사단법인 33개 단체, 고용노동부 국토교통부, 행정안전부, 문화관광부, 외교통상부, 중소기업청 등에 관련 장애인 단체가 있다.

상기 단체 중의 장애당사자의 회원단체 성격을 지닌 단체를 제외하고 비교적 민간단체로서 장애인재활사업에 큰 성과가 있었거나 직업재활 관련 사업을 포괄적으로 실시하는 단체는 한국장애인개발원과 한국장애인재활협회, 한국장애인직업재활시설협회, 한국장애인재활상담사협회 이므로 이 단체를 중심으로 현황을 살펴보기로 한다.

1) 한국장애인재활협회

한국장애인재활협회는 우리나라 최초의 장애인복지단체로 한국전쟁 직후인 1954. 9. 20. 고 백남준 박사를 비롯한 사회지도자들이 한국불구자협회로 설립하여, 1958. 10. 13. 보건사회부로부터 사단법인 허가를 획득하였으며, 1964. 9. 29. 한국지체장애자재활협회로 명칭을 변경하였고, 1970. 12. 4. 한국신체장애자재활협회로 명칭을 변경하였으며 1992. 7. 23. 한국장애인재활협회로 명칭을 변경하였다. 한국장애인재활협회는 설립이후 장애인의 날 행사주관, 취업알선사업, 전국체육대회, 기능경기대회, 장애인먼저운동, 정보화 등의 사업을 하여 오늘날 한국장애인개발원, 한국장애인고용공단, 한국장애인체육회, 장애인먼저실천운동본부 등이 설립되는 데 기여하였다.

〈표 3-11〉 보건복지부 산하의 장애인복지단체 현황

유형	명칭	설립 일자
재단 법인	한국장애인개발원	89.4.28
	한국장애인재단	04.2.21
	이형섭복지재단	08.10.22
	푸르메	05.3.9
사단 법인	국제키비탄한국본부	11.9.9
	자행회	68.7.4
	장애우권익문제연구소	94.12.14
	장애인먼저실천운동본부	03.12.13
	전국장애인부모연대	09.6.12
	한국농아인협회	80.8.30
	한국뇌병변장애인인권협회	05.7.14
	한국뇌성마비복지회	78.10.16
	한국시각장애노인복지협회	12.7.3.
	한국시각장애인연합회	81.5.1
	한국신장장애인협회	93.12.8
	한국신체장애인복지회	81.10.21
	한국언어재활사협회	11.9.9
	한국여성장애인연합	00.10.5
	한국의지보조기협회	75.8.28
	한국자폐인사랑협회	06.12.26
	한국장루장애인협회	97.2.5
	한국장애인단체총연맹	99.4.9
	한국장애인단체총연합회	02.12.23
	한국장애인복지관협회	00.5.25
	한국장애인복지시설협회	83.5.30
	한국장애인부모회	86.7.29
	한국장애인연맹(DPI)	02.5.16
	한국장애인인권포럼	06.2.9
	한국장애인자립생활센터총연합회	09.3.27
	한국장애인재활상담사협회	18.4.19.
	한국장애인재활협회	70.12.4
	한국장애인주간보호시설협회	17.10.11.
	한국장애인직업재활시설협회	06.8.1
	한국지적장애인복지협회	68.7.4
	한국지체장애인협회	89.7.15
	한국척수장애인협회	06.4.11
	해냄복지회	09.3.27

협회의 조직은 〈표 3-12〉와 같고 주요사업은 다음과 같다.

① Dodream 사업

② 글로벌장애청소년IT챌린지 및 국제활동

③ 장애 포괄적 국제개발협력

④ 장애청년 지원 및 장애청년드림팀사업

⑤ 청년포럼 및 청년플랫폼 사업

⑥ RI Korea 전문위원회 사업

⑦ 재활복지발간 및 전문가 지원사업 등

〈표 3-12〉 한국장애인재활협회 조직도

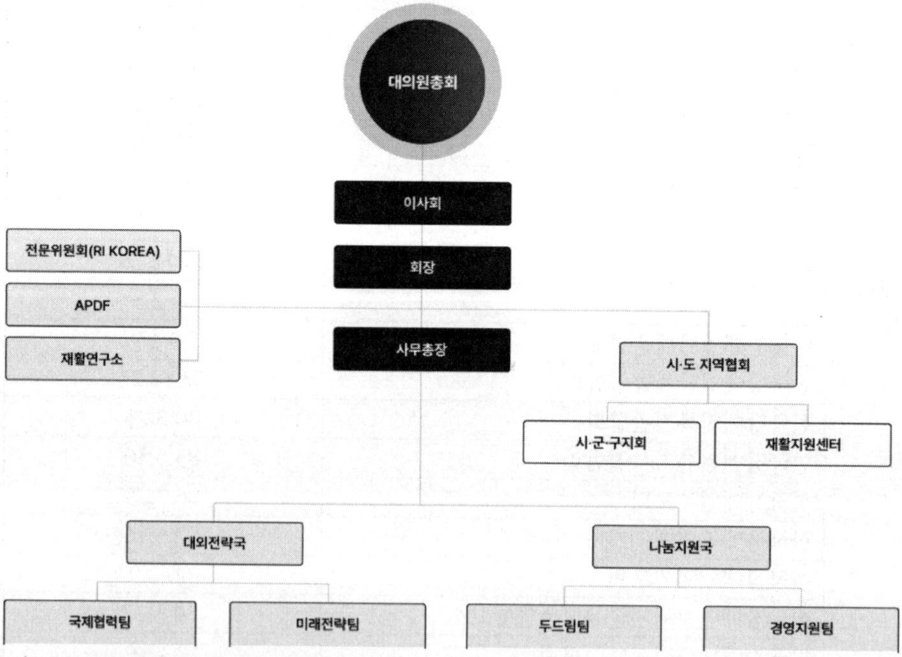

자료: 한국장애인재활협회 홈페이지, 2024. 7. 11.

2) 한국장애인개발원

한국장애인개발원은 88장애인올림픽이 끝난 후 이 사업을 위한 조직위원회가 1989년 4월 28일 재단법인으로 한국장애인복지체육회를 설립하여 장애인체육 관련 사업을 주로 하다가 1991년 장애인의 날 행사를 주관하게 되며 2005년 장애인복지법 개정과 동법 제29조에 의하여 한국장애인개발원으로 개칭되고 장애인 체육사업은 대한장애인체육회로 이관되고 개발원은 장애인복지의 종합적이고 체계적인 조사·연구·평가 및 정책개발, 복지진흥, 재활체육진흥 등을 수행함으로써 장애인 복지발전에 기여함을 목적으로 역할과 기능이 전환하게 되었다. 한국장애인개발원의 기구표는 〈표 3-13〉과 같다.

한국장애인개발원의 주요사업은 다음과 같다.

① 정책연구사업

② 직업재활사업

③ 일자리개발사업

④ 중증장애인생산품우선구매를 위한 수행기관사업

⑤ 유니버셜디자인환경 사업

⑥ 장애인상, 장애인의 날 행사주관과 같은 인식개선사업

⑦ 복지진흥 사업

⑧ 장애아동·발달장애인지원 사업

⑨ 국제협력사업

⑩ 수요자중심지원체계 사업

⑪ 기타 개발원의 목적달성의 위해 주무관청으로부터 승인을 받은 사업

〈표 3-13〉 한국장애인개발원 기구표

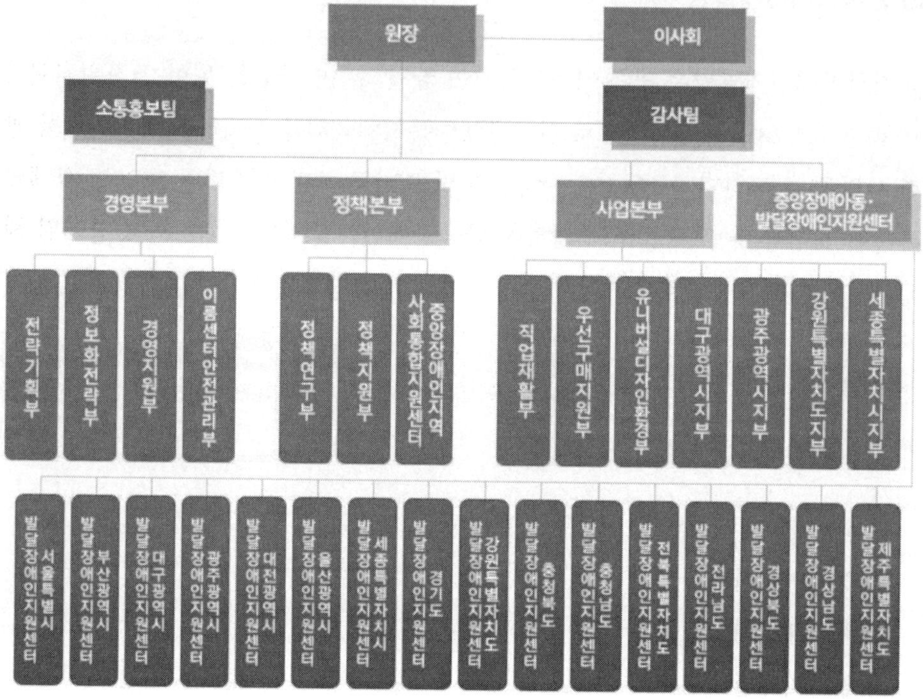

자료 : 한국장애인개발원 홈페이지, 2024. 7.11.

3) 한국장애인직업재활시설협회

한국장애인직업재활시설협회는 장애인직업재활시설 상호간의 교류, 협력을 활성화하고 직업재활시설 종사자들의 자질향상과 전문성 증진을 통해 직업재활시설의 역량을 개발하고 장애인의 사회참여를 유도함으로써 장애인의 권익 및 복지증진을 위하여 2006년 (사)한국장애인복지시설협회에서 독립되어 설립된 사단법인이다. 한국장애인직업재활시설협회의 조직도는 〈표 3-14〉와 같다.

〈표 3-14〉 한국장애인직업재활시설협회 조직도

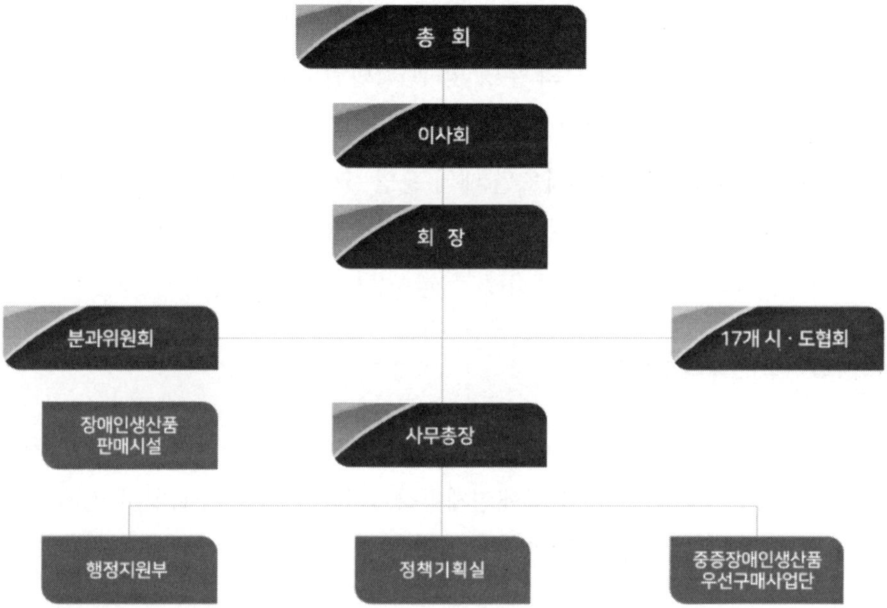

자료 : 한국장애인직업재활시설협회 홈페이지, 2024. 7.11.

한국장애인직업재활시설협회의 주요사업은 장애인직업재활시설 운영 지원(직업재활시설 경영자문 및 생산성 향상을 위한 기술경영혁신지원사업, 직업재활시설 평가제도 개선, 직업재활시설 환경개선 및 기능보강 지원), 장애인직업재활시설 종사자 교육 연수 사업(장애인직업재활시설 시설장 대회, 장애인직업재활시설 교육(신규채용자), 장애인직업재활시설 및 장애인생산품판매시설 종사자 역량강화 교육, 장애인직업재활시설 및 장애인생산품판매시설 종사자 연수/워크숍, 장애인직업재활시설 인권경영 강사 양성 교육, 기타 세미나, 워크숍 등 개최), 장애인직업재활 조사연구 및 정책개발(장애인직업재활시설 운영 및 지자체 지원 현황조사, 장애인직업재활시설 운영 활성화를 위한 정책/제도 개발, 중증장애인 직업재활 및 고용활성화를 위한 정책/제도 개발, 장애인직업재활 및 고용 관련 각종 연구 용역, 국제컨퍼런스 개최 및 해외 정책 연수, 기타 법/제도 개선 관련 조사연구), 중증장애인생산품 업무수행기관의 업무(보건복지부, 중증장애인생산품 업무수행기관 지정, 중증장애인생산품 우선구매 수의계약 대행, 장애인생산품 홍보 및 시장개척 지원사업), 장애인생산품판매시설의 운영 및 관리(법인 산하 장애인생산품판매시설 운영관리, 전국 장애인생산품판매시설장 연수 등), 기타사업(최저임금 적용제외 근로장애인 전환지원사업 직무지도원 배치 운영, 교육부 찾아가는 장애학생 맞춤형 직업탐색프로그램 운영, 기타 각종 공모 사업) 등이 있다.

4) 한국장애인재활상담사협회

한국장애인재활상담사협회는 장애인의 자립생활과 사회통합이 주요한 장애인 복지정책 기조로 도출됨에 따라 장애인재활상담사의 역할의 중요성이 커지고 있는 시대적 배경에서 장애인의 권익과 복지 향상을 위해 전문지식과 기술을 개발·

〈표 3-15〉 한국장애인재활상담사협회 조직도

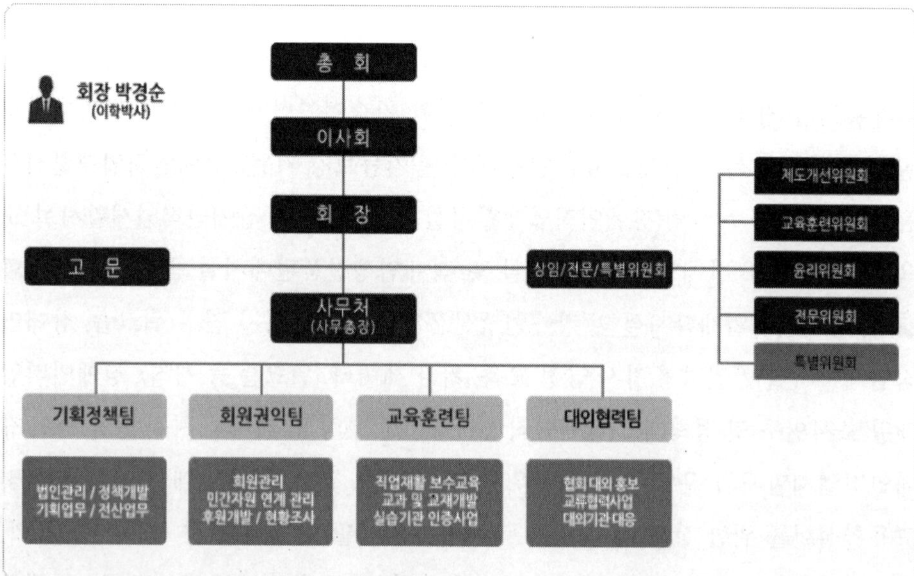

자료 : 한국장애인재활상담사협회 홈페이지, 2024.7.11.

보급하며, 장애인재활상담사의 권익옹호와 복지증진에 이바지함을 목적으로 2018년 4월에 장애인 복지법 제80조의3에 근거하여 설립된 보건복지부 법정단체이다. 한국장애인재활상담사협회의 조직도는 〈표 3-15〉와 같다.

한국장애인재활상담사협회의 주요사업은 다음과 같다.

① 정책제도개선	- 장애인복지법, 장애인재활상담 분야 관련 법령 개정 활동 - 정책세미나 및 토론회 주최 - 장애인재활상담 분야 관련 정책 조사 및 연구 - 회원 복지 증진 관련 조사 연구 및 연구
② 회원권익증진	- 민간자원 발굴 및 연계, 회원 지원 - 외부지원발굴 및 연계 - 회원 복지증진 사업 추진 - 후원개발처 확보 및 지원 사업
③ 교육훈련사업	- 보수교육 운영지침 및 교과과정 개발 - 장애인재활상담사 보수교육 운영 - 지역 자원 연계를 통한 직무교육 - 재활실습 운영지침 및 기관 등록 - 예비 장애인재활상담사 양성 교육사업
④ 대외협력사업	- 장애인재활상담사 양성교육 및 보수교육 교재 발간 - 자격제도 및 장애인재활상담사 권익신장을 위한 홍보사업 - 유관기관 및 지역 장애인복지시설과의 교류협력 사업 - 장애인재활상담사 권익옹호를 위한 대외 이슈 대응

2. 장애인복지시설

장애인복지시설이라 함은 장애인복지법 제58조에 의거하여 장애인 거주시설, 장애인 지역사회재활시설, 장애인직업재활시설, 장애인의료재활시설과 제5호 그 밖에 대통령령으로 정하는 시설로 분류된다. 시행령 제36조에 "대통령령으로 정하는 시설"이란 장애인 쉼터, 피해장애아동 쉼터, 장애인생산품 판매시설이 해당

된다.

장애인 거주시설은 거주공간을 활용하여 일반가정에서 생활하기 어려운 장애인에게 일정 기간 동안 거주·요양·지원 등의 서비스를 제공하는 동시에 지역사회생활을 지원하는 시설이다. 거주시설은 장애유형별 거주시설, 중증장애인 거주시설, 장애영유아 거주시설, 장애인 단기거주시설, 장애인 공동생활가정으로 분류된다.

장애인 지역사회재활시설은 장애인을 전문적으로 상담·치료·훈련하거나 장애인의 일상생활, 여가활동 및 사회참여활동 등을 지원하는 시설로 장애인복지관, 장애인 주간이용시설, 장애인 체육시설, 시각장애인 등 생활지원센터, 수어통역센터, 점자도서관, 점자도서 및 녹음서 출판시설, 재활치료시설로 분류된다.

장애인 직업재활시설은 일반 작업환경에서는 일하기 어려운 장애인이 특별히 준비된 작업환경에서 직업훈련을 받거나 직업 생활을 할 수 있도록 하는 시설이며 장애인 근로사업장과 장애인 보호작업장, 장애인 직업적응훈련시설로 분류된다.

장애인 의료재활시설은 장애인을 입원 또는 통원하게 하여 상담, 진단·판정, 치료 등 의료재활서비스를 제공하는 시설이다.

장애인 쉼터는 장애인학대로 인하여 인권침해 등의 피해를 입은 장애인의 임시보호 및 사회복귀 지원을 위한 시설이다.

피해장애아동 쉼터는 장애인학대로 인하여 인권침해 등의 피해를 입은 장애아동의 임시보호를 위한 시설이다.

장애인생산품 판매시설은 장애인 생산품의 판매활동 및 유통을 대행하고, 장애인 생산품이나 서비스·용역에 관한 상담, 홍보, 판로 개척 및 정보제공 등 마케팅을 지원하는 시설이다.

장애인복지시설은 2012년 12월말 기준 장애인 거주시설 1,348개 시설, 장애인 지역사회재활시설은 1,140개, 장애인 직업재활시설은 478개 시설, 장애인 의료재활시설은 18개로 총 2,984개 시설이 있었다. 2023년 12월말 기준 장애인복지시설은 〈표 3-16〉과 같이 장애인 거주시설 1,529개 시설이며 장애인 지역사회재활시설은 1,602개, 직업재활시설은 811개 시설이며 장애인 의료재활시설은 19개로

〈표 3-16〉 장애인복지시설 현황 (단위 : 개소)

시설구분	유형	시설수
장애인 거주시설	지체장애	25
	시각장애	15
	청각장애	7
	지적장애	308
	중증장애	252
	장애영유아	9
	단기	167
	공동	746
	합계	1,529
장애인 지역사회재활시설	장애인복지관	266
	주간이용	849
	체육시설	30
	생활지원센터	165
	수어통역센터	206
	점자 도서관	19
	점자도서 및 녹음서 출판시설	1
	재활치료시설	66
	합계	1,602
장애인 직업재활시설	근로사업장	69
	보호작업장	704
	직업적응훈련시설	38
	합계	811
장애인 의료재활시설	서울특별시	6
	부산광역시	1
	대구광역시	1
	인천광역시	2
	대전광역시	2
	충청북도	1
	충청남도	1
	전라남도	1
	경상북도	1
	경상남도	2
	제주특별자치도	1
	합계	19

자료 : 2024 장애인복지시설일람표, 보건복지부 홈페이지, 2024. 7. 11.

총 3,961개 시설이 있으며 증가추세에 있다. 특히, 직업재활시설은 증가추세가 빠른 편이다.

장애인 복지시설의 기능을 보면 먼저, 장애인 거주시설로서 장애유형별 거주시설은 장애유형이 같거나 유사한 장애를 가진 사람들을 이용하게 하여 그들의 장애유형에 적합한 주거지원·일상생활지원·지역사회생활지원 등의 서비스를 제공하는 시설이며, 중증장애인 거주시설은 장애의 정도가 심하여 항상 도움이 필요한 장애인에게 주거지원·일상생활지원·지역사회생활지원·요양서비스를 제공하는 시설이다. 장애영유아 거주시설은 6세 미만의 장애영유아를 보호하고 재활에 필요한 주거지원·일상생활지원·지역사회생활지원·요양서비스를 제공하는 시설이며, 장애인 단기거주시설은 보호자의 일시적 부재 등으로 도움이 필요한 장애인에게 단기간 주거서비스, 일상생활지원서비스, 지역사회생활서비스를 제공하는 시설이며, 장애인 공동생활가정은 장애인들이 스스로 사회에 적응하기 위하여 전문인력의 지도를 받으며 공동으로 생활하는 지역사회 내의 소규모 주거시설이다. 독립형 주거서비스 제공기관은 장애인에게 가정과 같은 주거여건을 제공하는 여러 개의 개별 주거 공간을 설치하고, 지역사회 자원을 활용하여 주거지원·일상생활지원·지역사회생활지원 등의 서비스를 제공하는 기관을 말한다.

둘째, 장애인 지역사회재활시설로서 장애인복지관은 장애인에 대한 각종 상담 및 사회심리·교육·직업·의료재활 등 장애인의 지역사회생활에 필요한 종합적인 재활서비스를 제공하고 장애에 대한 사회적 인식 개선사업을 수행하는 시설이며, 장애인 주간이용시설은 일상생활 및 지역사회생활을 영위하는 데 지원이 필요한 장애인에게 낮 시간 동안 활동 위주의 프로그램 및 교육 지원 등을 제공하는 시설이며, 장애인 체육시설은 장애인의 체력증진 또는 신체기능 회복활동을 지원하고 이와 관련된 편의를 제공하는 시설이다. 장애인 수련시설은 장애인의 문화·취미·오락활동 등을 통한 심신수련을 조장·지원하고 이와 관련된 편의를 제공하는 시설이며, 시각장애인 등 생활지원센터는 시각장애인 등에게 이동서비스를 지원하고, 지역사회 거주 시각장애인 등을 적시에 발굴하여 재활상담, 보행·점자·정보화 등교육, 일상생활기술 훈련 등 개인별 맞춤 복지서비스를 제공하는 시설이며, 수어통역센터는 의사소통에 지장이 있는 청각·언어장애인에게 한국수어 통역 및 상담서비스를 제공하는 시설이며, 점자도서관은 시각장애인에게 점자간행물 및 녹음서를 열람하게 하는 시설이며, 점자도서 및 녹음서 출판시설은 시각장애인을 위한 점자간행물 및 녹음서를 출판하는 시설이다. 장애인 재활치료시설은 장애아동을 포함한 장애인에게 언어·미술·음악 등 재활치료에 필요한 치료, 상담, 훈련 등의 서비스를 제공하고 서비스를 이용한 자로부터 비용을 수납하여 운영하는 시설이다.

셋째, 장애인 직업재활시설로서 장애인 보호작업장은 직업능력이 낮은 장애인에게 직업적응능력 및 직무기능 향상훈련 등 직업재활훈련 프로그램을 제공하고, 보호가 가능한 조건에서 근로의 기회를 제공하며, 이에 상응하는 노동의 대가로 임금을 지급하며, 장애인 근로사업장이나 그 밖의 경쟁적인 고용시장으로 옮겨갈 수 있도록 돕는 역할을 하는 시설이며, 장애인 근로사업장은 직업능력은 있으나 이동 및 접근성이나 사회적 제약 등으로 취업이 어려운 장애인에게 근로의 기회를 제공하고, 최저임금 이상의 임금을 지급하며, 경쟁적인 고용시장으로 옮겨갈 수 있도록 돕는 역할을 하는 시설이다. 장애인 직업적응훈련시설은 작업능력이 극히 낮은 장애인에게 작업활동, 일상생활훈련 등을 제공하여 기초작업능력을 습득시키고, 작업평가 및 사회적응훈련 등을 실시하여 장애인 보호작업장 또는 장애인근로사업장이나 그 밖의 경쟁적인 고용시장으로 옮겨갈 수 있도록 돕는 역할을 하는 시설이다.

미주

1) Gilbert, N., & Spect, H.(1986). *Dimensious of Social Welfare policy, 2nd ed.* Englewood Cliffs. N. J : prentice-Hall.

2) 황진우(1989). 현대복지행정. 부루칸모론.

3) Friedlande. W. A. & Apte, Z. A.(1980). *Introduction to Social Welfare,* Englewood cliffls. New Jersey : prentice-Hall.

4) Gilbert, N., & Specht, H.(1974). *Demension of Social Welfare policy.* Englewood Cliffs. New Tersey : prentice-Hall.

5) Perlman, R.(1975). *Consumers and Social Service.* NY : John Wiley,

6) 서상목, 최일섭, 김상균(1988), 사회복지 전달체계의 개선과 전문인력 활용방안. 한국개발연구원.

7) 이흥재(1989). 장애인 인권의 사회법적 보장. 장애인복지법제 법무부.

8) http://www.mohw.go.kr

9) http://www.molab.go.kr

10) http://www.kead.or.kr

11) 서상목, 최일섭, 김상균, 사회복지 전달체계의 개선과 전문인력 활용방안. 한국개발연구원.

12) 이정호(1987). 한국사회복지행정조직체계의 개선방안에 관한 연구. 경희대학교대학원 박사학위논문.

제4장 재활기관의 인적자원관리

제1절 인적자원관리의 기초이론

1. 인적자원관리의 개념

(1) 인사행정과 인적자원관리

행정의 궁극적인 목적은 공공 서비스와 재화를 국민에게 제공함으로써 사회적 가치, 즉 공익을 창출하는 것이다. 재활 행정의 관점에서 보자면, 교육, 복지, 고용 서비스를 제공하거나 도서관, 체육관, 직업 학교를 만들어 장애인의 자립을 돕는 것이다. 이러한 활동에는 인력과 예산이 반드시 수반되는데, 이에 관한 업무를 본연의 활동(사업, 프로그램 등)과 구분하여 지원시스템이라고 한다. 사람을 뽑아 알맞은 자리에 배치하고 교육, 평가, 보상하는 일을 인사행정이라 하고, 필요한 예산을 확보하여 효율적으로 집행하고 결산하는 업무를 재무행정이라 일컫는다. 민간 영역에서는 이를 통상적으로 인적자원관리(인사노무관리), 재무관리라 칭한다(유민봉, 2021).

인사행정(public personnel administration)은 정부의 조직 운영에 필요한 인력을 확보하고 관리하는 활동이다. 이러한 활동은 주로 대내 활동이고, 본연의 활동을 지원하는 활동이므로 본질적으로 민간 영역의 인적자원관리(human resource management)와 크게 다르지 않다. 하지만 공공 영역의 특수성으로 인해 다소간 차이점이 존재한다. 첫째, 인사행정은 공적 상황 속에서 작용하며 공공의 감시와 통제를 더 많이 받는다. 둘째, 인사행정의 원리와 절차는 법률로써 규정되기 때문에 환경변화에 발 빠르게 대응하기 더 어렵다. 셋째, 인사행정은 정부 활동이 공익을 우선시하기 때문에 인사행정의 성과를 평가할 때 경제적 관점 외에도 비경제적 기준을 더 많이 적용한다. 넷째, 인사행정은 정부 활동이 공익을 추구하기 때문에 수익성 위주로 운영할 수 없다. 다섯째, 인사행정은 행정의 평등성, 봉사의 계속성 등이 요구되고 있어 임용 자격요건과 시험, 노동조합 결성 등에서 차이가 존재한다(https://terms.naver.com/entry.naver?docId =77394, 2024. 3. 6.).

현대 국가의 정책은 행정 조직을 중심으로 집행되며, 따라서 행정 조직을 구성하는 공무원을 비롯한 공공, 민간 조직의 구성원은 국민의 삶과 국가 발전에 상당한 영향을 미치는 중요한 변수라 할 수 있다. 그러므로 인적자원관리는 정책 과정 전반에 걸쳐 업무를 수행하는 인력을 관리하는 일련의 기능 또는 활동 체제로서 중요한 의미를 갖는다(Palumbo & Maynard-Moody, 1991 : 163, 임승빈, 2000 : 5, 박천오 외, 2011 : 3, 안전행정부 외, 2013에서 재인용).

(2) 인본주의적 인적자원관리

1930년대부터 1960년대의 인적자원관리의 중요한 과제는 조직 구성원의 잠재적 능력을 최대한으로 발휘할 수 있도록 하는 인간관계기술(human skill)의 개발이었다. 이러한 문제는 주로 사기와 관련된 문제이지만 인적자원관리의 본질로서 다루어졌다. 이를 위해서는 인간의 과거와 현재의 행동을 진단, 이해하고 미래의 행동을 예측하며 나아가 인간 행동을 변화시키는 기술이 필요하다. 이러한 접근 방식은 행태론적 접근방법(behavioral approach)에 기반한 것이다. 요컨대 인적자원의 효율적인 동원과 관리, 운용 과정을 인적자원관리라고 할 수 있으며, 이러한 인적자원관리의 기본방향은 발전적 인재의 동원·개발과 인적자원의 효율적인 관리를 위한 인간관계기술의 개발에 있다.

재활행정에 있어서 특별히 유의해야 할 부분은 전문인력을 어떻게 관리할 것이냐 하는 것이다. 다수의 경험 많은 전문인력은 더 많은 임금을 받기 위해서가 아니라 더 높은 수준의 도전이 가능하고 자기 능력을 충분히 발휘할 수 있는 일자리로 이직한다. 따라서 전문인력의 채용, 역량 개발, 사기, 윤리적 가치 등에 특별한 접근이 필요하다. 또한 재활조직은 일반행정가와 전문인력이 공존함으로써 직렬 간 갈등이 존재하고 일반행정의 태도와 행동은 전문인력의 직무 불만족, 사기 저하, 업무 지연 등을 초래할 수 있다. 그러하기에 이질적인 두 집단의 관계를 어떻게 조정하고 관리하느냐의 논제는 재활조직의 인적자원관리에 있어 여전히 중요한 논제 중 하나이다.

(3) 전략적 인적자원관리

환경의 변화와 행정의 확대는 인적자원관리 전반에 영향을 미치고 있다. 과거에는 모든 정책이 소극적이었으나, 사회의 변화와 더불어 보다 적극적이고 전문적이며 과학적으로 변화하고 있을 뿐만 아니라 그 범위가 확대되고 있다. 이러한 경향은 인적자원관리에도 그대로 반영되고 있다.

전통적인 인적자원관리의 주된 기능은 유능하고 헌신적인 인재를 뽑아 적합한 자리에 배치하고 적절한 보상을 제공함으로써 인적자원을 유지, 관리하는 것이었다. 1980년대에 들어서면서 인적자원관리가 관리적 관점을 넘어 조직의 성과에 기여해야 한다는 주장이 주목을 받기 시작했고 전략적 인적자원관리(strategic human resource management) 이론으로 등장했다. 이후 인적자원관리의 패러다임은 인재를 조직에 잘 스며들게 하는 것을 넘어 조직의 전략과 통합적으로 연계되어 조직의 성과 창출에 기여해야 한다는 것으로 전환되었다(정진경, 김혜정, 2023).

이러한 인식은 점차 확산하고 있는데, 값싼 노동력으로 비용을 절감하던 방식에서 벗어나 노동력 자체를 조직 경쟁력을 갖추기 위한 자원으로 인식하고, 리더십과 창의력을 갖춘 인력을 통해 시장 대응력, 제품과 서비스 품질, 기술 혁신을 이뤄냄으로써 더 큰 가치를 만드는 기업이 큰 성공을 거두고 있다. IT, 인공지능을 비롯한 과학 기술의 급속한 발달, 미중 기술 패권 경쟁, 리쇼어링(reshoring)[1] 확산과 공급망 재편, 탈 세계화 우려 등 그 어느 때보다 경제 환경의 불확실성이 커지고 있는 와중에 그 대응 수단으로서 인적자원관리에 대한 관심이 높아지고 있는 것이다.

역량 있는 인력의 확보, 유지는 조직의 성과에 긍정적인 영향을 줄 수 있으며 관리 시스템이 조직의 중장기 전략에 부합하도록 설계되고 집행된다면 더 큰 성과를 거둘 수 있다는 점이 여러 실증 연구를 통해 확인되고 있다(고경민, 2023; 김문준, 2020; 김민영, 2022; Greer, 2021). Schuler(1992, Greer, 2021에서 재인용)는 조직의 전략적 요구사항과 목표에 부합하도록 인적자원을 효과적으로 활용하기 위한 주안점으로서 다음의 세 가지를 제시하였다.

㉠ 인적자원관리를 조직의 전략과 전략적 요구사항에 최대한 통합하는 것

㉡ 인적자원 정책이 정책 영역과 그 하위 계층 전반에 걸쳐 일관성을 갖추는 것

㉢ 인적자원 정책수단과 관행이 관리자와 실무자 모두에게 일상 업무로서 조정, 수용, 활용되도록 하는 것

전략적 인적자원관리의 실행은 6가지 이론적 관점에서 설명할 수 있다(Greer, 2021).

㉠ 자원 관점(resource based view)에서 인직자원관리의 실행이란 조직 고유의 자원 할당, 조직 문화 조성, 차별화된 역량 등 경쟁 우위를 제공하는 활동을 말한다. 예컨대, 조직의 차별화된 역량을 갖추기 위해 우수한 인재 선발 절차와 보상 시스템을 구축하는 데 자원을 투입할 수 있다.

㉡ 행동 관점(behavioral view)에서는 상황적합이론(contingency theory)[2]에

---

1 기업의 자국 회귀를 말한다. 일자리 창출과 경제 발전을 위해 각종 세제 혜택과 규제 완화 등을 통해 해외에 나가 있는 자국의 기업을 불러들이는 정책으로 말미암아 생기는 현상이다. 싼 인건비나 판매시장을 찾아 해외로 생산기지를 옮기는 오프쇼어링(offshoring)의 반대 개념이다.

기반하여 인적자원관리의 실행을 구성원의 태도와 행동에 영향을 주고 통제하는 활동으로 설명한다. 이 관점은 조직의 전략을 달성하는 도구로서의 역할을 강조한다.

㉢ 특정 체제 내에서의 피드백 통제 방법을 설명하는 사이버네틱스 시스템 관점(cybernetics system view)[3]에서는 전략 실행에 대한 기여도에 대한 피드백으로 인적자원관리 실행의 채택 또는 폐기를 설명할 수 있다. 예를 들어 조직의 전략을 달성하기 위해 특정 교육 프로그램을 도입할 수 있고, 평가 결과에 따라 해당 프로그램을 유지, 확대, 종료할 수 있다.

㉣ 대리인/거래 비용 관점(agency/transaction cost view)[4]에서 보면 조직이 성과평가와 보상 시스템 같은 통제 시스템을 사용하는 이유가 설명된다. 성과평가에 충분한 보상이 따르지 않으면 전략이 추진되지 않을 수 있다.

다음 두 가지 관점은 조직의 전략적 고려 사항에 의해 주도되지 않는 활동을 설명하고 있다.

㉤ 자원 의존 및 권력 이론(resource dependence and power theory)[5]에 따르면 입법, 노조 조직, 자원 통제, 사회적 책임 등 정치적 영향에 따라 실행되는 활동이 있다.

㉥ 조직제도론(institutional theory)[6] 관점에서는 의식적이거나 합리적인 의사

---

2 조직과 환경의 관계가 조직에 미치는 영향에 관한 조직이론이다. Fiedler가 주창한 이론으로서, 리더십 과정에 작용하는 상황적 요소에 따라 그 성과가 다르게 나타난다는 것이다. 리더십은 리더의 특성보다 리더가 처해있는 조직의 상황에 달려 있다는 것이다.

3 인간의 행동을 정보와 피드백을 통해 제어한다는 모형이다. 어떤 특정한 체제 내에서 그 체제를 유지하거나 변화하도록 조정하는 메커니즘을 설명한다.

4 대리인 비용은 주주와 경영자 사이에 발행하는 대리인 문제를 해결하는 데 드는 비용으로서, 경영자가 주주의 이익을 위해 일하고 있음을 증명하기 위한 재무관리 인증, 감사, 그 밖의 비용을 말한다. 거래비용은 각종 거래에 수반되는 비용으로서 정보 수집, 협상 등에 드는 비용을 말한다.

5 조직의존이론은 조직은 환경에 피동적으로 반응하기보다 조직의 고유 자원과 필요 자원에 따라 환경에 적극 대응해야 한다는 능동적 관점의 접근법이다. 권력 이론은 다원주의 권력론, 엘리트론, 무의사결정 이론 등이 있다.

6 조직구성원의 행동은 조직 구조나 행동규범 등 공식적 요인뿐만 아니라 전통, 신념, 친분 관계 등

결정이 아니라 조직의 관성 때문에 불합리한 성과 평가 기준 사용과 같은 관행이 존재한다는 점을 설명할 수 있다.

전략적 인적자원관리는 경영 분야에서 널리 쓰이는 용어이다. 비영리조직 역시 사람이 중요한 자원이기 때문에 기업만큼이나 전략적 인적자원관리가 필요하다. 그럼에도 여전히 많은 비영리조직은 긴급한 사안이 발생해야 대증요법 식 해결을 하거나 조직의 전략과 인사 정책이 겉돌곤 한다.

우리나라의 432개 비영리조직을 대상으로 전략적 인적자원관리 적용 수준과 영향 요인을 분석한 정진경과 김혜정(2023)의 연구에 따르면, 전략적 인적자원관리 수준을 측정하는 13개 문항(7점 척도)의 평균은 4.17(SD=1.08)로 분석되었으며, 5점을 넘는 문항이 없어 전략적 인적자원관리의 수준이 높지 않은 것으로 나타났다. 직원 모집 시 기관의 미션과 가치를 활용하고(M=4.87), 신입 직원 또는 경력자를 모집하기 위한 채용 방식이 있으며(M=4.70), 중요한 정보가 직원들에게 일관성 있게 전달되는 내부 의사소통 방식이 있다는(M=4.66) 문항은 다른 문항보다 높게 나타났지만, 우수한 직원이 리더로 성장하기 위한 리더십 개발에 관심을 두거나(M=3.92), 다양한 업무평가 방식으로 직원을 평가하거나(M=3.49), 직원 업무평가 지표가 기관의 목표와 잘 연결되거나(M=3.90), 직원 대상 설문조사, 이직자 인터뷰 등을 통해 직원 피드백을 받기 위한 기회를 제공하거나(M=3.16), 비영리 분야에서 일하고자 하는 사람들의 욕구와 특성 등을 파악하는 인력계획이 있다는(M=3.45) 문항은 4점을 넘지 않았다.

연구자는 이러한 결과가 비영리조직의 구조적 특성인 낮은 공식성과 높은 집중성 때문이라고 주장한다. 공식성은 조직 내의 업무가 표준화된 정도를 말하며 집중성은 조직의 자원배분과 의사결정이 얼마나 집권적인지를 의미한다. 관료제 조직에서는 높은 공식성이 과도한 문서 업무, 형식주의, 처리 지연 등의 부작용을 초래하기도 하지만 비영리조직에서는 전략적 인적자원관리를 위해 오히려 일정 수준

비공식적 요인에도 큰 영향을 받는다는 이론

으로 공식성을 높일 필요가 있다. 한편 의사결정 권한은 소수에 집중되기보다 수평적이고 자율적인 의사결정 구조를 갖출수록 전략적 인적자원관리 수준이 높은 것으로 나타났다. 연구자는 이 결과를 바탕으로 비영리조직의 전략적 인적자원관리를 위해서는 공식성과 집중성에 관한 관심을 높이고 필요한 투자를 해야 함을 제안하고 있다.

(4) 지속가능 인적자원관리

지속가능경영(corporate sustainability managemet)에 대한 관심과 노력이 증가하면서, 조직구성원에게 그 가치와 행동 양식을 내재화시키고 조직 문화로 발전시킴으로써 조직의 지속적 성장에 이바지하는 지속가능 인적자원관리(sustainable human resource management)가 주목받고 있다. 전략적 인적자원관리가 조직성과 달성을 위해 전략적 목표와 인적자원의 기능(채용, 교육훈련, 평가, 성과관리 등)을 연계하는 데 초점을 두고 있는 데 반해 지속가능 인적자원관리는 경제적 성과뿐만 아니라 사회적 책임과 환경적 책임 수행을 위한 조직의 정책과 인적자원의 정책을 연계하는 데 초점을 두고 있어서 지속가능 인적자원관리가 전략적 인전자원관리가 추구하는 것보다 훨씬 넓은 관점이고 장기적인 관점이라고 할 수 있다(김기흥 외, 2021; 송주헌 2013). 하지만 시대가 변함에 따라 조직의 전략이 경제적 성과 제고에 머물지 않고 사회적, 환경적 책무 속에서 창출되는 새로운 가치를 추구하는 방향으로 바뀌고 있고 그에 따라 인적자원관리 정책과 실행이 연계된다고 본다면, 지속가능 인적자원관리는 전략적 인적자원관리와 맥을 같이 한다고 할 수 있다.

지속가능 인적자원관리의 기본적인 기능은 조직변화(변화관리), 조직 문화, 리더십, 경력개발과 학습, 핵심 인재 육성, 교육훈련, 성과평가와 보상, 윤리, 일과 삶의 균형 등이다. 지속가능 인적자원관리의 역할은 이러한 기능을 지속가능경영과 직접적으로 연계함으로써 구성원의 생각과 행동을 변화시키고 지속가능경영이 가능한 조직 문화를 만드는 것이다. Wirtenberg 등(2007)은 환경적 책임, 사회적 책임, 지배구조 등에서 세계적으로 가장 우수한 기업으로 평가받는 코카콜라 등 9개 기업의 핵심 임원 인터뷰를 통해 인적자원관리 기능 중 리더십 개발, 교육훈련, 다양성 관리, 윤리성 제고, 핵심 인재 관리, 근로자 참여 영역이 조직의 지속가능경영에 큰 영향을 주었음을 확인하였다. 인적자원관리의 주요 기능이 지속가능경영과 직접적인 관련이 있음을 시사한다(김기흥 외 2021에서 재인용).

2. 재활전문직제

재활전문직은 장애인 재활 분야에서 전문적인 일을 할 수 있도록 마련된 직업의 한 분야로 미국이나 호주 등 재활 분야가 발전한 국가에서는 재활상담사, 직업평가사, 재활행정가, 언어치료사, 작업치료사, 보조공학사 등이 재활전문직으로 활동하고 있다. 우리나라의 재활전문직제는 장애인복지법 제71조 제2항에 따른 '전문인력'과 장애인고용촉진 및 직업재활법 제75조 제1항에 따른 '전문요원', 그리고 장애인/노인 등을 위한 보조기기 지원 및 활용촉진에 관한 법률 제15조 제1항에 따른 보조공학사 등으로 구성되어 있다. 장애인복지법의 전문인력에는 의지/보조기 기사, 언어재활사, 장애인재활상담사, 한국수어 통역사, 점역/교정사가 포함되는데, 의지/보조기 기사, 언어재활사, 장애인재활상담사가 국가자격이다. 장애인고용촉진 및 직업재활법 상의 전문요원에는 장애인 직업생활 상담원, 장애인 직업훈련 교사, 장애인 직업재활 전문요원, 장애인 직업능력 평가사가 규정되어 있는데, 국가자격은 없다. 보조공학사는 국가자격이다. 한편 물리치료사, 작업치료사 등도 국가자격인데 재활 관련 법률로써 정한 재활전문직제에 포함되어 있지 않다(교육부, 한국직업능력연구원, 2023).

재활전문직이 전문직제로 확립되기 위해서는 다음과 같은 요건을 갖추어야 한다(안전행정부 외, 2013).

(1) 재활전문직에 대한 사회적인 높은 평가

장애인을 위한 전문적인 서비스 제공에 대한 사회적인 인정과 적절한 보수가 제공되어 전문직으로서의 자신과 국가의 보편적 서비스 정책의 실현이 동시에 가능하게 됨으로써 전문직으로서 명예로운 직업이 되고, 사회적으로도 높은 평가를 받을 수 있다. 사회적 평가가 높다는 것은 직업 위세가 높음을 의미한다. 유홍준 등(2017)에 따르면, 직업 위세는 월평균 소득이 높을수록, 직업의 가치에 대해 비경제적 측면을 중시할수록 높아지는데, 관리직과 전문직이 다른 직에 비해 자타 모두 직업 위세가 높게 인식되고 있다. 직업에 대한 사회적인 높은 평가는 유능한 인재가 그 직업의 구성원이 되기를 바라게 하며, 또한 일생을 바쳐서 일하고 싶다는 바람을 갖게 한다. 따라서 재활전문직이 전문직으로 자리 잡기 위해서는 사회적인 높은 평가를 받도록 해야 하며, 이를 위해 이러한 전문직을 배출하는 교육기관과 전문직을 관리하는 국가기관, 전문직 당사자 등이 전문성과 윤리성 함양에 특별한 관심과 노력을 기울여야 한다.

(2) 유능한 직원의 채용

모집에 있어서 연령과 학력을 제한하여 학교를 갓 졸업한 젊은 여성과 남성을 흡수할 수 있는 절차와 요건이 갖추어져야 한다. 수준 높은 전문가로 육성하기 위해서는 지속적인 역량 개발과 오랜 경험이 뒷받침되어야 하기 때문이다. 하지만 이는 차별금지 규정과 정면으로 배치되는 문제이다. 공무원 응시 상한 연령은 2009년 1월에 폐지되었다. 최근 40대 이상의 신규 공무원이 증가하는 추세다. 또한 규제개혁의 일환으로 국가 자격관리가 학력 철폐 방향으로 가고 있다. 그러나 전문직은 육성에 오랜 시간이 소요되고 사람을 상대로 하는 서비스인 만큼 무작정 연령과 학력 제한을 푸는 것은 전문직 확립에 걸림돌로 작용할 수 있다.

(3) 교육훈련 등에 의한 역량 개발

재활전문직을 유능한 능력을 갖춘 전문가로 양성하여 변화에 적응·대처할 수 있고 발전의 소임을 수행할 수 있도록 재직자 교육훈련 등이 필요하다. 훈련을 통하여 능력과 소질을 계발하고 기술을 발전시키며 그들의 적성에 알맞은 직책을 담당하도록 보장하고 승진할 수 없는 낙오자에 대해서는 합리적으로 이직시키는 조치가 있어야 한다. 특히 재활전문직은 장애인을 돕는 역할을 하므로 인간과 사회 환경 변화와 이에 대응하는 노력이 절대적으로 필요한 분야인 만큼 전문직에 대한 지속적인 교육훈련 기회 확대는 절대적이다.

(4) 적정한 보수

재활전문직이 장애인을 위한 전문직으로서 보람된 일이라고 하더라도 생활이 안정되지 않고는 직을 충실하게 수행할 수 없게 된다. 따라서 생활에 대한 불안감이 없이 심리적 안정을 유지하면서 근무할 수 있도록 적정수준의 보수가 지급되어야 한다. 재활전문직의 보수는 민간기업의 전문직과 공무원 전문직의 보수를 고려하여 합리적으로 책정되고 물가 변동에 따른 정세에 적응할 수 있는 제도적 장치가 있어야 하며, 장기근무자에 대한 추가적인 보상 제도가 도입되어야 한다. 그러나 지금의 재활전문직의 보수는 유능한 인재를 유치하고 이들에게 무한한 책임성을 요구할 정도로 적정한 보수가 제공되지 않기 때문에 이에 대한 지속적인 개선 노력이 필요하다.

(5) 적절한 퇴직연금

재활전문직이 은퇴 이후의 노후 생활에 대한 불안을 느끼지 않도록 퇴직연금제도가 확립되어야 한다. 재활전문직이 정년퇴직한 후에 퇴직금 또는 연금에 의한 수입으로 퇴직 후에도 안심하고 노후를 보낼 수 있도록 보장해야 한다. 퇴직 이후의 생활에 대한 불안을 품게 되면 현재의 업무에 충실할 수 없을 뿐 아니라 관료제의 병리적인 현상이 나타나고 이직률이 높아질 가능성이 있다. 물론 재활전문직이 전국민을 대상으로 한 국민연금에 가입되어 있지만 이와는 별개의 전문직을 위한 퇴직연금제도의 도입이 업무 진속성과 발전성이라는 측면에서 검토할 필요가 있다.

(6) 합리적 승진·전직·전보

재활전문직이 직에 오래 근무할 수 있도록 하기 위해서는 능력에 따른 승진의 기회가 보장되고, 채용에서부터 퇴직에 이르기까지 공정하고 합리적인 인사 절차가 확립되어야 하며, 최고위직까지의 승진 기회가 보장되어야 한다. 이는 폐쇄형의 인사제도가 전제된다. 즉, 외부 경력자 채용 등을 억제하고 현직에 있는 전문직을 계급에 따라 승진시킴으로써 경험을 활용하고 승진의 기회를 보장하는 것이다. 만약 개방형 직위처럼 조직 외부의 사람을 상위직에 임용하면 내부의 전문직은 승진 기회가 줄어들게 되므로 자기 발전의 기회와 전문직으로서의 보람을 상실하게 되어 사기가 떨어지게 된다. 그러므로 외부의 압력이나 정실에 의한 승진이 아닌 실적과 능력에 의한 승진이 이루어지도록 제도적인 뒷받침이 있어야 한다. 물론 능력과 전문성을 가진 외부 사람의 채용을 막는 것도 합리적인 인적자원관리 제도는 아니지만 지금까지의 인력관리에 있어서 이 부분은 많은 폐단이 있었던 만큼 해당 직을 외부에 개방할 경우에는 전문직의 자격 기준에 부응하는 자를 배치하여야 하며 이런 기준 적용이 어렵다면 내부의 합리적인 승진, 전직, 전보 제도가 담보되어야 한다.

(7) 장기적 인력수급계획과 신분보장

정부는 장기적인 인력수급계획을 수립하여 재활전문직 희망자에게 자료를 제공하고 전문직에 대한 매력을 갖게 하여 재활전문직이 될 준비를 할 수 있게 해야 한다. 또한 대학이 배출하는 인재와 관련한 수급계획을 수립하여 유능한 인재를 확보할 수 있게 해야 한다. 아울러 신분을 보장하여 안정감을 부여함으로써 재활전문직에 매력을 갖게 하여 주어야 한다.

그리고 재활조직의 직제가 전문직제로 가야 하는 이유는 다음과 같은 이유로 더 명확해 보인다.

첫째, 전문가로서의 일체감과 이용인인 장애인에 대한 철저한 책임 의식이 강화된다.

둘째, 전문가로서의 신분이 보장되므로 전문성과 윤리 의식이 더욱 강화된다.

셋째, 재활조직의 정치적 중립성과 독자성을 확보할 수 있으며 이로써 행정의 안정성과 계속성을 유지할 수 있게 된다.

넷째, 유능한 인재를 흡수하여 서비스의 질을 향상시킬 수 있다.

다섯째, 재활전문직이 소신을 가지고 업무를 봄으로써 장애인과 일체감을 갖게 되어 재활조직의 발전에 기여할 수 있다.

한편, 전문직제로 가야 하는 이유와 함께 다음과 같은 비판을 받을 수도 있다는 점은 염두에 두어야 할 것이다.

첫째, 재활전문직제는 혹 관료화되어 보수적으로 되고 변동에 대해 저항하게 되어 사회 환경 변화에 민감해야 할 재활 분야의 발전을 저해할 수도 있다.

둘째, 재활전문직제는 특수한 전문가의 흡수를 방해할 수 있다. 즉 모든 전문가를 재활전문직제화할 수 없기 때문에 특수한 외부 전문가의 유입이 필요할 때 외부 인사의 채용이 어려울 수 있다.

셋째, 재활전문직제는 특권 집단화되어 민주적 통제를 어렵게 할 수도 있다.

우리나라의 경우에는 재활전문직제가 도입되는 시기이기 때문에 폐단을 걱정하기보다는 외국의 재활전문직제 사례를 참조하고 국내 유사 분야의 전문직제를 고려하여 바람직한 재활전문직제를 확립하는 것이 우선이다.

제2절 인적자원 관리활동

인적자원관리는 직무에 필요한 사람을 뽑고, 역량을 개발하여 유지·활용하고, 객관적 평가를 통해 적절한 보상을 하는 활동으로 이루어진다. 구체적으로는 채용, 교육훈련, 승진과 인사이동, 근무성적평정, 보수관리, 사기 진작, 행동규범 확립 등 인사 노무 업무 전반을 아우른다(미래와 경제연구소, 2005; 유민봉, 2021).

인적자원 관리활동을 효과적으로 수행하기 위해서는 단기전략과 중장기 전략이 필요하다. 인적자원 전략(human resource strategy)이란 조직의 전략적 과제를 해결하기 위한 인적자원관리 계획과 프로그램을 말한다. 인적자원 전략을 수립할 때는 조직의 인적자원 관행, 인사정책 및 프로그램을 조직의 전략 계획과 일치시키는 데 주안점을 두어야 한다. 일관된 정책과 관행은 인사 기능뿐만 아니라 일반 경영진의 주요 관심사이기도 하다. 그럼에도 인사정책과 관행은 조직이 처한 환경에도 영향을 받기 때문에 전략과 인사정책의 적합성을 지나치게 강조하는 것은 바람직하지 않다. 조직의 전략과 인적자원 간 적합성이 지나치게 높으면 구성원의 능력 범위를 필요 이상으로 제한하게 되고, 그 결과 환경변화 대응에 필요한 혁신 역량이 제한될 수 있기 때문이다(Greer, 2021).

인적자원 계획이란 조직의 전략과 목표를 달성하기 위해 현재와 다가올 미래에 필요한 인력의 유형과 수요를 예측하고, 이를 충족시키기 위한 조직 내부와 외부의 인력 공급을 예측하고 수급 계획을 짜는 활동을 말한다(미래와 경제연구소, 2005). 인적자원 계획은 조직의 전략이 결정된 이후에 그 실행 수단으로서 수립된다는 것이 일반적인 통념이었다. 그러나 근래 들어 인적자원 계획은 도구가 아니라 전략 수립의 투입 요소로 인식되고 있으며, 전략과 완전히 통합되어 상호 관계를 맺고 통찰을 제공한다. 조직의 인적자원 역량 측면에서 여러 대안의 실현 가능성을 평가할 수도 있고 예측 활동을 통해 조직의 기본적인 운영 원칙을 재평가할 수도 있다. 또한 변화의 필요성을 알리고 인적자원 관리활동이 조직에 더 적합하도록 유도할 수도 있다. 인적자원이 조직 경쟁력의 원천으로 인식되고 활용됨에 따라 전략 수립

과정에서 인적자원 계획의 중요성이 점점 더 커지고 있다. 인사 담당 임원을 비롯한 경영진은 기술과 같은 핵심 분야에 대한 지식을 갖춘 직원의 미래 활용도를 예측할 수 있어야 한다. 이러한 인재를 집중적으로 육성하는 조직은 잠재적인 경쟁우위의 원천을 확보할 수 있다. 나아가 핵심 인재의 지식 기반 정보는 전략 수립 시 중요한 투입 요소가 될 수 있다. 역으로 전략적 대안이 먼저 주어질 때는 그 전략을 수행하는 데 필요한 인적자원을 예측할 수 있다면 유용할 것이다(Greer, 2021).

인적자원 계획의 과정은 ①환경 분석과 전략 연계, ②조직의 현원 파악, ③인적자원 수요 예측, ④조직 내외부의 인적자원 공급 예측, ⑤인적자원 수요·공급 예측 결과 비교, ⑥인력 과부족에 따른 인력 구조조정 계획, ⑦전략에 대한 피드백 순으로 진행된다. ③과 ④는 순서가 바뀔 수 있다(Middlemist, Hitt, & Greer, 1983, Milkovich, Mahoney, 1976, Niehaus, 1988, Walker, 1980, Greer, 2021에서 재인용).

인적자원 수요 공급 예측에 사용되는 기법은 정성적 기법과 정량적 기법으로 분류할 수 있지만 그 구분이 불분명한 때도 있다. 또한 일부 기법은 공급과 수요를 모두 예측하는 데 사용될 수도 있다. 그럼에도 대략 정성적 기법으로는 대체 차트(replacement charts), 승계 계획(succession planning), 감독 평가법(supervisory estimates) 등이 있다. 정량적 기법의 범주에는 마르코프 분석(Markov analysis), 네트워크 흐름 모델(network flow model), 컴퓨터 시뮬레이션(computer simulation), 운영 연구 기법(operations research technique), 리뉴얼 모델(renewal model) 등이 포함된다(Greer, 2021).

인력의 수요 공급 예측에 사용하는 기법을 선택할 때는 몇 가지 고려해야 할 사항이 있다. 첫 번째는 인적자원 계획의 목적이다. 조직에서 장래가 촉망되는 관리자의 경력 경로에서 발생할 병목 현상을 확인하고 개선할 목적이라면, 대체 차트나 마르코프 분석기법을 사용하여 다양한 직군 간 이동 확률 등을 분석할 수 있다. 반대로 향후 인력의 연령 구조를 분석해 미래에 들 의료 비용을 추계할 목적이라면 분석 범위를 연령 분포, 퇴직 추세 등으로 좁힐 수 있다. 수요 공급 예측 기법을 선택할 때 고려해야 할 두 번째 사항은 조직의 특성이다. 직급 이동 확률을 신뢰성 있게 추정하려면 직급별로 최소한의 현원이 존재해야 한다. 따라서 대기업일수록 더 정교한 모델링이 가능하다. 조직이 복잡하면 공통으로 적용할 수 있는 가정이 줄거나 변수에 차이가 크게 나므로 유의해야 한다. 세 번째 고려 사항은 산업의 특성이다. 규제가 많은 산업에 속한 조직은 더 정교한 예측 기법을 사용하는 경향이 있다. 적용되는 규제가 많을수록 변화가 적어 예측도가 높아지기 때문이다. 공조직, 철도업계, 보험업계 등이 여기에 속한다. 반면 고급 여성 의류업계의 경우 어떤 기법을 사용하든 정확한 예측은 힘들다. 그럼에도 역설적으로 환경 변화가 클수록 계획의 필요성도 커진다. 네 번째로 고려해야 할 사항은 환경의 불확실성이다. Mills(1985)의 예측 기법에 대한 설문조사에 따르면 가장 널리 사용되는 기법은 일선 관리자가 쉽게 이해하고 사용할 수 있는 비교적 정교하지 않은 기법인 것으로 나타났다. 이는 환경의 불확실성 때문이다. Stone과 Fiorito(1986)는 예측 기법을 선택하는 방식으로서 지각된 불확실성 모델(perceived uncertainty model)을 개발했다. 인지된 불확실성이 일정 수준 이상으로 높은 조건에서는 마르코프 분석이나 컴퓨터 시뮬레이션과 같은 정교한 기법의 활용도가 낮게 나타나 Mills의 연구 결과와 일치하였다. 이 기법들은 정확한 예측을 위해 더 높은 안정성이 필요하므로 환경의 불확실성이 높은 오늘날에는 정교한 기법을 효과적으로 사용하기가 더 어려워졌다. 이러한 경향은 거시 경제 분야에서 두드러진다. 경제 상황이 비교적 안정적이었던 1950년대와 1960년대에 번성했던 경제 예측 모형들은 경제 환경이 급변한 1980년대 이후 많은 오류로 인해 신뢰를 잃었다. 그럼에도 경제 분석가들은 미시적 수준에서 산업이나 기업의 행동을 성공적으로 예측했다. 이에 따라 인적자원 예측 분석에 대한 신뢰도와 활용 가치는 더 높아지고 있다. 이 외에도 예측 기법을 선택할 때는 시간과 비용, 분석자가 갖추어야 할 기술적 수학적 지식수준, 분석할 수 있는 데이터의 존재 여부와 안정성, 기법의 정확성 등 여러 가지를 고려해야 한다 (Bechet, Maki, 1987, Fiorito, Stone, & Greer, 1985, Mills, 1985, Niehaus, 1988, Stone, Fiorito, 1986, Linden, 1991,Walker, 1990, Walker, 1992, Wilstrom,

1971, Greer, 2021에서 재인용).

오늘날 고위 경영진의 승계 계획에 관한 관심이 과거 어느 때보다 더 높아지고 있다. 조직을 둘러싼 환경이 급변함에 따라 21세기에 조직을 이끌 수 있는 능력과 재능을 갖춘 인재가 부족할 것이라는 우려가 제기되고 있다. 최고위층의 리더십 실패로 인한 막대한 비용을 고려할 때, 사전에 적격한 인재를 확보할 필요가 있다. 승계 계획은 중요한 해결책이 될 수 있으며 이는 다른 형태의 인적자원 계획이다. 급변하는 환경 속에서 미래에 필요한 역량을 정확하게 예측하기 어렵지만 전략적 기여도는 상당하다(Greer, 2021).

1. 채용

채용이란 최소한의 능력을 갖춘 지원자를 재활전문직에 유치하여(모집), 그 능력과 장래의 발전 가능성을 평가하고(시험), 지원자 중 적격자를 선발하여 임명하는 과정을 말한다. 인적자원은 조직의 경쟁 우위의 원천인 만큼 어느 조직이나 채용 과정에 대해 훨씬 관심을 가지고 관리하게 된다. 부적합한 인적자원을 채용하여 발생하는 부작용은 그 비용을 떠나 해결이 매우 어렵기 때문이다. 또한 조직의 구조와 사업이 아무리 탁월하더라도 실제 일을 담당할 인적자원의 역량이 부족하면 아무 소용이 없다. 조직의 역량은 사람의 역량을 초과할 수 없다(유민봉, 2021; Greer, 2021). 채용은 통상 정부의 인적자원 관리정책과 계획에 따라 재활조직에 배분된 인력과 재활조직의 자체 인력 범위에서 실행된다. 여기서 인적자원관리 정책이란 국가 전체의 인력 문제를 다루는 행정영역이며, 인적자원 계획, 형성, 배분, 활용과 보존은 물론 개발까지 아우른다. 이중 인적자원 계획은 재활조직의 인적자원 수요공급을 예측하고 그 대응 방안을 담고 있는데 이를 바탕으로 재활조직은 적법한 절차와 조직의 규정(직원의 자격 기준, 채용 절차, 공개채용, 인사위원회 구성 등)에 따라 능력을 갖춘 인재를 채용하게 된다. 그런데 재활조직의 실제 수요 창출은 정부의 인적자원관리 정책, 예를 들어 장애인복지법 제58조의 장애인복지시설의 유형별 정원 규모를 어떻게 가져가고, 사업별 소요 인력을 얼마로 산정하느냐에 달려 있어서 정부의 인적자원 계획이 곧 재활조직의 인력 수요라고 할 수 있다.

(1) 모집

① 의의

모집(recruitment)이란 유능한 인재가 재활전문직에 지원하도록 유치하는 과정을 말한다. 유능한 인재를 재활전문직에 유치할 수 있느냐 없느냐에 따라 인적자원관리의 성패가 좌우된다. 장애인 재활정책의 수립과 집행은 이들에 의해 이루어진다는 점에서 유능한 인재의 채용은 중요한 의의가 있다. 능력 있고 성실한 인재가 채용되면 재활정책의 수립과 집행이 합리적으로 이루어지겠지만, 만약 유능한 인재의 채용에 실패하면 재활정책의 수립이나 집행도 제대로 행해지기 어렵다. 능력과 자질의 부족을 메우기 위해 교육훈련 프로그램 등을 통해 역량 개발을 지원할 수 있지만 그 효과에 한계가 있을 뿐만 아니라 상당한 비용과 노력이 투입되어야 한다. 물론 같은 비용과 노력이라면 인재가 유능할수록 역량 개발 효과가 클 것이다. 따라서 유능한 인재를 채용하기 위한 모집활동은 인적자원관리의 기본이며 중요한 의의를 지닌다.

② 효과적 모집 방법

효과적인 모집을 위해서는 다음의 사항을 중점 고려해야 한다.

가. 장기적인 인력수급계획 마련

장기적인 인력수급계획에 의하여 유능한 인재가 지속적으로 재활전문직에 지원할 수 있도록 하여야 한다. 재활 기능의 변화에 따른 인력수급대책이 미리 마련되어야 한다. 사회변화, 산업구조의 변화, 정세의 변화, 이러한 요인에 따른 직업선호도의 변화 등에 대처하기 위한 계획이 마련되어야 하는바, 장기적인 안목에서 교육

투자, 노동시장의 개척, 인사제도의 개선 등이 이루어져야 한다.

나. 재활전문직에 대한 사회적인 높은 평가

재활전문직에 대한 사회적인 높은 평가가 있어야 유능한 사람이 재활전문직에 지원하게 된다. 따라서 사회에서 재활전문직을 높이 평가할 수 있도록 신분보장, 전문직으로서 윤리관, 정치적 영향의 배제, 인사제도의 뒷받침 등이 이루어져야 하는데 이를 위해서는 우선적으로 재활전문직에 대한 자격제도 도입이 선행되어야 한다.

다. 모집의 정기화

모집 시기를 정기적으로 정하며 재활전문직에 누구나 지원할 수 있는 준비를 하게 함으로써 유능한 사람을 유치하도록 해야 한다.

라. 임용 절차의 신속화

임용에 필요한 서류 등을 간소화하고 임용 절차를 신속화하여 유능한 인재의 유출을 막아야 한다.

마. 시험의 공정성과 효율화

시험이 공정하고 효율적으로 이루어지도록 해야 한다. 이를 위해 시험의 타당도, 신뢰도, 객관도, 실용도 등을 높여야 하며 난이도를 고려해야 한다.

바. 공고 방법의 개선

시험의 공고 방법을 개선하여 지원을 희망하는 사람은 누구나 시험에 응시할 기회를 얻도록 하여야 한다.

사. 노동시장의 개척

유능한 인재를 유치하기 위하여 각종 교육기관을 통하여 재활전문직에 지원하는 방법을 강구, 제시하여야 한다.

아. 제도 개선

근무성적평정과 보수체계, 승진·전보·신분보장, 교육훈련 프로그램과 각종 고충 상담 제도 등 인사 노무 전반에 대한 지속적인 개선을 통해 조직의 인적자원 관리체계에 대한 매력을 가질 수 있도록 한다.

자. 사후평가

모집의 결과를 평가하고 그 피드백 정보를 새로운 모집계획 수립에 반영하도록 해야 한다.

③ 지원서

모집할 때는 지원서를 받는다. 지원서를 통하여 자격의 유무를 알 수 있게 되고, 사전에 자격 미달자를 제거하여 비용을 절감할 수 있으며, 어느 정도까지는 능력자와 능력 미달자를 판단할 수 있다. 따라서 지원서는 다음과 같은 요건을 갖추어야 한다.

㉠ 지원 자격의 유무를 손쉽게 알아볼 수 있도록 하여야 하며 불필요한 사항을 기재하여 내용을 복잡하게 하지 말아야 한다.

㉡ 기재 내용의 기준은 임명 후 재활전문직으로서 전문적인 식견을 가지고 성실한 근무를 할 가능성과의 관계를 중심으로 하여야 한다. 이러한 관점에서 학력과 전공, 학교 성적, 자격증 유무, 임상 경험 유무, 사회단체 관계, 자원봉사 경력 등을 구체적으로 파악할 수 있도록 서식을 마련해야 한다.

최근에는 공정의 가치에 대한 사회적 관심이 높아져 블라인드 채용이 보편화하고 있다. 이때 나이, 성별, 출신학교, 출신 지역, 부모 등 가족관계, 종교, 장애 정도 등 차별, 불공정, 나아가 채용 비리와 연관될 소지가 있는 정보는 특별한 사유, 예컨대 장애인에 대한 시험편의 제공을 위해 필요한 경우가 아니면 수집하지 않는 것이 바람직하다.

④ **지원 자격요건**

재활전문직은 올바른 국가관, 장애인에 대한 전문적인 서비스를 제공하는 전문가로서의 전문지식과 윤리관, 장애인복지증진에 이바지할 수 있는 가치관을 가진 사람이어야 하며 이에 따른 태도와 행동을 갖추어야 한다. 이러한 자격요건은 일반적으로 필기, 면접 등 시험을 통해 확인한다.

장애인복지법, 사회복지사업법, 아동복지법, 노인복지법 등 관련 규정에 따라 장애인 관련 기관의 설치 신고, 허가 등을 관할하는 지방자치단체의 장과 그 기관을 운영하는 대표는 직원을 채용할 때 다음 사항을 특별히 고려하여야 한다(보건복지부, 2024a).

㉠ 장애인복지법 제59조의3(장애인관련기관에의 취업제한 등)에 따라 장애인 학대 관련 범죄나 성범죄로 형 또는 치료감호를 선고받은 사람은 판결(약식명령 포함)로 그 형 또는 치료감호의 전부 또는 일부의 집행이 종료되거나 유예 또는 면제된 날(벌금형의 경우 그 형이 확정된 날)로부터 일정 기간 장애인복지시설을 운영하거나 장애인복지시설에 취업 또는 사실상 노무를 제공할 수 없다. 취업제한기간은 10년을 초과할 수 없다. 관할 지방자치단체장은 직접 또는 관계기관 조회를 통해 연 1회 이상 범죄 경력을 확인 점검해야 하며 기관의 대표는 직원의 동의를 얻어 연 1회 이상 관계기관에 조회해야 한다. 직원이 관련 범죄 경력 조회 회신서를 직접 제출한 경우에는 조회한 것으로 본다.

㉡ 아동복지법 제29조의3(아동관련기관의 취업제한 등)에 의거 아동 학대 관련 범죄를 저지른 사람 역시 일정 기간 장애인복지시설 운영, 장애인복지시설에 취업 또는 사실상 노무 제공이 제한된다.

㉢ 노인복지법 제39조의17(노인관련기관의 취업제한 등)의 규정에 의해 노인 학대 관련 범죄자 역시 위와 같은 제한을 받는다.

관할 행정기관의 장은 취업제한명령을 위반하여 장애인 관련 기관을 운영 중인 운영자에게 장애인복지법 제59조의3 제9항에 의거, 해당 기관을 폐쇄하도록 요구해야 한다. 또한 같은 조 제10항에 의거, 취업제한명령을 위반하여 취업하거나 사실상 노무를 제공한 직원에 대해 해임을 요구하여야 한다. 정당한 사유 없이 기관을 폐쇄하지 않거나 3개월 이내에 요구사항을 이행하지 않으면 대통령령에 의거 조치할 수 있다. 장애인 관련 기관 운영자가 제59조의3 제5항을 위반하여 범죄 경력을 확인하지 아니한 경우에는 장애인복지법 제90조에 의거 500만 원 이하의 과태료를 부과하며 같은 조 제10항의 요구를 정당한 사유 없이 거부하거나 1개월 이내에 이행하지 아니하면 1천만 원 이하의 과태료를 부과한다.

(2) 선발

선발 과정은 조직의 필요에 따라 다양한 방식을 채택할 수 있다. 경우에 따라서는 서류심사만으로 채용할 수도 있다. 그러나 최근에는 공정이 채용의 중요한 원칙이 되었고, 정부와 산하 기관은 균등한 기회 부여를 위하여 매우 엄격한 규정과 절차를 마련하고 있으며 채용 과정 전반에 대해 매년 감사를 받고 있다. 재활조직 역시 국가의 재활행정 전달체계의 일부로서 공개채용을 원칙으로 해야 한다. 일반적인 선발 방법은 시험인데, 지원서에 의한 서류심사, 선발 시험, 면접, 신원조사 및 신체검사 등이 활용된다. 각종 시험이 일련의 단계를 이루고, 각 단계는 다음 단계에 대한 응시 자격을 부여하기 위한 수단적 역할을 한다(유민봉, 2021).

① 시험의 의의

재활조직의 채용은 기회균등과 공개, 평등의 원칙에 의한 공개경쟁이 원칙이다. 이를 통해 공정이라는 사회적 가치를 실현할 수 있다. 또한 객관적이고 엄정한 시험을 통해 전문적이고 능률적인 서비스 전달에 적합한 유능한 인재를 선별할 수 있다. 효과적인 시험이 되려면 다음의 과정이 지켜져야 한다.

㉠ 응시자 모두에게 동등한 기회가 부여되어야 하고,

㉡ 채용 후 근무상의 행동을 예측할 수 있어야 하며,

㉢ 응시자의 잠재적 능력을 포함한 직무수행능력, 태도는 물론 발전 가능성까지 예측할 수 있어야 한다.

㉣ 응시자 간 우열이 나타나야 한다.

그러나 오늘날 시험의 기법이 많이 개발되었음에도 위와 같은 목적을 달성하는 데 한계가 있으며, 따라서 시험이 절대적인 것으로는 볼 수 없고 판단을 보충하는 자료에 불과하다고 보는 경향도 있다. 재활전문직의 경우 재활에 관한 지식은 물론 장애인과 일을 대하는 태도와 행동이 매우 중요하므로 면접시험의 비중이 큰 편이다.

② 시험의 효과성 측정 기준

가. 타당도

타당도(validity)는 측정하려고 하는 것을 실제로 측정하는가에 관한 것이다. 직원선발에서는 필기시험이나 면접이 채용 직무를 수행할 능력이 어느 정도인지 측정(예측)함을 의미한다. 타당도에는 여러 가지 타당도가 있으나 직원선발과 직접적으로 연관된 타당도는 내용타당도(content validity), 예언타당도(predictive validity), 동시타당도(또는 공인타당도, concurrent validity)이다. 내용타당도는 전문가가 시험 문항을 검토하여 해당 시험이 실제 직무 분야와 얼마나 연관되는지 확인한다. 본질적으로 전문가의 판단에 의존하므로 내용타당도를 측정할 수 있는 통계적 근거는 없다. 예언타당도는 시험 점수와 향후 직무수행 수준의 관련성을 측정하는 것이다. 시험을 통해 미래의 수행도를 예측하고 이후에 실제 수행도를 비교하므로 시간 지연이 발생한다. 반면, 동시(공인)타당도는 기존 직원을 대상으로 시험을 시행하고 그 결과와 직무수행 수준을 비교하기 때문에 시간 지연이 없다. 예언타당도와 동시(공인)타당도는 시험 결과와 실제 수행 수준의 관련성을 측정하므로 준거타당도(또는 기준타당도, criterion- related validity)라고 한다. 재활전문직 시험의 경우 재활서비스를 실제로 제공할 수 있는 능력, 태도, 발전 가능성 등에 관한 시험의 결과와 채용 이후의 근무 실적 간 상관관계가 강할수록 준거타당도 또는 예언타당도가 높다고 할 수 있다(Greer, 2021; https://terms.naver.com/entry.naver?docId=38420 2, 2024. 4. 5.).

나. 신뢰도

신뢰도(reliability)란 시험 또는 면접을 여러 번 반복할 때 그 결과의 동일한 정도를 의미한다. 신뢰도가 높다면 절차를 반복할 때 거의 같은 결과가 도출된다는 뜻이다. 시험을 치는 경우 첫 시험 점수가 다음 시험 점수와 일치해야 하는데 이러한 형태의 신뢰도를 검사-재검사 신뢰도(test-retest reliability)라고 한다. 마찬가지로 입사 지원자에 대한 면접을 반복할 경우 면접관의 평가가 잘 일치해야 한다. 다수의 면접관이 면접을 보면 더 나은 결과를 얻을 수 있는데, 면접관 간에 평가가 일치할 때 그 면접은 신뢰할 수 있으며 이는 면접관의 평가가 상호 연관되어 있다는 것을 의미한다. 이런 형태의 신뢰도를 평가자 간 신뢰도(interrater reliability)라고 한다(Greer, 2021). 시험의 신뢰도를 높이기 위해서는 객관도를 높이고 출제 문항 수를 많이 하며 적절한 답안작성 시간을 주어야 한다.

신뢰도는 시험 그 자체의 문제인 반면, 타당도는 시험과 기준 간 관계이다. 즉 신뢰도는 근무실적과 관련성이 없는데 반해 타당도는 항상 근무실적, 재해발생률, 이직률 등 여러 형태의 근무 기준과 관계된다. 또한 신뢰도가 높아야 타당도 문제를 검토할 수 있다는 점을 유의해야 한다. 신뢰도가 낮은 시험의 타당도가 높기는 불가능하다. 즉 신뢰도는 타당도의 전제조건이다(유민봉, 2021).

다. 객관도

객관도(objectivity)란 채점 상의 일관성, 즉 채점 기준의 객관화를 의미한다. 동일한 답안에 대하여 누가 채점을 하더라도 같은 결과가 나와야 함을 의미한다.

라. 난이도

난이도(difficulty)란 시험 문항의 쉽고 어려운 정도이다. 응답자 중 정답자의 비율로 표시한다. 시험의 목적 중의 하나는 응시자 간 능력의 차이를 알아보는 데 있다. 따라서 시험은 난이도가 적절하여야 하며 너무 쉬운 출제나 지나치게 어려운 출제는 바람직하지 못하다.

마. 실용도

실용도(availability)란 시험을 시행하기가 편리해야 한다는 것을 의미한다. 실용도가 높은 시험이 되기 위하여서는 비용이 적게 들고, 실시하기가 수월하며, 채점이 쉽고, 시간이 적게 걸리며, 이용 가치가 있어야 한다. 특히, 이 과정에서 응시자의 특성을 고려한 정당한 편의 제공이 필요하다. 재활전문직은 다른 직에 비해 상대적으로 장애인이나 다문화인이 많이 응시할 수 있으므로 이에 대해 적극 고려해야 한다.

③ 시험의 종류

시험의 종류는 시험의 형식이나 방법, 시험의 목적에 따라 여러 가지 유형으로 분류해 볼 수 있다.

가. 형식에 따른 분류

형식에 의한 분류는 필기시험, 면접시험, 실기시험, 서류심사, 전력조사 등으로 구분된다.

㉠ 필기시험

필기시험은 시험관리가 용이하고 시간과 경비가 적게 들며 객관도·타당도·신뢰도를 높일 수 있고(Adjoins, 1958), 행정PR(홍보)이 용이하다. 필기시험에는 주관식 시험과 객관식 시험이 있다.

주관식 시험은 응시자의 복잡한 정신 능력, 즉 독창력·문장력·전문적 분야의 능력·구상력·판단력·추리력 등의 측정에 유용하다. 이러한 능력이 요구되는 재활전문직이나 행정가에게 적합하다. 출제가 상대적으로 쉬운 대신에, 채점에 시간과 경비가 많이 들고 채점자의 능력·기술·성의가 요구되며 공정한 채점이 어렵다는 단점이 있다. 아울러 시험 외적인 요인, 즉 문장력·수법·글씨 등의 영향을 받기 쉽고 문항 수가 적어 응시자의 직무수행능력 전반을 고루 알아볼 수 없으며 예상 적중률이 높다는 단점도 있다.

이에 반해 객관식 시험은 채점이 수월하고 시간과 경비가 적게 들어간다. 채점의 객관성을 기할 수 있고 직무수행능력을 골고루 알아볼 수 있다. 특별한 채점 기술이 필요하지 않다. 하지만 출제가 어렵고 추리력·판단력 등과 같은 고도의 정신 능력을 측정할 수 없다는 단점이 있다.

㉡ 면접시험

면접시험은 필기시험으로 측정하기 어려운 인간의 자질이나 능력, 윤리 의식, 가치관, 태도 등을 알아보고자 하는 데 목적이 있다. 앞서 언급한 바와 같이 재활조직을 비롯한 대다수 조직에서 면접시험의 비중이 커지는 추세다. 그런데 면접시험은 면접관의 주관이나 편견, 정신 등의 영향을 받을 가능성이 높다.

Gatewood와 Field(1998, Greer, 2021에서 재인용)에 따르면 면접은 구조화되고 적절하게 진행될 때 상당한 타당도를 확보할 수 있는 것으로 나타났다. 한 대규모 연구 결과 평균적으로 면접의 타당도 계수는 .47인데 구조화된 면접을 한 경우 .62였다. 즉 면접관이 지원자에게 같은 질문을 하여 동일한 차원에서 비교할 수 있도록 함으로써 예측력을 높일 수 있다는 것이다. 면접의 타당도를 더 높이는 방법으로는 질문 범위를 직무의 핵심 요소(지식, 기술, 능력)로 제한하거나 사전 검토 정보의 양을 제한하는 것 등이 있다. 지원자에 관한 정보를 제한하면 다른 수단을 통해 얻은 정보에 의한 편향을 줄일 수 있다. 한편 면접관을 여러 명 투입하는 것도 타당도를 높이는 데 도움이 된다(Greer, 2021).

면접시험에는 개인면접과 집단면접이 있다. 개인면접에는 동시면접과 연속면접이 있다. 동시면접은 복수의 면접관이 동시에 한 사람의 지원자를 면접하는 것이며, 연속면접은 한 명의 면접관이 지원자를 한 사람씩 순차적으로 면접하는 방법이다.

ⓒ 실기시험

실기시험은 직무수행에 필요한 지식과 기술을 실험·실습·실기 등에 의해서 실제로 행하게 하여 검증하는 방법이다. 재활조직에서 실습생이나 인턴제를 활용하여 인력을 채용하는 방식이 이 종류에 속한다고 보아도 무방하다.

ⓔ 서류심사

서류심사는 전문 시험을 위한 보완적 수단으로서 제출한 서류에 의하여 적격성을 판단하는 것이다. 재활조직의 경우 사회복지사업법이나 장애인복지법, 이에 따른 보건복지부의 장애인복지사업안내에 의거 이력서, 주민등록등본, 경력증명서, 자격증 또는 면허증 사본을 제출하게 하는데 여기에 추가적으로 성적증명서 혹은 자기소개서, 자기발전계획서 등을 첨부하게 하여 활용하고 있다. 제출된 서류의 내용을 계량화하여 점수로 반영할 수도 있고, 지원자격요건 충족 여부 판단에만 사용할 수도 있다.

ⓜ전력조사

전력조사는 타 시험에서 알아낼 수 없는 사항을 알아보기 위한 것이며, 예컨대 제출된 서류의 진위, 전력 업적에 대한 지적인 수준을 알아보기 위한 조사 등이 있다.

나. 목적에 의한 분류

시험 목적에 따라 지능검사, 적성검사, 성격검사, 업적검사, 신체검사 등으로 분류할 수 있다. 지능검사는 인간의 일반적인 지능이나 정신적인 능력을 알아보기 위한 수단이며 새로운 상황에 대처하는 능력, 습득 능력, 사고력 등을 측정하려는 것이다. 적성검사는 개인의 소질과 잠재 능력을 측정하고자 하는 것이다. 성격검사는 지원자의 활동성·안정성·사교성·협동성 등과 같은 성격을 검사하는 것이다. 업적검사는 지원자가 그동안 쌓은 학력·기술·실적 등을 측정하는 것이다. 신체검사는 업무를 수행하는 과정에서 걸림돌이 될 수 있는 신체적 또는 정신적 결함의 유무를 발견하고자 하는 것이다. 그러나 최근 신체적, 정신적인 문제를 직원선발 과정에서 질문 또는 확인하거나 인사 과정에서 의사결정의 근거로 삼는 것은 자칫 차별행위에 해당할 수 있으므로 유의하여야 한다.

다. 시행 방법에 따른 분류

시험은 시행 방법에 따라 공개채용과 특별채용으로 구분할 수 있다. 재활조직은 보건복지부의 '사회복지시설 관리안내'에 따라 시설장이나 종사자를 신규 채용할 때는 공개모집을 원칙으로 해야 한다. 다만 시설 내 상위보직 이동, 법인 내 시설 간 이동, 법인 사무국과 시설 간 이동, 시설 통합 또는 위탁계약 변경에 따른 고용승계, 대체근로 계약기간 연장 등의 경우에는 공개모집 원칙을 완화하여 적용할 수 있다. 이 경우 해당자는 종전에 공개모집 절차에 따라 채용되어 고용이 유지되고 있고 법인의 임원 등과 특별한 관계가 없으며 해당 직위에 필요한 자격을 갖추고 있어야 함을 전제로 한다(보건복지부, 2024b).

(3) 근로계약

① 근로기준법과 취업규칙

가. 근로기준법의 의의

근로기준법은 근로자의 근로에 관한 최저한도를 규정한 법이다. 이 법은 헌법 제32조 제3항에서 근로조건의 기준은 인간의 존엄성을 보장하도록 법률로써 정한다는 규정에 따라 근로조건의 기준을 정함으로써 근로자의 기본적 생활을 보장·향상하며 균형 있는 국민 경제의 발전을 꾀하는 것을 목적으로 한다. 일반적인 개인 간 계약과는 달리 근로계약은 고용인(사업주 또는 사용자)과 피고용인(근로자) 간 대등하지 않은 관계에서 체결되기 때문에 노동 착취, 노동분쟁이 일어나기 십상이다. 그렇기에 최소한의 대우 조건을 정하여 인간의 존엄성을 보장하고 나아가 설령 근로자가 동의하였더라도 최소한의 조건에 미치지 못하면 그 계약을 무효화하고 최소한의 기준을 적용하도록 하고 있다.

근로기준법은 상시근로자[7] 수가 5인 미만인 사업 또는 사업장에는 일부 조항이 적용되지 않는다. 이는 근로자의 권익뿐만 아니라 상대적으로 열악한 소규모 영세 사업장의 권익 보호와 부담 경감을 위해서다. 적용되지 않는 조항의 예는 제14조(법령 주요 내용 등의 게시), 제24조(경영상 이유에 의한 해고의 제한), 제25조(우선 재고용 등), 제27조(해고사유 등의 서면통지), 제28조(부당해고 등의 구제신청), 제46조(휴업수당), 제56조(연장·야간 및 휴일 근로), 제60조(연차 유급휴가) 등이다[8].

나. 취업규칙 작성

취업규칙이란 사용자[9]가 임금을 비롯한 근로조건과 복무규율 등에 관해 근로자 전체에게 공통으로 적용할 준칙으로서 그 명칭과 형태는 다양하다. 조직의 규정이나 규칙을 흔히 내규(사규)라고 하는데, 이러한 내규에는 정관, 이사회 규정, 인사규정, 복무규정, 보수규정, 노사협의회 규정 등이 포함된다.

근로기준법 제93조(취업규칙의 작성·신고)에 따르면, 상시 10인 이상의 근로자를 사용하는 사용자는 취업규칙을 작성하여 고용노동부 장관에게 신고하여야 한다. 이때 취업규칙 작성의 장소적 범위는 사업장 단위로 봄이 타당하지만, 수 개의 사업장이 동질성을 가지고 있다면 각 사업장의 상시근로자 수가 10인 미만이라도

---

7 근로기준법 상의 상시근로자 수는 법적용 사유 발생일 전 1개월 동안 사용한 근로자의 연인원을 가동일수로 나누어 산정하며 파견, 도급, 용역근로자는 연인원 산정 시 제외된다. 참고로 장애인 고용촉진 및 직업재활법 상의 상시근로자 수는 매월 임금 지급 기초 일수(실제 근로한 날, 주휴일, 각종 법정·약정 유급휴가일 포함)가 16일 이상인 근로자를 말한다.

8 근로기준법 제11조(적용 범위) 제2항에 따라 상시 5인 미만의 근로자를 사용하는 사업 또는 사업장에 적용하는 법 조항은 같은 법 시행령 제7조(적용 범위)의 별표 1을 참조하기를 바란다.

9 사업주 또는 사업 경영 담당자, 그 밖에 근로자에 관한 사항에 대하여 사업주를 위하여 행위를 하는 자를 말한다.

그 합이 10인 이상이면 작성하여야 한다. 〈표 4-1〉의 같은 법 제93조 제1호에서 제12호의 사항은 반드시 명시하여야 하며 그 외에 임의로 기재하는 사항은 법령이나 단체협약을 위반하지 않아야 한다. 신고 서류는 ㉠취업규칙 사본, ㉡근로자의 의견 청취서 및 동의서[10], ㉢취업규칙 신고서이며, 위반 시 500만 원 이하의 과태료가 부과된다.

〈표 4-1〉 취업규칙 기재 사항(근로기준법 제93조)

1. 업무의 시작과 종료 시각, 휴게 시간, 휴일, 휴가 및 교대 근로에 관한 사항
2. 임금의 결정·계산·지급 방법, 임금의 산정기간·지급시기 및 승급에 관한 사항
3. 가족수당의 계산·지급에 관한 사항
4. 퇴직에 관한 사항
5. 근로자퇴직급여 보장법 제4조에 의한 퇴직급여, 상여 및 최저임금에 관한 사항
6. 근로자의 식비, 작업 용품 등의 부담에 관한 사항
7. 근로자를 위한 교육시설에 관한 사항
8. 출산전후휴가·육아휴직 등 근로자의 모성보호 및 일·가정 양립 지원에 관한 사항
9. 안전과 보건에 관한 사항
9의2. 근로자 성별·연령·신체적 조건 등 특성에 따른 사업장 환경 개선에 관한 사항
10. 업무상과 업무 외의 재해부조에 관한 사항
11. 직장 내 괴롭힘의 예방 및 발생 시 조치 등에 관한 사항
12. 표창과 제재에 관한 사항
13. 그 밖에 해당 사업 또는 사업장의 근로자 전체에 적용될 사항

노동시장에서 노동 관련 분쟁을 막으려면 노동자와 사용자 모두 관련 법 내용을 숙지하고 있어야 한다. 그뿐 아니라 장애인의 재활, 특히 직업재활을 돕는 재활전문직 역시 근로기준법을 비롯한 노동법을 잘 알고 있어야 한다. 일례로 취업 알선

10 근로기준법 제94조에 따라 사용자는 취업규칙의 작성 또는 변경 시 노동조합(노동조합이 없으면 근로자 과반수)의 의견을 들어야 한다. 다만 취업규칙을 근로자에게 불리하게 변경할 때는 동의를 받아야 한다.

후 근로계약을 체결할 때 시급이 결정되는데, 그 수준이 최저임금 이상인지, 취업규칙에서 정한 임금 또는 단체협약이나 임금 협약에서 정한 임금 수준 이상인지 등을 확인해 장애인이 불리한 처우나 차별적 처우를 받지 않도록 해야 한다. 취업규칙과 단체협약이 동시에 존재한다면 유리 조건 우선원칙을 적용해야 할 것이다. 또한 노동시장에서 장애인은 취약계층으로서, 비장애인보다 기간제 및 단시간 근로 취업이 많은 편이므로 기간제 및 단시간근로자 보호 등에 관한 법률은 반드시 숙지하고 있어야 한다.

② 근로계약 체결

가. 근로조건 명시

근로계약이란 근로자가 사용자에게 근로를 제공하고 이에 대한 반대급부로서 사용자가 임금을 지급하는 것에 관한 계약을 말한다. 도급, 위임, 파견 등과 구분되며, 사용자와 근로자 간 사용종속관계[11]에 따라 근로자성을 판단한다. 근로계약은 특별한 형식이 없고 구두로도 가능하나 다툼의 소지를 예방하기 위해 서면 계약이 바람직하며 기간제근로자와 단시간근로자의 계약은 서면으로 명시하여야 한다.

근로계약을 체결 또는 변경할 때는 일반적으로 근로기준법 제17조(근로조건의

---

11 [대법원의 '근로기준법 상 근로자에 해당하는지 여부의 판단기준'(대법원 2006. 12. 7. 선고, 2004다29736 판결)] 근로기준법상의 근로자 여부는 계약의 형식(고용계약 또는 도급계약)보다 실질적으로 근로자가 사업 또는 사업장에 임금을 목적으로 종속적인 관계에서 사용자에게 근로를 제공하였는지 여부에 따라 판단하여야 하고, 종속적인 관계 여부는 ①업무 내용을 사용자가 정하고, ②취업규칙 또는 복무(인사)규정 등의 적용을 받으며, ③업무 수행 과정에서 사용자가 상당한 지휘·감독을 하는지, ④사용자가 근무 시간과 장소를 지정하고 근로자가 이에 구속을 받는지(이상 종속노동성), ⑤노무제공자가 스스로 비품·원자재나 작업 도구 등을 소유하거나 제3자를 고용하여 업무 대행하게 하는 등 독립적으로 사업을 영위할 수 있는지, ⑥노무 제공을 통한 이윤의 창출과 손실의 초래 등 위험을 스스로 안고 있는지(이상 독립 사용자성), ⑦보수의 성격이 근로 자체의 대상적 성격인지, ⑧근로 제공 관계의 계속성과 사용자에 대한 전속성의 유무와 그 정도, ⑨기본급이나 고정급이 정하여졌는지 및 근로소득세 원천징수 등 보수에 관한 사항이 있는지, ⑩ 사회보장제도에 관한 법령(4대보험)에서 근로자로서 지위를 인정받는지 등의 경제적, 사회적 여러 조건을 종합하여 판단하여야 한다. 다만 ⑨와 ⑩의 사정은 사용자가 경제적으로 우월한 지위를 이용하여 임의로 정할 여지가 크기 때문에 이러한 점이 인정되지 않는다고 근로자성을 쉽게 부정하여서는 안 된다.

명시)에 따라 사용자는 ㉠임금, ㉡소정근로시간[12], ㉢유급휴일, ㉣연차 유급휴가, ㉤취업 장소와 업무, ㉥근로기준법 제93조(취업규칙의 작성·신고) 제1호~제12호에서 정한 사항, ㉦기숙사 규칙을 명시하여야 하며 임금의 구성항목·계산방법·지급방법 및 ㉡~㉣ 사항이 명시된 서면(전자문서 포함)을 근로자에게 교부하여야 한다. 기간제근로자와 단시간근로자의 경우에는 기간제 및 단시간근로자 보호 등에 관한 법률 제17조(근로조건의 서면명시)에 의거하여 ㉠근로계약기간, ㉡근로시간·휴게, ㉢임금의 구성항목·계산방법·지불방법, ㉣휴일·휴가, ㉤취업 장소와 업무, ㉥근로일 및 근로일별 근로 시간(단시간근로자에 한함)의 사항을 모두 서면으로 명시하고 교부하여야 한다. 파견근로자는 파견근로자 보호 등에 관한 법률 제20조(계약의 내용 등)의 규정에서 정한 사항을 포함하여 근로계약을 체결하고 같은 법 제26조(취업조건의 고지)에 따라 서면으로 알려주어야 한다. 이상의 근로조건이 근로기준법, 취업규칙, 단체협약[13]에서 정한 기준에 미달하면 그 부분은 무효이고, 근로기준법 등에서 정한 기준에 따라야 한다.

나. 근로 시간과 휴식

근로 시간이란 근로자가 사용자의 지휘·감독 하에서 근로를 제공하는 시간을 의미한다. 즉 근로 시간인지 아닌지는 사용자의 지휘·감독이 있었는지가 중요한 판단기준이 된다. 따라서 근로 시간이란 출근 이후 업무를 시작할 때부터 업무를 마친 후 퇴근할 때까지의 시간 중 휴식 시간을 제외한 시간을 말하며, 사용자의 지휘·감독이 없음에도 업무와 관련 없는 이유로 일찍 출근하거나 늦게 퇴근하면 그 시간을 근로 시간으로 보기 어렵다.

임금 지급 등을 위하여 근로 시간을 산정할 때는 법정근로시간, 소정근로시간,

---

12 법에서 정한 근로 시간(1일 8시간, 주 40시간)의 범위에서 근로자와 사용자 사이에 정한 근로 시간

13 노동조합과 사용자가 단체교섭을 통하여 근로조건을 비롯한 근로자의 경제적 사회적 지위에 관하여 합의한 문서이다. 통상 근로기준법과 취업규칙보다 높은 수준으로 체결되며 근로기준법이나 취업규칙보다 우선 적용된다. 다만, 단체협약의 내용이 오히려 불리하다면 근로기준법이나 취업규칙을 적용한다.

통상임금 산정 기준시간, 연장근로시간, 야간근로시간, 휴일근로시간, 휴일연장근로시간 등의 개념이 적용되는데, 〈표 4-2〉와 같이 요약할 수 있다.

〈표 4-2〉 근로 시간별 개념

구분	개념
법정근로시간	법률에 따라 일정 단위 기간(1일 또는 1주)에 일할 수 있는 상한 시간 ㉠통상근로자 : 1일 8시간, 1주 40시간 ㉡연소근로자 : 1일 7시간, 1주 35시간 ㉢유해위험작업 근로자 : 1일 6시간, 1주 34시간 연장근로 가산수당을 지급하는 기준시간으로 사용
소정근로시간	법정근로시간 범위에서 근로자와 사용자 간 약정한 시간
통상임금 산정 기준시간	소정근로시간에 유급 처리되는 시간(예, 주휴수당 시간)을 더한 시간 법원은 소정근로시간과 통상임금 산정 기준시간을 구분함
연장근로시간	법정근로시간을 초과하여 근로한 시간 단시간근로자의 경우 소정근로시간을 초과한 시간
야간근로시간	저녁 10시부터 다음 날 아침 6시 사이에 근로한 시간
휴일근로시간	법정휴일, 약정휴일에 근무한 시간

자료 : 한국장애인고용공단(2024), 기초노동법, 교육자료. 재구성.

법정근로시간 외에 이루어지는 근로인 연장·야간·휴일근로를 시간외근로(시간외근무)라고 한다. 시간외근로 시간에 대해서는 그 시간만큼의 통상임금과 통상임금의 50%에 해당하는 가산임금(시간외수당)을 지급하여야 한다. 만약 둘 이상의 시간외근로가 겹치면 각각 중복으로 적용한다. 예컨대, 오전 9시에 출근하여 오후 6시에 퇴근하는 직원이 자정까지 6시간을 초과 근무하였다면 연장근로가 6시간, 야간근로가 2시간이므로 앞의 4시간은 50%, 뒤의 2시간은 100%의 가산임금을 지급하여야 한다. 약정휴일에 앞의 예처럼 근무하였다면, 휴일근로, 연장근로, 야간근로가 모두 발생한 상황이다. 따라서 처음 8시간은 통상임금의 50%, 다음 4시간은 통상임금의 100%, 마지막 2시간은 통상임금의 150%를 추가 지급하여야 한다.

연장근로는 1주 12시간 이내에서 당사자 간 합의로 이루어지며, 연소자(18세 미만)는 1일 1시간, 1주 5시간, 산후 1년 미만이면 1일 2시간, 1주 6시간, 1년 150시간까지 당사자 간 합의로 가능하다. 임신 중이면 연장근로는 절대 금지된다. 야간·휴일근로에 있어서는 성인 남성은 제한이 없으나 성인 여성은 근로자의 동의가 필요하며, 연소자, 임산부는 원칙적으로 금지되지만, 근로자의 동의(임신 중이면 명시적 청구)가 있고 고용노동부의 인가가 있으면 가능하다.

사업주는 근로 시간 4시간에 30분 이상, 근로 시간 8시간에 1시간 이상의 휴식시간을 주어야 한다. 이를 휴게시간이라고 하는데 근로자가 자유롭게 이용할 수 있다. 즉, 근로자의 자유로운 이용 보장 여부가 휴게시간인지 아닌지를 가르는 기준이다. 이 시간은 사용자의 지휘·감독을 받지 않으므로 근로 시간으로 인정되지 않으며, 따라서 임금을 지급할 의무가 없다. 휴게시간의 목적은 피로 해소이므로 이와 관련 없는 활동은 제한할 수 있다. 휴게시간은 근로 시간 중에 부여되어야 하며 출근 전이나 퇴근 이후에 줄 수 없고, 근로 시간 중간에 휴게시간을 나눌 수 줄 수 있지만 그 시간이 너무 짧아서는 안 된다.

감시적 근로자와 단속적 근로자(감단근로자)는 요건에 해당하면 고용노동부의 승인을 얻어 근로기준법상의 법정근로시간, 연장근로 제한, 휴게시간 등 근로 시간에 관한 규정의 적용을 받지 않을 수 있다. 이는 임금 삭감이 아니라 법규 위반의 위험을 방지하자는 취지에서 이루어져야 한다. 감시적 근로란 비교적 신체적·정신적 피로가 적은 감시적 업무로서, 아파트 경비나 물품 감시 등을 포함한다. 단속적 근로란 간헐적·단속적으로 일하여 중간에 휴게 또는 대기시간이 긴 업무로서, 보일러 기사나 전기기사가 여기에 속한다.

다. 휴일과 휴가

휴일이란 근로 제공 의무가 없는 날로 소정근로시간에서 제외되는 날이다. 휴일에는 법정휴일과 약정휴일이 있다. 법정휴일이란 법률에 정해진 휴일로서, 주휴일, 근로자의 날(노동절), 공휴일이 포함된다. 약정휴일이란 계약 당사자 간에 합의한 휴일로서 취업규칙 또는 단체협약에 명시되며, 창립기념일 등이 여기에 속한다.

휴가는 근로 제공 의무가 있지만 근로자의 청구로 의무가 면제된 날이다. 휴가도 법정휴가와 약정휴가가 있다. 법정휴가에는 연차유급휴가, 출산전후휴가 등 모성보호 관련 휴가 등이 포함된다. 약정휴가는 경조사휴가, 포상휴가 등이 있다.

2. 교육훈련

(1) 의의

조직구성원의 역량 개발 방법을 논할 때 가장 먼저 언급되는 것이 교육훈련이다. 교육훈련은 장기적으로 조직의 생산성을 높이기 위한 투자이다. 교육훈련은 인적자원관리에서 상당히 큰 비중을 차지하는 영역이다. 그 범위가 넓고 중요하기 때문에 어느 정도 규모가 있는 조직에는 교육훈련을 전담하는 인력이나 부서가 있다. 교육훈련은 전문 영역이지만 관리자는 효과적인 조직 관리를 위해 교육훈련 방법에 대해 숙지하고 있어야 한다(Greer, 2021).

원래 교육과 훈련이란 용어는 구분하여 사용되었다. 교육은 일반적인 교양, 지식, 기능, 태도의 습득 또는 인격의 도야 등을 의미하고, 훈련은 일반적인 것이 아닌 특정한 직무를 수행하는 데 요구되는 전문적 기술이나 수행 방법 등을 개발하고 발전시키는 과정을 의미한다. 따라서 교육보다는 훈련이라는 용어를 사용하는 것이 타당하겠으나, 최근 재활전문직에 대한 훈련 범위가 확대되고 있으며 내용상 교육과 밀접한 관계를 맺고 있어서 구태여 교육과 훈련을 구분할 필요가 없다고 생각한다. 더욱이 내용에 따라 교육과 훈련을 구별하였으나 어느 것이 일반적인 지식이고 어느 것이 직무에 관련된 지식인지 엄밀히 구별하기 어려우며, 구별에 따른 실익도 없다. 그러므로 두 개념이 통합된 의미로서 교육훈련이라는 용어를 사용하면 될 것이다.

교육훈련은 재활조직과 재활전문직의 목표를 달성하는 데 강력한 메커니즘이

되는데 교육훈련의 기회는 다음과 같은 이점을 제공한다.

첫째, 최근의 신기술 사용과 적용을 할 수 있다.

둘째, 과업이 성공적으로 성취될 수 있도록 한다.

셋째, 직원의 사기를 진작시킨다.

넷째, 가장 효율적인 방법을 채택해서 사용할 수 있다.

교육훈련의 중요한 내용은 ㉠신규채용자를 위한 환경적응 훈련, ㉡재훈련, ㉢보충적 기술의 습득을 위한 교육, ㉣신기술의 습득을 위한 교육, ㉤관리자를 위한 훈련 등이다. 재활조직의 교육훈련 내용은 먼저 조직의 가치에 초점을 두어야 한다. 즉 모든 교육훈련은 미션, 비전, 가치, 장애인의 재활 성과, 조직의 특수성을 강화하는 데 맞추어져야 한다.

(2) 유형

교육훈련의 종류는 신입직원훈련, 일반직원훈련, 슈퍼바이저훈련, 최고관리자훈련 등으로 구분할 수 있다.

① 신입직원훈련

규모가 큰 조직에서는 일반적으로 신입 직원을 위한 오리엔테이션 프로그램을 운영한다. 신입 직원은 오리엔테이션을 통해 조직의 업무와 문화를 이해하는 기회를 얻게 된다. 오리엔테이션은 조직의 첫인상을 좌우하므로 프로그램 내용과 진행방식에 주의를 기울여야 한다. 하나의 방법으로 경력 직원을 신입 직원과 일대일로 맺어줄 수 있다. 프로그램 내용은 복리후생이나 복무규정과 같은 세부적이고 기술적인 사항보다는 조직의 목표와 가치 등에 관한 내용을 전달하는 데 더 중점을 두는 것이 바람직하다.

신입 직원을 위한 조직사회화 프로그램을 시행할 수 있다. 조직에 새로 영입되는 신입 직원은 조직의 가치 체계(미션, 비전, 핵심가치, 전략 목표 등)를 이해하고 조직의 문화와 행태에 적응해 나가는 과정을 거치게 되는데 이를 조직사회화

(socialization)라고 한다. 초기에 조직사회화가 잘 이루어지면 이른 시일 안의 조직에 적응하여 조직의 목표와 가치 달성에 노력하게 되고 조직이 바라는 성과를 낼 수 있다. 반대의 경우에 신입 직원은 부정적인 행태와 낮은 생산성을 보일 수 있다. 조직사회화의 주요 내용은 조직의 역사, 조직 고유의 언어, 조직 내 위계질서, 조직 구성원 간 대인 관계, 조직의 목표와 가치, 이와 관련된 업무 수행 절차와 방법 등이다(Chao et al., 1994, 차종석, 2011, 왕태규, 2019에서 재인용). 입사 초기에 이직이 빈번히 발생하기 때문에 매우 중요하게 고려되어야 한다.

순환보직훈련(job rotation)도 고려되는데 일정 기간마다 다른 직무로 순환 배치하는 방법이다. 이를 통해 신입 직원은 조직에 대해 더 폭넓게 이해할 수 있으며 각 하위 조직이 어떻게 결합하여 있고 상호 연관되는지 파악할 수 있는 이점을 얻게 된다. 직무 순환 방법이 효과적으로 적용되기 위한 한 가지 방법은 신입 직원을 짝이나 팀을 이루어 직무를 옮길 때 함께 이동하게 하는 것이다. 이를 통해 우정을 쌓고 장기적인 지원 체계를 구축할 수 있으며 초기의 이직률을 감소시키는 효과도 얻을 수 있다(Greer, 2021).

재활전문직에 새로 임용된 직원에 대해서도 직무에 배치하기 이전에 충분한 교육훈련 기회를 제공해야 한다. 신규 입사자는 새로운 근무 환경에서 조직의 전략과 조직을 둘러싼 환경, 수행하게 될 직무의 내용 등을 이해하지 못하므로 신입직원훈련을 받지 않으면 직무수행에 지장을 받는다. 결과적으로 재활서비스의 품질에 영향을 미친다.

② 일반직원훈련

일반직원훈련이란 신입 직원, 슈퍼바이저, 최고 관리자를 제외한 현재 재직하고 있는 재활행정가와 재활전문직에 대한 훈련을 말한다. 이는 주로 새로운 지식 및 관련분야의 기술 습득과 사회·환경변화에 대응하는 능력을 향상시킴으로써 직무수행능력을 증진시키려는 것이다. 이는 재활조직 내부에서 이루어질 수도 있고 학회나 연수기관에 위탁하여 실행될 수도 있다.

일반직원에 대한 교육훈련으로 코칭(coaching)에 관해 관심이 크다. 코칭은 직원이 스스로 직무를 수행할 수 있도록 역량을 길러주거나 당면한 문제 해결에 도움이 되는 상사의 일련의 지원 행동이다. 상사는 직원의 부적절한 행동을 개선하고 잘하고 있는 행동을 강화하기 위해 피드백, 교육, 조언 등을 한다. 이를 통해 직원의 직무 만족과 일에 대한 동기가 높아지고 성과가 향상된다(Aldag & Kuzuhara, 2002, Arnold et al., 2000, Kim et al., 2013, Tanskanen et al., 2019, 홍성현, 김민수, 2020에서 재인용; Schein, 1978, Greer, 2021에서 재인용).

상사의 코칭이 문제 해결이라는 목적 지향적일 경우 그 효과는 더 커진다. 코칭을 받는 부하 직원은 문제를 해결하는 데 실질적으로 도움을 받기 때문에 상사의 코칭을 효과적인 지원 행동으로 인식하며, 해당 문제로 인해 자칫 소진될 수 있는 상황을 피하고 스트레스가 줄어들어 상사에 대한 신뢰도 함께 커진다(Hobfoll, 1989, Lawrence & Whyte, 2014, Nezu & D'Zurilla, 1989, Sonnentag et al., 2012, Williams et al., 2010, Xanthopoulou et al., 2009, 홍성현, 김민수, 2020에서 재인용).

③ 슈퍼바이저훈련

슈퍼바이저란 1인 이상의 전문가를 통솔하고 그들을 지휘·감독할 책임과 권한이 있는 자를 말한다. 슈퍼바이저훈련은 인사관리, 의사전달, 인간관계, 리더십, 프로그램 기획과 평가 등을 내용으로 삼고 있으며, 훈련의 방법으로는 직장 내 훈련, 토론, 세미나, 강의, 사례연구, 회의, 시청각교육 등인데, 가장 많이 활용되는 방법은 회의와 세미나 형식이다.

④ 최고관리자훈련

최고관리자(top management)는 재활조직의 최고위에 있는 관리자나 이에 승진할 직원을 대상으로 재활행정 지식과 재활 분야의 식견을 넓힘으로써 합리적인 정책결정능력 및 지휘능력을 향상시키는 훈련으로 다음과 같은 원칙을 고려해야 한다.

첫째, 피 훈련자의 자기 발전을 위한 노력에 기초를 두어야 한다.

둘째, 피 훈련자의 개인차를 존중하고 구체적인 경우에 적합한 훈련 방법을 채택해야 한다.

셋째, 장기적으로 지속해야 한다.

넷째, 충분한 성과를 거두도록 조직 내외의 여건을 조성해야 한다.

다섯째, 관심을 가지고 지원하고 필요한 훈련시설과 과정을 마련해야 한다.

훈련내용은 재활·복지정책 뿐만 아니라 정치·경제·사회제도 등과 철학·역사·문화에 대한 폭넓은 교양 문제가 포함되어야 한다. 관리자에 대한 훈련관은 유능한 교수 또는 전문가여야 하며, 훈련 방법으로는 사례연구·회의식·토의식·감수성훈련 등이 있다.

멘토링(mentoring) 또한 관리자와 전문가를 양성하는 데 유용한 방법이다. 최고 위직으로 승진하는 데 필요한 역량 중 상당수는 멘토를 통해 습득할 수 있다. 멘토는 역할 모델, 솔직한 피드백과 교육, 통찰력 등을 제공할 뿐만 아니라 넓은 시야와 책임감을 갖도록 도울 수 있는 후원자이다. 멘토는 보통 중간 관리자가 하기 마련인데, 흥미롭게도 이들은 중년의 위기를 포함한 개인의 복잡한 사정과 미래 경력개발에 대한 불안감 등으로 멘토링 역할을 맡기 쉽지 않다. 오히려 더 이상 승진하지 못하는 관리자나 임금피크제 등으로 보직을 내려놓은 사람이 더 효과적으로 멘토링을 할 수 있는데 멘토링이 조직 내에서 존경받을 수 있는 또 다른 원천으로 작동하기 때문이다(Greer, 2021).

(3) 방법

교육훈련의 방법으로는 현직훈련, 순환보직훈련, 전문가 보수교육(강의), 사례연구, 토론회, 회의, 소집단훈련, 감수성훈련, 사이버교육 등이 있다.

① 현직훈련

현직훈련(on-the-job training : OJT)은 조직 내에서 진행되는 교육으로서, 짜여진 계획에 따라 실제 업무를 부여하고 그 업무를 수행하는 데 필요한 지식, 기술, 태도 등을 함양하도록 돕는다. 이와 달리 조직 외부의 연수원이나 교육전문기관에 위탁하여 실시하는 교육을 Off-JT(off-the-job training)라고 한다. OJT는 상사 또는 선임 직원이 직접 교육하기 때문에 다수의 신입 직원을 동시에 교육하기 어렵고 교육 내용의 일관성, 전문성을 담보하기 어렵다는 지적이 있다. 그럼에도 실무를 하면서 배우기 때문에 전이(transfer)를 촉진할 뿐만 아니라 상사-선임-신입 간 이해가 높아지며 Off-JT에 비해 비용이 절감되는 장점이 있다(DeSimone & Harris, 1998, 박경규, 임효창, 2000에서 재인용).

② 순환보직훈련

순환보직훈련(position or job rotation)이란 보직을 바꾸어 가면서 직무를 처리하도록 하는 방법인데, 이는 행정적인 시야를 넓히고 행정 전반에 걸친 지식을 습득함으로써 일반 행정가로서의 능력을 기르게 하는 방법이다. 그러나 재활전문직의 경우 전문적인 분야이기 때문에 이러한 방식은 적합하지 않다.

③ 전문가 보수교육(강의)

강의(lecture)는 교육생을 한곳에 모아 놓고 교육담당관이 일방적으로 정보를 전달하는 방법으로서, 조직적이고 체계적인 교육을 시킬 수 있으며, 내용을 신축성 있게 조정할 수 있고, 일시에 많은 사람을 대상으로 시행할 수 있는 장점이 있으나, 일방적인 주입식 교육은 교육생의 흥미를 잃게 하기 쉬우며, 실무와 거리가 먼 이론에 치우치기 쉽다는 단점이 있다.

④ 사례연구

사례연구(case study)는 감독자나 관리자의 인간관계에 관한 훈련에 활용되는 방법으로서, 실제로 있었던 구체적인 사례를 가지고 토의하는 방법이다. 이러한 방식은 분석적인 사고능력과 문제 해결 능력을 계발시키고, 자유로운 토의가 가능하며, 독단을 피할 수 있고, 경험을 활용할 수 있는 장점이 있으나, 다수를 대상으로 하는 훈련에 부적합하고, 문제에 대한 단편적인 파악에 그치기 쉽고, 자료준비에 큰 노력이 필요하며, 시간이 많이 소요된다는 단점이 있다. 그러나 실제 재활조직에서 많이 활용되는 교육훈련 방법이다.

⑤ **토론회**

토론회(panel, symposium, dialogue)란 몇 사람의 연사에게 주제를 발표하게 하고 훈련대상자도 이에 참여시켜 토론하도록 하는 방법으로서, 패널(panel)·심포지엄(symposium)·대담(dialogue) 등이 있다. 패널이나 심포지엄은 다수를 대상으로 하는 방법이나 연사를 복수로 하는 것이 강의와 다르고 훈련대상자의 토론 참여가 제한된다는 점에서 회의와 다르며, 패널은 서로 다른 배경을 가진 여러 연사가 같은 주제에 관하여 공동 토론 하는 것을 훈련대상자가 듣도록 하지만 심포지엄은 여러 연사가 서로 다른 주제를 발표한다는 점에서 패널과 심포지엄은 서로 다르다(Smith, 1970). 대담은 한 사람의 훈련대상자가 질의하고 전문가가 응답하는 것을 다른 훈련대상자들이 듣게 하는 방법이다.

⑥ **회의**

회의(conferences)는 훈련대상자 전원이 참가하여 토의하는 방식으로 진행되는데, 사회자가 주제를 제시하고 토론을 진행하며 토론의 결과를 요약하고 회의를 종결하는 역할을 한다. 회의의 종류에는 세미나(seminar), 분임토의(group discussion), 브레인스토밍(brain storming), 대향토의(dyad discussion) 등이 있다. 세미나는 전문지식을 가진 사람이 연구한 것을 기초로 하여 토론하지만, 공식적인 회의 지도는 최소한으로 하며, 분임토의는 훈련대상자를 몇 개의 조로 나누어 어떤 주제를 깊이 토론하는 방법이고, 브레인스토밍은 막연한 주제에 관해서 이론과 형식에 관계없이 의견을 주고받는 방법이며, 대향토의는 회의참가자를 둘씩 짝을 짓게 하고 서로 토론하는 방법이다.

⑦ **소집단훈련**

소집단훈련(small group training)이란 훈련대상자를 몇 개의 소집단으로 편성하여 각 집단에 연구과제(project)를 주어 연구시키는 방법으로서, 훈련대상자 간에 접촉이 긴밀해지고, 관리자의 관리 기술과 태도를 기르는 데 효과적이나, 훈련기간이 너무 짧고 훈련관의 확보가 어려운 단점이 있다.

⑧ **감수성훈련**

감수성훈련(sensitivity training)은 훈련 참가자들이 자신들의 감정과 그 감정이 상대방에 미치는 영향, 그리고 집단 상호작용 과정의 역학을 보다 잘 이해하게 만들어 최종적으로 인간관계를 향상하고자 하는 것이다.

⑨ **사이버교육**

2000년대 급성장한 스마트 산업을 바탕으로 사이버교육(cyber education)은 양적, 질적인 발전을 거듭하고 있다. 특히 코로나19 팬데믹(pandemic)은 비대면(untact) 방식의 일상화를 촉진함으로써 사이버 교육의 확산을 가속하였다(정제영, 2020, 강선경, 최윤, 2022에서 재인용). 이 교육의 장점은 정보 접근이 쉬워 시간적, 공간적 제약에서 비교적 자유롭고, 교육 자료를 반복 사용하고 갱신이 수월하여 비용이 절감된다는 것이다(강여진, 정재화, 2010; 송승훈, 김의정, 2017). 반면, 강사, 교육생 간 원활한 소통에 제약이 따르고, 학습에 필요한 온라인 디지털 기기를 갖추어야 하며, 스스로 학습이 어렵거나 기초 학력이 부족한 경우 학습 격차가 발생할 수 있다는 점은 단점으로 지적되고 있다(정제영, 2020, 한국교원단체총연합회, 2020, 한국교육학술정보원, 2020, 강선경, 최윤, 2022에서 재인용).

이 외에도 독서(selective or planned reading)·통신교육(correspondence course)·관찰(observation visit)·계획학습(programmed instruction)·모의학습(simulation)·역할연기(role playing) 등의 방법이 있다.

3. 승진과 인사이동

(1) 승진제도

① 개념

승진(promotion)이란 직무의 책임도와 곤란도가 낮은 하위직급에서 책임도와 곤란도가 높은 상위직급으로의 수직적 이동, 또는 하위계급에서 상위계급으로의 수직적 이동을 의미한다. 승진은 동일한 직급 내에서 거의 자동으로 호봉만 올라가는 승급(salary increment within the grade)과 다르며, 수직적인 관계에는 아무런 변함이 없이 수평적인 이동을 의미하는 전직(transfer)이나 전보(reassignment)와도 구별된다. 전직은 직렬의 변동이며 전보는 보직의 변경이다. 승진됨으로써 보수가 증가하고 조직 내의 지위가 올라가며 위신의 향유를 누리게 된다.

승진은 재활전문직 개인에 있어서나 인사 제도적인 면에서나 중요한 의의를 지니고 있다. 개인의 입장에서 보면 성공감을 갖게 되고 기대감의 충족으로 사기가 높아진다. 또 능력 발전의 수단이 됨과 동시에 직업 위세를 얻는다는 점에서 의미가 있다.

② 기준

승진의 기준은 주관적인 기준과 객관적인 기준으로 나눌 수 있다. 주관적인 기준으로 근무성적평정, 인사위원회 결정, 인사권자의 판단, 면접시험 등이 있으며, 객관적인 기준으로 경력평정, 필기시험 등이 있다. 우리나라 재활조직에서는 조직마다 조금의 차이는 있지만 경력, 교육훈련성적, 근무성적, 시험 등을 기준으로 하고 있다.

(2) 인사이동(배치전환)

인사이동이란 동일 직급 내에서의 인사이동을 말하며 전직과 전보 및 파견근무를 포함한다. 전직(transfer)이란 직렬을 달리하는 임명을 의미하며, 전보(reassignment)란 같은 직급, 같은 직렬 내에서 지위만 변동되는 것을 의미한다. 즉, 전직이란 등급은 변하지 않고 직렬을 달리하는 직급의 직위로 수평적인 이동을 하는 것을 말하며, 전보란 보직이 바뀌는 수평적 이동을 말한다. 전직은 인사행정의 합리화 수단으로 이용하는 것이지만 재활조직의 경우 전문직이 대다수이기 때문에 재활행정가를 제외하고는 전직이 거의 없으며 부득이 전직을 할 경우에는 재교육을 하도록 하고 있다. 파견근무는 임시적 배치전환으로서, 소속의 변동이 없이 원래의 소속 부서로부터 보수를 받으면서 임시로 다른 조직이나 부서에 배치되어 그곳의 일을 처리하는 것이다. 이는 긴급한 인력 수요에 대응하기 위한 것이다.

인사이동을 하는 이유는 여러 가지가 있을 수 있는데 ㉠보직에 대한 부적응의 해결, ㉡업무량과 전문기술의 변동에 따른 배치 조정, ㉢업무의 관료화 방지, ㉣교육훈련의 수단, ㉤승진 기회 제공, ㉥동기 부여, ㉦인간관계의 개선, ㉧비공식 집단의 활성화(패거리 문화) 차단 등이다.

인사이동이 위와 같이 조직의 인력 수요 대응이나 개인의 능력개발 등을 위한 발전적 방향으로 활용되지 못하고 자칫 강력한 통제를 목적으로 사용되면 ㉠징계의 수단, ㉡개인적 특혜의 수단, ㉢인사권 남용, ㉣전문능력의 저하, ㉤업무의 계속성 저해 등의 문제를 초래할 수도 있다.

따라서 인사이동은 업무상 필요성이 있어야 하고 구성원이 입게 될 불이익이 과도하지 않아야 하며 인사 원칙이 투명하고 공정하게 적용되어야 그 정당성을 확보할 수 있다고 하겠다.

4. 근무성적평정

(1) 목적과 의의

근무성적평정이란 조직구성원의 근무 실적, 직무능력, 근무 수행 태도, 발전 가능성 등에 대하여 정기적이고 체계적으로 평가하는 것을 말한다. 근무성적평정을 실시하는 목적은 ㉠상벌과 인적자원관리의 기준 마련, ㉡채용시험의 타당도 측정, ㉢구성원의 역량 개발을 지원하기 위한 기준 마련, ㉣훈련 수요의 파악, ㉤인사이동 시 적재적소의 원칙 이행, ㉥능률 향상, ㉦슈퍼바이저와 직원 간 이해증진 등이 될 수 있다.

근무성적평정의 각 요소를 객관적으로 측정, 파악하여 교육훈련, 인사이동 등에 활용함은 물론 평정 결과와 보수를 연계하여 합리적이고 적절한 보상을 제공할 수 있게 되므로 조직 운영 전반의 능률을 높일 수 있다.

(2) 기준

근무성적평정은 전술한 바와 같이 근무 실적, 능력, 태도 등을 객관적으로 측정 분석, 평가함으로써 이루어진다. 그러나 개개인의 성격, 취미, 감정이 이질적이고 상이한 이유에서 평정자가 합리적이고 객관적인 평가를 하기가 쉽지 않다. 즉, 제도상으로 아무리 정밀하고 완전한 평가 방법과 절차가 마련되어 있더라도 인간을 평정하면서 완전을 기할 수는 없는 것이다. 그럼에도 가능한 한 인간 평정의 완전을 기하기 위해서 몇 가지 기준을 설정하고 이에 근거하여 근무성적평정을 수행하도록 하고 있다. 근무성적평정을 위한 기준으로는 객관성, 신뢰성, 타당성 등을 들 수 있다.

(3) 방법

평정제도가 발달한 나라에서는 매우 다양한 방식의 평정법이 개발되어 활용되고 있다. 우리나라도 이와 같은 평정법을 도입하여 각 조직에 맞게 선택하고 있다. 정부에서는 고위직 등 성과계약 중심의 평가에서는 목표관리법을, 하위직 공무원의 근무 성적을 평가할 때는 도표척도법을 적용하면서, 여기에 다면평가, 서사법, 강제배분법 등을 보완적으로 사용한다(유민봉, 2021). 재활조직에서는 대체로 하위직 공무원의 근무성적평정 방식처럼 운영하게 된다. 최근에는 도표척도법 대신 행위평정척도법을 더 선호하는 경향이 있다.

Greer(2021)는 근무성적 평정방법으로 목표관리법, 도표척도법, 행위평정척도법, 행위관찰척도법, 다면평가, 서사법 등을 제시하였다.

① 목표관리법

목표관리법(management by objectives : MBO)은 서구에서 널리 사용되는 방법의 하나다. 목표(objectives)는 그 자체가 도달해야 할 결과(outcomes) 또는 이정표가 될 수 있어서 조직 전략과의 연계가 쉽다. 목표관리법은 일반적으로 조직구성원이 다음 회기에 달성해야 할 목표를 수립하는 것에서 출발한다. 목표의 달성 여부를 판단할 수 있는 측정 기준을 제시하고 이를 달성하기 위한 실행 계획을 개략적으로 짠다. 관리자 또한 직원이 해야 할 목표를 설정하고 직원과 만나 상호 합의점을 도출한다. 한 회기가 끝나면 목표 달성도와 목표 달성에 영향을 준 요인 등에 대해 평가 분석한다.

이 방법은 목표 수준을 어느 정도로 할 것인가에 대한 충분한 고려가 없을 때 문제가 되고, 인사 업무와 같은 일부 직무에 있어서는 구체적인 목표 설정이 어렵다는 단점이 있다. 또한 기관장을 비롯한 고위직이 목표관리법에 의한 평정(평가)에서 제외되는 상황에서는 피평정자가 평정 그 자체에 대해 냉소적이거나 평정 결과에 대해 불만을 가질 소지가 더 크다.

② 도표척도법

도표척도법(graphic rating scales)은 평정의 요소를 정하여 놓고 그 요소에 대하여 숫자화 또는 문자화하는 평정방법을 말한다. 이 방법의 장점으로는 첫째, 한 번에 많은 직원을 대상으로 할 수 있고, 둘째, 분석적 방법이기 때문에 평정에 있어서 객관성을 확보할 수 있으며, 셋째, 평정 양식 개발이 쉬워 비용이 절감되고, 넷째, 평정 결과를 숫자로 전환할 수 있으므로 개인의 시계열 비교에 따른 임금 결정이나 개인 간 비교를 통한 승진, 해고 등의 인사관리에 유용하다는 점을 들 수 있다.

단점으로는 첫째, 평정 요소의 선택이 곤란하고, 둘째, 평정의 연쇄효과가 나타난다는 것이다. 연쇄효과란 어느 한 평정 요소의 성적이 우수하거나 열등하면 제2, 제3의 요소에 대한 평가도 제1의 요소에 대한 평가의 영향을 받아 같은 평가를 할 경향이 짙다는 것이다. 그러므로 평정 결과를 표준화하는 절차가 필요하다.

직원의 생산성을 평정하는 예를 살펴보자. 항목별로 7점 척도를 사용한다고 가정할 때 1점은 '생산성이 매우 낮음', 7점은 '생산성이 매우 높음'으로 설정할 수도 있고, 1점을 '생산성이 제일 낮은 사람', 7점을 '생산성이 제일 높은 사람'으로 설정할 수도 있다. 전자는 절대 평가, 후자는 상대 평가다. Cardy와 Dobbins(1994, Greer, 2021에서 재인용)의 연구에 따르면, 상대적인 척도가 절대적인 척도보다 우수한 것으로 나타났다.

③ 행위평정척도법과 행위관찰척도법

최근 근무성적평정에서 가장 많이 사용되는 방법은 행위평정척도법(behaviorally anchored rating scales : BARS)이다. 개인의 내적 속성보다는 겉으로 드러난 행동을 기준으로 조직구성원의 근무 성적을 평정하는 방법으로서, 바람직한 행동과 바람직하지 못한 행동을 명확하게 정의하고 그와 대비한 구성원의 수행도를 측정한다. '업무협조성'을 평가한다고 가정해 보자. 이때 바람직한 행동을 '조직 전체의 목표를 달성하기 위해 관련 부서의 업무를 적극적으로 지원하며 자신의 업무 외에도 적극적으로 협력함'이라고 정의하고, 바람직하지 못한 행동을 '자신과 직접적으로 관련된 업무 외에는 전혀 관심을 주지 않고 조직 전체의 목표 달성에 방관적 자세를 취함'이라고 정의한 후, 실제 나타난 행동이 어느 등급에 해당하지는 평정하는 것이다.

행동을 평정 기준으로 삼기 때문에 평정자의 주관성을 최소화할 수 있다. 또한 행동에 초점을 맞추기 때문에 구성원의 방어적인 태도를 줄일 수 있고 피드백 효과도 얻을 수 있다. 아울러 행동 등급별로 수치화하여 보상과 연계할 수 있다는 장점이 있다. 반면 평정 요소마다 구체적인 행동 기준을 모두 담을 수 없으므로 기준 이외의 다른 행동을 평정에 반영하기 어렵다는 단점이 있다.

이러한 단점을 보완하기 위해 고안된 방법이 행위관찰척도법(behavioral observation scales : BOS)이다. 이 방법은 중요한 사건, 사례에서 관찰이 가능한 행동을 평가한다는 측면에서 행위평정척도법과 비슷하지만, 행위평정척도법이 대표적인 하나의 행동을 측정하는 반면, 행위관찰척도법은 여러 개의 관찰 가능한 행동을 추출하고 그 행동의 빈도를 측정한다. 행위평정척도법에 비해 실시가 쉽고 제공하는 정보가 더 많지만, 평가 기간 내내 행동 빈도를 기억해야 하는 단점이 있다.

④ 다면평가

다면평가(360-degree feedback)는 360도 평가라고도 한다. 상사가 부하 직원을 평정하는 하향식 평정의 문제점 중 하나는 근무 성적 또는 성과가 한 방향의 관점에서만 평정된다는 것이다. 어떤 관리자를 평정하는 상급자(평정자)로서는 그 관리자의 업무능력과 업적을 탁월하다고 판단할지라도 부하 직원은 다르게 볼 수 있다. 예컨대 관리자가 부하 직원을 이끌면서 동기를 부여하고 미래를 위해 역량 개발을 돕는 것이 아니라 단기 성과에 연연해 부하 직원을 몰아붙이거나 소모품으로 취급한다고 인식할 수 있다. 피평가자와 같은 수준의 직위에 있는 관리자의 수평적 관점에서는 또 다른 결과가 나올 수 있다.

이와 같은 하향식 평정의 단점을 보완하기 위해 대기업과 공공기관 등 많은 조직에서 다면평가를 시행하고 있다. 다면평가는 상사, 동료, 부하 직원은 물론이고 주요 고객까지 참여할 수 있다. 또한 익명이 원칙이므로 훨씬 더 솔직한 평정이 가능하다. 하지만 좋은 점수를 얻기 위해 사전 모의를 하거나 사적인 감정으로 악의적인 평가를 할 여지가 많고, 모든 평가자가 평가에 필요한 교육을 받았다고 보기 어려워 평가 편향이 발생할 소지가 크다.

⑤ 서사법

근무성적평정의 또 다른 방법은 직원의 근무 성적을 이야기 형식으로 서술하는 서사법(narratives)이다. 이 방법은 수행 결과만 평정하는 것이 아니라 수행 과정을 서술하기 때문에 그 결과를 얻기까지 어떤 어려움을 겪었고 어떻게 극복하고 성장했는지를 파악할 수 있어서 직원의 역량을 포괄적으로 평정할 수 있다. 아울러 직원의 장단점과 보완이 필요한 부분에 대한 피드백을 줄 수 있다. 반면 평정자에게 글쓰기 기술과 사려 깊은 관찰, 많은 시간 할애 등이 요구되며 정성 평가의 특성상 보상에 활용하기 어렵거나 객관성이 떨어지는 단점이 있다.

⑥ 강제배분법

강제배분법(forced distribution method)이란 수많은 사람을 대상으로 평정할 때 그 성적을 사람의 수에 맞추어 강제로 배분하는 방법이다. 이것은 집중화 경향이나 관대화 경향을 방지하기 위하여 취해지는 방법이다. 만일 등급의 수가 A, B, C, D, E의 5등급으로 되어 있고, 피평정자의 수가 100이면 10, 20, 40, 20, 10의 비율로 배분하는 것이 보통이다. 이 방법은 피평정자의 수가 많을 때는 좋으나, 피평정자의 수가 작을 때는 사실상 탁월한 인물이 없음에도 강제배분의 원칙으로 인해 최상의 등급으로 평정할 수밖에 없는 모순이 생긴다. 재활조직에서 이와 같은 강제배분법이 많이 활용되고 있다.

⑦ 대인비교법

대인비교법(man to man comparison)은 우선 피평정자 중 가장 우수한 자와 가장 열등한 자를 뽑아 최상등급과 최하등급으로 배치하고, 그 중간에 해당하는 사람을 또 뽑아 중간 등급에 배치한다. 그리고 최상등급과 중간 등급, 중간 등급과 최하등급의 중간에 배치할 사람을 각각 한 사람씩 뽑아 다섯 등급의 기본척도를 만든 다음 나머지 피평정자를 평정할 때는 이미 제시된 기본척도에 배치된 사람과 비교하여 등급을 평정하는 방법이다.

⑧ 프로브스트식 평정법과 강제선택법

프로브스트식 평정법(the probst service rating system)은 1927년에 미네소타주의 세인트폴(St. Paul)시 인사위원회의 프로브스트(J. B. Probst)가 고안하였다고 하여 프로브스트식 평정법이라고 하며, 피평정자의 일상 직무수행 상태를 보고 체크하는 방법이라고 하여 일명 체크리스트(checklist)법이라고도 한다. 이 방법은 평정 점수를 산출하는 작업을 하지 않고, 객관적으로 태도와 성격을 관찰할 수 있는 약 100가지의 목록(list)을 채택한 다음에, 3명의 평정자가 그 중에 몇 가지 항목에 확신을 가지고 기호를 붙여 평정하는 것이다. 예컨대 100개의 목록에 대하여 a, b, c 등의 11개 등급 중 어느 하나를 준 다음 100개 목록의 평균이 D 이상은 승진 또는 승급이 되며, F 이하는 강등 또는 감봉이 된다. 이 방법의 장점으로는 평정 요소가 명확하게 제시되고 연쇄효과를 최소화할 수 있다는 것이고, 단점으로는 평정 기준이 없고 계량화와 종합이 어려우며 평정 항목이 너무 많아 업무가 가중된다는 것이다.

강제선택법(forced-choice rating method)은 단문으로 되어 있는 4~5개의 체크리스트를 만들어 피평정자 스스로 자기에게 가장 적합한 표현과 가장 부적합한 표현을 선택하도록 하는 것이다. 이 부분이 평정자가 해당 항목을 선택하는 체크리스트법과 다른 점이다.

5. 보수

(1) 의의

보수란 직원이 근무한 데 대한 금전적 보상을 의미한다. 보수는 우리가 근로계약이나 일상에서 흔히 사용하는 임금과 거의 같은 개념이다. 근로기준법 제2조(정의) 제1항 제5호의 규정에 따르면, '임금이란 사용자[14]가 근로의 대가로 근로자[15]에게 임금, 봉급, 그 밖에 어떠한 명칭이든지 지급하는 모든 금품을 말한다'고 정의하고 있다. 즉 어떠한 형태든 금전적 가치가 있는 일체를 포괄한다. 일반적으로 임금은 기본급과 각종 수당, 성과급, 복리후생 등으로 구성되는데 재활조직의 보수도 이와 유사하다. 그럼에도 다음과 같은 몇 가지 차이가 있다.

㉠ 재활전문직의 보수는 보수규정의 엄격한 적용을 받기 때문에 민간기업의 보수에 비해 융통성이 없고 경직성을 지니고 있다.

㉡ 재활전문직의 보수 수준은 경제적인 가치에 기준을 두기보다는 사회적·윤리적인 가치 기준에 의하는 경향이 강하고 따라서 민간기업의 보수보다 적은 경향이 있다.

㉢ 재활전문직의 근무 관계는 특별권력관계이며, 따라서 일반 민간기업의 보수 결정 방법, 보수체계, 보수관리 기술 등에 있어서 다르다.

보수는 구성원의 동기 부여에 있어 가장 기본적이고 중요한 요소인데 보수액의 높고 낮음은 물론 보수 결정 과정의 투명성과 공정성이 큰 영향을 준다(왕태규, 2019). 이른바 MZ세대로 통칭하는 80년대 초부터 2000년대 초에 출생한 세대는

---

14 사업주 또는 사업 경영 담당자, 그 밖에 근로자에 관한 사항에 대하여 사업주를 위하여 행위하는 자(근로기준법 제2조 제1항 제2호)

15 직업의 종류와 관계없이 임금을 목적으로 사업이나 사업장에 근로를 제공하는 사람(같은 법 제2조 제1항 제1호)

공정이라는 가치에 매우 민감하다. 치열한 경쟁과 극심한 토너먼트를 통과한 이들에게 불투명하고 불공정한 평가 보상 관행은 이해 불가다. 최근 국내 유수의 여러 대기업에서 발생하고 있는 성과급 논란은 이를 극명하게 보여준 사례다. 이 세대가 이미 조직 대부분에서 구성원의 절반을 차지하고 있고 일부 대기업은 75%에 육박하는 만큼 공정 보상에 대한 요구는 더 거세질 것이다. 인구 감소와 맞물려 조직이 우수한 인력을 잃지 않으려면 투명하고 공정하게 시스템을 개편, 운영해야 한다(한국일보, 2024. 4. 9.).

재활조직의 보수는 앞에서 언급한 바와 같이 법과 규정에 정해진 대로 운영되므로 제도 개편이 쉽지 않지만, 직렬과 직위 간 보수 수준 등에서 불만이 발생할 소지가 크므로 재활전문직을 유지하려면 투명하고 공정한 보수체계 관리에 소홀해서는 안 된다.

(2) 보수 수준

보수 수준이란 조직구성원 전체의 평균 보수 개념을 의미하며(유민봉, 2021), 보수 수준을 결정하는 요인은 경제적 요인, 사회적·윤리적 요인, 부가적 요인과 정책적 요인 등이다(Stahl, 1971).

① 경제적 요인

재활전문직의 보수 수준은 정부의 지불 능력이나 재활조직의 능력에 의하여 결정된다. 지불 능력이란 정부가 재활전문직에게 보수로 얼마를 지급할 수 있는가를 의미한다. 지불 능력은 곧 국민의 담세능력에 달려 있으며 담세능력은 국민소득 수준, 즉 국민 경제 수준과 관계된다는 점에서 재활전문직의 보수 수준은 국민 경제적 수준에 의해서 결정된다고 할 수 있다.

재활전문직의 보수는 민간기업의 보수 수준과 비교하여 어느 정도 균형이 맞아야 하며 물가 변동에 따른 화폐의 경제적 가치를 고려하여야 한다. 이처럼 국민 경제적 수준, 민간기업의 보수, 물가 등의 경제적 요인에 의해서 보수가 결정된다고 할 수 있다.

② 사회적·윤리적 요인

정부는 공공복리를 증진하여 복지사회를 이룩하도록 할 사회적인 책임을 지니고 있으며 이러한 점에서 정부는 고용주로서의 모범을 보여야 할 사회적·윤리적 책임을 지니고 있다. 따라서 정부는 재활 요원에게 생계비를 지급하여야 한다.

사회적·윤리적 책임을 다하기 위해서 생계비가 지급되어야 한다고 할 때, 생계비의 수준에 대한 문제가 있다. 일반적으로 생계비를 결정함에 있어서는 생활 수준(standard of living)과 인원수를 고려한다. 생활 수준의 측면에서 일정한 생활 수준을 유지할 수 있도록 보수를 지급하여야 하는데, 생활 수준은 빈곤 수준(poverty level), 최저생활수준(minimum subsistence level), 건강과 품위 유지 수준(health and decency level), 안락 수준(comfort level), 문화 수준(cultural level) 등으로 구분할 수 있는데, 건강과 품위를 유지할 수 있는 정도의 보수는 지급되어야 한다는 것이 일반적이다.

아울러 생계비 결정에 1인을 기준으로 할 것인가 가족 전체를 기준으로 할 것인가 하는 문제가 있는데, 일반적으로 1인을 기준으로 생계비를 결정하고 부양가족수에 따라 수당을 지급하는 것이 원칙이나 최근에는 가족 전체를 보고 결정하는 추세이다.

③ 부가적 요인과 정책적 요인

보수를 결정함에 있어서는, 근무조건·연금제도·퇴직수당·신분보장 등 직원이 받을 수 있는 편익과 특혜, 손실 등의 부가적인 요인이 고려된다. 또한 유능한 직원을 유치하기 위한 수단으로서나 근무 의욕과 행정 능률을 향상하기 위한 수단으로서 정책적으로 보수를 결정할 수 있다. 예컨대 인력의 부족으로 모집이 곤란한 직위나 승진 기회가 없는 직위, 이직률이 높은 직위 등에 정책적으로 할 수 있다. 특히 재활전문직은 이러한 관점에서 보수를 결정함이 바람직하다.

(3) 보수체계

보수 수준이 조직의 평균 보수를 의미한다면 보수체계는 개별 구성원의 보수 총액을 정하여 개인 간 격차를 두는 것을 말한다(유민봉, 2021). 보수체계(pay system)를 설계할 때 주로 고려하는 요소는 보수 구성과 구조 등이다(Gerhart, Milkovich, & Murray, 1992, 유규창, 2014에서 재인용). 보수 구성은 고정급(기본급, 각종 수당, 고정 상여금 등)과 변동급(각종 성과급), 복리후생의 비중이 어떻게 구성되는지를 말한다. 보수 구조는 서로 다른 직무를 수행하는 구성원의 기본급 수준을 결정하는 원칙으로서, 보수 등급의 수, 등급 간 임금 차이, 기본급 결정 기준, 인상 기준 등으로 이루어진다.

우리나라는 고도 경제성장 시기에 조직 대부분이 연공급(호봉제)을 채택하였다. 연공급은 통상적으로 직무, 직렬별로 보수표(임금 테이블)를 정하고, 소비자물가지수 또는 단체협상을 통해 일괄 인상한 후 근속연수에 따른 호봉 상승분을 지급하는 방식이다. 반면 개인의 역량과 성과를 평가한 결과에 따라 사전에 정해진 평가등급별 인상률을 적용하는 방식을 연봉제 또는 업적급(merit increase)이라고 한다. 경제성장이 정체되고 경쟁이 가속화되면서 조직의 경쟁력과 생산성 향상을 위해 도입되기 시작했다. 최근에는 동일 노동 동일 임금의 원칙에 가장 부합하고 노사관계 안정화에 도움이 되며 업적주의 문화 정착에 중요한 역할을 하는 것으로 알려진 직무급 도입이 논의되고 있다. 그러나 노사 등 이해관계자들의 견해차가 커 합의점을 도출하지 못하고 있다.

① 연공급

연공급은 호봉제라고도 한다. 우리나라 보수체계의 가장 기본적인 방식이다. 연공급은 조직의 직제에 따른 등급(계급)별 기본급을 미리 결정하는데 이를 보수표라 한다. 한 등급 내에서는 자격, 경력, 근속연수 등에 따라 보수에 차이를 둔다. 이를 호봉이라고 한다. 채용하고 첫 보수를 결정할 때 자격이나 경력 등을 고려하여 호봉이 결정되고 이후 근속연수가 쌓이면서 그에 따라 호봉이 높아진다. 즉 해가 가면 자동으로 보수가 증가하는 구조여서 조직 생산성 향상 등 경쟁력 제고를 위한 보상 전략으로는 적절하지 않은 것으로 여겨진다.

각 계급의 최저액(최저 호봉)과 최고액(최고 호봉)의 차이를 보수 폭이라고 한다. 같은 등급 내의 보수에 폭을 두는 것은, 비록 같은 계급일지라도 개개인의 경력, 자격 등은 다르므로 이를 반영하기 위해서다. 보수의 폭은 상위직으로 올라갈수록 커지는 것이 일반적이다. 하위직은 직무의 내용이 일상적이고 반복적이지만 관리직을 비롯한 상위직은 상대적으로 업무에 대한 책무성과 조직의 생산성에 미치는 영향이 더 크기 때문이다. 상위 호봉으로의 이동을 승급이라고 하여 등급(계급)의 수직적 이동인 승진과 구분한다(유민봉, 2021).

② 연봉제

연봉제란 개인의 역량 수준과 성과평가 결과를 기준으로 연간 임금 수준을 결정하는 방식이다. 성과가 나쁘면 전년도 연봉 총액보다 감액될 수 있다. 이러한 연봉제는 경제 환경의 급격한 변화와 무한 경쟁 속에서 조직이 살아남기 위해 개인의 역량이 조직의 성과에 최대한 직접적으로 연계될 필요와, 소위 '철밥통'으로 대변되는 무사안일주의, 복지부동, 적당주의와 같은 문화를 타파할 목적으로 도입되기 시작했다. 특히 압축 고성장 시대에 효과적이었던 연공급제(호봉제)는 저성장 시대에 접어들면서 고비용 저효율 방식으로 인식되었고 그 대안으로서 고위직 간부를 중심으로 임금 지급 체계가 연봉제로 전환되기 시작했다.

연봉제를 도입하면 조직 운영상 여러 이점이 있다. 첫째, 기존의 연공서열형 보수체계와 달리 탄력적인 보수 결정이 가능하므로 조직 전략 수행에 필요한 우수 인력을 더 쉽게 확보할 수 있다. 둘째, 보수체계가 단순해지므로 보수 관리가 쉬워지고 업무 효율성이 높아진다. 셋째, 연령, 근속기간, 학력 등 속인적 요소가 아니라 역량, 성과에 따라 보수 수준이 결정되기 때문에 합리적이다. 넷째, 매년 주기적으로 실시하는 평정에 근거하여 체계적인 경력개발이 가능하다. 다섯째, 평가와 연봉 결정 과정, 경력개발계획 수립 시 조직 상하 간, 동료 간 의사소통이 필연적으로 증가하므로 조직 내 의사소통이 원활해질 수 있다. 마지막으로 능력 중시 문화가 조성되어 조직 전체의 생산성이 향상될 수 있다.

이와 같은 여러 장점에도 불구하고 제대로 운영되지 않을 때는 상당한 문제가 발생할 수 있다. 가장 먼저 근무성적평정에 주관이 개입할 소지가 크고 공정하지 않다고 인식되면 연봉 협상 지연, 반발, 사기 저하, 생산성 감소 등의 문제를 초래할 수 있다. 경쟁이 과열되면 우리나라 특유의 온정적 인간관계에 기초한 협력적 문화가 사라지고 불필요한 갈등이 유발될 수 있다. 특히 조직 구성원이 단기적 성과에 지나치게 매몰되면 장기적 발전 방향을 등한시하거나 지속가능경영을 저해하는 편법이 만연할 우려가 있다(나승우, 김정순, 2004).

③ 직무급

현재 연봉제는 정부와 공공기관의 고위직을 대상으로 시행 중이다. 연봉제는 도입 과정에서 노동조합 등 근로자 대표와 합의를 이루지 못하면서 고위직에 우선하여 적용되기 시작했다. 이후 점진적으로 하위직까지 연봉제를 도입하려는 시도가 여러 차례 있었으나 보수 감소의 위험, 집단적 조직문화와 정서 등으로 인해 하위직까지 확산하지는 못하고 있다. 또한 현재 연봉제를 적용받는 고위직의 인식도 마냥 좋은 것은 아니다. 박종관(2018)의 공공기관 직원을 대상으로 한 설문조사 결과에 따르면, 연봉제에 대한 구성원의 일반적인 인식은 조직 차원에서는 긍정적이나 개인 차원에서는 부정적인 것으로 나타났다. 다시 말해 연봉제는 조직 전체의 경영관리에는 효과가 있으나 구성원의 직무 만족이나 연봉 결정의 공정성 및 참여 수준은 기대에 미치지 못한다는 것이다.

최근에는 지나치게 높은 연공성(근속연수에 따라 보수가 증가하는 정도), 연봉제 확대에 대한 반감과 저항 등으로 직무의 가치를 기준으로 보수를 결정하는 직무급의 도입이 논의되고 있다. 직무급은 기본급 보수체계의 한 유형이다. 기본급은 속인적인 특성과 직무적인 특성을 기준으로 정할 수 있다. 개개인의 나이, 학력, 성별, 근속연수 등을 기준으로 하는 연공급, 개인의 숙련도에 따른 숙련급(pay for skill), 개인의 역량에 의한 역량급이 속인적 특성을 기준으로 결정하는 기본급의 대표적인 예이다. 이와 대조적으로 직무를 수행하는 사람의 특성과 관계없이 직무의 상대적인 가치에 따라 기본급을 달리하는 방식이 있는데 이를 직무급이라 한다. '동일 노동 동일 임금'이라는 원칙에 가장 부합하는 보수체계라고 할 수 있다(유규창, 2014).

그럼에도 이 방법이 우리나라의 현실에 가장 적합한 보수체계임을 의미하지는 않는다. 연공급을 채택하면 인건비 부담을 증가시키고 성과주의 문화확산을 저해할 수 있지만 특수한 인적자본의 축적을 촉진하고 대리인 문제를 효율적으로 해결할 수 있어서 오히려 조직성과에 긍정적인 영향을 줄 수 있다. 보수체계와 조직성과에 관한 실증 연구는 많지 않지만, 최근의 연구에 따르면 기술 변화가 극심한 분야를 제외하면 연공성이 높을수록 조직의 성과가 커지는 것으로 나타났다. 한편 연봉제와 직무급도 근속연수가 직간접적으로 일정 부분 반영되므로 연공성 효과가 어느 정도는 나타난다(박희준, 2024). 현재로선 이와 같은 상반된 의견이 존재하고 논의에 참여하는 노사를 비롯한 이해관계자의 견해차가 커 뚜렷한 진전을 이루지 못하는 상황이다.

(4) 보수지급의 4대 원칙

근로기준법 제43조에 따르면 보수는 통화(현금)로 직접 근로자에게 그 전액을 지급하여야 하며 매월 1회 이상 일정한 날을 정하여 지급하도록 하고 있다. 이를 보수지급의 4대 원칙이라고 한다.

㉠ 통화 지급의 원칙 : 현금 대신 식권, 쿠폰, 현물 등으로 보수를 지급하는 것을 금하고 있다. 이는 근로자의 보수를 보호하기 위함이다. 비록 근로자 개인이

동의하더라도 근로기준법은 강행 규정이므로 반드시 현금으로 지급해야 한다. 다만 법령 또는 단체협약에 특별한 규정이 있는 경우에는 예외로 한다.

㉡ 직접지급의 원칙 : 근로자 본인에게 직접 지급해야 한다. 친권자, 후견인, 대리인에게 지급할 수 없다. 근로자의 생활을 보호하기 위함이다. 다만 사망 시 상속인에게 지급할 수 있고, 선원법, 민사집행법, 국세징수법 등에 의한 예외가 있다.

㉢ 전액 지급의 원칙 : 근로자의 생활 보호와 강제 근로 예방을 위함이다. 임금은 전액 지급을 원칙으로 하지만 계산 착오로 인한 상계 처리, 근로자의 자유의사에 따른 상계 처리 등은 가능하다. 법원의 임금 압류 명령 시에 압류할 수 있는 금액은 세후 임금의 크기에 따라 정해진 비율 이내에서만 할 수 있다.

㉣ 정기 지급의 원칙 : 이 역시 근로자의 생활을 보호하기 위해서다. 보수 지급일이 매월 1회 이상 정해져 있으며 기한 도과 시 임금체불이 된다. 다만 임시로 지급하는 임금, 정근수당, 근속수당, 상여금, 그밖에 부정기적으로 지급하는 모든 수당은 예외이다.

(5) 보수의 구분

보수는 사용 목적에 따라 최저임금, 통상임금, 평균임금 등으로 구분할 수 있으며, 그에 따라 산입되는 임금·수당의 범위가 다르다.

① 최저임금

최저임금은 최저임금법에 따라 근로자에 대하여 임금의 최저 수준을 보장하여 근로자의 생활 안정과 노동력의 질적 향상을 꾀함으로써 국민 경제의 건전한 발전에 이바지함을 목적으로 한다. 매년 최저임금위원회에서 다음 연도의 최저임금을 심의·의결하고 고용노동부 장관이 8월 5일까지 고시한다. 2024년 현재 최저임금 시간급은 9,860원이며, 법정 최저임금 월 환산액(시급×209시간)은 2,060,740원이다.

최저임금에 미달하는 임금을 정한 근로계약은 그 부분만 무효이며, 무효로 된 부분은 최저임금액과 같은 금액을 지급하기로 한 것으로 본다. 또한 최저임금을 이유로 종전의 임금 수준을 낮추면 안 된다. 최저임금법을 위반하면 3년 이하의 징역이나 2,000만 원 이하의 벌금에 처한다. 특정 사업 또는 사업장이 이 법을 위반하였는지를 판단하려면, 매월 1회 이상 지급되는 임금에서 최저임금에 산입되지 않는 임금을 제한 금액을 최저임금 고시액과 비교하면 된다. 최저임금 미산입 임금은 1개월을 초과하여 지급하는 각종 수당, 현금 이외에 현물로 지급하는 임금, 소정근로 외의 임금(예, 시간외수당, 분기별 성과금, 연차수당 등)이다.

동거하는 친족만을 사용하는 사업과 가사사용인, 최저임금 적용 제외 인가를 받은 장애인, 선원법의 적용을 받는 선원과 선원을 사용하는 선박소유자, 수습 근로자의 경우는 최저임금액과 다른 금액으로 정할 수 있다.

② 통상임금

통상임금은 근로기준법에서 규정한 임금으로서, 근로자에게 정기적이고 일률적으로 소정근로 또는 총 근로에 대하여 지급하기로 한 금액을 말한다. 즉 근로계약에서 정한 근로를 제공하면 확정적으로 지급하는 임금이다. 통상임금 여부는 ㉠정기성 : 월·분기·반기 등 일정한 간격으로 계속 지급되는지, ㉡일률성 : 모든 근로자에게 지급되거나 일정 조건에 달한 모든 근로자에 지급되는지, ㉢고정성 : 이미 지급 여부가 확정되어 언제 퇴사하여도 지급되는지로 판단한다. 수당의 명칭이나 성격이 유사하더라도 이 기준에 부합하지 않으면 통상임금으로 보지 않는다. 예컨대, 부양가족 수에 따라 달라지는 가족수당은 통상임금이 아니지만, 부양가족 수와 관계없이 모든 근로자에게 지급되는 가족수당은 통상임금으로 본다.

가산임금(시간외수당), 해고예고수당, 연차휴가수당, 출산전후휴가수당 등 법정수당을 산정하기 위한 기준으로서 사전적으로 정해진 금액이라 할 수 있다.

③ **평균임금**

평균임금은 근로기준법에서 규정한 임금으로서 그 취지는 근로자의 통상 생활 임금을 보장하는 것이다. 평균임금을 산정하여야 할 사유가 발생한 날 이전 3개월 동안 지급된 임금의 총액을 그 기간의 총일수로 나눈 금액이다. 즉 1일 평균임금이다. 임금 총액에는 기본급과 각종 법정 수당 및 상여금, 업적급, 직책 수당, 기타 근로의 대가로서의 금품이 포함된다. 임금이지만 일시적 또는 임시적 사유로 지급되는 경영성과급, 임금으로 볼 수 없는 부조금, 실비변상적 출장비, 근무복 등은 제외된다.

평균임금을 산정하기 위한 기간은 사유 발생일 이전 3개월인데, 범죄로 구속된 기간이나 사용자의 승인을 얻지 못한 병가 기간, 정당한 징계 기간은 포함하며, 수습, 출산전후휴가 등 모성보호 휴가, 민방위훈련, 휴업기간, 업무상 질병 요양 기간, 정당한 쟁의행위 기간 등은 제외된다.

이렇게 산정한 평균임금이 통상임금보다 작으면 그 통상임금을 평균임금으로 한다. 퇴직금, 휴업수당, 각종 재해보상금 등에 사용하며, 사후적 금액이라 할 수 있다.

6. 사기

(1) 개념

사기(morale)란 조직의 구성원이 조직의 공동목표를 달성하기 위하여 자발적으로 노력하는 정신상태, 즉 조직구성원이 자기 직무에 충실하고 나아가 자기가 속해 있는 조직에 충성하고자 하는 집단적 근무 의욕을 말한다. 사기는 직무나 직무환경에 대한 개인이나 집단의 심리적 상태(state of minds)로서 생산성과 능률성을 높이기 위한 중요한 수단이다. 직무환경에 따라서 결정되는 사기는 외적인 통제나 강제가 아니라 자발적으로 생긴다는 의미에서 민주적인 의미를 지니고 있다.

사기는 개인적-집단적-사회적 성격을 지니고 있다. 사기는 개인의 자발적인 근무 의욕이라는 점에서 개인성을 지닌다. 즉, 외적인 통제나 타율에 의해서가 아니라 인간의 자율적이고 주체적인 근무 의욕이며 개인이 자기가 속한 조직의 목표 달성을 위하여 부여된 역할을 열과 성으로 수행하려는 심적 상태이다. 개인의 자발적이고 적극적인 근무 의욕은 개인의 육체적·정신적 안녕, 직무에 대한 애착심 등과 관련된다. 또한 이러한 의욕은 일시적 감정이 아니라 어떠한 역경도 극복해 나가는 계속된 심리상태라는 점에서 지속성을 지니고 있다.

사기는 또한 조직의 공동목표를 달성하려는 집단적 근무 의욕이라는 점에서 집단적-조직적 성격을 지니고 있다. 즉, 사기는 개인적 근무 의욕에 그치는 것이 아니라 집단 전체의 목표를 달성하려는 근무 의욕으로서의 집단적 성격을 지니고 있으며 협동, 단결 및 단체정신을 내포하고 있다.

사기는 자기의 직무가 사회에 공헌하고 봉사한다는 자부심과 긍지를 갖고 사회로부터 인정을 받는다는 인정감을 전제로 하였다는 점에서 사회적 성격을 지니고 있다. 즉, 사회적 가치와 결부되어 도덕적 만족감을 느끼게 되고 이를 기반으로 하여 결정된다는 점에서 사회적 성격을 지니고 있다. 개인의 사기와 집단의 사기가 아무리 왕성하여도 그것이 반사회적인 것이라면 진정한 사기일 수는 없고 자신의 직무에 대한 사회적인 공헌으로 긍지를 갖게 될 때, 즉 사회적 효용(social utility)과 결부될 때 참다운 사기라 할 수 있다.

(2) 결정요인

사기의 수준은 전체적인 근무 상황이나 사회적 장소(social field), 즉 직무분석 및 조직에 대한 사회적 평가, 조직 내의 근무조건, 인간관계, 개인의 목표 등 복합적이고 전체적인 요인에 의하여 결정된다. 그럼에도 일차적으로 사기는 인간의 기본적인 욕구와 관련된다. 다시 말해 인간의 기본적 욕구 충족에 따라 결정된다고 볼 수 있다. 이와 같은 인간의 욕구와 관련된 이론은 McGregor(1960), Schein(1965), Argyris(1982), Freud, 동양의 유-불-선 사상 등의 인간관에서 찾아볼 수 있다. Maslow(1954)는 인간의 기본적 욕구는 생리적 욕구(physiological needs) → 안전 욕구(safety needs) → 사회적 욕구(social needs) → 존경 욕구(esteem needs) → 자아실현적 욕구(self-actualization needs)의 5단계로서 계층적 구조를 이루고 있다고 하였다. 따라서 재활전문직의 사기는 각 계층의 욕구가 충족되는 수준 여하에 따라서 결정된다고 할 수 있다.

일반적으로 사기를 결정하는 요인은 생리적·물질적 욕구와 사회심리적 욕구로 구분할 수 있는데, 생리적·물질적 욕구는 인간의 욕구 중에서 가장 기본적이고 필수적인 욕구로서 의식주와 건강의 욕구가 그것이다. 즉, 물질적 보수와 육체적·정신적 건강이 이에 속한다. 결국 급여·상여금 기타의 형태로 지급되는 물질적 보수는 사기를 결정하는 1차적 요인이다.

선진국의 경우 인간의 제1차적 욕구인 물질적 욕구는 충족되기 때문에 보수가 사기의 결정에 제1차적인 요인이라고 할 수 없으나 발전도상 국가에서는 보수가 사기를 결정하는 주된 요인으로 생각된다. 또한 육체적·정신적 건강은 사기를 결정하는 데 중요한 역할을 한다고 볼 수 있다. 건강이 좋지 않으면 근무 의욕을 저하시키기 때문이다. 그런데 이러한 생리적·물질적 욕구가 충족되면 더 고차적인 사회심리적 욕구를 충족시키려는 경향이 나타나게 된다. 사회심리적 욕구에는 귀속감(sense of belongingness), 안전감(sense of security), 성공감(sense of success), 인정감(sense of recognition), 참여 의식(feeling of participation) 등이 있다.

인간은 조직구성원으로서 존재하기를 바란다. 즉, 집단에 속하기를 바라며 다른 구성원과의 친밀감·유대감을 갖기를 바라고, 나아가 구성원과의 접촉을 통해서 신념·가치관 등에 있어서 유사성을 지니기를 바란다. 집단구성원 상호 간에 공동체 의식을 갖게 되기를 바란다. 이처럼 인간은 집단에 소속되기를 바라고 같은 가치를 지니기를 바라며, 일체감을 느끼게 되기를 바라는바, 이 같은 귀속감·일체감은 사기를 결정하는 중요한 요인이 된다. 안정감이란 신분보장, 경제적 안정, 장래의 보장 등에 의하여 긴장이나 불안이 해소된 상태의 감정을 말한다. 성공감이란 자기의 목표가 달성되고 발전되는 것을 느끼는 것을 말한다. 인정감이란 타인이나 상관이 자기의 존재를 인식하고 능력을 높게 평가해 주는 것을 느끼는 것을 말한다. 참여의식이란 집단 또는 조직의 목표 달성을 위해 함께 노력하는 것을 의식하게 되는 것을 말한다. 이상의 사회심리적 욕구는 사기를 결정하는 중요한 요인으로서 작용한다. 인간은 생리적·물질적 욕구와 더불어 사회심리적 욕구가 충족되기를 바라며 이 같은 사회심리적 욕구까지 충족될 때 사기는 더욱 높아질 수 있다.

(3) 사기진작 방법

사기를 북돋우기 위해서는 전술한 바와 같은 물질적 욕구와 사회심리적 욕구를 충족시켜야 한다. 인간은 욕구가 충족될 때 사기가 높아지기 때문이다. 이 같은 욕구를 충족시켜 사기를 높이기 위한 제도적인 방법으로서는 적정한 보수제도, 휴양제도, 신분보장, 연금제도, 후생복지제도, 참여기회의 확대, 제안제도, 교육훈련에 의한 능력개발, 합리적 승진제도, 합리적 전직·전보제도, 인간관계의 개선과 민주적 인사관리 등이 있다.

인간의 일차적 기본적 욕구는 생리적·물질적 욕구이다. 따라서 인간의 이 같은 욕구를 충족시키기 위하여 적정한 보수가 지급되어야 한다. 보수를 단순히 근무에 대한 반대급부로만 생각할 것이 아니라 의식주와 건강관리를 위한 생계비에 대한 고려, 나아가 품위를 유지할 수 있는 수준의 보수가 지급됨으로써 안정된 생활을 보장해야 한다. 합리적이고 적정한 보수제도가 마련됨으로써 생리적 욕구를 충족시켜 줄 뿐만 아니라 심리적 안정을 가져올 수 있다는 점에서 직원 사기진작의 가장 기본적이고 필수적인 요인이다. 휴양제도는 인간의 육체적·정신적 건강을 유지하는 데 필요하며 이는 사기진작의 중요한 제도이다. 구성원의 질병에 대한 치료와 요양, 피로를 풀기 위한 휴식, 오락, 휴가 등은 인간의 능력을 계발시켜 주고 근무의욕을 높여 준다. 또 조직구성원이 안심하고 직무에 충실할 수 있도록 신분이 보장되어야 한다. 위법 부당한 행위를 하지 않는 한 신분상의 처벌을 받지 아니하는 신분보장이 됨으로써 인간의 안전 욕구를 충족시키게 되고 이는 근무 의욕을 북돋우어 사기를 높여 준다. 퇴직 또는 재해에도 안심하고 지낼 수 있는 연금제도가 마련되고 신분보장이 됨으로써 심리적 안정을 가져오게 하여 사기가 진작된다.

의사결정에 구성원을 참여시킴으로써 인정감·귀속감을 갖게 하여 사기를 앙양할 수 있다. 또한 인정감은 인간의 존경 욕구를 충족시켜 준다. 인정감을 충족시키기 위한 수단의 하나로는 제안제도가 있다. 행정의 능률화와 경비의 절약을 가져올 수 있는 의견이나 아이디어를 제출하게 하여 이를 심사하고 그에 따라 적절한 포상을 하여 주는 제안제도를 통하여 인간의 존경 욕구를 충족시킬 수 있다. 업적에 따른 포상제도 역시 인간의 존경 욕구를 충족시켜 사기를 높여 준다. 민주적인 리더십, 자존심의 인정, 원활한 의사소통, 관용적인 태도 등을 통하여 상하 수직적인 관계 속에서 발생할 수 있는 불신·원한 등을 치유하고 비공식집단을 활용하여 원활한 인간관계를 유지함으로써 직원의 사기를 높여 준다. 원만한 인간관계의 유지와 고충처리, 인사상담 제도는 인간의 사회적 욕구를 충족시켜 줌으로써 사기를 앙양시키게 되는 것이다. 합리적이고 공정하게 승진 기회가 보장됨으로써 장래가 보장되어 사기가 앙양되며, 불이익의 제거와 지위 향상을 위하여 자기의 주장을 할 수 있게 함으로써 자아실현적 욕구가 충족되어 사기가 진작된다.

(4) 측정

사기진작을 통하여 재활행정의 능률화를 기할 수 있다는 점에서 직원의 사기는 중요한 의의를 지닌다고 볼 수 있으며, 따라서 관리자는 사기를 유지, 관리, 통제하기 위하여 사기를 측정할 필요성이 있다. 사기를 조사함으로써 관리자는 구성원의 사기 수준을 파악할 수 있고, 의사소통을 촉진하며, 구성원의 욕구불만을 발산하는 기회를 주어 안전핀의 역할을 할 수 있다는 점에서 이점이 있다. 그러나 사기는 실체가 없는 것이기 때문에 측정하기가 어렵다.

일반적으로 사기를 측정하는 방법에는 태도조사법, 사회측정법, 사례기록법 등이 있다. 태도조사법(attitude survey)이란 직원의 태도를 조사하여 측정하는 방법을 말한다. 태도는 행정이나 서비스의 근원이 되기 때문에 사기에 직접적인 영향을 미치게 된다. 직원의 태도 조사는 면접법과 질문지법을 통하여 기관의 관리지침, 동료와의 관계, 상관의 감독방법 및 급여, 근무 환경 등에 대한 직원의 태도를 조사·분석·평가하는 것이다.

사회측정법(sociometry)이란 집단구성원 상호 간의 인간관계를 조사하여 사기를 측정하는 방법을 말한다. 소시오그램(sociogram) 작성을 통하여 집단 내 친소관계와 인간관계의 구조적 특성, 응집성, 지도 체제 등을 발견할 수 있다.

사례기록법에는 작업능률 기록, 결근율 기록, 사고기록, 이직률 기록 등의 방법이 있다. 작업능률 기록이란 단위시간에 대한 생산량과 질에 대한 기록을 조사·분석하는 방법을 말한다. 즉, 생산성(productivity)을 기준으로 사기를 조사하는 것이다. 결근율 기록은 구성원의 지각·조퇴·결근이 직무에 대한 만족감, 동료에 대한 친근감, 집단에 대한 귀속감, 일체감의 부족이라고 보아 출·퇴근 상황을 조사하는 것이다. 사고기록은 구성원이 일으키는 사고와 재해를 조사, 분석하는 것이다. 이직률 기록은 이직률이 높으면 사기가 낮다는 것을 전제로 직원의 자발적 퇴직 상황을 조사 분석하는 것이다.

7. 행동규범

(1) 윤리 원칙

재활행정에 있어서 윤리성은 시대는 물론 동·서간의 지역을 불문하고 강력하게 요청되는 규범 문제이다. 장애인 시설에서의 장애인 인권유린 사건, 시설장의 성폭력, 횡령 사건 등은 모든 재활 활동이 윤리 문제와 결부될 수 있다는 좋은 예가 되고 있다.

윤리란 일반적으로 사람이 지켜야 할 행위의 규범이며, 사람이 사회생활을 할 때 무엇을 어떻게 해야 할 것인가에 대한 준거를 제공하는 규율이라고 말하고 있으나, 학자마다 그 개념 규정이 조금씩 다르다. 고대 그리스의 아리스토텔레스는 윤리와 도덕을 구분하면서 윤리는 인격에 관한 탈을 의미하며 도덕은 습관의 결과라고 하였다. 동양의 윤리 개념을 살펴보면, 윤리라는 단어는 유가의 경서인 예기에서 유래된 것으로서 예·악과 불가분의 관계를 맺는다고 한다. 이처럼 윤리라는 개념 자체도 동·서양 또는 학자에 따라 일정하게 규정되어 있지 않으며, 재활행정 윤리라는 개념 규정에서도 마찬가지이다.

일반적으로 재활분야에서는 자치성(自治性)·비해성(非害性)·수혜성(受惠性)·정당성(正當性)·충실성(忠實性)의 다섯 가지 윤리 원칙이 일반적 윤리적 규범보다는 한 차원 높은 기초적이고 일반적인 규준이 된다(나운환, 2008).

① 자치성

자치성(autonomy)은 모든 개인은 자기 행동을 선택할 자유가 있고 자기 행동에 대한 책임을 진다는 것으로 이용자의 동의(informed consent), 시민권적 권리, 선택권, 거절(informed refusal)을 내포한다. 모든 사람은 타인으로부터 조정·간섭·통제를 받지 않아야 한다는 것이며, 실수와 그에 따른 결과에 대한 자유는 서비스 이용자의 성숙과 독립성 발달에 필수적이다. 따라서 재활행정가와 재활전문직은 서비스 이용자의 능력·견해 등과 관련하여 다양성을 이해하고 대해야 한다. 더욱이 재활전문직은 서비스 이용자에 대하여 특별하거나 구체적인 선택을 강요하거나 강요하려고 위압·억압하는 것을 삼가야 하며 서비스 이용자의 독립적인 의사결정에 필수적인 정보를 왜곡하거나 유보하는 태도를 보이지 말아야 한다.

② 비해성

비해성(non-maleficence)의 원칙은 재활전문직이 의도적으로 이용자를 해하거나 혹은 해를 끼칠 가능성조차 배제하기를 요구한다. 도덕적이고 법률적인 측면에서 비해성은 거의 모든 경우에 요구된다. 나아가 누군가를 돕는 과정에서 다른 사람을 심각한 위험에 처하게 해서는 안 된다. 예를 들어 어떤 사람이 직장동료나 다른 사람에게 전염될 수 있는 심각한 질병이 있다면, 비록 직장을 잃을 위험에 빠뜨린다고 하더라도 다른 사람에게 질병을 옮기지 않도록 해야 할 강한 의무가 있다.

③ 수혜성

윤리적으로 행동한다는 것은 단지 이용자의 자발성을 존중하고 위해로부터 보호하는 것뿐만 아니라 그들의 복지에 기여해야 한다는 것이다. 재활행정가와 재활전문직은 서비스 이용자의 이익을 보호해야 하며 그들의 복지를 촉진 혹은 증진하는 방법으로 행동하여야 한다는 것으로 수혜성(beneficence)은 재활 실천의 중심이다. 재활행정가와 재활전문직은 서비스 이용자의 긍정적 성장을 도모하고 그들의 적절하고 합법적 이익을 옹호하고 촉진하여야 할 역할 기반 의무(role-based obligation)를 지닌다. 서비스 이용자의 이익을 항상 자신의 이익에 우선하여야 하며, 이러한 의무가 윤리적 측면의 중심임을 명심하여야 한다.

수혜성은 다른 사람을 위해 무언가 능동적으로 행하기를 요구하기 때문에, 단지 남을 해롭게 하는 것을 삼가는 비해성보다 훨씬 임의적이다. 비해성은 행동을 제약하지만, 수혜성은 행동 지향적이다. 어떤 재활전문직은 수혜성보다 비해성을 우선해야 하는 위계관계로 설정하고 두 원칙이 부딪힐 때는 항상 비해성을 선택한다. 예를 들어, 서비스 이용자에게 매우 바람직한 이익을 줄 수 있는 동시에 해롭게 할 위험이 있는 취업알선 서비스는 비해성 원칙에 따라 우선 배제할 것이다. 때때로 재활에서는 미래의 이익을 성취하기 위해 어느 정도의 위해를 입거나 혹은 다소 높은 정도의 위험을 감수하는 것이 최선일 수 있다. 그러나 이 경우에도 비해성의 원칙에 따라 수용할 수 있는 수준의 위험이 조심스럽게 결정되어야 한다. 상담과 심리치료의 부작용으로 발생하는 일시적 스트레스나 불쾌감을 장기적 위해와 구분하는 일, 그리고 서비스 이용자의 위해를 정의하는 일에 늘 민감해야 한다.

④ **정당성**

정당성(justice)의 원칙은 공정성(fairness)과 관련이 있으며 기회의 균등, 공평한 대우와 관련된 신념을 포괄하는 개념이다. 이 원칙은 법적 문제인 동시에 윤리적 문제(예, 차별)이기도 하다. 재활행정 분야에서 재활전문직은 서비스 대상자를 결정할 때 의식적이든 무의식적이든 정당성의 원칙을 고려할 때가 많다. 특히 모든 장애인의 존엄성과 가치를 소중히 생각하는 재활전문직은 늘 장애, 성별, 인종 등 여러 특성에 따른 차별을 경계하기 마련이다. 그런데 현실적으로는 재활 자원이 대부분 한정적이어서 ㉠누가 가장 도움이 필요한지, ㉡누구에게 더 많이 지원할지를 결정해야 할 때가 빈번히 발생한다. 이러한 국면에서 적용할 수 있는 정당성은 분배적 정당성(distributive justice)이다. 즉 제한된 자원의 분배 형태를 사회적 질서 규범이나 정당성 기준에 따라 결정해야 함을 뜻한다. 분배적 정당성은 자원 배분에 대한 경쟁과 갈등을 조절하는 기능을 하는 동시에 분배 구조의 불평등을 합리화하는 기능도 한다. 이처럼 차별적 처우가 분배적 차원에서 정당성을 가지려면 합리적 의사결정에 사용할 준거가 필요한데, 법적 판결, 기관의 정책과 절차, 서비스 표준 운영 지침 등이 그 준거로 활용될 수 있다.

⑤ **충실성**

충실성(fidelity)의 원칙은 성실한 자세, 약속이행, 신뢰 등과 관련되어 있어서 모든 전문직의 기초 원칙이라고 이야기할 수 있다. 충실성은 인간관계의 핵심이며, 재활행정에 있어 서비스 이용자-재활전문직 사이의 관계는 특히 중요하고, 재활전문직은 고용주, 직장 상사와 동료, 지역사회에 대한 성실(loyalty)을 유지할 의무가 있다. 충실성에 대한 의무는 정직과 성실을 기반으로 하며, 약속을 지키고 헌신할 것을 요구한다.

(2) 행동강령

① 행동강령의 의의

일반적으로 모든 조직은 조직의 일체성과 전체성을 유지하기 위해 모든 구성원이 지켜야 할 규범으로서 행동강령을 두고 있다. 조직이 지향하는 바람직한 가치를 행위 유형별로 명문화한 것이다. 정부의 경우에는 공무원이 국민에 대한 봉사자라는 특별한 지위와 직무 자체의 공공성에서 요구되는 사회윤리적 규범이 필요하므로 보통의 조직에서는 아무런 문제 없이 넘어갈 사안도 문제가 되는 경우가 있다. 공무원의 행동에 대한 국민의 눈높이가 높음을 의미한다. 이에 정부는 공무원에게 사회적으로 용인할 수 있는 최소한의 규범을 정해 이를 위반하는 행동에 대해 법적 강제력을 동원할 수 있는 법규정을 두고 있다. 국가공무원법, 공직자윤리법, 부패방지권익위법, 부정청탁금지법 등이 그 예인데 법으로써 공무원이 지켜야 할 도리를 분명히 하고 이를 어길 때는 불이익한 처분을 내린다(유민봉, 2021).

재활조직 역시 관련 법규와 정부의 지침, 조직 자체 내규 등의 규정에 따른 행동강령이 있다. 재활전문직의 업무는 공공의 이익을 높이는 업무이자, 사회적으로 가장 취약한 계층이라고 할 수 있는 장애인의 삶에 지대한 영향을 미치는 업무이므로 더 엄격하고 구체적인 기준이 필요하다. 실제로 장애인복지법, 장애인차별금지법 등에서 장애인 인권 침해 등에 대해 강한 제재가 시행되고 있다. 이러한 행동강령은 재활전문직에게 올바른 판단기준을 제시하고 부패행위를 예방함으로써 재활전문직을 보호하고 궁극적으로 서비스 이용자와 국민의 신뢰를 얻는 기능을 한다(국민권익위원회, 2010).

② 징계

재활전문직이 규범을 어기면 그 행위의 고의성과 비위 정도에 따라 징계를 할 수 있다. 징계는 경징계와 중징계로 나눌 수 있으며 경징계에는 견책, 감봉 등이 해당하고, 중징계에는 정직, 강등, 파면 등이 포함된다. 내부적으로 조직의 질서를 유지하고 외부적으로 고객의 신뢰 확보를 위해 신상필벌은 필요하다. 그럼에도 징계는 개인의 신분과 경력에 지대한 영향을 줄 수 있으므로 엄중하면서도 원칙을 지켜야 한다.

그런데 과거에는 조직에서 과도한 징계나 인사상의 불이익을 주는 사례가 종종 발생하였다. 또한 중대한 불이익일지라도 구제받기가 쉽지 않았다. 그러나 최근 노동자 인권에 대한 인식이 높아지면서 행정심판이나 행정소송에서 구제받는 사례가 많아지고 있다. 원칙적으로 정당한 이유 없이 징계 처분하지 못한다. 징계 사유, 징계 절차, 징계 수단(양정 기준)에 정당성이 있어야 한다. 징계 사유는 사회 통념상 정당해야 함을 의미한다. 취업규칙 등에 명시되어 있더라도 사회 통념상 그 정도가 처벌할 정도가 아니라면 부당한 징계가 될 수 있다. 또한 징계와 관련한 절차는 반드시 준수되어야 한다. 행정심판 등에서 징계의 정당성을 다툴 때 가장 논란이 되는 것이 절차 준수 여부이다. 만약 절차에 하자가 있다면 징계 처분이 무효가 될 가능성이 매우 높다. 징계 수단(양정 기준)은 비위 정도에 상응하는 수준이어야 하고 형평성이 있어야 한다. 사회 통념상 징계의 정도가 과하다든지, 같은 비위 행위를 한 다른 근로자보다 과한 징계를 한다면 부당 징계에 해당할 수 있다.

③ 직장 내 괴롭힘

근래 들어 노무 관련 사건 중에서 가장 큰 비중을 차지하는 것은 직장 내 괴롭힘이다. 2019년에 직장 내 괴롭힘 금지가 법제화되었고 인권에 대한 사회적 관심과 인식 수준이 높아지면서 그간 구제되지 못했던 사건들이 수면 위로 드러나고 있다. 근로기준법 제76조의2(직장 내 괴롭힘의 금지)에 따르면 직장 내 괴롭힘 성립 요건은 다음 세 가지를 모두 충족해야 한다.

㉠ 직장에서의 지위 또는 관계 등의 우위가 있어야 한다. 피해자가 저항 또는 거절하기 어려울 개연성이 높은 상태이고 행위자가 이를 이용해야 요건이 성립한다.

㉡ 업무상 적정범위를 넘어야 한다. 문제가 된 행위가 업무와 관련이 있어야 하고 업무의 적정범위를 넘었음이 인정되어야 한다.

㉢ 신체적 정신적 고통을 주거나 근무 환경을 악화시키는 행위여야 한다. 행위자의 의도와 무관하게 그 행위로 피해자가 신체적, 정신적 고통을 호소하거나 근무 환경이 악화하였다면 인정된다.

누구든 직장 내 괴롭힘 발생 사실을 알게 된 경우 신고할 수 있고, 사용자는 그 사실을 인지할 때는 바로 조사를 시행하고 가해자 분리 등 적절한 조치를 해야 하며 피해자의 의사에 반하는 조치를 해서는 안 된다.

④ 직장 내 성희롱

직장 내 성희롱은 남녀고용평등과 일·가정 양립 지원에 관한 법률(남녀고용평등법), 장애인차별금지법에서 규율하고 있으며 직장 내 괴롭힘에 우선하여 적용된다. 직장 내 성희롱이란 남녀고용평등법 제2조(정의) 제2호에 따르면 사업주·상급자 또는 근로자가 직장 내의 지위를 이용하거나 업무와 관련하여 다른 근로자에게 성적 언동 등으로 성적 굴욕감 또는 혐오감을 느끼게 하거나 성적 언동 또는 그 밖의 요구 등에 따르지 아니하였다는 이유로 근로조건 및 고용에서 불이익을 주는 것을 말한다.

성희롱 판단 요건은 행위자의 동기나 의도와 무관하게, 그 행위가 일반적이고 평균적인 사람이 성적 굴욕감이나 혐오감을 느낄 수 있는 수준이고 피해자가 성적 굴욕감이나 혐오감을 느꼈다면 성희롱으로 인정된다. 즉 합리적 피해자의 관점에서 성인지 감수성에 입각한 피해자의 특별한 사정을 고려한다.

피해 신고는 사내 성희롱 담당 부서나 국가인권위원회, 고용노동부 등에 할 수 있으며 사업주는 가해자에 대한 징계, 피해자에 대한 불리한 처우 금지, 직장 내 성희롱 예방 교육 등의 조치를 시행해야 한다.

8. 근로관계 종료

근로관계 종료, 즉 퇴직의 유형은 사직, 자동퇴직(정년, 계약만료 등), 해고로 구분할 수 있다.

(1) 사직

사직은 근로자가 스스로 퇴직하는 것이며, 권고사직·명예퇴직·희망퇴직으로 불리는 퇴직 형태도 결과적으로는 사용자가 근로자의 의사를 받아들여 퇴직하는 것이므로 사직에 해당한다. 사용자가 사직서를 수리하지 않고 계속 근무를 강요할 수도 있는데 민법상 사직서 제출일로부터 1개월이 지나면 사직의 효력이 발생하므로 유효하게 퇴직할 수 있다. 만약 사직서 수리가 안 된 상황이라면 1개월은 출근함으로써 퇴직금 손실이나 갑작스러운 퇴사로 인한 손해배상의 책임에 대비하는 것이 바람직하다.

(2) 자동퇴직

자동퇴직은 ㉠근로자 사망, ㉡회사 폐업, ㉢정년 도래, ㉣당연면직(당연퇴직, 직권면직), ㉤근로계약 만료 등의 사유가 발생하여 근로계약이 자동으로 종료되는 것을 말한다.

근로자가 사망하거나 회사가 폐업하면 계약 당사자가 없어지므로 계약이 종료된다. 취업규칙이나 단체협약 등에서 정한 정년에 도달하면 근로계약이 자동 종료되지만, 사용자가 일방적으로 정년을 단축하거나 정년 이후에 채용되었는데 정년을 이유로 퇴직 처리하거나 정년 이후 재고용이 약정되어 있음에도 재고용하지 않을 때는 부당해고 문제가 발생할 수 있다. 당연면직은 취업규칙 등에 형사처벌, 낮은 성과 등의 사유가 발생할 때 자동 퇴직하도록 정해 놓은 경우로서 이는 사용자가 일방적으로 계약을 종료하는 것이므로 해고에 해당한다. 따라서 해고 적법 요건(명백한 사유, 해고 절차 준수 등)을 갖추어 처리해야 한다. 근로계약서에 계약기간을 정했다면 기간이 만료되면 자동으로 계약이 종료된다. 다만 기간을 정한 것은 형식에 불과하고 실질적으로는 무기 계약이거나 계약 갱신에 대한 기대가 하나의 권리처럼 형성되어 있다고 판단되면 예외적으로 부당해고의 문제가 생길 수 있다.

(3) 해고

해고란 근로자의 의사와 관계없이 사용자가 일방적인 의사표시에 의해 근로관계를 소멸시키는 법률행위를 말한다. 우리나라는 해고의 요건이 매우 엄격하고, 부당해고로 판결될 경우에 원직 복귀와 해고 기간 중 임금 지급은 물론 노사 간 신뢰 저하, 조직 분위기 침체, 기업 이미지 실추 등 부작용이 크므로 원칙과 절차를 반드시 준수해야 한다.

① 해고 사유

해고는 근로계약을 존속시킬 수 없는 일신상의 사유에 의한 통상해고, 조직의 질서 유지를 위한 징계해고, 긴급한 경영상의 필요에서 인원을 정리하기 위한 정리해고로 구분된다. 통상해고와 징계해고는 근로자의 귀책 사유로 인한 계약 종료이고, 정리해고는 사용자의 귀책 사유로 인한 계약 해지다.

통상해고의 사유인 근로자의 일신상 사유란 근로계약상의 급부의무의 이행에 필요한 신체적·정신적 또는 노무 수행상의 적격성을 크게 저해하는 문제가 근로자에게 발생하여 그 결과 부여된 업무를 감당할 수 없게 된 경우로서, 근로자가 직무 능력이 현저히 떨어지거나 질병 등으로 노무 제공이 곤란하거나 경쟁사업주의 친인척으로서 기업 비밀을 누설할 위험이 있을 때를 말한다. 그러나 이와 같은 사유가 합리적인 기간 내에 극복될 수 있다면 해고할 수 없다고 보는 것이 타당하며, 해고는 근로자의 생존권과 직결되는 만큼 그 사유를 판단할 때는 구체적·개별적·객관적 판단기준이 필요하다.

〈표 4-3〉 해고 사유와 종류

해고 사유			해고 종류
근로자 귀책사유	일신상 사유	현저한 직무능력 부족 근로가 곤란한 신체적 정신적 상태 기밀누설 위험(경쟁사업주 인척)	통상해고
	행태상 사유	반복적 무단결근 등 복무 문제 근로 제공 의무 거절 사업에 막대한 지장, 재산상 손실 초래	징계해고
사용자 귀책사유	경영상 사유	파산이나 사업 폐지·축소 경영악화 방지를 위한 사업 양도·인수·합병	정리해고

자료 : 한국장애인고용공단(2024), 기초노동법, 교육자료. 재구성.

징계해고는 징계 처분 중 가장 중한 조치이다. 면직, 파면 등의 징계 처분은 조직에서 퇴출하는 행위이므로 이러한 처분 외에는 조직의 질서를 유지할 방법이 없을 정도로 사회 통념상 상당한 이유가 있어야 한다. 그 사유에는 사업에 막대한 지장을 초래하거나 재산상 큰 손해를 입히거나 대외적 위신을 추락시키는 행위 등이 포함된다. 징계해고를 판단함에 있어서도 사용자의 손실뿐만 아니라 근로자가 받게 될 불이익의 정도를 충분히 비교·검토하여야 한다.

정리해고는 사업의 경영악화를 개선하고 경쟁력 강화와 생존 등 경영상 긴박한 상황이 발생하였을 때 구조조정의 수단으로 종업원을 집단 해고하는 것을 말한다. 사업 폐지나 축소, 경영악화 개선을 위한 사업의 양도·인수·합병 등이 긴박한 경영상 사유에 포함된다. 이러한 상황이더라도 사전에 해고 회피를 위한 노력과 정리해고 대상자 선정을 위한 합리적이고 공정한 기준 마련, 노동조합 또는 근로자 대표와의 성실한 협의 등을 거쳐야 정리해고의 요건이 성립한다.

② 해고 금지 기간과 해고 절차

근로기준법 제23조(해고 등의 제한)에 따르면, 업무상 부상 또는 질병의 요양을 위한 휴직 기간과 그 후 30일 동안, 산전·산후 여성의 휴직 기간과 그 후 30일 동안에는 해고할 수 없다. 다만 요양을 시작한 지 2년이 지나도 부상 또는 질병이 완치되지 않아 일시 보상하였을 때 또는 사업을 계속할 수 없게 되었을 때는 예외이다.

같은 법 제26조(해고의 예고)에 따라 사용자는 근로자를 해고하려면 적어도 30일 전에 예고하여야 하고 30일 전에 예고하지 않았을 때는 30일분 이상의 통상임금을 지급하여야 한다. 다만 근로자가 계속 근로한 기간이 3개월 미만이거나 천재·사변, 그 밖의 부득이한 사유로 사업을 계속하는 것이 불가능하거나 근로자가 고의로 사업에 막대한 지장을 초래하거나 재산상 손해를 끼쳤을 때는 예외이다.

같은 법 제27조(해고사유 등의 서면통지)에 의거 해고 사유와 시기를 서면으로 통지하여야 해고의 효력이 발생한다. 다시 말해 해고 사유와 시기를 서면으로 통지하지 않으면 부당해고이다. 취업규칙이나 단체협약에 해고의 절차를 규정하였거나 노동조합과 동의 절차를 합의하였음에도 이를 어기면 역시 부당해고에 해당한다. 근로자는 부당해고를 당하면 그날부터 3개월 이내에, 노동위원회에 구제를 신청할 수 있다.

9. 퇴직급여

(1) 의의

퇴직급여란 근로자가 퇴직할 때 퇴직급여제도나 개인형퇴직연금제도에 의하여 지급되는 연금 또는 일시금을 말한다. 퇴직급여의 성격에 대해서는 ㉠공로보상설, ㉡생활보장설, ㉢임금후불설 등이 존재한다. 공로보상설은 근로자가 기업에서 장기간 근무한 공로에 대한 은혜적 성격으로서 지급한다는 주장이다. 이는 사용자 측에서 주로 주장되었으며 유럽과 일본 등에서 널리 사용되었다. 그런데 퇴직금제도가 법제화되어 권리로 인식되고 있고 공로나 성과와 관계 없이 일률적으로 지급되므로 이 주장은 받아들여지기 어렵다.

생활보장설은 근로자가 퇴직을 하면 근로소득이 사라지므로 근로자의 생활을 보장하기 위해 퇴직급여를 지급한다는 논리이다. 퇴직급여가 퇴직 이후 생활 안정에 큰 역할을 한다는 것은 분명한 사실이나 다른 회사로 전직을 하거나 사망하더라도 지급되기 때문에 수용되지 않고 있다.

임금후불설은 근로자가 재직 중에 적립하여 두었던 임금을 사용자가 사후적으로 지급하는 근로조건으로서 후지급 임금이라는 견해이다. 이 견해는 주로 미국에서 주장되고 있으며 우리나라도 이 견해가 판례에 인용되는 등 통설로 인정받고 있다.

(2) 퇴직급여제도

퇴직급여제도란 퇴직금제도와 퇴직연금제도를 말하며, 퇴직연금제도는 확정급여형·확정기여형·중소기업퇴직연금기금 및 개인형퇴직연금으로 구분된다. 사용자는 퇴직자에게 급여를 지급하기 위하여 퇴직급여제도 중 하나 이상의 제도를 설정하여야 하며 근로자가 퇴직하면 14일 이내에 퇴직금을 지급하여야 한다. 퇴직금은 근로자가 지정한 개인형퇴직연금 계정 또는 중소기업퇴직연금 계정으로 이전하는 방식 등으로 지급한다. 퇴직금 소멸시효는 임금채권 소멸시효와 같은 3년이다.

퇴직연금제도는 근로자퇴직급여보장법에 따라 인구 고령화에 대응하여 일시금 위주의 퇴직금제도에서 퇴직연금제도로 전환할 수 있도록 하여 노후 소득재원 확충을 통한 생활 안정에 기여하도록 하는 한편 상시 4인 이하 사업장에 퇴직급여제도를 확대 적용하기 위해 2005년 12월부터 시행되었다. 처음에는 확정급여형 퇴직연금제도(Defined Benefit Retirement Pension : DB)와 확정기여형 퇴직연금제도(Defined Contribution Retirement Pension : DC)만 도입되었다. 2012년 7월에 퇴직연금제도를 다양화하기 위해 개인형퇴직연금(Individual Retirement Pension : IRP)이 추가 도입되었고, 중소 영세 기업이 재정 및 행정적 부담 등으로 퇴직연금

제도 도입에 애로가 있어 이를 해소하고자 2022년 4월에 중소기업퇴직연금기금제도가 시행되었다.

DB형은 퇴직금 지급을 위한 재원을 외부 금융기관에 위탁 운영하고 근로자가 퇴직하면 근속연수 등을 고려하여 사전에 확정된 퇴직금을 연금 또는 일시금으로 지급하는 제도이다. 적립금 운용 결과와 관계 없이 정해진 금액을 지급한다. 반면 DC형은 재직 동안에 근로자가 직접 적립금을 운용하는 제도이다. 따라서 퇴직할 때는 그간의 운용 성과에 따라 퇴직급여액이 달라진다.

DB형은 사용자 측면에서 근로자의 장기근속을 유도하는 효과와 운용 수익률이 높을 때 기업 실적이 개선되는 효과를 거둘 수 있지만 운용 수익률 저하 등으로 연금 자산에 부족분이 생기면 기업 실적이 악화할 우려가 있다. 근로자 측면에서는 사전에 퇴직급여가 확정되어 있으므로 업무에 전념할 수 있고 장기 근속할수록 급여 인상률로 인해 퇴직급여가 커지므로 유리하지만 물가 상승에 따른 보장 장치가 없다는 단점이 있다. DC형은 사용자 측면에서 부담금 전액이 비용 처리되어 퇴직부채에 대한 부담이 없다는 장점이 있지만 근로자가 적립금 운용에 신경 쓰는 만큼 업무 집중도가 떨어지는 단점이 있다. 근로자 측면에서는 매년 확정적 퇴직급여를 받기 때문에 수급권을 잃을 가능성이 거의 없고 운용 수익률이 높으면 퇴직급여가 증가하는 장점이 있지만 동전의 양면처럼 운용 수익률 저하 또는 원금 손실의 위험을 안는 단점이 있다.

IRP는 근로자의 전직이나 법정급여 이상의 퇴직급여를 보장하기 위한 제도로서 DB형과 DC형 등 다른 연금제도의 보완적 기능을 수행한다. 가입 대상은 퇴직금을 일시금으로 받은 사람, DB형·DC형·중소기업퇴직연금기금 가입자로서 자기 부담으로 추가 설정하려는 사람, 자영업자 등 안정적 노후 소득 확보가 필요한 사람이다. 상시 10인 미만의 사업 또는 사업장은 IRP로써 퇴직급여제도를 대신할 수 있다. 이때 사용자는 근로자 동의를 받고 사용자 부담금을 현금으로 근로자의 IRP 계정에 납입해야 퇴직급여를 설정한 것으로 인정받을 수 있다.

중소기업퇴직연금기금제도는 복잡한 가입 절차와 퇴직금 적립에 따른 부담으로

〈표 4-4〉 퇴직급여 유형

구분	유형	급여 수준 및 방식	재원 적립
퇴직금	퇴직금	근로자퇴직급여 보장법 제8조(퇴직금제도의 설정 등)에 따라 계속근로기간 1년에 대하여 30일분 이상의 평균임금을 지급하는 제도	사내 퇴직급여 충당금
퇴직 연금	확정급여형 (DB)	근로자가 퇴직 후 받을 퇴직급여의 수준이 사전에 결정된 제도	퇴직연금 사업자 위탁운영
	확정기여형 (DC)	퇴직급여 지급을 위해 사용자가 부담하여야 할 부담금의 수준이 사전에 결정된 제도	
	중소기업퇴직연금기금	상시 30인 이하 중소기업 둘 이상의 사용자 및 근로자가 납입한 부담금으로 공동 기금을 조성 운영	
	개인형 (IRP)	가입자의 선택에 따라 가입자가 납입한 일시금이나 사용자 또는 가입자가 납입한 부담금을 적립 운용하는 제도	

인해 가입을 꺼리는 중소기업의 퇴직연금제도 설정을 촉진하기 위해 만든 제도이다. 대상은 30인 이하 중소기업이며, 둘 이상의 사용자와 근로자가 납입한 부담금으로 공동의 기금을 조성·운영한다. 기본적으로 DC형과 같은 방식으로 운용되며 사용자와 가입자 부담금에 대한 재정지원, 더 낮은 수수료, 간편한 가입 절차 등의 혜택이 있다.

국내 참고문헌

강선경, 최윤(2022). 코로나19 시대의 아동·청소년의 온라인 교육매체 활용방안 연구. **한국웰니스학회지** 17(2), 25-31.

강여진, 정재화(2010). 공무원 사이버 교육훈련의 학습 및 전이성과에 미치는 영향. **한국사회와 행정연구**, 21(3), 353-384.

고경민(2023). 미·중 기술 디커플링과 세계의 양분화, 그리고 공생주의적 미래 경제. **평화학연구** 24(3), 77-99.

교육부, 한국직업능력연구원(2023). **국가자격정보집**.

국민권익위원회(2010). **고위공직자용 공직자 행동강령의 이해**.

김기흥, 권인수, 한주희(2021). 지속가능 인적자원관리 연구 : 리뷰와 미래의 연구방향. **경영사연구**, 36(4), 109-140.

김문준(2020). 전략적 인적자원관리가 혁신행동과 조직성과에 미치는 영향에 관한 연구. **산업진흥연구** 5(1), 21-33.

김민영(2022). 공공 서비스 혁신 역량과 혁신 성과 간 관계 분석 : 전략적 인적자원관리 관점에서. **국가정책연구** 36(2), 1-38.

나승우, 김정순(2004). **연봉제 인사평가와 운영실무**. 서울 : (주)미래와 경영.

나운환(2008). **재활상담과 사례관리**. 서울 : 집문당.

미래와 경제연구소(2005). **총무와 인사관리 지식쌓기 제7판**. 서울 : (주)미래와 경영.

박경규, 임효창(2000). OJT의 도입효과. **산업관계연구** 10(2), 95-125.

박종관(2018). 공기업 직무급여제도 전환 연구. **한국콘텐츠학회 논문지**, 18(9). 424-432.

박희준(2024). 임금체계 개편 논의에 대하여. 서울대학교 경영대학 뉴스룸 누리집, 교수칼럼. 2024. 5. 19.

보건복지부(2024a). **2024년 장애인복지시설 사업안내**.

보건복지부(2024b). **2024년 사회복지시설 관리안내**.

송승훈, 김의정(2017). 충청남도 정예공무원의 사이버교육 인식과 발전방안. **한국정보통신학회논문지**, 21(11), 2184-2190.

송주헌(2013). MANAGEMENT TREND-지속가능경영에 기여하는 HR. **Cement**, 145-149.

안전행정부, 고려대학교, 성균관대학교(2013). **2012 경제발전경험모듈화사업 : 한국 직업공무원제도의 정착**. 한국개발연구원 연구보고서.

왕태규(2019). 조직사회화 이론에 기초한 공직가치에 대한 연구. **한국공공관리학보, 33**(1), 105-127.

유규창(2014). 한국기업의 임금체계 : 직무급이 대안인가?. **노동리뷰 2월호**, 37-54.

유민봉(2021). **한국행정학 제7판**. 서울 : 박영사.

유홍준, 정태인, 김월화(2017). 한국인의 직업정체성과 직업위세. **한국사회 18**(1), 77-103.

정진경, 김혜정(2023). 비영리조직의 인적자원관리 현황과 전략적 인적자원관리 실행 영향요인, **한국사회복지행정학 25**(2), 1-23.

한국일보(2004. 4. 9.). 10면 1단.

홍성현, 김민수(2020). 상사의 코칭 행동이 구성원의 LMX와 심리적 임파워먼트를 통해 직무열의에 미치는 영향 : 문제해결지향 코칭의 조절된 매개효과. **대한경영학회지, 33**(4), 621-647.

외국 참고문헌

https://terms.naver.com/entry.naver?docId=77394(2024. 3. 6.).

https://terms.naver.com/entry.naver?docId=384202(2024. 4. 5.)

Adjoins, D. C(1958). Objectives of Public Personnel Selection. *Public Personnel Review*(April)

Argyris, C(1982). *Inter-Personal Competence and Organizational Effectiveness 3rd ed.* Irwin Posey Press.

Greer, C. R.(2021). *Strategic human resource management.* New Jersey; Pearson Custom Publishing.

Maslow, A(1954). *Motivation and Personality.* New York : Harper & Row.

McGregor, D(1960). *The human Side of Enterprise.* New York : McGraw-Hill.

Schein, E(1965). *Organizational Psychology.* New Jersey : Prentice-Hall.

Smith, N. R(1970). “Employee Development Method,” in K. T. Byers(ed.), *Employee Training and Development in the Public Service* Chicago : Public Personnel Association.

Stahl, O. G(1971). *Public Personnel Administration.* New York : Harper & Row.

제5장 미션·비전·전략과 리더십

제1절 미션, 비전, 전략

1. 필요성

세상에 똑같은 재활기관은 없다. 같은 재활 서비스를 제공하는 기관이라도 실제로 그 내부를 들여다보면 뚜렷한 차이점이 드러난다. 이러한 이유로 많은 재활기관들이 자신들은 다른 기관과 다르다고 주장하지만 정작 그들 중 상당수는 자신들의 어떤 점이 다른지 명확히 정의하지 못하고 있다.

재활기관은 자신의 고유한 정체성과 가치를 명확하게 정의할 수 있어야 한다. 이는 단순히 다른 기관과의 차별화를 위해서가 아니라, 제공하는 서비스의 질을 높이고 이용자들에게 더 나은 가치를 전달하기 위해 필수적이다.

이러한 정체성과 가치를 정립하는 데 핵심적인 역할을 하는 것이 바로 비전, 미션, 전략, 그리고 핵심가치이다. 비전은 재활기관이 추구하는 이상적인 미래상을 제시하며, 미션은 기관의 존재 이유와 핵심 목적을 명확히 한다. 전략은 이러한 비전과 미션을 실현하기 위한 구체적인 계획을 수립하는 것이고, 핵심가치는 기관의 모든 활동과 의사결정의 기준이 되는 근본적인 신념을 보여준다.

이러한 요소들을 명확히 정립함으로써, 재활기관은 자신만의 독특한 정체성을 확립하고, 이용자들에게 차별화된 서비스를 제공할 수 있다. 또한 이를 통해 직원들에게 명확한 방향성을 제시하고, 지역사회와의 협력을 강화하며, 궁극적으로는 장애인의 삶의 질 향상과 사회 통합이라는 목표를 더욱 효과적으로 달성할 수 있을 것이다.

전략(strategy)이라는 개념은 원래 고대 그리스에서 장군이 쓰는 군사전략이라는 용어로 사용되었다. 제2차 세계대전 이후에 기업의 환경변화가 급격해지고, 이에 대한 적절한 대응 전략을 찾게 되면서 경영학에서 이를 도입하여 활용하고 있다.

재활시설에서 전략은 일반적으로 세 가지 수준에서 세워질 수 있다. 먼저 전사적 수준의 전략으로 전체 조직을 위한 전반적 전략이다. 재활시설에 종사하는 모든 종사자가 대상이 된다. 다음으로 사업부 수준의 전략으로 전사적 수준의 전략에 따라 각각의 사업부에서 수립되는 전략을 말한다. 마지막으로 기능 수준의 전략으로 일반적 의미의 부서(department) 전략이다. 마케팅, 인사, 생산 등과 관련된 수준의 전략이며, 여기서는 마케팅 부서의 전략이 기능별 전략 수립의 관심 대상이다.

경영에서 전략의 개념은 재활시설의 미션에서 부터 시작된다. 재활시설의 미션은 직업재활시설이 왜 존재를 해야 하는가, 무엇을 해야 하는가, 어떻게 해야 하는가와 관련된 내용이다. 직업재활시설은 기본적이며 장기적인 미션을 설정하고, 재활시설의 미션에 따른 목표를 결정하고, 이들 목표를 달성할 수 있도록 재활시설의 의사결정을 진행하고 자원을 배분을 해야 한다. 이것은 재활시설이 생각하는 핵심가치(core values), 사명(mission) 또는 비전(vision)이 포함되어 있어야 하며, 조직문화(organization culture)를 통해 직업재활시설의 종사자들을 응집시키고 열정을 불어넣는 기능을 하게 된다.

전략과 관련하여, 전략의 하위 용어로서 전술(tactics)이라는 용어가 있다. 전략이 장기적이며 직업재활시설 전체의 나아갈 방향을 다루고 있은 것에 비해, 전술은 단기적이며 범위가 협소한 것으로 전략을 달성하기 위한 구체적인 실행방법을 말한다.

기업에서 전략적 경영이 진행되는 과정을 살펴보면 〈그림 5-1〉과 같다.

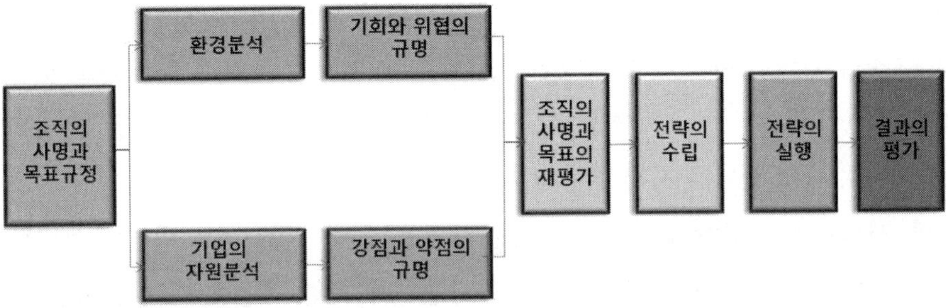

자료 : Robbin, S.P. and D. A. DE Cenzo, *Fundamentals of Management*, 2nd d., Prentice-Hall, 1988.

〈그림 5-1〉 전략적 경영의 과정

2. 미션의 규정

조직은 재활시설이 지향하는 목적을 성취하기 위해 존재한다. 목적을 성취하기 위해서는 재활시설이 사업하는 영역에 대한 명확한 파악이 되어 있어야 한다. 이것을 구체적으로 표현한 것이 재활시설의 미션이다. 미션이란 '임무'를 의미하는 것이 아니다. 미션이란 '이유'이다. 항해를 예로 들어보면 비전이 있기에 나아갈 수 있지만, 더 중요한 것은 그 비전을 달성해야 하는 이유이다. 목표가 저기 있다 하더라도 그 목표를 향해야 하는 이유를 알지 못하면 우리는 마지못해 배에 오른 사람이 될 수밖에 없다. 물론 배에 탄 사람마다 또 다른 이유들이 있을 수 있다. 참치잡이 어선에 여행을 위해서 타 있는 사람이 있다고 하자. 항해에 도움이 되지 않는 사람이다. 그래서 같은 이유, 같은 미션을 가지고 있는 사람들이 함께 해야한다. 이유가 없으면 떠날 수 없다. 미션이란 이유이다. 우리가 존재하는 이유가 미션이다. 즉, 미션이란 '우리는 왜 존재하는가?'라는 질문에 대한 답이다. 미션은 기업이 추구하는 궁극적인 가치로서 기업의 존재 이유이다

재활시설의 미션은 재활시설의 핵심가치(core values)를 통해 재활시설의 장래 설계를 기술해 놓은 것을 말한다. 핵심가치는 조직을 리드하는 근본적이고 열정적이

며 지속적인 원칙을 말한다. 결국 재활시설의 미션은 재활시설이 장기적으로 하려고 하는 것과 되려고 하는 것이 무엇인가를 말한다. 이것은 우리가 현재 하고 있는 사업은 무엇이고, 미래에 지향해야 할 사업은 무엇인가에 대한 인식을 할 수 있도록 도와준다. 사업을 처음 시작하는 대부분의 재활시설들은 명확한 사명을 가지고 있지만, 재활시설이 성장을 하거나 새로운 사업을 통해 재활시설의 미션이 불명확해지는 경우가 많다. 이럴 경우 새로운 환경변화에 대한 적응을 어렵게 만들 수 있다.

재활시설의 미션을 세우기 위해서는 먼저, 다음과 같은 질문들을 고려할 수 있을 것이다(안광호 외, 2002). 우리 재활시설은 어떤 사업을 하고 있는가?, 우리 재활시설은 영리 혹은 비영리를 위한 것인가?, 우리의 고객은 누구인가?, 우리의 사업이 고객들에게 어떤 가치를 제공하는가?, 우리 사업이 앞으로 어떻게 될 것인가?, 우리 사업이 앞으로 어떻게 되어야 할 것인가?

이러한 질문에 응답하는 것은 단순해 보이지만 매우 어려운 과제이다. 재활시설은 미션을 의식적으로 문서화 할 필요가 있다. 이것을 미션선언문(mission statement)라고 부른다. 미션선언문은 조직의 목적, 즉 조직이 성취하고 싶은 것을 기술한 것이다. 명확한 미션선언문은 보이지 않는 손의 역할을 하게 된다. 그 결과 조직 구성원들의 생각과 행동의 지침을 제시하게 된다.

재활시설의 미선선언문이 명확할수록 구성원들에게 목표를 정확하게 부여할 수가 있기 때문이다. 재활시설의 미션선언문은 가능하면 시장지향적인 개념을 포함하여 표현하는 것이 좋다. 시장지향적인 개념이란 고객의 입장에서 이해가 될 수 있는 미션을 설장하라는 것이다. 그렇다고 해서 미션을 너무 광범위하거나 지나치게 좁아서도 안 된다.

바람직한 미선선언문은 다음과 같은 조건을 가져야 한다. 첫째, 의미가 있고 구체적이면서 동기유발을 할 수 있어야 한다. 많은 재활시설의 미션선언문들이 홍보의 목적으로 만들어져서 구체성이 결여되고 업무를 수행하는데 지침을 제시하지 못하는 경우가 있다. 둘째, 재활시설의 미션선언문은 재활시설이 창출하기 위해 노력하는 고객 및 고객 경험에 초점을 맞추어야 한다. 재활시설의 미션선언문은 더 많은 매출이나 이익을 올리는 것으로 기술되어서는 안 된다. 매출과 이익은 고객을 위해 가치를 창출한 대가로 얻어지는 것일 뿐이다. 이와 같이 미션선언문은 명료하고, 간결하며, 의미가 있고, 영감을 줄 수 있는 것으로 장기적으로 추구 가능한 것이어야 한다.

3. 재활시설의 목표 설정 및 환경 분석

재활시설의 미션은 이를 실현할 수 있는 구체적인 재활시설의 목표로 만들어져야 한다. 재활시설의 목표는 미션을 구체적인 용어로 표현한 것이다. 직업재활시설에 따라서는 이를 비전(vision)으로 표현하기도 한다. . 비전은 미션을 증명하기 위해서 달성해야 하는 구체적 목표이다. 미션은 바뀌거나 흔들릴 수 없는 재활시설의 철학이다. 비전은 현실과의 관계 속에서 재정립되면서 변화, 발전해나가는 것이다. 세상의 모든 재활시설은 미션과 비전을 모두 가지고 있다. 하지만 어떤 것을 중시하느냐에 따라 가치지향적인 미션 중심의 재활시설과 성취지향적인 비전 중심의 재활시설로 나눌 수 있다. 두 마리 토끼를 잡을 수는 없지만 미션과 비전은 연결되어 있기에 두 마리 토끼라고 말할 수만은 없다. 각 조직은 조직이 가지고 있는 숭고한 가치를 먼저 생각해야 한다. 그리고 이후에 우리의 존재 이유인 미션이 증명되기 위해서는 달성해야 하는 것이 있다. 그것이 비전이다. 비전은 조직이 장기적으로 달성하고자 하는 미래상을 구체적인 이미지와 목표로 제시하며, 막연한 꿈이나 이상이 아닌, 현실적으로 달성 가능한 목표를 제시하는 것이 중요하다. 비전은 조직 구성원들에게 명확한 방향성을 제시하고, 동기를 부여하며, 변화와 혁신을 이끌어내는 원동력이 된다. 재활시설의 비전과 목표는 밀접하게 연관되어 있으며, 서로 보완적인 관계를 가지고 있다. 미션은 재활시설의 존재 이유와 전반적인 방향성을 제시하고, 이는 시설의 핵심 가치와 철학을 담고 있으며, 장기적인 비전을 나타낸다. 목표는 미션을 실현하기 위한 구체적이고 측정 가능한 단기 및 중기 계획으로. 이는 미션을 현실적이고 실행 가능한 단계로 나눈 것이라고 볼 수 있다.

비전과 목표와의 관계를 살펴보면, 첫째. 계층 구조로 비전은 최상위 수준의 지침이며, 목표는 이를 달성하기 위한 하위 요소이다. 둘째, 구체화로 비전은 추상적이고 포괄적이라면, 목표는 이를 구체화하고 세분화한다. 셋째, 시간 프레임이다. 비전은 장기적인 방향성을 제시하고, 목표는 단기 및 중기적 성과를 다룬다. 넷째, 평가 기준이다. 비전은 시설의 전반적인 성공을 평가하는 기준이 되고, 목표는 구체적인 성과 측정의 기준이 된다. 비전과 목표는 상호보완성을 가지고 있으며, 비전은 목표 설정의 기준이 되며, 목표 달성은 미션 실현에 기여하며, 목표 달성 과정에서 얻은 통찰력은 비전을 재정립하거나 조정하는 데 도움을 줄 수 있다. 예를 들어 재활시설의 비전을 "장애인의 독립적인 삶과 사회 통합 지원"으로 설정했다면 목표로 "연간 100명의 장애인에게 직업 훈련 제공", "6개월 내 50%의 훈련생 취업 달성", "지역사회와의 협력 프로그램 3개 이상 운영"등으로 설정할 수 있다. 비전과 목표의 명확한 설정과 연계는 재활시설의 효과적인 운영, 자원 배분, 성과 평가에 필수적이다. 재활시설의 목표는 계층적인 목표로 개발이 되어야 한다. 계층적 목표는 사업의 목표로 개발이 된다. 이와 같은 목표들은 구체적이며, 계량적이며, 실현 가능하면서도, 다른 목표들과 상치가 되지 않는 것이어야 한다. 이러한 목표를 수립하기 위해서는 환경분석이 필수적으로 이루어져야 한다.

환경 분석은 사업의 목표 설정을 위한 가장 기초적인 분석이다. 환경 분석을 통해 재활시설은 시장에 대한 분석과 주요 경쟁자의 강점과 약점을 확인할 수 있다. 또한 환경분석을 통하여 재활시설의 강점과 약점, 기회와 위협 요인을 파악하고 적절한 전략을 수립할 수 있다.

재활시설의 거시적 환경과 과업환경을 분석을 하고, 재활시설의 내부자원에 대한 분석을 하고 나면, 재활시설의 사명과 목표의 적절성을 평가하기 위해 다음 단계의 분석을 하게 된다. 이를 SWOT 분석이라고 한다. SWOT 분석은 재활시설의 내부자원 분석을 통해 나타난 결과를 통해 재활시설이 가지고 있는 강점(Strength)

과 약점(Weakness)을 분석하고, 외부 환경분석을 통해서 재활시설의 기회(Opportunity)와 위협(Threat) 요인에 대한 규명을 하는 방법이다.

SWOT 분석을 통해 재활시설은 조직이 나아가야 할 방향을 평가하게 된다. 강점과 약점은 재활시설의 내부자원 요인에 대한 평가이다. 대표적인 기준은 자본력, 기술력, 인적 및 물적 자원, 경쟁우위요소, 소비자들의 재활시설과 제품에 대한 인식 등이다. 이들 기준이 경쟁자에 비해 우위가 있을 때 강점이 된다. 반면에 이들 요인들이 경쟁자에 비해 열등하거나 충분하게 확보되어 있지 않을 때는 재활시설의 약점이 된다.

기회와 위협은 재활시설의 외부적인, 정치, 경제, 사회·문화 요인에 대한 평가이다. 인구통계학, 사회·문화적 변화, 경제적 변화, 정치와 법률적 변화, 기술적 변화, 생태적 변화 등 거시 환경요인의 변화, 고객, 공급자, 중간상 및 경쟁자의 변화에 따른 과업 환경의 변화가 중요한 고려요인이 될 수 있다. 이런 요인들이 재활시설에게 우호적으로 변한다면 재활시설에게 기회요인이 될 수 있다. 반면에 불리하게 변한다면 재활시설에게 위협 요인이 될 수 있다.

SWOT 분석에서 제시된 결과를 중심으로 강점은 살려서 경쟁력을 강화시키고, 약점은 보완하여 위험을 회피하거나 감소시키게 된다. 또한 외부환경으로부터 발생하는 기회를 살리고, 사업의 방향성을 제시할 뿐만 아니라 불확실한 환경에서 나타날 수 있는 위험을 억제하거나 제거하게 된다. 이를 통해 재활시설의 미션과 목표가 실현가능성이 있는지, 수정할 필요가 있는지에 대해서 점검하는 것이다. 만일 전체적인 방향 전환이 필요하다면, 분석 작업을 처음부터 다시 시작해서 명확한 재활시설의 사명과 목표를 세우도록 해야 한다.

SWOT 분석과 평가를 통해 나타난 재활시설의 내부와 외부요인에 대한 환경 분석을 통해서 각 재활시설은 전략을 개발하게 된다.

4. 전략수립

전략은 미션과 비전을 달성하기 위한 구체적인 계획과 실행 방안을 제시한다. 전략 수립이란 조직의 장기적인 목표를 달성하기 위해 현재의 상황을 분석하고, 미래의 방향을 설정하며, 이를 실현하기 위한 구체적인 계획을 수립하는 과정으로 이는 조직의 비전을 실현하기 위한 체계적이고 종합적인 접근 방식을 의미한다.

전략 수립은 현대 조직 운영에 있어 필수불가결한 요소로, 그 중요성은 나날이 증대되고 있다. 복잡하고 빠르게 변화하는 경영 환경 속에서 조직이 생존하고 번영하기 위해서는 체계적이고 전략적인 접근이 요구된다. 전략 수립의 필요성은 다음과 같은 다양한 측면에서 살펴볼 수 있다.

(1) 명확한 방향 제시

전략 수립의 가장 중요한 역할 중 하나는 조직의 모든 구성원에게 공통된 목표와 방향을 제시하는 것이다. 이는 단순히 최고 경영진의 의사결정 도구를 넘어, 조직 전체의 나침반 역할을 한다. 명확한 방향성은 다음과 같은 이점을 제공한다. 첫째, 조직의 모든 계층에서 일관된 의사결정이 가능해 진다. 최고 경영진부터 일선 직원까지 동일한 방향을 바라보며 업무를 수행할 수 있게 된다. 이는 조직 내 혼선을 최소화하고 업무 효율성을 극대화하는 데 기여한다. 둘째, 구성원들의 동기부여와 참여를 촉진한다. 조직의 비전과 목표가 명확히 제시되면, 구성원들은 자신의 역할과 기여도를 더 잘 이해하게 되며, 이는 업무에 대한 책임감과 열정을 높이는 결과로 이어진다. 셋째, 외부 이해관계자들과의 소통을 원활하게 한다. 투자자, 고객, 협력사 등 외부 이해관계자들에게 조직의 방향성을 명확히 전달함으로써 신뢰를 구축하고 협력 관계를 강화할 수 있다.

(2) 자원의 효율적 배분

모든 조직은 한정된 자원을 가지고 있으며, 이를 어떻게 활용하느냐가 조직의 성패를 좌우한다. 전략 수립은 이러한 제한된 자원을 최적으로 활용할 수 있게 해주는 중요한 도구이다.

자원의 효율적 배분은 첫째, 우선순위 설정을 가능하게 한다. 전략적 목표와 세부 과제들의 중요도와 시급성을 평가하여, 가장 중요하고 시급한 과제에 자원을 우선적으로 배분할 수 있다. 둘째, 중복 투자를 방지한다. 전사적 차원의 전략 수립을 통해 각 부서나 사업 단위 간의 활동을 조율함으로써, 불필요한 중복 투자를 막고 시너지 효과를 창출할 수 있다. 셋째, 장기적 관점의 투자를 가능하게 한다. 단기적 성과에 치중하지 않고, 조직의 장기적 성장과 발전을 위한 투자 결정을 내릴 수 있게 한다.

(3) 경쟁우위 확보

치열한 경쟁 환경 속에서 조직이 생존하고 성장하기 위해서는 차별화된 경쟁우위가 필수적이다. 전략 수립은 이러한 경쟁우위를 확보하고 유지하는 데 핵심적인 역할을 한다. 경쟁우위 확보를 위한 전략 수립의 중요성은 첫째, 시장에서의 차별화된 위치를 확립할 수 있다. 재활시설의 강점과 약점, 시장 기회와 위협 요인을 분석하여 독특한 가치 제안을 개발하고 이를 바탕으로 시장에서의 독자적인 위치를 확보할 수 있다. 둘째, 고객 가치 창출에 집중할 수 있다. 전략적 사고를 통해 고객의 니즈를 더 깊이 이해하고, 이를 충족시킬 수 있는 혁신적인 제품이나 서비스를 개발할 수 있다. 셋째, 지속 가능한 경쟁우위를 구축할 수 있다. 단기적인 성과에 그치지 않고, 장기적으로 경쟁사가 쉽게 모방할 수 없는 독특한 역량이나 자원을 개발하고 축적할 수 있다.

(4) 변화 대응

현대 사회는 기술의 발전, 소비자 선호의 변화, 경제적·정치적 불확실성 등으로 인해 그 어느 때보다 빠르게 변화하고 있다. 이러한 급변하는 환경에서 조직이 생존하고 번영하기 위해서는 체계적인 변화 대응 능력이 필수적이다. 전략 수립이 변화 대응에 기여하는 바는 첫째, 환경 변화를 예측하고 대비할 수 있게 한다. 전략 수립 과정에서 수행되는 환경 분석을 통해 미래의 트렌드와 잠재적 위협을 파악하고, 이에 대한 대응 방안을 미리 준비할 수 있다. 둘째, 유연성과 적응력을 높인다. 잘 수립된 전략은 변화하는 상황에 맞춰 신속하게 조정될 수 있는 유연성을 갖추고 있다. 이를 통해 조직은 예기치 못한 변화에도 빠르게 적응할 수 있다.

셋째, 위기를 기회로 전환할 수 있는 능력을 키울 수 있다. 전략적 사고를 통해 환경 변화를 단순한 위협이 아닌 새로운 기회로 인식하고 활용할 수 있는 능력을 개발할 수 있다.

(5) 성과 측정

조직의 성과를 객관적으로 측정하고 평가하는 것은 지속적인 개선과 발전을 위해 필수적이다. 전략 수립은 이러한 성과 측정을 위한 명확한 기준과 체계를 제공한다. 성과 측정에 있어 전략 수립의 중요성은 첫째, 명확한 목표 설정을 통해 성과를 객관적으로 측정할 수 있게 한다. 전략 수립 과정에서 설정된 구체적이고 측정 가능한 목표들은 성과 평가의 기준점이 된다. 둘째, 균형 잡힌 성과 관리를 가능하게 한다. 재무적 성과뿐만 아니라 고객 만족도, 내부 프로세스 개선, 학습과 성장 등 다양한 측면에서의 성과를 종합적으로 관리할 수 있게 한다. 셋째, 지속적인 개선을 촉진한다. 정기적인 성과 측정과 평가를 통해 전략의 실행 상황을 점검하고, 필요한 경우 전략을 수정하거나 보완할 수 있다.

결론적으로, 전략 수립은 조직이 나아갈 방향을 명확히 하고, 한정된 자원을 효율적으로 활용하며, 경쟁우위를 확보하고, 변화에 유연하게 대응하며, 성과를 객관적으로 측정할 수 있게 해주는 중요한 경영 도구이다. 따라서 모든 재활조직은 자신의 상황과 환경에 맞는 전략을 수립하고 이를 지속적으로 실행, 평가, 개선해 나가는 노력이 필요하다. 이를 통해 재활조직은 불확실성이 높은 현대 경영 환경에서 지속 가능한 성장과 발전을 이룰 수 있을 것이다.

전략 수립은 조직의 미래를 설계하고 실현하기 위한 체계적인 과정으로. 이 과정은 일반적으로 다음의 5단계를 거치며, 각 단계는 유기적으로 연결되어 전체적인 전략의 일관성과 효과성을 보장한다.

① 환경 분석

환경 분석은 전략 수립의 첫 단계로, 조직을 둘러싼 내·외부 환경을 종합적으로 파악하는 과정이다. 이 단계는 조직이 처한 현재 상황을 정확히 이해하고, 미래의 기회와 위협을 예측하는 데 필수적이다. 환경 분석은 크게 내부 환경 분석과 외부 환경 분석으로 나눌 수 있다. 내부 환경 분석은 조직의 강점과 약점을 파악하는 것으로. 이는 조직의 자원, 역량, 핵심 경쟁력, 조직 문화 등을 포함한다. 대표적인 도구로는 가치사슬 분석, 핵심 역량 분석 등이 있다. 외부 환경 분석은 조직을 둘러싼 외부 환경의 기회와 위협 요인을 식별한다. 이는 산업 동향, 경쟁 상황, 기술 변화, 사회·경제적 트렌드 등을 포함한다. PESTEL 분석(정치, 경제, 사회, 기술, 환경, 법률 요인 분석)과 포터의 5가지 경쟁요인 모델 등이 주로 활용된다. 이러한 분석 결과를 종합하여 SWOT 분석을 실시함으로써, 조직의 강점(Strengths), 약점(Weaknesses), 기회(Opportunities), 위협(Threats)을 체계적으로 정리할 수 있다.

환경 분석의 핵심은 단순한 정보 수집을 넘어, 수집된 정보를 전략적 의미로 해석하고 조직의 미래 방향성 설정에 활용하는 것이다.

②전략적 방향 설정

환경 분석을 바탕으로, 조직은 장기적인 전략적 방향을 설정한다. 이 단계에서는 조직의 미션(존재 이유), 비전(미래 모습), 핵심 가치 등을 명확히 정의하고, 이를 바탕으로 전체적인 전략 방향을 결정한다. 전략적 방향 설정의 주요 요소는 첫째, 미션 재정립이다. 조직의 존재 이유와 핵심 목적을 명확히 한다. 미션은 조직의 정체성을 나타내며, 모든 전략적 의사결정의 기준이 된다. 둘째, 비전 수립이다. 조직이 장기적으로 달성하고자 하는 이상적인 미래 모습을 설계한다. 비전은 구성원들에게 영감을 주고 동기를 부여하는 역할을 한다. 셋째, 핵심 가치 정의이다. 조직의 문화와 행동 양식을 규정하는 기본 원칙을 설정하고 이는 의사결정과 행동의 지침이 된다. 넷째, 전략적 포지셔닝이다. 시장에서 조직이 차지하고자 하는 독특한 위치를 결정하고, 이는 경쟁사와의 차별화 전략을 포함한다. 전략적 방향 설정의 핵심은 조직의 독특성과 경쟁우위를 명확히 하고, 이를 통해 모든 구성원들이 공통된 목표를 향해 나아갈 수 있도록 하는 것이다.

③ 전략 목표 수립

전략적 방향이 설정되면, 이를 구체화하는 전략 목표를 수립한다. 전략 목표는 조직이 달성하고자 하는 구체적이고 측정 가능한 결과물을 의미한다.

효과적인 전략 목표 수립을 위해서는 첫째, SMART 원칙 적용이다. 목표는 구체적(Specific), 측정 가능(Measurable), 달성 가능(Achievable), 관련성 있는(Relevant), 기한이 있는(Time-bound) 특성을 갖추어야 한다 둘째, 균형 잡힌 접근이다. 재무적 목표뿐만 아니라 고객, 내부 프로세스, 학습과 성장 등 다양한 관점의 목표를 균형 있게 설정해야 한다. 이를 위해 균형성과표(Balanced Scorecard) 방법론을 활용할 수 있다. 둘째, 장/단기 목표의 조화이다. 단기적으로 달성 가능한 목표와 장기적인 전략 방향을 연계하는 중장기 목표를 함께 설정해야 한다. 넷째, 우선순위 설정이다. 제한된 자원을 고려하여 목표들 간의 우선순위를 명확히 해야 한다. 전략 목표 수립의 핵심은 조직의 비전과 미션을 실현 가능한 구체적인 목표로 전환하는 것이다. 이를 통해 조직의 모든 활동이 일관된 방향으로 정렬될 수 있다.

④ **전략 실행 계획 수립**

전략 목표가 설정되면, 이를 실현하기 위한 구체적인 실행 계획을 수립해야 한다. 이 단계는 '무엇을 할 것인가'에서 '어떻게 할 것인가'로 초점이 옮겨지는 단계이다. 전략 실행 계획 수립에는 다음과 같은 요소들이 포함되어야 한다. 첫째, 세부 과제 도출로 각 전략 목표를 달성하기 위해 필요한 구체적인 과제들을 식별해야 한다. 둘째, 자원 배분이다. 인적, 물적, 재무적 자원을 각 과제에 적절히 배분해야 한다. 이 과정에서 우선순위에 따른 전략적 자원 배분이 이루어져야 한다 셋째, 책임과 권한 부여이다. 각 과제의 책임자를 지정하고 필요한 권한을 부여해야 한다. 넷째, 일정 계획이다. 각 과제의 시작과 완료 시점 등을 포함한 상세 일정을 수립해야 한다. 다섯째, 위험 관리 계획이다. 잠재적 위험 요인을 식별하고 이에 대한 대응 방안을 마련한다. 여섯째, 의사소통 계획이다. 전략과 실행 계획을 조직 전체에 효과적으로 전달하고 공유하기 위한 계획을 수립해야 한다.

전략 실행 계획 수립의 핵심은 전략을 실제 행동으로 옮기는 구체적인 로드맵을 제시하는 것이다. 이를 통해 전략이 단순한 선언에 그치지 않고 실질적인 변화와 성과로 이어질 수 있다.

⑤ **성과 측정 및 피드백**

마지막 단계는 전략 실행의 성과를 측정하고 이를 바탕으로 지속적인 개선을 위한 피드백을 제공하는 것이다. 이 단계는 전략의 효과성을 검증하고 필요한 경우 전략을 수정하는 데 중요한 역할을 한다.

성과 측정 및 피드백 단계에는 다음과 같은 활동들이 포함되어야 한다. 첫째, 핵심성과지표(KPI) 설정이다. 각 전략 목표의 달성 정도를 측정할 수 있는 구체적인 지표를 설정해야 한다. 둘째, 성과 모니터링 시스템 구축이다. 정기적으로 성과를 측정하고 보고할 수 있는 시스템을 구축한다. 셋째. 성과 분석이다. 측정된 성과를 목표와 비교 분석하여 성과 달성 정도와 문제점을 파악해야 한다. 넷째, 피드백 제공이다. 분석 결과를 바탕으로 관련 부서와 담당자에게 적절한 피드백을 제공한다.

다섯째, 전략 조정이다. 필요한 경우 전략이나 실행 계획을 수정하여 변화하는 환경이나 새로운 도전에 대응해야 한다. 여섯째, 학습과 개선이다. 성과 측정과 피드백 과정에서 얻은 교훈을 조직의 학습과 개선에 활용해야 한다. 성과 측정 및 피드백 단계의 핵심은 전략 실행의 효과성을 지속적으로 검증하고 개선하는 것이다. 이를 통해 조직은 전략의 실행력을 높이고, 변화하는 환경에 유연하게 대응할 수 있다.

이상의 5단계는 순차적으로 진행되지만, 실제로는 각 단계가 상호 영향을 주고받으며 순환적으로 이루어진다. 또한, 전략 수립 프로세스는 일회성 활동이 아니라 지속적으로 반복되는 과정으로 이해해야 한다.

5. 전략의 수준

조직의 규모와 복잡성에 따라 전략은 여러 수준에서 수립되며, 일반적으로 기업 수준 전략, 사업 수준 전략, 그리고 기능 수준 전략의 세 가지 유형으로 구분할 수 있다. 이 세 가지 전략 유형은 서로 밀접하게 연관되어 있으며, 전체적인 조직의 목표 달성을 위해 유기적으로 작동한다.

1) 기업 수준 전략

기업 수준 전략(Corporate-level strategy)은 조직의 최상위 수준에서 수립되는 전략으로, 전체 기업의 방향과 범위를 결정한다. 이 전략은 조직이 어떤 사업에 참여할 것인지, 어떻게 자원을 배분할 것인지, 그리고 전체적으로 어떤 방향으로 나아갈 것인지를 결정합니다.

기업 수준 전략의 주요 구성 요소는 첫째, 비전과 미션 설정이다. 이는 조직의 장기적인 목표와 존재 이유를 명확히 한다. 둘째, 포트폴리오 관리이다. 다양한 사업 단위들의 조합을 최적화하여 전체 기업 가치를 극대화한다. 이는 새로운 사업 진출, 기존 사업의 확장 또는 철수 등의 의사결정을 포함한다. 셋째, 자원 배분이다. 이는 제한된 기업 자원을 각 사업 단위에 전략적으로 배분한다. 넷째, 시너지 창출이다. 다양한 사업 단위 간의 협력을 통해 시너지 효과를 극대화한다. 다섯째, 기업 지배구조이다. 전체 조직의 의사결정 구조와 프로세스를 설계한다.

기업 수준 전략의 유형은 다음과 같이 구분할 수 있다.

- 성장 전략 : 새로운 시장 진출, 신제품 개발, 인수합병 등을 통해 기업의 규모와 범위를 확장.
- 안정화 전략 : 현재의 사업 포트폴리오를 유지하면서 효율성을 개선.
- 철수 전략 : 수익성이 낮거나 전략적 적합성이 떨어지는 사업에서 철수.
- 복합 전략 : 위의 전략들을 상황에 따라 복합적으로 활용.

기업 수준 전략의 핵심은 전체 조직의 방향성을 제시하고, 다양한 사업 단위들 간의 조화를 이루는 것이다. 이를 통해 조직은 장기적인 성장과 가치 창출을 달성할 수 있다.

2) 사업 수준 전략

사업 수준 전략(Business-level strategy)은 특정 사업 단위나 제품 라인이 해당 시장에서 어떻게 경쟁할 것인지를 결정하는 전략으로, 이 전략의 주요 목적은 해당 사업 영역에서 지속가능한 경쟁우위를 확보하는 것이다.

사업 수준 전략의 주요 구성 요소는 첫째, 시장 정의로 목표 시장과 고객 세그먼트를 명확히 정의한다. 둘째 가치 제안으로 목표 고객에게 제공할 독특한 가치를 설정한다. 셋째, 핵심 역량으로 경쟁우위의 원천이 되는 핵심 역량을 식별하고 개발한다. 넷째, 경쟁 전략으로 경쟁사 대비 우위를 확보할 수 있는 전략을 수립한다. 다섯째, 사업 모델로 가치 창출, 전달, 확보 방식을 설계하는 것이다.

마이클 포터의 일반 전략(Generic Strategies)에 따르면, 사업 수준 전략은 크게 세 가지로 구분할 수 있다.

- 원가 우위 전략 : 경쟁사보다 낮은 비용으로 제품이나 서비스를 제공하여 가격 경쟁력을 확보.
- 차별화 전략 : 고유한 특성을 가진 제품이나 서비스를 제공하여 프리미엄 가격을 책정
- 집중화 전략 : 특정 시장 세그먼트나 틈새시장에 집중하여 경쟁우위를 확보

사업 수준 전략의 핵심은 해당 사업이 속한 산업의 특성과 자사의 강점을 고려하여 가장 효과적인 경쟁 방식을 선택하는 것이다. 이를 통해 지속가능한 수익성과 시장 지위를 확보할 수 있다.

3) 기능 수준 전략

기능 수준 전략(Functional-level strategy)은 조직의 각 기능 영역(마케팅, 재무, 인사, 생산, R&D 등)이 어떻게 운영되어야 하는지를 결정하는 전략이다. 이 전략의 주요 목적은 상위 수준의 전략(기업 수준 및 사업 수준)을 효과적으로 지원하고 실행하는 것이다.

기능 수준 전략의 주요 특징은 운영 효율성, 품질 향상, 혁신 촉진, 자원 최적화, 협력 강화 등이 있다.

주요 기능 영역별 전략의 예시는 다음과 같다

- 마케팅 전략 : 브랜드 포지셔닝, 가격 정책, 프로모션 방식, 유통 채널 등을 결정.
- 재무 전략 : 자본 조달, 투자 의사결정, 위험 관리, 수익성 개선 방안 등을 수립.

- 인사 전략 : 인재 확보, 교육 훈련, 성과 관리, 조직 문화 개선 등의 방안을 마련.
- 생산 전략 : 생산 방식, 품질 관리, 공급망 관리, 재고 관리 등의 정책을 수립.
- R&D 전략 : 연구 개발 방향, 기술 로드맵, 지적 재산권 관리 등을 결정.

기능 수준 전략의 핵심은 각 기능 영역이 조직의 전체 전략 목표를 달성하는 데 어떻게 기여할 수 있는지를 명확히 하고, 이를 실행에 옮기는 것이다.

이 세 가지 전략 유형은 서로 밀접하게 연관되어 있으며, 효과적인 전략 실행을 위해서는 이들 간의 일관성과 통합이 필수적이다.

① **하향식 접근**(Top-down approach)

기업 수준 전략이 먼저 수립되고, 이를 바탕으로 사업 수준 전략이 결정되며, 최종적으로 각 기능 수준의 전략이 수립된다. 이를 통해 전체 조직의 일관성을 유지할 수 있다.

② **상향식 접근**(Bottom-up approach)

각 기능 영역과 사업 단위의 현장 정보와 아이디어가 상위 수준의 전략 수립에 반영된다. 이를 통해 현실성 있고 실행 가능한 전략을 수립할 수 있다.

③ **순환적 프로세스**

실제 전략 수립 과정에서는 하향식과 상향식 접근이 순환적으로 이루어진다. 상위 수준의 전략 방향이 제시되면, 하위 수준에서 이를 구체화하고 피드백을 제공하며, 이를 다시 상위 수준의 전략에 반영하는 과정이 반복된다.

④ **전략적 정렬**(Strategic alignment)

세 가지 수준의 전략이 서로 일치하고 보완하도록 조정하는 과정이 필요하다. 이를 통해 전체 조직의 목표 달성을 위한 시너지를 창출할 수 있다.

⑤ **유연성과 적응성**

각 수준의 전략은 환경 변화에 따라 유연하게 조정될 수 있어야 한다. 특히 하위 수준의 전략일수록 더 빈번한 조정이 필요할 수 있다.

전략 수립의 세 가지 유형인 기업 수준 전략, 사업 수준 전략, 기능 수준 전략은 각각 고유한 역할과 중요성을 가지고 있다. 기업 수준 전략은 조직의 전체적인 방향과 범위를 결정하고, 사업 수준 전략은 각 사업 단위의 경쟁 방식을 결정하며, 기능 수준 전략은 이를 실현하기 위한 구체적인 운영 방식을 결정한다.

효과적인 전략 수립을 위해서는 이 세 가지 수준의 전략이 서로 일관성을 유지하면서도 각 수준의 특성과 요구사항을 적절히 반영해야 한다. 또한, 급변하는 경영 환경에 대응하기 위해 각 수준의 전략은 지속적으로 검토되고 필요에 따라 조정되어야 한다.

재활조직의 리더들은 이러한 전략 수립의 세 가지 유형을 이해하고, 이들을 효과적으로 통합하여 운영함으로써 조직의 장기적인 성공과 지속가능한 경쟁우위를 확보할 수 있다. 전략 수립은 단순한 계획 수립을 넘어, 조직의 모든 구성원이 공통된 목표를 향해 나아갈 수 있도록 하는 중요한 경영 활동임을 인식하고, 이에 적절한 시간과 자원을 투자해야 할 것이다.

제2절 리더십

1. 리더십의 필요성

현대 사회에서 장애인 재활기관은 복잡하고 다양한 도전에 직면해 있다. 장애의 다양성, 개별화된 재활 요구, 사회적 인식 개선의 필요성, 그리고 장애인의 권리 신장 등 다양한 요인들이 장애인 재활 서비스의 수요와 복잡성을 증가시키고 있다. 이러한 환경에서 효과적인 리더십은 장애인 재활기관의 성공적인 운영과 장애인의 온전한 사회 참여를 위해 필수불가결한 요소가 되었다. 리더십은 장애인 재활기관의 모든 측면에서 영향을 미친다. 개별화된 재활 서비스의 질, 장애인의 권리 보장, 직원의 전문성과 만족도, 기관의 재정적 안정성, 그리고 사회적 인식 개선에 이르기까지 리더십의 영향력은 광범위하다. 효과적인 리더십은 단순히 기관을 관리하는 것을 넘어, 장애인의 존엄성을 존중하는 비전을 제시하고, 혁신적인 재활 방법을 도입하며, 다학제적 팀을 동기부여하고, 복잡한 사회적 문제를 해결하는 능력을 포함한다.

장애인 재활기관에서 리더십의 필요성을 살펴보면 첫째, 장애인 중심의 재활 서비스 실현에 있다. 각 장애인의 고유한 요구, 능력, 및 목표에 맞춰 개별화된 재활 계획을 수립하고 실행해야 한다. 효과적인 리더는 이러한 개별화된 접근법을 기관 전체에 확립하고 유지하는 데 핵심적인 역할을 한다. 그들은 장애인의 자기결정권을 존중하고, 장애인과 그 가족의 적극적인 참여를 촉진하며, 장애인의 전인적 발달을 위한 포괄적인 재활 프로그램을 보장한다.

둘째, 리더십은 다학제적 팀 협력의 촉진에 필수적이다. 장애인 재활은 장애인 재활상담사, 물리치료사, 작업치료사, 언어치료사, 특수교육 전문가, 심리상담사, 사회복지사, 보조공학 전문가 등 다양한 분야의 전문가들이 협력해야 하는 복잡한 과정이다. 효과적인 리더는 이러한 다양한 전문가들 사이의 원활한 의사소통과 협력을 촉진하고, 팀의 시너지를 최대화하여 장애인에게 통합적이고 효과적인 재활 서비스를 제공할 수 있도록 한다.

셋째, 지속적인 품질 개선과 혁신의 추진에 있다. 장애인 재활 분야의 기술과 방법론은 계속 발전하고 있으며, 효과적인 리더는 이러한 변화를 주시하고 적절히 대응해야 한다. 그들은 최신 연구 결과와 best practice를 기관에 도입하고, 직원들의 지속적인 전문성 개발을 장려하며, 혁신적인 재활 기술과 보조공학의 도입을 주도한다. 또한, 장애인의 삶의 질 향상을 위한 새로운 프로그램과 서비스를 개발하고 구현한다.

넷째, 리더십은 재정적 지속가능성과 운영 효율성 확보에 중요하다. 장애인 재활기관은 종종 제한된 자원으로 고품질의 서비스를 제공해야 하는 압박에 직면한다. 효과적인 리더는 재정 관리, 자원 할당, 운영 프로세스 최적화 등을 통해 기관의 지속가능성을 확보한다. 또한, 정부 지원금, 기부금, 그리고 다양한 재원을 확보하기 위한 전략을 수립하고 실행한다.

다섯째, 리더십은 장애인의 권리 보장과 윤리적 실천을 보장하는 데 필수적이다. 장애인 재활 분야는 복잡한 윤리적 문제와 권리 옹호의 책임을 가지고 있다. 효과적인 리더는 장애인의 권리를 보호하고, 차별 없는 환경을 조성하며, 윤리적 딜레마를 해결하는 문화를 조성한다. 그들은 장애인의 자기결정권, 사회참여권, 그리고 평등한 기회 제공을 위해 적극적으로 노력한다.

여섯째, 리더십은 직원의 전문성 개발과 유지에 중요한 역할을 한다. 장애인 재활 분야는 높은 전문성과 끊임없는 학습을 요구한다. 효과적인 리더는 직원들의 지속적인 교육과 훈련을 지원하고, 전문적 성장을 위한 기회를 제공한다. 또한, 직원들의 스트레스 관리와 소진 예방을 위한 지원 체계를 구축한다.

일곱째, 리더십은 지역사회와의 연계와 사회적 인식 개선에 필수적이다. 장애인의 성공적인 사회 통합을 위해서는 재활기관의 노력만으로는 부족하며, 지역사회의 이해와 협력이 필요하다. 효과적인 리더는 지역사회와의 파트너십을 구축하고, 장애 인식 개선 프로그램을 주도하며, 장애인의 사회참여를 위한 기회를 확대한다.

여덟째, 리더십은 변화 관리와 위기 대응에 중요하다. 장애인 정책의 변화, 사회적 환경의 변화, 그리고 예기치 않은 위기(예 : 팬데믹 상황)에 직면할 수 있다. 효과적인 리더는 이러한 변화와 위기에 유연하게 대응할 수 있는 능력을 갖추고 있다. 그들은 장애인의 안전과 권리를 보장하면서도 서비스의 연속성을 유지할 수 있는 전략을 수립하고 실행한다.

아홉째, 리더십은 장애인 재활기관의 문화와 가치를 형성하는 데 핵심적인 역할을 한다. 효과적인 리더는 장애인의 존엄성 존중, 평등, 포용성, 자립 등의 핵심 가치를 체현하고 촉진한다. 그들은 이러한 가치를 일상적인 운영과 의사결정 과정에 통합하여, 장애인의 권리와 잠재력을 최대한 실현할 수 있는 조직 문화를 조성한다.

마지막으로, 리더십은 장애인 재활기관의 미래를 위한 비전과 전략을 수립하는 데 필수적이다. 효과적인 리더는 장애인의 완전한 사회 참여와 평등한 기회 제공이라는 궁극적인 목표를 향한 장기적인 비전을 수립한다. 그들은 이를 달성하기 위한 전략적 계획을 개발하고, 조직의 모든 구성원들이 이 비전을 향해 함께 나아갈 수 있도록 동기를 부여한다.

결론적으로, 장애인 재활기관에서의 리더십은 복잡하고 다면적인 역할을 수행한다. 그것은 장애인 중심의 재활 서비스 실현, 다학제적 팀 협력 촉진, 지속적인 품질 개선과 혁신 추진, 재정적 지속가능성 확보, 장애인의 권리 보장, 직원 전문성 개발, 지역사회 연계, 변화와 위기 대응, 포용적 조직 문화 형성, 그리고 미래를 위한 비전 수립 등 다양한 측면을 포함한다.

효과적인 리더십은 장애인 재활기관이 복잡한 사회적, 경제적 환경에서 성공적으로 운영되고, 장애인에게 최상의 재활 서비스를 제공하며, 궁극적으로 장애인의 삶의 질 향상과 사회 통합을 실현할 수 있게 하는 핵심 요소이다. 따라서 장애인 재활기관은 리더십 개발에 투자하고, 모든 수준의 직원들이 리더십 기술을 함양할 수 있는 기회를 제공해야 한다. 이는 최고 경영진뿐만 아니라, 조직의 모든 구성원이 각자의 역할에서 리더십을 발휘할 수 있도록 하는 것이 중요하다. 장애인 재활기관에서의 리더십은 궁극적으로 장애인의 권리 보장, 잠재력 실현, 그리고 완전한 사회 참여라는 목표를 향해 모든 자원과 노력을 집중시키는 역할을 한다. 효과적인 리더십을 통해, 장애인 재활기관은 변화하는 사회 환경에서 탁월성을 유지하고, 장애인과 그 가족, 그리고 전체 사회에 지속적으로 가치를 제공할 수 있을 것이다.

2. 리더십의 정의와 이론

리더십은 학자들과 실무자들 사이에서 다양하게 정의되어 온 복잡하고 다면적인 개념이다. 리더십에 대한 이해는 시대와 연구자에 따라 진화해 왔으며, 각 학자들은 리더십의 서로 다른 측면을 강조하며 정의를 제시했다. Ralph M. Stogdill (1950)은 리더십을 "공동의 목표를 향해 집단의 활동을 이끄는 과정"으로 정의했다. 이는 리더십의 목표 지향적 특성과 집단 영향력 측면을 강조한 것이다. Peter Drucker(1996)는 리더십을 "비전을 현실로 만드는 것"이라고 간단히 정의했다. 이는 리더십의 비전 설정과 실행 능력에 초점을 맞춘 것이다.

James MacGregor Burns(1978)는 변혁적 리더십 개념을 소개하며, 리더십을 "리더와 추종자가 서로를 더 높은 수준의 동기부여와 도덕성으로 끌어올리는 과정"으로 정의했다. 이는 리더십의 윤리적 측면과 상호 발전의 중요성을 강조한 것이다.

Bernard M. Bass(1990)는 Burns의 개념을 확장하여 리더십을 "집단의 목표나 목적을 달성하기 위해 구성원들의 활동을 이끌고 조정하는 집단 상호작용"으로 정의했다.

Gary Yukl(2013)은 리더십을 "공동의 목표 달성을 위해 다른 사람들의 이해와 동의를 얻고, 개인과 집단의 노력을 촉진하는 영향력 행사 과정"으로 정의했다. 이는 리더십의 영향력 측면과 합의 형성의 중요성을 강조한 것이다. Robert K. Greenleaf(1970)는 서번트 리더십 개념을 제시하며, 리더십을 "타인을 섬기고 그들의 성장과 발전을 돕는 과정"으로 정의했다. 이는 리더십의 봉사적 측면을 강조한 것이다. Warren Bennis(2009)는 "리더십은 성격의 문제다. 그것은 진실성의 문제다"라고 주장하며, 리더의 개인적 특성과 윤리성의 중요성을 강조했다. Daniel Goleman(1998)은 감성 지능의 관점에서 리더십을 접근하며, "효과적인 리더십은 감성 지능의 발휘에 달려있다"고 주장했다. 이는 리더의 감성적 능력의 중요성을 강조한 것이다.

Peter G. Northouse(2018)는 리더십을 "공동의 목표를 달성하기 위해 한 개인이 집단의 구성원들에게 영향을 미치는 과정"으로 정의했다. 이는 리더십의 과정적 특성과 목표 지향성을 강조한 것이다.

Keith Grint(2010)는 리더십을 상황에 따라 다르게 해석되는 "본질적으로 논쟁의 여지가 있는 개념"으로 보았다. 이는 리더십의 맥락 의존적 특성을 강조한 것이다.

이러한 학자의 기본적인 정의를 넘어서 리더십에 대한 여러관점과 해석이 존재한다.

영향력 중심의 정의에서 리더십은 공동의 목표 달성을 위해 다른 사람들의 이해와 동의를 얻고, 개인과 집단의 노력을 촉진하는 영향력 행사 과정으로 본다. 특성 중심의 정의는 리더십을 효과적인 리더가 공통적으로 가지고 있는 개인적 특성이나 능력의 집합으로 이해한다.

행동 중심의 정의는 리더십을 조직의 목표 달성을 위해 구성원들을 이끄는 리더의 행동 패턴으로 본다. 변혁적 정의에서는 리더십을 추종자들의 동기를 부여하고, 그들의 가치관과 열망을 높여 근본적인 변화를 이끌어내는 과정으로 정의한다.

관계 중심의 정의는 리더십을 리더와 추종자 간의 상호작용을 통해 형성되는 관계적 과정으로 본다. 상황 중심의 정의에서는 리더십을 특정 상황에서 효과적인 결과를 이끌어내기 위해 적절한 리더십 스타일을 선택하고 적용하는 능력으로 이해한다.

윤리 중심의 정의는 리더십을 윤리적 가치와 원칙에 기반하여 조직과 사회에 긍정적인 영향을 미치는 과정으로 본다. 서번트 리더십의 관점에서는 리더십을 타인을 섬기고 그들의 성장과 발전을 돕는 과정으로 정의한다.

리더십은 단순히 개인의 특성이나 행동에 국한되지 않고, 리더와 추종자, 그리고 상황 간의 상호작용을 포함하는 총체적인 과정이다. 효과적인 리더십은 조직의 목표 달성뿐만 아니라 구성원들의 성장과 발전, 그리고 사회적 책임을 모두 고려한다. 리더십은 또한 지속적인 학습과 적응의 과정으로, 변화하는 환경에 맞춰 끊임없이 진화하고 발전해야 한다.

이러한 다양한 정의들을 종합해 볼 때, 현대적 관점에서 리더십은 "개인이나 그룹이 공동의 목표를 달성하기 위해 다른 사람들에게 영향을 미치고, 동기를 부여하며, 그들의 잠재력을 개발하고, 윤리적이고 지속가능한 방식으로 조직과 사회에 긍정적인 변화를 이끌어내는 복합적이고 역동적인 과정"으로 정의될 수 있다. 이러한 정의는 리더십이 단순히 개인의 특성이나 행동에 국한되지 않고, 리더와 추종자, 그리고 상황 간의 상호작용을 포함하는 총체적인 과정임을 강조한다. 또한 효과적인 리더십이 조직의 목표 달성뿐만 아니라 구성원들의 성장과 발전, 그리고 사회적 책임을 모두 고려해야 함을 시사한다. 리더십은 지속적인 학습과 적응의 과정으로, 변화하는 환경에 맞춰 끊임없이 진화하고 발전해야 하는 동적인 개념이다.

리더십 이론은 시간이 흐르면서 다양하게 발전해왔다. 초기에는 특성 이론이 주목을 받았다. Ralph Stogdill과 Richard Mann은 리더의 특성에 대해 연구했다. 이들은 지능, 자신감, 결단력 등이 리더의 중요한 특성이라고 보았다. 특성 이론은 리더십이 타고난 특성에 의해 결정된다고 주장했지만, 모든 상황에 적용될 수 있는 보편적인 리더 특성을 찾는 데는 실패하였다.

이러한 한계를 극복하기 위해 행동 이론이 등장하였다. Ohio State University와 University of Michigan의 연구자들이 이 이론을 발전시켰다. 이들은 리더의 행동을 '과업 중심'과 '관계 중심'으로 구분하였다. Robert Blake와 Jane Mouton은 이를 바탕으로 관리자 이론을 제안하였다. 이 이론은 리더의 행동 패턴에 초점을 맞추며, 효과적인 리더십은 학습될 수 있다고 주장하였다.

상황 이론은 Paul Hersey와 Ken Blanchard가 주도적으로 발전시켰다. 이들의 상황적 리더십 이론은 리더십 스타일이 구성원의 성숙도에 따라 달라져야 한다고 주장하였다. Fred Fiedler의 상황적합성 이론도 이 시기에 제안되었다. 이 이론들은 효과적인 리더십이 상황에 따라 달라진다는 관점을 제시하였다.

Robert House가 제안한 경로-목표 이론은 리더의 주요 역할이 구성원들이 목표를 달성할 수 있도록 경로를 명확히 하고 장애물을 제거하는 것이라고 주장하였다. 이 이론은 리더가 상황과 구성원의 특성에 따라 지시적, 지원적, 참여적, 성취지향적 리더십 스타일을 적절히 선택해야 한다고 설명하였다.

변혁적 리더십 이론은 James MacGregor Burns가 처음 제안하고 Bernard Bass가 발전시켰다. 이 이론은 리더가 구성원들에게 영감을 주고, 지적 자극을 제공하며, 개인적 관심을 보임으로써 구성원들의 동기를 높이고 조직의 변화와 혁신을 이끌어낸다고 주장하였다. 변혁적 리더십은 장기적인 비전 제시, 구성원들의 잠재력 개발, 그리고 조직 문화의 변화에 중점을 둔다.

거래적 리더십은 변혁적 리더십과 대비되는 개념으로, 리더와 구성원 간의 교환 관계에 초점을 맞춘다. 이 리더십 스타일은 명확한 목표 설정, 성과에 대한 보상, 그리고 예외적 상황에 대한 관리를 특징으로 한다. 거래적 리더십은 단기적인 목표 달성과 효율성 증진에 효과적일 수 있지만, 장기적인 변화와 혁신을 이끌어내는 데는 한계가 있을 수 있다.

Robert Greenleaf가 제안한 서번트 리더십 이론은 리더의 주요 역할을 구성원들을 섬기는 것으로 정의하였다. 이 이론에 따르면, 효과적인 리더는 자신의 이익보다 구성원들의 성장과 웰빙을 우선시한다. 서번트 리더십은 경청, 공감, 치유, 인식, 설득, 개념화, 선견지명, 청지기 정신, 구성원의 성장에 대한 헌신, 공동체 구축 등의 특성을 강조한다.

Bill George와 Peter Sims 등이 발전시킨 진정성 리더십 이론은 리더의 자기 인식, 투명성, 균형 잡힌 정보 처리, 그리고 내재화된 도덕적 관점을 강조하였다. 이 이론에 따르면, 진정성 있는 리더는 자신의 가치관과 신념에 따라 일관되게 행동하며, 구성원들과 개방적이고 투명한 관계를 유지한다. 진정성 리더십은 리더에 대한 신뢰를 증진시키고, 구성원들의 웰빙과 성과를 향상시키는 것으로 알려져 있다.

Michael Brown과 Linda Treviño 등이 연구한 윤리적 리더십 이론은 리더의 도덕성과 윤리적 행동의 중요성을 강조하였다. 이 이론은 리더가 개인적으로 윤리적 기준을 준수할 뿐만 아니라, 조직 내에서 윤리적 행동을 장려하고 보상해야 한다고 주장하고 있다 윤리적 리더십은 공정성, 정직성, 투명성, 그리고 사회적 책임을 핵심 요소로 삼는다.

Daniel Goleman이 발전시킨 감성 리더십 이론은 리더의 감성 지능이 리더십 효과성에 중요한 역할을 한다고 주장하였다. 이 이론은 자기 인식, 자기 관리, 사회적 인식, 관계 관리 등 네 가지 감성 지능 능력을 강조하고 있다. 감성 리더십은 리더가 자신과 타인의 감정을 이해하고 관리함으로써 더 효과적으로 구성원들을 동기부여하고 영향을 미칠 수 있다고 설명하고 있다.

Ronald Heifetz와 Marty Linsky가 제안한 적응적 리더십 이론은 복잡하고 불확실한 환경에서 조직이 직면한 도전에 대응하는 리더의 역할을 강조하였다. 적응적 리더십은 기술적 문제와 적응적 도전을 구분하고, 리더가 구성원들로 하여금 적응적 도전에 대처할 수 있도록 돕는 과정에 초점을 맞춘다. 이 이론은 리더가 불편한 현실을 직면하게 하고, 긴장을 조절하며, 책임을 분산시키는 등의 역할을 수행해야 한다고 주장하고 있다.

분산 리더십 이론은 리더십을 한 개인의 특성이나 행동이 아닌, 조직 내 여러 구성원들 사이에 분산된 과정으로 본다. James Spillane과 Richard Elmore 등이 이 이론을 발전시켰다. 이 이론은 리더십이 공식적인 지위에 국한되지 않고, 상황과 맥락에 따라 다양한 구성원들이 리더십 역할을 수행할 수 있다고 주장하고 있다. 분산 리더십은 집단 지성의 활용, 유연성 증대, 그리고 구성원들의 참여와 책임감 향상 등의 이점을 제공할 수 있다.

디지털 리더십 이론은 디지털 기술의 발전과 함께 등장한 새로운 리더십 패러다임이다. MIT Sloan School of Management의 George Westerman과 Harvard Business School의 Sunil Gupta 등이 이 분야의 연구를 주도하고 있다. 이 이론은 디지털 환경에서 효과적으로 리더십을 발휘하기 위해 필요한 능력과 행동을 탐구하였다. 디지털 리더십은 기술에 대한 이해, 데이터 기반 의사결정, 가상 팀 관리, 디지털 변환 주도, 그리고 지속적인 학습과 적응 능력 등을 강조한다.

포용적 리더십 이론은 다양성과 포용성의 중요성이 증대됨에 따라 주목받고 있다. Bernardo M. Ferdman과 Barbara Deane 등이 이 이론을 발전시켰다. 이 이론은 리더가 다양한 배경과 관점을 가진 구성원들을 포용하고, 그들의 잠재력을 최대한 발휘할 수 있는 환경을 조성하는 것에 초점을 맞춘다. 포용적 리더십은 개방성, 문화적 지능, 공정성, 그리고 다양성의 가치 인식 등을 핵심 요소로 삼는다.

Mary Uhl-Bien과 Russ Marion 등이 발전시킨 복잡성 리더십 이론은 조직을 복잡적응시스템으로 보고, 이러한 시스템 내에서의 리더십 역할을 탐구하였다. 이 이론은 전통적인 위계적 리더십 모델의 한계를 인식하고, 창발성, 자기조직화, 그리고 네트워크 역학을 강조한다. 복잡성 리더십은 리더가 불확실성을 관리하고, 적응성을 촉진하며, 혁신을 장려하는 역할을 수행해야 한다고 주장한다.

Kim Cameron과 Jane Dutton 등이 주도한 긍정 리더십 이론은 긍정 심리학의 원리를 리더십에 적용한 접근법이다. 이 이론은 리더가 구성원들의 강점을 발견하고 개발하며, 긍정적인 감정과 관계를 촉진하고, 의미 있는 목표를 추구하도록 돕는 역할을 강조한다. 긍정 리더십은 희망, 낙관주의, 회복력, 그리고 자기효능감의 증진을 통해 개인과 조직의 성과를 향상시키고자 한다.

Louis W. Fry가 발전시킨 영적 리더십 이론은 리더십의 영적, 정신적 차원을 탐구하였다. 이 이론은 리더가 구성원들에게 의미와 목적을 제공하고, 소명의식을 고취시키며, 내적 동기를 부여하는 역할을 한다고 주장하고 있다. 영적 리더십은 비전, 이타적 사랑, 희망/신념 등의 요소를 통해 구성원들의 영적 웰빙과 조직의 성과를 동시에 증진시키고자 한다.

Diana Huffman과 Fred Luthans 등이 연구한 회복탄력적 리더십 이론은 불확실성과 변화가 빈번한 환경에서 리더의 역할을 탐구하였다. 이 이론은 리더가 자신과 조직의 회복탄력성을 키우고, 위기와 역경을 기회로 전환할 수 있는 능력을 강조한다. 회복탄력적 리더십은 자기인식, 자기조절, 낙관주의, 관계 형성, 그리고 문제 해결 능력 등을 핵심 요소로 삼는다.

이러한 다양한 리더십 이론들은 각각 리더십의 서로 다른 측면을 강조하고 있으며, 실제 상황에서는 이러한 이론들이 복합적으로 적용된다. 효과적인 리더십을 위해서는 이러한 다양한 이론들을 종합적으로 이해하고, 상황과 맥락에 맞게 적절히 적용하는 능력이 중요하다.

3. 재활기관과 리더십

재활기관에서는 이러한 다양한 리더십 이론을 상황에 맞게 적용할 수 있다. 예를 들어, 서번트 리더십은 장애인 중심의 서비스를 제공하는 데 도움이 될 수 있다. 재활기관의 리더는 장애인과 그 가족들의 필요를 우선적으로 고려하고, 직원들이 이러한 가치를 실천할 수 있도록 지원해야 한다. 이는 장애인의 회복과 삶의 질 향상에 직접적인 영향을 미칠 수 있다.

변혁적 리더십은 재활 프로그램의 혁신과 개선을 이끄는 데 유용할 수 있다. 재활 분야는 지속적으로 발전하고 있으며, 새로운 기법과 기술이 계속해서 등장하고 있다. 변혁적 리더는 이러한 변화를 적극적으로 수용하고, 직원들에게 새로운 방법을 학습하고 적용하도록 동기를 부여할 수 있다. 이는 결과적으로 장애인들에게 더 나은 재활 서비스를 제공하는 데 기여할 수 있다.

상황 이론은 장애인의 상태와 재활 단계에 따라 적절한 리더십 스타일을 선택하는 데 도움이 될 수 있다. 재활 과정은 장애인마다 다르며, 각 단계에서 요구되는 접근 방식도 다르다. 예를 들어, 초기 단계에서는 더 지시적인 리더십이 필요할 수 있지만, 장애인의 상태가 개선되면서 더 참여적이고 지원적인 리더십으로 전환할 수 있다.

Daniel Goleman이 제안한 감성 리더십은 장애인과 가족들과의 소통, 그리고 직원들의 스트레스 관리에 중요할 수 있다. 재활 과정은 종종 장애인과 가족들에게 정서적으로 힘든 경험일 수 있으며, 직원들도 높은 수준의 스트레스를 경험할 수 있다. 감성 지능이 높은 리더는 이러한 감정적 요소를 잘 인식하고 관리할 수 있으며, 이는 전반적인 재활 환경을 개선하는 데 도움이 될 수 있다.

Michael Brown과 Linda Trevino가 연구한 윤리적 리더십은 장애인의 권리와 프라이버시를 존중하는 문화를 만드는 데 필수적이다. 재활기관에서는 장애인의 개인정보 보호, informed consent(정보에 입각한 동의), 그리고 윤리적 의사결정이 매우 중요하다. 윤리적 리더는 이러한 가치를 조직 전체에 확산시키고, 직원들이 항상 윤리적 기준을 준수하도록 장려할 수 있다.

Ronald Heifetz와 Marty Linsky가 제안한 적응적 리더십은 변화하는 재활 환경과 재활 기술에 대응하는 데 유용할 수 있다. 재활 기술의 발전, 보험 정책의 변화, 인구 구조의 변화 등은 재활기관에 지속적인 적응을 요구한다. 적응적 리더는 이러한 변화를 인식하고, 조직이 이에 효과적으로 대응할 수 있도록 지원할 수 있다.

James Spillane과 Richard Elmore 등이 발전시킨 분산 리더십은 재활팀의 효과적인 운영에 도움이 될 수 있다. 재활은 종종 다학제적 접근을 필요로 하며, 재활상담사, 의사, 간호사, 물리치료사, 작업치료사, 언어치료사 등 다양한 전문가들의 협력이 중요하다. 분산 리더십은 이러한 팀 환경에서 각 전문가가 자신의 전문 영역에서 리더십을 발휘할 수 있도록 하며, 이는 장애인의 삶의 질을 향상시킬 수 있다.

Bernardo M. Ferdman과 Barbara Deane 등이 연구한 포용적 리더십은 다양한 배경을 가진 장애인과 직원들을 포용하는 데 중요할 수 있다. 재활기관은 다양한 문화적, 사회적 배경을 가진 환자들을 대하며, 직원 구성도 다양할 수 있다. 포용적 리더는 이러한 다양성을 존중하고 활용하여, 모든 구성원이 최선의 능력을 발휘할 수 있는 환경을 조성할 수 있다.

Kim Cameron과 Jane Dutton 등이 주도한 긍정 리더십은 재활 과정에서 장애인과 직원들의 긍정적인 심리 상태를 촉진하는 데 도움이 될 수 있다. 재활은 종종 장기간에 걸친 어려운 과정일 수 있으며, 이 과정에서 긍정적인 마인드셋을 유지하는 것이 중요하다. 긍정 리더십은 장애인의 강점을 강조하고, 작은 진전에도 의미를 부여하며, 희망과 낙관주의를 고취시킬 수 있다.

Louis W. Fry가 발전시킨 영적 리더십은 재활 과정에서 장애인들에게 의미와 목적을 제공하는 데 도움이 될 수 있다. 많은 환자들이 재활 과정에서 삶의 의미와 목적에 대해 고민하게 된다. 영적 리더십은 이러한 장애인들이 자신의 상황을 넘어서는 더 큰 의미와 목적을 찾도록 도울 수 있으며, 이는 재활 동기를 높이고 전반적인 웰빙을 향상시킬 수 있다.

Diana Huffman과 Fred Luthans 등이 연구한 회복탄력적 리더십은 재활기관이 직면할 수 있는 다양한 도전과 위기를 관리하는 데 유용할 수 있다. 재활기관은 예상치 못한 환자의 상태 변화, 재정적 압박, 인력 부족 등 다양한 어려움에 직면할 수 있다. 회복탄력적 리더는 이러한 어려움을 극복하고, 더 나아가 이를 조직 성장의 기회로 전환할 수 있다.

Mary Uhl-Bien과 Russ Marion 등이 발전시킨 복잡성 리더십 이론은 재활기관의 복잡한 운영 환경을 이해하고 관리하는 데 도움이 될 수 있다. 재활기관은 의료, 심리, 사회적 요소가 복잡하게 얽힌 시스템이다. 복잡성 리더십은 이러한 복잡한 시스템 내에서 창발성과 혁신을 촉진하고, 예측 불가능한 상황에 효과적으로 대응할 수 있는 방법을 제시한다.

재활기관의 리더는 이러한 다양한 리더십 이론을 이해하고, 상황에 따라 적절히 적용할 수 있어야 한다. 환자의 요구, 직원의 특성, 기관의 목표, 외부 환경 등을 고려하여 가장 효과적인 리더십 스타일을 선택하고 실천해야 한다. 또한, 지속적인 학습과 자기개발을 통해 리더십 역량을 향상시키는 것이 중요하다.

재활기관에서의 효과적인 리더십은 단순히 조직 관리를 넘어서, 장애인의 삶의 질 향상과 직접적으로 연결된다. 따라서 리더는 항상 환자 중심의 관점을 유지하면서, 동시에 직원들의 웰빙과 전문성 개발도 고려해야 한다. 이를 위해 리더는 지속적으로 자신의 리더십 스타일을 평가하고 개선해 나가야 하며, 새로운 리더십 이론과 실천에 대해 열린 자세를 가져야 한다.

또한, 재활기관의 리더는 재활 기술의 발전, 정책 변화, 인구 구조의 변화 등 외부 환경의 변화에도 민감하게 대응해야 한다. 이를 위해 지속적인 학습과 네트워킹이 필요하며, 필요에 따라 외부 전문가의 자문을 구하는 것도 도움이 될 수 있다.

리더십 개발은 개인의 노력뿐만 아니라 조직적 차원의 지원도 필요하다. 재활기관은 리더십 훈련 프로그램을 제공하고, 멘토링 시스템을 구축하며, 리더십 실천에 대한 피드백 메커니즘을 마련할 수 있다. 이러한 노력은 현재의 리더뿐만 아니라 미래의 리더를 육성하는 데도 도움이 될 것이다.

결론적으로, 재활기관에서의 리더십은 복잡하고 도전적인 과제이지만, 동시에 매우 보람 있는 역할이다. 다양한 리더십 이론과 실천 방법을 이해하고 적용함으로써, 리더는 장애인의 재활과 삶의 질 향상, 직원들의 직무 만족과 전문성 개발, 그리고 기관의 지속가능한 성장에 기여할 수 있다.

국내 참고문헌

1. 강철희(2018). **사회복지행정론**. 서울 : 나남.
2. 김영종(2019). **사회복지조직관리론**. 서울 : 학지사.
3. 김인숙(2017). **사회복지행정론**. 서울 : 신정.
4. 노연희(2020). **비영리조직 전략경영**. 서울 : 박영사.
5. 박상필(2018). **비영리조직의 전략경영**. 서울 : 대영문화사.
6. 박영란(2019). **사회복지조직론**. 서울 : 학지사.
7. 신준섭(2017). **사회복지행정론**. 서울 : 양서원.
8. 안광호, 하영원, 박흥수(2002). **마케팅원론**. 서울 : 학현사.
9. 양옥경(2018). **사회복지실천론**. 서울 : 나남.
10. 오단이(2020). **사회복지조직관리론**. 서울 : 학지사.
11. 윤방섭(2019). **전략경영**. 서울 : 박영사.
12. 이규태(2017). **사회복지행정론**. 서울 : 양서원.
13. 이준영(2018). **사회복지조직관리**. 서울 : 학지사.
14. 정무성(2016). **사회복지행정론**. 서울 : 학지사.
15. 최성재(2017). **사회복지행정론**. 서울 : 나남.

외국 참고문헌

1. Allison, M., & Kaye, J. (2015). *Strategic planning for nonprofit organizations : A practical guide and workbook*. Hoboken, NJ : John Wiley & Sons.
2. Anheier, H. K. (2014). *Nonprofit organizations : Theory, management, policy*. New York, NY : Routledge.
3. Barney, J. B., & Hesterly, W. S. (2018). *Strategic management and competitive advantage : Concepts and cases*. New York, NY : Pearson.
4. Bryson, J. M. (2018). *Strategic planning for public and nonprofit organizations : A guide to strengthening and sustaining organizational achievement*. Hoboken, NJ : John Wiley & Sons.

5. Drucker, P. F. (1990). *Managing the non-profit organization*. New York, NY : HarperCollins.

6. Grant, R. M. (2016). *Contemporary strategy analysis : Text and cases edition*. Hoboken, NJ : John Wiley & Sons.

7. Hamel, G., & Prahalad, C. K. (1994). *Competing for the future*. Boston, MA : Harvard Business School Press.

8. Kaplan, R. S., & Norton, D. P. (1996). *The balanced scorecard : Translating strategy into action*. Boston, MA : Harvard Business School Press.

9. Kim, W. C., & Mauborgne, R. (2015). *Blue ocean strategy, expanded edition : How to create uncontested market space and make the competition irrelevant*. Boston, MA : Harvard Business Review Press.

10. Mintzberg, H., Ahlstrand, B., & Lampel, J. (2009). *Strategy safari : Your complete guide through the wilds of strategic management*. Harlow : Pearson.

11. Osterwalder, A., & Pigneur, Y. (2010). *Business model generation : A handbook for visionaries, game changers, and challengers*. Hoboken, NJ : John Wiley & Sons.

12. Porter, M. E. (1996). *What is strategy? Harvard Business Review*, 74(6), 61-78.

13. Rumelt, R. P. (2011). *Good strategy/bad strategy : The difference and why it matters*. Crown Business.

14. Senge, P. M. (1990). *The fifth discipline : The art and practice of the learning organization*. Doubleday/Currency.

15. Yukl, G. (2013). *Leadership in organizations*. Upper Saddle River, NJ : Pearson.

제6장 재활기관의 재무행정

제1절 재무행정의 기초

1. 재무행정의 개념

재무행정(government financial management)이란 국가·지방자치단체, 공공조직 등이 재활 정책을 비롯한 공공정책을 집행하는 데 필요한 재원을 동원·관리·운용하며 또한 이와 관련한 정책을 결정하고 시행하는 것을 의미한다. 민간 영역에서도 본연의 사업 활동을 하기 위하여 자금을 조달하고 투자하며 더 많은 이익을 창출하기 위해 회계적 기법을 적용하는 등 재무적 지원 활동을 한다. 이를 통상적으로 재무관리라 칭한다. 그런데 재활조직 대부분은 민간 영역에 속하나 본연의 사업 활동 상당수가 국가 정책에 바탕을 두고 있어 국가 예산을 주 재원으로 사용하므로 여기서는 재무행정의 관점에서 관련 내용을 살펴본다.

재무행정의 범위는 국가의 예산편성, 자원 할당, 회계와 결산, 감사, 성과관리 등 재무와 관련한 제반 활동을 포함한다. 재활행정을 수행하기 위해서는 많은 재원이 요구되며 재원의 뒷받침 없이는 효율적인 수행이 불가능하다. 따라서 재활행정의 목표를 수행하기 위해서 요구되는 자원을 효율적으로 동원하고 배분하며 또한 효과적으로 관리·운용할 것이 요청된다. 그뿐만 아니라 재원과 관련된 정책을 수립하고 시행하는 과정이 필요하다. 이같이 정책 집행 과정에 있어서 재원과 관련된 정책을 결정·수행하며 이들 재원의 효율적인 동원·배분·관리·운용하는 과정을 재무행정이라고 한다.

우리나라의 재무행정은 근대 이전까지 대단히 경시되는 경향이 있었다. 재무행정의 기본적 기능을 먹을거리 기능(bread and butter function)으로 보았고, 절대빈곤을 탈피하는 수준에 머물러 부적절한 행위에 대해서도 죄악시하지 않았다. 국가 발전을 위한 재정적 통제, 전략적 계획 등은 선언적 표현에 머물렀고, 자본의 축적, 분배의 정의, 이론 연구 등은 소홀하였다(박문옥, 1985). 그러나 오늘날 행정기능이 확대됨에 따라 예산 규모가 팽창하고 국민의 부담 증가와 함께 관심도 커지면서 재무행정의 중요성이 날로 높아가고 있다. 정책의 효율적인 수행을 위해서 재원의 뒷받침과 체계적인 관리가 필요하고 예산 낭비를 방지하기 위한 책임 있는 집행이 요구되기 때문이다.

특히 재활조직에서는 조직발전의 주도적인 역할을 행정이 담당하고자 하므로 이러한 발전적 소임을 수행하기 위해서 재원의 효율적인 동원과 관리·운용이 요청되었고 그에 따른 재무행정의 중요성도 재인식되었다. 재원이 한정되어 있으므로 재활행정의 성패는 재원의 효율적인 동원·관리와 사용에 달려있다고 해도 과언이 아니다.

2. 재무행정 조직

재활조직의 예산은 국가 예산에 상당 부분 의존하고 있어서 재활조직의 재무행정 조직은 공공행정의 조직과 불가분의 관계에 있다. 우리나라 재무행정 조직은 정부의 예산편성 방향을 설정하고 중앙기관의 예산 수립과 국민 경제 정책을 담당하는 기획재정부와 감사 기능을 수행하는 감사원, 물자구매를 담당하는 조달청, 각 부처의 예산 담당 기관(예, 기획조정실)과 회계사무를 맡아 처리하는 전담 부서(예,

운영지원과) 등이 있다.

(1) 기획재정부

기획재정부의 역사는 1948년 대한민국 정부가 출범하면서 신설된 재무부와 기획처로 거슬러 올라간다. 재무부는 국가 세제에 관한 정책의 수립, 국고와 정부 회계의 관리, 금융과 통화, 외환 정책의 수립과 집행 등을 수행해 왔으며 기획처는 1961년 경제기획원으로 확대·개편되면서 경제사회개발 5개년 계획 등 경제개발을 위한 종합계획의 수립, 국가 예산의 편성, 공정거래질서의 확립 등의 업무를 담당했다. 이후 1994년 12월 23일 정부 조직 개편에 따라 경제기획원과 재무부는 재정경제원으로 통합되어 한때 예산, 국고, 세제 등 국가재정 부문이 통합적으로 운영되었으나 1997년 외환위기를 맞고 이듬해인 1998년 정부조직법이 다시 개정되면서 재정경제원은 재정경제부로 축소되고, 예산기능은 예산청으로, 금융감독 기능은 금융감독위원회로, 통상교섭 기능은 외교통상부로, 통화신용정책 기능은 한국은행으로 각각 독립 이관됨으로써 정부 내 견제와 균형이 이루어질 수 있도록 하였다.

2001년 1월 29일에는 재정경제부 장관이 다시 부총리로 승격[1]되어 부처 간 경제정책 총괄 조정 기능이 강화되는 한편, 국무총리실로부터 대외경제 조정 기능도 넘겨받아 거시적인 경제 기획 업무까지 담당하였으나 정책기획 조정 기능이 대통령비서실, 국무총리실, 재정경제부, 기획예산처로 분산되어 이견 조율 비용이 증가한다는 점과 예산, 국고, 세제 등 재정기능이 분산됨으로써 재정건전성에 대한 통제가 취약하다는 점이 지적되었다. 이에 정부는 재정경제부와 기획예산처를 통합하여 기획재정부를 탄생시키고, 재정경제부의 금융정책 기능은 금융위원회로 이관

---

1 1963년 12월 17일 경제기획원 장관이 부총리를 겸직하도록 승격하였다가 외환위기 이후 1998년 2월 28일 재정경제원을 재정경제부로 개편하면서 부총리제는 폐지하였다. 2001년 1월 29일 부총리를 겸직하도록 승격하였으나 2008년 2월 29일 조직 개편 시 부총리제를 폐지하였으며, 2013년 3월 23일에 기획재정부 장관이 부총리를 겸직하도록 승격하여 현재에 이르고 있다.

하였고 기획재정부는 예산이 뒷받침되어 보다 실효성이 있는 기획 조정 역할을 수행함과 동시에 재정건전성 관리가 철저하게 이루어질 수 있도록 하였다.

기획재정부의 주요 기능은 거시경제의 안정적 운용과 경제정책의 합리적 조정, 국가 재원의 효율적 배분과 재정건전성 확보, 공공기관의 혁신, 합리적 조세정책, 국제금융·대외협력 강화 등이다. 관련하여 중장기 경제 사회 발전 방향과 연차별 경제정책 방향 수립·조정, 전략적 자원배분과 배분된 예산의 성과평가, 조세정책과 제도 입안·조정, 국고·국유재산·정부회계·국가채무에 관한 정책 수립·관리, 외국환과 국제금융에 관한 정책 총괄, 대외협력과 남북 경제 교류 협력 증진, 공공기관 운영에 관한 관리·감독 등의 업무를 수행하고 있다.

(2) 중앙예산기관

우리나라의 중앙예산기관은 기획재정부 예산실이며, 예산실 조직은 예산총괄심의관, 사회예산심의관, 경제예산심의관, 복지안전예산심의관, 행정국방예산심의관 등 5개 심의관(국장급)과 각 심의관 아래에 기능별로 4~5개의 과로 구성되어 있다(2024년 5월 현재). 장애인 예산을 비롯한 사회복지 분야 예산은 복지안전예산심의관 아래의 복지예산과에서 담당한다. 그럼에도 장애인과 관련한 예산은 각 부서에 산재해 있는데, 예컨대 장애인고용촉진 및 직업재활법 제68조에 의해 설치된 장애인 고용촉진 및 직업재활기금기금을 주로 사용하는 장애인고용 관련 예산은 사회예산심의관 하의 고용예산과에서 담당하고 있다.

(3) 각 부처 예산기관

우리나라의 각 부처 예산기관은 각 부처의 기획조정실이다. 과거에는 각 부처 총무과에서 관장하였으나 5·16 이후 기획과 예산을 일치시키고, 예산업무의 전문화를 통한 예산 절약과 능률화를 기하자는 목적으로 기획조정실을 신설하고 각 부처의 기획 업무와 더불어 예산업무를 여기서 관장하게 되었다. 재활업무의 경우는 보건복지부, 고용노동부, 교육부, 국토교통부, 행정안전부, 문화체육관광부 등 각 부처에 산재해 있다. 각 부처의 예산기관은 세입·세출 예산편성과 배정, 예산집행 조정과 결산, 국가재정운용계획 수립, 각종 부담금 부과·징수와 체납처분, 기금 운용관리, 재정사업 평가 등의 업무를 맡고 있다.

(4) 감사원

감사원은 감사원장을 포함한 7인의 감사위원으로 구성된 감사위원회의와 사무처로 구성되어 있으며 감사위원회의는 감사원의 최고 의사결정 기관으로, 국가 재정과 관련해서는 국가 세입·세출의 결산 확인, 결산 감사 보고, 회계·감사 관계 법령의 제정·개폐와 해석 적용에 관한 의견 표시 등을 심의한다. 원장이 회의를 주재하며 재적 감사위원 과반수의 찬성으로 의결한다. 국가 예산과 기금에 대한 전반적인 분석과 점검은 재정경제감사국에서 총괄한다.

(5) 조달청

조달청은 정부와 공공기관이 필요로 하는 물품, 용역과 공공시설물의 국내외 조달·공급과 공사 계약 관리, 주요 원자재 비축, 정부 보유 물품과 국유재산 관리, 나라장터(국가종합전자조달시스템) 운영 등을 수행한다. 민간 부문의 기관이 정부예산으로 물품을 구매하거나 공사를 시행하면 근거와 타당성이 있어야 한다. 따라서 재활조직도 일정 규모 이상의 공사를 하거나 물자를 구매할 때, 국가를 당사자로 하는 계약에 관한 법률 등에 따라 조달 제도를 이용하여 집행해야 한다. 특히, 중증장애인생산품 우선구매 특별법, 장애인고용촉진 및 직업재활법, 장애인기업활동촉진법 등에서 공공기관은 중증장애인생산품시설과 장애인표준사업장, 장애인기업 등이 직접 생산·제공·수행하는 물품·용역·공사를 우선 구매하도록 하고 있으므로 재활조직의 재무·회계 업무 상당수는 조달청을 통해 처리된다고 할 수 있다.

3. 재무행정 관계 법규

우리나라의 재무행정 관계 법률에는 헌법과 정부조직법을 바탕으로 하여 1961년에 제정된 예산회계법(2006년 예산회계법과 기금관리기본법을 통합하여 국가재정법 제정)과 기업예산회계법, 1962년의 정부투자기관 예산회계법(1983년 정부투자기관의 경영합리화 촉진을 위해 정부투자기관 관리기본법으로 제정)과 물품관리법, 1963년의 감사원법, 1967년의 조달기금법(1994년 조달사업 규모 증대에 따른 효율적 사업 수행을 위해 조달사업에 관한 법률 제정), 1956년의 국유재산법 등이 있다. 또 1963년에 지방자치단체 활동의 기본이 되는 지방재정법이 제정되었다.

우리나라의 예산과 회계에 관한 기본법률은 국가재정법(구 예산회계법)이다. 1961년 예산회계법이 제정되기 전에는 일본의 재정법과 회계법을 모방하여 1951년 제정된 재정법을 근거로 재정 활동이 이루어졌었다.

재활조직은 1970년 제정된 사회복지사업법에 의거하여 1988년 2월 8일 보건사회부령 제813호로 공포된 사회복지법인재무·회계규칙(2012년 적용 대상을 모든 사회복지시설로 확대하기 위해 사회복지법인 및 사회복지시설 재무·회계 규칙으로 변경)을 근거로 재무·회계 활동이 이루어졌다.

상기의 재무행정 관계 법률 전부를 고찰하는 것은 생략하고, 정부 재정 활동의 기본이 되며 재활조직의 예산편성과 집행 등에 적용되는 국가재정법과 사회복지법인 및 사회복지시설 재무·회계 규칙, 법인세 등 주요 세법의 주요 내용을 살펴보기로 한다.

(1) 국가재정법

국가재정법은 국가의 예산, 기금, 결산, 성과관리, 국가채무 등 재정[2]에 관한 사

2 재정(財政, public finance)이란 국가와 지방자치단체, 공공기관 등이 수행하는 일련의 경제활동으로서, 개인이나 민간 기업의 경제활동은 포함되지 않는다.

항을 정함으로써 효율적이고 성과 지향적이며 투명한 재정 운용과 건전재정의 기틀을 확립하고 재정 운용의 공공성을 증진하는 것을 그 목적으로 한다. 이 법은 국가의 재정 활동에 기본이 되는 법률, 즉 예산과 회계에 관한 기본법률이다. 1951년에 제정·시행되어 왔던 재정법의 문제점을 해결하기 위하여 1961년에 예산회계법이 제정·공포되었다. 2000년대 들어 재정 민주화의 요구증대, 국가채무 증가에 따른 관리 필요, 정보화 등 사회환경 변화에 대처하기 위하여 2006년 10월 4일 국가재정법(법률 제8050호)이 제정되었고 2007년부터 시행 중이다.

① **특징**

가. 예산 배정과 자금공급의 일원화

한때 우리나라의 재정법은 예산 배정과 자금공급이 분리되어 있어 예산이 배정되어도 자금이 공급되지 않아 사업을 집행할 수 없는 폐단이 많았으나, 국가재정법에서는 자금계획에 따라 예산 배정계획을 만들고 국무회의의 심의와 대통령의 승인을 받도록 함으로써 예산 배정과 자금공급이 일원화되었다.

나. 계속비 제도 신설

제1공화국 헌법에는 계속비 제도에 관한 규정이 있었으나 그것을 시행할 수 있도록 하는 절차 규정이 재정법에 담기지 않았던 까닭에 헌법상의 규정은 사실상 사문화되어 있었다. 따라서 완성에 수년을 요하는 사업이나 공사에 필요한 경비도 예산을 해마다 계상한다든가 국고 채무부담행위의 형식을 취할 수밖에 없었다. 이와 같은 불편을 없애기 위하여 국가재정법에서는 계속비에 관한 규정을 신설하였다.

다. 충분한 예비비 계상과 긴급국고 채무부담행위 폐지

과거 재정법 하에서 예비비가 부족하였던 점을 감안하여 국가재정법에서는 일반회계예산의 100분의 1 이내에서 반드시 예비비로 책정하도록 함으로써 예비비를 충분한 수준으로 확보할 수 있게 되었으며, 이에 따라 긴급국고 채무부담행위 제도는 폐지하였다.

라. 국가재정운용계획 수립

정부는 5회계연도 이상의 기간에 대하여 국가재정운용계획을 수립하고 회계연도 개시 90일 전까지 국회에 제출하도록 의무화함으로써 재정 운용의 기본방향, 중장기 재정 전망, 통합재정수지 등 포함해야 할 사항을 구체화하여 중장기 재정운영계획을 수립하도록 하였다.

마. 재정사업 성과관리

정부는 성과 중심의 재정 운용을 위하여 재정사업에 대한 성과 목표, 성과지표 등의 설정과 집행 과정, 결과를 관리하고 이에 대하여 점검·분석·평가하도록 의무화하였다. 이에 따라 기획재정부는 5년마다 재정사업 성과관리 기본계획을 수립하고 각 부처와 기금관리 주체는 국가재정법 시행령 제39조의3(재정사업의 성과평가 등)에 따라 기획재정부 장관이 정하는 주요 재정사업에 대하여 스스로 평가(재정사업자율평가)한다. 그 결과 추가적 평가가 필요하거나 예산 낭비 소지가 있거나 지출 효율화가 필요할 때는 심층 평가를 시행할 수 있다.

② 주요 내용

가. 재정 운용의 효율성 제고

국가재정운용계획 수립의 법적 근거를 마련함과 동시에 재정 활동의 성과관리 체계구축과 성과계획서 및 성과보고서 제출을 의무화하고 일반회계, 특별회계, 기금의 여유 재원의 상호 전출·전입 근거를 마련함으로써 재정 운용의 효율성과 성과 지향성 제고의 법적 기준을 제시하고 있다.

나. 재정건전성 확보

예산원칙을 명문화하고, 재정 건전화 원칙을 제시하며, 재정 소요 추계제도와 국세 감면의 제한, 추가경정예산안 편성의 제한, 세계잉여금[3]의 처리 및 사용계획,

3 예산을 초과하는 세입(초과세입)과 예산을 집행하지 못하여 남은 불용액(세출불용액)의 합계

국채, 차입금 상환 의무화, 국가채무관리 계획수립 등을 규정함으로써 재정건전성 확보와 국민 부담의 최소화, 재정 및 조세지출의 성과를 제고하는 기준을 제시하고 있다.

다. 재정의 투명성 제고와 국민 감시

매년 1회 이상 재정정보 공개를 의무화하고, 예산·기금의 불법 지출에 대해 누구든 책임 있는 부처나 기금관리주체에게 증거를 제출하고 시정을 요구할 수 있게 하였다. 그 처리 결과 수입이 증대되거나 지출이 절약되었을 때는 시정 요구를 한 자에게 예산성과금을 지급함으로써 재정의 투명성 제고를 도모하고 있다.

라. 성인지예산 적용

정부는 예산이 여성과 남성에게 미칠 영향을 미리 분석한 보고서(성인지예산서)를 작성하여야 하고, 그 내용으로서 성평등 기대효과, 성과 목표, 성별 수혜 분석 등을 포함해야 한다. 이로써 성인지예산을 구체화하는 내용을 담고 있다.

③ 연혁

국가재정법은 예산회계법과 기금관리기본법을 통합하여 제정한 법률이다. 따라서 예산회계법과 국가재정법의 개정을 살펴보면 흐름을 이해할 수 있다.

1961년에 제정된 예산회계법은 1973년, 1974년, 그리고 1989년에 개정되었다. 1973년 개정은 예산편성의 능률화와 합리화, 예산집행 및 국고 운용의 신축성 부여, 기금에 대한 통제 강화 등을 내용으로 하였으며, 1974년에는 예산의 경기 조정 기능 강화, 예산전용의 신축성 부여, 세출예산 이월의 자동화, 수입대체 경비의 신설 등을 내용으로 개정되었다. 1989년에는 예산회계제도에 국회 통제를 강화하는 것을 골자로 예산회계법 전문이 개정되었다. 그 주요 내용은 첫째, 예비비를 일반회계예산의 100분의 1 이상 계상해야 한다는 예비비 하한선의 규정을 철폐하였다. 둘째, 국회에 대한 결산 제출 시기를 30일간 단축하였다. 셋째, 계약에 관한 규정을 법률화했다. 넷째, 재정 운용의 효율화 및 건전화의 규정을 신설했다. 다섯째, 법체계를 정비했다. 이후에도 이 법률은 국가예산회계의 운영 여건에 따라 몇 차례 개정이 이루어졌으며, 1995년 개정에서는 계약에 관한 부분을 분리하여 국가를 당사자로 하는 계약에 관한 법률이 제정되었고, 2002년 개정에서는 세입, 세출과 개별법에 따라 설치된 기금의 수입, 지출 등 국고금관리에 관한 부분을 국고금관리법을 제정하여 분리하는 등의 개정이 이루어졌다.

국가재정법은 국가재정에 관한 기본법으로서의 성격을 띤 법률로서 2006년 9월 8일 제정되어 2007년 1월 1일부터 시행에 들어간 법률로서, 2023년 8월까지 68차례 개정이 이루어졌다. 대부분 다른 법의 개정에 따른 타법개정이며 직접적인 본 법률 개정이 이루어진 것은 24차례이다. 그중 관심 있게 살펴볼 개정은 2008년 12월 31일 개정, 2009년 3월 18일 개정, 2010년 5월 17일 개정, 2012년 3월 21일 개정, 2014년 1월 1일 개정, 2020년 3월 31일 개정, 2021년 12월 21일 개정 등이다.

2008년 개정에서는 먼저, 국가회계법에서 국가회계 및 결산에 관한 일반적인 사항을 규정하기로 함에 따라 이 법에서 정하고 있던 결산보고서의 작성에 관한 내용 등을 국가회계법으로 옮기고, 결산보고서의 제출 절차에 관한 내용 등은 이 법에 남기는 등 국가회계에 관한 법체계를 정비하는 한편, 기존 국채를 대체할 때는 국회의 의결을 받은 국채의 한도를 초과하여 국채를 발행할 수 있도록 하여 국가채무관리의 효율성을 제고하며, 기금정책심의회를 폐지하는 등 현행 제도 운용상 나타난 일부 미비점을 개선·보완하였다.

2009년 개정에서는 중앙관서의 장이 예산을 이용·전용하거나 기금운용계획을 변경하는 경우 분기별로 국회 소관 상임위원회와 예산결산특별위원회에 그 내역을 제출하도록 하여 국회가 정부의 예산집행을 상시 감시할 수 있는 제도적 근거를 마련하는 한편, 대규모 사업에 대한 타당성 재조사 실시 사유에 감사원 감사에 따른 감사원장의 요청을 추가하고, 타당성 재조사 결과를 국회에 보고하도록 하여 예산집행에 대한 국회의 심의 기능과 감시 기능을 강화하였다.

2010년 개정에서는 금융 및 경제위기를 극복하는 과정에서 대규모 재정을 투입한 결과 재정적자가 급증하고 국가채무가 증가함으로써 재정건전성이 악화할 우려가 있어 재정 부담을 낮추고 건전재정을 유지하기 위하여 재정지출과 대규모의 감세로 이루어지는 조세지출의 연계성을 강화하고, 전망 위주로 수립하던 국가재정운용계획에 대하여 전망에 대한 근거와 대처 계획 및 목표를 명확히 세우도록 하는 등 관련 제도를 개선하는 한편, 2010회계연도 예산안에 첨부하여 처음으로 제출된 성인지예산서 제도를 보완하기 위하여 성인지예산서의 포괄범위에 기금을 포함하는 등 현행 제도 운용상 나타난 일부 미비점들을 개선·보완하였다. 즉, 국가재정운용계획에 의무 지출의 증가율 및 산출 내역과 재량 지출의 증가율에 대한 분야별 전망과 근거 및 관리계획, 재정수입 증가율 및 근거, 통합재정수지·국가채무의 전망과 근거 및 관리계획을 포함하도록 하였고 국가재정운용계획에 전년도에 수립한 국가재정운용계획의 평가·분석보고서, 중장기 기금재정관리계획, 국가채무관리계획을 첨부하도록 하며, 수정예산안 및 추가경정예산안을 제출할 때 국가재정운용계획의 재정 총량에 미치는 효과 및 관리 방안을 국회에 보고하도록 하였고 성인지 예산서에 성평등 기대효과, 성과 목표, 성별 수혜 분석 등을 포함하도록 하였다.

2012년 개정에서는 국가기간교통망 구축, 재해복구사업 등 전체 공정에 대한 실시설계와 총사업비가 확정된 사업은 계속비로 예산안을 편성하여 국회의 의결을 얻도록 함으로써 계속비 제도의 활성화를 도모하되, 필요한 경우에는 계속비의 지출 연한을 예외적으로 10년 이내로 할 수 있도록 하고 국회에 제출하는 예산안 첨부 서류에 총사업비 관리 대상 사업의 개요, 전년도 대비 총사업비 증감 내역 및 사유, 해당연도까지의 연부액 및 해당연도 이후의 지출예정액을 추가함으로써 총사업비 관리 대상 사업에 대한 국회의 심의를 강화하였다.

2014년에는 주요 재정사업에 대한 평가를 적정하게 수행하기 위하여 주요 재정사업에 대한 평가나 사업의 타당성 조사 및 그와 관련된 전문적인 조사연구 등의 업무를 수행할 기관으로 한국개발연구원과 한국조세재정연구원, 전문 인력 등 일정한 기준을 갖춘 기관을 지정할 수 있도록 하고 비용을 지원할 근거를 명확히 하였다. 또한 예산안 및 기금운용계획안의 국회 제출 시기가 '회계연도 개시 90일 전까지'에서 2014년부터 순차적으로 조정되어 2016년에는 '회계연도 개시 120일 전까지'로 앞당겨지는 것에 맞춰 예산안 및 기금운용계획안의 편성 절차별 시기도 함께 조정하였다. 예비타당성조사 실시 대상과 면제 대상을 법률에 규정하고 면제 대상 내역과 사유를 국회에 제출하도록 함으로써 예비타당성조사제도 운용 과정에서 행정부의 자의적인 집행을 방지하고 투명성과 실효성을 높였다.

2020년에는 국가재정이 더 장기적인 관점에서 운용될 수 있도록 기획재정부가 40회계연도 이상의 기간을 대상으로 5년마다 장기 재정 전망을 하고 국회에 제출하는 국가재정운용계획에 첨부하도록 하였고 예비타당성조사 제도를 개선하였다.

2021년에는 효율적이고 성과 지향적이며 투명한 재정 운용을 위하여 재정사업 성과관리의 내용을 성과목표관리 및 성과평가로 구체적으로 설정하고 재정사업 성과관리 기본계획 수립, 성과목표관리를 위한 성과보고서 작성, 성과평가의 근거를 마련하였다. 아울러 성과목표관리의 결과를 국무회의에 보고하도록 함으로써 종전의 성과 중심 재정운용 기조를 확대·강화하였다. 또한 성인지예산서 작성 시 성별영향평가결과 포함, 기후대응기금 설치 근거 마련 등의 개정이 이루어졌다.

(2) 사회복지법인 및 사회복지시설 재무·회계 규칙

사회복지법인 및 사회복지시설 재무·회계 규칙은 사회복지사업법 제23조(재산 등) 제4항, 제34조(사회복지시설의 설치) 제4항, 제45조(후원금의 관리) 제2항과 제51조(지도·감독 등) 제2항의 규정에 따라 재활조직이 포함되는 사회복지법인 및 사회복지시설의 재무·회계, 후원금 관리 및 회계감사에 관한 사항을 규정하여 재무·회계의 명확성·공정성·투명성을 기함으로써 사회복지법인 및 사회복지시설의 합리적 운영에 기여함을 목적으로 하고 있다. 1988년 2월 8일 사회복지법인재무·회계규칙(보건사회부령 제813호)으로 제정되어 1993년 12월 27일에 보건사회부령 제922호로 일부 개정되었고 1998년 1월 7일(보건복지부령 제57호), 1999년 3월 11일(보건복지부령 제98호), 2005년 7월 15일(보건복지부령323호), 2009년 2월

5일(보건복지부령 제91호)에 일부 개정이 이루어졌으며, 2012년 8월 7일(보건복지부령 제152호)에는 규칙 적용 대상을 모든 사회복지시설로 확대하면서 규칙명을 사회복지법인재무·회계규칙에서 사회복지법인 및 사회복지시설 재무·회계 규칙으로 변경하였다. 이어서 2015년 12월 24일(보건복지부령 제377호), 2017년 2월 14일(보건복지부령 제480호), 2018년 3월 30일(보건복지부령 제565호), 2019년 6월 12일(보건복지부령 제642호), 2020년 1월 7일(보건복지부령 제701호), 2021년 9월 30일(보건복지부령 제831호), 2022년 12월 28일(보건복지부령 제928호)에 일부 개정하여 규칙 운용상 미비점을 개선·보완해 나가고 있다.

① **예산과 결산**

법인과 시설의 회계연도는 정부의 회계연도를 따른다. 다만 영유아보육법에 따른 어린이집의 회계연도는 매년 3월 1일에 시작하여 다음 연도 2월 말일에 종료한다. 법인과 시설도 회계연도 독립의 원칙을 적용받아 예산이 수립된 해당 연도 내에 수입과 지출이 이루어져야 한다. 또한 1회계연도의 모든 수입을 세입으로 하고 모든 지출을 세출로 하며, 세입과 세출 모두 예산에 계상해야 한다. 이를 예산 총계정주의 원칙이라고 한다. 아울러 법인 등의 사업 중 발생하는 모든 수입은 바로 사용할 수 없고 반드시 지정된 수납기관에 입금하여 수입결의를 한 후에 집행할 수 있는데 이를 수입금 직접사용 금지의 원칙이라고 한다. 법인의 대표이사는 매 회계연도 개시 1개월 전까지 그 법인과 해당 법인이 설치·운영하는 시설의 예산편성 지침을 정하여야 한다. 법인과 시설을 관할하는 지방자치단체장은 특히 필요하다고 인정되는 사항에 관하여 예산편성 지침을 정해 매 회계연도 개시 2개월 전까지 법인과 시설에 통보할 수 있다.

예산안은 법인 이사회의 의결 및 사회복지사업법 제36조에 따른 운영위원회(영유아보육법 적용 시 어린이집운영위원회) 보고를 거쳐 확정한다. 다만 법인 내 시설은 시설운영위원회에 보고한 후 법인 이사회 의결을 거쳐야 한다. 확정한 예산은 법인의 대표이사가 매 회계연도 개시 5일 전까지 관할 시장·군수·구청장에게 제출하도록 하고 있다. 예산안을 받은 시장·군수·구청장과 법인 대표 및 시설의 장은 예산안 제출 20일 이내에 시·군·구, 법인 및 시설의 게시판과 인터넷 홈페이지에 공고하여야 하며 공고 기간은 20일 이상이어야 한다.

예산은 품목별 예산제도에 따라 세입·세출 예산과목을 구분하여 편성해야 한다. 예산과목이란 예산의 내용을 분명하고 알기 쉽게 하려고 구분해 놓은 것으로서, 기본적으로 장-관-항의 위계적 구조를 갖추고 있다. 하지만 예산의 규모가 방대한 정부예산에서는 행정부의 재량이 커지는 것을 막기 위해 더 세분화[4]하고 있다. 이 규칙에서는 세입·세출 예산과목을 관-항-목으로 구분하고 있는데, 복지관 등 시설회계 세입예산과목을 예로 들어보면, (관) 03 보조금수입 - (항) 31 보조금수입 - (목) 311 국고보조금, 312 시·도보조금, 313 시·군·구보조금, 314 기타보조금으로 구분하여 작성하도록 하고 있다(보건복지부, 2024).

예산에는 예산총칙, 세입·세출 명세서, 추정재무상태표, 추정수지계산서, 임직원 보수 일람표, 예산을 의결한 이사회 회의록 또는 예산을 보고받은 시설운영위원회 회의록 사본을 첨부해야 한다. 다만 단식부기를 사용하는 경우에는 추정재무상태표와 추정수지계산서를 제외한 서류를 첨부할 수 있고, 시설의 거주자 정원이나 일 평균 이용자가 20인 이하면 세입·세출명세서와 이사회 회의록 또는 시설운영위원회 회의록만 첨부할 수 있다.

회계연도 개시 전까지 법인의 예산이 성립되지 아니하였을 때는 예산 성립 시까지 일부 경비(임직원 보수, 필수 운영비, 법령상 지급 의무가 있는 경비 등)에 대해 전년도 예산에 준하여 편성하고 집행할 수 있다. 이를 준예산이라고 한다. 준예산을 편성할 때는 사전에 시장·군수·구청장에게 사유를 보고해야 한다. 예산 성립 이후에 어떤 사유로 본 예산에 변경이 필요할 경우 예산편성절차에 준하여 추가경정예산을 편성할 수 있다. 추가경정예산이 확정된 날로부터 7일 이내에 시장·군수·구청장에게 제출해야 한다. 또한 예측할 수 없는 지출에 충당하기 위한 예비비를

4 장-관-항-세항-세세항-목-세목으로 더 세분화한다. 장-관-항은 법령으로 정해진 입법과목이고, 세항 이하의 예산과목은 입법과목을 더 세분화한 행정과목이라고 한다.

세출예산에 계상할 수 있다.

예산은 세출예산이 정한 목적 외에 사용하지 못한다. 즉 예산과목의 내역 범위에서 지출해야 한다. 이를 예산의 목적 외 사용금지 원칙이라고 한다. 다만 서비스 수요 증가, 물가 인상 등 부득이한 사유로 예산이 부족한 과목에 대해서는 회계연도 말까지 불용액이 발생할 것으로 예상되는 과목의 예산을 예산이 부족한 과목으로 옮길 수 있는데 이를 예산전용이라고 한다. 예산을 전용할 때는 예산전용의 당위성과 효과성이 충분히 검토되어야 한다. 또한 상위의 과목 간 전용, 즉 관 간의 전용 또는 같은 관 내의 항 간 전용을 하려면 이사회 의결 또는 시설운영위원회 보고(법인 산하 시설은 보고 후 법인 이사회 의결)를 거치고 관할 시장·군수·구청장에게 결산보고서를 제출할 때 과목 전용조서를 첨부하여야 한다. 예산총칙에서 전용을 제한하고 있거나 예산심의 과정에서 삭감한 과목으로 전용하여서는 안 된다. 또한 보조금의 경우에 지원 주체가 예산전용을 제한할 수 있으므로 사전에 보조금을 지원하는 지방자치단체와 협의해야 한다.

세출예산 중 경비의 성질상 당해 회계연도 안에 지출을 마치지 못할 것으로 예측되는 경비와 연도 내에서 지출원인행위[5]를 하였으나 불가피하게 연도 내에 지출하지 못할 경비는 이사회의 의결 또는 시설운영위원회 보고를 거쳐 다음 연도에 이월하여 사용할 수 있다. 이를 세출예산 이월이라고 한다.

법인회계와 시설회계[6]의 세입·세출 결산보고서는 각각 이사회의 의결과 시설운영위원회의 보고를 거친 후 다음 연도 3월 31일까지 시·군·구청장에게 제출하여야 한다. 결산보고서를 받은 시·군·구청장, 법인 대표이사, 시설장은 보고서 제출 20일 이내에 게시판과 인터넷 홈페이지에 공고해야 하며 그 공고 기간은 20일 이상으로

5 지출하기로 결정하는 행위를 말한다. 계약체결이나 비용지출 결정 행위 등이 여기에 포함되며, 계약이행 또는 납품 완료 등에 따라 지출이 이루어진다.

6 재활조직의 회계는 법인회계, 시설회계, 수익사업회계로 구분할 수 있다. 법인회계는 사회복지법인의 업무 전반에 관한 회계, 시설회계는 사회복지법인이 설치·운영하는 사회복지시설에 관한 회계, 수익사업회계는 법인이 수행하는 수익사업에 관한 회계를 말하며. 2013년 10월 감사원의 지적에 따라 각각의 회계는 철저히 구분·관리되어야 한다.

한다. 결산보고서에 첨부할 서류는 세입·세출결산서를 비롯해 총 23종[7]이다.

〈표 6-1〉 예산(회계)의 기본 원칙

원칙	내용
예산 총계정주의	재활조직에서 1회계연도에 발생할 모든 수입과 지출을 예산에 반영하여 편성해야 함
회계연도 독립	한 회계연도에 편성한 예산은 다음 회계연도에 사용할 수 없음
수입금 직접 사용금지	법인이나 시설에서 시행한 수익사업에서 발생한 모든 수입은 지정 계좌에 입금하여 수입결의 후 집행해야 함
예산 목적 외 사용금지	예산과목 비목별 내역대로 사용해야 함

② 회계

회계(accounting)란 수입과 지출 등 경제적 거래를 기록하고 보고하는 활동을 말한다. 법인 대표이사와 시설장이 수입과 지출 사무의 관리주체이며, 해당 사무를 소속 직원에게 위임할 수 있는데 수입원(수입담당자)과 지출원(지출담당자)을 각각 따로 두어야 한다. 회계 비리를 방지하기 위함이다. 다만 소규모 법인과 시설[8]은 수입과 지출 사무를 같은 직원이 담당하게 할 수 있다.

법인과 시설의 회계 처리는 단식부기를 원칙으로 하나 법인회계와 수익사업회계[9]는 필요할 경우 복식부기를 사용할 수 있다. 법인과 시설이 비치하여야 할 회계 장부는 현금출납부, 총계정원장, 재산대장, 비품관리대장이다. 사회복지시설정보

---

7 ①세입·세출결산서 ②과목 전용조서 ③예비비 사용조서 ④재무상태표 ⑤수지계산서 ⑥현금 및 예금 명세서 ⑦유가증권명세서 ⑧미수금명세서 ⑨재고자산명세서 ⑩그 밖의 유동자산명세서(⑥~⑨ 유동자산 외의 유동자산) ⑪고정자산(토지, 건물, 차량운반구, 비품, 전화가입금)명세서 ⑫부채명세서(차입금, 미지급표 포함) ⑬각종 충당금 명세서 ⑭기본재산수입명세서(법인만 해당) ⑮사업수입명세서 ⑯정부보조금명세서 ⑰후원금수입 및 사용결과보고서(전산파일 포함) ⑱후원금 전용계좌의 입출금내역 ⑲인건비명세서 ⑳사업비명세서 ㉑그 밖의 비용명세서(인건비 및 사업비를 제외한 비용) ㉒감사보고서 ㉓법인세 신고서(수익사업이 있는 경우만 해당)
단식부기로 회계를 처리하는 경우에는 ①~③, ⑭~㉓, 소규모시설은 ①, ⑰만 첨부

8 시도별로 지역 여건에 따라 자체적으로 소규모 법인과 시설의 기준에 관한 규정을 두고 있다.

9 사회복지법인이 수행하는 수익사업에 관한 회계

시스템 또는 컴퓨터 회계프로그램 등 전자 장부를 사용하면 회계장부를 둔 것으로 보며, 이 경우에도 회계 감독 등을 위해 지방자치단체에서 요청하면 출력물을 보관해야 한다.

모든 수입금의 수납은 수입원만 할 수 있으며 수납한 수입금은 그다음 날까지 금융기관에 예입하여야 한다. 수입금의 수납을 금융기관에 취급시키는 경우는 예외이다. 수입통장은 회계별(법인회계·시설회계·수익사업회계)로 개설하여 관리해야 한다. 지출도 지출원만 할 수 있으며 예산 범위에서 지출 명령(결재)이 있는 건에 한해서만 해야 한다. 지출은 상용경비 또는 소액 경비를 제외하고는 예금통장에 의하거나 전자거래로 행하여야 하며, 소액 지출을 위하여 보관하는 현금의 경우 100만원을 초과하지 않도록 하고 있다. 이 경우에도 영수증 등 증빙 서류를 철저히 관리해야 한다. 지출 특례사항으로 선금지급[10], 추산지급[11]을 할 수 있다. 수입과 지출의 발생, 자산과 부채의 증감은 그 원인이 되는 거래나 사건이 발생한 날을 기준으로 작성한다. 이를 발생주의회계[12]라 한다. 발생한 날을 정할 수 없는 경우에는 확인한 날을 기준으로 한다.

계약할 때는 지방자치단체를 당사자로 하는 계약에 관한 법률(지방계약법)을 준용하여야 한다. 다만 국가, 지방자치단체, 사회복지법인 이외의 주체가 설치·운영

---

10 ①외국에서 직접 구입하는 기계, 도서, 표본 또는 실험용 재료의 대가 ②정기간행물의 대가 ③토지 또는 가옥의 임대료와 용선료 ④운임 ⑤소속직원 중 특별한 사정이 있는 자에 대하여 지급하는 급여의 일부 ⑥관공서(정부투자기관 관리기본법에 의한 정부투자기관 및 특별법에 의하여 설립된 특수법인 포함)에 지급하는 경비 ⑦외국에서 연구 또는 조사에 종사하는 자에 대하여 지급하는 경비 ⑧보조금 ⑨사례금 ⑩계약금액이 1천만 원 이상인 공사나 제조 또는 물건 매입을 할 때 계약금액의 100분의 50을 초과하지 아니하는 금액

11 추산지급이란 지출 금액이 확정되지 않은 채무에 대하여 추산하여 지급하는 것을 말하며, 지급할 수 있는 범위는 여비·판공비, 관공서에 지급하는 경비, 보조금, 소송비용이다.

12 발생주의회계란 거래나 사건이 발생한 시점을 기준으로 수입(수익)과 지출(비용)을 장부에 반영하는 방식을 말한다. 반면 실제 현금이 들어오고 나갈 때 장부에 반영하는 방식이 있는데 이를 현금주의회계라고 한다. 예컨대, 물건을 납품하고 매출 대금을 받지 못한 상황에서, 발생주의회계에서는 물건 인도일을 기준으로 수입(수익)을 인식하는 데 반해, 현금주의회계에서는 대금을 받은 날을 기준으로 장부에 기록한다. 발생주의회계는 미래의 현금 흐름을 더 정확하게 예측할 수 있고 사업 성과를 그때그때 파악할 수 있다는 장점이 있다. 이전의 재무행정에서는 현금주의회계를 채택했으나 객관성과 투명성을 높이기 위해 2005년부터 발생주의회계를 도입하였다.

하는 시설은 예외이다. 이 법에 따른 모든 계약은 상호 대등한 입장에서 당사자의 합의에 따라 체결되어야 하고, 당사자는 계약의 내용을 신의성실의 원칙에 따라 이행하여야 하며, 지방자치단체의 장 또는 계약담당자는 이 법 및 관계 법령에 규정된 계약상대자의 계약상 이익을 부당하게 제한하는 특약이나 조건을 정할 수 없고 부당한 특약 등은 법적 효력이 없다. 계약을 체결하고자 할 때는 이를 공고하여 일반입찰에 부쳐야 한다. 다만, 계약의 목적·성질·규모 및 지역 특수성 등을 고려하여 필요하다고 인정되면 참가자를 지명하여 입찰에 부치거나 수의계약[13]을 할 수 있다.

③ 물품

물품이란 현금과 유가증권을 제외한 동산을 말한다. 법인 대표이사와 시설장은 관리주체로서 물품 관리에 관한 사무를 수행할 물품출납원을 지정할 수 있으며, 물품출납원은 물품관리자의 출납명령 없이 물품을 출납할 수 없다. 법인과 시설은 연 1회 정기적으로 물품을 조사해야 한다. 이를 재물조사라 한다.

사용할 수 없거나 수리하더라도 재사용이 불가능한 물품은 불용 결정하고, 매각, 기증, 폐기 등의 방식으로 처리한다. 매각으로 발생한 대금은 당해 법인 또는 시설의 세입예산에 편입하여야 한다.

④ 후원금 관리

사회복지사업법 제45조(후원금의 관리)에 따르면 후원금이란 아무런 대가 없이 무상으로 받은 금품이나 그 밖의 자산을 말한다. 사회복지법인의 경우 후원금이 중요한 수입원이 되는 경우가 있어 이에 대한 투명한 관리를 위해 규정을 마련해 두

13 지방계약법 제9조(계약의 방법) 제1항과 같은 법 시행령 제25조(수의계약에 의할 수 있는 경우) 제1항 제7의2호에 따르면, 국가유공자 등 단체, 중증장애인생산품 생산시설, 사회복지법인, 장애인표준사업장 등이 직접 생산하는 물품의 제조·구매 또는 직접 수행하는 용역계약을 하거나 이들에게 직접 물품을 매각 또는 임대할 때 수의계약을 체결할 수 있다. 그 밖의 경우는 제1호에서 제8호까지의 내용 참조.

고 있다. 법인 대표이사와 시설장은 후원금의 수입과 지출 내용을 공개하여야 하며 그 관리에 명확성이 확보되도록 하여야 한다.

후원금을 받을 때는 반드시 소득세법 시행규칙 제101조 제20호의2 또는 법인세법 시행규칙 제82조 제7항 제3호의3에서 정한 기부금영수증 서식에 따라 후원금 영수증을 내주어야 한다. 금융기관 또는 체신관서의 계좌 입금을 통하여 후원금을 받았을 때는 법인명의 또는 시설명칭이 부기된 시설장 명의의 후원금 전용계좌를 사용하여야 한다. 후원자가 영수증 발급을 원하는 경우를 제외하고는 영수증 발급을 생략할 수 있다. 후원금 전용계좌는 법인과 시설별로 구분하여 사용하고 후원자에게 사전에 후원금 전용계좌의 구분에 관해 안내하여야 한다. 이자 발생분 역시 후원금으로 보며, 관련 규정에 따라 사용하여야 한다.

법인과 시설은 후원금 영수증 발급 대장을 비치하여야 하고 후원금 수입 및 사용내역을 연 1회 이상 후원자에게 통보해야 한다. 개별적으로 통보하거나 법인이 발행하는 정기간행물 등을 이용하여 일괄적으로 통보할 수 있다. 후원금 수입 및 사용결과 보고서(전산파일 포함)를 관할 시장·군수·구청장에게 결산보고서를 제출할 때 첨부하여야 하며, 시장·군수·구청장은 제출받은 후원금 수입 및 사용결과 보고서를 제출받은 날부터 20일 이내에 인터넷 등을 통하여 3개월 동안 공개하여야 하며, 법인 대표이사와 시설장도 해당 법인과 시설의 게시판과 인터넷 홈페이지에 같은 기간 동안 공개하여야 한다. 후원금은 후원자가 지정한 사용 용도 외의 목적으로는 사용하지 못하며 사용 용도를 정하지 아니한 경우에는 보건복지부장관이 그 사용기준을 정할 수 있다. 후원금 영수증 발급, 수입과 사용결과 보고를 하지 않으면 300만 원 이하의 과태료를 부과한다.

⑤ 감사

예산과 결산 등 법인과 시설 운영의 투명성과 책임성을 확보하기 위하여 해당 법인과 시설에 대하여 연 1회 이상 정기적인 감사(audit)를 시행하여야 한다. 먼저, 법인 대표이사는 시설장, 수입원, 지출원이 사망하거나 경질된 때에는 그 관장에 속하는 수입, 지출, 재산, 물품 및 현금 등의 관리 상황을 감사로 하여금 감사하게 하여야 하며 감사를 함에 있어서는 전임자가 참관하여야 하며, 전임자가 참관할 수 없는 경우에는 관계 직원 중에서 전임자의 전임자나 법인 대표이사가 지정한 사람이 참관하여야 한다. 감사한 후에는 감사보고서를 작성하여 법인 이사회에 보고하여야 하며, 재산 상황 또는 업무 집행에 관하여 부정 또는 미비한 점이 발견된 때에는 시장·군수·구청장에게 보고하여야 한다.

(3) 법인세와 부가가치세

법인세는 법인이 얻은 각종 소득(국내외 원천소득, 양도 소득, 청산소득)에 대해 부과하는 세금으로서, 비영리법인도 국내외 원천소득 중 일정한 수익사업에서 발생한 소득과 토지 매도 등에 따른 양도 소득이 발생하면 법인세를 납부해야 한다. 법인의 고유목적사업[14]은 수익사업에서 제외되는데, 비영리법인에서 운영하는 직업재활시설의 사업이 법인의 고유목적사업에 해당된다면 수입이 모두 법인의 고유목적사업에 투자되므로 법인세를 따로 납부하지 않아도 된다.

부가가치세는 생산과 유통 단계에서 발생하는 부가가치에 대해 부과하는 세금이다. 사업자가 납부해야 할 부가가치세는 매출세액에서 매입세액을 차감하여 계산한다. 재활조직도 제조나 서비스를 통해 매출이 발생하면 부가가치세를 신고하여야 한다. 과세 사업자로 등록하면 매출세액보다 매입세액이 클 때 그 차액만큼 환급받을 수 있지만, 비영리로 사업자 등록을 하면 부가가치세를 환급받지 못한다.

---

14 고유목적사업이란 법령 또는 정관에 규정된 설립 목적을 직접 수행하는 사업으로서 법인세법 시행령 제3조(수익사업의 범위) 제1항의 수익사업 외의 사업으로서, 예컨대 사회사업복지법, 장애인복지법에 따른 사회복지사업도 여기에 속한다.

제2절 예산기초이론

1. 예산의 의의

예산(budget)이란 일정 기간의 수입과 지출의 예정적 계산을 말한다(Burkhead & Miner, 1971). 즉, 예산은 ㉠사전에 예상되는 경비와 수입에 관한 계획서이며, ㉡수입과 지출의 균형을 고려한 화폐의 계수적 표시이고, ㉢정부나 재활조직의 활동을 나타낸 지표이다. 여기에서 일정 기간이란 회계연도를 말하고, 수입과 지출의 예정적 계산이란 1회계연도 동안 어떻게 돈을 거둬들이고, 어떻게 사용할지를 계획하는 것을 의미한다. 국가 예산편성 등과 관련해서는 수입을 세입, 지출을 세출이라고 한다. 참고로 기금운용계획 등 기금과 관련해서는 수입과 지출이라는 용어를 사용한다. 이러한 예산은 국가 운용의 청사진이자 희소자원의 배분 과정으로서 그 의의가 있다.

예산은 역사적·시대적 변천에 따라 그 개념도 변하여 왔다. 예산제도가 절대군주에 대한 입헌적 통제 수단으로 인식되던 시기의 예산은 국왕이 조세를 거두어들이고 국정 운영을 위해 지출하는 데 대한 증인으로서 단순한 행정법적 개념에 불과하였다. 그러나 현대행정에 있어서 정부 기능이 확대·강화됨에 따라 예산의 운용과 본질을 법률적·재정적 관점에서만 고찰할 수는 없게 되었다.

그리하여 오랫동안 예산의 형식과 구조에만 관심을 두던 행정관리자들은 단순한 법률적·재정적 측면에서 벗어나 '정부는 무엇을 할 것인가?'라는 정책적 문제에 관심을 가지게 되었고 그 결과 예산 과정을 하나의 정책결정과정(policy-marking process)으로 보는 방향으로 눈을 돌리게 되었다. 즉, 예산을 오직 합법적으로 지출하면 그만이라는 전통적 태도를 지양하고 정부가 해야 할 사업은 무엇이며 어떻게 하면 효율적으로 그 목표를 달성할 수 있을까 하는 합목적성과 정책의 문제까지도 예산 과정에 반영하는 노력을 하게 된 것이다.

따라서 예산이란 1회계연도 동안의 세입과 세출의 예정적 계산으로서 그것은 정치·경제·사회·문화의 안정과 장래의 발전에 대한 지표를 의미한다.

2. 예산의 기능

예산의 기능은 여러 가지로 분류되고 있다. Neumark는 ㉠재정정책적 기능, ㉡입법부에 의한 행정부 통제기능, ㉢전략계획기능으로 분류하고 있다(유훈, 1978). Schultze(1968)는 ㉠재정적 통제기능, ㉡관리통제기능, ㉢전략계획 기능으로 분류하고 있다. Schick(1971)는 ㉠통제적 기능, ㉡관리적 기능, ㉢기획적 기능으로 분류하고 있다. 학자에 따라서는 ㉠정치적 기능, ㉡법적 기능, ㉢경제적 기능, ㉣관리적 기능으로 분류하기도 한다. 또 ㉠재정통제적 기능, ㉡정치적 기능, ㉢발전정책의 추진기능과 자원분배기능, ㉣행정관리적 기능으로 분류하기도 하고, ㉠재정통제적 기능, ㉡경제적 기능, ㉢정치적 기능, ㉣관리적 기능으로 분류하는 학자도 있다. 이처럼 예산의 기능은 여러 가지로 분류되고 있으나 여기서는 ㉠재정 통제기능, ㉡정치적 기능, ㉢법적 기능, ㉣경제적 기능, ㉤관리기능 등 다섯 가지로 분류하고자 한다.

(1) 재정 통제기능

근대 예산제도는 의회제도의 발달과 기원을 같이하여 행정부에 대한 민주적 통제의 수단으로서 발달하였으며(Burkhead, 1956), 오늘날에도 예산은 국민이 그 대표기관인 의회를 통하여 행정부를 통제할 수 있는 수단이 되고 있다. 재활조직에서도 법인 이사회가 사무국이나 법인의 위탁시설을 통제할 수 있는 수단으로 운영되고 있다.

사실상 의회제도의 본질적 기능인 국민에 대한 정치적 책임의 확보는 의회의 예산통제를 통해 실현될 수 있는 것이다. 오늘날의 예산제도가 비록 통제중심주의에서 관리·계획중심주의로 전환되고 또한 예산의 기획 기능이 강조되고 있지만 예산의 행정부에 대한 재정 통제기능이나 법인 이사회의 사무국 통제기능의 중요성은 계속 인정되고 있다.

(2) 정치적 기능

예산의 편성·심의·집행 과정은 정치적 과정이며, 또한 예산제도의 발달도 정치적인 투쟁의 과정이라고 볼 수 있다. 예산의 규모와 내용을 결정하면서 행정부 각 기관·의회·정당·압력단체 등은 각자 자기 의사를 관철하기 위하여 끊임없는 투쟁을 전개하는데, 이러한 투쟁의 결과가 예산에 반영되는 것이다. 즉, 예산안의 편성은 정부의 지출을 요구하는 세력과 이를 반대하는 세력 간의 타협과 조정의 산물이다(Wildavsky, 1964).

(3) 법적 기능

예산은 예산안이 의회에서 심의·확정됨으로써 집행할 수 있고, 또한 그 범위에서만 집행되어야 한다. 즉, 예산은 심의 통과된 범위에서만 지출되어야 한다는 점에서 법적 성격을 지니고 있다. 특히 미국에서는 예산이 법률안으로 통과되기 때문에 그 범위를 지킨다는 것은 법을 준수하는 것과 같으며, 우리나라와 같이 비록 예산안으로 통과된다고 하더라도 국회에서 심의·통과시킨 재정적 한계를 엄격하게 지켜야만 한다는 점에서 예산은 법적인 기능을 한다고 할 수 있다.

(4) 경제적 기능

예산은 경제안정기능, 경제성장 촉진기능, 소득재분배기능 및 자원분배기능 등의 경제적 기능을 하고 있다.

① 경제안정기능

예산은 국민 경제의 균형을 유지하는 중요한 요인으로서 기능한다. 즉 정부는 세입·세출 및 공채관리 등을 적절히 조절함으로써 불경기를 극복하여 경제적 안정을 기하게 된다. 불경기는 유효수요의 부족에서 오는 것이므로 유효수요를 증가시키면 불경기를 극복할 수 있다. 유효수요는 정부가 공공사업에 투자함으로써 증가시킬 수 있는데 이때의 투자재원은 공채 발행을 통해 조달되며, 공채 발행은 예산을 기초로 한 전체경제활동 수준과의 관계하에서 결정된다. 한편 인플레가 심한 경우 재정지출을 줄여서 경제적 안정을 기하도록 한다.

② 경제성장 촉진기능

현대 행정국가에서 사회·경제적 발전은 행정부에 의존하고 있다. 특히 발전도상국가는 정부주도형의 경제성장을 추진하고 있으며, 이러한 경제적 성장은 예산의 뒷받침 하에 이루어진다는 점에서 예산이 경제성장을 촉진하는 기능을 한다고 볼 수 있다.

③ 소득재분배기능

예산은 세입·세출 양면에서 소득의 재분배기능을 갖고 있다. 즉, 세입의 면에서 누진세를 적용하고, 세출의 면에서 장애인복지와 같은 사회 보장적 지출을 함으로써 소득을 재분배하는 기능을 수행한다.

④ 자원분배기능

예산은 자원을 배분하는 기능을 갖고 있다. 특히 성과주의예산제도 및 계획예산제도의 발달은 자원배분을 합리화시키는 예산제도로 나타났으며 이후 예산의 자원분배기능은 증대되었다고 볼 수 있다.

(5) 관리기능

중앙예산기관은 각 부처의 예산을 검토·사정·관장·관리한다는 점에서 예산은 관리적 기능을 갖는다고 하겠다. 즉, 중앙예산기관은 각 부처의 예산요구서를 사정하고 예산을 배정하며, 또한 각 부처가 예산의 이용·전용·이체·예비비지출 등에 있어서 승인받도록 하고 있다. 특히 미국에서는 중앙예산기관이 예산업무와 더불어 법적 기능과 행정관리개선 등의 기능까지 수행하고 있으므로 예산의 관리적 기능은 더욱 크다고 볼 수 있다.

3. 예산의 원칙

예산의 원칙이란 예산의 편성과 심의·집행에 있어서 준거기준이 되는 원칙을 의미한다. 즉, 건전한 재정 운용을 기하고, 효과적이고 적절한 통제를 함으로써 예산의 부당한 지출이나 낭비를 막아 국민의 부담을 줄이고, 예산관리를 효율적으로 함으로써 예산지출의 효율성을 높일 수 있도록 하는 기준이 되는 원칙이 예산의 원칙이다. 예산의 원칙에는 재정통제를 중심으로 한 전통적 예산의 원칙과 예산집행의 효율성에 중심을 둔 현대적 예산의 원칙이 있다.

(1) 전통적 예산원칙

전통적 예산의 원칙은 입법부에 의한 행정부 통제를 중심으로 한 예산의 원칙이다. 즉, 입법부가 행정부의 예산지출에 대해 유효적절한 통제를 함으로써 행정부의 부당한 예산의 지출이나 낭비 또는 위법적인 지출을 방지하고 국민의 부담을 줄이는 데 목적을 둔 입법부 중심의 예산원칙이다. 이러한 예산의 원칙은 통제중심의 예산제도 하에서 의회에 의한 완전한 재정통제를 위하여 생긴 원칙이다.

이와 같은 전통적 예산원칙은 많은 학자에 의하여 다양하게 제시되고 있다. Say

는 ㉠통일성이 있을 것, ㉡1년을 기간으로 할 것, ㉢의회의 의결 전에 편성할 것, ㉣회계적 성격을 지닐 것 등 4개의 원칙을 제시하였고, Sundelson은 ㉠포괄성, ㉡배타성, ㉢통일성, ㉣명세성, ㉤단순성, ㉥엄밀성, ㉦명료성을 들고 있다(Burkhead, 1956에서 재인용). 또 Smith(1984)는 ㉠공개의 원칙, ㉡명료의 원칙, ㉢포괄성의 원칙, ㉣예산 통일성의 원칙, ㉤명세의 원칙, ㉥사업 승인의 원칙, ㉦한정성의 원칙, ㉧정확성의 원칙을 전통적 예산의 원칙으로 제시하였다.

그러나 전통적 예산원칙으로서 가장 많이 이용되고 있는 것은 Neumark의 8가지 원칙이다(유훈, 1978).

① **예산 공개의 원칙**

예산 공개의 원칙이란 예산의 편성과 심의·의결된 예산 및 결산의 결과 등은 국민에게 공개되어야 한다는 것을 말한다. 정부는 예산이 성립되면 바로 예산, 기금, 결산, 국채, 차입금, 국유재산의 현재액, 통합재정수지, 정부 및 공공부문 재정 통계, 그 밖에 대통령령으로 정하는 주요 사항을 매년 1회 이상 정보통신매체, 인쇄물 등 적당한 방법으로 알기 쉽고 투명하고 공표하여야 한다.

② **예산 명료의 원칙**

예산 명료의 원칙이란 예산은 국민 누구나 쉽게 이해할 수 있도록 편성되어야 한다는 것을 말하며, 따라서 수지 추계의 명확화, 내용의 합리적인 분류·표시, 수입의 근거와 지출 용도의 명료화 등이 요청된다. 예산이 지나치게 개괄적일 때에는 그 내용을 파악하기가 곤란하다.

③ **예산 사전 의결의 원칙**

예산 사전 의결의 원칙이란 예산이 집행되기 전에 심의·의결을 거쳐야 한다는 것을 말한다. 예산을 집행함에 있어서는 국민의 대표자로 구성된 의회가 의결한 범위에서만 지출하여야 한다는 의미를 내포하고 있으며, 재활조직의 경우에 최고 의사결정기구, 법인의 경우에 법인 이사회나 복지관 운영위원회 등에서의 의결을 의미한다. 헌법에서 '……, 국회는 회계연도 개시 30일 전까지 이를 의결하여야 한다.'라고 규정하여 이를 뒷받침하고 있다. 그러나 이 원칙에는 예외가 있는데, 준예산·재정상의 긴급조치 등이 그것이다.

④ 예산 엄밀의 원칙

예산 엄밀의 원칙이란 예산과 결산이 항상 일치되어야 한다는 것을 말한다. 그 성질상 예산과 결산이 일치되기 어려운 것은 사실이나 지나치게 유리되어 있으면 예산을 공개한 의의가 없어지고 예산 사전 의결의 원칙도 그 의미가 사라진다. 이 원칙이 지켜지기 위해서는 정확한 정보·자료를 바탕으로 예산이 편성·심의·집행되어야 한다.

⑤ 예산 한정성의 원칙

예산 한정성의 원칙이란 예산의 각 항목 간에는 일정한 한계가 있어야 한다는 것을 말한다. 이는 ㉠목적 외 사용의 금지, ㉡계상된 금액 이상의 지출 금지, ㉢회계연도 경과 지출 금지 등을 내용으로 삼고 있다. 이 원칙에도 예외가 있는바, ㉠예산의 이용과 전용, ㉡예비비, ㉢예산의 이월, ㉣계속비, ㉤과년도 수입 및 과년도 지출 등이 그것이다.

⑥ 예산 단일의 원칙

예산 단일의 원칙이란 국가의 회계연도를 명확히 통합적으로 밝히고 예산의 질적·양적 균형을 유지하기 위하여 예산은 단일하여야 한다는 것을 말한다. 이 원칙의 예외로는 특별회계예산, 추가경정예산 등이 있다.

⑦ 예산 통일성의 원칙

예산 통일성의 원칙이란 특정한 세입과 특정한 세출이 직결되어서는 안 된다는 것을 말한다. 예컨대 자동차세로 도로 건설비에만 충당하는 것을 금지하는 것이 이에 해당한다. 이 원칙의 예외로는 특별회계예산과 목적세가 있다.

⑧ **예산 완전성의 원칙**

예산 완전성의 원칙이란 예산총계주의에 근거하여 모든 세입과 세출은 예산에 편입하여야 한다는 것을 말한다. 이 원칙의 예외로는 순계주의예산이 있다. 이것은 조세수입을 예산에 계상할 때 세금을 징수하는 데 들어가는 징세비는 공제하고 순수입만을 계상하는 것을 의미하는데, 우리나라는 총계주의에 따르며 예외를 인정하지 아니한다.

(2) 현대적 예산원칙

현대적 예산원칙은 행정부의 예산집행을 쉽게 하기 위한 원칙이다. 즉, 행정부에 어느 정도의 재량권을 부여함으로써 예산집행의 효율성을 높이는 데 목적을 둔 행정부 중심의 예산원칙이다. 이러한 현대적 예산원칙은 관리 중심의 예산 제도하에서 집행관리 수단으로서 제시된 원칙이다. 다음은 Smith(1984)가 제시한 8가지 원칙이다.

① **계획의 원칙**

계획의 원칙이란 행정수반의 사업계획(정치계획), 재활조직의 경우에는 조직의 모든 행위가 예산에 반영되어야 한다는 것을 의미한다. 예산은 정치·경제·사회의 모든 분야에 걸쳐 정부가 수행해야 할 모든 활동을 반영하는 사업계획명세서라는 점에서 행정수반의 정책계획이 예산에 반영되어야 한다는 것이다.

② **책임의 원칙**

책임의 원칙이란 국회에서 의결된 범위에서 가장 경제적으로 집행할 책임이 예산 집행기관에 있다는 것을 말한다. 입법부가 각 부처에 대한 예산을 의결하는 것은 그 금액을 전부 사용하라는 지시가 아니라, 그 범위에서 경제적인 방법으로 집행하라는 것을 의미한다.

③ 보고의 원칙

보고의 원칙이란 예산의 편성·심의·집행에 있어 정부 각 기관에서 제출한 재정보고 및 업무보고에 바탕을 두어야 한다는 것을 말한다. 행정부와 입법부는 각종 사업, 지출원인행위, 지출·세입의 징수, 목표 달성, 공무원 임용, 기타 관련 사항의 진행 상황에 관한 정보를 보고받아야 한다. 그것은 예산업무가 이러한 보고에 입각하지 않는다면 맹목적·자의적인 것이 될 수밖에 없기 때문이다.

④ 적절한 수단 구비의 원칙

적절한 수단 구비의 원칙이란 행정부가 예산에 관한 책임을 다하기 위해서 중앙예산기관이 있어야 하며 또 예산을 월별 및 분기별로 배정할 권한과 준비금 제도 등 적절한 수단을 갖추고 있어야 함을 말한다.

⑤ 다원적 절차의 원칙

다원적 절차의 원칙이란 행정 활동을 효과적으로 수행하는 데 필요한 다원적인 절차를 갖추고 있어야 한다는 것을 의미한다. 현대 행정은 일반 행정 기능 이외에 장기적인 건설, 개발사업, 정부기업 등 각기 특색을 지닌 다양한 활동을 하고 있는바, 이러한 활동을 효과적으로 수행하기 위해서는 각 활동에 알맞은 절차가 마련되어 있어야 한다. 요컨대 행정 활동이 다양한 만큼 다양한 절차를 갖고 있어야 한다는 것이다.

⑥ 재량의 원칙

재량의 원칙이란 입법부가 예산을 심의·통과시킬 때 심의는 엄격하게 하되, 명목은 세부적으로 통과시킬 것이 아니라 항목의 수를 가능한 한 줄여서 구체적인 사항은 행정부의 재량에 맡겨야 한다는 것을 말한다.

⑦ 시기상의 신축성의 원칙

시기상의 신축성의 원칙이란 예산의 집행을 어느 시기에 할 것인가 하는 것은 행정부에 맡겨야 한다는 것을 말한다. 사회적인 변동과 상황의 변화가 심한 현대사회에서는 예산 행정의 시기를 엄격히 한정할 때 변동에 대처할 수 없고 예산집행의 효율성을 높일 수가 없다. 따라서 행정부에서 가장 적절하다고 판단하는 시기에 집행할 수 있는 융통성을 부여해 주어야 한다.

⑧ 예산기구 간 상호연락 원칙

예산기구 간의 상호연락에 관한 원칙이란 중앙예산기관과 각 부처의 예산기구 상호 간에 원활한 의사소통을 통해 협력이 잘 이루어져야 한다는 원칙을 말한다. 예산의 편성과 집행은 행정수반의 지휘를 받아야 하지만 효율적인 예산의 운영을 위해서는 예산에 관련된 모든 기구 간에 상호연락과 협력이 필요한 것이다.

(3) 예산원칙의 적용 방향

전술한 바와 같이 전통적 예산원칙은 입법부에 의한 행정부 통제를 중심으로 한 원칙이며, 현대적 예산원칙은 입법부에 의한 통제를 완화하여 행정부에 자유 재량권을 부여함으로써 예산지출의 효율성을 높이고자 하는 원칙이다. 두 원칙은 상호 모순되는 점이 존재한다. 이처럼 모순적인 상황에서 의사결정을 할 때 어떤 원칙을 적용할 것인가 하는 것이 문제가 된다. 유효 적절한 통제에 따라 위법부당한 지출과 예산의 낭비를 방지함으로써 국민의 부담을 줄이는 것도 요청되며, 행정부에 재량권을 부여하여 지출의 효율성을 높이는 것도 요청된다. 국민의 부담을 줄이는 것도 국민에게 혜택을 주기 위한 것이며, 지출의 효율성을 높이면 그 효과 역시 국민의 혜택으로 돌아가는 것이다. 따라서 어느 원칙도 소홀히 할 수 없다. 따라서 모든 원칙을 조화시켜 상호 보완적인 적용의 방향으로 나가야 할 것으로 생각된다. Smith도 이와 같은 모순이 조화될 수 있다고 보았다.

한편 사회복지법인을 비롯한 재활조직은 조직이 처한 상황에 따라 통제에 중심을 둘 것인가, 지출의 효율성에 중심을 둘 것인가를 결정해야 할 것이다. 그러나 어느 경우에도 하나의 원칙만을 적용하기보다는 여러 원칙을 조화시키는 것이 바람직하다.

(4) 우리나라 국가재정법의 예산원칙

국가재정법 제16조(예산의 원칙)는 예산을 편성하거나 집행할 때 준수해야 할 원칙을 여섯 가지로 제시하고 있다. 첫째, 정부는 재정건전성의 확보를 위해 최선을 다해야 한다. 둘째, 국민 부담을 최소화하기 위해 최선을 다해야 한다, 셋째, 재정을 운용할 때 재정지출과 조세지출의 성과를 높여야 한다. 넷째, 예산 과정의 투명성과 예산 과정에의 국민 참여를 제고하기 위해 노력해야 한다. 다섯째, 성별영향평가법에 따른 성별영향평가의 결과를 포함하여 예산이 여성과 남성에게 미치는 효과를 평가하고 그 결과를 정부의 예산 편성에 반영하기 위하여 노력해야 한다. 여섯째, 예산이 온실가스 감축에 미치는 효과를 평가하고 그 결과를 예산 편성에 반영하기 위해 노력해야 한다.

4. 예산의 분류

예산을 어떤 기준으로 분류할 것인지에 대해서는 학자에 따라 논란의 여지가 있다. 예산을 구성하는 요소에 의해 분류할 것인지 예산 성립 시기에 따라 분류할 것인지에 관한 것인데 구성요소에 의해 분류한다면 예산은 크게 일반회계와 특별회계로 구분할 수 있고 예산 성립 시기에 따라 분류한다면 성립 시의 예산은 본예산, 수정예산, 추가경정예산으로 분류하고 불성립 시에는 준예산, 가예산, 잠정예산 등으로 분류할 수 있다.

(1) 구성요소에 의한 분류 : 일반회계예산과 특별회계예산

일반회계예산(general budget)이란 일반적인 세입으로 일반적인 목적에 충당하기 위한 예산을 말하며, 이는 재활조직의 일반적 활동에 관한 세입과 세출을 포괄하는 예산이며 대부분 국가 예산을 재원으로 하여 지출된다. 반면에 특별회계예산

(special budget)이란 특정한 세입으로 특정한 목적에 충당하기 위한 예산을 말한다. 국가 예산은 단일해야 하며(예산 단일의 원칙), 또 특정 세입과 특정 세출이 직결되어서는 안 되지만(예산 통일성의 원칙), 예외적으로 특별한 경우(특정한 사업을 운영하고자 할 때, 특정한 자금을 보유·운영하고자 할 때, 특정 세입으로 특정 세출에 충당함으로써 일반회계와 구분하여 회계 처리할 필요가 있을 때)에 단일의 원칙이나 통일성의 원칙에 예외를 인정하여 특별회계예산을 편성할 수 있는데 반드시 법률로써 설치하여야 한다.

(2) 예산 성립 시의 분류 : 본예산·수정예산·추가경정예산

본예산(regular budget)이란 정상적인 편성과 심의를 거쳐 최초로 확정된 예산을 말한다. 각 중앙관서의 장은 매년 1월 말까지 당해 회계연도를 포함한 5회계연도 이상의 기간에 있을 신규예산과 주요 계속사업에 대한 중기사업계획을 기획재정부 장관에게 제출해야 한다. 기획재정부 장관은 다음 연도의 예산편성지침을 국무회의 심의와 대통령 승인을 얻어 3월 말까지 각 중앙관서의 장에게 통보하고 국회 예산결산특별위원회에 보고해야 한다. 각 중앙관서의 장은 예산편성지침에 따라 다음 연도의 예산요구서를 작성하여 5월 말까지 기획재정부 장관에게 제출한다. 제출된 예산은 기획재정부의 사정·수정·보완과 국무회의 심의 및 대통령의 승인을 거쳐 회계연도 개시 120일 전까지 국회에 제출해야 한다. 국회에서는 헌법에 따라 회계연도 개시 30일 전까지 의결해야 한다. 국회에서 의결한 예산이 곧 본예산이다.

원칙적으로는 본예산만으로 재정업무를 수행하여야 한다. 그러나 예산은 사전에 편성·확정되므로 경제적·사회적 변동에 적절히 대응할 수 없다. 이러한 변화에 대처하기 위하여 수정예산과 추가경정예산 제도를 두고 있다.

예산안이 국회에 제출된 이후 예산안이 성립되기 이전, 즉 국회에서 심의·확정되기 전에 극심한 경기 침체 등 부득이한 사유로 인하여 그 내용의 일부를 수정하고자 할 때는 국가재정법 제35조(국회 제출 중인 예산안의 수정)의 규정에 따라 국무회의 심의와 대통령 승인을 얻어 수정예산안을 국회에 제출할 수 있다. 이 같은 절차를 거쳐 국회를 통과한 예산을 수정예산(revision budget)이라고 한다. 수정예산 제도는 우리나라뿐만 아니라 영국에서도 사용되고 있다. 최근 우리나라에서는 글로벌 금융위기 대응을 위해 2009년에 약 10조 원 규모의 수정예산을 반영한 바 있다.

추가경정예산(supplementary budget)[15]이란 예산안이 국회를 통과하여 예산이 성립된 이후에 생긴 사유로 인하여 이미 성립된 예산을 수정해야 할 때는 국가재정법 제89조(추가경정예산안의 편성)의 규정에 따라 추가경정예산안을 편성할 수 있다. 편성 사유는 전쟁이나 대규모 재해 발생, 경기침체·대량실업·남북관계 변화·경제협력 등 중대한 변화 발생, 법령에 따라 국가가 지급해야 할 지출 발생·증가이다. 추가경정예산이 성립되면 본예산과 추가경정예산을 통산해서 전체로서 집행한다.

(3) 예산 불성립 시의 분류 : 잠정예산·가예산·준예산

회계연도 개시 전까지 예산안이 국회를 통과하지 못하면 예산집행에 문제가 생긴다. 이와 같은 예산 불성립 시의 예산집행 방법으로 잠정예산·가예산·준예산 등이 있다.

잠정예산(provisional budget, vote on account)이란 최초 수개월 분의 일정 금액을 의회 의결을 거쳐 지출하는 제도를 말하며, 영국, 캐나다, 일본 등에서 사용되고 있다. 회계연도가 시작되기 전에 본예산이 의회를 통과하는 경우가 거의 없는 영국이나 캐나다는 거의 상례로 잠정예산을 활용하며, 일본은 부득이한 경우에만 사용한다. 우리나라는 채택한 적이 없는 제도이다.

---

15 추가예산과 경정예산이 통합된 개념이며 오늘날에는 하나의 용어로 사용되고 있다. 추가예산은 기존예산에 추가한 예산, 경정예산은 구성을 달리한 예산을 말한다. 통상적으로 추경예산이라고 하기도 한다.

가예산(provisional budget)이란 최초 1개월분에 한해 의회 심의·의결을 통해 집행하는 예산을 말한다. 이 제도는 프랑스(제3·4공화국)가 사용한 바 있다. 우리나라는 1948년~1960년 사이에 이 제도를 사용하였으나 1960년 제3차 개헌에 따라 준예산 제도로 바뀌었고, 오늘날까지 유지되고 있다.

준예산(contingency budget)이란 전년도에 준해서 지출하는 예산이다. 기간에 제한이 없고 의회의 의결이 필요하지 않은 대신 지출 항목은 제한적이다. 이 제도를 채택한 나라는 우리나라와 독일이다. 대한민국헌법 제54조[16]에 따르면, 국회는 회계연도 개시 30일 전까지 예산안을 의결하여야 한다. 그러나 새로운 회계연도가 개시될 때까지 예산안이 의결되지 못하면 정부는 국회에서 예산안이 의결될 때까지 같은 법 같은 조 제3항의 각호에 따라 전년도 예산에 준하여 예산을 집행할 수 있다. 준예산으로서 집행된 예산은 당해 연도의 예산이 성립되면 그 성립된 예산에 의하여 집행된 것으로 간주한다. 미국은 의회가 양원 합동회의의 의결로써 정부가 전년도 예산을 따르도록 허용하는 것이 관례이다.

5. 예산제도

시대적 요청과 국가적 상황의 요청에 따라 정부나 기관에서 사용되고 있는 예산제도는 각기 다르며 또한 변화해 왔다고 볼 수 있다. 제도 성립 초기의 예산제도는 입법부에 의한 행정부 통제에 중심을 둔 통제 중심의 예산제도였다. 그러나 사회적

---

16 대한민국헌법 제54조 ①국회는 국가의 예산안을 심의·확정한다.
②정부는 회계연도마다 예산안을 편성하여 회계연도 개시 90일 전까지 국회에 제출하고, 국회는 회계연도 개시 30일 전까지 이를 의결하여야 한다.
③새로운 회계연도가 개시될 때까지 예산안이 의결되지 못한 때에는 정부는 국회에서 예산안이 의결될 때까지 다음의 목적을 위한 경비는 전년도 예산에 준하여 집행할 수 있다.
1. 헌법이나 법률에 의하여 설치된 기관 또는 시설의 유지·운영
2. 법률상 지출의무의 이행
3. 이미 예산으로 승인된 사업의 계속

인 변화와 더불어 관리 중심의 성과주의예산제도가 도입되었으며 그 이후 다시 계획 중심의 계획예산제도, 목표에 의한 관리제도, 영기준예산제도 등이 등장하였으며 최근에는 다시 성과주의예산제도가 주목받고 있다.

(1) 통제 중심 예산제도

초기의 예산제도는 입법부의 행정부 통제에 중심을 둔 통제 중심의 예산제도였다. 즉, 입법부가 행정부에 대한 통제를 잘함으로써 행정부의 부당한 지출이나 낭비를 줄이고 자의적인 지출을 방지하며, 이로써 국민의 부담을 줄이는 것이 주목적이었다. 당시에는 예산지출의 효율성보다 예산을 줄이는 데 관심이 집중되었으며 국민의 부담을 줄이는 것이 주된 관심사였다.

통제 중심 예산제도 아래에서 행정부의 지출에 대한 통제를 쉽게 하기 위해 회계책임이 명확하고 유통과정을 쉽게 파악할 수 있는 조직체별 분류와 이를 다시 분류한 품목별 분류 방법이 사용되었다. 조직체별로 그리고 품목별로 분류하면 입법부가 행정부의 예산지출을 통제하기 편리하며 이러한 의미에서 입법부 우월적 예산제도라 할 수 있다. 즉, 입법부에 의하여 예산이 성립될 뿐만 아니라 입법부에 의하여 예산의 지출이 통제되기 때문이다. 이를 품목별 예산제도(Line-Item Budgeting System : LIBS)라고 하며 우리나라도 이 제도를 채택하고 있다.

이 제도가 성립된 원인은 예산제도와 의회제도가 그 기원을 같이하고 있기 때문이다(Burkhead, 1956). 즉, 의회제도의 성립 과정은 예산제도의 성립 과정이다. 국민의 부담이 되는 조세를 부과할 때는 국민의 대표자인 의회의 승인을 받아야 한다는 주장이 대두하였고 이를 받아들인 것이 곧 의회제도의 성립인 동시에 예산제도의 성립이다. 영국의 경우에 1215년 대헌장(Magna Carta), 1628년의 권리청원(Petition of Rights), 1689년의 권리장전(Bill of Rights)에 의회의 동의 없이는 국민에게 조세를 부과할 수 없음이 명시되었다. 이로써 군주의 조세 부과에 대한 의회의 통제가 제도화되었다.

세입에 대한 의회의 통제 제도가 확립되고, 1688년 명예혁명에 의해서 군사비와 일반경비를 구분하여 평시의 군대 유지비용 지출이 의회의 의결 대상에 포함됨으로써 부분적으로 지출에 대한 통제권도 획득하게 되었다. 그 이후 왕실비용(civil list)제도와 통합기금(consolidated fund)제도가 확립되어 의회에 의한 세출 예산권이 주어져 세입·세출에 대한 통제권을 모두 의회가 갖게 되고 통제 중심 예산제도는 더욱 공고해졌다(Willoughby, et al., 1922).

왕실비용제도란 국왕의 수입·지출과 국가의 수입·지출을 구별한 제도로서 국내소비세를 비롯하여 국왕의 재산에 의해 발생하는 수입 등 국왕의 총수입을 제한하고 이 범위를 초과할 때는 의회의 승인을 받도록 한 제도이다. 지출 역시 의회의 동의를 받게 하였고, 수입을 왕실비와 민정비로 구분하고 왕실비를 민정비보다 적게 하고 왕실비와 민정비의 지출에 대해 의회의 승인을 받게 하였다.

통합기금제도란 국왕의 지출을 통제하기 위한 하나의 제도로서 국가의 모든 수입은 한곳으로 들어와서 한 곳에서 지출되어야 한다는 것이다. 즉, 국가의 모든 수입은 이 기금으로부터 지급됨으로써 국왕이 자의적으로 지출할 수 없도록 하여 국가재정에 대한 의회의 통제가 가능하게 되었다.

미국의 1774년 독립선언도 영국의 식민지 조세정책에 대한 저항이론인 '대표 없이 조세 없다(no taxation without representation)'는 정신에서 출발하였다. 이는 시민의 대표자인 의회에 의한 승인을 전제로 한 예산을 의미하였다. 1796년에는 하원에 세입위원회가 설치되어 입법부 예산제도가 확립되었다. 1921년 예산회계법(Budget and Accounting Act) 제정으로 본격적인 예산제도의 시대가 개막되었다. 이 시기에 처음 시행된 제도는 품목별 예산제도(Line-Item Budgeting System : LIBS)이다. 이는 예산통제와 관리를 쉽게 하도록 지출 대상 품목별로 예산을 분류하는 제도이다. 품목은 예산과목의 장·관·항·목 중 목에 해당하는 것으로서 예산 편성의 기본 단위이다. 품목 외에 조직이나 기능, 사업, 활동 단위로 구분하여 예산을 편성할 수 있으며 우리나라의 경우 기능별, 사업별, 품목별 분류를 통합적으로 사용하고 있다(윤영진, 2013). 이 제도의 장점은 예산통제와 회계 관리가 쉽다는 것이다. 단점으로는 품목별 예산의 한계가 정해져 있어 예산의 신축성이 없고 품목만 신경 쓰다 보면 예산의 우선순위를 정하는 데 제한점이 있다.

(2) 관리 중심 예산제도와 성과주의예산제도

관리 중심 예산제도란 행정부가 예산의 관리를 유효·적절히 함으로써 예산지출의 효율성을 높이는 데 목적을 둔 예산제도를 말한다. 뉴딜(New Deal) 시대에 시작하여 1960년대에 성과주의 예산제도가 절정에 달하여 예산의 관리적 기능이 확립되었다. 이 당시는 정부의 기능이 확대와 더불어 활동이나 예산의 지출이 팽창하였으며 이에 따라서 예산의 효율적인 관리가 요청되었다. 관리 중심의 예산제도 아래에서는 기능별·사업계획별·활동별 분류가 이루어지고 이를 바탕으로 한 성과주의 예산제도가 채택되었다. 정부 기능의 확대와 더불어 정부에 의한 사업계획의 수립과 이의 효과적인 달성을 위한 관리적인 기능이 중요한 관심이었고, 행정부에 의한 이러한 관리적 기능의 증대는 예산의 측면에서 행정부 중심의 예산제도를 확립시켰다.

① 성과주의예산제도의 개념

성과주의예산제도(performance budget)는 예산을 기능별·사업계획별·활동별로 분류하여 예산의 지출과 그로 인한 성과와의 관계를 명확히 하기 위한 제도이다. 과거의 품목별예산제도(line-item budget)는 정부가 구매하고자 하는(지출의 대상이 되는) 물품이나 용역을 표시하는 데 그쳤으며 그 물품을 왜, 무슨 목적을 위하여 구매하는지는 분명하지 않았다. 따라서 예산의 지출에 의한 성과도 명확하지 못했다. 그러나 성과주의예산제도는 정부에서 수행하고자 하는 사업이 무엇인가를 중심으로 예산을 편성함으로써 정부 사업과 예산과의 관계를 더욱 명백하게 밝혀준다(Willoughby, et al., 1922).

성과주의 예산을 편성하는 방법은 다음과 같다.

㉠우선 수 개의 주요 사업을 설명하고(기능별 분류),

㉡그 주요 사업을 몇 개의 사업으로 나눈 다음(사업별 분류),

㉢그 사업을 다시 세분하여 세부사업으로 분류한다(활동별 분류).

㉣세부사업별로 분류된 사업에 따라 예산을 편성하며 단위원가*업무량=예산총액으로 작성한다.

여기서 단위원가(unit cost)란 업무측정 단위(unit of work measurement) 또는 성과 단위(unit of performance) 하나를 산출하는 데 소요되는 경비를 말하며, 업무량이란 달성하고자 하는 업무측정 단위의 수를 말한다(Sherwood, 1954).

성과주의 예산에 있어서 정부가 사업계획을 세우는 경우, 그 실시계획과 세부적인 업무를 명백히 밝혀야 하며, 지출의 대상은 목표 달성을 위한 수단으로 간주한다. 따라서 예산의 결정은 계획과 활동의 시행 방법을 승인하는 것인 동시에 승인된 예산은 계획과 활동에 대하여 자동으로 관리기능을 발휘하게 된다(유종해 외, 1979).

② 성과주의예산제도의 발달

성과주의예산제도는 미국에서 시작하여 여러 국가에 보급되었는데, 그 발달 과정을 살펴보면 다음과 같다(Burkhead, 1956).

㉠1912년 절약과 능률에 관한 대통령위원회는 정부가 수행하는 사업에 중점을 둔 예산을 강조하였다.

㉡1913년~1915년 뉴욕시정연구회(New York Bureau of Municipal Research)의 주관 아래 뉴욕시 리치몬드구에서 원가예산제도(cost data budget)가 시도되었는바, 이것이 성과주의예산제도의 효시라고 할 수 있다.

㉢1934년 농무성이 사업별 예산(project budget)을 편성한 바 있으며, 같은 시기에 테네시 밸리 당국(Tennessee Valley Autyority : TVA)이 성과주의예산과 유사한 프로그램예산제도(program budget)를 채택하였다.

㉣1946년 해군성이 1948 회계연도 예산을 종래의 품목별 예산과 함께 성과주의 예산을 편성·제출하였으며, 이는 새로 조직된 국무성에도 영향을 주었다.

㉤1949년 제1차 후버 위원회는, 예산과 회계에 관한 보고서에서 '연방정부의 전체 예산개념은 기능·활동·사업계획에 입각한 예산으로 개편되어야 하며 이러한 예산을 성과주의예산이라고 한다'라고 하면서 성과주의예산제도의 채택을 건의하였다.

㉥1949년 연방회의는 국가안보보장회의법(National Security Act)을 수정하여 국방성의 예산에 관하여는 성과주의 예산을 채택하도록 하였다.

㉦1950년 예산회계절차법을 개정하여 연방정부의 예산을 성과주의 예산에 의하도록 권장하는 규정을 두었으며, 이에 따라서 1950년 트루먼 대통령은 성과주의 예산을 편성하여 의회에 제출하였다.

㉧1955년 제2차 후버 위원회는 성과주의예산제도의 효율성을 재평가하고 이것을 더욱 발전시킬 것을 건의하였다. 이후 성과주의 예산은 주정부·지방자치단체 등에도 확대·전파되었다.

우리나라에서는 1961년 제정된 예산회계법에서 성과주의예산의 채택을 암시한 규정에 따라 1961년 국방부에서 성과주의예산 도입을 시도하였으며 1962년 이후 성과측정이 비교적 쉬운 것으로 생각되는 일부 부처의 사업, 즉 농림부의 농지개발사업, 조림사업, 소방사업과 보건복지부의 정신병원, 결핵병원, 한센병원, 방역연구소, 재활원, 보건소 및 건설부의 치수사업, 댐 건설사업, 도로사업, 항만준설사업, 상수도사업 등의 사업에 성과주의예산을 채택하였다. 2006년에 제정된 국가재정법에서는 재정활동의 성과관리체계를 구축하기 위하여 각 중앙관서의 장이 예산요구서를 제출할 때 다음 연도 예산의 성과계획서와 전년도 예산의 성과보고서를 제출하도록 하였고 결산할 때도 성과보고서를 제출하도록 하였다. 2021년에는 효율적이고 성과 지향적이며 투명한 재정운용을 위하여 재정사업 성과관리의 내용을 성과 목표 관리와 성과평가로 구체화하고 제반 활동의 법적 근거, 시행을 위한 추진체계 마련, 성과정보 관리시스템 구축 등을 통해 종전의 성과 중심 재정운용 제도를 확대 강화하였다.

③ **성과주의예산제도의 장단점**

성과주의예산제도의 장점은 다음과 같다(Mosher, 1957).

㉠일반 국민이 각 부처의 사업과 목적을 이해하는 데 도움이 된다.

㉡정책·계획수립과 입법부의 예산심의를 쉽게 한다.

㉢국가사업의 우선순위가 명백하다.

㉣예산편성에 있어서 자금 배분을 합리화할 수 있다.

㉤예산집행에 신축성이 있다.

㉥행정성과의 향상을 가져온다.

㉦실적분석 결과의 생생한 자료를 다음 연도 예산에 반영할 수 있다.

㉧효율적인 관리 수단이 된다.

반면, 성과주의예산제도의 단점은 다음과 같다.

㉠성과별 분류의 대상은 부·국 수준이며 예산총괄계정에 부적합하다.

㉡행정부에 대한 입법부의 통제가 어렵다.

㉢회계 책임이 명확하지 못하다.

㉣계획이나 기능 및 활동 간의 비교의 기준을 제공하지 못한다.

전술한 바와 같이 성과주의예산은 단위원가*업무량=예산총액으로 나타난다. 따라서 단위원가의 계산과 업무측정 단위의 선정이 가능해야 한다. 그러나 이 두 가지가 모두 어렵다는 점에서 도입 상 근본적인 문제점을 안고 있다(Persons, 1963; Koch, 1960). 첫 번째 문제는 업무측정 단위의 선정이다. 업무측정 단위는 동질성이 있어야 하며, 계산가능성이 있어야 하고 완결된 업무를 표시해야 하며, 친숙한 용어로 표시하여 관계자들이 이해하기 쉬워야 한다. 그런데, 정부의 사업과 활동 가운데는 단순한 통계적인 방법으로 측정할 수 없는 것이 있다. 예를 들면 인원이나 경비가 사업량에 따라 변하지 않거나 법규에 의해 경비가 고정된 경우, 특정 조사 업무처럼 성질상 측정하기가 어려운 활동 등이다.

업무측정에 있어서 더욱 문제가 되는 것은 측정 단위와 업무 성질과의 관계이다. 업무량을 물질적 단위로 표시하려면 단위가 동질적이어야 하나 정부 활동 중에는 특히 노동쟁의의 조정과 같이 양적으로 평가하기가 어려운 것이 있다. 두 번째 문제는 단위원가 산출이다. 단위원가란 업무측정 단위의 하나를 산출하는 데 소요되는 인건비·자재비 기타의 모든 경비를 합계한 것을 말한다. 그러나 회계제도가 발달하지 못하고 충분한 훈련과 경험을 지닌 회계직원이 부족할 경우 단위원가의 산출이 어려워진다.

(3) 계획 중심 예산제도와 계획예산제도

계획 중심 예산제도는 관리 중심의 성과주의예산제도를 한 단계 발전시켜 장기적인 계획에 근거해 사업계획을 수립하고 예산을 결정하는 제도이다. 이 제도의 취지는 장기적인 계획과 예산을 연계하여 계획의 실현 가능성을 높이고 예산 배분을 합리화하려는 것이다(Hitch, 1965).

계획이란 정부가 달성하고자 하는 목표를 설정하고 목표 달성을 위한 합리적 수단을 선택하는 과정을 의미하며, 예산이란 1년간(1회계연도)의 정부의 세입과 세출의 예정표 또는 1년간의 정부 계획을 금액으로 표시한 것을 의미한다. 따라서 계획과 예산은 유기적 관련을 맺어야 한다. 예산의 뒷받침이 없는 계획은 실현 가능성이 없으며, 계획에 바탕을 둔 예산이 아니면 비합리적인 예산이 되고 재정의 낭비를 초래할 수 있다. 그러므로 계획과 예산을 통합하여 계획의 실현성을 높이고 예산의 합리화를 기하여야 한다.

현실적으로 계획과 예산은 일치되지 못하는 경우가 많다. 이러한 불일치(괴리) 현상은 〈표 6-2〉와 같은 요인에 기인한다고 볼 수 있다.

〈표 6-2〉 계획과 예산 불일치 요인

불일치 요인	내용
조직상의 요인	계획을 담당하는 조직과 예산을 담당하는 조직이 분리되어 불일치가 발생
성질상의 요인	계획은 장기적이고 추상적이며 포괄적이지만, 예산은 단기적이고 단편적이며 정치적이고 점진적이어서 괴리 발생
재원의 부족	바람직한 계획이라도 재원 자체 부족으로 불일치 발생
새로운 사태에 대한 적응 불능	계획담당자나 예산담당자가 사전에 예기치 못한 사태가 발생하여 계획에 대한 예산의 뒷받침 곤란
예산심의 과정상 수정	국가 발전계획은 국회 심의를 거치지 않으나 예산은 심의를 요하는데, 심의 과정에서 수정되면 괴리 발생
예산제도의 결함	예산 1년 주의, 예산 단일의 원칙, 예산 통일성의 원칙, 통제 중심 예산제도 등에 의해 불일치 발생

이와 같은 계획과 예산의 불일치 현상을 막기 위하여 양자 인사 교류나 공동 교육훈련에 의하여 이해도를 높이는 방법과 계획·예산조정위원회를 설치할 수 있다. 또한 정부의 계획을 중·장기계획은 물론 연차적인 계획까지도 절차·방법에 이르기까지 구체적으로 수립하고, 계획예산제도·목표관리 예산제도·영기준 예산제도 등과 같은 제도를 도입하여 계획과 예산의 유기적인 관계를 구축할 수 있다. 더불어 계획과 예산을 유기적으로 연결하는 정치적 리더십, 결산 제도 강화 등이 필요하다.

① **계획예산제도의 개념**

계획예산제도(Planning Programming Budgeting System : PPBS)란 장기적인 계획수립(planning)과 단기적인 예산편성(budgeting)을 프로그램작성(programming)을 통하여 유기적 연결함으로써 자원배분에 관한 의사결정을 일관적이고 합리적으로 하려는 제도이다(Zwick, 1968).

장기적인 계획수립이란 장기적 목표를 수립하고 그 목표를 달성하기 위한 여러 대안(alternatives)을 평가·선택하는 단계를 말한다. 즉, 장기적인 관점에서 '무엇을 할 것인가(what to do)'를 명확하게 설정하고 이를 달성하기 위한 대안을 분석·평가·선택하는 과정을 의미하며 이러한 과정에 의하여 설정된 것이 계획(plan)이다.

프로그램작성(programming)이란 계획수립(planning) 과정에 의하여 설정된 계획(plan)을 실현하기 위하여 구체적인 행동 방안과 시간 일정을 배당하는 과정, 즉 계획을 '어떻게 할 것인가(how to do)'를 모색하는 과정을 의미한다. 예측이 가능한 기간에 걸쳐 결정된 계획(5년 이내의 계획)을 실현하기 위하여 달성해야 할 산출의 수준(output)과 이를 실현하기 위하여 요구되는 인원·자재·자금 등의 여러 투입 자원(input)이 시간상으로 배분되는 과정이다. 이 과정에 의하여 작성된 것이 프로그램(사업계획 또는 실시계획 : program)이다.

제1단계에서 '무엇을 할 것인가'의 계획이 수립되고 제2단계에서 이를 '어떻게 할 것인가'의 프로그램작성이 되면 제3단계에서는 제2단계에서 세워진 각각의 프로그램(program)에 대하여 최초 연도분의 자금을 배분해 주게 된다. 이것이 예산편성(budgeting)이다. 즉, 각각의 프로그램을 수행하는 데 필요로 하는 여러 자원을 조사하고 이를 금액으로 평가하여 조직체가 필요로 하는 초년도분의 자금 총액을 계산한다. 계획예산제도의 과정을 요약하면 〈그림 6-1〉과 같다.

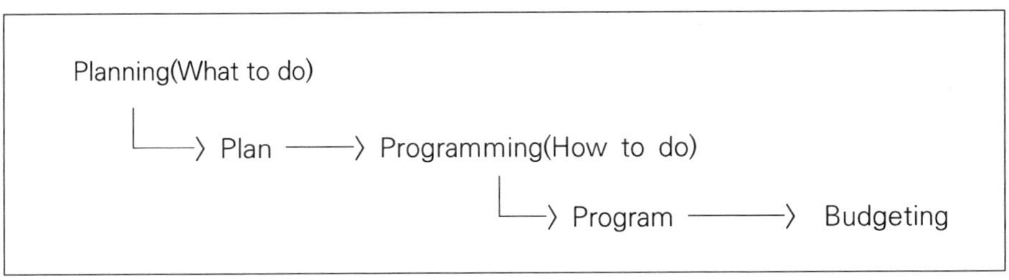

〈그림 6-1〉 PPBS의 과정

PPBS의 요소는 명확한 목표·대안의 체계적 검토·장기적 시계 등 세 가지다

(Zwick, 1968). 정부 사업의 목표는 PPBS에 의하여 명확히 제시되어야 한다. 그리고 목표 달성을 위한 각종 대안이 체계적으로 분석·검토되어야 한다. 마지막으로 장기적인 시계(long-time horizon)에 근거하여 미래의 비용이 함축되어야 한다. 사업의 성질상 계획 연도(초년도)에는 경비 소요가 적으나 2~3년 후에 많은 경비가 소요되는 경우가 있으므로 장기적인 시계를 가져야 한다.

② 계획예산제도의 발달

제2차 세계대전 이후 미국 공군의 국가 안보 프로젝트로서 설립된 랜드연구소(research and development corporation : RAND)는 1954년 계획예산(program budgeting)이란 명칭의 PPB를 개발하였고 미국 공군이 이 제도를 채택하도록 건의하였다. 국방예산에 관하여 경제적 분석을 시도한 랜드연구소의 Hitch와 Mckean의 공저인 「핵시대의 국방경제학」(The Economics of Defense in the Nuclear Age, 1960)과 Novik의 「경제예산론-계획분석과 연방계획」(Program Budgeting : Program Analysis and the Federal Budget, 1965)에서 예산에 관한 연구 성과를 발표하였다. 국방 문제를 자원배분이라는 경제문제로 다루면서 PPBS와 체계분석을 국방경제라는 학문체계 속에 집어넣은 「핵시대의 국방경제학」은 미국 국방성 McNamara 장관이 PPBS를 채택하게 된 주요한 계기를 마련하여 주었다.

그 이후 McNamara 장관은 Hitch를 국방성의 감리 담당 국방 차관보(assistant secretary of defense, comptroller)에 임명하여 PPBS를 도입하였다. 그 결과 1962년 1월에 제출될 1963 회계연도 예산을 주요 프로그램별로 작성할 것을 결정하였으며, 또한 다음 연도 예산으로서 1963년도뿐만 아니라 1963~1967회계연도, 즉 5년 후까지의 국방예산을 동시에 제출하도록 요구하였다. 미국 국방성이 일반 정부 기관에 앞서 PPBS를 채택하게 된 이유는 첫째, 군사상의 필요와 경제적 가능성, 재정상의 절약이 경합하고 있다는 것, 둘째, 무기개발과 작전 면에 있어서 육·해·공 3군의 통합 필요성이 제2차 세계대전 이후 강력히 인식되었다는 것, 셋째, 핵무기의 출현에 의하여 군대의 역할이나 군비의 본질이 전쟁 수행 수단이라기보다 전쟁 억제 수단으로서 주요 전략목표가 되었다는 것 등을 지적할 수 있다.

존슨 대통령은 1965년 8월 25일 PPBS 도입의 목적을 첫째, 더 신속하고 효과적이며 효율적으로 업무를 수행하는 새로운 방안을 모색하는 것, 둘째, 정확한 정보를 통하여 더 훌륭한 판단을 하는 것, 셋째, 정부의 의사결정이 우주 탐사계획처럼 최고가 되게 하는 것 등 세 가지로 천명하고 연방정부의 각급 기관에 PPBS 도입을 지시하였다(Davis, 1969). 그 이후 PPBS는 주와 시 등 지방정부에서도 채택되었다.

③ 계획예산제도의 특징

가. 합목적성(legitimacy)

PPBS에 있어서의 모든 사업계획과 예산사업은 국가 목적에 적합하도록 행하여져야 하며, 국가 목표의 구체적 실현이라는 입장에서 파악되어야 한다는 것이다. 말하자면 국가 또는 조직의 목적 및 성질과 관련되는 제반 조건을 살펴 기본적인 사업 목표를 설정해야 한다는 것이다.

나. 경제적 합리성(economic rationality)

종래의 예산편성은 정치적 거래를 통하여 기존예산의 내용과 규모에 부분적인 조정을 가하는 것이었다. 이처럼 정치적 타협으로 이루어지는 예산자원의 배분은 다분히 정치적 합리성 추구의 결과이지 경제적 합리성의 결과는 아니다. 그러나 PPBS는 경제적 합리성을 바탕으로 비용·효과분석 및 비용·편익분석이 이루어진다.

다. 효과성(effectiveness)

효과성이란 목표 달성의 정도를 말한다. PPBS에 있어서 목표 달성을 위한 각종 대안이 검토되는 과정에서 효과성이 중요한 문제로 대두된다. 즉, 각종 대안 가운데서 하나의 적절한 방안이 선정되면 정책 결정 기관은 합리적으로 정책을 결정할 수 있다.

라. 절약과 능률(economy and efficiency)

PPBS는 국민의 세금을 효율적으로 사용하기 위해 절약과 능률을 예산제도의 기본목표로 삼아야 한다. 절약과 능률은 일정량의 자원을 가지고 가급적 많은 산출(output)을 내거나, 일정량의 산출을 내기 위하여 가급적 적은 양의 투입(input)을 하는 것을 말한다. 이를 위해서는 투입과 산출을 연결하는 과정에서 계획적이고 정비된 체제가 필요하다.

마. 과학적 객관성(scientific objectivity)

PPBS의 또 다른 목표는 과학적 객관성이다. 의사결정을 함에 있어 체계분석, 비용·효과분석에 의하여 의사결정자의 주관적 편견을 없애고, 객관적인 판단을 내리도록 하여야 한다.

바. 조정(coordination)

조정이란 체계(system)의 여러 부분의 조화와 균형을 기하는 과정이다. PPBS는 비교·조정 과정의 연속이라고 할 수 있다. 조정은 목표 간의 충돌 배제, 목표 달성을 위한 활동 간의 충돌 배제, 목표와 이를 달성하기 위한 활동 간의 상충 배제를 의미한다고 할 수 있는데 PPBS는 바로 이것을 주안점으로 하는 제도라 할 수 있다.

④ 계획예산제도의 기능

가. 예산시스템

PPBS는 자금 배분에 관한 의사결정을 합리화하는 예산제도라는 점에서 예산시스템으로 간주되며, 예산 활동을 통해 행정에 대한 관리기능을 수행한다.

나. 계획시스템

PPBS는 장기적인 계획을 단기적 1년 예산과 유기적으로 연결시켜 준다는 점에서 계획시스템으로 볼 수 있다. 장기적인 계획이 수립되면 프로그램작성(programming)을 통하여 1년 예산과 유기적인 연결을 갖도록 하며 이로써 장기적인 계획에 대한 실현 가능성을 높이고 장기계획에 대한 신뢰도를 높인다.

다. 분석시스템

PPBS는 비용·효과분석 및 비용·편익분석의 체계분석(system analysis)을 통하여 미래의 불확실한 문제에 대비한다. 따라서 PPBS는 분석시스템으로 간주된다.

라. 정보시스템

PPBS는 정보·자료의 수집·분석을 통해 미래의 대안을 작성·분석·평가하고 선택하게 한다. 이처럼 PPBS는 정보시스템을 바탕으로 이루어진다.

마. 의사결정시스템

PPBS는 일종의 의사결정과정을 통해 예산이 결정되는 제도이다. PPBS는 장기적인 계획이 합리적인 자금 배분을 통하여 이루어지게 하는 고도로 과학화된 의사결정시스템이다.

⑤ 계획예산제도의 구조

가. PPBS의 프로그램구조(program structure)

PPBS 프로그램구조란 행정기관이 추구하는 주요 목표와 이를 달성하기 위한 활동의 종합체인 프로그램을 대응시켜 각 목표의 수준에 따라 프로그램을 계층적으로 배치한 것이다. 이를 도식으로 나타내면 〈그림 6-2〉와 같은 3층 구조를 지닌다.

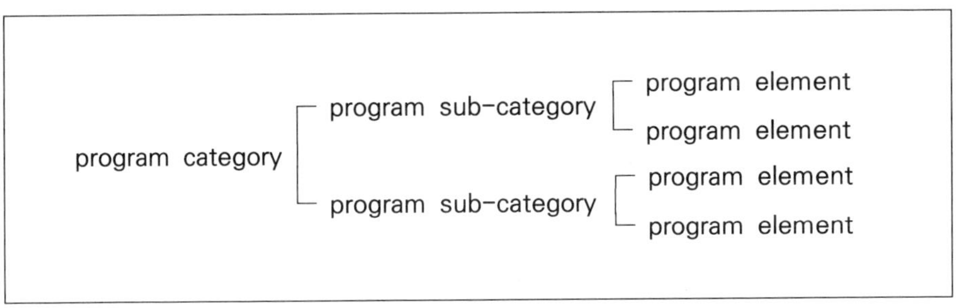

〈그림 6-2〉 PPBS의 구조

사업의 대상 범위(program category)는 조직의 주요 목표와 임무를 나타내는 항목으로 프로그램구조의 최상위 분류이다. 각 기관은 5~10개의 사업 대상 범위를 정한다. 국방성의 전략부대, 일반부대 등으로 분류되는 것이 그것이다. 사업 활동의 세분류(program sub-category)는 사업 대상 범위를 다시 세분한 것이며 사업 기초요소를 묶은 항목이다. 사업 기초요소(program element)는 PPBS 구조의 기본 단위로서 다른 것과 명백히 구분되는 최종적인 산출(output)이다. 예컨대 B-52 폭격기, Polaris잠수함 등이 그것이다.

나. PPBS의 기본문서

예산편성 당국은 정부 각급 기관에 대하여 프로그램 요강, 특별분석연구서, 프로그램 및 자금계획서를 요구하고 있다. 프로그램 요강(program memorandum : PM)은 제안된 예산의 제반 결정에 대하여 전략적, 분석적으로 정당화하는 이유를 작성한 것이다. 특별분석연구서(special analytic study : SAS)는 프로그램 요강에 표시된 결정의 분석 근거를 연구한 것이다. 프로그램 및 자금계획서(program and financial plan : PFP)는 각급 기관이 제안한 제반 활동, 즉 산출의 결과를 도표형식으로 기록한 것이다.

⑥ 계획예산제도의 장단점

PPBS 장점은 다음과 같다.

㉠사업계획과 예산편성을 일치시킬 수 있다.

㉡정책결정과정이 일원화될 수 있다.

㉢현실성 있는 장기적 사업계획에 대한 신뢰성을 높인다.

㉣조직의 종합적 운영이 가능하다.

㉤자원배분의 합리화를 기할 수 있다.

㉥국가 목표의 정확하고 지속적인 파악이 가능하다.

㉦목표의 우선순위가 명확하다.

ⓞ수단의 효율적인 분석이 가능하다.

ⓩ장기적인 안목에서 예산편성이 이루어진다.

ⓒ계획을 측정·평가할 수 있다.

PPBS의 단점으로서는 다음 같은 점을 들 수 있다.

㉠목표설정의 곤란 : PPBS는 목표의 정확한 파악이 있어야 하는데 목표의 다원성, 목표 선택에 있어서 정치적 합리성, 사업계획의 다목적성, 목표설정에 있어서 이해관계 및 의견의 대립 등으로 인하여 목표설정이 어렵게 된다.

㉡중앙집권화의 초래 : PPBS는 모든 정보를 최고책임자나 주변의 막료에게 집중하게 하므로 중앙집권화를 초래한다.

㉢계량화의 곤란 : PPBS는 산출의 계량화에 초점을 두고 있는데 공공사업의 경우 산출의 계량화가 쉬운 것도 있으나 대부분 어렵다. 이는 PPBS의 고유한 문제가 아니며 성과주의예산제도에서도 제기되던 문제이다.

㉣환산 사업의 복잡성 : PPBS는 프로그램구조와 종래의 예산과목 간의 차이로 인하여 예산편성과 집행에 있어서 품목별 예산으로 환산 작업이 필요하게 되는데, 큰 노력과 어려움이 따른다.

㉤입법부의 반대 : PPBS의 채택에 의하여 의회의 권위가 상대적으로 저하될 가능성이 있다. 따라서 의회는 PPBS에 대체로 동의하지 않고 있다. 이 문제는 행정부의 예산제도개혁이 입법부의 예산심의권 침해라고 생각하여 찬성하지 않는 것이므로 PPBS만의 문제는 아니다.

(4) 목표관리 예산제도

목표관리(management by objectives : MBO)란 상급자와 하급자가 공동으로 조직(단위)의 목표를 확인하고 일정 기간이 지난 후에 나타난 결과(성과)에 대한 책임 정도를 정하며 이를 그 조직(단위)의 운영 지침으로 삼아 개개인의 기여도를 평가하는 과정을 말한다. 즉 MBO는 조직 목표의 달성과 관리적 차원에서 활용하는 관리전략이라고 할 수 있다.

MBO는 목표의 측면과 관리의 측면이 상호 효과적으로 연결된다. 즉, 목표의 설정과 설정된 목표의 달성을 위한 효과적인 관리체제로 이루어진다(Drucker, 1976). 목표 측면에서의 과정을 보면, 첫째, 최종목표를 달성하기 위한 중간목표를 설정하고, 둘째, 중간목표의 우선순위를 정하여 이를 달성하기 위한 전략계획을 수립하며, 끝으로 최소한 기대하는 성과를 정확하게 산출한다.

관리적인 측면에서의 과정을 보면, 첫째, 목표를 결정하는 데 수반되는 곤란성·복잡성·위험성을 이해하고, 둘째, 조직 내의 책임과 권한을 강조함으로써 자기통제를 촉진하며, 셋째, 자원배분, 인력배치, 직제 개편 등에 관하여 고려하고, 끝으로 조직의 목표와 성과 및 조직구조와 형태의 면에서 관리를 위한 최종결정을 내린다.

요컨대 MBO는 목표 달성을 위한 관리전략이며, 목표설정(setting objectives), 목표 달성을 위한 진척도의 추적 검토(tracking progress), 최종예산에 대한 종합평가(evaluating results)를 구성요소로 한다. 즉, 관리자와 하급자의 목표에 대한 공동 확인과 목표달성도에 대한 주기적 검토(보통 2개월마다)를 하고 검토 결과에 따라 새로운 전략이 모색되며 종국에 최종적인 산출물을 평가하는 과정으로 이루어진다(Brady, 1973). 이처럼 MBO는 조직구성원의 참여를 통하여 목표를 설정하고 효과적인 관리를 통하여 목표를 달성하고자 하는 것이며, 목표의 달성을 관리적 측면에서 다루려고 하는 관리전략이다.

① MBO 도입 배경

MBO는 민간 영역에서 처음 등장하였는데, 이에 대해 최초로 관심을 가진 사람이 과학적 관리법(scientific management)을 주창한 Taylor다. 그는 종래에 근로자의 창의성에 의존하고 이를 자극하던 관리방식에서 탈피하여 과학적인 과업 설정이라는 계획적 관리방식을 개발하였다. 이를 통해 노동 생산성을 높이고 객관적인 표준작업량을 설정해 임금을 높이고 관리 비용을 줄이고자 하였다. 1930년대 이후 공공부문에서도 관심을 두게 되어 연방정부, 사회보장청(Social Security Administration), 산림청(Forest Service)에서 MBO를 중시하게 되었다. 1954년 Drucker는 「관리와 실제(The Practice of Management)」에서 MBO의 개념을 명확히 제시하였다. 1970년 예산국이 관리예산처로 개편되면서 MBO가 행정 분야에 도입되기 시작하였고, 이어 1973년에는 닉슨 대통령의 지시에 따라 연방정부의 21개 주요 기관이 MBO를 도입하였다.

MBO가 공공부문에 도입된 근본적인 이유는 정부 기능의 다양화와 이에 따른 목표 달성에 관한 관심 증가에 기인한다고 하겠다. 목표 달성을 위한 제도적인 방안으로 과거의 PPBS는 여러 가지 문제점을 안고 있다는 것을 전제로 MBO가 도입되기에 이르렀다. 이를 좀 더 구체화하면 다음과 같다(Brady, 1973).

첫째, PPBS는 목표 의식적이면서도 그 목표의 달성을 위한 방법은 고려되지 못했다. 둘째, PPBS의 예산편성 과정은 장기계획의 수립 수단으로서의 정책 결정이며, PPBS의 예산편성 과정은 이러한 정책 결정을 위한 원가 및 편익 계산 절차이다. 그러나 정책 결정과 대안은 예산편성 기간에 개별적으로 평가되고 지속적인 수행을 위한 장기적인 검토가 이루어지지 않는다. 셋째, PPBS는 일선에서 정책을 시행하는 관리자에게는 아무런 운영 지침도 제공하지 못한다. 넷째, PPBS는 기존 정책의 주요한 변화와 신규 정책에 관심을 두지만, 진행 중인 정책 활동이나 운영에 대해서는 지속적, 주기적으로 평가하지 않는다.

MBO는 이러한 PPBS의 결함을 보완하고 정비된 하나의 체계 내에서 원활한 관리작용이 이루어지도록 하기 위한 제도로서 나타났다.

② MBO와 PPBS 비교

MBO와 PPBS의 특징을 비교하면 〈표 6-3〉과 같다(De Woolfson Jr., 1976).

〈표 6-3〉 MBO와 PPBS 특징

MBO	PPBS
• 목표 명확화 : 다목적 상황(multi-objective situation)을 인정한다. • 여러 목표 간 갈등을 확인한다. • 조직 구성원의 참여적 관리 체계(participative management)를 형성한다. • 성과를 측정하고 피드백함으로써 통제 기재(control mechanism)를 확인한다. • 관리자가 결과에 대한 책임을 지게 하고 객관적 평가 여건을 조성한다. • 공식적인 조직이나 절차를 크게 필요로 하지 않는다.	• 미래에 있을 사업 수요와 필요 자원의 내용을 밝힌다. • 여러 대안의 분석을 확인한다. • 분석적 전문성(analytical expertise)을 활용한다. • 선택 대안의 비용을 상세히 표시한다. • 전체 포괄적이고 상호 배타적인(mutually exclusive and exhaustive) 사업계획구조(program structure)를 갖는다. • 수많은 의사결정 문서(numerous decision documents)를 활용한다.

MBO와 PPBS의 모형을 비교하면 〈표 6-4〉와 같다(McCaffery, 1976).

〈표 6-4〉 MBO와 PPBS 모형(model) 비교

구분	MBO	PPBS
계획기간	부분적, 1년(때때로 5개년) 계획	종합적, 5개년 계획
권위구조	분권적, 계선 기능 중시	집권적, 막료에 치중
전문기술	일반적 관리 기술, 산술적 계산	통계 기반의 고도 관리기법
사업계획	내적이고 산출량에 치중	외적이고 비용편익 중시
예산범위	부분적, 개별적, 후원적	종합적, 자원배분적

③ MBO의 절차

MBO의 전형적인 절차는 없다. 여기서는 Mali(1972)가 설명한 절차와 미국 보건교육후생부(Department of Health, Education Welfare : HEW)에서 활용된 운영 과정을 소개함으로써 MBO에 대한 이해를 돕고자 한다.

가. Mali의 5단계

Mali는 MBO의 절차를 다음과 같은 다섯 단계로 나누었다.

㉠목표발견(finding the objectives)

MBO는 조직의 생존·성장·개선과 문제해결을 위하여 조직이 바라는 어떤 바람직한 상태, 즉 조직의 목표를 신중하고 체계적으로 확인하는 데서부터 시작된다. 이 단계에서는 조직 현황의 분석과 성취하려는 장래의 소망을 검토하는 것이 중요하다.

㉡목표설정(setting the objectives)

조직이 실제로 달성하고자 하는 바람직한 미래의 상태, 즉 조직의 목표를 확립하는 국면이며 조직의 창조적인 능력이 필요한 단계이다. 목표를 설정할 때는 첫째, 최고 관리층에서 목표의 예비적 설정, 둘째, 조직 역할의 명확화, 셋째, 부하의 목표설정, 넷째 목표와 소요 자원 간의 관계 고려, 다섯째, 목표의 상향적·하향적 재순환(recycling) 등이 고려되어야 한다.

㉢목표확인(validating the objectives)

전 단계에서 설정된 목표는 다시 확인의 과정을 거친다. 확인 과정을 통하여 목표실행에 관계된 개인이나 부서에서 그 목표가 주어진 시간 내에 달성될 수 있다는 확신을 가질 수 있게 된다. 또한 이 단계에서는 계획 실행 상의 결점이나 실패 요인의 존재 여부를 발견하기 위한 분석·검토가 이루어지는바, 위험성·가정·변동하는 여러 사항이 분석된다.

㉣목표시행(implementing the objectives)

이 단계에서는 목표를 달성하기 위한 구체적인 시행 전략(implementation strategy)이 수립되고 실제 행동으로 옮겨진다.

㉤목표달성도 통제·보고(controlling and reporting status of the objectives)

이 단계에서는 목표가 계획대로 진행되었는가를 측정·평가하고, 계획에 차

질을 빚었을 때는 그것을 시정하기 위해 대안을 마련하는 등 통제가 이루어진다.

나. HEW의 MBO 운영 과정

HEW에서는 MBO를 목표설정, 모니터링, 결과평가 등 세 단계의 과정을 거쳐 시행하고 있다(Brady, 1973).

㉠목표설정(setting objectives)

이 단계는 6개의 절차로 세분되어 있으며, 장관의 장기적 목표와 이를 실시하기 위한 각 행정조직계층의 중간목표가 예산편성에 반영될 때는 언제나 우선순위에 대한 평가와 더불어 전체적인 조정 작업이 뒤따르게 된다.

㉡모니터링(monitoring process)

이 단계에서는 지표가 작성되고, 최종결과에 이르는 각 중간목표가 마련되며, 전체과정이 월별로 세분되어 업무의 진행도가 검토될 뿐만 아니라 중간목표 수행 중의 각 관리자는 언제나 중앙, 특히 장관실과 밀접한 관련 하에서 상황분석을 시행하고, 2개월에 한 번씩 관리평가회의를 열어 그 진척도를 분석하게 된다. 이때 각 관리자는 만족(satisfactory), 약간의 문제점(minor problem), 중대 문제(major problem) 등 세 가지 기준척도에 따라 자체 평가자료를 제출하게 되며, 그 결과 계속 추진이나 수정 등의 지시가 결정되는 것이다.

㉢결과평가(evaluating results)

이 단계에서는 연도 말에 종합결과평가서를 장관에게 제출하게 된다. 이는 비교적 상세한 보고로서 특정 정책의 성패를 가름하는 구실을 하게 되는 것이다.

④ MBO의 장단점

MBO의 장점은 다음과 같다(Koontz & O'Donnel, 1972).

㉠MBO는 관리자가 활동이나 작업을 다시 계획하는 것보다는 그것이 초래할 결과를 위한 계획을 고려하도록 함으로써 보다 좋은 관리(better managing)를 하도록 돕는다.

㉡MBO는 조직의 역할과 구조를 명확히 하도록 강요하는 경향이 있다.

㉢MBO는 성과 약속을 유도한다.

㉣MBO는 효과적인 계획 작성을 환기하는 것과 마찬가지로 또한 효과적인 통제 기재를 발전시키는 데 도움을 준다.

㉤MBO는 목표를 명확히 하고 관리 문제의 다목적 성격을 인식시킨다.

㉥MBO는 서로 상충하는 여러 목표를 확인한다.

㉦MBO는 목표 달성도 측정과 환류(feedback)를 가능하게 함으로써 통제 기재를 보장한다.

㉧MBO는 결과에 대한 책임의 수락 문화를 조성하며, 그 결과를 토대로 관리자를 평가하는 수단을 제공한다.

㉨조직 내 의사소통 체계를 통하여 목표와 성과가 연결된다.

㉩유기적이고 전체적인 관리체계 안에서 최종목표와 중간목표 사이의 연계가 뚜렷하다.

㉪각 조직 계층에서의 상위자와 하위자 사이의 협동 관계가 촉진된다.

㉫동기부여에 관한 가설을 바탕으로 관리 과정에서 조직구성원의 개인 목표를 우선 고려함으로써 구성원의 자발적 참여를 촉진한다.

반면, MBO의 단점은 다음과 같다(유종해, 1978).

㉠정부의 목표를 명확히 제시하기는 쉬운 일이 아니며 설령 최종목표에 대하여 다수가 동의하더라도 그 중간목표 사이에는 이해 상충과 갈등현상이 빈번히 발생한다.

㉡정부 내 정무직과 공무원 관료 사이에 마찰이 심화할 수도 있다.

㉢MBO의 복잡한 절차 때문에 관료주의적인 타성과 형식주의, 서면주의(red-tape)

를 초래할지도 모른다.

㉣각 기관의 정책수행에 대한 통제 기준의 표준화는 각 기관의 고유한 기풍과 임무를 저해할 소지가 있다.

㉤정부의 처지에서는 현재 정치적 결정에 따라 설정된 목표는 미래에 정권이 바뀌면 계속성을 유지하기 어렵다.

㉥의사 결정권을 가진 최고 관리층의 인사이동이 잦다.

㉦정부예산은 예측할 수 없는 복잡한 정치과정을 거쳐 결정되며 그 기간도 대체로 1년(회계연도)으로 제약을 받는다.

(5) 영기준예산제도

1960년대의 PPBS에 이어 70년대의 새로운 관리 및 예산제도로서 닉슨 대통령에 의해 도입된 MBO와 카터 대통령에 의해 도입된 ZBB(Zero Base Budgeting), 즉 영기준예산제도가 있다. ZBB는 예산을 편성함에 있어서 전년도 예산을 기준으로 하여 점증적으로 예산을 책정하는, 소위 점증주의적 예산제도(incremental budgeting)를 탈피하여 이전부터 지속되어 오던 계속사업이나 신규 사업을 막론하고 그 능률성과 효과성, 사업의 존속·축소·확대 여부를 새로 분석·검토하고 사업의 우선순위를 결정하여 이에 따라 예산을 편성하고 심의·결정하는 방식이다.

기준(base)이란 전년도 예산을 근거로 하여 점증 또는 증감한 예산액을 책정할 것이라고 하는 예산담당자들의 일반적인 기대를 의미한다. 영기준(zero-base)이란 영(zero)에서 출발한다는 것을 의미하며 전년도 예산을 기준으로 하지 않음을 의미한다. 따라서 ZBB는 전년도 예산을 기준으로 하지 않고 계속사업이든 신규 사업이든 모든 사업을 새로 분석·검토하고 우선순위를 결정하여 예산을 편성하고 심의·결정한다(Rehfuss, 1977).

① ZBB의 발달

ZBB는 1969년 텍사스악기회사(Texas Instrument)의 Pyhrr가 개발한 제도로서, 1970 회계연도에 이 회사의 연구조사부 예산에 적용되었고, 이듬해에는 회사 전체로 확산하였다. 1970년 Pyhrr의 논문을 읽은, 카터 당시 조지아주지사는 주 정부의 1973 회계연도 예산편성 시에 Pyhrr의 도움을 받아 ZBB를 도입하였다. 그 후 여러 기업체와 주 정부 및 지방정부에서 채택하였으며, 카터 대통령은 선거운동 당시부터 이 제도의 중요성을 강조하였으며, 대통령 취임 후 1976년에 정부 경제 및 소비개혁법(Government Economy and Spending Reform Act)이 제정되면서 1979 회계연도부터 ZBB가 연방정부에 도입되었다(신종순, 1987; Pyhrr, 1977).

② ZBB 편성 절차(기본요소)

ZBB는 결정 단위 선정, 예산결정표, 우선순위 결정의 3가지 기본요소로 운영된다. 세 가지 요소가 순서대로 결정되고 예산이 확정되면 각 기관은 실행예산을 편성한다.

가. 결정 단위 선정

결정 단위(decision unit)란 예산이 가질 수 있는 최하 수준의 단위이다. 종래의 예산 절차상의 예산 단위, 사업구조의 하위수준, 사업계획이나 자본계획 또는 특별한 업무 단위 등이 결정 단위가 될 수 있다. 즉 사업, 기능, 조직 단위, 품목 종류 등 어느 것이나 결정 단위가 될 수 있다. 이때 결정 단위마다 뚜렷한 관리자가 있어야 하며 우선순위를 정하고 결정 단위 내의 활동에 대하여 예산을 편성할 수 있는 권한은 관리자가 갖는다.

나. 예산결정표 형성

예산결정표[결정 단위의 분석을 통한 결정소단위(decision package)]란 결정 단위의 사업을 어느 수준에서 어떻게 수행할 것인가를 나타내 주는 대안으로서 영기준 개념의 기본요소가 되는 문서이다. 특정 활동(결정 단위)의 목적, 운영, 결과, 성과, 행동 방안, 비용, 편익 등에 관하여 검토·분석하고 이를 근거로 결정 단위의 내용을 여러 개의 결정소단위(decision package)로 나눈다. 이 경우 첫 소단위는 결정 단위 내에서 최우선순위를 가진 활동이나 활동의 일부분을 포함하고 다음 차례의 소단위는 다음 우선순위를 가진 활동으로 이루어진다. 따라서 결정 단위는 여러 개의 소단위(예산결정표)로 이루어진다. 즉, 선정된 결정 단위(사업 단위)별로 수행 대안을 개발하고 그 대안 중 하나의 대안을 선택한 다음 선택된 대안에 대하여 다시 시행 수준(최저수준, 현 수준, 증액 수준)을 제시하고 이의 산출 내역을 밝힌 문서가 예산결정표이다.

다. 우선순위 결정

예산결정표가 작성되면 상급관리자는 하급관리자가 올린 모든 결정소단위에 대하여 우선순위를 결정한다. 순위표를 만들어 높은 것부터 기재하면서 순위에 따라 내려오며 비용을 누계 표시한다. 하급관리자의 순위 결정은 중간관리자가, 중간관리자의 순위 결정은 최고 관리자가 심사하여 순위를 정하고 상향적으로 통합시켜 결정 단위 전체의 순위표가 작성된다.

라. 실행예산 편성

예산이 확정되면 예산결정표에 따라 실행예산을 편성한다. 정부에서 편성된 예산이 국회에서 삭감되어도 결정 단위의 우선순위가 정해져 있어 어려움이 없다. 예산결정표와 우선순위에 따라 다음 연도의 실행예산을 편성하면 된다.

③ ZBB의 장단점

ZBB의 장점은 다음과 같다.

㉠낮은 순위의 사업을 폐지·삭감할 수 있다.

㉡사업의 효과성을 현저히 높일 수 있다.

㉢한 기관 내에서 재원을 유통함으로써 높은 순위사업은 더 많은 자금을 얻을 수 있다.

㉣조세 부담을 억제할 수 있다.

㉤계선(line), 즉 일선 직원이 당면한 문제를 분석하게 하고 그 중에 가능한 대안을 발의하게 함으로써 평가와 사정의 기회를 증대시킴과 동시에 최고관리자에 의한 의사결정과 권위를 집중시킴으로써 탄력성과 재량권을 키운다.

㉥현존하는 사업 및 새로운 사업을 전면적으로 분석·평가한다. 사업 평가 결과에 따라 우선순위를 결정하기 때문에 예산의 효율성을 높일 수 있다.

㉦상향식 의사결정 방식이므로 의사소통이 원활히 이루어진다.

ZBB의 단점은 다음과 같다.

㉠관료가 자신의 사업 효과성을 평가하는 과정에 위협을 느끼게 된다.

㉡행정·의사소통·분석에 관여하는 관리자에 대한 훈련이 필요하다.

㉢적절한 결정 단위 선정, 효과적인 분석을 위한 적합한 자료 개발, 노력의 최소수준 결정, 사업 간 순위 결정, 그리고 많은 양의 예산결정표의 처리 등에 관리자 부담이 가중된다.

㉣ZBB 시행에 많은 시간이 소비된다. 그러나 이에 대해서는 종래 예산 전후의 모든 과정을 합하여 비교하면 반드시 그렇지 않다는 지적도 있다.

㉤매년 전면적인 평가를 시행한다는 것은 사실상 어려우므로 3년 또는 5년에 한 번씩 실시할 수밖에 없다.

㉥행정가가 위협을 느낄 뿐만 아니라 평가 작업을 어렵게 생각하거나 귀찮게 여기고 있어 저항이 발생하기 쉽다.

6. 예산 과정

예산은 1회계연도를 기준으로 하여 예산편성, 예산심의, 예산집행, 회계감사 등의 4단계를 거쳐 운용된다. 회계연도란 수입과 지출을 구분하여 운용함으로써 그

관계를 명확히 하는 기간을 말한다. 회계연도는 나라마다 다르다. 우리나라의 회계연도는 매년 1월 1일에 시작하여 12월 31일에 종료하며 재활조직도 이를 적용한다. 독일, 이탈리아, 프랑스의 회계연도는 우리나라와 같고, 일본, 중국, 캐나다의 회계연도는 매년 4월 1일부터 이듬해 3월 31일까지, 뉴질랜드, 이집트, 호주의 회계연도는 매년 7월 1일부터 다음 해 6월 30일까지이다. 미국 연방정부는 매년 10월 1일부터 이듬해 9월 30일까지이지만 주 정부 대부분은 매년 7월 1일부터 다음 해 6월 30일까지를 회계연도로 정하고 있다.

각 회계연도의 경비는 그 연도의 세입 또는 수입으로 충당하여야 한다. 이를 회계연도 독립의 원칙이라고 한다. 쉽게 말해, 올해 예산은 올해만 쓸 수 있다는 뜻이다. 다만, 예산의 이월·계속비·과년도수입·과년도지출 등의 제도에 따른 예외가 인정된다. 이와 같은 1회계연도를 중심으로 이루어지는 예산의 과정에 대하여 고찰하여 본다.

예산편성 (기획재정부)	⇨	**예산심의** (국회)	⇨	**예산집행** (중앙관서)	⇨	**결산** (감사원, 국회)

〈그림 6-3〉 예산 과정

(1) 예산편성

① 예산편성의 의의

예산편성은 각 중앙관서의 중기사업계획서 제출, 기획재정부의 예산안 편성지침 통보, 각 중앙관서의 예산요구서 제출, 기획재정부의 사정, 국무회의 심의와 대통령 승인 절차를 거쳐 완성된다. 예산편성은 정부가 수행할 정책 및 사업에 대한 계획을 금전으로 표시·작성하는 활동이다.

오늘날 대부분의 국가는 행정부 예산제도(executive budget)를 채택하고 있다. 행정부 예산제도란 예산편성권이 행정부에 있는 제도를 말한다. 행정부 예산제도 아래에서는 중앙예산기관(우리나라는 기획재정부)이 각 부처에서 제출한 예산요구서에 대하여 사정, 즉, 삭감·조정을 하여 행정부의 종합예산안을 작성·제출하게 되므로 중앙예산기관의 권한이 강할 수밖에 없다. 영국에서는 일찍부터 행정부 예산제도가 발달하였으나 미국에서는 20세기에 들어와서 확립되었다(Millet, 1971). 그러나 예산안 제출권이 의회의 예산기관에 있고 행정부가 제출한 예산안은 의회에서 수정된다는 점에서 한계가 뚜렷하다. 우리나라는 1948년에 제정된 헌법 이래로 예산안의 편성 및 제출권이 행정부에 부여되어 행정부 예산제도를 채택하고 있다.

② 예산편성 과정

가. 중기사업계획서 제출

각 중앙관서는 매년 1월 말까지 해당 회계연도부터 5회계연도 이상의 기간의 신규 사업 및 기획재정부장관이 정하는 주요 계속사업에 대한 내용과 이에 따른 전체적인 예산 규모 등을 담은 중기사업계획서를 기획재정부에 제출하여야 한다. 따라서 장애인복지, 장애인고용 등을 수행하는 재활조직은 적어도 1개월 전에 신규 사업 및 주요 계속사업이 포함된 사업계획서를 주무 부처에 제출하여야 한다.

나. 예산안 편성지침 통보

기획재정부는 각 중앙관서에서 제출한 중기사업계획서를 토대로 향후 5년간 요구될 예산 규모를 큰 틀에서 파악한다. 그런 다음에 다음 연도 예산안 편성지침을 작성하고 국무회의의 심의와 대통령의 승인을 얻어 매년 3월 말까지 각 중앙관서에 통보하고 국회에 보고하여야 한다. 이 지침은 중앙관서가 예산을 요구하는 기준이며, 국가 예산을 편성하는 기본 틀로서 의미가 있다. 지침의 내용은 세입·세출 여건, 재정 규모 현황, 재정 운용 기본방향, 예산사정의 기초가 되는 예산단가, 예산편성 상의 기술적인 문제 등이 포함되며 통상적으로 분야별, 부처별 지출한도액이 포함될 수 있다.

다. 예산요구서 제출

각 중앙관서의 장은 예산안 편성지침이 통보되기 전부터 자료를 수집하여 예산요구서 작성을 준비하고 있다가 지침이 통보되면 본격적인 작업을 시작한다. 각 중앙관서의 예산담당관은 장관의 명의로서 하부기관에 예산요구서 작성에 필요한 자료를 제출하도록 요구하고 예산편성에 관련된 지시를 내리며 장관·차관·기획조정실장 등에 의하여 각종 자료를 종합 검토하여 예산요구서를 작성하고 이를 5월 말까지 기획재정부에 제출해야 한다. 예산요구서에는 예산안 편성지침을 바탕으로 다음 연도의 세입·세출예산, 계속비, 명시이월비 및 국고채무부담행위 요구서 등이 포함된다.

라. 예산안 사정

각 중앙관서의 예산요구서가 기획재정부에 제출되면 기획재정부는 예산의 사정에 착수한다. 경제적 여건에 비추어 세입·세출예산의 요인을 분석·검토하고 예산 규모에 대한 전망과 재원 사정에 대한 복안을 바탕으로 하여 각 중앙관서의 예산요구서를 종합적으로 분석·검토한다. 전년도 예산 역시 의사결정의 주요한 기준이 될 수 있다. 제출된 예산요구서가 지침에 부합하지 아니할 때는 기한을 정해 이를 수정 또는 보완하게 할 수 있다.

마. 예산안 편성

기획재정부는 예산요구서 사정 결과에 따라 예산안을 편성하여 국무회의의 심의를 거친 후 대통령의 승인을 얻어야 하며, 이를 회계연도 개시 120일 전(9월 3일)까지 국회에 제출하여야 한다.

③ 예산의 구성

예산은 예산총칙, 세입·세출예산, 계속비, 명시이월비, 국고채무부담행위를 총칭한다.

가. 예산총칙

예산의 총칙에는 세입·세출예산, 계속비, 명시이월비, 국고채무부담행위와 같은 총괄적 규정을 두어야 한다. 아울러 국가재정법 제18조(국가의 세출재원) 단서의 규정에 따른 국채와 차입금의 한도액(중앙관서의 장이 관리하는 기금의 기금운용계획안에 계상된 국채 발행 및 차입금의 한도액 포함), 국고금관리법 제32조(자금의 조달)의 규정에 따른 재정증권의 발행과 일시차입금의 최고액, 기타 예산집행에 관하여 필요한 사항을 규정하여야 한다.

나. 세입·세출예산

세입·세출예산은 예산의 실체이다. 세입·세출은 모두 예산에 편입되어야 한다고 한 바와 같이 세입·세출예산은 예산 대부분을 차지하고 있다. 따라서 1회계연도에 있어서 수입과 지출의 잠정적인 추계라는 점에서 세입 · 세출예산은 핵심이며 실체이다.

세입·세출예산은 필요할 때 계정으로 구분할 수 있으며, 독립기관 및 중앙관서의 소관별로 구분한 후 소관 내에서 일반회계와 특별회계로 구분한다. 세입예산은 그 내용을 성질별로 관·항으로 구분하고, 세출예산은 기능별·성질별 또는 기관별로 장·관·항으로 구분한다.

다. 계속비

완성에 수년이 걸리는 공사나 제조 또는 연구개발사업은 그 경비의 총액과 연부액을 정하여 미리 국회 의결을 거쳐 수년에 걸쳐 지출할 수 있는데 이를 계속비라 한다. 이 제도는 1961년 법률 제849호로 제정된 예산회계법에 의하여 신설되었다. 계속비 지출 연한은 그 회계연도로부터 5년 이내로 한다. 다만 사업 규모와 국가 재원의 여건을 고려하여 필요할 때는 예외적으로 10년 이내로 할 수 있다. 지출 연한을 연장하고자 할 때는 국회의 의결을 거쳐야 한다.

라. 명시이월비

세출예산 중 경비의 성질상 연도 내에 지출을 끝내지 못할 것이 예측될 때 그 취지를 세입세출예산에 명시하여 미리 국회의 승인을 얻은 후 다음 연도에 이월하여 사용할 수 있는데 이를 명시이월비라고 한다. 각 중앙관서의 장은 명시이월비에 대하여 예산집행 상 부득이한 사유가 있을 때는 사항마다 사유와 금액을 명백하게 작성하여 기획재정부 장관의 승인을 얻은 후 그 범위에서 다음 연도에 걸쳐 지출할 목적으로 지출원인행위를 할 수 있다. 기획재정부 장관은 명시이월비 지출원인행위를 승인하였을 때는 이를 감사원에 통지해야 한다.

마. 국가채무부담행위

국가는 법률에 따른 것과 세출예산금액 또는 계속비의 총액 범위 외에 채무를 부담하는 행위를 할 때는 미리 예산으로써 국회 의결을 얻어야 한다. 이 외에 재해 복구를 위해 필요할 때는 회계연도마다 국회 의결을 얻고 그 범위에서 채무를 부담하는 행위를 할 수 있다. 이 경우 그 행위는 일반회계 예비비 사용절차에 준하여 집행한다. 국고채무부담행위는 사항마다 그 필요한 사유를 명백히 밝히고 그 행위를 할 연도와 상환연도 및 채무부담액을 표시하여야 한다.

바. 예비비

정부는 예측할 수 없는 예산 외의 지출 또는 예산초과지출에 충당하기 위하여 일반회계 예산총액의 100분의 1 이내의 금액을 예비비로 예산에 계상할 수 있다. 다만 예산총칙 등에 따라 미리 사용 목적을 지정해 놓은 예비비는 별도로 예산에 계상할 수 있다.

사. 성인지 및 온실가스감축인지 예산서 작성

정부는 예산이 여성과 남성에게 미칠 영향을 미리 분석한 성인지예산서와 예산이 온실가스감축에 미칠 영향을 사전에 분석한 온실가스감축인지 예산서를 작성하여야 한다. 성인지 예산서에는 성평등 기대효과, 성과 목표, 효과분석 등을 포함해야 하고 온실가스감축인지 예산서에는 온실가스감축에 대한 기대효과, 성과 목표, 효과분석 등을 포함해야 한다.

(2) 예산심의

① 예산심의의 의의

예산안이 국회에 제출되면 국회에서는 정치적인 타협과 조정을 거쳐 사업계획의 타당성, 예산총액 및 부별 계획에 따른 금액을 결정하게 된다. 의회제도의 발달이 예산제도의 발달과 기원을 같이하고 있는바, 이는 곧 예산에 대한 의회의 통제적 기능이 수행되는 것을 의미하며 또한 국회의 기능 중에서도 가장 핵심적인 기능이라고 할 수 있다. 다만 오늘날 행정의 양적인 확대·팽창과 질적인 전문화에 비하여 관련 정보·자료의 부족으로 예산심의에 제약받고 있다.

② 예산심의 절차

가. 대통령 시정연설

예산안이 국회에 제출되면 본회의에 상정되어 예산안과 관련하여 대통령이 시정연설을 한다. 시정연설이 끝나면 예산안은 각 상임위원회에 회부된다.

나. 예비심사

각 상임위원회로 회부된 예산안에 대하여 소관 부처별로 예비심사를 하게 된다. 각 상임위원회의 예비심사의 절차를 보면 먼저 각 부처의 장관으로부터 정책연설을 듣고, 다음으로 광범위한 정책질의와 토론을 벌이게 된다. 또한 상임위원회는 예산안심사에 앞서 이해관계자·전문가 등의 의견을 들을 수 있고 공청회를 열 수 있다. 정책질의 및 토론이 끝나면 부별 심사토론 및 계수조정을 하게 된다. 이 단계에서는 소위원회를 구성하는 것이 일반적이다.

다. 종합심사

예비심사가 끝난 예산안은 예산결산특별위원회에 회부되며, 예산결산특별위원회는 먼저 국무총리의 인사말과 기획재정부 장관의 예산안 제안 설명을 들은 다음, 예산에 관계되는 사항뿐 아니라 국정 전반에 걸쳐 종합정책질의를 한다. 부별 심의는 각 상임위원장으로부터 예비심사의 결과를 보고받은 다음 부처별 질의응답을 하는 것으로 진행된다. 다음으로 소위원회에서 계수조정을 하며 이것이 끝나면 예산결산특별위원회에 그 결과가 보고되고 승인 여부가 결정된다.

예산결산특별위원회는 상임위원회의 예비심사 내용을 존중하여야 하며 삭감, 증액, 새로운 비목 설치 등이 필요할 때는 소관 상임위원회의 동의를 받아야 한다. 다만 동의를 요청한 지 72시간 이내에 동의 여부가 통지되지 아니한 경우에는 동의한 것으로 간주한다.

라. 본회의 의결

예산결산특별위원회의 종합심사가 끝나면 국회 본회의에 상정되어 심의하게 되는데 본회의에서는 정부 측의 제안 설명과 예산결산특별위원회의 예산심사 보고가 행해지게 되고 정부에 대한 질의와 토론을 거친 다음 예산결산특별위원회의 수정안과 정부 원안이 부문별로 토론·표결된 다음 예산총액에 대하여 확정·의결하게 된다. 본회의의 심사 과정에서 수정될 수도 있으나 거의 예산결산특별위원회안이 받아들여진다. 예산안의 심의는 회계연도 개시 30일 전까지 종결되어야 하며 확정된 예산안은 행정부에 이송된다. 쟁점 안건을 심의하는 과정에서 물리적 충돌, 일방적 처리 또는 처리 기한 초과 등으로 부정적 여론이 거세지자 국회 폭력을 방지하고 대화를 통한 입법을 촉진하기 위해 2012년 국회법을 개정(소위 국회선진화법[17])하였고, 이로써 2014년부터는 11월 30일까지 위원회에서 예산안심사를 마치지 않을 때 12월 1일에 본회의에 자동 부의된다. 다만 의장이 각 상임위원회 대표의원과 합의할 때는 예외이다.

---

17 법률 명칭이 아니다. 2012년 국회 일부개정안에 대해 언론과 학계가 사용한 용어이다. 무제한 토론(필리버스터), 안건의 신속 처리(패스트트랙) 등 소수의 입법 참여 보장과 입법 방해 행위 방지 등에 관한 조항이 신설 또는 강화되었다.

(3) 예산집행

① 예산집행의 의의

예산집행이란 의회에서 예산이 심의·확정된 후 이에 따라 정부가 해당 회계연도 동안 수입을 조달하고 공공 경비를 지출하는 모든 재정 활동을 의미한다. 예산집행에는 두 가지의 목표가 있다(Burkhead, 1956). 첫째, 입법부의 의도(legislative intend)를 구현하고 재정적인 한계(financial limitation)를 엄수하는 것이다. 이는 곧 재정적인 통제에 입각한 것이다. 둘째, 신축성을 유지하는 것이다. 전통적 견해로서의 예산집행은 입법부가 명시한 재정적 한계를 엄수하여 입법부의 의도를 구현함으로써 행정부의 지출을 줄여서 국민의 부담을 줄이자는 데 그 일차적 목표가 있다고 하겠다. 그러나 오늘날 정세의 변동에 대한 적응이 요청되고 경제안정이 요청되며, 사업계획의 효과적인 수행과 경비의 절약을 위해 예산집행 상 신축성을 유지해야 한다는 것 역시 중요한 목표로 등장하였다.

② 예산집행의 신축성

예산집행 상의 신축성은 전통적인 통제지향의 예산제도 아래에서 생기는 예산집행 상의 제약성을 완화하고 융통성을 부여하는 데 필요하다. 예산제도를 개혁하여 관리지향이나 계획지향 예산제도를 채택할 때는 이러한 신축성의 문제가 크게 대두되지 아니한다. 신축성에 관한 이론은 통제지향의 예산제도 하에서 문제가 된다. 예산집행 제도는 행정관리 수단으로서 정세변동에 적응할 수 있도록 신축성이 보장되어야 하고 또한 이러한 신축성은 비용의 변동(cost fluctuation)이 심한 사업에 있어서 절약과 능률을 기하는 데 필요하다.

예산집행의 신축성을 유지하기 위해서는 입법부가 총괄 예산을 의결함으로써 입법과목의 수를 되도록 줄여서 행정부에 자유재량의 여지를 부여해야 하며, 예산전용, 예산 이용·이체, 세출예산 이월, 계속비, 예비비 등의 방안을 마련해야 한다.

가. 예산전용

각 중앙관서의 장은 세출예산이 정한 목적 외에 경비를 사용할 수 없다. 그러나 예산의 목적 범위에서 재원의 효율적 활용을 위하여 각 세항 또는 목, 즉 행정과목 간에 예산을 융통할 수 있다. 이를 예산의 전용이라고 한다. 예산전용은 행정과목 간의 예산 융통이므로 국회의 사전 승인이 필요하지 않으며 기획재정부 장관의 승인만으로 가능하다. 기획재정부 장관이 위임하면 그 범위에서 자체적으로 전용할 수 있다. 그러나 애초 예산에 계상되지 않은 사업을 추진하거나 국회가 의결한 취지와 다르게 사업 예산을 집행하기 위해 예산을 전용하는 것은 금지되어 있다. 각 중앙관서의 장이 예산을 전용하고자 할 때는 전용이 필요한 이유·과목·금액을 명백히 한 서류를 기획재정부 장관에게 제출하여야 하며, 기획재정부 장관은 전용을 승인한 후 당해 중앙관서의 장, 감사원장에게 통지하여야 한다. 각 중앙관서의 장이 자체 전용하였을 때는 전용한 과목별 금액과 사유를 명시한 명세서를 기획재정부와 감사원에 제출하여야 한다. 또한 분기별 전용 내역을 다음 달 말까지 국회 소관 상임위원회와 예산결산특별위원회에 제출하여야 한다.

나. 예산 이용·이체

예산의 이용이란 각 기관, 장·관·항, 즉 입법과목 간의 예산의 융통을 말하며, 예산의 이용은 원칙적으로 금지되어 있으나 예산집행 상의 필요에 따라 미리 국회의 승인을 얻은 예산일 경우에 기획재정부 장관의 승인을 얻어 이용하거나 기획재정부 장관이 위임하는 범위에서 자체적으로 이용할 수 있다. 예산 이용이 가능한 사유는 첫째, 법령상 지출 의무의 이행을 위한 경비나 기관 운영을 위한 필수적 경비가 부족한 경우, 둘째, 환율변동이나 유가 변동 등 사전에 예측하기 어려운 불가피한 사정이 발생하는 경우, 셋째, 재해대책 재원 등으로 사용할 시급성이 있는 경우 등이다.

기획재정부 장관은 정부 조직 등에 관한 법령의 제정, 개정, 폐지 등으로 인하여 중앙관서의 직무와 권한에 변동이 있을 때 그 중앙관서의 요구에 따라 예산을 상호

이용하거나 이체할 수 있다.

각 중앙관서의 장은 예산을 자체 이용하였을 때 기획재정부와 감사원에 각각 통지해야 하며 기획재정부 장관은 예산 이용을 승인하거나 예산 이체를 하였을 때는 중앙관서와 감사원에 각각 통지해야 한다. 또한 각 중앙관서의 장은 분기별 예산 이용·이체 내역을 다음 달 말까지 국회 소관 상임위원회와 예산결산특별위원회에 제출하여야 한다.

다. 세출예산 이월

예산의 이월이란 다음 회계연도로 이월하여 그 회계연도의 예산으로 사용하는 것을 말하며, 이는 회계연도 독립 원칙의 예외가 된다. 즉, 예산은 1년에 한하여 효력이 있으며 연도 내에 사용하지 아니한 금액은 다음 회계연도의 세입에 편입하여 사용할 수 없으며, 그 사용 목적에 대하여는 새로 다음 회계연도의 예산에서 국회의 승인을 받아 사용하는 것이 원칙이다. 그러나 국가사업의 원활한 운영을 위하여 편의상 예외적으로 이월 제도에 의하여 다음 회계연도에 사용할 수 있게 하였다.

예산의 이월에는 명시이월과 사고이월이 있는데, 명시이월이란 연도 내에 지출하지 못할 것이 예측되는 경우에 미리 국회의 승인을 받아 다음 연도로 이월시키는 것을 말하며, 사고이월이란 연도 내에 지출하려고 하였으나 불가피한 사유로 다음 회계연도로 이월되는 것을 말한다. 따라서 명시이월은 지출원인행위를 하지 아니하고 다음 회계연도로 이월되며, 사고이월은 지출원인행위를 하고 불가피한 사유로 연도 내에 지출하지 못하는 경비와 지출원인행위를 하지 아니한 부대 경비를 이월시키는 것을 말한다. 그밖에 국가재정법시행령 제20조(세출예산의 이월)에서 정한 경비를 이월시킬 수 있다.

각 중앙관서의 장은 이월을 하고자 할 때 사항마다 그 사유와 금액을 명백히 한 서류(이월명세서)를 다음 연도 1월 31일까지 기획재정부와 감사원에 각각 제출하여야 한다. 이월명세서에는 이월이 필요한 과목별 경비의 금액, 그 경비의 지출(추정)액, 이월 금액과 예산과목, 불용액, 이월 이유 등이 명시되어야 한다.

라. 계속비

계속비란 완성에 있어서 수년을 요하는 사업에 필요한 경비와 연부액을 정하여 미리 국회의 승인을 얻어 여러 해에 걸쳐 지출되는 경비를 말한다. 계속비 제도는 회계연도 독립의 원칙에 대한 예외로서 인위적인 회계연도 구분의 원칙과 계속적인 지출의 필요성을 조화시킨 제도라 하겠다.

계속비를 집행함에 있어 연도별 세출 경비의 금액 중에서 당해 연도에 지출되지 못한 경비로 당해 계속비 사업 연도에 한하여 차례로 이월하여 사용된다. 그러나 수년에 걸쳐 지출되는 경비이기는 하지만 5년 이내로 한정된다. 세입·세출결산보고서는 당해 계속비의 연도액의 지출이 끝나는 연도의 세입·세출보고서와 함께 제출하면 된다.

마. 예비비

예비비란 예측할 수 없는 예산 외의 지출이나 예산초과지출에 충당하기 위한 경비를 말하며, 일반회계예산의 100분의 1 이내의 금액을 예비비로 책정할 수 있다. 법조문 상 제한 규정은 없으나 예비비설치 취지나 그 성격으로 미루어 볼 때 ㉠국회에서 부결된 용도, ㉡예산이 성립되기 이전에 발생한 사태, ㉢국회가 개회 중인 때(경미한 경비는 사용 가능)는 예비비 사용이 허용되지 않는다.

예비비의 관리는 기획재정부 장관이 하게 되며 중앙관서의 장이 예비비를 사용하고자 할 때는 예비비 사용 이유, 금액과 추산의 기초를 명백히 한 명세서를 작성하여 기획재정부에 제출하고 기획재정부 장관은 이를 사정하여 국무회의의 심의와 대통령의 승인을 얻어 배정한다. 예비비를 사용하였을 때는 중앙관서의 장은 예비비 사용명세서를 작성하여 다음 연도 2월 말까지 기획재정부에 제출하고 기획재정부 장관은 이를 종합한 총괄명세서를 국무회의의 심의와 대통령의 승인을 얻어 감사원에 제출하고 다음 연도 5월 말까지 국회의 사후승인을 얻어야 한다. 예비비는 금액만을 정하여 준 것이고 그 용도 및 용도별 금액은 책정하여 주지 않았기 때문에 국회의 사후승인을 받음으로써 그 책임이 해제된다.

바. 예산성과금

예산성과금제도는 앞에서 언급한 제도에 비해 비교적 근래에 도입되었다. 각 중앙관서의 장은 예산의 집행 방법 또는 제도의 개선 등에 따라 수입이 증대되거나 지출이 절약되었을 때 이에 이바지한 자에게 성과금을 지급할 수 있으며, 절약된 예산을 다른 사업에 사용할 수 있다. 이를 위해서는 예산성과금규정(대통령령)에 따라 예산성과금 심사위원회의 심사를 거쳐야 한다. 이 제도는 예산 절감 효과 이외에도 우수 사례를 확산하는 파급 효과가 있다(유민봉, 2021).

(4) 결산 및 회계감사

① 결산의 의의

결산이란 예산에 대응되는 개념으로서, 1회계연도 내 세입·세출, 예산의 실행 성적을 확정적 계수로 표시하는 행위를 말한다(Burkhead, 1956). 이는 정부나 재활조직의 사후적 재정 보고이며, 결산으로써 사후적으로 감독을 받게 됨을 의미한다. 예산집행이 입법부의 의도를 충실히 구현하면서 재정적 한계를 지켰는지를 확인할 수 있다.

결산은 감사원의 확인과 국회의 심의·의결에 의하여 확정되며 이러한 확정을 통하여 예산집행에 대한 정부의 책임이 해제된다. 결산은 예산처럼 다음 회계연도의 세출에 관한 재정적 한계를 명시하는 것이 아니며 정부의 위법·부당한 지출이 있는 경우에도 그 지출 행위를 무효로 하거나 취소하는 효과를 낼 수는 없다. 이러한 의미에서 결산은 정치적 의의를 갖는다. 따라서 국회가 결산을 승인함으로써 정부의 책임이 해제되었다 할지라도 그것은 정치적 책임의 해제를 의미하는 것이며 관계 공무원의 부정행위에 따르는 변상책임이나 형사 책임까지 해제되는 것은 아니다.

② 우리나라 결산제도

가. 출납 폐쇄 및 출납사무 완결 기한

결산은 예산집행의 실적이므로 예산집행이 완결된 후에야 비로소 그 내용을 확정할 수 있다. 예산집행의 완결이란 구체적으로는 수입·지출의 출납사무의 완결이며, 따라서 결산은 출납사무의 완결로부터 시작된다.

출납은 회계연도가 끝나는 날 마감된다. 이를 출납 폐쇄라고 한다. 다만 해당 회계연도의 예산 중 ㉠회계연도 말에 계약이행이 완료되어 회계연도 내에 지출하기 곤란한 경우, ㉡국가나 다른 지방자치단체 등으로부터 자금이 교부되지 아니하여 회계연도 내에 지출하기 곤란한 경우, ㉢그 밖에 국가보조금 정산 반납 등 지방회계법 시행령 제3조(출납 폐쇄기한 이내 처리의 예외)의 규정에 해당하는 경우에는 다음 회계연도 1월 20일까지 수입 또는 지출 처리를 할 수 있다.

장부 정리를 포함한 모든 세입·세출의 출납에 관한 사무는 다음 회계연도 2월 10일까지 마쳐야 한다. 이를 출납사무 완결 기한이라고 한다.

나. 결산서 작성·제출

정부는 결산이 국가회계법에 따라 재정에 관한 유용하고 적정한 정보를 제공할 수 있도록 객관적인 자료와 증거에 따라 공정하게 이루어지게 할 책임이 있다. 이러한 원칙에 따라 중앙관서의 장은 일반회계, 특별회계, 기금을 통합한 결산보고서(중앙관서결산보고서)를 작성하여야 한다.

결산보고서는 결산 개요, 세입세출결산, 재무제표(재정상태표, 재정운영표, 순자산변동표, 현금흐름표), 성과보고서로 구성된다. 결산 개요는 결산의 내용을 요약하여 예산 및 기금의 집행 결과, 재정의 운영 내용과 재무상태를 분명하게 파악할 수 있도록 작성한다. 세입세출결산은 세입세출예산 또는 기금운용계획과 같은 구분에 따라 그 집행 결과를 종합 작성한다. 세입에 관한 사항에는 세입예산액, 이체 등 증감액, 세입예산 현액, 징수결정액, 수납액, 불납결손액, 미수납액이, 세출에 관한 사항에는 세출예산액, 전년도 이월액, 예비비 사용액, 전용 등 증감액, 초과 지출액, 세출예산 현액, 지출액, 다음 연도 이월액, 불용액이 명시되어야 한다. 재무제표는 국가회계기준에 따라 작성하며, 성과보고서는 국가재정법 제85조의6에 따른 성과계획서에서 정한 성과 목표와 그 실적을 대비하여 작성하여야 한다.

각 중앙관서의 장은 중앙관서결산보고서를 다음 연도 2월 말까지 기획재정부에 제출하며 기획재정부 장관은 국가결산보고서를 작성하여 대통령 승인을 받아 다음 연도 4월 10일까지 감사원에 제출하여야 한다. 감사원은 이를 검사하고 그 보고서를 5월 20일까지 기획재정부에 송부하여야 한다. 감사원의 결산에 대한 권한의 중점은 실질적으로 결산의 확인에 있다기보다는 확인하는 동안에 발견된 회계상의 비위에 대한 시정조치를 요구하는 데 있다.

다. 결산심사

정부는 감사원의 검사를 거친 국가결산보고서를 5월 말까지 국회에 제출하여야 한다. 제출된 결산보고서는 소관 상임위원회에 회부되어 예비심사를 거친다. 상임위원회는 예비심사를 끝낸 후 그 심사 결과에 대한 의견을 결산보고서에 첨부하여 예산결산특별위원회에 회부한다. 국회의장은 상임위원회의 심사 기간을 정할 수 있으며 상임위원회가 이유 없이 그 기간 내에 심사를 마치지 않으면 이를 바로 예산결산특별위원회에 회부할 수 있다.

예산결산특별위원회의 종합심사는 제안 설명과 전문위원의 검토 보고를 듣고 종합정책질의, 부별 심사나 분과위원회 심사, 찬반 토론을 거쳐 표결한다. 심사를 마치면 본회의에 부의하고, 의결로써 결산이 확정·승인된다. 심사 결과, 위법하거나 부당한 사항이 있을 때는 본회의 의결 후 정부 또는 해당 기관에 변상 및 징계 조치 등 그 시정을 요구할 수 있고, 시정 요구를 받은 기관은 즉시 처리하고 그 결과를 국회에 보고해야 한다.

③ 회계검사의 의의

회계검사란 조직의 재정적 활동과 그 수지 결말에 관한 사실을 확인하고 검증하며 나아가서 그 결과를 보고하기 위하여 장부, 기타의 기록을 체계적으로 검사하는 것을 말한다. 회계검사의 대상은 회계 기록이며, 이러한 회계 기록은 타인이 작성한 것이어야 하고 회계검사는 기장자 이외의 제3자에 의하여 행하여져야 하며, 또한 그것은 회계 기록에 대한 장부 검증 절차이며, 회계 기록의 장부에 관하여 반드시 검사인의 의견이 표시되어야 하는 비판적 검증이다. 회계검사의 목적은 ㉠공금이 법률에 규정한 조건에 합치되고 법률이 정한 목적에 따라서 지출되었는가를 검토하며, ㉡공금의 횡령 또는 망실을 방지하기 위하여 회계와 명시 목록이 정확하게 기재되었는가를 확인하고, ㉢그러한 결과를 소정의 기관에 보고하는 데 있다.

전통적 회계검사에서는 입법부가 제정한 법률이나 의결한 예산에 따라서 충실히 자금을 지출하였는가에 중점을 두었다. 즉, 지출의 합법성(legality of expenditure)에 중점을 둔 회계검사였다(White, 1955). 이와 같이 합법성에 중점을 둔 전통적 회계검사는 다음과 같은 비판을 받고 있다.

㉠지출의 합법성을 강조하는 회계검사는 행정집행자의 행정적 책임이나 능률적인 운영에 대한 요구와 충돌하거나 모순된다.

㉡아무리 합법성을 강조하여 회계검사를 하더라도 공금의 부정한 지출이나 낭비를 방지할 수 없다.

㉢합법성만 강조하게 되면 형식요건만 내세우고 무사안일주의에 빠져 행정의 적극화가 어렵고, 경비의 지출로써 나타나는 행정의 성과를 파악할 수 없다.

④ 회계검사의 종류

가. 서면검사와 실지검사

서면검사란 각 기관이 제출한 서류를 통하여 각 기관 또는 단체의 회계를 검사하는 방법을 말한다. 감사원의 검사 대상 기관인 전국 각 기관 또는 단체가 감사원에 제출하는 계산서·증거서류·명세서 등의 회계 관계 서류는 막대한 수량에 달하며 감사원의 각 주관 국·과에서 세밀하게 검사한다. 검사 대상 기관의 직원을 불러 출석 답변을 들을 수도 있다. 실지검사란 감사원이 직원을 현지에 파견하여 검사를 진행하게 하는 것을 말한다. 감사원의 회계검사는 원칙적으로 서면검사가 주가 되고 실지검사는 보완적으로 시행된다. 실지검사의 목적은 ㉠서면검사를 통하여 검토한 사항에 관하여 실지로 검증·확인하고, 나아가 현지의 서류를 실제로 깊이 검토·검사하며, ㉡단순히 서면검사에 의하여 검토한 사항뿐만 아니라, 서면검사에서 볼 수 없는 서류 및 사항에 대해서도 실지검사를 통해 현지의 서류를 보고 그 내용을 검토하는 데 있다.

나. 사후검사와 사전검사

사후검사(post-audit)란 실제로 지출이 행하여진 후에 그 지출의 위법 및 부당사항을 검사하는 것으로서, 우리나라를 비롯한 대부분 국가에서는 사후검사만이 행하여지고 있다. 사전검사(pre-audit)란 지출이 있기 전에 법령의 규정에 따라 미리 지출의 합법성을 승인하는 것으로 이 승인이 지출의 요건이 되게 하는 경우를 말한다. 미국에서 시행되고 있으며, 지출원인행위가 이루어지는 기간에 실시하는 회계검사이다(Burkhead, 1956).

다. 일반적 검사와 상업식 검사 및 종합적 검사

일반적 검사(general-audit)란 공금 관리를 맡고 있는 공무원의 개인적 책임을 기초로 하여 행하여지는 것을 말하며, 공기업을 제외한 대부분의 정부기관에 적용되는 회계검사이며, 우리나라도 이것을 사용하고 있다. 이 검사의 목적은 회계직 공무원의 경리를 확인하여 그 수입과 지출의 타당성을 결정하는 데 있다. 불법 부당한 수입과 지출이 있을 때는 회계직 공무원의 개인별 책임을 추궁하여 부당지출액 등을 반환시키는 것이다(유훈, 1978). 상업식 검사(commercial type audit)란 정부 재정기록에 대한 정확성과 타당성을 확인하고, 일정한 기간 중의 손익 등을 표시하는 재무제표를 확인하는 데 그 주된 목적이 있다. 불법적인 지출이 있을 때는 일반적 검사의 경우와 같이 지출의 법적 효력을 부인하거나 회계직원에게 변상책임을 부과할 수 없으며, 이를 의회에 보고할 수 있을 뿐이다. 종합적 검사(comprehensive audit)란 주로 내부통제제도를 확립하고 있는 정부 각급 기관을 대상으로 회계제도, 절차, 기법 등을 검토하여 회계조직의 전반적 적정성을 검사하는 것이다.

라. 정밀검사와 발취검사

정밀검사(detailed audit)란 전면검사(complete audit)라고도 하는 검사로서, 모든 수입과 지출을 일일이 상세하게 검사하는 것을 말한다(Millet, 1971). 발취검사(test audit)란 모든 수입과 지출을 일일이 세밀하게 검사하는 것이 아니고, 표본추출(sampling)을 통해 선택적으로 검사하는 것을 말한다.

〈표 6-5〉는 국가 예산편성의 전 과정을 시기별, 주관 기관별 주요 활동을 한 눈에 보기 쉽게 정리한 표이다.

〈표 6-5〉 예산 과정별 시기·기관·주요 활동

구분	시기	중앙관서	기획재정부	국회	기타
예산편성 (n-1년도)	1월 말	중기사업계획서 제출			
	3월 말		예산안 편성지침 통보		
	4~5월		지출 한도 통보		재정전략회의 (국무회의)
	5월 말	예산요구서 제출			
	6~8월	예산요구 내용 협의/보완			당정 협의 등
	8월 말				국무회의심의 대통령 승인
예산심의 (n-1년도)	9~11월		예산안 제출	예산안 심의	
	12. 2.			본회의 의결	
예산집행 (n년도)	12월				예산배정확정 (국무회의)
	1월		예산집행지침 시달		
	1~12월	예산집행			
결산 (n+1년도)	2월 말	결산보고서 제출			
	4. 10.		국가결산보고서 작성		결산심의 국무회의심의 대통령 승인
	5. 20.				감사원 결산검사
	5월 말		결산서 제출	결산 심의	

자료 : 기획재정부 e재정배움(finedu.moef.go.kr), 예산의 이해, 2023. 4. 11.

국내 참고문헌

박문옥(1985). 재무행정의 현대적 의미와 목적. **고시계 30(9)**, 145-155.

보건복지부(2024). **2024년 사회복지법인 관리 안내**.

신종순(1987). 영기준예산제도. **고시연구 9월호**. 서울 : 고시연구사.

유민봉(2021). **한국행정학 제7판**. 서울 : 박영사.

유종해(1978), **현대조직관리**. 서울 : 박영사.

유종해, 김영섭, 금동신, 신윤표, 한항택(1979). **행정학연습**. 서울 : 박영사.

유훈(1978). **재무행정론**. 서울 : 법문사.

윤영진(2013). **새재무행정학**. 서울 : 대영문화사.

외국 참고문헌

Brady, R. H.(1973). MBO goes to Work in the Public Sector. *Harvard Business Review(March/April).*

Burkhead, J.(1956). *Government Budgeting.* New York : Wiley and Sons.

Burkhead, J. & Miner, J.(1971). *Public Expenditure.* Chicago : Aldine.

Davis, J. W., ed(1969). *Politics, Programs, and Budge : A Reader in Government Budgeting.* New Jersey : Prentice-Hall.

De Woolfson Jr., B. H.(1976). Public Sector MBO and PPBS : Cross Fertilization in a Management System. *Public Administration Review. Vol. 35(July/August).*

Drucker, P. F.(1976). What results should you expect? A User's Guide to MBO. *Public Administration Review, Vol. 36(January/February).*

Hitch, C. J.(1965). *Decision-Making for Defence.* Berkely and Los Angeles : University of California Press.

Koch, V. E.(1960). Cincinnati's Budget Development. *Public Administration Review(Spring),* p83.

Koontz, H., & O'Donnel, C.(1972). *Principles of Management : An Analysis of Managerial Functions 5th ed.* New York : McGraw-Hill.

Mali, P.(1972). *Managing by Objectives.* New York : Wiley and Sons.

McCaffery, J.(1976). MBO and Federal Budgetary Process. *Public Administration Review. Vol. 36(January/February).*

Millet, J. D.(1971), *Government and Public Administration.* New York : McGraw-Hill.

Mosher, F. C.(1957). *Program Budgeting.* Chicago : Public Administration Service.

Persons, M.(1963). Performance Budgeting in the Philippine. *Public Administration Review(Summer).*

Pyhrr, P.(1977). The Zero Base Approach to Government Budgeting. *Public Administration Review Vol. 37(January/Febraury).*

Rehfuss, J.(1977). Zero Base Budgeting. *Public Personnel Management Vol. 6(May/June).*

Schick, A.(1971). *Budget Innovation in the State.* Washington D.C. : Brookings Institution.

Schultze, C.(1968). *The Politics and Economics of Public Spending.* Washington D.C. : Brooking Institution.

Sherwood, F. P.(1954). *The Management Approach to Budgeting.* Brussels : International Institute of Administrative Sciences.

Smith, H. D.(1984). *Management of Your Government.* New York : McGraw-Hill.

White, L. D.(1955). *Introduction to the Study of Public Administration* 4th ed. New York : Mac-milian.

Wildavsky, A.(1964). *The Politics of the Budgetary Process.* Boston : Little, Brown and Co.

Willoughby, W. F., Willoughby, W. W., & Lindsay, S. M.(1922). *The System of Financial Administration in Great Britain.* New York : Appleton.

Zwick, C. J.(1968). Budgeting for Federal Responsibilities. *The Annuals of the American Academy of Political and Social Science(September).*

제7장 재활조직의 문서작성 및 관리

제1절 문서의 개념

재활조직에서 문서는 서비스 제공과 조직 운영을 위하여 필수적인 요소로, 그 중요성은 다양한 측면에서 나타난다. 문서는 재활 과정 전반을 기록하고 관리하는 도구로 활용되며, 초기 평가부터 최종 평가에 이르기까지 모든 단계를 체계적으로 문서화한다. 이러한 문서화 과정은 재활 서비스의 질적 향상과 효율적인 조직 운영을 위한 기반이 된다. 재활 서비스 제공 측면에서 문서는 서비스 계획 및 실행의 기초가 되며, 팀 접근을 위한 의사소통 도구로 활용된다. 또한 서비스 연속성을 보장하고, 품질 관리와 근거 기반 실천의 기초를 제공한다.

조직 운영 측면에서 문서는 법적, 윤리적 책임 이행을 위한 증거가 되며, 조직 운영의 효율성을 제고하고 외부 기관과의 소통을 원활하게 한다. 재정 관리와 투명성 확보, 조직의 지식 관리, 성과 관리 및 품질 개선, 그리고 리스크 관리에도 중요한 역할을 한다. 재활 서비스의 특성을 고려할 때, 문서는 개별화된 서비스 지원, 다학제적 접근 지원, 진전 상황 모니터링, 가족 및 보호자와의 협력, 그리고 사회통합 지원에 필수적이다.

효과적인 문서 관리를 위해 재활조직은 전자문서 시스템 구축, 표준화된 서식 개발, 개인정보 보호 강화, 직원 교육 실시, 정기적인 문서 감사, 적절한 문서 보존 및 폐기 정책 수립, 그리고 체계적인 접근성 관리를 고려해야 한다.

문서는 인간의 사고와 의사소통의 핵심 수단으로, 일반적으로 사람의 의사나 사물의 형태, 관계 등을 문자, 기호, 숫자 등을 활용하여 종이나 기타 매체에 기록하고 표기한 것을 의미한다. 이는 단순한 개인적 기록을 넘어서 조직과 사회의 운영에 있어 필수불가결한 요소로 자리 잡고 있다. 특히 행정기관에서는 모든 의사결정과 업무 처리가 문서를 통해 이루어지며, 이러한 행정 문서는 공적인 성격을 띠게 된다.

현재 법률에 근거하여 문서의 개념은 '행정업무의 운영 및 혁신에 관한 규정'에서 정의되고 있다. 이 규정은 행정기관의 행정업무 운영에 관한 사항을 규정함으로써 행정업무의 간소화, 표준화, 과학화 및 정보화를 도모하고 행정업무 혁신을 통하여 행정의 효율을 높이는 것을 목적으로 한다.

이 규정 제3조에 따르면, "공문서"란 행정기관에서 공무상 작성하거나 시행하는 문서와 행정기관이 접수한 모든 문서를 말한다. 여기에는 도면, 사진, 디스크, 테이프, 필름, 슬라이드, 전자문서 등의 특수매체기록도 포함된다. 이는 문서의 개념이 단순히 종이에 기록된 정보에 국한되지 않고, 다양한 형태의 매체에 기록된 정보를 모두 포괄하고 있음을 보여준다.

특히 현대 사회에서 중요성이 커지고 있는 전자문서에 대해서도 명확한 정의를 제시하고 있다. "전자문서"란 컴퓨터 등 정보처리능력을 가진 장치에 의하여 전자적인 형태로 작성되거나 송신·수신 또는 저장된 문서를 말한다. 이는 디지털 시대에 맞춰 문서의 개념이 확장되고 있음을 보여준다.

문서의 성립과 효력에 대해서는 제6조에서 규정하고 있다. 문서는 결재권자가 해당 문서에 서명의 방식으로 결재함으로써 성립한다. 여기서 서명은 전자이미지서명, 전자문자서명 및 행정전자서명을 포함한다. 이는 전자문서 시대에 맞춰 서명의 개념도 확장되었음을 보여준다.

문서의 효력 발생에 대해서는, 문서가 수신자에게 도달됨으로써 효력이 발생한다고 규정하고 있다. 전자문서의 경우에는 수신자가 관리하거나 지정한 전자적 시스템 등에 입력되는 것을 도달로 본다. 이는 전자문서의 특성을 고려한 규정이라고 할 수 있다.

문서 작성의 원칙에 대해서는 제7조에서 상세히 규정하고 있다. 문서는 '국어기본법' 제3조제3호에 따른 어문규범에 맞게 한글로 작성하되, 뜻을 정확하게 전달하기 위하여 필요한 경우에는 괄호 안에 한자나 그 밖의 외국어를 함께 적을 수 있다. 이는 문서의 명확성과 이해도를 높이기 위한 규정이다.

또한 문서의 내용은 간결하고 명확하게 표현하고 일반화되지 않은 약어와 전문용어 등의 사용을 피하여 이해하기 쉽게 작성하여야 한다. 이는 문서가 의사소통의 도구로서 그 역할을 효과적으로 수행할 수 있도록 하기 위함이다.

문서에는 음성정보나 영상정보 등이 수록되거나 연계된 바코드 등을 표기할 수 있다. 이는 문서의 정보 전달 기능을 강화하고, 문서와 다른 형태의 정보를 연계할 수 있도록 하는 규정이다.

문서에 쓰는 숫자는 특별한 사유가 없으면 아라비아 숫자를 쓰도록 규정하고 있다. 이는 숫자 표기의 일관성과 명확성을 위한 것이다.

문서에 쓰는 날짜와 시간의 표기 방법에 대해서도 상세히 규정하고 있다. 날짜는 숫자로 표기하되, 연·월·일의 글자는 생략하고 그 자리에 온점을 찍어 표시하며, 시·분은 24시각제에 따라 숫자로 표기하되, 시·분의 글자는 생략하고 그 사이에 쌍점을 찍어 구분한다. 다만, 특별한 사유가 있으면 다른 방법으로 표시할 수 있다.

문서 작성에 사용하는 용지 크기에 대해서도 규정하고 있다. 특별한 사유가 없으면 가로 210밀리미터, 세로 297밀리미터의 직사각형 용지를 사용하도록 하고 있다. 이는 문서 규격의 표준화를 통해 문서 관리의 효율성을 높이기 위한 것이다.

문서의 기안에 대해서는 제8조에서 규정하고 있다. 문서의 기안은 전자문서로 하는 것을 원칙으로 한다. 다만, 업무의 성질상 전자문서로 기안하기 곤란하거나 그 밖의 특별한 사정이 있으면 그러하지 아니하다. 이는 전자정부 시대에 맞춰 문서 작성의 효율성을 높이기 위한 규정이다.

문서의 결재에 대해서는 제10조에서 규정하고 있다. 문서는 해당 행정기관의 장의 결재를 받아야 한다. 다만, 보조기관 또는 보좌기관의 명의로 발신하는 문서는 그 보조기관 또는 보좌기관의 결재를 받아야 한다. 이는 문서의 공식성과 책임성을 확보하기 위한 규정이다.

문서의 등록에 대해서는 제11조에서 규정하고 있다. 행정기관은 문서를 생산하였을 때에는 지체 없이 생산등록번호를 부여하고 등록하여야 한다. 이는 문서의 체계적인 관리와 추적을 위한 규정이다.

문서의 발신에 대해서는 제12조와 제13조에서 규정하고 있다. 결재를 받은 문서 중 발신하여야 하는 문서는 행정안전부령으로 정하는 시행문으로 작성하여 발신한다. 문서의 발신 명의는 행정기관의 장으로 한다. 다만, 합의제기관의 권한에 속하는 문서의 발신 명의는 그 합의제기관으로 한다.

문서의 접수와 처리에 대해서는 제18조에서 규정하고 있다. 문서는 처리과에서 접수하여야 하며, 접수한 문서에는 접수일시와 접수등록번호를 전자적으로 표시하되, 종이문서인 경우에는 행정안전부령으로 정하는 접수인을 찍고 접수일시와 접수등록번호를 적는다.

이러한 규정들은 행정기관에서의 문서 관리가 체계적이고 효율적으로 이루어질 수 있도록 하는 기본적인 틀을 제공한다. 문서는 행정업무의 기본 단위이며, 행정의 투명성과 책임성을 확보하는 중요한 수단이다. 따라서 문서의 작성, 처리, 보관 등 전 과정에 걸쳐 명확한 규정을 두고 있는 것이다.

또한 '공공기록물 관리에 관한 법률'에서도 문서에 관한 규정을 두고 있다. 이 법에서는 공공기록물을 "공공기관이 업무와 관련하여 생산하거나 접수한 문서·도서·대장·카드·도면·시청각물·전자문서 등 모든 형태의 기록정보 자료와 행정박물"로 정의하고 있다. 이는 '행정업무의 운영 및 혁신에 관한 규정'에서의 문서 개념과 유사하지만, 더 포괄적인 개념이라고 할 수 있다.

이 법에서는 공공기록물의 생산, 보존, 활용 등에 관한 사항을 상세히 규정하고 있다. 특히 전자기록물의 관리에 대해 별도의 장을 두고 있어, 디지털 시대의 문서 관리에 대한 중요성을 반영하고 있다.

'전자정부법'에서도 전자문서에 관한 규정을 두고 있다. 이 법 제2조에서는 전자문서를 "컴퓨터 등 정보처리능력을 가진 장치에 의하여 전자적인 형태로 작성되어

송수신되거나 저장된 정보"로 정의하고 있다. 이는 '행정업무의 운영 및 혁신에 관한 규정'에서의 전자문서 정의와 유사하다.

이 법에서는 전자문서의 작성, 유통, 보관 등에 관한 사항을 규정하고 있으며, 전자문서의 효력에 대해서도 명시하고 있다. 제25조에서는 "행정기관 및 공공기관의 장은 특별한 규정이 있는 경우를 제외하고는 전자문서를 법령에서 정한 문서로 보며, 전자문서를 전자적 형태로 보관하여야 한다"고 규정하고 있다.

이처럼 현행 법률에서는 문서의 개념을 폭넓게 정의하고 있으며, 특히 전자문서의 중요성을 인식하고 이에 대한 상세한 규정을 두고 있다. 이는 디지털 시대에 맞춰 행정의 효율성과 투명성을 높이기 위한 노력의 일환이라고 볼 수 있다.

문서는 단순히 정보를 기록하는 수단을 넘어, 행정의 근간을 이루는 중요한 요소이다.

"모든 행정업무는 문서로 시작해서 문서로 끝난다"는 말이 있을 정도로, 행정활동에서 문서의 중요성은 아무리 강조해도 지나치지 않다. 문서는 업무 수행의 기록이자 증거로서, 조직의 의사결정과 업무 처리의 근간이 된다. 따라서 재활조직을 포함한 모든 조직에서 효율적인 업무 운영을 위해서는 문서의 작성, 제출, 보존 등에 관한 체계적인 관리가 필수적이다. 이러한 문서관리는 단순한 사무 처리를 넘어서 조직의 지식관리, 의사결정 지원, 법적 책임 이행, 업무 효율성 제고 등 다양한 측면에서 조직 운영에 핵심적인 역할을 수행한다.

제2절 문서관리의 목적

문서관리의 목적은 첫째, 업무 효율성 향상이다. 문서관리는 조직의 업무 프로세스를 간소화하고 최적화하는 데 기여하며, 체계적으로 정리된 문서는 필요한 정보를 신속하게 찾고 활용할 수 있게 한다. 이는 시간 절약과 함께 업무의 정확성을 높인다. 예를 들어, 재활기관에서 장애인 이전 재활 기록을 빠르게 검색하여 연속성 있는 서비스를 제공할 수 있다. 또한, 표준화된 문서 양식과 절차는 업무의 일관성을 유지하고 오류를 줄이는 데 도움을 준다. 중복 작업을 방지하고 불필요한 문서 생성을 줄임으로써 전반적인 업무 생산성이 향상된다.

둘째, 정보 접근성 개선이다.

효과적인 문서관리 시스템은 조직 내 모든 구성원이 필요한 정보에 쉽고 빠르게 접근할 수 있게 한다. 이는 부서 간 정보 공유와 협업을 촉진한다. 예를 들어, 재활팀의 각 전문가가 장애인의 종합적인 정보에 접근할 수 있어 통합적인 재활 계획을 수립할 수 있다. 또한, 원격 접근이 가능한 전자문서 시스템은 시간과 장소에 구애받지 않고 필요한 정보를 확인할 수 있게 한다. 이는 특히 재택근무나 출장 중에도 업무 연속성을 보장한다.

셋째, 법적 규제 준수이다. 문서관리는 다양한 법적, 규제적 요구사항을 충족시키는 데 필수적이다. 재활기관의 경우, 의료법, 개인정보보호법, 장애인복지법 등 다양한 법규에 따른 문서 보존 의무를 이행해야 한다. 예를 들어, 의료기록은 법정 보존 기간 동안 안전하게 보관되어야 하며, 개인정보가 포함된 문서는 엄격한 보안 조치 하에 관리되어야 한다. 체계적인 문서관리는 이러한 법적 요구사항을 준수하는 데 도움을 주며, 감사나 법적 분쟁 시 필요한 증거를 신속하게 제공할 수 있게 한다.

넷째, 지식 자산 보호이다. 문서는 조직의 중요한 지적 자산이다. 체계적인 문서관리를 통해 조직의 경험, 노하우, 연구 결과 등을 보존하고 활용할 수 있다. 재활기관의 경우, 다양한 재활 사례, 연구 결과, 재활서비스의 발전 과정 등을 문서화하고 보존함으로써 기관의 전문성을 지속적으로 발전시킬 수 있다. 또한, 직원 이직 시에도 중요한 지식이 조직 내에 남아 있을 수 있도록 한다. 이는 조직의 지속가능한 성장과 경쟁력 유지에 필수적이다.

다섯째, 의사결정 지원이다. 잘 관리된 문서는 현재와 미래의 의사결정에 중요한 근거를 제공한다. 과거의 기록을 분석함으로써 트렌드를 파악하고, 성공 및 실패 사례를 학습할 수 있다. 예를 들어, 재활 프로그램의 효과성에 대한 장기적인 데이터 분석을 통해 더 나은 치료 방법을 개발하거나, 자원 할당을 최적화할 수 있다. 또한, 정책 수립이나 전략 계획 시 과거의 문서화된 경험을 참고하여 더 정확하고 효과적인 결정을 내릴 수 있다. 이는 조직의 지속적인 개선과 혁신을 위한 기반이 된다.

이러한 목적들은 서로 긴밀히 연관되어 있으며, 종합적으로 조직의 효율성, 책임성, 경쟁력을 높이는 데 기여한다. 따라서 재활기관은 이러한 목적을 달성하기 위해 체계적이고 전략적인 문서관리 시스템을 구축하고 지속적으로 개선해 나가야 한다.

제3절 문서의 성질에 의한 분류

문서의 분류는 작성주체, 유통대상 여부, 그리고 문서의 성질에 따라 다양하게 나눌 수 있으며, 이는 행정 업무의 효율성과 체계성을 높이는 데 중요한 역할을 한다. 각 분류에 대해 더 상세히 설명하면 다음과 같다.

1. 작성주체에 의한 분류

공문서와 사문서로 나뉘는데, 이는 문서를 작성한 주체가 공적 기관인지 사적 개인인지에 따른 구분이다.

공문서는 행정기관에서 공무상 작성하거나 시행하는 모든 문서를 포함한다. 여기에는 종이 문서뿐만 아니라 도면, 사진, 디스크, 테이프, 필름, 슬라이드, 전자문서 등 다양한 형태의 특수매체기록도 포함된다. 또한 행정기관이 외부로부터 접수한 모든 문서도 공문서로 취급된다. 이는 행정의 투명성과 책임성을 확보하기 위한 것으로, 공문서는 법적 효력을 가지며 공식적인 기록으로 보존된다.

사문서는 개인이 사적인 목적으로 작성한 문서를 말한다. 그러나 사문서라도 행정기관에 제출되어 접수되면 그 순간부터 공문서로 취급된다. 예를 들어, 개인이 작성한 각종 신청서, 증명서, 진정서 등이 행정기관에 제출되어 접수되면 이는 더 이상 사문서가 아닌 공문서가 된다. 이렇게 접수된 문서는 제출자가 임의로 회수할 수 없으며, 공문서로서의 법적 지위를 갖게 된다.

2. 유통대상 여부에 의한 분류

문서는 그 유통 대상에 따라 내부결재문서, 대내문서, 대외문서, 그리고 발신자와 수신자 명의가 같은 문서로 구분된다.

내부결재문서는 행정기관 내부에서만 유통되는 문서로, 계획 수립, 처리방침 결정, 업무보고, 소관사항 검토 등을 위해 내부적으로 결재를 받는 문서를 말한다. 이 문서는 외부로 발신되지 않으며, 조직 내부의 의사결정 과정을 기록하고 보존하는 역할을 한다.

대내문서는 같은 기관 내에서 보조기관이나 보좌기관 간에 협조, 보고, 통지 등을 위해 수신·발신하는 문서를 말한다. 이는 조직 내부의 원활한 소통과 업무 협조를 위한 것으로, 부서 간 협업이나 정보 공유에 중요한 역할을 한다.

대외문서는 해당 기관 외부의 다른 행정기관(소속기관 포함)이나 국민, 단체 등에 수신·발신하는 문서를 말한다. 이는 행정기관과 외부 주체 간의 공식적인 소통 수단으로, 행정의 대외적 활동을 기록하고 증명하는 역할을 한다.

발신자와 수신자 명의가 같은 문서는 행정기관의 장 또는 합의제 행정기관이 자신의 명의로 발신하고 자신의 명의로 수신하는 특수한 형태의 문서를 말한다. 이는 주로 기관 내부의 공식적인 의사결정이나 지시사항을 문서화할 때 사용된다.

3. 문서의 성질에 의한 분류

행정 효율과 협업 촉진에 관한 규정에 따르면, 공문서는 그 성질에 따라 법규문서, 지시문서, 공고문서, 비치문서, 민원문서, 일반문서로 구분된다.

법규문서는 법규사항을 규정하는 문서로, 헌법, 법률, 대통령령, 총리령, 부령, 조례, 규칙 등이 여기에 해당한다. 이는 국가와 지방자치단체의 법체계를 구성하는 기본적인 문서들이다.

지시문서는 행정기관이 하급기관이나 소속 공무원에게 일정한 사항을 지시하는 문서로, 훈령, 지시, 예규, 일일명령 등이 포함된다. 행정법에서는 이를 행정규칙 또는 행정명령이라고 부르기도 한다. 이는 행정조직 내부의 질서를 유지하고 업무의 일관성을 확보하는 데 중요한 역할을 한다.

공고문서는 행정기관이 일정한 사항을 일반에게 알리기 위한 문서로, 고시, 공고 등이 여기에 해당한다. 이는 행정의 투명성을 높이고 국민의 알 권리를 보장하는 데 기여한다.

비치문서는 행정기관이 일정한 사항을 기록하여 내부에 비치하면서 업무에 활용하는 문서로, 대장, 카드 등이 포함된다. 이는 행정 업무의 연속성을 유지하고 필요한 정보를 즉시 참조할 수 있게 하는 역할을 한다.

민원문서는 민원인이 행정기관에 특정한 행위를 요구하는 문서와 그에 대한 처리문서를 말한다. 이는 국민과 행정기관 간의 직접적인 소통 창구 역할을 하며, 행정서비스의 질을 높이는 데 중요한 역할을 한다.

일반문서는 위의 분류에 속하지 않는 모든 문서를 말하며, 여기에는 회보와 보고서 등이 포함될 수 있다. 이는 행정 업무의 다양성을 반영하는 것으로, 위의 분류에 속하지 않는 다양한 형태의 문서들을 포괄한다.

이러한 문서의 분류 체계는 행정 업무의 효율성을 높이고, 문서의 관리와 보존을 체계화하며, 행정의 투명성과 책임성을 확보하는 데 중요한 역할을 한다. 또한 이는 디지털 시대에 맞춰 전자문서 시스템의 구축과 운영에도 기본적인 틀을 제공한다.

4. 문서관리의 원칙

문서관리의 원칙은 용이성·정확성·신속성·경제성이 확보될 수 있도록 관리하여야 한다. 문서관리 전반에 걸쳐 기본적으로 지켜져야 하는 것으로 원칙이 있다.

(1) 문서 집중관리의 원칙

문서사무는 대부분이 어느 한 부서에서 전체 문서를 집중 처리해야 하며, 집중처리에서는 문서만을 담당하는 전담처리원칙이 실현되어야 함을 말한다. 집중처리와 전담원칙은 문서를 분산시키는 데서 오는 폐단을 방지하고 전문화의 이점을 살리는 데 의의가 있고, 각 부서의 개별적인 특수조건이 반영될 필요가 없는 공통사무에만 적용하는 것이 일반적이다. 대부분 문서보관은 부서별로 집중관리하고 보존에 넘기는 문서만을 한곳에서 집중 관리한다.

재활기관은 문서관리 전담 부서를 지정하여 기관 전체의 문서를 통합적으로 관리한다. 행정지원팀이나 문서관리팀이 모든 부서의 문서를 집중적으로 처리하고 관리한다. 이로써 문서의 분류, 보관, 검색이 더욱 효율적으로 이루어진다. 장애인의 서비스기록이나 개인정보와 같은 민감한 정보는 해당 부서에서 직접 관리하되, 전체적인 관리 체계는 중앙에서 총괄하는 방식을 채택한다.

(2) 기계화 및 사무자동화 원칙

문서사무는 통일된 양식과 정연한 체제가 요구되며, 아울러 신속·정확을 도모하기 위하여 기계화, 사무자동화가 요구된다. 사무실의 업무는 정보처리의 개념으로 이해되어 정보형태에 따라 사무자동화기기를 분류할 수 있다.정보형태는 계수정보와 비계수정보의 두 가지 형태로 나눌 수 있으며, 비계수정보는 다시 문서정보(워드프로세서, PC, 전자타자기, OCR), 원형정보(팩시밀리, 복사기, OHP, micro film, VTR), 음성정보(음성분석, 합성장치, 전화기, 녹음기), 화상정보 등으로 나눌 수 있다. 계수정보처리기는 수치·문자정보(PC, 범용 컴퓨터, 탁상형 계산기, POS 시스템 등)를 대상으로 한 정형화된 업무를 말한다.

재활기관은 전자기록시스템을 도입하여 장애인 정보를 디지털화하고, 문서관리 시스템(DMS)을 통해 행정 문서를 전자적으로 관리한다. 재활 평가 및 치료 계획 수립에 사용되는 각종 양식을 표준화하고 전자 형태로 변환하여 사용함으로써 업무의 효율성을 높인다.

(3) 표준화 및 간소화의 원칙

표준화란 수행되어야 할 가장 최선의 방법을 찾아서 이를 확정하고 이행하는 것으로 가장 합리적이고 꼭 필요한 유일한 것을 의미한다. 문서사무에서 표준화의 대상은 문서처리, 문서취급, 문서작성, 문서정리 및 보관 등이다. 간소화의 원칙은 사무처리 절차나 방법 등을 간결하고 요약된 합리적인 것으로 만들고자 하는 원칙이다.

재활기관에서 사용되는 각종 서식(서비스 신청서, 재활 평가지, 개별화 계획서 등)을 표준화하여 모든 부서에서 일관되게 사용한다. 문서 작성 및 결재 과정을 간소화하여 불필요한 단계를 줄이고, 효율적인 업무 처리가 가능하도록 한다. 장애인의 재활 진행 상황 보고서의 형식을 표준화하고, 결재 단계를 간소화하여 신속한 의사결정이 이루어지도록 한다.

(4) 즉일처리의 원칙

효율적인 업무수행을 위하여 당일의 업무는 당일에 처리해야 한다는 원칙이다.

재활기관에서 발생하는 일일 업무, 특히 장애인과 직접 관련된 문서들(당일 서비스 기록, 장애인 상태 변화 보고 등)은 당일에 처리하고 기록하는 것을 원칙으로 한다. 이를 통해 서비스의 연속성을 보장하고, 정보의 누락을 방지한다.

(5) 법령적합의 원칙

문서는 법령의 규정에 따라 일정한 요건을 갖추어야 하며, 권한 있는 자에 의하여 작성되고 처리되어야 한다.

재활기관은 장애인복지법, 개인정보보호법 등 관련 법령을 준수하면서 문서를 관리한다. 장애인의 재활정보나 개인정보가 포함된 문서는 법적 요건을 충족하는 방식으로 작성, 보관, 폐기한다. 장애인의 동의서는 법적 요건을 충족하는 형식으로 작성하며, 서비스 기록은 법정 보존 기간 동안 안전하게 보관한다.

(6) 책임자 처리의 원칙

문서처리는 정해진 업무분장에 따라서 직무의 범위 내에서 책임을 가지고 관계 규정에 따라 신속·정확하게 처리하여야 한다.

재활기관의 각 부서(직업재활팀, 물리치료실, 작업치료실, 언어치료실 등)에서 생성되는 문서는 해당 부서의 책임자가 처리하고 관리한다. 이를 통해 전문성을 바탕으로 한 정확한 문서 처리가 가능해지며, 책임소재도 명확해진다.

(7) 신속성과 정확성의 원칙

신속성의 원칙은 사무 간소화의 원칙을 실현함으로써 비합리적·낭비적·형식적·비생산적 요소를 제거하고, 처리방법을 합리화하여 사무에 소요되는 시간을 단축하고자 하는 원칙이고, 정확성의 원칙은 착오 없이 바르게 처리하는 원칙이다. 재활서비스 계획 수립, 서비스 결과 보고 등의 문서는 신속하게 작성하고 공유하며, 동시에 장애인의 상태와 서비스 내용을 정확하게 기록한다. 다학제 팀 회의 결과를 신속하게 문서화하고 관련 부서에 공유함으로써 일관된 서비스 접근이 가능해지며, 각 전문가의 세부적인 서비스 기록은 정확하게 작성하여 장애인의 진전 상황을 정확히 파악한다.

5. 문서관리의 주요 프로세스

문서관리의 주요 프로세스인 문서 생성 및 캡처, 분류 및 색인, 저장 및 보관, 검색 및 열람, 배포 및 공유, 보존 및 폐기는 서로 유기적으로 연결되어 있다. 이러한 프로세스를 체계적으로 구현하고 지속적으로 개선함으로써 조직은 정보 자산을 효과적으로 관리하고, 업무 효율성을 높이며, 법적 리스크를 줄일 수 있다. 문서관리는 단순히 문서를 다루는 것이 아니라 조직의 지식과 정보를 관리하는 핵심적인 업무 프로세스로 인식되어야 하며, 이를 통해 조직의 경쟁력 향상에 기여할 수 있다.

(1) 문서 생성 및 캡처

문서 생성 및 캡처는 문서관리 프로세스의 첫 단계이다. 이 단계에서는 새로운 문서를 작성하거나 기존 문서를 디지털 형식으로 변환하는 작업이 이루어진다.

문서 생성은 조직 내에서 업무 수행 과정에서 자연스럽게 발생한다. 보고서, 회의록, 계약서, 제안서 등 다양한 유형의 문서가 생성된다. 이 때 문서 작성자는 조직의 표준 템플릿과 가이드라인을 준수하여 일관성 있는 문서를 작성해야 한다. 또한 문서의 메타데이터(작성자, 작성일, 버전 등)를 정확히 기록하는 것이 중요하다.

문서 캡처는 종이 문서나 기타 물리적 형태의 문서를 디지털화하는 과정이다. 이를 위해 스캐너, 디지털 카메라, OCR(광학 문자 인식) 기술 등이 사용된다. 캡처 과정에서는 문서의 가독성과 무결성을 유지하는 것이 중요하다. 고해상도로 스캔하고, OCR 처리를 통해 텍스트 검색이 가능하도록 만드는 것이 좋다.

디지털 문서의 경우, 다양한 소프트웨어 툴을 사용하여 생성된다. 워드 프로세서, 스프레드시트, 프레젠테이션 도구 등을 활용하여 문서를 작성한다. 이 때 문서 포맷의 호환성과 장기 보존을 고려하여 적절한 파일 형식을 선택해야 한다.

문서 생성 및 캡처 단계에서는 정보의 정확성과 완전성을 확보하는 것이 중요하다. 오류나 누락이 있을 경우, 이후 단계에서 많은 문제가 발생할 수 있기 때문이다. 따라서 품질 관리 절차를 마련하여 생성된 문서를 검토하고 필요한 경우 수정하는 과정이 필요하다.

(2) 분류 및 색인

분류 및 색인 단계는 생성된 문서를 체계적으로 정리하고 쉽게 찾을 수 있도록 하는 과정이다. 이 단계는 효율적인 문서 검색과 관리를 위해 매우 중요하다. 문서 분류는 문서의 특성, 내용, 목적 등에 따라 카테고리를 지정하는 작업이다. 조직의 업무 프로세스와 정보 구조를 반영한 분류 체계를 수립해야 한다. 일반적으로 계층적 구조를 가진 분류 체계를 사용하며, 대분류, 중분류, 소분류 등으로 구성된다. 예를 들어, 인사 관련 문서는 '인사' - '채용' - '이력서' 등으로 분류될 수 있다.

분류 체계는 조직의 변화와 요구사항에 맞춰 지속적으로 업데이트되어야 한다. 새로운 업무 영역이 생기거나 기존 프로세스가 변경될 경우, 분류 체계도 이를 반영해야 한다. 또한 분류 작업의 일관성을 유지하기 위해 명확한 가이드라인과 교육이 필요하다.

색인은 문서의 핵심 내용을 나타내는 키워드나 메타데이터를 부여하는 작업이다. 이를 통해 문서의 검색성을 높일 수 있다. 색인 작업은 수동으로 할 수도 있고, 자동화된 도구를 사용할 수도 있다. 자동 색인 시스템은 문서의 내용을 분석하여 관련 키워드를 추출하고 메타데이터를 생성한다.

효과적인 색인을 위해서는 통제어휘(controlled vocabulary)나 시소러스(thesaurus)를 활용하는 것이 좋다. 이를 통해 동의어, 유의어, 상위어, 하위어 등의 관계를 설정하여 보다 정교한 검색이 가능해진다. 예를 들어, '자동차'라는 키워드로 검색하면 '승용차', '트럭' 등의 관련 문서도 함께 검색될 수 있도록 한다.

분류와 색인 정보는 문서의 메타데이터로 저장된다. 메타데이터에는 문서 제목, 작성자, 작성일, 버전, 보안 등급, 보존 기간 등의 정보도 포함된다. 이러한 메타데이터는 문서 관리 시스템에서 효율적인 검색과 관리를 위해 활용된다.

(3) 저장 및 보관

저장 및 보관 단계는 생성되고 분류된 문서를 안전하고 접근 가능한 방식으로 보관하는 과정이다. 이 단계에서는 문서의 무결성, 보안, 가용성을 보장해야 한다. 디지털 문서의 경우, 문서관리시스템(DMS) 또는 전자문서관리시스템(EDMS)을 활용하여 중앙 집중식으로 관리한다. 이러한 시스템은 대용량 저장소, 버전 관리, 접근 제어, 백업 및 복구 기능 등을 제공한다. 클라우드 기반의 저장 솔루션을 사용할 경우, 언제 어디서나 접근이 가능하며 확장성도 뛰어나다. 문서 저장 시 고려해야 할 중요한 요소 중 하나는 파일 형식이다. 장기 보존이 필요한 문서의 경우, PDF/A와 같은 표준 형식을 사용하는 것이 좋다. 이는 소프트웨어나 하드웨어의 변화에 관계없이 문서의 가독성을 유지할 수 있게 해준다.

보안은 문서 저장에 있어 매우 중요한 요소이다. 중요 문서나 기밀 문서의 경우 암호화하여 저장해야 한다. 또한 접근 권한 관리를 통해 인가된 사용자만이 문서에 접근할 수 있도록 해야 한다. 이를 위해 사용자 인증, 역할 기반 접근 제어(RBAC) 등의 기술이 사용된다.

물리적 문서의 경우, 적절한 보관 시설과 환경 조건을 갖춰야 한다. 온도, 습도, 조도 등을 적절히 유지하고, 화재나 수해와 같은 재해로부터 보호할 수 있는 시설이 필요하다. 중요 문서는 내화금고나 보안 시설이 갖춰진 별도의 공간에 보관한다.

문서의 백업은 데이터 손실을 방지하기 위해 필수적이다. 정기적인 백업 스케줄을 수립하고, 온사이트와 오프사이트 백업을 병행하는 것이 좋다. 또한 백업 데이터의 무결성을 주기적으로 검증하고, 복구 테스트를 실시하여 긴급 상황에 대비해야 한다.

장기 보존이 필요한 문서의 경우, 디지털 보존(digital preservation) 전략을 수립해야 한다. 이는 기술 변화에 따른 문서의 가독성 손실을 방지하기 위한 것으로, 마이그레이션(새로운 형식으로 변환), 에뮬레이션(원본 환경 재현) 등의 방법이 사용된다.

(4) 검색 및 열람

검색 및 열람 단계는 사용자가 필요한 문서를 쉽고 빠르게 찾아 활용할 수 있도록 하는 과정이다. 효율적인 검색 및 열람 시스템은 조직의 생산성과 의사결정 속도를 높이는 데 크게 기여한다.

검색 기능은 문서관리시스템의 핵심 요소 중 하나이다. 사용자가 키워드, 메타데이터, 전문(full-text) 등 다양한 조건으로 검색할 수 있어야 한다. 고급 검색 옵션을 제공하여 날짜 범위, 문서 유형, 작성자 등으로 검색 결과를 필터링할 수 있게 해야 한다.

검색 엔진의 성능도 중요하다. 대용량 문서를 빠르게 검색할 수 있어야 하며, 관련성 높은 결과를 상위에 표시해야 한다. 최근에는 자연어 처리 기술을 활용하여 사용자의 의도를 보다 정확히 파악하고 관련 문서를 추천하는 시스템도 도입되고 있다.

검색 결과는 사용자가 쉽게 이해하고 활용할 수 있는 형태로 제공되어야 한다. 문서의 제목, 요약, 핵심 메타데이터 등을 함께 표시하여 사용자가 원하는 문서를 빠르게 식별할 수 있도록 해야 한다. 또한 검색 결과를 다양한 기준으로 정렬하거나 그룹화하는 기능도 유용하다.

문서 열람 시에는 사용자의 접근 권한을 확인하여 인가된 문서만 볼 수 있도록 해야 한다. 열람 기록을 남겨 누가, 언제, 어떤 문서를 열람했는지 추적할 수 있어야 한다. 이는 보안과 컴플라이언스 측면에서 중요하다.

문서 뷰어는 다양한 형식의 문서를 원본 형태 그대로 표시할 수 있어야 한다. 웹 기반 뷰어를 사용하면 별도의 소프트웨어 설치 없이도 문서를 볼 수 있어 편리하다. 모바일 기기에서도 문서를 쉽게 열람할 수 있도록 반응형 디자인을 적용하는 것이 좋다.

협업을 위해 문서에 주석을 달거나 의견을 추가할 수 있는 기능도 유용하다. 이를 통해 문서에 대한 피드백을 공유하고 버전 관리를 할 수 있다. 또한 문서의 특정

부분을 하이라이트하거나 북마크하는 기능을 제공하면 사용자의 생산성을 높일 수 있다.

(5) 배포 및 공유

배포 및 공유 단계는 필요한 사람들에게 적절한 방식으로 문서를 전달하는 과정이다. 이 단계에서는 문서의 접근성, 보안, 버전 관리 등을 고려해야 한다.

문서 배포 방식은 조직의 특성과 문서의 성격에 따라 다양하게 선택할 수 있다. 이메일을 통한 배포, 문서관리시스템 내에서의 공유, 클라우드 스토리지 활용, 인트라넷 게시 등의 방법이 있다. 각 방식의 장단점을 고려하여 적절한 배포 채널을 선택해야 한다.

문서 배포 시 보안은 매우 중요하다. 민감한 정보가 포함된 문서의 경우, 암호화하여 전송하거나 접근 제어 기능을 활용해야 한다. 문서에 대한 권한 설정을 통해 특정 사용자나 그룹에게만 접근을 허용할 수 있다. 또한 문서 열람, 편집, 인쇄, 다운로드 등의 권한을 세분화하여 관리할 수 있다.

버전 관리도 중요한 고려사항이다. 문서가 수정될 때마다 새로운 버전을 생성하고, 이전 버전과의 변경 사항을 추적할 수 있어야 한다. 이를 통해 문서의 변경 이력을 파악하고 필요한 경우 이전 버전으로 복원할 수 있다. 또한 여러 사람이 동시에 문서를 편집할 수 있는 실시간 협업 기능을 제공하면 업무 효율성을 높일 수 있다.

문서 배포 시 수신자 관리도 중요하다. 배포 목록(distribution list)을 만들어 관리하면 효율적으로 문서를 배포할 수 있다. 또한 문서 수신 확인 기능을 통해 중요한 문서가 제대로 전달되었는지 확인할 수 있다.

대용량 문서나 파일의 경우, 파일 공유 서비스나 FTP(File Transfer Protocol)를 활용할 수 있다. 이때 링크 기반의 공유 방식을 사용하면 첨부 파일로 인한 저장 공간 낭비를 줄일 수 있다.

외부 이해관계자와의 문서 공유 시에는 보안에 더욱 주의를 기울여야 한다. 가상

데이터룸(Virtual Data Room)과 같은 안전한 플랫폼을 활용하여 문서를 공유하고, 접근 로그를 철저히 관리해야 한다.

문서 배포 후에는 수신자의 피드백을 수집하고 관리하는 것도 중요하다. 이를 통해 문서의 품질을 개선하고 더 나은 의사결정을 할 수 있다. 피드백 관리 시스템을 구축하여 문서에 대한 의견을 체계적으로 수집하고 반영할 수 있다.

또한 문서의 생명주기 관리 차원에서 배포된 문서의 회수나 폐기도 고려해야 한다. 예를 들어, 더 이상 유효하지 않은 정보가 포함된 문서는 회수하거나 접근을 제한해야 한다. 디지털 권한 관리(DRM) 기술을 활용하면 배포된 문서의 접근 권한을 원격으로 제어할 수 있다.

(6) 보존 및 폐기

보존 및 폐기 단계는 문서의 생명주기 중 마지막 단계로, 법적 요구사항과 조직의 필요에 따라 문서를 적절히 보존하거나 안전하게 폐기하는 과정이다.

문서 보존 기간은 법규, 업무 필요성, 역사적 가치 등을 고려하여 결정한다. 보존 기간 정책을 수립하여 문서 유형별로 보존 기간을 명확히 정의해야 한다. 예를 들어, 재무 기록은 일반적으로 7년 이상 보존해야 하며, 인사 기록은 고용 종료 후 일정 기간 동안 보존해야 한다.

장기 보존이 필요한 문서의 경우, 디지털 보존 전략을 수립해야 한다. 기술 변화에 따른 가독성 손실을 방지하기 위해 정기적으로 포맷을 변환하거나, 에뮬레이션 기술을 활용할 수 있다. 또한 문서의 진본성과 무결성을 보장하기 위해 전자서명이나 타임스탬프 등의 기술을 활용할 수 있다.

보존 기간이 만료된 문서는 폐기 절차에 따라 안전하게 처리해야 한다. 폐기 전에는 반드시 검토 과정을 거쳐 실수로 중요한 문서가 폐기되는 일이 없도록 해야 한다. 폐기 승인 절차를 마련하여 책임자의 확인을 받은 후 폐기를 진행하는 것이 좋다.

디지털 문서의 경우, 단순히 삭제하는 것으로는 부족하다. 완전 삭제 도구를 사용하여 복구가 불가능하도록 해야 한다. 클라우드에 저장된 문서의 경우, 서비스 제공업체와 협력하여 완전한 폐기를 보장받아야 한다.

물리적 문서의 경우, 파쇄나 소각 등의 방법으로 안전하게 폐기해야 한다. 특히 민감한 정보가 포함된 문서는 보안 수준이 높은 파쇄 방식(예 : 크로스컷 파쇄)을 사용해야 한다. 대량의 문서 폐기 시에는 전문 업체를 활용하는 것도 좋은 방법이다.

문서 폐기 시에는 반드시 폐기 기록을 남겨야 한다. 폐기 일자, 폐기 대상 문서, 폐기 방법, 승인자 등의 정보를 기록하여 관리해야 한다. 이는 향후 감사나 법적 문제에 대비하기 위해 필요하다.

일부 중요 문서의 경우, 전체를 폐기하지 않고 핵심 정보만 추출하여 보관하는 방법도 고려할 수 있다. 이를 통해 저장 공간을 절약하면서도 필요한 정보는 유지할 수 있다.

보존 및 폐기 단계에서는 개인정보 보호에 특히 주의를 기울여야 한다. 개인정보가 포함된 문서는 관련 법규에 따라 엄격하게 관리하고 폐기해야 한다. 필요한 경우 개인정보 보호 책임자의 승인을 받아 처리해야 한다.

이상의 문서관리 주요 프로세스를 효과적으로 구현하기 위해서는 조직 전체의 참여와 지원이 필요하다. 문서관리 정책과 절차를 수립하고, 이를 전 직원에게 교육해야 한다. 또한 정기적인 감사를 통해 프로세스의 준수 여부를 확인하고 개선점을 도출해야 한다.

문서관리 시스템의 도입은 이러한 프로세스를 자동화하고 효율화하는 데 큰 도움이 된다. 하지만 시스템 도입 자체가 목적이 되어서는 안 되며, 조직의 업무 프로세스와 문화에 맞는 시스템을 선택하고 커스터마이징하는 것이 중요하다.

또한 문서관리 프로세스는 고정된 것이 아니라 지속적으로 개선되어야 한다. 새로운 기술의 등장, 법규의 변화, 조직의 변화 등을 반영하여 프로세스를 지속적으로 업데이트해야 한다. 사용자 피드백을 수집하고 분석하여 프로세스의 개선점을 찾아내는 것도 중요하다.

6. 문서의 구성 및 작성규칙

행정업무의 운영 및 혁신에 관한 규정에 따라, 일반문서 중 기안문과 시행문은 기본적으로 두문, 본문, 결문으로 구성된다. 이는 문서의 체계성과 일관성을 유지하기 위함이다.

전자문서의 경우, 두 가지 방식으로 구성할 수 있다. 첫째, 두문·본문·결문 및 붙임으로 구성하는 방식이다. 둘째, 표제부와 본문부로 구성하는 방식이다. 표제부에는 두문, 본문의 제목, 결문이 포함되며, 본문부에는 제목, 내용, 붙임이 포함된다. 이러한 구성의 차이는 전자문서의 특성을 반영하여 정보의 효율적 전달과 관리를 위한 것이다.

두문은 발신기관명, 수신자, 그리고 필요한 경우 경유로 구성된다. 발신기관명은 문서를 작성하는 기관의 이름을 명시하며, 수신자는 문서를 받는 대상을 지정한다. 경유는 문서가 최종 수신자에게 전달되기 전에 거쳐야 할 기관이 있는 경우에 표시한다.

본문은 제목, 내용, 붙임으로 구성된다. 제목은 문서의 핵심 내용을 간략히 표현하며, 내용은 문서의 주요 메시지를 담는다. 붙임은 본문을 보충하는 참고자료를 의미한다. 전자문서의 경우, 제목과 내용만으로 구성할 수 있어 간소화가 가능하다.

결문은 발신명의, 기안자·검토자·협조자·결재권자의 직위와 서명, 문서의 생산등록번호와 시행일, 문서의 접수등록번호와 접수일자, 발송기관의 주소, 홈페이지 주소, 우편번호, 전화번호, 팩스번호, 담당자 개인의 공식적 전자우편주소 등으로 구성된다. 이는 문서의 공식성과 책임성을 나타내는 중요한 요소들이다.

문서는 어문규범에 맞는 한글로 작성해야 한다. 이는 문서의 이해도를 높이고, 의사소통을 원활하게 하기 위함이다. 필요한 경우 괄호 안에 한자나 외국어를 병기할 수 있다. 이는 정확한 의미 전달이 필요한 전문용어나 고유명사의 경우에 유용하다.

특별한 사유가 없는 한 문서는 가로로 작성한다. 이는 현대의 문서 작성 관행과 일치하며, 문서의 가독성을 높인다. 숫자는 아라비아 숫자를 사용한다. 이는 숫자 정보의 명확성과 일관성을 보장한다.

날짜는 숫자로 표기하되, 연·월·일을 온점(.)으로 구분한다. 예를 들어, 2023년 7월 21일은 '2023.7.21.'로 표기한다. 시간은 24시각제에 따라 표기하며, 시와 분을 쌍점(:)으로 구분한다. 예를 들어, 오후 2시 30분은 '14:30'으로 표기한다.

시각장애인 등의 편의를 위해 음성정보나 영상정보 등을 수록하거나 바코드 등을 표기할 수 있다. 바코드를 사용할 경우, 문서 상단의 '기관명' 표시줄 오른쪽 끝에 2cm×2cm 범위 내에서 표기한다. 이는 문서의 접근성을 높이고, 다양한 사용자의 욕구를 충족시키기 위한 조치이다.

문서 작성에 사용되는 용지의 크기는 특별한 사유가 없는 한 A4용지(가로 210mm, 세로 297mm)로 규격화한다. 이는 문서의 표준화와 관리의 효율성을 위한 것이다.

문서는 결재권자가 해당 문서에 서명함으로써 성립한다. 여기서 서명은 전자이미지서명, 전자문자서명, 행정전자서명을 포함한다. 문서의 효력은 수신자에게 도달함으로써 발생한다. 전자문서의 경우, 수신자가 관리하거나 지정한 전자적 시스템 등에 입력되는 것을 도달로 본다.

이러한 규정들은 공문서의 표준화, 효율적인 정보 전달, 문서 관리의 용이성을 높이고, 공공기관의 투명성과 책임성을 제고하는 데 기여한다. 따라서 모든 공무원과 관련 종사자들은 이러한 규칙을 숙지하고 준수해야 한다. 이를 통해 행정의 효율성과 신뢰성을 높일 수 있다.

7. 문서의 작성

문서의 작성은 다양한 방법이 있으나 여기에서는 재활기관에서 주로 사용되는 문서방법은 다음과 같다.

(1) 분류기호 및 문서번호

문서번호는 분류기호, 분류번호 및 문서등록번호로 구성하며, 수신란은 경유, 수신 및 참조로 나누되, 수신처란을 설정하여 수신기관 명을 표시한다. 연도별 일련번호는 연도별로 1번에서 시작해서 문서의 번호를 기재하고, 누적된 일련번호는 연도가 바뀌는 것을 개의치 않고 계속적으로 번호를 이어나가는 것이다. 기관번호 기록은 문서를 작성한 기관명을 약호로 두 글자를 원칙으로 한다.

(2) 수신란

① 경유 수신처의 앞 중간에 경유해야 하는 기관이 있는 경우, 그 기관명을 기재한다. 경유기관이 있을 때는 문서는 먼저 경유기관으로 발송된다.

② 수신자가 많은 경우에는 두문의 수신란에 '수신자 참조'라고 표시하고, 결문의 발신명의 다음 줄의 왼쪽 기본선에 맞추어 수신자란을 따로 설치하여 수신자명을 표시한다.

③ 참조문서를 직접 처리하는 주무부서장을 기재한다.

(3) 제목

제목은 수신기관 다음 줄 왼쪽부터 기재하되 '제목'이라고 표시된 낱말 다음에 한 자를 띄우고, 제목내용의 첫 글자를 찍는다. 만일 제목의 내용이 길어서 한 줄이 넘칠 경우에는 둘째 줄부터 첫 번째 제목내용의 첫 글자에 맞추어서 찍는다.

제목이나 본문에 들어가는 연도를 간략하게 표시할 경우, 작은따옴표(' ')를 찍어야 한다.

(4) 본문내용 속의 날짜 표기

본문내용 속의 날짜 표기는 일률적으로 연·월·일 사이를 한 타의 빈칸을 띄우고, 표기요령은 연·월·일의 문자 대신 온점(.)을 찍어 구분한다.

(5) 첨부물 표시

문서에 서식·참고서류, 그 밖의 문서나 물품이 첨부되는 때에는 본문이 끝난 줄 다음에 '붙임'의 표시를 하고 첨부물의 명칭과 수량을 쓰되, 첨부물이 두 가지 이상일 때에는 아라비아 숫자로 항목은 표시하되 그 요령은 본문내용에서 첫째 항의 항목 표시요령과 같다. 첨부물 내용이 한 줄을 넘을 때에는 둘째 줄부터 윗줄 내용의 첫 글자와 줄머리를 맞추어 찍는다.

(6) 끝자 표시

본문 내용의 마지막 글자에서 한 글자(2타) 띄우고 '끝' 표시를 하며, '끝' 다음에는 온점(.)을 찍어야 한다. 첨부물이 있으면 붙임 표시문 다음에 한 글자(2타) 띄우고 표시한다. 본문 또는 붙임 표시문이 오른쪽 한계선에서 끝났을 경우에는 그 다음 줄의 왼쪽 기본선에서 한 글자(2타) 띄우고 '끝' 표시를 한다. 또한 표로써 끝나게 되는 경우에는 표 바로 밑에 '끝'자를 표시하고, 빈칸이 있을 경우에는 빈칸이 시작되는 곳에 '이하 빈칸' 표시를 하며, 일괄 기안인 경우에는 각 안마다 '끝'자를 표시한다.

(7) 발신명의란

발신명의란은 8~12cm의 길이가 되게 하고 글자 사이를 균등 할부한다. 그리고

용지 하단에서 30mm 되는 지점에 설치한다.

(8) 수신처란

수신처란을 설치할 때에는 발신명의란부터 한 줄 간격 아래 왼쪽 기본선부터 '수신처'라 표기하고, 한 자의 빈칸을 띄운 다음 수신기관(인)을 찍는다. 만일 수신기관이 한 줄을 넘을 경우에는 둘째 줄부터 수신처 내용의 첫 글자에 맞추어 찍는다.

8. 문서의 시행

문서의 시행이란 기관의 의사를 외부에 표시하는 단계로서 문서의 효력이 발생하는 절차이다. 재활기관에서 문서의 시행은 기관의 의사를 외부에 공식적으로 표현하는 과정이다. 이는 재활 서비스 계획, 평가 결과, 정책 변경 등 중요한 정보를 관련 당사자들에게 전달하는 절차를 포함한다.

시행 절차는 시행문 작성, 관인 날인 또는 서명, 문서 발신의 단계로 이루어진다. 시행문은 결재받은 문서를 바탕으로 작성하며, 기관장 또는 권한을 위임받은 사람의 서명이나 기관의 공식 관인을 찍어 공식성을 부여한다. 작성된 시행문은 우편, 이메일, 팩스 등 다양한 방법으로 수신자에게 전달된다. 문서 시행 방법에는 발신, 홈페이지 게시, 관보 게재, 고시·공고, 교부 등이 있다. 발신은 개별 장애인이나 그 가족, 협력 기관 등에 직접 문서를 보내는 방식이다. 홈페이지 게시는 재활기관의 공식 웹사이트에 중요 공지사항을 올리는 방법이다. 관보 게재는 주로 법적 요구사항이 있을 때 사용되며, 고시·공고는 기관 내 게시판이나 공공장소에 문서를 게시하는 방법이다. 교부는 중요한 개인 정보나 민감한 내용이 포함된 경우 직접 문서를 전달하는 방식이다. 전자문서시스템을 사용하는 경우, 시스템 내에서 전자이미지 관인을 찍어 시행문으로 사용한다. 종이문서의 경우, 결재받은 기안문을 복사하여 관인을 찍어 시행문으로 사용한다.

9. 문서의 보존과 폐기

문서의 보존은 생산기관, 보존기간, 생산연도 및 분류번호별로 구분하여 체계적으로 관리하는 과정을 말한다. 이를 위해 기록대장을 비치하여 보존 중인 문서를 정확히 파악해야 한다.

문서 관리는 '보관'과 '보존'으로 나눌 수 있다. '보관'은 일상적 업무에 필요한 문서를 자체적으로 보유하고 관리하는 것을 의미하며, '보존'은 일상적 업무에는 즉시 필요하지 않지만 폐기 시까지 문서를 보유하고 관리하는 것을 뜻한다.

공공기록물 관리에 관한 법률 시행령 제26조에 따라 문서의 보존기간은 영구, 준영구, 30년, 10년, 5년, 3년, 1년으로 구분된다. 보존기간의 기산일은 문서 생산년도의 다음해 1월 1일로 정한다. 필요에 따라 행정안전부령이 정하는 바에 따라 보존기간을 연장하거나 단축할 수 있다.

보존기간이 경과한 문서는 심의 과정을 거쳐 보존기간 재책정, 폐기, 또는 보류로 처리해야 한다. 폐기 결정된 문서는 보존문서 기록대장에 붉은색으로 폐기일자를 기입하고, 문서색인목록에는 '폐기' 도장을 찍어 별도로 편철하여 보관한다.

폐기 과정에서는 환경과 보안을 고려해야 한다. 특별한 사유가 없는 한 소각하지 않고 재생 및 활용 방법을 모색해야 한다. 이는 환경 보호와 자원의 효율적 활용을 위한 것이다.

또한, 전자문서 시대에 맞춰 전자적 보존 방식도 고려해야 한다. 전자문서의 경우 데이터 백업, 보안 시스템 구축, 정기적인 포맷 변환 등을 통해 장기 보존과 접근성을 보장해야 한다.

문서 보존의 중요성은 단순히 법적 요구사항을 충족하는 것을 넘어선다. 이는 조직의 역사를 보존하고, 의사결정의 근거를 제공하며, 책임성과 투명성을 확보하는 데 필수적이다. 따라서 체계적이고 효율적인 문서 보존 시스템을 구축하고 지속적으로 관리하는 것이 중요하다.

국내 참고문헌

1. 윤방섭(2019). **전략경영**. 서울 : 박영사.
2. 박상필(2018). **비영리조직의 전략경영**. 서울 : 대영문화사.
3. 이준영(2018). **사회복지조직관리**. 서울 : 학지사.
4. 김인(2017). **사회복지조직관리론**. 서울 : 공동체.
5. 이재성(2019). **행정법총론**. 서울 : 박영사.
6. 박동서(2018). **행정학**. 서울 : 법문사.

외국 참고문헌

1. Mintzberg, H., Ahlstrand, B., & Lampel, J. (2009). *Strategy safari : Your complete guide through the wilds of strategic management*. Harlow : Pearson.
2. Oster, S. M. (1995). *Strategic management for nonprofit organizations : Theory and cases*. New York, NY : Oxford University Press.

웹사이트

1. 문서24. https://www.gov.kr/portal/main
2. 국가기록원. http://www.archives.go.kr/
3. 한국행정연구원. https://www.kipa.re.kr/
4. 한국사회복지행정학회. http://www.kasa1985.or.kr/

제8장 재활기관의 자원개발과 네트워크

제1절 자원개발

1. 재활기관의 특징과 자원개발

재활기관은 장애인, 노인, 만성질환자 등 신체적, 정신적, 사회적 기능의 회복을 필요로 하는 대상자들에게 전문적인 서비스를 제공하는 특수한 조직이다. 이러한 재활조직은 다른 사회서비스 조직과는 구별되는 고유한 특성을 지니고 있으며, 이로 인해 다양하고 풍부한 자원을 필요로 한다. 재활조직의 특성과 그에 따른 자원 필요성에 살펴보면 다음과 같다.

재활조직의 첫 번째 특성은 다학제적 접근이다. 재활은 단순히 신체적 기능의 회복만을 목표로 하지 않으며, 대상자의 전인적 회복과 사회 복귀를 지향한다. 이를 위해 의료, 심리, 사회, 교육, 직업 등 다양한 분야의 전문가들이 협력하여 서비스를 제공한다. 예를 들어, 뇌졸중 환자의 재활 과정에는 재활상담사, 신경과 의사, 재활의학과 의사, 물리치료사, 작업치료사, 언어치료사, 심리상담사, 사회복지사 등 여러 전문가들이 참여하게 된다. 이러한 다학제적 접근은 재활 대상자의 복합적인 욕구에 대응하기 위한 것으로, 각 분야의 전문가들이 유기적으로 협력하여 통합적인 서비스를 제공할 때 효과적인 재활이 가능하다.

다학제적 접근의 특성으로 인해 재활조직은 다양한 분야의 전문 인력을 필요로 한다. 각 분야의 전문가들을 고용하고 유지하는 것은 재활조직에 상당한 재정적 부담을 줄 수 있다. 또한 이들 전문가들 간의 원활한 의사소통과 협력을 위한 시스템과 문화를 구축하는 것도 중요한 과제이다. 따라서 재활조직은 전문 인력 확보를 위한 재정적 자원뿐만 아니라, 팀워크와 협력을 촉진할 수 있는 조직문화, 의사소통 체계 등의 무형의 자원도 개발해야 한다.

재활조직의 두 번째 특성은 장기적 서비스 제공이다. 재활은 일회성 서비스가 아닌 지속적이고 장기적인 개입을 필요로 한다. 이는 기능 회복과 사회 복귀가 점진적으로 이루어지는 과정이기 때문이다. 예를 들어, 척수손상 환자의 경우 초기 의료적 처치 이후에도 장기간의 기능 훈련, 일상생활 적응 훈련, 직업 재활 등의 과정을 거쳐야 한다. 이러한 장기적 서비스 제공은 재활의 효과성을 높이는 데 필수적이지만, 동시에 재활조직에 상당한 부담을 줄 수 있다.

장기적 서비스 제공의 특성은 재활조직에 지속가능한 자원 확보의 필요성을 부여한다. 단기적인 프로젝트나 일회성 후원으로는 장기적인 재활 서비스를 유지하기 어렵다. 따라서 재활조직은 안정적이고 지속적인 재원을 확보하기 위한 전략을 수립해야 한다. 이는 정부 보조금, 민간 후원금, 사업 수익 등 다양한 재원을 균형 있게 확보하는 것을 포함한다. 또한 장기적 서비스 제공을 위해서는 전문 인력의 이직률을 낮추고 전문성을 지속적으로 향상시키는 것도 중요하다. 이를 위해 재활조직은 직원 교육 및 훈련, 처우 개선, 경력 개발 지원 등에 필요한 자원을 확보해야 한다.

재활조직의 세 번째 특성은 개별화된 서비스 제공이다. 각 재활 대상자의 상태, 욕구, 환경이 다르기 때문에 개인별 맞춤 서비스가 요구된다. 예를 들어, 같은 뇌졸중 환자라 하더라도 손상 부위와 정도, 발병 전 직업, 가족 상황, 경제적 여건 등에 따라 필요한 재활 서비스가 달라질 수 있다. 따라서 재활조직은 각 대상자의 특성을 정확히 파악하고, 이에 맞는 개별화된 재활 계획을 수립하여 서비스를 제공해야 한다.

개별화된 서비스 제공을 위해서는 다양한 자원이 필요하다. 우선, 각 대상자의 상태를 정확히 평가하고 개별화된 재활 계획을 수립할 수 있는 전문성이 요구된다. 이를 위해 재활조직은 직원들의 전문성 향상을 위한 교육 훈련 프로그램, 최신 평가 도구 등에 투자해야 한다. 또한 다양한 재활 프로그램과 서비스 옵션을 갖추고 있어야 하며, 이를 위한 인력과 장비가 필요하다. 개별화된 서비스는 종종 일대일 개입을 필요로 하기 때문에 더 많은 인력과 시간이 소요될 수 있다. 따라서 재활조직은 이를 뒷받침할 수 있는 충분한 인적, 물적 자원을 확보해야 한다.

재활조직의 네 번째 특성은 지역사회 중심의 접근이다. 재활의 궁극적인 목표는 대상자가 지역사회에 복귀하여 독립적인 생활을 할 수 있도록 지원하는 것이다. 이는 단순히 신체적 기능을 회복하는 것을 넘어, 일상생활 기술, 대인관계 기술, 직업능력 등을 포괄적으로 향상시키는 것을 의미한다. 따라서 재활조직은 시설 내 서비스뿐만 아니라 지역사회 내에서의 재활 활동도 중요하게 다루어야 한다.

지역사회 중심의 접근을 위해서는 다양한 지역사회 자원과의 연계가 필요하다. 재활조직은 지역 내 의료기관, 사회복지기관, 교육기관, 고용지원센터 등과 협력 네트워크를 구축해야 한다. 또한 지역사회 내에서 재활 서비스를 제공할 수 있는 인력과 장비를 확보해야 한다. 예를 들어, 가정 방문 재활 서비스, 지역사회 적응 훈련 프로그램 등을 운영하기 위한 자원이 필요하다. 더불어 지역사회 구성원들의 장애인식 개선을 위한 교육과 홍보 활동도 중요한 부분이다. 이러한 지역사회 중심의 접근은 재활조직에 추가적인 자원 수요를 창출한다.

재활조직의 다섯 번째 특성은 높은 전문성이다. 재활서비스 제공을 위해서는 각 분야의 전문 인력과 특수 장비가 필요하다. 예를 들어, 재활상담사, 물리치료사, 작업치료사, 언어치료사 등은 각각의 전문 영역에서 높은 수준의 지식과 기술을 갖추어야 한다. 또한 로봇 재활 장비, 가상현실(VR) 치료 장비 등 첨단 재활 장비의 도입도 증가하고 있다. 이러한 높은 전문성은 재활의 효과성을 높이는 데 필수적이지만, 동시에 재활조직에 상당한 자원 부담을 준다.

높은 전문성 유지를 위해서는 지속적인 투자가 필요하다. 우선, 전문 인력의 지속적인 교육과 훈련이 중요하다. 재활 분야의 지식과 기술은 빠르게 발전하고 있어, 전문가들이 최신 동향을 따라가기 위해서는 정기적인 보수교육, 학술대회 참가, 연구 활동 등이 필요하다. 이를 위한 재정적 지원과 시간적 여유가 보장되어야 한다. 또한 최신 재활 장비의 도입과 유지보수에도 상당한 비용이 소요된다. 첨단 장비는 고가인 경우가 많아 초기 투자 비용이 크며, 지속적인 유지보수와 업그레이드가 필요하다. 더불어 이러한 장비를 효과적으로 활용할 수 있는 전문 인력의 양성도 중요한 과제이다.

이러한 재활조직의 특성들로 인해 다양하고 풍부한 자원의 필요성이 대두된다. 재활조직이 필요로 하는 주요 자원은 다음과 같이 분류할 수 있다

첫째, 인적 자원이다. 재활조직은 다양한 분야의 전문 인력을 필요로 한다. 여기에는 재활상담사, 의사, 간호사, 물리치료사, 작업치료사, 언어치료사, 심리상담사, 사회복지사 등이 포함된다. 또한 행정, 재무, 시설관리 등을 담당하는 지원 인력도 중요하다. 더불어 자원봉사자들도 재활조직의 중요한 인적 자원이 된다. 이러한 인적 자원의 확보, 유지, 개발을 위해서는 적절한 보상 체계, 교육 훈련 프로그램, 경력 개발 지원 등이 필요하다.

둘째, 물적 자원이다. 재활조직은 다양한 재활치료 장비, 보조기기, 시설 등을 필요로 한다. 특히 최근에는 로봇 재활 장비, VR 치료 장비 등 첨단 기술을 활용한 장비의 도입이 증가하고 있다. 또한 재활 대상자들이 편안하고 안전하게 이용할 수 있는 시설 환경도 중요하다. 이러한 물적 자원의 확보와 유지를 위해서는 상당한 재정적 투자가 필요하다.

셋째, 재정 자원이다. 재활조직의 운영과 서비스 제공을 위해서는 안정적인 재정 기반이 필수적이다. 재정 자원은 정부 보조금, 민간 후원금, 서비스 이용료, 사업 수익 등 다양한 출처에서 확보할 수 있다. 재활조직은 이러한 다양한 재원을 균형 있게 확보하고 효율적으로 관리하는 능력이 필요하다.

넷째, 정보 자원이다. 재활 분야의 최신 연구 결과, 치료 기술, 관련 법규 등에 대한 정보가 지속적으로 요구된다. 또한 재활 대상자들의 정보, 서비스 제공 이력, 성

과 평가 데이터 등을 체계적으로 관리하는 것도 중요하다. 이를 위해 재활조직은 효과적인 정보 관리 시스템을 구축하고 운영해야 한다.

다섯째, 프로그램 자원이다. 재활조직은 다양한 재활 프로그램과 서비스 모델을 개발하고 운영해야 한다. 여기에는 의료재활 프로그램, 심리사회재활 프로그램, 직업재활 프로그램 등이 포함된다. 이러한 프로그램 자원의 개발과 운영을 위해서는 전문성, 창의성, 그리고 지속적인 평가와 개선 노력이 필요하다.

여섯째, 네트워크 자원이다. 재활조직은 다른 재활기관, 의료기관, 사회복지기관, 교육기관 등과의 협력 네트워크를 구축하고 유지해야 한다. 이러한 네트워크는 포괄적이고 연속적인 재활 서비스 제공을 가능하게 하며, 자원의 효율적 활용과 정보 공유를 촉진한다. 네트워크 자원의 개발과 유지를 위해서는 조직 간 신뢰 구축, 효과적인 의사소통 체계, 협력 프로젝트 수행 능력 등이 필요하다.

2. 자원개발의 중요성과 한계

재활조직의 자원개발은 조직의 생존과 발전, 그리고 서비스의 질적 향상을 위해 매우 중요한 과제이다. 재활조직의 자원개발이 중요한 이유는 다음과 같다.

첫째, 서비스 질 향상을 위해서이다. 충분한 자원 확보는 양질의 재활 서비스 제공을 가능하게 한다. 전문 인력, 최신 장비, 다양한 프로그램 등이 서비스 질 향상에 직접적인 영향을 미친다. 예를 들어, 최신 재활 기술을 적용한 장비를 도입하거나, 전문성 높은 인력을 확보함으로써 더 효과적인 재활 서비스를 제공할 수 있다. 또한 충분한 자원은 개별화된 서비스 제공을 가능하게 하여 재활 효과를 높일 수 있다.

둘째, 조직의 지속가능성 확보를 위해서이다. 안정적인 자원 기반은 조직의 장기적 생존과 발전을 가능하게 한다. 특히 다양한 자원 출처를 확보함으로써 특정 자원에 대한 의존도를 낮추고 리스크를 분산할 수 있다. 예를 들어, 정부 보조금에만 의존하지 않고 민간 후원금, 사업 수익 등 다양한 재원을 확보함으로써 정부 정책 변화에 따른 위험을 줄일 수 있다. 또한 다양한 자원 확보는 조직의 자율성과 유연성을 높여 변화하는 환경에 대응할 수 있는 능력을 향상시킨다.

셋째, 혁신 역량 강화를 위해서이다. 충분한 자원은 새로운 재활 기술과 프로그램을 개발하고 적용할 수 있는 기반이 된다. 이는 재활 분야의 발전에 기여하고 조직의 경쟁력을 높인다. 예를 들어, 연구개발에 투자할 수 있는 재정적 여유가 있다면 혁신적인 재활 프로그램이나 기술을 개발할 수 있다. 또한 직원들의 창의적인 아이디어를 실현할 수 있는 자원이 있다면 서비스 혁신이 더욱 활발해질 수 있다.

넷째, 사회적 영향력 확대를 위해서이다. 풍부한 자원을 바탕으로 더 많은 대상자에게 서비스를 제공하고, 사회적 인식 개선 활동을 펼치는 등 조직의 사회적 영향력을 확대할 수 있다. 예를 들어, 더 많은 재활 대상자들에게 무상 또는 저렴한 비용으로 서비스를 제공할 수 있게 되며, 장애인 권리 옹호 활동이나 인식 개선 캠페인 등을 통해 사회 변화에 기여할 수 있다.

다섯째, 전문성 및 역량 강화를 위해서이다. 자원개발 과정 자체가 조직의 전문성과 역량을 강화하는 기회가 된다. 예를 들어, 후원자 관리, 프로젝트 기획, 성과 평가 등의 과정에서 조직의 역량이 향상될 수 있다. 또한 다양한 이해관계자들과의 관계 형성을 통해 조직의 네트워크와 영향력이 확대될 수 있다.

여섯째, 재활서비스의 접근성 향상을 위해서이다. 충분한 자원 확보는 더 많은 재활 대상자들에게 서비스를 제공할 수 있게 한다. 특히 경제적 어려움으로 인해 재활서비스를 받지 못하는 대상자들에게 무상 또는 저렴한 비용으로 서비스를 제공할 수 있게 된다. 이는 재활서비스의 형평성을 높이고, 사회적 불평등을 완화하는 데 기여할 수 있다.

일곱째, 재활 분야의 연구와 발전을 위해서이다. 충분한 자원은 재활 관련 연구와 개발에 투자할 수 있는 여력을 제공한다. 이는 재활 기술의 발전, 새로운 치료 방법의 개발, 재활 효과성에 대한 과학적 검증 등을 가능하게 한다. 이러한 연구 성과는 재활 분야 전체의 발전에 기여하며, 궁극적으로는 재활 대상자들의 삶의 질 향상으로 이어질 수 있다.

여덟째, 재활에 대한 사회적 인식 개선을 위해서이다. 자원개발을 통해 확보된 자금과 인력은 재활의 중요성과 장애인의 권리에 대한 사회적 인식 개선 활동에 투입될 수 있다. 이는 장기적으로 재활 분야에 대한 사회적 지지와 자원 유입을 증가시키는 선순환을 만들어낼 수 있다. 이러한 자원개발의 중요성에도 불구하고, 재활조직의 자원개발에는 여러 가지 한계와 도전과제가 존재한다.

첫째, 재정적 압박이다. 많은 재활조직들이 만성적인 재정 부족에 시달리고 있다. 정부 보조금은 제한적이며, 민간 후원금 확보도 쉽지 않다. 특히 경기 침체 시에는 후원금이 줄어드는 경향이 있어 재정적 불안정성이 높아진다. 또한 재활 서비스의 특성상 수익성이 낮아 사업 수익을 통한 재원 확보에도 한계가 있다.

둘째, 전문 인력 확보의 어려움이다. 재활 분야의 전문 인력은 상대적으로 부족한 편이며, 열악한 근무 조건으로 인해 우수 인력 확보와 유지에 어려움을 겪고 있다. 특히 농어촌 지역이나 소규모 재활기관의 경우 이러한 문제가 더욱 심각하다.

셋째, 성과 측정과 평가의 어려움이다. 재활 서비스의 성과를 객관적으로 측정하고 평가하는 것은 쉽지 않다. 이는 후원자들에게 조직의 가치를 입증하고 지속적인 지원을 받는 데 어려움을 줄 수 있다. 또한 성과 평가의 어려움은 자원 배분의 효율성을 저해할 수 있다.

넷째, 경쟁의 심화이다. 제한된 자원을 두고 다양한 사회복지 분야와 경쟁해야 하는 상황이다. 특히 최근에는 새로운 사회 문제들이 대두되면서 재활 분야에 대한 사회적 관심과 지원이 상대적으로 줄어들 수 있는 위험이 있다.

여섯째, 윤리적 딜레마의 발생이다. 자원 확보를 위해 조직의 미션과 가치를 훼손하거나 타협해야 하는 상황이 발생할 수 있다. 예를 들어, 재활 대상자의 존엄성을 해치는 방식으로 후원금을 모집하거나, 조직의 가치와 맞지 않는 기업으로부터의 후원을 받아야 하는 상황 등이 있을 수 있다. 이는 조직의 정체성과 신뢰성에 위협이 될 수 있다.

일곱째, 자원개발에 따른 행정적 부담의 증가이다. 다양한 자원을 개발하고 관리하는 과정에서 행정적 업무가 증가하게 된다. 이는 실제 재활 서비스 제공에 투입될 수 있는 시간과 인력을 감소시킬 수 있다. 특히 소규모 재활조직의 경우 이러한 부담이 더욱 크게 작용할 수 있다.

여덟째, 자원 의존성의 문제이다. 특정 자원 제공자에 대한 의존도가 높아질 경우, 조직의 자율성과 의사결정의 독립성이 저해될 수 있다. 예를 들어, 주요 후원자의 요구에 따라 조직의 우선순위나 서비스 방향이 변경될 수 있는 위험이 있다.

아홉째, 자원개발의 불균형 문제이다. 일부 인기 있는 재활 분야나 대상군에 자원이 집중되는 반면, 상대적으로 관심이 적은 분야는 자원 부족에 시달릴 수 있다. 이는 재활 서비스의 균형적 발전을 저해할 수 있다.

열 번째, 자원개발의 지속가능성 문제이다. 단기적인 성과에 치중한 자원개발은 장기적인 관점에서 조직의 발전을 저해할 수 있다. 예를 들어, 일회성 대형 후원 행사에 치중하여 지속적인 소액 기부자 관리를 소홀히 하는 경우 등이 있을 수 있다.

3. 자원개발의 유형

재활조직의 자원개발은 조직의 지속가능한 운영과 서비스 질 향상을 위해 필수적인 활동이다. 주요 자원개발 유형으로는 재정 자원, 인적 자원, 물적 자원, 정보 자원, 프로그램 자원, 네트워크 자원, 그리고 브랜드 및 평판 자원 개발이 있다.

재정 자원 개발은 정부 보조금 확보, 민간 기부금 모금, 회비 수입, 사업 수익, 자산 운용, 사회적 경제 모델 도입 등을 통해 이루어진다. 정부 보조금은 중앙정부 및 지방자치단체의 재활 관련 사업 공모에 참여하거나 정부 정책 동향을 파악하여 적절한 사업 계획을 수립함으로써 확보할 수 있다. 민간 기부금 모금은 개인 기부, 기업 후원, 재단 지원금, 온라인 모금, 모금 행사 개최 등 다양한 방식으로 진행될 수 있다. 회비 수입은 회원제도 운영과 차별화된 회원 혜택 제공을 통해 확보할 수 있으며, 사업 수익은 재활 서비스 이용료, 보조기기 판매 및 대여, 교육 프로그램 운영, 출판물 판매 등을 통해 창출할 수 있다. 자산 운용은 기본 재산의 효율적 운용과 여유 자금의 안정적 투자를 통해 이루어지며, 사회적 경제 모델 도입은 사회적기업 설립, 협동조합 모델 활용, 마을기업 등 지역 기반 경제 모델 적용 등을 포함한다.

인적 자원 개발은 전문 인력 확보 및 유지, 자원봉사자 개발 및 관리, 이사회 및 자문위원회 구성, 인턴십 및 실습 프로그램 운영, 멘토링 및 코칭 프로그램 도입, 직원 역량 강화 프로그램 등을 통해 이루어진다. 전문 인력 확보 및 유지를 위해서는 경쟁력 있는 보상 체계 구축, 체계적인 교육 훈련 프로그램 운영, 경력 개발 기회 제공, 일-생활 균형 지원, 조직 문화 개선 등이 필요하다. 자원봉사자 개발 및 관리는 체계적인 모집 및 선발 과정 수립, 교육 및 훈련 프로그램 운영, 역할 및 책임 명확화, 인정 및 보상 체계 구축, 관리 시스템 도입 등을 통해 이루어진다. 물적 자원 개발은 시설 확보 및 개선, 재활 장비 도입 및 관리, 보조기기 확보 및 관리, IT 인프라 구축, 차량 및 이동 수단 확보, 재활 관련 도서 및 자료 확보 등을 포함한다. 시설 확보 및 개선을 위해서는 신규 시설 건립을 위한 fundraising 캠페인, 기존 시설의 리모델링 및 현대화, 에너지 효율성 향상, 배리어프리 디자인 적용 등이 필요하다. 재활 장비 도입 및 관리는 최신 장비 구입을 위한 기금 조성, 장비 대여 또는 리스 활용, 유지보수 체계 구축, 장비 활용 교육 실시 등을 통해 이루어진다.

정보 자원 개발은 연구 개발 활동, 데이터베이스 구축 및 관리, 지식 관리 시스템 도입, 전문 정보 네트워크 구축, 정보 보안 체계 구축, 빅데이터 및 인공지능 활용 등을 포함한다. 연구 개발 활동은 자체 연구 프로젝트 수행, 외부 연구 기관과의 협력 연구 추진, 연구 결과의 실무 적용 및 피드백 체계 구축 등을 통해 이루어진다. 데이터베이스 구축 및 관리는 재활 대상자 정보, 서비스 제공 이력, 성과 측정 및 분석을 위한 데이터 수집 등을 포함한다.

프로그램 자원 개발은 새로운 재활 프로그램 개발, 기존 프로그램의 개선 및 확장, 맞춤형 프로그램 개발, 통합적 재활 프로그램 개발, 원격 재활 프로그램 개발, 예술 및 문화 기반 재활 프로그램 등을 포함한다. 새로운 재활 프로그램 개발은 대상자 욕구 조사, 최신 재활 기술 및 이론 반영, 파일럿 프로그램 운영 및 평가 등을 통해 이루어진다.

네트워크 자원 개발은 타 재활기관과의 협력 네트워크 구축, 의료기관과의 연계, 교육기관과의 협력, 기업과의 파트너십 구축, 국제 네트워크 참여, 지역사회 네트워크 구축 등을 포함한다. 타 재활기관과의 협력 네트워크 구축은 지역 내 재활기관 협의체 구성 및 참여, 기관 간 정보 공유 및 자원 연계 시스템 구축, 공동 프로젝트 기획 및 수행 등을 통해 이루어진다.

브랜드 및 평판 자원 개발은 브랜드 정체성 확립, 미디어 관계 관리, 홍보 전략 수립 및 실행, 사회공헌 활동 강화, 수상 및 인증 획득, 고객 경험 관리 등을 포함한다. 브랜드 정체성 확립은 조직의 미션과 비전을 반영한 브랜드 스토리 개발, 일관된 시각적 아이덴티티 구축, 브랜드 가이드라인 수립 및 적용 등을 통해 이루어진다. 이러한 다양한 자원개발 유형들은 서로 유기적으로 연결되어 있으며, 재활조직은 이를 종합적으로 고려하여 체계적인 자원개발 전략을 수립하고 실행해야 한다.

4. 자원개발의 과정과 방법

자원개발의 과정과 방법은 재활조직의 지속가능한 운영과 서비스 질 향상을 위한 핵심적인 활동으로 여러 단계와 다양한 접근 방식을 포함한다.

첫 번째 단계는 자원 needs 분석으로 조직의 현재 상황과 미래 목표를 고려하여 필요한 자원을 정확히 파악하는 것이다. 이 과정에서는 조직의 미션과 비전, 전략적 목표, 현재의 자원 현황, 서비스 대상자의 욕구 등을 종합적으로 검토해야 한다. 또한 외부 환경 변화와 트렌드를 분석하여 향후 필요할 것으로 예상되는 자원도 예측해야 한다.

두 번째 단계는 자원개발 계획 수립으로 분석된 needs를 바탕으로 구체적인 자원개발 목표와 전략을 수립하는 것이다. 이 단계에서는 목표 자원의 유형과 규모, 자원 확보 기간, 필요한 인력과 예산 등을 구체적으로 설정해야 한다. 또한 각 자원

유형별로 적합한 개발 방법과 접근 전략을 수립해야 한다.

세 번째 단계는 잠재적 자원 제공자 탐색으로 정부, 기업, 개인 후원자, 재단 등 다양한 자원 제공 주체를 파악하고 분석하는 것이다. 이 과정에서는 각 자원 제공자의 관심사, 지원 가능한 자원의 유형과 규모, 지원 조건 등을 상세히 조사해야 한다. 또한 기존의 자원 제공자뿐만 아니라 새로운 잠재적 자원 제공자를 발굴하는 노력도 필요하다.

네 번째 단계는 자원개발 제안서 작성으로 조직의 미션, 비전, 사업 내용, 기대효과 등을 명확히 제시하는 제안서를 작성하는 것이다. 제안서는 자원 제공자의 관심사와 요구사항을 고려하여 맞춤형으로 작성되어야 하며, 조직의 전문성과 사업의 필요성, 기대되는 사회적 영향 등을 설득력 있게 제시해야 한다. 또한 구체적인 예산 계획과 성과 측정 방안도 포함되어야 한다.

다섯 번째 단계는 자원 제공자 접촉 및 관계 형성으로 네트워킹, 미팅, 프레젠테이션 등을 통해 잠재적 자원 제공자와 관계를 구축하는 것이다. 이 과정에서는 조직의 가치와 비전을 효과적으로 전달하고 자원 제공자의 니즈와 관심사를 정확히 파악하는 것이 중요하다. 또한 지속적인 소통과 정보 제공을 통해 신뢰 관계를 형성해야 한다.

여섯 번째 단계는 자원 확보로 기부금 모금, 보조금 신청, 후원 약정 등을 통해 실제 자원을 확보하는 것이다. 이 단계에서는 다양한 자원개발 방법을 활용하게 되는데, 주요 방법으로는 모금 캠페인, 기업 파트너십, 정부 보조금 신청, 크라우드펀딩, 회원제 운영, 사회적 기업 모델 도입 등이 있다.

일곱 번째 단계는 자원 관리 및 활용으로 확보된 자원을 효율적으로 관리하고 목적에 맞게 활용하는 것이다. 이 과정에서는 자원의 투명한 관리와 효율적인 배분이 중요하며, 지속적인 모니터링을 통해 자원 활용의 효과성을 높여야 한다. 또한 자원 제공자의 의도와 조건을 준수하면서도 조직의 미션과 목표에 부합하는 방식으로 자원을 활용해야 한다.

여덟 번째 단계는 성과 평가 및 보고로 자원 활용의 결과와 영향을 평가하고 자원 제공자에게 투명하게 보고하는 것이다. 이 단계에서는 명확한 성과 지표를 설정하고 객관적인 데이터를 수집하여 자원 활용의 효과성을 입증해야 한다. 또한 단순한 투입과 산출을 넘어 사업의 사회적 영향력을 측정하고 제시하는 것이 중요하다. 평가 결과는 자원 제공자에게 정기적으로 보고되어야 하며, 보고서는 이해하기 쉽고 설득력 있는 형태로 작성되어야 한다.

아홉 번째 단계는 관계 유지 및 강화로 지속적인 소통과 피드백을 통해 자원 제공자와의 관계를 유지하고 강화하는 것이다. 이 과정에서는 자원 제공자에 대한 감사 표현, 사업 현장 방문 초대, 정기적인 소식 제공 등 다양한 방법을 통해 관계를 관리해야 한다. 또한 자원 제공자의 요구사항과 피드백을 적극적으로 수렴하고 이를 조직 운영과 사업 개선에 반영해야 한다.

이러한 자원개발의 과정은 순차적으로 진행되기보다는 순환적이고 반복적으로 이루어지는 경우가 많으며, 각 단계가 상호 연관되어 있다는 점을 인식해야 한다. 또한 자원개발은 단순히 재정적 자원을 확보하는 것을 넘어 조직의 미션과 가치를 실현하고 사회적 영향력을 확대하는 과정으로 이해해야 한다. 따라서 자원개발 활동은 조직의 전략적 계획과 밀접하게 연계되어야 하며, 모든 구성원의 참여와 협력이 필요하다.

효과적인 자원개발을 위해서는 다음과 같은 핵심 요소들을 고려해야 한다. 첫째, 명확한 조직의 미션과 비전이다. 자원 제공자들은 조직이 추구하는 가치와 목표에 공감할 때 지원을 결정하게 된다. 따라서 조직의 미션과 비전을 명확히 정립하고 이를 효과적으로 전달하는 것이 중요하다. 둘째, 전문성과 신뢰성이다. 재활서비스의 전문성과 조직 운영의 투명성, 책임성은 자원 확보의 핵심 요소이다. 지속적인 역량 강화와 함께 투명한 정보 공개, 외부 감사 등을 통해 신뢰를 구축해야 한다. 셋째, 혁신적인 프로그램과 서비스이다. 사회적 니즈에 부응하는 혁신적인 재활 프로그램과 서비스는 자원 제공자의 관심을 끌고 지원을 이끌어내는 데 중요한 역할을 한다. 넷째, 성과 측정과 영향력 평가이다. 객관적이고 신뢰할 수 있는 성과 측정 체계를 구축하고 사업의 사회적 영향력을 입증하는 것이 중요하다. 다섯째, 관계 관리와 네트워크 구축이다. 자원 제공자, 유관 기관, 지역사회 등 다양한 이해관계자와의 관계를 전략적으로 관리하고 협력 네트워크를 구축해야 한다. 여섯째, 효과적인 커뮤니케이션이다. 조직의 미션, 사업 내용, 성과 등을 이해관계자들에게 효과적으로 전달할 수 있는 커뮤니케이션 역량이 필요하다. 일곱째, 유연성과 적응력이다. 변화하는 환경과 다양한 자원 제공자의 니즈에 유연하게 대응할 수 있는 능력이 필요하다.

이러한 요소들을 고려하여 체계적이고 전략적인 자원개발 활동을 전개할 때 재활조직은 안정적인 자원 기반을 확보하고 지속가능한 성장을 이룰 수 있을 것이다. 더불어 자원개발 과정에서 발생할 수 있는 윤리적 이슈에도 주의를 기울여야 한다. 재활 대상자의 존엄성을 해치지 않는 방식으로 모금 활동을 전개해야 하며, 자원 제공자의 부적절한 요구나 조건에 대해서는 적절히 대응할 수 있어야 한다. 또한 자원 활용의 투명성과 책임성을 보장하기 위한 내부 통제 시스템을 구축하고 정기적인 외부 감사를 받는 것이 바람직하다.

자원개발은 재활조직의 지속가능한 발전과 사회적 영향력 확대를 위한 핵심적인 활동이다. 체계적이고 전략적인 자원개발 활동을 통해 재활조직은 더 많은 대상자에게 질 높은 서비스를 제공하고, 궁극적으로 장애인의 삶의 질 향상과 사회통합에 기여할 수 있을 것이다.

자원개발의 실천 전략은 재활조직의 지속가능한 운영과 서비스 질 향상을 위한 핵심 요소다. 주요 실천 전략은 다음과 같다.

첫째, 전략적 계획 수립이다. 이는 조직의 전략적 계획과 연계된 자원개발 계획을 수립하는 것이다. 이 과정에서 조직의 미션과 비전 명확화, 장단기 목표 설정, SWOT 분석, 자원 needs 분석, 우선순위 설정 등을 고려한다. 또한 조직의 현재 상태와 미래 목표 간 격차를 분석하고, 이를 줄이기 위한 구체적인 행동 계획을 수립한다. 외부 환경 분석, 이해관계자 분석, 자원 가용성 평가 등을 포함하며, 각 목표별로 필요한 자원의 유형과 규모를 예측한다.

둘째, 다각화된 자원개발 포트폴리오 구축이다. 이는 특정 자원에 대한 의존도를 낮추고 안정적인 자원 기반을 확보하기 위해 다양한 자원개발 방법을 활용하는 것이다. 정부 보조금, 기업 후원, 개인 기부, 모금 캠페인, 회원제도, 사회적 기업 모델, 크라우드펀딩 등을 조합하여 활용한다. 각 자원 유형별 특성과 리스크를 고려한 균형 있는 포트폴리오를 설계하며, 새로운 자원개발 방법을 지속적으로 탐색하고 실험한다.

셋째, 관계 중심의 자원개발 접근이다. 이는 자원개발을 단순한 자금 모금이 아닌 관계 구축의 과정으로 인식하는 것이다. 이해관계자 맵핑, 맞춤형 커뮤니케이션, 정기적 소통, 참여 기회 제공, 감사와 인정, 네트워크 구축 등의 전략을 실행한다. 자원 제공자를 파트너로 인식하고, 그들의 니즈와 관심사를 깊이 이해하며, 가치 실현에 기여할 수 있는 방안을 제시한다.

넷째, 전문성과 투명성 강화다. 이는 자원 제공자들의 신뢰를 얻고 지속적인 지원을 이끌어내기 위한 전략이다. 서비스 품질 향상, 성과 관리 체계 구축, 투명한 정보 공개, 외부 감사 및 인증, 윤리 강령 수립, 전문 인력 양성 등을 통해 실현한다. 조직의 핵심 역량을 지속적으로 개발하고, 이를 대외적으로 알리는 노력을 병행한다.

다섯째, 혁신적인 프로그램 개발이다. 이는 자원 제공자들의 관심을 끌고 지원을 이끌어내기 위한 전략이다. 사용자 중심 설계, 최신 기술 활용, 통합적 접근, 지역사회 연계, 연구 개발 강화, 파일럿 프로그램 운영 등의 방법을 활용한다. 재활 분야의 최신 트렌드와 기술 동향을 지속적으로 모니터링하고, 프로그램 개발 과정에 재활 대상자와 그 가족들을 직접 참여시켜 실제 니즈를 정확히 반영한다.

여섯째, 디지털 전략 활용이다. 디지털 기술을 활용하여 자원개발의 효율성과 효과성을 높인다. 온라인 모금 플랫폼, 소셜미디어 활용, 데이터 분석, CRM 시스템, 디지털 스토리텔링, 모바일 최적화 등의 전략을 실행한다.

일곱째, 내부 역량 강화다. 효과적인 자원개발을 위해 조직 내부의 역량을 강화한다. 전담 팀 구성, 교육 훈련, 성과 평가 체계, 조직 문화 조성, 지식 관리, 리더십 개발 등을 통해 내부 역량을 강화한다.

여덟째, 지역사회 참여 강화다. 지역사회와의 긴밀한 관계 구축을 통해 자원개발의 기반을 확대한다. 지역사회 needs 파악, 자원봉사 프로그램, 지역 행사 참여, 지역 기업과의 협력, 지역 언론 활용, 지역사회 공헌 활동 등을 통해 지역사회와의 관계를 강화한다. 아홉째, 국제적 네트워크 활용이다. 국제적인 네트워크를 구축하고 활용하여 자원개발의 범위를 확대한다. 국제 기구와의 협력, 해외 재단 지원금 활용, 국제 컨퍼런스 참여, 해외 기관과의 파트너십, 글로벌 캠페인 참여, 다국적 기업 CSR 활용 등의 전략을 실행한다.

열째, 지속가능성 강화다. 장기적인 관점에서 자원개발의 지속가능성을 강화한다. 기금 조성, 수익 모델 개발, 자산 운용, 리스크 관리, 환경 변화 대응, 세대교체 준비 등을 통해 자원개발의 지속가능성을 확보한다.

이러한 다양한 실천 전략들은 상호 연관되어 있으며, 조직의 상황과 목표에 맞게 적절히 조합하여 실행해야 한다. 또한 각 전략의 효과성을 지속적으로 모니터링하고 평가하여 필요에 따라 전략을 수정하고 보완하는 것이 중요하다.

자원개발은 단기적인 성과에 집중하기보다는 장기적인 관점에서 접근해야 한다. 지속적이고 일관된 노력을 통해 조직의 미션과 가치를 실현하고, 사회적 영향력을 확대하는 것이 궁극적인 목표다. 이를 위해서는 조직의 모든 구성원이 자원개발의 중요성을 인식하고 각자의 역할에서 기여할 수 있도록 하는 조직 문화를 조성하는 것도 중요하다. 또한 자원개발 과정에서 발생할 수 있는 윤리적 딜레마에 대해서도 항상 주의를 기울여야 한다. 재활 대상자의 존엄성을 해치지 않는 방식으로 모금 활동을 전개해야 하며, 자원 제공자의 부적절한 요구나 조건에 대해서는 적절히 대응할 수 있어야 한다. 투명성과 책임성은 자원개발의 모든 과정에서 가장 중요한 원칙으로 삼아야 한다. 재정 정보의 투명한 공개, 사업 성과의 객관적인 측정과 보고, 정기적인 외부 감사 등을 통해 자원 제공자와 사회의 신뢰를 얻고 유지하는 것이 중요하다. 마지막으로 자원개발은 단순히 재정적 자원을 확보하는 것을 넘어 조직의 사회적 가치와 영향력을 확대하는 과정이라는 점을 항상 염두에 두어야 한다. 재활조직의 미션과 비전을 실현하고 더 나은 사회를 만드는데 기여한다는 큰 그림 속에서 자원개발 활동을 전개해 나가야 할 것이다. 효과적인 자원개발을 위해서는 이러한 전략들을 조직의 특성과 환경에 맞게 적용하고, 지속적으로 평가하고 개선해 나가는 과정이 필요하다. 또한 자원개발이 단순히 재정적 자원을 확보하는 것에 그치지 않고, 조직의 미션과 비전을 실현하고 사회적 가치를 창출하는 전략적 활동으로 인식되어야 한다.

제2절 네트워크

1. 유관기관 네트워크의 필요성

유관기관 네트워크의 필요성은 재활서비스의 효과적인 제공과 조직의 발전을 위해 매우 중요하다. 네트워크 구축을 통해 서비스 조정과 자원배분에 대한 협의와 조정이 가능해지며, 이는 재활서비스의 질적 향상으로 이어진다. 유관기관 간의 협력관계를 통해 서로의 경험과 관련 정보를 공유함으로써 서비스 기관 간의 발전과 새로운 서비스 개발을 촉진할 수 있다.

다수의 경험적 연구에서는 유관기관의 협력을 통한 정서적 원조와 서비스 제공이 효과적이라는 것을 검증하고 있다. 이는 네트워크를 통해 제공되는 서비스가 단일 기관에서 제공하는 서비스보다 더 포괄적이고 통합적일 수 있음을 시사한다. 또한, 유관기관 간의 네트워크는 한정된 자원으로도 조직의 목적을 효율적으로 달성할 수 있게 해준다. 각 기관이 가진 강점을 서로 학습하고 공유함으로써 개별 조직의 성과에도 긍정적인 영향을 미칠 수 있다.

재활 분야에서 유관기관 간 네트워크가 특히 중요하게 강조되는 이유는 다음과 같다. 첫째, 재활서비스의 특성상 개별 기관에서 종합적인 과정별 서비스를 제공하기에는 현실적으로 한계가 존재한다. 재활은 의료, 심리, 사회, 교육, 직업 등 다양한 영역을 아우르는 종합적인 서비스이기 때문에 한 기관에서 모든 서비스를 제공하기는 어렵다. 따라서 각 영역의 전문성을 가진 기관들이 네트워크를 통해 협력함으로써 보다 효과적인 서비스 제공이 가능해진다.

둘째, 장애인의 재활 과정별 서비스는 다양한 사회심리적, 의료적, 교육적, 경제적 영역이 포괄적으로 이루어지고 있다. 이러한 종합적인 서비스 욕구를 충족하기 위해서는 다양한 재활 관련 기관과의 협력을 통한 서비스 제공이 필수적으로 요구된다. 예를 들어, 뇌졸중 환자의 경우 의료적 재활뿐만 아니라 심리적 지원, 일상생활 훈련, 직업 재활 등 다양한 서비스가 필요하며, 이는 여러 전문 기관들의 협력을 통해 효과적으로 제공될 수 있다.

셋째, 재활서비스를 제공하는 관련 조직이 많아지고 각 기관마다의 역할이 다양해지면서 효과적인 서비스 전달을 위한 방안으로 기관 간 연계가 주요한 과제로 대두되고 있다. 재활 분야의 전문화와 세분화로 인해 다양한 전문 기관들이 생겨났지만, 이로 인해 서비스의 중복이나 누락이 발생할 수 있다. 따라서 기관 간 연계를 통해 서비스의 연속성과 통합성을 확보하는 것이 중요하다.

넷째, 재활서비스 영역과 담당기관이 다원화되어 있으나 지역사회에서 재활서비스를 통합·조정하는 기구나 기능의 부재, 서비스 수준의 불균형 등을 초래하고 있어 재활 관련 조직 간 긴밀한 연계를 위한 네트워크 구축이 필요하다. 각 기관이 독립적으로 서비스를 제공하다 보면 지역 간, 기관 간 서비스 수준의 격차가 발생할 수 있다. 네트워크를 통해 이러한 격차를 줄이고 서비스의 질을 균일하게 유지할 수 있다.

다섯째, 재활 기관의 네트워크 활동은 장애인의 다양한 욕구에 대비하고, 개별 조직의 단편적인 서비스 제공의 한계를 극복해준다. 또한, 욕구와 문제해결을 위한 대처방안 간의 불균형의 문제를 해소할 수 있다. 네트워크를 통해 각 기관은 자신들이 제공하지 못하는 서비스를 다른 기관과의 연계를 통해 제공할 수 있으며, 이는 결과적으로 장애인의 종합적인 욕구 충족으로 이어진다.

유관기관 네트워크의 필요성은 재활서비스의 특성과 밀접하게 연관되어 있다. 재활은 장기적이고 지속적인 과정이며, 다양한 전문 영역이 통합적으로 개입해야 하는 복합적인 서비스다. 따라서 단일 기관에서 모든 서비스를 제공하는 것은 현실적으로 불가능하며, 여러 기관의 협력이 필수적이다.

네트워크를 통한 협력은 자원의 효율적 활용 측면에서도 중요하다. 재활 분야의 자원은 항상 충분하지 않기 때문에, 네트워크를 통해 각 기관이 가진 자원을 공유하고 효율적으로 활용함으로써 보다 많은 대상자에게 더 나은 서비스를 제공할 수 있다. 예를 들어, 한 기관이 가진 특수 장비나 시설을 다른 기관의 이용자들도 사용할 수 있게 하거나, 전문 인력을 공유하는 등의 방식으로 자원을 효율적으로 활용할 수 있다.

또한, 네트워크는 지식과 경험의 공유 플랫폼 역할을 한다. 각 기관이 가진 전문성과 노하우를 공유함으로써 전체적인 서비스의 질을 향상시킬 수 있다. 예를 들어, 성공적인 재활 사례나 새로운 치료 기법 등을 네트워크를 통해 공유하면, 다른 기관들도 이를 학습하고 적용할 수 있다. 이는 결과적으로 재활 분야 전체의 발전으로 이어진다.

네트워크의 필요성은 재활 대상자의 관점에서도 중요하다. 재활 과정에서 대상자는 여러 기관을 오가며 서비스를 받게 되는데, 이 과정에서 서비스의 단절이나 중복이 발생할 수 있다. 네트워크를 통해 기관 간 정보 공유와 서비스 조정이 이루어지면, 대상자는 보다 원활하고 일관된 서비스를 받을 수 있다. 이는 재활의 효과성을 높이고 대상자의 만족도를 향상시키는 데 기여한다.

더불어 네트워크는 새로운 서비스 모델 개발의 기반이 될 수 있다. 다양한 기관들이 협력하여 기존에 없던 혁신적인 서비스 모델을 개발할 수 있으며, 이는 재활 분야의 발전을 촉진한다. 예를 들어, 의료재활기관과 직업재활기관이 협력하여 조기 직업재활 프로그램을 개발하는 등의 시도가 가능하다.

네트워크의 필요성은 정책적 측면에서도 강조된다. 재활 정책의 수립과 실행에 있어 현장의 목소리를 반영하는 것이 중요한데, 네트워크를 통해 다양한 기관의 의견을 수렴하고 조율할 수 있다. 이는 보다 실효성 있는 정책 수립으로 이어질 수 있다.

또한, 네트워크는 재활 분야의 사회적 영향력을 확대하는 데도 기여한다. 개별 기관의 힘으로는 어려운 대규모 캠페인이나 인식개선 활동 등을 네트워크를 통해 공동으로 추진할 수 있다. 이는 재활과 장애에 대한 사회적 인식을 개선하고, 더 나은 환경을 조성하는 데 도움이 된다.

네트워크의 필요성은 앞으로 더욱 증대될 것으로 예상된다. 재활 분야의 전문화와 세분화가 계속되면서 기관 간 협력의 중요성은 더욱 커질 것이다. 또한, 복합적인 장애나 새로운 유형의 장애 등 더욱 복잡해지는 재활 수요에 대응하기 위해서는 다양한 전문성을 가진 기관들의 협력이 필수적이다.

2. 네트워크의 개념

네트워크란 여러 관계들의 연결 체계로 여러 학문 영역에서 일상적인 용어처럼 활발하게 사용되고 있다. 네트워크의 개념은 연구자마다 다양하게 규정할 수 있으나 기본적인 개념에 있어서는 큰 차이를 보이지 않는다. 네트워크라는 개념은 모든 정보를 주고받는 일이 자유롭고 손쉽게 이루어지게 된 상황에서 주목 받게 되었다.

네트워크는 서로 관계를 맺는 구성원이나 주체들이 위계적이거나 종속적인 관계가 아니라 상호적, 횡적이고 평등한 위치에서 자유롭게 정보와 가치를 공유하는 것을 특징으로 한다. 이는 전통적인 조직 구조와는 구별되는, 보다 유연하고 개방적인 관계를 의미한다.

조직 상호 간의 이익 추구를 위하여 여러 자원이 교류되거나 거래가 이루어지는 현상을 연계(linkage), 조직간 관계 형성으로 부르기도 하고, 협력, 파트너십, 네트워크라고 표현하고 있다. 특정 영역의 관련 기관들은 다양한 유형과 수준에서 서로 네트워크를 구축하고 있다. 재활기관의 네트워크는 Wright(1980)에 따르면 다른 기관과 전문가, 자발적 집단, 그리고 관련된 개인들과 같은 자원을 결합시키고 클라이언트나 사회목표를 위하여 그들의 노력을 중재하거나 조화시키는 기능으로, 두 개 혹은 그 이상의 기관이 공동의 목표 달성, 합의를 위해 협력 상태를 의미한다.

Tenhoor(1982)는 네트워크의 형태에는 서비스 제공지역의 일치, 한 건물이나 조직에서 서비스 제공, 공동핵심 서비스, 사례계획, 사례관리, 공동서비스관리, 서비스 대상자의 자격요건 일치 등이 있다고 지적하면서, 연계의 의미가 상당히 포괄적이며 상황에 따라 다르게 쓰일 수 있다고 한다.

재활기관과의 네트워크의 개념은 "장애인이 지역 내에서 재활을 위해 필요로 하는 포괄적인 서비스를 보다 효과적이고 종합적으로 제공받을 수 있도록 하기 위해 만들어진 관련기관 간의 지속적이고 체계적인 서비스 연계망(연계체계)"으로 정의할 수 있다. 이 정의는 네트워크의 목적, 범위, 특성, 그리고 형태를 명확히 제시하고 있다.

이러한 네트워크 개념은 재활 서비스의 복합적인 특성을 잘 반영하고 있다. 재활은 의료, 심리, 사회, 직업 등 다양한 영역이 통합적으로 개입해야 하는 과정이기 때문에, 여러 전문 기관들의 협력이 필수적이다. 네트워크를 통해 각 기관은 자신의 전문성을 바탕으로 서비스를 제공하면서도, 다른 기관들과 협력하여 장애인에게 필요한 종합적인 서비스를 제공할 수 있게 된다. 또한, 이 개념은 네트워크가 단순한 일회성 협력이 아닌 '지속적이고 체계적인' 연계를 강조한다. 이는 재활이 장기적이고 지속적인 과정임을 반영하는 것으로, 일시적인 협력이 아닌 안정적이고 지속가능한 협력 체계의 필요성을 나타낸다. '지역 내'라는 표현은 재활 서비스가 장애인의 실제 생활 환경 내에서 제공되어야 한다는 지역사회 중심 재활(Community-Based Rehabilitation, CBR)의 원칙을 반영한다. 이는 장애인이 자신의 지역사회에서 필요한 서비스를 받을 수 있도록 하는 것이 중요함을 강조한다. 결론적으로, 재활기관 네트워크의 개념은 다양한 전문성을 가진 기관들이 평등하고 상호적인 관계 속에서 협력하여, 장애인에게 필요한 종합적이고 효과적인 재활 서비스를 지속적이고 체계적으로 제공하는 체계를 의미한다. 이는 단순한 정보 교환이나 일회성 협력을 넘어, 장애인의 전인적 재활을 위한 통합적이고 지속적인 서비스 제공 체계를 구축하는 것을 목표로 한다.

3. 네트워크의 영향 요인

네트워크의 영향 요인은 재활기관 간 협력과 연계의 성공을 좌우하는 중요한 요소들이다. 사회의 복잡성과 다원화에 비해 문제해결에 필요한 자원은 한정되어 있는 만큼 조직간 네트워크 필요성은 점점 높아질 수밖에 없다. 네트워크에 영향을 미치는 요인은 서비스 전달체계, 전달체계 내의 수평적인 연계네트워크, 각 서비스 분야의 이념 및 성격, 전문 인력의 특성, 제도 등의 거시적인 것에서부터 정기적 모임, 호혜성의 원칙, 협조, 피드백의 상호교류, 상호이익, 교육 등의 미시적인 것까지 다양하다.

지금까지 재활기관 간 네트워크는 개인 특성, 조직 특성, 환경 특성이 주로 영향을 미치는 것으로 밝혀지고 있다. 이 세 가지 주요 특성에 대해 자세히 살펴보면 다음과 같다.

첫째, 개인 특성이다. 개인의 특성과 역할이 재활 조직간의 네트워크에 유의미한 영향을 미친다는 점은 사실 많은 연구에서 검증되어 왔다. 조직 간 네트워크는 조직내 구성원들의 개별 활동으로 이루어진다는 점에서 조직요인만 분석할 경우 조직 내 구성원들이 가지는 특성이 간과될 수 있다. 실제 행위자인 조직 내 구성원들이 가지는 특성을 살펴보는 것이 매우 중요하다고 볼 수 있다. 이는 조직이 환경에 적응을 잘하기 위해 관련정보를 수용 또는 제공할 경우, 그리고 적응 전략과 조건을 선택할 경우 그 결정은 조직간 연계·협력을 담당하는 담당자의 능력에 달려있다는 점을 가정하고 있다.

개인 특성에 초점을 맞춘 연구들은 기관장이나 실무책임자의 개인 요인을 주로 살펴보는데 구체적으로는 학력과 전문성, 해당 분야의 경력, 그리고 네트워크에 대한 태도 등을 들 수 있다. 이는 업무수행 능력에 관한 요인들로 전문성이 높은 사람일수록 조직간 관계 형성에 긍정적인 영향을 끼치는 것으로 평가되고 있다. 또한 기관장의 해당업무 경력도 네트워크의 상호작용적 수준에 분류되어 있는 네트워크 사업수와 상호호혜성에 일정 수준 영향을 미치는 것으로 나타났다. 아울러 기관장이 네트워크 활동과 관련하여 직원들에게 네트워크 활성화를 위해 노력하도록 독려하는 것이 네트워크 중심성과 빈도에 많은 영향을 주는 것으로 나타났다.

둘째, 조직 특성이다. 조직의 네트워크 수준에 영향을 미치는 요인 중에서도 조직요인을 주요 변수로 거론한 연구들이 많았는데 조직의 운영형태와 조직의 운영기간, 예산구조 및 재정자립도, 조직간 공식 모임 유무, 조직의 사업실적, 상근

직원수 등이 주요 영향 요인으로 나타났다. 조직의 운영 기간이 길수록, 재정 규모가 클수록 지역 내 타 조직과의 네트워크에 긍정적인 영향을 미친다고 할 수 있다. 이외에도 조직의 운영인력 수가 네트워크 수준에 영향을 미친다는 연구도 나오고 있다.

최근에는 조직에서 함께 일하는 방식 등 조직문화가 네트워크 수준을 결정짓는 주요 변수로 지적하는 연구도 있다. 즉 조직문화가 조직구성원들의 업무수행 목표를 설정하는 과정에서 조직구성원들의 응집력 및 사고와 행동에 영향을 미치는 중요한 요소로 작용하고 있다. 조직문화는 구성원들이 조직의 비전 공유와 의식적 참여를 통해 창출되어야 하며, 규범적 몰입을 향상시킴으로써 조직변화를 통한 성과 향상을 기하는 것이 기본 방향이라고 할 수 있다.

셋째, 환경 특성이다. 1980년대 이후 전 세계적인 신자유주의 이념의 확산과 국내의 부족한 복지예산 속에 조직 간의 경쟁이 치열해지면서 조직 및 자원 간의 협력 네트워크 체제 구축의 중요성이 더욱 강조되기 시작했다. 환경 특성을 설명하는 데 유용하게 적용하는 대표적인 이론으로 자원의존이론을 들 수 있다.

Biegel, Tracy and Song(1995)은 지역 환경적 요인의 가장 큰 문제점으로 지역사회 내 자원이 늘 부족하고 자원이 충분치 않다는 점은 결국 지역사회 내에서 자원을 동원·연계하는 것을 힘들게 만든다고 지적했다. 자원의존이론은 조직의 관점에서 보면 자원이 부족한 조직은 안정적인 자원확보를 위해 타 조직과의 교환을 목적으로 한 네트워크를 형성하게 되는데, 결국 자원의 결핍은 조직의 지속 기능을 위해 타 조직과의 관계를 맺게 된다는 것이다.

전달체계내의 수평적인 네트워크활동은 전달체계의 성공 여부에 중요한 영향을 미치게 된다. 기관 간의 통합 및 연계는 기관이 중복되고 역할 개념이 부족하여 어려움이 발생하게 되며, 연계에 따르는 책임감 때문에 문제가 발생하게 된다.

따라서 재활기관의 네트워크를 성공적으로 유지하기 위해서는 Wright는 다음과 같은 사항을 고려해야 한다고 지적하였다.

① 현재 연계하고 있는 기관의 목적, 운영방식, 서비스 범위, 활용자원 등에 대한

이해가 있어야 한다.

② 기관간의 상호작용을 증가시키기 위해서 직원들 간에 정기적인 모임을 가져야 한다. 이러한 상호작용은 공동의 계획 개발 노력, 모임, 시설의 공동사용, 상호방문, 교육 및 훈련 등을 통해 발전될 수 있다.

③ 연계 기관 간에 우선권은 존재하지 않고, 모든 기관이 평등해야 한다. 또한 공동의 목표나 차후에 실시될 평가기준은 모든 기관이 동의하는 것이어야 한다.

④ 기관 간에는 명확하고 문서화된 공동의 조직적 계획이 있어야 한다.

⑤ 연계 프로그램의 성공을 위해서는 미리 정해진 기준에 의해 정기적으로 평가를 실시하고 재검토하여야 한다.

기관 간 연계를 촉진하는 요인으로는 상호 명료한 목표의 공유, 폭넓은 프로그램의 공동관리, 재정의 공유, 서비스 제공과 운영관리의 제 요소에 대한 명백한 역할책임의 분화와 보고계통 구축, 조직적 학습, 기관관계자들의 상호존중, 서비스 전달체계의 확장 등이 제시되고 있다. 반대로 네트워크를 방해하는 요인으로는 목표의 불명확, 상호에 대한 지적인 이해의 부족, 역할개념의 혼란, 자기중심주의, 관련기관간의 심리적 단절, 관련기관간의 사용공간의 분리 등이 지적되고 있다.

〈표 8-1〉 네크워크의 촉진요인과 방해요인

연계를 촉진하는 요인	연계를 방해하는 요인
• 정기적 모임 • 협조 • 피드백의 상호교류 • 상호 명료한 목표의 공유 • 폭넓은 프로그램의 공동관리 • 재정공유 • 서비스 제공과 운영관리의 제요소에 대한 명백한 역할책임의 분화와 보고계통 구축 • 조직적 학습 • 관계자들 간의 상호존중 • 서비스 전달체계 확장	• 목표의 불명화 • 상호에 대한 지적 이해부족 • 역할개념 혼란 • 자기중심중의 • 관련 기관간의 심리적 단절 • 관련 기관간의 사용공간 분리 • 전달체계의 이원화

4. 네트워크 단계

Franklin과 Streeter(1995)는 조직간 네트워크를 비공식관계, 조정, 협조, 협력, 통합단계 등으로 제시하였다. 박영란과 황정임(2000)은 정보제공, 대상자의뢰, 자원동원, 공동수행으로 나누고 있다. 조직간 네트워크에 대해 이금진(2003)은 의뢰, 정보 교류, 공동사업, 재정공유의 단계로 구분하고 있다.

Tobin(1986)은 기관간의 관계를 관계의 긴밀한 정도와 유형에 따라 5단계로 분류하고 있다. 첫째, 의사소통 단계로 기관 간에 정보나 아이디어를 공유하기 위해서 구두나 문서화된 혹은 다른 유형의 제한적인 의사소통으로 자문이 포함된다. 둘째, 협조단계로 2개 이상의 다른 기관이 독립적인 프로그램을 계획하고 실행하지만 모든 업무는 유사하고 상충되지 않은 목적을 추구하고 정보를 공유한다. 셋째, 조정단계로 2개 이상의 다른 기관이 프로그램 계획을 함께하고 원활한 상호작용을 조성하고 갈등, 낭비, 불필요한 서비스 중복을 피하기 위해 정보를 공유하고 홍보하고 의뢰한다. 넷째, 협력 단계는 2개 이상의 다른 기관이 단일 프로그램이나 서비스를 함께 제공하며 각 기관들은 자신의 정체성을 지키지만 자원을 함께 공유하게 된다. 다섯째, 동맹단계는 2개 이상의 기관들이 프로그램이나 서비스를 제공하기 위해서 동맹을 맺으며 모든 참여 기관은 다른 정체성이나 자원들을 갖지 않게 된다.

이종춘(1996)은 일반적으로 네트워크는 3단계의 기능을 갖는다고 제시한다. 첫째, 정보교환을 기반으로 한 연락조정 기능으로, 네트워크에 참가하는 모든 기관의 업무내용, 사회지원 서비스 등 정보교환에 의해서 서로 파악하고 공유함으로써 상호이용을 도모하고 서비스가 미치지 못하는 부분의 욕구를 발견하여 효과적인 조정을 하는 단계이다. 둘째, 사례조정의 회의적인 기능으로, 상호이해가 진전되면 공동 토의 등을 통해 개별적이었던 서비스 방침을 각각의 기능이 갖는 고유성을 살리면서 장애복지의 이념에 따라 일관성을 높여가는 것으로, 공동학습의 기회를 갖고 연대화의 조건을 만들어 가는 단계이다. 셋째, 협동하여 해결하는 행동기능으로, 개별단위로는 해결하기 곤란한 사례의 문제점과 과제를 협의하고 서로의 역할을 분담하여 조사하고, 새롭게 공동해결을 요하는 사례나 과제를 발견하고 우선순위를 결정하여 계획을 입안한다.

5. 네트워크 특성

네트워크의 구조적, 상호작용적, 기능적 특성을 재활기관의 맥락에서 구체적으로 살펴볼 수 있다. 네트워크의 구조적 특성은 재활기관 간 네트워크의 형태와 연결 방식을 나타낸다. 관계의 방향성은 재활기관들 간의 관계가 일방향인지 양방향인지를 보여주는데, 예를 들어 대형 종합병원이 소규모 재활센터에 장애인을 의뢰만 하는 경우는 일방향 관계이고, 서로 장애인을 주고받는 경우는 양방향 관계이다.

네트워크 규모는 연결된 재활기관의 수를 의미하는데, 지역 내 모든 재활기관이 연결되어 있다면 규모가 크고, 일부 기관만 연결되어 있다면 규모가 작다고 할 수 있다. 네트워크 밀도는 재활기관들 간의 연결 정도를 나타내는데, 모든 재활기관이 서로 연결되어 있다면 밀도가 높고, 일부 기관들만 연결되어 있다면 밀도가 낮다. 중심성은 특정 재활기관이 네트워크에서 중심적인 역할을 하는 정도를 보여주는데, 예를 들어 지역의 재활기관이 많은 기관과 연결되어 있고 정보와 자원의 허브 역할을 한다면 중심성이 높다고 할 수 있다.

네트워크의 상호작용적 특성은 재활기관들 간의 실제 교류 내용과 방식을 다룬다. 네트워크의 내용은 재활기관들이 어떤 내용으로 상호작용하는지를 의미하는데, 예를 들어 장애인 의뢰, 재활정보 공유, 공동 연구 수행, 장비 공유 등이 있을 수 있다. 상호작용의 빈도는 재활기관들이 얼마나 자주 접촉하는지를 나타내는데, 매일 장애인을 의뢰하는 관계일 수도 있고, 월 1회 정기 회의를 통해 교류하는 관계일 수도 있다. 상호호혜성은 재활기관들이 서로 주고받는 자원의 균형을 의미하는데,

예를 들어 한 기관이 전문적인 재활 서비스를 제공하고 다른 기관이 장애인을 의뢰하는 식의 호혜적 관계를 말한다. 네트워크의 지속성은 재활기관들 간의 관계가 얼마나 오래 지속되는지를 보여주는데, 일회성 협력인지, 수년간 지속된 파트너십인지 등을 구분할 수 있다.

네트워크의 기능적 특성은 재활기관 간 네트워크가 실제로 어떤 역할을 하는지에 대한 것이다. 정서적 지원은 재활기관들이 서로 정서적으로 지지하는 정도를 의미하는데, 예를 들어 복잡한 재활사례에 대해 서로 조언을 주고받거나 기관 운영의 어려움을 공유하고 격려하는 관계를 말한다. 수단적 지원은 재활기관들이 서로 실질적인 도움을 주는 정도를 나타내는데, 예를 들어 고가의 재활 장비를 공동으로 구매하여 공유하거나, 전문 인력을 교류하는 등의 지원을 말한다. 정보 및 충고는 재활기관들이 서로 전문적인 정보와 조언을 교환하는 정도를 의미하는데, 새로운 재활 기술에 대한 정보를 공유하거나, 복잡한 장애 사례에 대한 다학제적 논의를 하는 것 등이 해당된다. 사회적 일체감은 재활기관들이 네트워크를 통해 느끼는 소속감과 연대감의 정도를 나타내는데, 예를 들어 지역 재활네트워크의 일원으로서 공동의 목표를 가지고 협력하는 정도를 말한다.

이러한 네트워크의 특성들을 재활기관의 맥락에서 구체적으로 적용해보면 다음과 같다. 구조적 특성의 경우, 지역 내 재활기관들의 연결 구조를 파악할 수 있다. 예를 들어, 대학병원 재활의학과를 중심으로 여러 소규모 재활센터들이 방사형으로 연결된 구조일 수 있고, 또는 비슷한 규모의 재활병원들이 서로 긴밀하게 연결된 그물망 구조일 수도 있다. 이러한 구조는 재활서비스의 전달 체계와 자원의 흐름에 영향을 미친다. 상호작용적 특성의 경우, 재활기관들이 실제로 어떤 방식으로 협력하는지를 보여준다. 예를 들어, 일부 기관들은 단순히 장애인을 의뢰하는 수준의 관계를 유지할 수 있고, 다른 기관들은 정기적인 사례 회의를 통해 재활 계획을 공동으로 수립하는 등 더 깊은 수준의 협력을 할 수 있다. 또한, 재활 장비나 시설을 공유하거나, 공동으로 지역사회 재활 프로그램을 운영하는 등의 다양한 상호작용이 가능하다. 기능적 특성의 경우, 네트워크가 재활기관들에게 실제로 어떤 이점을 제공하는지를 보여준다. 예를 들어, 네트워크를 통해 재활기관들은 최신 재활 방법에 대한 정보를 신속하게 공유할 수 있고, 복잡한 장애 사례에 대해 다른 기관의 전문가들과 상의할 수 있다. 또한, 공동으로 연구 프로젝트를 수행하거나 정책 제안을 할 수 있어 개별 기관으로서는 할 수 없는 규모의 활동을 할 수 있다.

이러한 네트워크의 특성들을 종합적으로 고려하면 재활기관들 간의 협력 관계를 더욱 깊이 있게 이해하고 효과적인 네트워크 구축 및 운영 방안을 모색할 수 있다. 예를 들어, 구조적 특성 분석을 통해 네트워크에서 중요한 위치를 차지하는 핵심 기관을 식별하고, 이 기관을 중심으로 정보와 자원의 흐름을 개선할 수 있다. 상호작용적 특성 분석을 통해 현재의 협력 수준을 파악하고, 더 깊은 수준의 협력을 위한 방안을 모색할 수 있다. 기능적 특성 분석을 통해 네트워크가 각 기관에 제공하는 실질적인 이점을 파악하고, 이를 바탕으로 네트워크 참여에 대한 동기를 강화할 수 있다. 결과적으로, 이러한 분석을 통해 재활기관들은 더욱 효과적이고 효율적인 서비스를 제공할 수 있는 협력 체계를 구축할 수 있으며, 이는 궁극적으로 재활 서비스를 필요로 하는 장애인들에게 더 나은 재활 결과를 제공할 수 있게 한다.

국내 참고문헌

1. 박영란, 황정임(2000). **사회복지 조직간 네트워크 분석**. 한국사회복지학, 41, 7-35.
2. 이금진(2003). **사회복지조직간 네트워크 특성과 효과성**. 한국사회복지학, 55(1), 5-32.
3. 이종춘(1996). **사회복지 네트워크의 이론과 실제**. 서울 : 학지사.
4. 김영종(2002). **사회복지행정론**. 서울 : 학지사.
5. 황성철(2005). **사회복지 네트워크 이론과 실천**. 서울 : 학지사.
6. 김용석(2007). **사회복지 조직론**. 서울 : 양서원.
7. 강철희(2008). **비영리조직 모금전략**. 서울 : 아르케.
8. 최재성(2005). **사회복지 기관의 PR 전략**. 서울 : 나남출판
9. 박경일(2011). **사회복지 홍보론**. 서울 : 양서원.
10. 김성철(2012). **비영리조직 커뮤니케이션**. 서울 : 커뮤니케이션북스.
11. 정무성(2008). **사회복지 자원개발론**. 서울 : 학지사.
12. 김영종(2011). **사회복지 조직관리론**. 서울 : 학지사.
13. 이봉주(2009). **사회복지 프로그램 개발과 평가**. 서울 : 신정.
14. 강철희(2010). **사회복지 모금론**. 서울 : 나남출판.
15. 최재성(2007). **사회복지 기관의 전략적 경영**. 서울 : 학지사.
16. 정무성(2013). **사회복지 서비스 마케팅**. 서울 : 학지사.

외국 참고문헌

1. Grunig, J. E., & Hunt, T. (1984). Managing public relations. New York : Holt, Rinehart and Winston.
2. Cutlip, S. M., Center, A. H., & Broom, G. M. (2006). Effective public relations (9th ed.). Upper Saddle River, NJ : Prentice Hall.
3. Broom, G. M., & Sha, B. L. (2013). Cutlip and Center's effective public relations (11th ed.). Boston : Pearson.

4. Austin, E. W., & Pinkleton, B. E. (2015). Strategic public relations management : Planning and managing effective communication campaigns. New York : Routledge.

5. Heath, R. L. (Ed.). (2010). The SAGE handbook of public relations. Thousand Oaks, CA : Sage.

6. Smith, R. D. (2017). Strategic planning for public relations (5th ed.). New York : Routledge.

7. Grunig, L. A., Grunig, J. E., & Dozier, D. M. (2002). Excellent public relations and effective organizations : A study of communication management in three countries. Mahwah, NJ : Lawrence Erlbaum.

8. Coombs, W. T. (2015). Ongoing crisis communication : Planning, managing, and responding (4th ed.). Thousand Oaks, CA : Sage.

9. Botan, C. H., & Hazleton, V. (Eds.). (2006). Public relations theory II. Mahwah, NJ : Lawrence Erlbaum.

웹사이트

1. 한국PR협회 : https://www.prak.or.kr/

제9장 재활프로그램의 기획 및 평가

제1절 필요성

재활기관의 입장에서 재활프로그램의 기획과 평가는 매우 중요한 과제이다. 재활기관을 둘러싼 외부환경으로부터의 책임성 요구가 보다 강화되고 있는 현실에서, 프로그램의 체계적인 기획과 평가는 필수적인 요소가 되었다.

재활기관은 프로그램 실행을 위하여 대부분의 자원을 외부의 이해관련자들에게 의존해야 하기 때문에, 이들에게 장애인의 재활 성과와 더불어 서비스의 결과에 대한 증명을 끊임없이 요구받고 있다. 또한 재활서비스의 공공성으로 인해 정부의 예산지원을 받는 많은 재활기관에 대해, 특히 정부의 재정상태가 좋지 않고 예산이 부족한 시기 동안에는 재활서비스의 성과와 책임성을 강조해 왔다. 이러한 상황에서 재활프로그램의 체계적인 기획과 평가는 기관의 생존과 발전을 위한 핵심 요소가 되고 있다.

재활영역에서는 최근에 평가제도가 광범위하게 적용되고 있고, 따라서 이에 대한 관심이 고조되고 있다. 평가가 필요한 이유는 재활서비스의 질적인 향상과, 자원배분에 영향을 미칠 수 있으며, 일종의 강제된 선택이라는 점을 들 수 있다. 구체적으로 재활서비스 프로그램에 소요되는 비용이 얼마이고, 장애인에 따라 어떤 결과가 달성되는지를 분명히 할 수 있는 능력을 제공한다. 이는 재활기관이 제공하는 서비스의 효과성과 효율성을 입증하는 데 중요한 역할을 한다.

평가는 평가대상이 기관인가 혹은 단위사업으로서의 프로그램인가에 따라 기관평가와 프로그램 평가로 분류할 수 있다. 현재의 평가에 대한 관심과 접근경향은 기관평가로 집중되고 있지만, 이는 평가제도 도입 초기의 과도기적 현상으로 볼 수 있다. 일정한 적응 기간 이후에는 본격적인 프로그램 평가의 방향으로 전환될 것으로 예상된다. 따라서 재활기관은 프로그램 평가기법에 대한 관심과 체계적인 노력을 기울여야 하며, 이에 대한 현장에서의 욕구도 증가할 것으로 전망된다.

재활프로그램의 기획 단계에서부터 평가를 고려하는 것은 매우 중요하다. 프로그램의 목표, 대상, 내용, 방법 등을 명확히 설정하고, 이에 따른 평가 지표와 방법을 사전에 설계함으로써 프로그램의 효과성을 높일 수 있다. 또한, 프로그램 진행 과정에서의 모니터링과 중간평가를 통해 필요한 경우 적절한 수정과 보완을 할 수 있으며, 최종 평가를 통해 프로그램의 성과를 객관적으로 측정하고 향후 개선 방향을 도출할 수 있다.

현재 우리나라의 지원형태가 개별 서비스 프로그램별로 이루어지는 것이 아니라 기관 전체에 대하여 이루어지고 있기 때문에, 프로그램 평가가 이루어질 토양이 척박한 것이 사실이다. 그러나 재활기관은 이러한 한계에도 불구하고 개별 프로그램에 대한 평가의 중요성을 인식하고, 가능한 범위 내에서 프로그램별 평가를 실시하려는 노력을 기울여야 한다. 특히 사업공모를 통해 재정 지원을 받는 경우, 프로그램에 대한 모니터링과 평가는 더욱 중요해진다.

재활프로그램의 기획과 평가는 단순히 외부의 요구에 대응하기 위한 것만은 아니다. 이는 재활기관이 제공하는 서비스의 질을 지속적으로 향상시키고, 장애인의 재활 성과를 극대화하기 위한 내부적 노력의 일환이다. 체계적인 프로그램 기획은 한정된 자원을 효율적으로 활용하고, 장애인의 욕구에 부합하는 서비스를 제공하는 데 도움이 된다. 또한, 객관적이고 체계적인 평가는 프로그램의 강점과 약점을 파악하여 개선점을 도출하고, 이를 통해 서비스의 질을 지속적으로 향상시킬 수 있게 한다. 더불어 재활프로그램의 기획과 평가 과정은 재활기관의 전문성을 높이는 기회가 될 수 있다. 프로그램 기획 과정에서 최신의 재활 이론과 기법을 적용하고,

평가 과정에서 과학적인 방법론을 활용함으로써 기관의 전문성과 신뢰성을 제고할 수 있다. 이는 장기적으로 재활기관의 경쟁력 강화와 지속가능한 발전에 기여할 것이다.

제2절 재활프로그램

1. 프로그램의 개념

프로그램은 '특정목표를 성취하기 위한 활동들의 집합'으로 정의할 수 있다. 이는 단순한 활동의 나열이 아닌, 체계적이고 목적지향적인 활동들의 유기적 결합을 의미한다. 프로그램은 그 속성상 목적, 목표, 범위, 인력, 행정적 구조, 프로그램의 역사, 예산, 객체와 주체와의 관계, 위임의 내용, 지원체계, 지리적 위치 등 다양한 요소를 포함하고 있다. 이러한 다양한 요소들이 상호작용하며 프로그램의 복잡성과 다면성을 형성한다. 스미스(Smith)의 정의에 따르면, 프로그램은 "규명된 또는 규명할 수 있는 상황이나 집단에 특수한 변화를 유발하기 위한 기획된 활동"이다. 이는 프로그램이 단순한 활동이 아니라 특정한 목적을 달성하기 위해 계획되고 구조화된 활동임을 강조한다. 특히 '규명된 또는 규명할 수 있는 상황이나 집단'이라는 표현은 프로그램이 구체적이고 명확한 대상과 상황을 전제로 한다는 점을 시사한다.

프로그램의 공통적인 특징 중 첫 번째는 조직 차원에서의 역할이다. 재활조직의 궁극적인 목적인 클라이언트의 이익이라는 조직목표를 달성하기 위한 수단이 바로 프로그램이다. 이는 프로그램이 조직의 미션과 비전을 실현하기 위한 구체적인 도구라는 것을 의미한다. 예를 들어, 재활기관의 궁극적 목표가 '장애인의 사회통합과 자립생활 지원'이라면, 이를 달성하기 위한 구체적인 재활 프로그램, 사회적응 프로그램, 자립생활 지원 프로그램 등이 수단으로서 기능하게 된다.

두 번째 특징은 재활 프로그램이 사전에 조정된 일련의 활동들이라는 점이다. 이는 프로그램이 즉흥적이거나 임의적인 활동이 아니라, 체계적인 계획과 설계 과정을 거쳐 만들어진다는 것을 의미한다. 프로그램 개발 과정은 욕구조사를 통한 사회문제 규명, 문제 해결을 위한 가설 설정, 목표와 세부목표 설정, 프로그램 설계 등의 단계를 포함한다.

프로그램을 설계하기 전에는 다음과 같은 요소들을 고려해야 한다.

(1) 재활 프로그램과 재활의 가치와 이념 연결 : 프로그램이 추구하는 가치와 이념이 조직의 미션, 비전과 일치하는지 확인한다.
(2) 사회 문제, 장애인에 대한 기술과 정도, 개입방법에 대한 과거의 성과 등에 관한 정보 수집 : 이는 프로그램의 효과성을 높이기 위해 기존의 경험과 지식을 활용하는 과정이다.
(3) 개입수준 고려 : 프로그램이 개인, 집단, 조직, 기관, 사회 중 어느 수준에 개입할 것인지 결정한다. 이는 프로그램의 범위와 방법을 결정하는 데 중요한 요소이다. 이러한 과정을 통해 프로그램은 어떻게 수행되어야 하는가에 대한 구조화되고 합리적인 모형을 구축하게 된다. 즉, 프로그램은 단순한 활동의 집합이 아니라, 체계적으로 설계되고 구조화된 개입 모델로서 이해되어야 한다. 이러한 구조화된 접근은 프로그램의 효과성을 높이고, 목표 달성의 가능성을 증가시키며, 프로그램의 평가와 개선을 용이하게 한다.

2. 프로그램 개발의 성격

재활 프로그램 개발의 성격은 다음과 같이 구체화할 수 있다. 첫째, 재활 프로그램 개발은 재활 조직의 책임성을 확보하고 혁신을 추구하는 전략적 과정으로, 조직이 제공하는 서비스의 질을 향상시키고 변화하는 환경과 클라이언트의 needs에 적절히 대응하기 위한 노력의 일환이다. 둘째, 재활 프로그램 개발은 조직 내 다양한 구성원들의 집단적 협력과 의사결정을 필요로 하며, 이는 단순히 한 개인이나 부서의 노력으로 이루어지는 것이 아니라 조직 전체의 참여와 협력을 통해 이루어지는 과정이다. 셋째, 재활 프로그램 개발은 과학적 근거와 방법론을 기반으로 하되 동시에 창의적이고 혁신적인 접근을 요구하는 활동으로, 과학성과 창조성의 조화를 통해 효과적이고 혁신적인 프로그램 개발이 가능해진다. 넷째, 재활 프로그램 개발은 일회성 활동이 아닌 지속적이고 순환적인 과정으로, 프로그램의 기획, 실행, 평가, 그리고 이를 통한 개선이 계속해서 순환되는 과정을 통해 프로그램은 지속적으로 발전하고 개선된다. 다섯째, 재활 프로그램 개발은 명확한 목표를 설정하고 이를 달성하기 위한 방법을 모색하는 목표 지향적 활동이며, 동시에 현재의 상황뿐만 아니라 미래의 변화와 요구를 예측하고 대비하는 미래 지향적 특성을 갖는다. 여섯째, 효과적인 재활 프로그램 개발을 위해서는 실제 서비스가 제공되는 현장의 상황과 요구를 정확히 파악하고 반영해야 하며, 이는 프로그램의 실효성과 적용 가능성을 높이는 데 중요한 요소이다. 일곱째, 재활 프로그램 개발 과정은 새로운 아이디어와 접근 방식에 대해 개방적이어야 하며, 다양한 대안들을 탐색하고 비교 분석하는 과정을 포함한다. 여덟째, 프로그램 개발은 다양한 요소들을 고려한 체계적인 의사결정 과정을 포함하며, 이는 프로그램의 목표 설정, 대상 선정, 방법론 결정, 자원 할당 등 다양한 측면에서의 결정을 요구한다. 아홉째, 개발된 프로그램은 그 효과성과 가치를 객관적으로 입증할 수 있어야 하며, 이는 프로그램의 신뢰성을 확보하고 외부의 지원과 인정을 얻는 데 중요한 요소이다. 마지막으로, 재활 프로그램 개발 과정은 조직과 구성원들에게 학습과 성장의 기회를 제공하며, 이 과정을 통해 조직은 새로운 지식과 기술을 습득하고 더 나은 서비스 제공을 위한 역량을 키울 수 있다.

재활 프로그램을 개발한다는 것은 프로그램의 기획과 설계, 프로그램 실행, 프로그램 평가, 환류과정을 망라하는 복잡한 절차와 방법을 포괄하는 과정이라고 할 수 있다. 정무성은 프로그램을 개발하는 기획과정이 갖는 속성들에 대해 다음과 같이 제시하고 있다.

(1) 기획은 지속적인 과정이다.

(2) 기획은 지향점을 가져야 한다.

(3) 기획은 목표 지향적이다.

(4) 기획은 미래지향적이다.

(5) 기획은 현장을 중심으로 이루어져야 한다.

(6) 기획은 개방성을 가져야 한다.

(7) 기획은 다양한 대안들을 탐색하는 과정이다.

(8) 기획은 의사결정과정이다.

(9) 기획은 인증 가능성을 가져야 한다.

(10) 기획은 학습과 성장을 지향해야 한다.

3. 프로그램 개발의 유형

(1) 욕구 중심 기획(Need-Based Planning)

이것은 계획을 세우기 이전에 프로그램에 참여할 대상을 통하여 무엇을 원하는지(요구)를 사전에 측정/조사하여 프로그램 기획에 반영시키는 것이다. 표현하는 욕구와 갈구하는 욕구, 제 3자나 전문가가 찾아낼 수 있는 욕구를 조화롭게 프로그램에 반영시켜야 한다.

(2) 문제해결 중심 기획(Problem-Solving Based Planning)

대상 집단이 가지고 있는 어려운 문제들을 나열하고 이러한 문제가 발생하는 원인을 근본적으로 해결하기 위하여 프로그램을 기획하는 방법이다. 이 방법은 문제를 의식하는 사람이 누구냐에 따라 달리질 수 있다. 문제를 의식하는 경우, 객관적으로 많은 문제를 가졌으나 의식 못하는 경우, 문제가 심각하지 않아도 문제의식이 강한 경우, 전혀 문제가 없다는 동기화 안 되는 무의식 상태의 경우가 있다.

(3) 자원 활용 중심 기획(Resource-Allocation Based Planning)

관련지역이나 집단이 보유하고 있거나 구할 수 있는 인적·물적(시설 등) 자원을 최대한 활용할 수 있도록 계획을 수립하는 것이다. 이를 위해서는 우선 관련지역이나 집단의 자원조사 및 자료 확보를 잘 해 두어야 하며, 관련 집단의 요구나 문제 조사 및 자료 확보도 염두에 두어야 한다.

(4) 참여 기획(Participatory Planning)

프로그램에 관련된 사람 모두가 함께 기획에 참여하는 방법이다. 이 방법은 민주적인 의사결정을 함과 동시에 책임과 의무가 뒤따른다는 점을 부각시키게 된다. 또 관련 집단의 요구와 문제 및 자원이 모두 고려되기 때문에 가장 합리적인 방법으로 제안할 수 있다. 참여집단의 규모가 방대할 땐 위원회를 구성할 수도 있다.

4. 프로그램의 개발 단계

장애인들의 성공적인 재활을 위해서는 프로그램 개발이 반드시 필요하다. 그런데 상당수의 재활 조직이나 기관들이 프로그램 개발을 소홀히 함으로써 취지와 목적을 성취하지 못하거나 또 다른 문제를 야기 시키기도 한다. 프로그램 개발이란 문제발견과 정의로부터 시작하여 포괄적인 목적과 구체적 목표를 설정하고, 이를 성취하기 위한 실행체계를 구성하는 과정을 의미한다. 이러한 과정에서 중요시되어야 할 개념은 실행가능성(feasibility)과 실용성(practicality)이다. 다시 말하면 프로그램은 실행가능하게 계획되어야 하고, 현실적으로 긍정적인 결과를 산출할 수 있어야 한다. 계획하고 있는 프로그램에 대해 어느 정도 윤곽이 잡히면 기획가는 그 프로그램을 다음 사항들에 비추어 검토해 보는 것이 좋다. 첫째, 가치 측면에서 프로그램 관여자들이 받아들일 수 있는 가치가 반영되어 있는지 확인해야 한다.

둘째, 실현 가능성 측면에서 프로그램을 실행할 만한 정치적 승인과 경제적 자원을 동원할 수 있는지 검토해야 한다. 셋째, 준비성 측면에서 프로그램의 주관 기관이나 조직이 제안된 프로그램을 진행할 만한 준비가 되어 있는지 살펴봐야 한다. 마지막으로, 합리성 측면에서 프로그램이 객관적 사실에 근거하여 준비되고 있는지 확인해야 한다. 이러한 검토 과정을 통해 재활 프로그램의 효과성과 실행 가능성을 높일 수 있다. 이러한 네 가지 점에서 확신이 선다면 재활전문가는 다음의 단계에 맞추어 프로그램을 구체화해 갈 필요가 있다.

(1) 문제의 확인

재활 프로그램은 문제를 인식하고 변화시킬 계획을 수립하고 그 계획을 실천함으로써 바람직한 상태 또는 환경을 만들어 내는 인간의 노력을 표현한 것이다. 이러한 프로그램에서 가장 중요하고 선행되어야 할 단계는 문제 확인이다. 문제 확인 단계는 문제의 발견, 원인 규명, 그리고 근본적인 문제의 진단을 포함한다. 이 과정에서는 단순히 표면적으로 드러난 현상을 관찰하는 것을 넘어서, 그 이면에 있는 심층적인 문제에 접근하려는 노력이 필요하다. 예를 들어, 장애인의 취업 어려움이라는 표면적 문제 뒤에 숨어있는 사회적 편견, 교육 기회의 부족, 또는 접근성 문제 등을 파악해야 한다. 문제 확인 단계의 근본적인 목적은 해당 장애인의 구체적인 문제와 욕구를 명확하게 식별하는 것이다. 이를 통해 프로그램 개발의 필요성과 타당성을 객관적으로 정당화할 수 있으며, 동시에 향후 진행될 프로그램 기획 과정의 방향과 기준을 명확하게 제시할 수 있다. 문제 확인 과정에서는 다양한 방법을 활용할 수 있다. 예를 들어, 장애인과의 직접적인 면담, 가족 및 관련 전문가와의 상담, 기존 통계 및 연구 자료 분석, 현장 관찰 등이 포함될 수 있다. 이러한 다각적인 접근을 통해 문제의 본질과 범위, 심각성, 그리고 영향을 받는 대상의 특성 등을 종합적으로 파악할 수 있다. 또한, 문제 확인 단계에서는 장애인 개인의 문제뿐만 아니라 그를 둘러싼 환경적 요인들도 함께 고려해야 한다. 이는 개인-환경 상호작용의 관점에서 문제를 바라보고, 보다 포괄적이고 효과적인 해결 방안을 모색하는 데 도움이 된다. 이러한 철저한 문제 확인 과정을 통해, 재활 프로그램은 장애인의 실제 필요에 부합하고, 효과적인 재활 서비스를 제공할 수 있는 견고한 기반을 마련할 수 있다.

(2) 프로그램의 조직

① 프로그램의 직접적인 수혜자 확인

재활 프로그램을 기획하는 데 있어 중요한 과제는 "누가 혜택을 받는가"이다. 대상자들에 대한 부정확하고 부적절한 정의는 적절한 클라이언트에게 돌아갈 귀중한 자원의 낭비, 클라이언트 혜택의 감소 등을 야기한다.

누가 혜택을 받고, 받지 않을 것인가는 클라이언트의 욕구, 프로그램의 이론등과 같은 중요 구성체계 등을 고려하여 사려 깊고 분석적으로 결정해야 한다. 따라서 대상자를 선정하는 과정은 임의적이거나 자의적으로 되어서는 안 된다.

대상 집단을 분석하는 것은 누구에게 서비스를 제공할 것인가를 정하는 과정이다. 이 과정은 일련의 관리 및 프로그램 결정들에 따라 적격의 집단으로 좁혀 가는 것이다. 일반적인 과정은 〈그림 9-1〉과 같이 집단 깔때기에 나타나 있다.

분석의 단계에서 누가 대상자인지를 결정하는 데 어려운 점은 다른 프로그램의 요소들이 아직 상세하지 못하다는 것이다. 이런 단계에서조차 프로그램 이론, 서비스 절차, 그리고 원조 환경 이 세 가지 기획의 요소의 특성들을 알아야 클라이언트를 정확하게 선정하는 데 도움이 된다.

〈그림 9-1〉 집단 깔때기(Population Funnel)

- 일반집단 : 일반집단은 클라이언트가 속한 관할지역 또는 행정구역 내에 있는 모든 사람을 포함한다.
- 위기집단 : 일반집단 중에서 프로그램화 하고자하는 특정 사회문제에 더 영향을 받기 쉬운 하위 인구집단이 있다. 위기집단을 기술하는데 있어서 전형적으로 가장 영향을 받기 쉬운 사람들의 특징을 포함하고, 이러한 문제를 경험하고 있는 사람들의 집단을 제시한다.
- 표적 집단 : 표적 집단은 프로그램의 대상이 되어야만 하는 위기집단의 하위집단이다. 지역사회로부터 분리된 위기집단이 모두 다 특별한 개입의 대상이 되는 것은 아니다. 대상자들을 위기에 빠뜨리는 것에는 복잡하고 다양한 원인들이 존재하기 때문에 하나의 프로그램으로 하나의 기관에서 그 모든 것을 해결할 수 있는 것은 아니다. 프로그램 이론과 기관 자원이 표적 집단의 한계를 정하는 두 가지 중요한 요인이 된다. 예방 프로그램은 대게 치료 프로그램보다 더 넓은 표적 집단을 갖는다. 예방 프로그램은 이미 프로그램을 경험했던 사람을 제외한 전체 인구가 대상이 되기 때문이다. 반면에 치료 프로그램은 뚜렷한 문제를 필요로 한다. 알코올남용 개입과 치료 프로그램이 좋은 예이다. 특정

원조이론은 비교적 동질적인 클라이언트 집단을 요구하므로, 위기집단을 정하는데 제한을 갖게 한다.

• 클라이언트 집단 : 클라이언트 집단은 표적 집단 중에서 이번 프로그램에 참여하게 될 집단이다. 프로그램이 잘 적용되기 위해서는 오직 일 부분의 집단만이 적합하다는 것을 명심해야 한다. 관리자에게 있어 가장 중요한 과제는 표적 집단 중에서 누가 서비스를 받을 것이며 누가 받지 못할 것인가를 정하는 것이다.

② 목적과 목표 설정

목적, 목표, 하위목표가 문제와 연관되도록 하기 위해서 목적은 문제의 정의, 목표는 문제의 원인, 하위목표는 세분화된 원인과 연결되어야 한다. 그러므로 이 세 가지 차원의 목적들이 서로 긴밀히 연계되어 하위목표가 달성되면 목표가 달성되게 되고, 궁극적으로는 목적이 달성되는 것이다.

프로그램의 목적은 문제의 진단에 따라 설정된다. 즉 진단된 문제는 프로그램이 궁극적으로 해결하고자 하는 목적을 제공함으로써 프로그램이 존재해야 할 의의 및 당위성을 제공하게 된다. 목표는 프로그램의 수행방법과 관련되는 문제로서 '무엇을 할 것인가?' '누가 그 과업을 수행할 것인가?' '언제 할 것인가?' 등을 포함하는 것이다.

준비단계의 작업에 기초하여 구체적으로 실현 가능한 목표를 설정하는 것이다. 목표는 문제가 있는 현 상태에 비하여 무엇인가 바람직한 상태, 혹은 바람직한 상태로의 변화내용을 확정하는 것이다. 따라서 목표 설정단계에서는 다양한 문제 및 욕구조사를 통하여 객관적으로 파악된 문제 상황에 대해 어느 정도의 기간 동안 어느 정도의 바람직한 결과를 기대하는지의 여부가 구체적으로 검증 가능한 형태로 제시되어야 한다.

③ 문제해결책의 선택

문제 진단이 이루어지고 나면 다음에는 가능한 해결책을 구상해 보는 것이다. 문제를 정의하고 해결을 위한 토의를 할 경우 누구나 제약 없이 다양한 아이디어를 제시하도록 하는 브레인스토밍(Brain Storming)을 활용하면 미처 생각지 못했던 기발한 아이디어를 얻거나, 예상 밖의 돌파구를 찾을 수도 있다.

이러한 과정을 거쳐 몇 가지 대안을 마련하고 이의 선택을 위한 각각의 장단점을 규명해 보는 것이 중요하다. 대안 선택 후에는 문제해결을 위해 구체적으로 해야 할 일들을 선정하고 할 수 있는 범위를 단계적으로 정하여 목적, 목표, 프로그램을 기술한 기본 계획 및 활동시간, 장소, 예산, 업무분담 등 구체적인 실천방안을 기술한 실천계획서를 만들어야 한다.

④ 오리엔테이션과 훈련

계획된 프로그램을 성공적으로 수행하기 위해서는 오리엔테이션과 훈련이 요청된다. 오리엔테이션은 프로그램에 관한 정보가 기술된 자료와 실행계획서를 구성원들에게 배포하면서 시작되지만, 이것은 계획된 프로그램과 수칙을 일방적으로 주입시키는 행사가 되어서는 안 된다. 다시 말하면 구성원들의 질문과 제안을 경청하여 반영하려는 노력이 필요하며, 활동에 적극적으로 참여함으로써 얻게 되는 개인적, 기업적, 사회적 이익이 무엇인지를 홍보하려는 노력이 필요하다.

⑤ 프로그램의 실행

새로운 프로그램을 시작할 때는 이벤트성 행사를 하는 것도 좋다. 프로그램의 소개와 더불어 기관 또는 지역사회의 중요인사들의 간단한 연설 또는 축사, 다과 등을 준비한다. 이후 계획에 따른 활동을 시작하게 되는데, 프로그램을 실행하면서 유의해야 할 점은 가능한 계획된 프로그램에 충실하되, 지나치게 프로그램 자체에 얽매이지 않도록 해야 한다는 것이다. 왜냐하면 상황의 변화나 기타의 다른 원인으로 인해 때로는 목적달성을 위한 프로그램 실행계획이 수정되어야 할 경우도 있기 때문이다. 그러므로 프로그램은 장애인의 성공적인 직업재활을 위한 도구이지 그 자체가 목적이 아니라는 사실을 염두에 두고 프로그램을 탄력적으로 운영할 수 있는 융통성을 가질 필요가 있다.

⑥ **평가**

프로그램 평가는 프로그램 개시 직후, 프로그램 진행 도중, 프로그램 종료 후에 할 수 있다. 흔히 생각하기를 '평가는 프로그램이 완전히 끝난 시점에서 행해지는 것'으로 생각해서 초기평가나 중간평가를 소홀히 하는 경우가 많다. 초기 및 중간평가는 새로운 정보나 상황의 변화에 적절히 적응할 수 있도록 함으로써, 돌출되는 갖가지 변수들에 관계없이 프로그램을 성공적으로 끌어갈 수 있게 한다.

초기단계에서의 평가는 계획에 반영되지 못한 정보와 상황을 주로 파악하고, 중간평가는 프로그램 진행과정 등 실태에 대해 중점을 둔다. 최종평가는 초기 및 중간평가를 통하여 수립·조정된 계획에 따라 다각적인 노력을 하고 종료했을 때, 혹은 계획에 비해 조기종료 했을 때나 프로그램 자체가 실패했을 때라도 반드시 행해져야 한다.

5. 프로그램 이론

프로그램 이론은 재활 프로그램 개발의 핵심 요소로, 문제나 욕구해결을 위한 일련의 행동들에 대한 밑그림을 의미한다. 이는 프로그램의 설계, 실행, 평가 전반에 걸쳐 중요한 역할을 하며, 프로그램의 전체적인 구조와 방향성을 결정짓는다.

프로그램 이론의 특징으로는 먼저 프로그램 가설의 설정, 목적과 목표의 설정을 포함하는 프로그램 설계의 기초단계라는 점을 들 수 있다. 또한 프로그램 가설에서 설정하는 인과관계와 깊은 연관성을 가지며, 어떤 개입이 어떤 결과를 가져올 것인지에 대한 논리적 연결고리를 제공한다. 프로그램 이론은 결과를 평가하는 평가기준과도 연계되어, 어떤 성과를 기대하는지와 그 성과를 어떻게 측정할 것인지에 대한 지침을 제공한다. 더불어 평가기준들은 프로그램에 의해 다루어지는 확인된 문제들과도 연계되어, 프로그램이 실제로 해결하고자 하는 문제와 그 해결 정도를 평가하는 기준 사이의 일관성을 보장한다. 이러한 특징들로 인해 프로그램 이론은 재활 프로그램의 효과적인 설계와 실행, 그리고 객관적인 평가를 가능하게 하며, 프로그램의 전반적인 질을 향상시키는 데 중요한 역할을 한다.

프로그램 이론은 서비스 이용계획, 조직적 계획, 프로그램 영향력 이론이라는 세 가지 핵심 구성요소로 이루어진다. 첫째, 서비스 이용계획은 클라이언트가 프로그램에 어떻게 접근하고 참여하는지를 상세히 설명하는 계획이다.

예를 들어, 재활 프로그램의 경우 :

- 클라이언트의 초기 접수 및 평가 과정
- 개별화된 재활 계획 수립 절차
- 서비스 제공 일정 및 빈도 (예 : 주 3회 물리치료, 주 2회 직업 훈련)
- 진행 상황 모니터링 및 평가 일정
- 프로그램 종료 및 사후 관리 계획

이 계획은 클라이언트의 관점에서 프로그램 참여 과정을 단계별로 명확히 제시하여, 서비스 제공자와 클라이언트 모두가 프로그램 진행 과정을 이해할 수 있게 한다.

둘째, 조직적 계획으로 프로그램 운영에 필요한 모든 자원을 확보하고 관리하는 계획이다. 구체적으로 :

- 인력 계획 : 필요한 전문 인력의 수, 자격 요건, 역할 분담, 교육 훈련 계획
- 재정 계획 : 프로그램 운영에 필요한 예산 책정, 자금 조달 방법, 예산 관리 방안
- 시설 및 장비 계획 : 필요한 공간, 설비, 재활 기구 등의 확보 및 유지 관리 계획
- 행정 지원 계획 : 문서 관리, 데이터 처리, 보고 체계 등

이 계획은 프로그램의 원활한 운영을 위한 조직적 기반을 제공한다.

셋째, 프로그램 영향력 이론으로 이는 프로그램의 개입이 어떻게 원하는 결과를

가져올 것인지를 설명하는 논리적 모델이다. 예를 들어, 장애인 직업 재활 프로그램의 경우 :

- 직업 기술 훈련 → 기술 역량 향상
- 자존감 향상 프로그램 → 자신감 증가
- 구직 기술 교육 → 효과적인 구직 활동
- 고용주 인식 개선 활동 → 고용 기회 증가
- 지속적인 사후 지원 → 직장 유지율 향상

이러한 각 단계가 어떻게 연결되어 최종적으로 '성공적인 취업과 경제적 자립'이라는 목표에 도달하는지를 설명한다. 이 이론은 프로그램의 각 요소가 왜 필요하며, 어떤 효과를 기대할 수 있는지를 명확히 하여 프로그램의 논리적 근거를 제공한다. 이 세 가지 요소는 서로 밀접하게 연관되어 있다. 서비스 이용계획은 프로그램 영향력 이론에 기반하여 구체적인 서비스 제공 방식을 설계하며, 조직적 계획은 이러한 서비스를 실제로 제공하기 위해 필요한 자원을 확보하고 관리하는 방법을 제시한다. 이를 통해 프로그램의 전체적인 구조와 운영 방식, 그리고 기대되는 결과와 그 과정이 명확히 제시되어, 효과적인 프로그램 실행과 평가의 기반이 된다.

프로그램 설계 시 프로그램 이론에 근거한 밑그림을 그려야 하는 이유는 첫째, 프로그램 실행 시 나타날 수 있는 일련의 행동들에 대한 밑그림을 그리는 것은 일어날 행동자원의 원천과 행동들을 사전에 조정하고 정리할 수 있게 한다. 이는 프로그램 운영의 효율성을 높이고 예상치 못한 상황에 대한 대비책을 마련하는 데 도움을 준다. 둘째, 프로그램 수행의 질 평가를 위한 프로그램 관찰 도구로 필요하다. 이론에 기반한 밑그림은 프로그램이 의도한 대로 진행되고 있는지를 체계적으로 모니터링하고 평가할 수 있는 기준을 제공한다. 셋째, 프로그램의 과정과 결과에 대한 구체적인 밑그림을 가지고 있는 상태에서의 프로그램의 성공적인 결과는 본래 기대했던 효과와 직접적인 연관이 있다고 볼 수 있다. 이는 프로그램의 성과가 우연의 결과가 아니라 체계적인 계획과 실행의 결과임을 입증하는 데 도움을 준다.

넷째, 좋은 프로그램 이론은 프로그램이 기대하는 결과를 성취하기 위해서 어떤 조건들이 필요한지에 대해서 이야기해 줄 수 있다. 이를 통해 프로그램 운영에 필요한 자원과 환경을 명확히 파악하고 준비할 수 있다. 다섯째, 인과관계의 설정을 중요시하는 프로그램 이론은 사회문제의 수준에 따른 하나 이상의 다양한 인과관계를 이해하는 데 도움을 준다. 이는 복잡한 사회문제에 대한 다각적인 접근을 가능하게 하며, 프로그램의 효과성을 높이는 데 기여한다. 이러한 이유들로 인해 프로그램 이론에 근거한 밑그림은 프로그램의 체계적인 설계, 효과적인 실행, 그리고 정확한 평가를 가능하게 하며, 프로그램의 전반적인 질을 향상시키는 데 중요한 역할을 한다. 또한 이는 프로그램의 지속가능성을 높이고, 향후 유사한 프로그램 개발에 있어 귀중한 지식과 경험을 제공하는 기반이 된다.

6. 프로그램 진행과정

체계(system)론적 접근에 따르면 프로그램은 투입(inputs), 전환(throughputs), 산출(outputs), 결과(outcomes)로 구성된다. 이를 나무에 비유하면 투입은 뿌리, 전환은 줄기, 산출은 열매, 성과는 열매의 질에 해당된다고 할 수 있다. 나무의 각 부분이 상호 유기적으로 연계되어 있듯이 프로그램도 각 부분이 유기적으로 연계되어 있다.

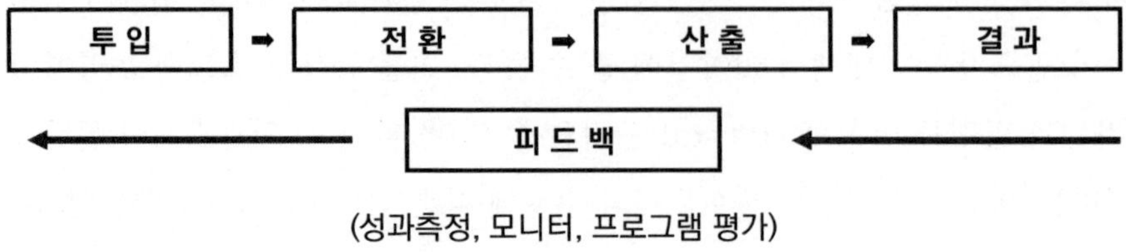

〈그림 9-2〉 프로그램 진행과정

① 투입(Inputs) : 프로그램에 투입된 혹은 프로그램이 소비한 자원을 말한다. 예를 들면, 돈, 직원 및 직원의 근무시간, 자원봉사자 및 활동시간, 시설, 장비, 그 밖의 공급물을 포함한다. 투입에는 또한 법, 규제, 기금을 받기 위한 요구조건들 등과 같은 프로그램에 대한 제약들도 포함한다.

② 전환(Throughputs) - 활동(Activities) : 프로그램이 사명을 완수하기 위해 투입물들을 가지고 한 일을 말한다. 활동에는 프로그램의 서비스 방법론을 구성하는 전략들, 기법들, 치료유형들 등을 포함한다.

③ 산출(Outputs) : 프로그램 활동의 직접적인 생산물이며, 보통 완성된 업무량을 측정한다. 예를 들면, 교육한 강의 수, 실시한 상담 회기 수, 나누어 준 교육 자료의 수, 서비스를 받은 클라이언트 수 등을 말한다. 산출은 그 자체로 고유한 가치가 거의 없다. 그것들은 클라이언트들이나 대상인구집단이 바란 혜택을 낳았을 때 중요하게 간주된다.

④ 결과(Outcomes) : 프로그램 활동에 참여하는 동안, 혹은 그 이후 개인들 혹은 인구집단들에게 일어난 혜택이나 변화를 말한다. 결과는 프로그램의 산출물들에 의해 영향을 받는다. 결과는 행동, 기술, 지식, 태도, 가치, 상황, 혹은 외부요인들과 관련이 있다. 다시 말해 프로그램이 개입한 후에 달라진 것을 말한다.

제3절 재활프로그램 평가

1. 프로그램 평가의 개념

프로그램 평가는 과정, 비용, 결과 등 평가자가 주목하는 여러 차원들에 관한 프로그램의 성공 정도를 과학적으로 측정하는 것이다. 이러한 평가를 통해 프로그램 운영계획이나 과정에 필요한 정보를 확보하고, 프로그램 담당자가 프로그램 과정상의 활동에 대한 사회적 책임을 지도록 하며, 프로그램 속에 내재된 변수들 간의 인과관계를 검증하여 이론형성에 기여할 수 있다.

프로그램 평가에서 중요한 점은 가치판단에 관여한다는 것이다. 어떠한 기준을 바탕으로 프로그램에 대한 가치판단을 하느냐에 따라 프로그램의 성패, 효과와 가치, 존폐여부 등이 결정되기 때문에 평가적 판단에서 기준은 결정적인 역할을 한다. 따라서 프로그램 평가 기준들은 프로그램의 내용 및 특성, 평가의 목적, 그리고 평가자가 사용하는 구체적인 방법에 따라 선택적으로 활용될 수 있다. 여러 학자들의 다양한 기준들을 종합하여 공통된 기준으로 산출, 결과, 효율성 등이 있다. 산출은 프로그램을 통해 직접적으로 생산된 서비스나 상품의 양을 의미하며, 결과는 프로그램이 목표로 한 변화나 개선의 정도를 나타낸다. 효율성은 투입된 자원 대비 산출의 비율을 평가하는 기준이다. 또한 여러 학자들은 서비스전달자와 서비스이용자에게 적용할 수 있는 기준들을 구별하여 제시하고 있는데, 서비스전달자에게는 산출, 결과, 전문성, 직무만족도 등을, 서비스이용자에게는 접근용이성, 결과, 전문성, 서비스만족도 등을 기준으로 들고 있다. 여기서 전문성은 서비스 제공자의 지식, 기술, 태도 등의 전문적 능력을 의미하며, 직무만족도와 서비스만족도는 각각 서비스 제공자와 이용자의 만족 정도를 평가하는 기준이다. Kettner는 프로그램 평가의 기준으로 대상범위, 형평성, 과정, 노력(산출), 비용효율성, 결과, 비용결과, 영향 등을 들면서 이 기준에 맞는 프로그램의 자료를 수집해야 한다고 제시하고 있다. 대상범위는 프로그램이 의도한 대상 집단에 얼마나 도달했는지를 평가하는 기준이며, 형평성은 서비스가 공정하게 분배되었는지를 평가한다. 과정은 프로그램이 계획대로 실행되었는지를 평가하는 기준이고, 비용효율성과 비용결과는 각각 투입된 비용 대비 산출과 결과의 효율성을 평가한다. 영향은 프로그램이 더 큰 사회적 맥락에서 미친 영향을 평가하는 기준이다. 이러한 다양한 평가 기준들은 프로그램의 효과성과 효율성을 종합적으로 판단하는 데 도움을 주며, 프로그램의 지속적인 개선과 발전을 위한 중요한 지표로 활용될 수 있다. 이를 통해 프로그램의 질적 향상을 도모하고, 궁극적으로는 서비스 이용자들에게 더 나은 서비스를 제공할 수 있게 된다.

2. 프로그램 평가의 유형과 기준

(1) 프로그램 평가의 유형

① 형성평가와 총괄평가

형성평가는 프로그램 운영 중에 이루어지는 평가로, 프로그램 수행과정의 문제점을 발견하고 수정 및 보완하는 것을 목적으로 한다. 이는 프로그램 향상을 위해 필요한 정보를 적시에 제공하며, 주로 정기적인 보고서 작성을 통해 이루어진다. 형성평가는 프로그램 활동과 산출의 모니터링에 초점을 두고 환류정보를 제공한다. 주요 평가 내용으로는 프로그램의 계획대로의 운영 여부, 자원의 적시 투입 여부, 표적집단의 적절한 선정과 서비스 제공 여부, 관련 법규 준수 여부, 프로그램 효과의 발생 여부 등이 있다. 총괄평가는 프로그램 종료 시점이나 종결 후에 이루어지며, 프로그램의 성과와 영향을 파악하는 것을 목적으로 한다. 이는 프로그램이 의도한 궁극적인 목표 달성 여부를 입증하는 평가로, 단기성과와 장기성과가 프로그램으로 인해 나타났는지를 확인한다. 총괄평가는 프로그램의 재정 제공자나 지역사회에 성과를 제시하며, 프로그램의 가치와 효과성을 검증한다. 주요 평가 내용으로는 프로그램 효과의 인과관계 확인, 사회문제 해결에 대한 기여도, 목표 대비 효과 정도, 투입 비용과 사회적 비용의 비교, 효과와 총 비용의 상쇄 여부 등이 있다.

이러한 형성평가와 총괄평가는 프로그램의 지속적인 개선과 최종적인 성과 평가를 위한 중요한 도구로 활용된다. 형성평가를 통해 프로그램 운영 과정에서 발생하는 문제점을 즉시 파악하고 수정할 수 있어, 프로그램의 효과성을 높일 수 있다. 또한 총괄평가를 통해 프로그램의 전체적인 성과와 가치를 객관적으로 평가함으로써, 향후 유사한 프로그램의 개발과 실행에 중요한 지침을 제공할 수 있다.

두 평가 유형 모두 프로그램의 질적 향상과 효과성 입증에 기여하며, 프로그램 운영의 투명성과 책임성을 확보하는 데도 중요한 역할을 한다. 형성평가는 프로그램 운영자들에게 지속적인 피드백을 제공하여 프로그램을 개선할 수 있는 기회를 제공하고, 총괄평가는 프로그램의 최종 결과를 객관적으로 판단할 수 있는 근거를 제시한다. 따라서 효과적인 프로그램 운영을 위해서는 형성평가와 총괄평가를 적절히 활용하는 것이 중요하다. 형성평가를 통해 프로그램 운영 과정을 지속적으로 모니터링하고 개선하며, 총괄평가를 통해 프로그램의 최종 성과를 객관적으로 평가하고 향후 프로그램 개발에 반영할 수 있다. 이러한 체계적인 평가 과정을 통해 프로그램의 효과성과 효율성을 높이고, 궁극적으로는 프로그램이 목표로 하는 사회문제 해결에 더 큰 기여를 할 수 있게 된다.

② 양적평가와 질적평가

양적평가는 평가를 위해서 수집되는 자료가 주로 계량화 되어 실험조사와 같은 설계를 통해 객관적 자료가 연역적 방법으로 분석되는 것을 강조하는 평가방법이다.

질적평가는 자연스러운 상황에서 수량화되지 않는 자료를 수집하여 귀납적으로 자료를 분석하는데 의미를 두는 조사평가방법이다. 질적평가의 자료수집방법으로는 관찰, 면접, 문서 및 기존자료를 통한 수집방법이 있다.

③ **적합성 평가와 메타평가**

적합성 평가는 개별 프로그램의 평가가 이루어지기 전에 그 프로그램의 가치를 따져 보는데 의미를 두는 평가이다. 여기서 적합성은 프로그램이 추구하는 수단이나 전략보다 프로그램이 추구하는 목표가 궁극적으로 사회적 가치에 부합하는지를 가리키는 개념이다. 적합성 평가는 프로그램의 실제 평가가 시작되기 전에 수행되며, 프로그램의 목표와 사회적 가치의 일치성을 검토한다. 이를 통해 프로그램의 필요성과 타당성을 평가하고, 자원 투입 전 프로그램의 가치를 판단할 수 있다. 메타평가는 이미 이루어진 프로그램 평가를 차후에 종합적으로 검토해 보는 평가이다. 메타평가는 평가에 대한 평가로서 평가방법의 적정성, 자료수집의 오류여부, 평가결과의 해석 타당성 등을 종합적으로 검토하는 것이다. 이는 기존 평가 완료 후 수행되며, 평가 과정과 결과를 종합적으로 검토한다. 메타평가는 평가의 질적 향상을 위한 피드백을 제공하고, 평가 방법론의 개선에 기여한다. 적합성 평가와 메타평가는 모두 프로그램의 전반적인 가치와 평가 과정의 품질을 향상시키는 데 중요한 역할을 한다. 적합성 평가는 프로그램이 시작되기 전에 그 가치를 판단함으로써 불필요한 자원 낭비를 방지하고, 사회적으로 의미 있는 프로그램만을 추진할 수 있도록 한다. 반면 메타평가는 이미 수행된 평가의 질을 검증함으로써, 향후 평가 과정의 개선과 평가 결과의 신뢰성 향상에 기여한다.

④ **프로그램 평가와 기관평가**

프로그램 평가는 프로그램의 효과성, 효율성, 영향, 질, 클라이언트의 만족에 주된 관심이 있는 반면, 기관평가는 기관의 설립이념과 설립목적에 따라 운영되고 있는지에 초점이 있다. 그 밖에도 조직 및 시설관리, 재정관리, 인력관리, 지역사회관계 등이 평가의 영역에 속한다.

⑤ **내부평가와 외부평가**

프로그램의 평가주체가 누구인가에 따라 내부평가와 외부평가로 나누어진다.

내부평가는 사회복지관의 최고관리자, 프로그램관리자, 프로그램수행인력 등 조직 내의 구성원에 의해서 이루어지는 평가이다.

외부평가는 프로그램을 수행하는 조직의 구성원이 아닌 조직 밖의 문제해결을 위해서 도움을 주는 컨설턴트로서 활동하는 경우가 많다.

(2) 프로그램 평가의 기준

① **노력성**(effort)

노력성은 프로그램 운영에 투입된 자원의 정도와 활동의 양을 의미한다. 즉, 프로그램에 투입된 인력과 예산 그리고 수행을 위하여 전개된 활동의 양이 얼마나 되는지에 관한 판단이다. 특정 프로그램의 수행을 위해서 몇 명의 사회복지사와 자원봉사자가 얼마의 예산으로 어떤 검사도구의 장비 및 시설을 투입하여 몇 명의 클라이언트에게 서비스가 제공되었는지에 관한 기록과 자료로써 노력성이 평가될 수 있다.

노력성 평가를 위한 자료는 프로그램에 참여한 클라이언트 수, 투입된 자원의 양, 그리고 실행에 소요된 활동의 양과 질 등의 영역에서 수집될 수 있는데 구체적으로 노력성을 평가하기 위한 자료는 다음과 같다.

- 참여한 클라이언트 수 : 상담건수, 의뢰건수, 집단활동 참여자의 수 등
- 인적 자원 투입정도 : 사회복지사의 수, 자원봉사자의 수, 참여 전문가의 수 등
- 물적 자원 투입정도 : 예산 지출 액수, 기자재 및 장비투입횟수, 시설공간의 이용률 등
- 업무수행활동 : 면접횟수, 가정방문횟수, 치료건수, 집단활동횟수, 출장횟수 등

② **효과성**(effectiveness)

효과성은 특정 프로그램이 당초 의도한 목표가 어느 정도 달성되었으며 클라이언트는 예측한 변화가 일어났는지를 측정하는 기준이다. 효과성 평가에서 주안점을 두는 것은 클라이언트의 변화정도이다. 효과성을 측정하는데 필요한 자료는 프

로그램의 목표에 따라 약간씩 달라질 수 있지만, 대게 클라이언트의 변화 상태에 주목된다.

- 클라이언트의 인지 정서 행동변화 : 객관화된 척도와 상담 기록지를 활용한 측정
- 클라이언트의 가족 및 사회적 기능의 변화 : 만족도, 취업률, 이용률, 참여도 등

③ **효율성**(efficiency)

효율성은 일반적으로 투입(input)에 대비한 산출(output) 또는 성과(outcome)의 정도로 정의된다. 효율성은 프로그램에 투입된 자원이 경제적이고 효율적으로 사용되었는지, 그리고 성과에 비해서 투입자원은 정당화될 수 있는지를 확인하는 기준이다. 효율성의 측정을 위해서 필요한 자료의 측정방법은 다음과 같다.

- 프로그램에 투입된 자원의 총 비용 : 인건비, 사업비, 재료비, 장비비 등의 합계
- 프로그램의 단위 산출물 당 비율 : 1인당 서비스 비용
- 프로그램의 효과성을 화폐가치로 환원

④ **서비스의 질**

서비스의 질이 얼마나 우수한지에 관한 평가는 제공된 서비스의 내용 자체보다는 서비스 제공자의 자격요건이나 서비스 제공방법이 전문적 기준에 적합한지를 검토함으로써 이루어진다. 즉, 직업재활서비스의 질은 자격요건을 갖춘 직업재활사에 의해서 서비스가 제공되고 적절한 검사도구의 선택과 활용이 이루어졌는지에 관해서 평가된다. 효과성을 측정할 만한 지표개발이 충분하지 않아 서비스의 질이 평가의 기준으로 강조되고 있다. 그러나 서비스의 질을 평가하는 요건인 전문가적 자격기준은 외형적 기준만 충족되면 동일한 서비스의 질로 평가될 수 밖에 없다는 한계가 있다. 그럼에도 불구하고 서비스의 질은 직업재활 프로그램 평가에서 흔히 사용되는 평가기준 중의 하나이다.

- 자격증 소비자의 비율
- 전문교육을 받은 횟수

- 외부전문가의 자문정도 등

⑤ **영향**

효과성의 평가기준이 프로그램에 참여한 개별 클라이언트 변화에 초점을 두었다면 영향은 프로그램이 해당 지역사회의 사회문제해결에 어떤 영향을 주었는지에 관심을 둔다. 즉, 원래 의도했던 프로그램 목표가 지역사회의 사회문제해결에 어느 정도 공헌했는지를 따져 보는 평가기준이다.

(3) 프로그램 평가의 실행

① **설계**

- 실험적 방법 - 무작위 배당에 의한 실험집단과 통제집단의 선정하여 효과를 비교분석한다. 현실적으로 대상 선정의 어려움이 있다.
- 준실험적 방법 - 유사한 실험집단과 통제집단을 의도적으로 구성하나 외생변수의 통제에 대한 상대적인 오차가 크다.

② **모니터링**

대표적인 과정 평가의 방법으로 프로그램의 운영과 관련된 정보의 수집과 관리의 활용이 중심이다. 대상자 중심 설문조사와 기타 자료(문헌, 관리카드 등) 조사를 한다.

- 프로그램 모니터링 - 소요된 투입과 진행활동들을 측정하고, 이를 사전의 기준과 비교하여 프로그램의 진행이 목표에 의하여 기대되고 있는 정도의 파악을 한다.
- 성과 모니터링 - 투입활동 및 결과를 예측하여 사전 성과들과 비교한다. 이를 토대로 기대치와 다른 결과가 나오면 그 원인을 찾아 시정함으로써 의도한 성과로 유도한다.

• 균형성 분석 - 프로그램과 관련된 타 사업들의 적시 추진여부 및 그 내용의 적합성, 프로그램 내 하위 프로그램 간의 추진의 여부 등을 평가한다.

(4) 프로그램 평가의 한계

정책입안자나 평가를 시행하는 기관은 평가를 통해 모든 궁금증이 해결될 것이라는 막연한 기대감을 가지고 있다. 그러나 재활 프로그램과 같은 인간서비스는 질적 행위의 결과를 양적으로 측정, 평가하는 계량적 조사방법론을 사용하는데, 이 방법은 근본적인 한계를 가지고 있다. 첫째, 제공된 서비스의 결과에 대한 측정 척도를 무엇으로 할 것인가가 확실치 않다. 예를 들어, 재활시설에서 적응훈련 프로그램을 시행했을 때, 그 결과 척도를 취업능력, 직장적응능력, 작업률 중 어느 것으로 정할지에 대해 관계집단들의 의견이 일치하지 않을 수 있다. 둘째, 정확한 결과측정을 위해 필요한 시간적 제약이 있다. 재활서비스의 결과는 보통 프로그램 종료 후 오랜 시간이 지나 나타나는데, 이를 결과에 반영하기가 현실적으로 어렵다. 셋째, 프로그램의 정확한 효과측정이 어렵다. 어떤 결과가 시행된 서비스 때문에 발생한 것인지, 인과관계의 내적타당도를 확보하기가 쉽지 않다.

이 외에도 평가 시행에 있어 여러 요인들이 효과적인 평가를 저해할 수 있다. 평가결과에 대한 지나친 기대, 프로그램 진행자가 평가전문가라고 자신하는 입장, 평가로 인한 신규프로그램 방해나 중도하차에 대한 염려, 정보 유출에 대한 우려, 평가가 프로그램 비용을 잠식한다는 생각, 평가에 대한 막연한 불신 등이 이에 해당한다.

재활조직에서의 책임성은 서비스 제공의 의무를 부여받은 당사자로서, 외부로부터 재정 지원을 받는 조직의 특성상 재정지원자들에 대한 정보제공이 필수적이다. 재활조직이 재정자원을 받아 실천하고 있는 프로그램이나 서비스들이 어떤 결과를 도출하였는가를 평가하고자 하는 요청이 과거보다 거세지고 있다. 따라서 책임성의 문제는 재정을 지원하는 당사자들과 프로그램을 실천하는 실천가들, 프로그램에 참여하는 클라이언트들 간의 상호적 관계에서 논해야 한다. 재활프로그램에 대한 사회적 책임성은 적재적소에 필요한 자원을 적절하게 사용했는지, 그리고 그로 인해 프로그램의 목적과 목표가 달성되었는지가 더욱 강조된다.

책임성을 확보한다는 것은 다양한 관점에서 이루어진다. 누가 책임성을 지니고 있는가? 누구에 대해 책임성을 지니는가? 책임성을 어떻게 확보할 것인가? 확보된 책임성을 어떻게 알려낼 것인가? 어떤 형식의 보고 과정이 책임성을 보다 효과적으로 담보할 수 있을 것인가? 등의 물음들이 지속적으로 제기되는 과정에서 재활실천에서의 책임성 논의는 발전해 나갈 것이다. 따라서 책임성의 문제는 결과가 아니라 진행되는 과정이며, 목적이 아닌 수단적인 측면이 강조되어야 한다.

재활 프로그램이 기획단계에서 평가단계에 이르기까지 책임성에 대한 문제는 계속적으로 제기된다. 따라서 재활서비스에서 책임성은 결과로서 나타나는 것이 아니라 프로그램 수행과정에서 계속적으로 나타나는 하나의 과정으로 이해되어야 한다. 그리고 사회적 책임성을 담보하고 프로그램의 성과를 측정하기 위해 사용되는 다양한 척도들이 개인영역의 문제만을 다루는 것이 아니라, 보다 폭넓은 사회문제를 다루기 위한 동기로서의 기능을 할 수 있도록 영향력에 대해서도 측정할 수 있어야 할 것이다.

국내 참고문헌

1. 정무성(2010). **사회복지 프로그램 개발과 평가**. 서울 : 학지사.
2. 김용석(2007). **사회복지 조직론**. 서울 : 양서원.
3. 황성철(2005). **사회복지 프로그램 개발과 평가**. 서울 : 학지사.
4. 이봉주(2006). **사회복지 전달체계**. 서울 : 나남출판.
5. 강철희(2008). **비영리조직 모금전략**. 서울 : 아르케.
6. 최재성(2005). **사회복지 기관의 PR 전략**. 서울 : 나남출판.
7. 김영종(2009). **사회복지 마케팅**. 서울 : 학지사.
8. 박경일(2011). **사회복지 홍보론**. 서울 : 양서원.
9. 김성철(2012). **비영리조직 커뮤니케이션**. 서울 : 커뮤니케이션북스.
10. 정무성(2008). **사회복지 자원개발론**. 서울 : 학지사.
11. 황성철(2007). **사회복지행정론**. 서울 : 학현사.
12. 김영종(2011). **사회복지 조직관리론**. 서울 : 학지사.
13. 이봉주(2009). **사회복지 프로그램 개발과 평가**. 서울 : 신정.
14. 강철희(2010). **사회복지 모금론**. 서울 : 나남출판.
15. 최재성(2007). **사회복지 기관의 전략적 경영**. 서울 : 학지사.

외국 참고문헌

1. Kettner, P. M., Moroney, R. M., & Martin, L. L. (2017). *Designing and managing programs : An effectiveness-based approach* (5th ed.). Thousand Oaks, CA : SAGE Publications.
2. Smith, M. J. (2010). *Handbook of program evaluation for social work and health professionals*. New York : Oxford University Press.
3. Royse, D., Thyer, B. A., & Padgett, D. K. (2015). *Program evaluation : An introduction to an evidence-based approach* (6th ed.). Boston : Cengage Learning.
4. Patton, M. Q. (2008). *Utilization-focused evaluation* (4th ed.). Thousand Oaks, CA : SAGE Publications.
5. Wholey, J. S., Hatry, H. P., & Newcomer, K. E. (Eds.). (2010). *Handbook of*

practical program evaluation (3rd ed.). San Francisco : Jossey-Bass.

6. Posavac, E. J., & Carey, R. G. (2007). *Program evaluation : Methods and case studies* (7th ed.). Upper Saddle River, NJ : Prentice Hall.

웹사이트

1. 한국장애인개발원 : https://www.koddi.or.kr/
2. 보건복지부 : http://www.mohw.go.kr/

제10장 비영리법인 설립과 운영

제1절 사회복지법인

1. 비영리법인 정의와 종류

비영리법인은 영리를 목적으로 하지 않고 공익을 추구하는 법인격을 가진 단체를 말하며, 민법 제32조에 따르면 "학술, 종교, 자선, 기예, 사교 기타 영리 아닌 사업을 목적으로 하는 사단 또는 재단"으로 정의된다.

비영리법인의 주요 특징은 첫째, 공익성을 가지고 있어 사회 전체의 이익을 위해 활동하며, 특정 개인이나 집단의 이익보다는 공공의 이익을 우선한다. 둘째, 비배분 제약의 원칙에 따라 법인의 수익을 구성원들에게 분배하지 않고 목적 사업에 재투자하며, 이는 영리법인과의 가장 큰 차이점이다. 셋째, 자발성을 바탕으로 하여 시민들의 자발적인 참여와 기부로 운영되며, 이는 시민사회의 성숙도와 밀접한 관련이 있다. 넷째, 정부나 영리기업으로부터 독립성을 유지하며 운영되고, 자체적인 의사결정 구조를 가진다. 다섯째, 조직의 지속가능성을 위해 수익사업을 할 수 있으나, 이는 본래의 목적 사업을 위한 부수적인 활동에 한정된다. 여섯째, 세제 혜택을 받아 법인세, 상속세, 증여세 등에서 감면 혜택을 받을 수 있다. 일곱째, 정부의 관리감독을 받아 투명성과 책임성을 확보해야 한다. 이러한 특징을 바탕으로 비영리법인은 주로 사회복지, 교육, 의료, 문화, 예술, 종교 등의 분야에서 활동한다.

비영리법인은 성격, 영리 유무, 법인 형태 등에 따라 다양하게 분류될 수 있다. 성격에 따라 공법인과 사법인으로 구분되며, 공법인은 국가, 지방자치단체, 영조물법인, 한국은행 등 공공의 목적을 위해 설립된 법인을 말하고, 사법인은 민법과 상법 등에 의하여 설립된 회사, 사단법인, 재단법인, 사회복지법인 등을 포함한다. 영리 유무에 따라 영리법인과 비영리법인으로 나뉘며, 영리법인은 설립목적이 영리를 추구하는 법인이고, 비영리법인은 설립목적이 학술, 종교, 자선, 기예, 사교, 기타 영리 아닌 사업을 목적으로 하는 법인이다.

법인 형태에 따라 사단법인과 재단법인으로 구분되며, 사단법인은 일정한 목적을 위하여 결합한 사람을 단체로 하는 법인이고, 재단법인은 일정한 목적을 위하여 출연된 재산을 실체로 하는 법인이다. 비영리법인의 종류는 설립 근거법에 따라 크게 민법상 비영리법인과 특별법에 의한 비영리법인으로 나눌 수 있다. 민법상 비영리법인은 사단법인과 재단법인으로 구분되며, 사단법인은 구성원의 존재를 전제로 하는 반면, 재단법인은 일정한 목적에 바쳐진 재산을 중심으로 한다. 특별법에 의한 비영리법인에는 사회복지법인, 학교법인, 의료법인, 종교법인 등이 있으며,

〈표 10-1〉 법인의 구분 및 종류

구분	종류	구분 내용
법인 성격	공법인	국가, 지방자치단체, 영조물법인, 한국은행 등 공공의 목적을 위해 설립된 법인
	사법인	민법과 상법 등에 의하여 설립된 회사, 사단법인, 재단법인, 사회복지법인 등
영리 유무	영리법인	설립목적이 영리를 추구하는 법인
	비영리법인	설립목적이 학술·종교·자선·기예·사교·기타 영리 아닌 사업을 목적으로 하는 법인
법인 형태	사단법인	일정한 목적을 위하여 결합한 사람을 단체로 하는 법인
	재단법인	일정한 목적을 위하여 출연된 재산을 실체로 하는 법인

각각의 특별법에 따라 설립되고 운영된다.

사회복지법인은 한국 사회복지사업법에 근거하여 설립되며, 사회복지시설을 운영하거나 사회복지사업을 수행하는 것을 주요 목적으로 하는 비영리법인이다. 사회복지사업법 제2조에서는 사회복지사업을 "국민기초생활 보장법, 아동복지법, 노인복지법, 장애인복지법 등 관련 법률에 따른 보호·선도 또는 복지에 관한 사업과 사회복지상담, 직업지원, 무료 숙박, 지역사회복지, 의료복지, 재가복지, 사회복지관 운영, 정신질환자 및 한센병력자의 사회복귀에 관한 사업 등 각종 복지사업과 이와 관련된 자원봉사활동 및 복지시설의 운영 또는 지원을 목적으로 하는 사업"으로 정의하고 있다. 사회복지법인의 특징은 첫째, 사회복지사업법에 따라 설립되고 운영되어 일반 비영리법인에 비해 더 엄격한 규제를 받는다. 둘째, 국가나 지방자치단체로부터 보조금을 받아 운영되는 경우가 많아 공공성이 강조된다. 셋째, 이사회를 통해 의사결정이 이루어지며, 이사회 구성에 대한 규정이 엄격하다. 넷째, 수익사업을 할 수 있으나 그 범위가 제한적이며, 수익은 반드시 사회복지사업에 사용해야 한다. 다섯째, 법인 해산 시 잔여재산은 국가나 지방자치단체 또는 유사한 목적의 다른 사회복지법인에 귀속된다.

사회복지시설은 사회복지사업법 제2조에 따라 "사회복지사업을 행할 목적으로 설치된 시설"을 의미하며, 다양한 사회적 욕구와 문제를 해결하기 위해 서비스를 제공하는 시설을 포괄한다. 사회복지시설의 주요 특징은 첫째, 공공성을 가지고 있어 사회복지서비스를 제공하여 공공의 이익을 추구한다. 둘째, 전문성을 바탕으로 사회복지사 등 전문 인력을 통해 서비스를 제공한다. 셋째, 접근성이 높아 지역사회 내에서 쉽게 접근할 수 있도록 설치된다. 넷째, 다양성을 가지고 있어 다양한 사회적 욕구와 문제에 대응하기 위해 여러 유형의 시설이 존재한다. 사회복지시설은 크게 생활시설과 이용시설로 구분되며, 생활시설은 요보호 대상자를 입소시켜 보호하는 시설을, 이용시설은 지역사회에서 재가 생활을 하는 사람들이 필요한 서비스를 받기 위해 이용하는 시설을 말한다. 사회복지시설은 대상자의 특성에 따라 아동복지시설, 노인복지시설, 장애인복지시설, 정신보건시설, 여성복지시설, 노숙인

복지시설 등으로 분류될 수 있다. 각 유형의 시설은 고유한 목적과 기능을 가지고 운영되며, 대상자의 특성에 맞는 전문적인 서비스를 제공한다. 사회복지시설은 관련 법규와 정책에 따라 설립되고 운영되며, 정부의 지도감독을 받는다. 또한 많은 사회복지시설들이 비영리법인, 특히 사회복지법인에 의해 운영되고 있어, 비영리법인과 사회복지시설은 밀접한 관계를 가지고 있다.

2. 사회복지법인의 설립 허가 과정

(1) 사회복지법인의 설립 허가 과정

사회복지법인을 설립하고자 하는 자는「사회복지사업법」제16조에 따라 대통령령으로 정하는 바에 따라 시·도지사의 허가를 받아야 하며, 허가를 받은 자는 법인의 주된 사무소의 소재지에서 설립등기를 하여야 한다. 사회복지사업법 시행규칙 제7조에 따라 설립허가신청서와 함께 설립취지서, 정관, 재산출연증서, 재산의 소유를 증명할 수 있는 서류, 재산의 평가조서 및 수익조서, 임원의 취임승낙서 및 이력서, 이사회 회의록, 설립 후 2년간의 사업계획서 및 예산서, 사회복지사업 관련 경력을 증명하는 서류, 특수관계인 현황 등을 시·도지사에게 제출한다. 시·도지사는 제출된 서류를 심사하며, 사회복지사업법 제16조 및 제18조에 따라 목적사업의 타당성, 재원 확보의 가능성, 임원의 적격성, 이사회 구성의 적절성 등을 중점적으로 검토한다. 사회복지사업법 제17조에 따라 법인 설립 시 일정 금액 이상의 기본재산을 출연해야 한다. 시·도지사는 심사 결과에 따라 설립 허가 여부를 결정한다. 허가를 받은 후에는 사회복지사업법 제20조에 따라 3주 이내에 주된 사무소 소재지에서 설립등기를 해야 한다. 사회복지사업법 시행규칙 제8조에 따라 설립등기를 마친 후 7일 이내에 시·도지사에게 등기 완료 사실을 보고한다. 이러한 과정을 통해 사회복지법인은 법적 요건을 갖추고 공식적으로 설립되며, 이후 사회복지사업법에 따른 관리·감독을 받게 된다.

〈표 10-2〉 사회복지법인 설립절차의 개요

1단계	신청인의 법인설립 신청(신청인 → 시·군·구)
조치사항	• 사회복지법인을 설립하고자 하는 자는 「사회복지사업법 시행규칙」 제7조에 규정되어 있는 사회복지법인 설립허가 신청서와 기타 구비서류를 완비하여 시·군·구에 제출
참고사항	• 시·도 및 시·군·구는 신청인이 신청서 제출전 법인 주사무소가 소재할 시·도 및 시·군·구와 법인설립 필요성 등에 대해 충분하게 협의하여 추후 절차가 원만하게 수행 되도록 지도 • 시·도 및 시·군·구는 사회복지법인 설립에 대한 문의가 있을 경우 신속하고 정확하게 안내할 것
2단계	검토의견 등 첨부하여 시·도 제출(시·군·구 → 시·도)
조치사항	• 시·군·구는 설립허가를 신청한 법인에 대한 기초자료(예) 자산에 관한 실지조사 결과, 법인설립 필요성에 관한 검토의견서 등)를 첨부하여 시·도에 신청서를 제출
참고사항	• 신청서를 접수한 시·군·구는 해당 법인이 소재할 사무소 및 기본재산 등을 직접 엄격하게 확인할 것(필요시 방문) • 시·도에서 조례 및 규칙 등으로 법인업무와 관련한 시·군·구의 권한 및 위임사항을 정하였을 경우 그에 따르되 법인의 허가 등 법인관리 업무의 중요사항은 반드시 시·도지사가 행할 것
3단계	시·도에서 최종 허가여부 결정
조치사항	• 시·도는 법인설립 신청서와 시·군·구의 기초자료, 시·도의 복지여건 등을 종합적으로 검토하여 법인설립허가 최종 결정 • 처리기한 : 17일 ※ 주무관청에서 신청서의 보완을 요청한 경우 보완기간은 처리기한에 산입하지 않으며, 신청서를 반려한 경우 처리기한은 종료되고 재접수 시점부터 다시 기산하는 것을 원칙으로 함
참고사항	• 법인허가시 법인의 목적사업에 해당하는 기본재산을 갖추었는지 여부를 엄격하게 심사할 것 • 목적사업이 2개 이상의 시·도에 걸쳐있는 법인에 대해서는 관련 시·도의 의견을 충분히 수렴한 후 결정

(2) 사회복지법인의 설립허가

사회복지법인을 설립하고자 하는 자는 사회복지법인 설립허가신청서와 관련 서류를 주된 사무소를 관할하는 시·군·구청장을 거쳐 시·도지사에게 제출해야 한다. 시·도지사는 법인설립허가 신청내용이 특정 기준에 적합한 경우에 한하여 허가한다. 이 기준에는 목적사업이 구체적이며 실현가능하다고 인정되는 경우, 출연재산의 수입으로 목적사업을 원활히 달성할 수 있다고 인정되는 경우, 목적사업이 적극적으로 사회복지를 유지·증진하는 것이라고 인정되는 경우가 포함된다. 시·도지사는 이러한 내용에 적합하다고 해서 반드시 허가할 의무는 없으나, 이를 충족하지 못하였을 경우에는 허가하여서는 안 된다. 또한, 의료, 교육, 수익목적의 사업 등 사회복지사업의 범위를 벗어난 법인 설립은 미연에 방지해야 한다.

① 구비서류

㉠ 설립허가 신청서

사회복지법인 설립허가신청서 작성 시, 신청인은 설립하고자 하는 사회복지법인의 대표자의 인적사항을 기재한다. 주소는 법인 주소가 아닌 신청인의 주소를 기입한다. 법인의 명칭, 주된 사무소 소재지, 설립목적, 사업의 종별은 정관 기재사항과 동일하게 작성해야 한다. 설립목적 작성 시에는 첫째, 사회복지사업법 제2조에 명시된 사회복지사업을 수행할 목적을 명확히 기술해야 한다. 이는 법인의 활동이 사회복지사업법의 범주 내에 있음을 명확히 하고, 법인의 설립 취지와 활동 영역이 사회복지 증진에 부합함을 보장한다. 둘째, 관련법에 근거한 시설운영 또는 지원사업을 세부적이고 구체적으로 규정해야 한다. 예를 들어, 노인복지법에 따른 노인복지시설 운영이나 아동복지법에 근거한 아동보호사업 등을 구체적으로 명시할 수 있다. 이를 통해 법인이 수행하고자 하는 구체적인 사업 내용과 그 법적 근거를 명확히 하여, 법인 활동의 합법성과 구체성을 보장한다. 이러한 세부적인 규정은 사회복지법인의 설립목적이 법적 요건을 충족하고 구체적인 사업 계획을 포함하고 있음을 보장하며, 향후 법인의 활동 방향을 명확히 하고 관련 기관의 감독과 평가의 기준이 될 수 있다.

자산은 기본재산과 보통재산으로 구분할 수 있다. 사회복지법인을 설립하고자 하는 자는 목적사업에 필요한 재산을 출연해야 한다. 이 재산은 동산과 부동산 등을 포함할 수 있다. 출연하고자 하는 재산에는 지상권, 근저당권, 가등기 등이 설정되어 있거나, 가압류, 가처분 등이 되어 있어 법인이 채무를 부담하거나 재산권 행사가 제한되는 상황이 없어야 한다. 기본재산이 현금일 경우에는 예금자보호법에 의한 보호 등을 확인하여 기본재산이 잠식되는 등의 위험성을 피해야 한다. 시설법인의 경우, 관련법에서 정한 시설종류별 설치기준에 적합한 시설과 부지를 갖추거나 갖출 수 있는 목적사업용 기본재산 및 시설운영을 위한 보통재산을 갖춰야 한다. 또한 시설을 설치하고자 하는 부지는 해당 시설의 설치가 가능한 지역이어야 한다. 이러한 요건들은 사회복지법인의 안정적인 설립과 운영을 보장하고, 법인의 목적사업을 효과적으로 수행할 수 있는 기반을 마련하기 위한 것이다.

〈표 10-3〉 기본재산과 보통재산의 구분

<table>
<tr><td rowspan="3">① 기본재산</td><td colspan="2">• 목적사업 및 수익사업의 수행을 위해 기본적으로 필요한 재산으로 부동산, 정관에서 기본재산으로 정한 재산, 이사회의 결의에 의하여 기본재산으로 편입된 재산이 해당
※ 기본재산은 그 목록과 가액을 정관에 기재해야 함
• 기본재산은 목적사업용 재산과 수익용 재산으로 구분</td></tr>
<tr><td>목적사업용 재산</td><td>법인이 시설 등을 설치하는 데 직접 사용하는 기본재산</td></tr>
<tr><td>수익용 재산</td><td>법인이 그 수익으로 목적사업의 수행에 필요한 경비를 충당할 목적으로 한 재산</td></tr>
<tr><td>② 보통재산</td><td colspan="2">• 기본재산 이외의 재산
※ 자동차, 컴퓨터, 집기, 비품 등 감가상각 하는 재산은 보통재산에 해당</td></tr>
</table>

ⓛ 설립취지서

법인 설립취지는 6하 원칙(누가, 언제, 어디서, 무엇을, 어떻게, 왜)에 따라 간단명료하게 작성해야 한다. 이를 통해 법인 설립의 목적과 배경, 주요 활동 계획 등을 명확하게 전달할 수 있다. 사업내용은 법인의 목적사업을 개조식으로 기재해야 한다. 이는 법인이 수행하고자 하는 구체적인 사업들을 명확하고 간결하게 나열하는 것이다. 예를 들어, "1. 노인복지시설 운영, 2. 재가노인복지서비스 제공, 3. 노인일자리 창출 사업, 4. 노인 건강증진 프로그램 운영" 등과 같이 기재할 수 있다. 이렇게 작성함으로써 법인의 설립 목적과 주요 사업 내용을 명확히 전달하고, 관련 기관의 검토와 승인 과정을 원활히 할 수 있다.

ⓒ 발기인 총회 회의록 및 발기인 명단

사회복지법인 설립 시 발기인 총회 회의록은 회의일시, 장소, 참석자를 명확히 명기해야 한다. 회의내용으로는 법인설립취지서 채택, 정관 심의 및 의결, 임원선출, 재산 출연사항, 사업계획 및 수지예산서 등에 관한 의결사항이 포함되어야 한다. 이는 법인 설립의 주요 결정사항들이 공식적으로 논의되고 승인되었음을 증명하는 중요한 자료가 된다. 발기인 총회 회의록은 발기인 전원이 날인하고 인감을 첨부해야 한다. 이는 회의록의 진실성과 법적 효력을 보장하기 위한 것이다. 발기인 명단에는 연번, 직위, 성명, 주민번호, 주소, 약력이 포함되어야 한다. 이 정보들은 발기인의 신원을 확인하고, 법인 설립에 참여한 인물들의 자격과 배경을 검토하는 데 필요하다. 이러한 요건들을 충족함으로써 사회복지법인 설립 과정의 투명성과 적법성을 확보할 수 있다.

ⓔ 정관

정관은 설립자는 법인의 기본규칙을 정하여 이를 서면에 기재하고 기명 인감날인 해야 한다. 이는 민법 제43조에 근거한 요건이다. 사회복지사업법 제17조에 따른 사회복지법인의 정관 기재사항은 첫째, 목적을 명시해야 한다. 둘째, 법인의 명칭을 기재해야 한다. 셋째, 주된 사무소의 소재지를 명확히 해야 한다. 넷째, 사업의 종류를 목적사업을 구체적으로 기재하여 명시해야 한다. 다섯째, 자산 및 회계에 관한 사항을 포함해야 한다. 여섯째, 임원의 임면 등에 관한 사항을 기재해야 한다. 일곱째, 회의에 관한 사항을 명시해야 한다. 여덟째, 수익을 목적으로 하는 사업이 있는 경우 그에 관한 사항을 포함해야 한다. 아홉째, 정관의 변경에 관한 사항을 기재해야 한다. 열 번째, 존립시기와 해산사유를 정한 때에는 그 시기와 사유 및 잔여재산의 처리방법을 명시해야 한다. 열한 번째, 공고 및 그 방법에 관한 사항을 포함해야 한다. 이러한 사항들은 법인의 기본적인 운영 틀을 제시하는 중요한 요소들이다. 또한, 법인이 정관을 변경하고자 하는 경우에는 반드시 시·도지사의 인가를 받아야 한다. 이는 법인 운영의 중요한 변화에 대해 관할 기관의 검토와 승인을 받음으로써 법인 운영의 적법성과 투명성을 확보하기 위한 것이다. 법인이 정관을 변경하고자 하는 경우 시·도지사의 인가를 받아야 한다.

ⓜ 재산출연증서

사회복지법인을 설립하고자 하는 자는 출연재산에 대하여, 출연재산의 소재지, 지목, 지적, 평가가액 등 구체적인 내용을 기재해야 한다. 이와 함께 출연인의 인적사항과 출연일자 등을 명시하고 인감날인을 해야 한다. 이는 출연재산의 정확한 정보를 제공하고 출연 행위의 진실성을 확보하기 위한 것이다. 주식이나 예금 등을 출연하는 경우에는 공증인의 공증이 필요하다. 이는 금융자산 출연의 법적 효력을 보장하기 위한 절차이다. 또한, 재산 소요 증명서류, 재산의 평가조서, 재산의 수익조서를 첨부해야 한다. 특히 수익용 기본재산의 경우 이러한 서류들이 반드시 필요하다. 이는 출연재산의 가치와 수익성을 객관적으로 입증하고, 법인의 재정적 기반을 확인하기 위한 것이다. 이러한 요건들을 충족함으로써 사회복지법인 설립 과정의 투명성과 적법성을 확보하고, 법인의 안정적인 재정 기반을 마련할 수 있다.

ⓑ 임원 취임승낙서

사회복지사업법 제18조에 따라 법인의 임원은 대표이사를 포함한 이사 7명 이상과 감사 2명 이상으로 구성되어야 한다. 이는 법인 운영의 안정성과 투명성을 확보하기 위한 최소한의 요건이다. 사회복지법인의 임원으로 취임하고자 하는 자는 취임승낙 의사표시를 해야 한다. 이와 함께 임원취임승낙서에 주소, 성명, 주민등록번호, 주요경력, 직위, 취임기간 등을 명시하고 기명날인해야 한다. 또한 이력서를 첨부해야 한다. 이러한 절차는 임원의 신원과 자격을 확인하고, 법인 운영에 대한 책임을 명확히 하기 위한 것이다. 임원취임승낙서와 이력서는 법인 설립 허가 신청 시 중요한 심사 자료가 되며, 향후 법인 운영의 적법성과 투명성을 보장하는 기초가 된다. 이러한 요건을 충족함으로써 사회복지법인은 적절한 지배구조를 갖추고, 효과적이고 책임 있는 운영을 할 수 있는 기반을 마련할 수 있다.

㉦ 이사 추천서

법인은 이사 정수의 3분의 1(소수점 이하는 버림) 이상을 '시·도사회보장위원회' 또는 '지역사회보장협의체'에서 추천한 사람 중에서 선임해야 한다. 이 추천과 요청은 모두 서면으로 진행되어야 한다(2017.10.24. 개정, 2018.4.25. 시행). 예를 들어, 법인의 이사가 7인(대표이사 포함)인 경우 2명의 이사는 이들 기관으로부터 추천받은 이사 중에 선임해야 한다. 사회복지법인의 대표자, 사회복지사업을 하는 비영리법인 또는 단체의 대표자, 지역사회보장협의체의 대표자는 추천 후보에서 제외된다. 이는 기존 사회복지사업법 제18조 제2항과 개정 사회복지사업법 제18조 제8항(2018년 4월 25일 시행)에 근거한다.

법인은 추천 이사 선임 사유가 발생한 날부터 15일 이내에 관련 기관에 이사 추천을 요청해야 한다. 다만, 임기 만료와 같이 사전에 예측 가능한 경우에는 임기 만료 3개월 전부터 추천을 요청할 수 있다. 이는 사회복지사업법 시행령 제8조의2 제1항에 근거한다. 임기가 만료된 외부추천이사가 해당 법인의 선임이사로 추천절차 없이 연임하는 경우, 더 이상 외부추천이사가 아니므로 새로운 외부추천이사를 선임해야 한다. 외부추천이사로 연임하기 위해서는 반드시 최초 선임 시와 동일한 추천절차를 거쳐야 한다. 이를 위반할 경우 사회복지사업법 제18조 제2항 위반에 해당한다.

◎ 특수관계 부존재 각서

이사는 7인 이상 두어야 하며, 외국인 이사는 이사 현원의 1/2 미만이어야 한다. 이사회 구성에 있어 사회복지사업법 시행령 제9조에 의한 "특별한 관계에 있는 자"

는 이사 현원의 1/5를 초과할 수 없다.

예를 들어, 7인의 이사 중 대표이사와 친인척이 1인이 있는 경우 특별관계 이사 수는 2인이 되므로 법률 위반 사항이 된다. 1인의 특별관계 이사를 두고자 할 경우, 법인 이사의 현원은 10인 이상이 되어야 한다.

※ 참고 : 특별한 관계에 있는 자의 범위(「사회복지사업법 시행령」 제9조)

1. 출연자
2. 출연자 또는 이사와의 관계가 다음 각목의 어느 하나에 해당하는 사람
   가. 6촌 이내의 혈족
   나. 4촌 이내의 인척
   다. 배우자(사실상 혼인관계에 있는 사람을 포함한다)
   라. 친생자(親生子)로서 다른 사람에게 친양자(親養子)로 입양된 사람 및 그 배우자와 직계비속
3. 출연자 또는 이사의 사용인 그 밖에 고용관계에 있는 자(출연자 또는 이사가 "출자에 의하여 사실상 지배하고 있는 법인"의 사용인 그 밖에 고용관계에 있는 자를 포함)
4. 출연자 또는 이사의 금전 그 밖의 재산에 의하여 생계를 유지하는 자 및 그와 생계를 함께 하는 자
5. 출연자 또는 이사가 재산을 출연한 다른 법인의 이사

▸ 3의 "출자에 의하여 사실상 지배하고 있는 법인"의 의미
   가. 법인의 발행주식 총액 또는 출자총액의 100분의 30 이상을 출자자 1인과 그와 상기 "2", "4" 및 사용인 그 밖에 고용관계에 있는 자(이하 "지배주주")가 소유하고 있는 경우
   나. 법인의 발행주식총액 또는 출자총액의 100분의 50 이상을 "가"의 법인과 그의 지배주주가 소유하고 있는 경우
   다. 법인의 발행주식총액 또는 출자총액의 100분의 50 이상을 "가"의 법인과 그의 지배주주 및 "나"의 법인이 소유하고 있는 경우

ⓩ 결격사유 부존재 각서

법인의 임원은 대표이사를 포함한 이사 7명 이상과 감사 2명을 두어야 한다. 이는 사회복지사업법에 명시된 최소 요건으로, 법인의 규모와 특성에 따라 더 많은

임원을 둘 수 있다. 사회복지사업법 제19조 제1항에 규정된 결격사유에 해당하는 사람은 임원이 될 수 없다. 결격사유에는 미성년자, 피성년후견인 또는 피한정후견인, 파산선고를 받고 복권되지 아니한 사람, 법원의 판결에 따라 자격이 상실되거나 정지된 사람, 금고 이상의 실형을 선고받고 그 집행이 끝나거나(집행이 끝난 것으로 보는 경우를 포함한다) 집행이 면제된 날부터 3년이 지나지 아니한 사람, 금고 이상의 형의 집행유예를 선고받고 그 유예기간 중에 있는 사람, 사회복지사업법을 위반하여 벌금형을 선고받고 1년이 지나지 아니한 사람 등이 있다.

㉠ 사업계획서 및 예산서

법인 설립 허가 조건은 법인의 독자적인 재원을 통한 시설의 항구적 운영 능력 여부를 판단하는 것이다. 이는 법인의 자체 존립 능력을 확인하기 위한 것이다. 이러한 조건은 법인이 지속가능하고 안정적으로 운영될 수 있는지를 평가하는 중요한 기준이 된다. 다만, 법인의 사업이 공익적 성격을 띠고 있기 때문에 정부 및 지방자치단체에서 사업비의 일부를 보조할 수 있다. 이는 사회복지법인의 공익적 역할을 인정하고 지원하는 정책적 고려사항이다.

지원 예산 반영 시점은 법인 설립 차년도 또는 그 이후가 될 수 있다. 이러한 이유로, 법인 설립 신청 시 2년간의 사업계획서 및 수지예산서를 요구한다. 이는 법인이 정부나 지자체의 지원 없이도 초기에 독립적으로 운영될 수 있는 능력을 갖추고 있는지를 확인하기 위한 것이다.

(2) 사회복지법인의 기관

사회복지법인은 임원으로서 이사와 감사를 두고, 법인의 의사결정기관인 이사회를 반드시 설치해야 한다.

이사회는 이사로 구성되며, 이사장은 정관이 정하는 바에 따라 이사 중에서 호선한다. 이사는 7인 이상 두어야 하며, 외국인 이사는 이사 현원의 1/2 미만이어야 한다. 이사회의 구성에 있어 "특별한 관계에 있는 자"는 이사 현원의 1/5를 초과할 수 없다. 이사 정수의 1/3(소수점 이하는 버림) 이상을 '시·도 사회보장위원회 또는 지역사회보장협의체'에서 3배수 추천한 사람 중에서 선임해야 한다. 이사회는 법인의 예산, 결산, 차입금 및 재산의 취득·처분과 관리에 관한 사항, 정관의 변경에 관한 사항, 법인의 합병·해산에 관한 사항, 임원의 임면에 관한 사항, 수익사업에 관한 사항, 기타 법령이나 정관에 의하여 그 권한에 속하는 사항을 결정한다. 이사회는 원칙적으로 이사장이 소집하고 그 의장이 되며, 이사장이 직무를 수행할 수 없는 경우에는 정관이 정하는 바에 따라 다른 이사가 소집할 수 있다.

이사는 법인을 대표하고 법인의 업무를 집행하는 필수기관으로, 선량한 관리자의 주의로 충실하게 그 직무를 행해야 하며, 이사가 그 임무를 게을리 할 때에는 법인에 대하여 연대하여 손해배상의 책임이 있다. 이사는 법인의 사무에 관하여 각자 법인을 대표할 수 있으나, 정관으로 제한할 수 있다.

감사는 법인의 재산이나 업무집행상태의 적정 여부를 조사·감독하는 기관으로 필수기관이며, 2인 이상 두어야 하고 그 임기는 2년으로 연임할 수 있다. 감사는 이사와 특별한 관계에 있는 자가 아니어야 하며, 감사 중 1명은 법률 또는 회계에 관한 지식이 있는 사람 중에서 선임해야 한다. 일정 규모 이상의 법인은 감사 중 1명을 시·도지사의 추천을 받아 외부 감사인으로 선임해야 한다. 감사는 법인의 업무와 재산상황을 감사하고 이사에게 필요한 자료의 제출 또는 의견을 요구하며, 이사회의 회의록에 기명 날인하고, 법인의 업무와 재산상황에 대해 이사에게 의견을 진술하며, 불법 또는 부당한 점이 있음을 발견한 때 이를 이사회와 시·도지사에 보고하는 등의 직무를 수행한다.

(3) 사회복지법인 법인허가 후 등기 및 정관변경

설립허가 과정에서 시·도지사는 사회복지사업법 시행규칙 제7조 제3항에 따라 결격사유가 없을 경우 '사회복지법인 설립허가증'을 신청인에게 발급해야 한다. 설립허가 기준은 공익법인의 설립·운영에 관한 법률 제4조 및 동법 시행령 제5조에 근거하여 세 가지로 요약된다. 첫째, 목적사업이 구체적이고 실현가능해야 한다. 둘째, 출연재산의 수입으로 목적사업을 원활히 달성할 수 있어야 한다. 셋째, 목적사업이 적극적으로 사회복지를 유지·증진하는 것이어야 한다.

설립허가를 받은 법인은 3주 이내에 민법 제33조에 따라 법인의 주된 사무소가 있는 소재지의 등기소에서 설립등기를 해야 한다. 등기 후 7일 이내에 시·도지사에게 보고해야 한다. 등기사항에는 목적, 명칭, 사무소, 설립허가의 연월일, 존립 시기나 해산 사유를 정한 때에는 그 제한에 대한 사항이 포함된다. 등기를 하지 않으면 제3자에 대항하지 못하며, 등기의무 불이행 시 과태료 부과 대상이 된다.

정관변경은 시·도지사의 인가사항으로, 정관의 변경을 결의한 이사회 회의록 1부, 정관변경(안) 1부, 사업변경계획서 및 예산서 그리고 소유를 증명할 수 있는 서류(사업 변동이 있는 경우에 한함) 각 1부, 재산의 평가조서 및 재산수익조서(사업 변동이 있는 경우에 한함) 각 1부. 등의 서류를 제출해야 한다. 단, 정관 중 공고 및 그 방법에 관한 사항의 변경은 시·도지사의 인가가 불필요하다.

등기 절차는 법인의 법적 지위를 확립하고 제3자에 대한 대항력을 갖게 하는 중요한 과정이다. 정관변경 절차는 법인의 운영 방식이나 목적 등의 중요한 변경사항을 관리감독기관이 검토하고 승인함으로써 법인 운영의 적절성을 유지하는 데 기여한다.

제2절 장애인복지시설

1. 장애인복지시설 종류

장애인복지법 제58조는 장애인복지시설을 장애인거주시설, 장애인지역사회재활시설, 장애인직업재활시설, 그리고 장애인의료재활시설, 그 밖에 대통령령이 정하는 시설로 구분하고 있다.

장애인거주시설은 일반 가정에서 생활하기 어려운 장애인에게 거주 공간을 제공한다. 장애인거주시설의 주요 목적은 장애인에게 안전하고 편안한 주거 환경을 제공하는 것이다. 장애인거주시설은 거주 지원뿐만 아니라 일상생활 지원, 요양 지원, 심리 지원, 사회적응 훈련 등 다양한 서비스를 제공한다. 장애인거주시설의 특징은 장기 거주형 서비스를 제공한다는 점이다. 또한 각 거주인의 개별적 필요에 따른 맞춤형 서비스를 제공하며, 가능한 한 가정과 유사한 환경을 조성하여 거주인들의 심리적 안정을 도모한다. 장애인거주시설은 시설 내에서만 생활하는 것이 아니라 지역사회와의 연계를 통해 사회 통합을 촉진하는 역할도 수행한다.

장애인지역사회재활시설은 장애인을 전문적으로 상담, 치료, 훈련하거나 장애인의 일상생활과 사회생활에 필요한 서비스를 제공하는 시설이다. 장애인지역사회재활시설의 주요 목적은 장애인이 지역사회 내에서 독립적으로 생활할 수 있도록 지원하고, 사회 참여를 촉진하는 것이다. 장애인지역사회재활시설은 상담 서비스, 치료 서비스, 교육 및 훈련, 여가활동 지원, 사회 참여활동 지원 등 다양한 서비스를 제공한다. 장애인지역사회재활시설의 특징은 지역사회를 중심으로 운영된다는 점이다. 또한 상담, 치료, 교육, 여가 등 다양한 서비스를 종합적으로 제공하며, 각 분야의 전문가들이 서비스를 담당한다. 장애인지역사회재활시설은 지역 내에 위치하여 장애인들이 쉽게 이용할 수 있으며, 다른 복지시설, 의료기관, 교육기관 등과 연계하여 서비스를 제공한다.

장애인직업재활시설은 일반 작업환경에서는 일하기 어려운 장애인이 특별히 준비된 작업환경에서 직업훈련을 받거나 직업 생활을 할 수 있도록 하는 시설이다. 장애인직업재활시설의 주요 목적은 장애인의 직업 능력을 개발하고, 적절한 일자리를 제공하여 경제적 자립을 돕는 것이다. 장애인직업재활시설은 직업 상담, 직업 평가, 직업 훈련, 보호 고용, 지원 고용, 취업 알선, 취업 후 적응 지도 등의 서비스를 제공한다. 장애인직업재활시설의 특징은 장애인의 특성을 고려한 안전하고 적합한 작업 환경을 제공한다는 점이다. 또한 개인의 능력과 상태에 따라 보호 고용에서 지원 고용, 일반 고용으로의 단계적 전환을 지원한다.

장애인의료재활시설은 장애인을 입원 또는 통원하게 하여 상담, 진단, 판정, 치료 등 의료재활서비스를 제공하는 시설이다. 장애인의료재활시설의 주요 목적은 장애인의 의료적 재활을 통해 신체적, 정신적 기능을 회복하거나 유지하도록 돕는 것이다. 장애인의료재활시설은 의료 상담, 진단 및 판정, 치료, 재활 훈련, 보조기구 처방 및 적용, 건강 관리, 영양 관리 등의 서비스를 제공한다. 장애인의료재활시설의 특징은 의사, 간호사, 치료사 등 의료 전문인력이 서비스를 제공한다는 점이다. 또한 개인의 장애 유형과 정도에 따른 맞춤형 치료 계획을 수립하고 실행하며, 의료적 치료와 재활 훈련을 통합적으로 제공한다. 장애인의료재활시설은 단기적 치료뿐만 아니라 장기적인 건강 관리 서비스를 제공하며, 최신 의료 장비와 재활 기구를 활용하여 효과적인 치료를 제공한다.

그 밖에 대통령령이 정하는 시설로 장애인생산품 판매시설이 있다. 장애인 생산품의 판매활동 및 유통을 대행하고, 장애인 생산품이나 서비스·용역에 관한 상담, 홍보, 판로 개척 및 정보제공 등 마케팅을 지원하는 시설로 정의하고 있다.

표 10-4〉 장애인복지시설의 종류

구분	시설의 종류 및 기능
장애인 거주시설	가. 장애유형별 거주시설 : 장애유형이 같거나 유사한 장애를 가진 사람들을 이용하게 하여 그들의 장애유형에 적합한 주거지원· 일상생활지원·지역사회생활지원 등의 서비스를 제공하는 시설 나. 중증장애인 거주시설 : 장애의 정도가 심하여 항상 도움이 필요한 장애인에게 주거지원· 일상생활지원· 지역사회생활지원· 요양서비스를 제공하는 시설 다. 장애영유아 거주시설 : 6세 미만의 장애영유아를 보호하고 재활에 필요한 주거지원· 일상생활지원 지역사회생활지원· 요양서비스를 제공하는 시설 라. 장애인 단기거주시설 : 보호자의 일시적 부재 등으로 도움이 필요한 장애인에게 단기간 주거서비스, 일상생활지원서비스, 지역사회생활서비스를 제공하는 시설 마. 장애인 공동생활가정 : 장애인들이 스스로 사회에 적응하기 위하여 전문인력의 지도를 받으며 공동으로 생활하는 지역사회 내의 소규모주거시설
장애인 지역사회 재활시설	가. 장애인복지관 : 장애인에 대한 각종 상담 및 사회심리·교육·직업·의료재활 등 장애인의 지역사회생활에 필요한 종합적인 재활서비스를 제공하고, 장애인에 대한 사회적 인식 개선사업을 수행하는 시설 나. 장애인 주간보호시설 : 장애인을 주간에 일시 보호하여 장애인에게 필요한 재활서비스를 제공하는 시설 다. 장애인 체육시설 : 장애인의 체력증진 또는 신체기능 회복활동을 지원하고 이와 관련된 편의를 제공하는 시설 마. 장애인 수련시설 : 장애인의 문화· 취미· 오락활동 등을 통한 심신수련을 조장·지원하고 이와 관련된 편의를 제공하는 시설 바. 장애인 생활이동지원센터 : 이동에 상당한 제약이 있는 장애인에게 차량 운행을 통한 직장 출퇴근 및 외출 보조나 그 밖의 이동서비스를 제공하는 시설 사. 한국수어 통역센터 : 의사소통에 지장이 있는 청각·언어장애인에게 한국수어 통역 및 상담서비스를 제공하는 시설 아. 점자도서관 : 시각장애인에게 점자간행물 및 녹음서를 열람하게 하는 시설 자. 점자도서 및 녹음서 출판시설 : 시각장애인을 위한 점자 간행물 및 녹음서를 출판하는 시설 차. 장애인 재활치료시설 : 장애아동을 포함한 장애인에게 언어·미술· 음악 등 재활치료에 필요한 치료, 상담, 훈련 등의 서비스를 제공하고 서비스를 이용한 자로부터 비용을 수납하여 운영하는 시설
장애인 직업재활 시설	가. 장애인 보호작업장 : 직업능력이 낮은 장애인에게 직업적응능력 및 직무기능 향상훈련 등 직업재활훈련 프로그램을 제공하고, 보호가 가능한 조건에서 근로의 기회를 제공하며, 이에 상응하는 노동의 대가로 임금을 지급하며, 장애인 근로사업장이나 그 밖의 경쟁적인 고용시장으로 옮겨갈 수 있도록 돕는 역할을 하는 시설 나. 장애인 근로사업장 : 직업능력은 있으나 이동 및 접근성이나 사회적 제약 등으로 취업이 어려운 장애인에게 근로의 기회를 제공하고, 최저임금 이상의 임금을 지급하며, 경쟁적인 고용시장으로 옮겨갈 수 있도록 돕는 역할을 하는 시설 다. 장애인 직업적응훈련시설 : 작업능력이 극히 낮은 장애인에게 작업활동, 일상생활훈련 등을 제공하여 기초작업능력을 습득시키고, 작업평가 및 사회적응훈련 등을 실시하여 장애인 보호작업장 또는 장애인근로사업장이나 그 밖의 경쟁적인 고용시장으로 옮겨갈 수 있도록 돕는 역할을 하는 시설
장애인 의료재활 시설	장애인 의료재활시설 : 장애인을 입원 또는 통원하게 하여 상담, 진단판정, 치료 등 의료재활서비스를 제공하는 시설
장애인 생산품 판매시설	장애인 생산품의 판매활동 및 유통을 대행하고, 장애인 생산품이나 서비스용역에 관한 상담, 홍보, 판로 개척 및 정보제공 등 마케팅을 지원하는 시설

2. 장애인복지시설 설치 및 신고

(1) 장애인복지시설 설치

장애인복지시설 설치는 장애인복지법 제59조(장애인복지시설 설치)에 의거하여 국가와 지방자치단체는 장애인복지시설을 설치할 수 있다. 국가나 지방자치단체 외의 자가 장애인복지시설을 설치·운영하려면 해당 시설 소재지 관할 시장·군수·구청장에게 신고해야 한다. 신고한 사항 중 보건복지부령으로 정하는 중요한 사항을 변경할 때에도 신고해야 한다. 다만, 제62조에 따른 폐쇄 명령을 받고 1년이 지나지 아니한 자는 시설의 설치·운영 신고를 할 수 없다.

시장·군수·구청장은 제2항에 따른 신고 또는 변경신고를 받은 경우 그 내용을 검토하여 이 법에 적합하면 신고 또는 변경신고를 수리해야 한다.

장애인 거주시설의 정원은 30명을 초과할 수 없다. 다만, 특수한 서비스를 위하여 일정 규모 이상이 필요한 시설 등 대통령령으로 정하는 경우에는 그러하지 아니하다.

의료재활시설의 설치는 「의료법」을 준용해야 한다. 의료재활시설에 대한 의료법 준용 규정은 장애인들이 받는 의료 서비스의 질을 일반 의료기관과 동등한 수준으로 보장하기 위한 것이다. 이를 통해 장애인들의 건강권과 재활의 권리가 더욱 강화될 수 있다.

(2) 장애인복지시설 신고

장애인복지법 제59조제2항 본문에 따라 국가 또는 지방자치단체 외의 자가 장애인복지시설을 설치·운영하려는 경우에는 별지 제20호서식의 신고서(전자문서로 된 신고서를 포함한다)에 정관 1부(법인인 경우에만 해당한다), 시설운영에 필요한 재산목록 1부, 사업계획서 및 예산서 각 1부, 시설의 운영에 관한 규정 각 1부,

시설의 평면도(시설의 층별 및 구조별 면적을 표시해야 한다)와 설비구조 내역서 각 1부의 서류(전자문서를 포함한다)를 첨부하여 관할 시장·군수·구청장에게 제출해야 한다.

제1항에 따라 신고서를 받은 시장·군수·구청장은 「소방시설 설치·유지 및 안전관리에 관한 법률 시행령」 별표 5에 따라 장애인복지시설이 갖추어야 하는 소방시설에 대하여 「소방시설 설치·유지 및 안전관리에 관한 법률」 제7조제6항 전단에 따라 그 장애인복지시설의 소재지를 관할하는 소방본부장이나 소방서장에게 그 장애인복지시설이 같은 법 또는 같은 법에 따른 명령을 따르고 있는지에 대한 확인을 요청해야 하고, 「전자정부법」 제36조제1항에 따른 행정정보의 공동이용을 통하여 법인 등기사항증명서(법인인 경우만 해당한다), 건물등기부 등본, 토지등기부 등본의 서류를 확인해야 한다. 이 규정들은 장애인복지시설의 설치와 운영에 관한 구체적인 절차와 필요 서류를 명시하고 있다. 시설 설치·운영 신고 시 제출해야 하는 서류들은 시설의 운영 주체, 재정 상태, 운영 계획, 시설 구조 등을 파악할 수 있게 해준다. 이는 시설의 적절성과 안정성을 사전에 확인하기 위한 조치이다.

3. 장애인복지시설의 종류별 사업 및 설치·운영기준

장애인복지시설의 공통기준(장애인 거주시설 중 장애인 공동생활가정의 경우에는 적용하지 아니하며, 장애인 거주시설 중 장애인 단기거주시설, 장애인 지역사회재활시설 중 장애인 주간보호시설, 장애인 체육시설, 장애인 수련시설, 장애인 생활이동지원센터, 한국수어 통역센터, 점자도서관, 점자도서와 녹음서 출판시설, 장애인 재활치료시설, 장애인 직업재활시설 및 장애인 생산품 판매시설의 경우에는 제3호나목만 적용한다)에서 시설의 입지조건은 시설은 그 분포의 적정성과 보건·위생·급수·안전·환경 및 교통편의 등을 충분히 고려하여 장애인이 쉽게 접근하고 편리하게 이용할 수 있는 쾌적한 환경을 갖춘 부지를 선정해야 한다.

시설의 규모는 상시 10명 이상 30명 이하가 생활할 수 있는 시설을 갖추어야 한다. 다만, 시설 종류별 개별기준에서 10명 미만의 소규모 시설을 따로 정하고 있는 경우와 장애인이 상시 생활하지 아니하는 시설은 예외로 한다.

시설의 구조와 설비는 그 시설을 이용하는 장애인의 장애유형별·성별·연령별 특성에 맞도록 해야 한다. 다만, 6세 미만의 장애영유아를 위한 시설은 이 기준에 따른 구조 및 설비 외에 「아동복지법」에 따른 아동복지시설 중 영아시설에 준하는 설비를 따로 갖추어야 한다. 시설에는 장애인·노인·임산부 등의 편의증진보장에 관한 법령에 따른 편의시설을 갖추어야 한다.

장애인이 30명 이상 거주하는 시설은 지체장애인이나 뇌병변장애인의 거주시설은 1명당 21.78제곱미터 이상, 청각·언어 장애인 거주시설은 1명당 21.78제곱미터 이상, 시각장애인 거주시설은 1명당 19.8제곱미터 이상, 지적장애인 또는 자폐성장애인 거주시설은 1명당 21.12제곱미터 이상, 중증장애인 거주시설은 1명당 18.48제곱미터 이상 및 장애영유아 거주시설은 1명당 18.48제곱미터 이상으로 한다. 30명 미만의 장애인이 거주하는 시설은 1명당 9.37제곱미터 이상으로 한다.

4. 관리 및 운영 요원의 배치기준

장애인복지시설에는 다음과 같은 관리 및 운영 요원을 두어야 한다. 다만, 장애인이 입소하여 생활하지 않는 시설의 경우에는 다·라·마·바·아·카 및 타에 해당하는 요원을 두지 않을 수 있다.

가. 시설의 장은 1명을 두어야 한다.

나. 총무는 1명을 두어야 한다. 다만, 시설거주자가 30명 이상인 시설만 해당한다.

다. 의사 또는 계약의사(시간제 계약에 따른 의사를 포함한다)는 1명 이상을 두어야 한다. 다만, 시설의 장이 의사인 경우에는 의사를 따로 두지 않을 수 있다.

라. 간호사 또는 간호조무사는 1명 이상을 두어야 한다. 다만, 중증장애인 거주

시설과 장애인영유아 거주시설의 경우에는 시설거주자 50명당 1명 이상으로 하며, 2명 이상인 경우 1명은 간호사여야 한다.

마. 생활지도원은 시설거주자의 연령과 장애 유형에 따라 다음과 같이 배치해야 한다. 시설거주자가 18세 이상의 성인인 경우 10명당 1명 이상, 아동과 지적장애인 또는 자폐성장애인의 경우 시설거주자 5명당 1명 이상, 시각장애인의 경우 시설거주자 4명당 1명 이상, 중증장애인 거주시설 및 장애인영유아 거주시설의 경우 시설거주자 3명당 1명 이상을 배치해야 한다.

바. 영양사는 1명 이상을 두어야 한다. 다만, 시설거주자가 50명 이상인 시설만 해당한다.

사. 사무원은 1명 이상을 두어야 한다. 다만, 시설거주자가 100명 이상인 시설만 해당한다.

아. 사회재활교사는 1명 이상을 두어야 한다. 다만, 시설거주자가 30명 이상인 시설만 해당한다. 이 경우, 시각장애인을 위한 시설의 경우에는 점자 해독이 가능한 자, 청각장애인과 언어장애인을 위한 시설의 경우에는 한국수어 통역이 가능한 자여야 하며, 여성장애인이 생활하는 시설에는 적어도 1명의 여성교사를 두어야 한다.

자. 직업훈련교사는 직업훈련 또는 작업과목에 따라 필요한 인원을 두어야 한다.

차. 시설관리인은 1명 이상을 두어야 한다. 다만, 입소하여 생활하는 장애인이 200명 이상인 시설만 해당한다.

카. 조리원은 시설당 1명을 두어야 한다. 다만, 시설거주자가 50명 이상인 시설의 경우에는 50명을 초과할 때마다 1명을 추가해야 한다.

타. 위생원은 시설당 1명 이상을 두어야 한다. 다만, 시설거주자가 30명 이상인 시설만 해당하며, 시설거주자가 100명 이상인 시설의 경우에는 100명을 초과할 때마다 1명을 추가해야 한다.

5. 관리 및 운영 요원의 자격 기준

시설에는 다음 관리 및 운영 요원을 두어야 한다. 다만, 장애인이 입소하여 생활하지 아니하는 시설의 경우에는 다·라·마·바·아·카 및 타에 해당하는 요원을 두지 아니할 수 있다.

가. 시설의 장 : 1명

나. 총무 : 1명. 다만, 시설거주자가 30명 이상인 시설만 해당한다.

다. 의사 또는 계약의사(시간제 계약에 따른 의사를 포함한다) : 1명 이상. 다만, 시설의 장이 의사인 경우에는 의사를 따로 두지 아니할 수 있다.

라. 간호사 또는 간호조무사 : 1명 이상. 다만, 중증장애인 거주시설과 장애인영유아 거주시설의 경우에는 시설거주자 50명당 1명 이상으로 하며, 2명 이상인 경우 1명은 간호사이어야 한다.

마. 생활지도원 : 시설거주자가 18세 이상의 성인인 경우 10명당 1명 이상, 아동과 지적장애인 또는 자폐성장애인의 경우 시설거주자 5명당 1명 이상, 시각장애인의 경우 시설거주자 4명당 1명 이상, 중증장애인 거주시설 및 장애인영유아 거주시설의 경우 시설거주자 3명당 1명 이상

바. 영양사 : 1명 이상. 다만, 시설거주자가 50명 이상인 시설만 해당한다.

사. 사무원 : 1명 이상. 다만, 시설거주자가 100명 이상인 시설만 해당한다.

아. 사회재활교사 : 1명 이상. 다만, 시설거주자가 30명 이상인 시설만 해당한다. 이 경우, 시각장애인을 위한 시설의 경우에는 점자 해독이 가능한 자, 청각장애인과 언어장애인을 위한 시설의 경우에는 한국수어 통역이 가능한 자이어야 하며, 여성장애인이 생활하는 시설에는 적어도 1명의 여성교사를 두어야 한다.

자. 직업훈련교사 : 직업훈련 또는 작업과목에 따라 필요한 인원

차. 시설관리인 : 1명 이상. 다만, 입소하여 생활하는 장애인이 200명 이상인 시설만 해당한다.

카. 조리원 : 시설당 1명. 다만, 시설거주자가 50명 이상인 시설의 경우에는 50명을 초과할 때마다 1명을 추가한다.

타. 위생원 : 시설당 1명 이상. 다만, 시설거주자가 30명 이상인 시설만 해당하며, 시설거주자가 100명 이상인 시설의 경우에는 100명을 초과할 때마다 1명을 추가한다. 관리 및 운영요원의 자격기준은 다음 표와 같다.

직종별	자격기준
가. 시설의 장	1) 의사(한의사·치과의사를 포함한다)로서 장애 관련 분야에서 3년 이상 진료한 경력이 있는 사람 2) 「초·중등교육법」에 따른 특수학교의 교장이나 교감이었던 사람 또는 같은 법에 따른 특수학교 교사(교사자격증 소지자를 포함한다)이고, 해당 시설 입소 대상 장애인의 교육에 3년 이상 종사한 경력이 있는 사람 3) 사회복지사 자격증을 취득한 후 사회복지사업에 3년 이상 종사한 경력이 있는 사람 4) 장애인재활상담사 자격증을 취득한 후 장애인재활 분야에 3년 이상 종사한 경력이 있는 사람 5) 그 밖에 1)부터 4)까지에 준하는 경력이 있다고 인정되는 사람
나. 총무	1) 사회복지사 2) 장애인재활상담사 3) 그 밖에 1) 또는 2)에 준하는 자격이 있다고 인정되는 사람
다. 사회재활교사	1) 「고등교육법」 제2조제1호부터 제6호까지의 대학에서 심리학·교육학이나 장애인재활 관련학을 전공하고 졸업한 사람 또는 법령에 따라 이와 같은 수준의 학력이 있다고 인정되는 사람 2) 사회복지사 3) 장애인재활상담사
라. 시설훈련교사	1) 「고등교육법」 제2조제1호부터 제6호까지의 대학에서 직업재활 또는 특수교육을 전공하고 졸업한 사람 또는 법령에 따라 이와 같은 수준의 학력이 있다고 인정되는 사람 2) 사회복지사 3) 장애인재활상담사 4) 장애인 직업재활시설 운영 직종과 관련된 자격증을 취득한 후 장애인복지사업에 2년 이상 종사한 경력이 있는 사람
마. 시설관리기사	전기, 소방설비, 건축설비, 산업안전, 배관설비 또는 열관리 등 시설관리와 관련된 분야의 면허 또는 자격증을 취득한 사람

6. 시설별 기준

1) 설비

시설별 기준(장애인 거주시설 중 독립형 주거서비스 제공기관과 장애인 지역사회재활시설 중 장애인 재활치료시설, 장애인 쉼터 및 피해장애아동 쉼터는 제외한다)은 공통사항에서 정한 기준 외에 다음 각 목의 구분에 따른 설비를 갖추어야 한다. 다만, 다른 장애인복지시설을 병설하는 경우에는 주된 시설의 설비 일부로 병설하는 시설의 설비를 겸하게 할 수 있다.

가. 장애인 거주시설

시설별	설비기준
장애유형별 거주시설	(1) 지체장애인·뇌병변장애인을 위한 시설 시설에서 시행하려는 재활사업별로 물리치료실, 작업치료실, 직업훈련실 및 보장구 제작실 등 필요한 설비와 지체장애인의 재활 및 훈련에 필요한 기계류·기구류를 갖추어야 한다. (2) 시각장애인을 위한 시설 (가) 재활사업별로 그 사업의 목적을 달성하기 위하여 필요한 시설과 설비를 갖추어야 한다. (나) 2층 이상의 건물에는 대피시설을 설치해야 한다. (3) 청각장애인·언어장애인을 위한 시설 (가) 직업훈련사업을 하는 경우 직업훈련실과 작업훈련용 기계류·기구류를 갖추어 두어야 한다. (나) 청능훈련(聽能訓練)실·언어치료실과 기계·기구를 갖춰두어야 한다. (4) 지적장애인 및 자폐성장애인을 위한 시설 (가) 작업치료실을 설치하되 작업치료의 종류, 기계기구의 종류 및 작업인원에 따라 필요한 면적을 확보하여야 한다. (나) 중증의 지적장애인을 수용하는 거실은 1층에 설치되어야 한다. (다) 필요에 따라 1인용 거실과 2인용 거실을 설치할 수 있다.

중증장애인 거주시설	(1) 시설의 구조와 설비는 중증장애인들이 생활하기에 불편함이 없도록 하여야 한다. (2) 유행성 질환 감염에 대비하여 격리보호실을 1개 이상 설치하여야 한다. 격리보호실에는 산소호흡기 및 흡입기(가래제거용)를 사용할 수 있는 시설물이 설치되어 있어야 한다. (3) 거실을 중심으로 화장실·욕실이 설치되어 있어야 한다. (4) 남아 있는 기능의 유지 및 향상을 위하여 훈련·재활을 할 수 있는 물리치료실·작업치료실 및 언어치료실 등 필요한 설비와 기자재를 갖추어야 한다. (5) 중증장애인의 의료적 진단 및 재활에 필요한 각종 기구와 의무실, 간호실을 갖추어야 한다.
장애영유아 거주시설	(1) 시설의 구조와 설비는 장애영유아들이 생활하기에 불편함이 없도록 하여야 한다. (2) 장애영유아들이 휠체어·유모차 등을 사용하는 데에 불편함이 없도록 이동공간 및 주거공간 등 생활공간이 확보되어야 하고 각종 편의시설이 설치되어야 한다. (3) 허약아, 미숙아 및 전염 가능 아동을 격리·보호할 수 있는 격리보호실이 1개 이상 있어야 한다. (4) 신생아를 재활·보호할 수 있는 관계 장비와 설비를 갖추어야 한다. (5) 거실을 중심으로 화장실·욕실이 설치되어 있어야 한다. (6) 남아 있는 기능을 향상시키기 위하여 훈련·치료를 할 수 있고, 물리치료실, 작업치료실, 언어치료실 등의 필요한 설비와 기자재를 갖추어야 한다.
장애인 단기거주시설	(1) 건축물 연면적 : 최소 66제곱미터 이상 (2) 기본설비 : (가), (다), (마)는 겸용할 수 있다. (가) 거실 (나) 조리실 (다) 의무실 (라) 사무실 (마) 집단활동실 (바) 화장실 (사) 비상재해 대비시설 (아) 그 밖에 장애인의 단기거주에 필요한 설비
장애인 공동생활가정	(1) 기본설비 (가) 거실(1명당 최소 3.3제곱미터 이상) (나) 조리실 (다) 화장실 (라) 그 밖에 장애인의 공동생활에 필요한 장비

나. 장애인 지역사회재활시설

시설별	설비기준
장애인복지관	(1) 건축물 연면적 : 최소 1천 제곱미터 이상 (2) 공통기준 외 추가설비 (가) 강당 또는 회의실 (나) 의무실 또는 의료재활실 (다) 휴게실(또는 쉼터) (라) 직업재활실 (마) 장애인보호자 및 자원봉사자 대기실 (바) 그 밖에 장애인에 대한 재활서비스 제공에 필요한 설비
장애인 주간 이용시설	(1) 건축물 연면적 : 최소 66제곱미터 이상 (2) 기본설비 : (가), (다), (마)는 겸용할 수 있다. (가) 거실 (나) 조리실 (다) 의무실 또는 의료재활실 (라) 사무실 (마) 집단활동실 (바) 화장실 (사) 비상재해 대비시설 (아) 그 밖에 장애인의 주간이용에 필요한 설비
장애인 체육시설	(1) 건축물 연면적 : 최소 900제곱미터 이상 (2) 기본설비 (가) 체련실 (나) 경기장 (다) 의무실 또는 의료재활실 (라) 사무실 (마) 화장실 (바) 그 밖에 장애인의 체육재활에 필요한 설비
장애인 수련시설	(1) 대지 및 건축물 연면적 : 최소 1천 제곱미터 이상 (2) 기본설비 (가) 강당 또는 회의실 (나) 숙소(100명 이상의 동시 수용이 가능하여야 한다) (다) 의무실 또는 의료재활실 (라) 사무실 (마) 조리실 (바) 목욕실 (사) 화장실 (아) 그 밖에 장애인의 심신수련에 필요한 설비
점자도서관	「도서관법」 제5조에 따른 시설 및 자료를 갖추어야 한다.
점자도서 및 녹음서출판시설	(1) 기본설비 : 사무실, 제판실, 인쇄실, 교정실, 제본실, 창고 (2) 기본장비 : 제판기, 교정대, 인쇄기, 원판호책 제본가공용 기구, 제본작업대, 점자용지 재단기, 종이 절단기

다. 장애인 의료재활시설

장애인 의료재활시설은 「의료법」의 관련 규정에 따른다.

라. 장애인 생산품 판매시설

장애인 생산품 판매시설의 설비기준은 생산품 판매장의 면적은 50제곱미터 이상이어야 한다. 또한 부대시설은 상담 및 판매 내용에 따라 적합한 곳에 설치하여야 한다.

7. 관리 및 운영 요원 배치기준

장애인 거주시설의 전문요원 배치 기준은 지체장애인·뇌병변장애인을 위한 거주시설에는 물리치료사와 작업치료사를 각각 1명 이상 두되, 시설거주장애인이 30명을 초과할 때마다 1명씩 추가해야 한다. 상담평가요원은 1명 이상을 두어야 하나, 다른 전문요원이 겸직 중이라면 별도로 두지 않아도 된다. 언어재활사도 1명을 두어야 하지만, 역시 다른 전문요원이 겸직 중이라면 생략할 수 있다. 시각장애인을 위한 거주시설은 위의 기준과 동일하며, 추가로 보행훈련사 1명을 두어야 한다. 청각장애인·언어장애인을 위한 거주시설은 위의 기준에 더해 청능사와 언어재활사를 각각 1명 이상 두어야 한다. 지적장애인 및 자폐성장애인을 위한 거주시설은 지체장애인 또는 뇌병변장애인을 위한 거주시설의 기준을 따르되, 언어재활사를 1명 이상 추가로 두어야 한다.

중증장애인 거주시설과 장애영유아 거주시설은 지체장애인을 위한 거주시설의 기준을 따르며, 언어재활사를 1명 이상 추가로 두어야 한다. 장애인 단기거주시설은 관리 및 운영 요원을 3명 이상 두어야 하며, 이들의 자격기준은 공통기준 제5호를 따른다. 장애인 공동생활가정은 입주장애인 4명당 사회재활교사 1명을 두어야 하며, 사회재활교사의 자격기준 역시 공통기준 제5호를 따른다.

구분 시설별	물리치료사	작업치료사	상담 평가요원	청능사	언어 재활사	보행 훈련사
(1) 장애유형별 거주시설						
(가) 지체장애인· 뇌병변장애인을 위한 거주시설	1명 이상. 다만, 시설거주장애인이 30명을 초과할 때마다 1명을 추가한다.	1명 이상. 다만, 다른 전문요원이 이를 겸하고 있을 때에는 그러하지 아니하다.	1명. 다만, 다른 전문요원이 이를 겸하고 있을 때에는 그러하지 아니하다.			
(나) 시각장애인을 위한 거주시설			위와 같음			1명
(다) 청각장애인· 언어장애인을 위한 거주시설			위와 같음	1명 이상	1명 이상	
(라) 지적장애인 및 자폐성장애인을 위한 거주시설	지체장애인 또는 뇌병변장애인을 위한 거주시설의 경우와 같음	지체장애인을 위한 거주시설의 경우와 같음	위와 같음		1명 이상	
(2) 중증장애인 거주시설	위와 같음	위와 같음	위와 같음		1명 이상	
(3) 장애영유아 거주시설	위와 같음	위와 같음	위와 같음		1명 이상	
(4) 장애인 단기거주시설	관리 및 운영 요원 3명 이상(관리 및 운영 요원의 자격기준은 Ⅰ. 공통기준 제5호를 따른다)					
(5) 장애인 공동생활가정	입주장애인 4명당 사회재활교사 1명(사회재활교사의 자격기준은 Ⅰ. 공통기준 제5호를 따른다)					

장애인 지역사회재활시설의 관리 및 운영 요원 배치기준은 장애인복지관은 20명 이상의 관리 및 운영 요원을 배치해야 한다. 장애인 주간이용시설은 3명 이상, 장애인 체육시설은 3명 이상, 장애인 수련시설은 5명 이상의 관리 및 운영 요원을 배치해야 한다. 시각장애인 등 생활지원센터는 운전원 또는 보행지도사를 포함

하여 3명 이상을, 수어통역센터는 3명 이상의 관리 및 운영 요원을 두어야 한다. 점자도서관의 경우, 관장, 사서, 점자지도원, 대출열람원, 교정원을 각 1명 이상 배치해야 하며, 교정원은 점자지도원이 겸할 수 있다. 점자도서 및 녹음서 출판시설은 소장, 편집인, 제판원, 교정원, 인쇄원, 제본원을 각 1명 이상 배치해야 한다.

그밖에 운영기준을 살펴보면, 시설거주자 또는 이용자는 국민기초생활 보장법에 따른 수급자이면서 장애인이어야 한다. 수급자가 아닌 경우 부양의무자가 없거나 부양능력이 없는 장애인이어야 한다. 입소 또는 이용 시설은 장애유형, 장애정도, 연령 등을 고려하여 결정해야 한다.

건강관리를 위해 거주시설에는 건강관리 책임자를 두어야 한다. 의사는 전담의사 또는 시간제 계약 의사로 한다. 거주시설 이용자에 대해 건강진단을 실시해야 한다. 시설거주자와 직원은 연 1회 이상 건강진단을 받아야 한다. 건강상태에 따라 적절한 훈련과 휴식을 제공해야 한다.

생활환경을 청결하게 유지하고 위생관리에 유의해야 한다. 급식과 관련해서는 거주시설의 장이 영양사가 작성한 식단에 따라 급식을 제공해야 한다. 생활지도 측면에서는 시설거주자나 이용자가 자유롭게 이용할 수 있는 신문, 잡지, 라디오, 도서 등을 갖추어야 한다. 정서 함양을 위한 프로그램을 지속적으로 개발하고 실시해야 한다.

관리규정으로는 시설의 운영방침, 직제, 정원 및 직원 업무분장, 시설거주(이용)자의 처우요령 및 생활수칙, 재활프로그램의 내용, 시설 이용 장애인 인권지킴이단 운영, 그 밖의 시설 관리에 관한 중요 사항 등에 관한 규정을 제정하고 시행해야 한다. 장부 등의 비치와 관련해서는 관리에 관한 장부, 사업에 관한 장부, 재무·회계에 관한 장부 등 다양한 장부와 서류를 갖추어야 한다.

장애인 생활시설의 거주자 관리를 위해 시설의 장은 각 거실이나 건물마다 직원 1명을 시설거주자와 함께 기거하게 해야 한다. 시설에는 허가된 사람 외에는 거주할 수 없다. 시설의 개방 운영 및 장애인의 인권 보호를 위해 시설 운영위원회에 주민 참여를 유도하고 시설을 지역사회에 최대한 개방해야 한다. 시설거주자의 인권을 보호하고 지역사회활동에 자유롭게 참여할 수 있는 기회를 보장해야 한다. 사업 측면에서는 시설이 장애인이 사회경제활동에 참여할 수 있도록 필요한 교육적, 심리적, 직능적 훈련을 실시해야 한다. 재활훈련은 장애인의 유형별, 연령별 특성에 따라 계획해야 한다. 훈련은 주로 시설 내에서 하되 필요시 외부 훈련기관에 의뢰할 수 있다.

8. 장애인 직업재활시설의 설치·운영기준

(1) 근거법령

장애인 직업재활시설 운영사업은 「장애인복지법령」, 「사회복지사업법령」 및 「보조금 관리에 관한 법령」에 의하되 세부사항은 이 지침에 따라 수행한다. 다만 지침에 정하지 않은 사항은 사회복지사업에 관한 다른 지침을 준용할 수 있다. 시설의 종류와 기능은 「장애인복지법」 제58조 제1항 및 같은 법 시행규칙 제41조 [별표 4]에 근거하며, 시설의 설치신고 및 운영개시, 감독은 「장애인복지법」 제59조 내지 제60조를 따른다. 시설의 설치신고 등 세부사항은 「장애인복지법 시행규칙」 제42조 [별표 5] 내지 제43조에 규정되어 있으며, 시설의 재무회계 관리는 「사회복지법인 및 사회복지시설 재무·회계규칙」 중 시설회계를 적용한다. 기타 일반사항은 「사회복지사업법령」 등 관계규정을 따른다.

(2) 시설의 설치 기준과 신고 (장애인복지법 시행규칙 제42조 [별표 5]장애인 직업재활시설 설의 설치·운영기준)

장애인 직업재활시설의 입지조건은 지역별 적정한 분포와 장애인 수, 보건·위생·급수·안전·환경 및 교통편의 등을 충분히 고려하여 장애인이 쉽게 접근하고 편리하게 이용할 수 있는 쾌적한 환경의 부지나 건물을 선정해야 한다.

시설을 이용하는 장애인은 근로장애인과 훈련장애인으로 구분된다. 근로장애인은 임금을 목적으로 근로를 하는 장애인으로 근로기준법에 따른 근로계약을 체결한다.

훈련장애인은 장애인 직업재활시설이 운영하는 작업활동 프로그램 또는 장애인 직업적응훈련시설을 이용하는 장애인으로 근로장애인은 제외된다. 작업활동 프로그램은 작업능력이 매우 부족한 장애인들이 일정기간 일상생활 및 가사 생활 훈련, 사회적응훈련, 직업적응훈련, 여가활동 교육 등을 통해 보호작업장이나 근로사업장으로 전이되어 유상적 임금을 받을 수 있도록 보호작업장 또는 근로사업장 내에서 실시하는 프로그램이다.

시설별 이용 장애인 최소 인원은 보호작업장의 경우 근로장애인 10명, 근로사업장은 근로장애인 30명, 직업적응훈련시설은 훈련장애인 20명이다. 보호작업장과 근로사업장에서 작업활동 프로그램 운영 시 시설별 최소 인원과는 별도로 프로그램 인원으로 10명 이상 구성해야 한다.

〈표 10-5〉 시설별 이용 장애인 최소 인원

구분	보호작업장	근로사업장	직업적응훈련시설
최소 인원	근로장애인 10명	근로장애인 30명	훈련장애인 20명

※ 보호작업장과 근로사업장에서 작업활동 프로그램 운영시 시설별 최소 인원과는 별도로 프로그램 인원으로 10명 이상 구성하여야 함.

시설 이용 적격 대상은 「장애인복지법」 제2조에 따른 장애인으로, 장애인 보호작업장은 의료, 직업능력, 심리, 교육 평가 등의 결과와 초기 면접의 정보를 토대로 전문가가 참여한 위원회에서 적격 여부를 평가한 결과, 당장 경쟁적인 고용시장이나 장애인 근로사업장에서 생산능력을 발휘하기 어려운 장애인을 대상으로 하되, 근로장애인의 80퍼센트 이상은 장애인복지법 시행규칙 별표 1에 따른 장애등급 3급 이상인 장애인으로 유지해야 한다.

장애인 근로사업장은 위원회에서 적격 여부를 평가한 결과, 교통, 건축 환경의 접근성이나 적응의 문제로 경쟁적인 고용시장에서의 취업이 어려운 장애인을 대상으로 하되, 근로장애인의 60퍼센트 이상은 장애인복지법 시행규칙 별표 1에 따른 장애등급 3급 이상인 장애인으로 유지해야 한다.

장애인 직업적응훈련시설은 위원회에서 적격 여부를 평가한 결과 당장 장애인 보호작업장이나 장애인 근로사업장에서 생산능력을 발휘하기 어려운 장애인복지법 시행규칙 별표 1에 따른 장애등급 3급 이상인 장애인을 대상으로 하되, 「발달장애인의 권리보장 및 지원에 관한 법률」 제2조 제1호에 따른 발달장애인을 80퍼센트 이상 유지해야 한다. 장애인 거주시설과 동일한 법인이 운영하는 장애인 직업재활시설은 장애인 거주시설에서 생활하는 장애인 외의 장애인을 50퍼센트 이상 유지해야 한다. 작업이나 서비스 과정상 장애인이 아닌 사람을 고용하여야 할 필요가 있는 경우 그 인원은 현재 근로인원 수의 30퍼센트를 넘을 수 없다. 근로인원 수는 종사자를 제외하고 임금을 목적으로 근로하는 자 중 작업이나 서비스 과정에 직접 참여하는 자의 수로, 근로장애인 수와 비장애인근로자 수를 합한 것이다.

장애인 직업재활시설의 구조와 설비에 관한 공통사항에서, 시설의 구조와 설비는 그 시설을 이용하는 장애인의 장애 유형, 장애정도, 성별, 연령과 작업·서비스 특성에 맞도록 설계되어야 한다. 또한 시설은 「장애인·노인·임산부 등의 편의증진 보장에 관한 법률」에 따른 편의시설을 갖추어야 한다. 작업의 종류에 따라 「산업안전보건법」, 「식품위생법」 등 관련 법령에서 정한 산업안전보건 및 식품위생 관련 시설도 구비해야 한다. 이는 장애인들이 안전하고 편리하게 시설을 이용할 수 있도록 하며, 동시에 작업 환경의 안전성과 위생을 보장하기 위함이다.

시설의 최소 면적기준과 세부기준은 다음 표와 같다.

㉠ 최소 면적기준(부대시설 포함)

구분	보호작업장	근로사업장	직업적응훈련시설
최소 면적	90제곱미터	430제곱미터	90제곱미터

㉡ 세부 기준

<table>
<tr><th rowspan="2">구분</th><th colspan="3">기 준</th><th rowspan="2">비 고</th></tr>
<tr><th>보호</th><th>근로</th><th>직업적응훈련</th></tr>
<tr><td rowspan="2">작업실</td><td colspan="2">작업실이나 작업활동 프로그램실</td><td>훈련실</td><td rowspan="2">필수</td></tr>
<tr><td colspan="3">장애인 1명당 2제곱미터 이상(기계설비 제외)</td></tr>
<tr><td>사무실</td><td colspan="3">사무를 위한 적당한 집기·설비</td><td>필수</td></tr>
<tr><td>재활상담실</td><td colspan="3">거실과 가까운 곳, 비밀 보장을 위한 방음설비와 칸막이 포함 설치</td><td>필수</td></tr>
<tr><td>집단활동실</td><td colspan="3">여가·체력단련·재활 프로그램 등을 실시할 수 있는 시설과 설비</td><td rowspan="2">필수
(겸용 가능)</td></tr>
<tr><td>자원
봉사자실</td><td colspan="3">자원봉사자·후원자 등이 지역사회 자원 활용 프로그램을 실시할 수 있는 시설과 설비</td></tr>
<tr><td>화장실</td><td colspan="3">남녀 구분 설치</td><td>필수</td></tr>
<tr><td>급수·배수
시설</td><td colspan="3">(가) 급수시설 : 상수도 사용. 다만, 상수도를 사용할 수 없는 경우에는 「먹는 물 관리법」 제5조에 따른 먹는 물의 수질 기준에 적합한 지하수 등을 공급할 수 있는 시설을 갖출 것
(나) 지하수 등을 사용하는 경우 취수원은 화장실, 폐기물 처리시설, 동물사육장, 그 밖에 지하수가 오염될 우려가 있는 장소부터 20미터 이상 떨어진 곳에 위치</td><td>필수</td></tr>
<tr><td>비상재해
대비시설</td><td colspan="3">「소방시설 설치·유지 및 안전관리에 관한 법률」 제9조의 화재안전기준에 따라 소화용 기구와 비상구 설치</td><td>필수</td></tr>
<tr><td>거실</td><td colspan="3">(가) 겨울에도 상당 시간의 일조량 확보
(나) 출입구는 비상재해 발생 시 대피하기 쉽도록 복도 또는 넓은 공간과 직접 연결되게 설계
(다) 이용장애인의 건강과 위생을 유지할 수 있는 적절한 난방장치 및 통풍장치
(라) 장애인 30명 이상 기숙하는 시설을 운영하는 경우 기숙시설은 장애인 1명당 21.78제곱미터 이상
(마) 복도·다락 등을 제외한 바닥의 면적은 기숙하는 장애인 1명당 3.3제곱미터 이상, 1실의 정원은 4명 이하
(바) 기숙시설은 남녀별로 거실 구분 설치</td><td>선택
※ 장애인이 기숙하는 설비를 운영하는 시설은 필수</td></tr>
<tr><td>의무실(또는
의료재활실)</td><td colspan="3">진찰, 건강 상담 및 치료를 위한 적당한 설비 및 기계·기구</td><td rowspan="5">선택
※ 장애인이 기숙하는 설비를 운영하는 시설은 필수</td></tr>
<tr><td>조리실</td><td colspan="3">(가) 채광과 환기가 잘 되도록 하고, 창문에는 방충망 설치
(나) 식기 소독 및 위생적으로 취사와 조리를 할 수 있는 설비</td></tr>
<tr><td>목욕실</td><td colspan="3">남녀 구분 설치. 욕탕, 샤워 설비 및 세면설비와 깨끗한 물을 사용할 수 있는 설비</td></tr>
<tr><td>세탁장</td><td colspan="3">세탁에 필요한 기계·기구</td></tr>
<tr><td>건조장</td><td colspan="3">세탁물을 건조할 수 있는 설비</td></tr>
</table>

직원 배치기준은 장애인복지법 시행규칙 〈제386호, 2015.12.31.〉 부칙 제2조에 따라 '15.12. 31. 이후 신고시설부터 우선 적용하되 '15.12.30. 이전 신고 시설의 경우에도 현행 시행규칙 적용 가능하다. 직원배치기준은 다음 표와 같다.

직종명	배치기준	비고
시설장	1명	시설당 1명
사무국장	1명	이용장애인 30명 이상인 경우 1명
직업훈련교사	1명	• 장애인 근로사업장, 장애인 보호작업장 : 이용장애인 10명당 1명(10명 초과시 초과인원을 반올림하여 지원) • 장애인 직업적응훈련시설 : 이용장애인 12명당 1명(12명 초과시 초과인원을 반올림하여 지원)
간호사	1명	이용장애인이 50명 이상인 시설에 배치. 다만, 이용장애인의 건강 상태 및 근로환경 등을 고려하여 간호사의 배치 필요성이 낮다고 판단될 경우에는 배치하지 않음
영양사	1명	이용장애인이 30명 이상이고, 집단급식 제공기능이 있는 경우 배치
사무원	1명	시설당 1명
생산 및 판매관리기사	1명	• 장애인 근로사업장 : 근로장애인 10명당 1명(10명 초과시 초과 인원을 반올림하여 지원) • 장애인 보호작업장 : 근로장애인 20명당 1명(훈련장애인은 미포함, 20명 초과시 초과인원을 반올림하여 지원)
시설관리기사	1명	자체시설이나 기숙시설을 운영하거나 제조업을 주 업종으로 하고 있으며, 장애인(근로장애인과 훈련장애인)과 시설 종사자(시설장 포함)를 합산하여 50명 이상인 경우 시설당 1명 ※ 자체시설, 기숙시설, 제조업이 주업종인 시설 중 1개만 해당되어도 지원
조리원	1명	훈련장애인을 포함한 장애인이 30명 이상이고, 집단급식 제공기능이 있는 경우 배치
위생원	1명	급식시설 또는 기숙시설이 있는 경우 배치

장애인직업재활시설의 설치·운영 신고 절차는, 국가 또는 지방자치단체 외의 자가 장애인직업재활시설을 설치·운영하려는 경우, 장애인복지법 시행규칙에서 정하는 기준에 적합한 시설 및 설비를 갖추어야 한다. 동법 시행규칙 제43조 제1항 별지 제20호 서식의 '장애인복지시설 설치·운영 신고서'를 작성해야 한다. 신고서에는 법인의 경우 정관 1부, 시설운영에 필요한 재산목록 1부, 사업계획서 및 예산서 각 1부, 시설의 운영에 관한 규정 각 1부, 시설의 평면도와 설비구조 내역서 각 1부, 그리고 시설의 장의 주민등록초본 1부가 포함된다. 신고서는 관할 시·군·구청장에게 제출해야 한다. 신고서를 받은 시·군·구청장은 이를 검토하고 해당 시설과 설비 등이 적정하게 갖추어져 있는지 확인한 후, 같은 법 시행규칙 제43조 별지 제23호 서식의 '장애인복지시설 신고증'을 교부한다. 시·군·구청장은 행정정보의 공동 이용을 통해 법인 등기사항증명서, 시설의 장의 주민등록표 초본, 건물등기부 등본, 토지등기부 등본 서류를 조회하고 시설의 평면도를 검토하여 장애인복지법령에서 정한 기준에 부합하는지 확인한다. 신규로 설치되는 장애인 직업재활시설은 장애인 거주시설, 장애인복지관 등과 분리하여 하나의 독립시설로서 운영되어야 한다. 또한, 이미 설치된 직업재활시설도 기능보강 지원 등을 통해 독립시설로 운영될 수 있도록 해야 한다.

(3) 장애인직업재활시설의 운영

장애인 직업재활시설의 운영과 관련된 주요 사항을 살펴보면 다음과 같다.

사업계획 및 예산수립에 있어, 시설의 장은 별지 제1호 서식에 따라 사업계획 및 예산을 수립해야 한다. 사업계획은 운영위원회의 심의를 거치고, 예산은 운영위원회에 보고한 후 법인이사회의 의결을 거쳐 시·군·구청장에게 제출한 후 시행한다. 개인 시설의 경우, 운영위원회의 심의 및 보고를 거쳐 확정한 후 운영위원회 회의록을 첨부하여 시·군·구청장에게 제출해야 한다. 시·군·구청장은 사업계획의 타당성과 예산의 적정 편성 여부를 반드시 확인해야 한다.

직업재활시설 운영지원과 관련하여, 시·도지사와 시·군·구청장은 장애인복지법에 따라 운영에 필요한 비용을 예산 범위 내에서 보조할 수 있다. 사회복지시설 평가결과를 시설의 추가 지원 등에 반영할 수 있으며, 적합한 직종개발 및 운영지원에 적극 노력해야 한다. 지자체는 보건복지부 지침 외에도 자체 시책에 따라 시설운영, 종사자 및 이용자 처우 개선 등을 위해 추가 지원을 할 수 있다.

시·도지사와 시·군·구청장은 시설종사자가 마케팅, 컨설팅 등 경영능력 향상을 위한 교육을 받도록 노력해야 한다. 또한, 중증장애인생산품 우선구매 특별법에 따라 지정받은 직업재활시설의 생산품 매출액 등을 관리해야 한다.

직업재활 시설의 운영으로 발생한 수익금은 근로장애인에게 보다 많은 임금을 지급하거나 이용장애인의 복리후생을 개선하는 데 우선적으로 사용하여야 한다. 그러나 수익금을 시설 종사자에 대한 인건비 및 시설의 일반적인 관리운영비 또는 기능보강비로 사용하려는 경우에는, 시설을 운영하는 법인 이사회의 의결을 거쳐 지방자치단체장의 승인을 받아 해당 용도로 사용할 수 있다. 운영 수익금은 "총판매액에서 원자재값과 생산판매 과정의 제경비(정부 보조금 제외)를 제외한 금액"을 말한다.

연례·반복적으로 사용될 것으로 사전 예측되는 운영 수익금 항목에 대해서는 사업계획 및 예산 승인(본예산, 추경예산) 또는 정기적 수익금사용계획 승인 등 관할 시·군·구가 정하는 방법(승인 주기 포함)으로 일괄 승인요청할 수 있다. 기능보강비 등 비 상시적으로 발생하는 수익금 사용승인에 대해서는 개별 건별로 승인을 요청하여야 한다. 수익금의 일괄 사용승인 또는 개별 사용승인 모두, 수익금 사용 이유, 사용 항목 및 산출내역 등이 구체적으로 승인요청 문서에 명시되어야 한다.

상시적인 사용에 대해서는 시설에서 시설정보시스템에 상신하여 지방자치단체가 행복e음에서 예산, 사업계획을 승인한 경우도 수익금 사용 승인을 일괄 득한 것으로 본다. 운영 수익금에 대한 사용승인 신청을 접수한 지방자치단체장은 특별한 사유가 없는 한 신청 접수 후 14일 이내에 승인여부를 회신하여야 한다. 장애인 직업재활시설의 운영으로 발생한 수익금은 장애인 직업재활시설의 운영과 관련 없이 법인의 운영을 위한 비용으로 사용되어서는 안 된다.

시·도지사와 시·군·구청장은 장애인 직업재활시설의 운영법인이 시설의 근로장애인 고용으로 발생한 장애인 고용장려금 등 외부지원금을 근로장애인의 임금 등 시설의 목적사업 추진을 위해 사용하도록 지도할 수 있다.

근로장애인의 임금은 객관적인 기준에 근거하여 지급되어야 하며, 최저임금 이상의 임금을 지급하기 위하여 노력하여야 한다. 장애인 보호작업장, 장애인 근로사업장에서 작업활동 프로그램을 운영하는 경우 및 장애인 직업적응훈련시설의 훈련장애인에게는 소정의 훈련수당을 지급할 수 있다. 그 밖에 임금 지급 방법 및 관리 등에 관하여는 근로기준법에서 정하는 바에 따른다.

장애인 직업재활시설은 이용장애인에게 차별적 대우를 하여서는 아니 된다. 시설은 이용자(근로장애인 및 훈련장애인)에게 시설 이용에 필요한 정보를 그들이 이해할 수 있는 방법으로 제공하여야 하며, 이용자의 개인정보에 대하여는 개인정보보호법에 근거하여 비밀을 유지하여야 한다. 장애인 직업재활시설은 근로장애인과 근로계약을 체결하여야 하며, 근로계약을 체결하는 경우에는 근로기준법 제17조에 따른 근로조건을 명시하여야 한다. 근로장애인의 경우 근로계약 체결 시 근로장애인의 근로시간과 재활프로그램 훈련시간을 명확히 구분 기재해야 하며, 훈련시간은 임금지급 대상으로 보지 않는다. 근로시간과 휴게시간 등 근로장애인의 근로관계에 관하여 필요한 사항은 근로기준법에 따른다.

장애인 직업재활시설은 생산품목과 서비스 유형에 따라 산업안전보건법, 식품위생법 등에서 정하는 기준을 지켜야 한다. 시설은 재해대책을 수립하고 이에 따른 직원 및 이용장애인 대상 교육을 실시하여야 한다. 시설장을 '안전관리책임관'으로, 소방안전관리자 교육 이수자 등을 '안전관리담당자'로 지정하는 등 안전 전문인력을 확보하여야 한다.

시설별로 특성에 맞는 자체 응급 피난 매뉴얼(사회복지시설 안전관리 매뉴얼 참고)과 산업재해 예방 매뉴얼을 작성·비치하여야 한다. 해당 매뉴얼을 중심으로 안전교육은 분기별 1회, 산업안전 보건교육 연 1회, 실제 상황을 고려한 모의 대피훈련을 연 2회 이상 실시하여야 한다. 장애인 직업재활시설은 지역의 응급의료기관과 연계망을 구축하고 긴급연락망을 유지하여야 한다. 또한 시설 종사자·이용자 및 장비·설비 등 재난 등에 대비하여 대인·대물 손해보험에 가입하여야 한다.

장애인 직업재활시설은 장애인이 직무능력이나 생산성을 발휘할 수 있도록 보조기술을 이용한 장비 또는 도구의 활용과 직무과정 변경 등을 적절히 배려하기 위하여 필요한 조치를 하여야 한다. 시설은 장애인의 생산품이나 서비스 업종이 장기간 유지될 수 있도록 노력하여야 한다. 생산품이나 서비스에 대하여 매년 원가나 단가에 관한 관련 자료를 토대로 분석을 하여야 하며, 그 분석결과에 따라 가격이 결정되도록 하여야 한다. 장애인 직업재활시설은 생산품이나 서비스의 품질향상을 위하여 필요한 품질인증 획득 등의 노력을 하여야 한다.

장애인 직업재활시설은 운영규정을 제정·시행하여야 한다. 운영규정에는 시설의 설립 이념과 방침, 장애인 직업재활시설 운영을 위한 근로장애인과 훈련장애인의 직업재활욕구 수렴을 위한 사항, 시설 운영위원회의 구성과 역할, 임직원의 업무 분장, 기숙사 운영에 관한 규칙(기숙시설이 있는 경우에 한함), 적격 대상 판정 기준과 개별 서비스계획, 윤리규정 및 정보보호, 프로그램의 내용 및 성과 평가, 그 밖에 시설의 관리에 관한 중요사항이 포함되어야 한다.

장애인직업재활시설 인권교육은 종사자(시설장 포함)와 이용장애인, 비장애인 근로자를 대상으로 연 1회(4시간) 이상 실시하여야 한다. 이용장애인 대상 교육은 장애인 특성에 맞추어 내용을 구성하고 다양한 방법(개별, 소집단으로 그림카드, 애니메이션 등 다양한 자료 활용)을 고려하여야 한다. 종사자와 비장애인근로자는 인권관련 기관에서 실시하는 교육 참석을 우선으로 하되, 외부 전문강사 초빙 및 자체 인력 중 인권교육 강사양성과정 수료자를 통한 내부 교육도 참여할 수 있다.

장애인학대 신고의무자인 시설장과 종사자는 그 직무상 장애인학대를 알게 된 경우 지체 없이 장애인권익옹호기관 또는 수사기관에 신고하여야 한다. 신고의무자는 자격 취득과정이나 보수교육 과정을 통해 장애인학대 예방 및 신고의무에 관한 교육을 이수할 수 있으며, 자격 취득과정이나 보수교육 과정이 없는 자의 경우에는 이와 관련된 집합교육 자료 또는 인터넷 강의 등을 활용할 수 있다.

식품위생법에 따라 1회 급식인원(종사자 포함)이 50명 이상인 장애인직업재활시설은 집단급식소 시설기준을 갖추고 설치·운영 신고를 하여야 한다. 집단급식소 설치 신고 대상임에도 미신고할 경우 500만 원 이하의 과태료가 부과된다.

국가 또는 지자체가 설치한 시설은 필요 시 사회복지법인 또는 비영리법인에게 위탁운영할 수 있다. 공개모집을 통해 수탁자를 모집하고 수탁자선정심의위원회(위원회 구성은 시행규칙 제21조 제4항 참조)를 통해 수탁자를 선정하되, 수탁자의 전문성, 수행능력, 재정능력 등을 종합적으로 고려하여 선정하여야 한다. 지방자치단체는 관계법령의 규정을 벗어나지 않는 범위 내에서 장애인직업재활시설 위탁심사 세부기준을 조례 등 자치법규에 규정하여야 하며, 위탁계약 체결 시 시행규칙 제21조의2(시설의 위탁)에서 정하는 내용을 포함하여야 한다.

다만, 수탁신청법인으로 하여금 과도한 재정부담을 요구하는 경우에는 여타 수탁에 필요한 역량(전문성 등)을 갖추고 있을 경우에도 불구하고 그 요구되는 재정을 부담할 수 없어 수탁자로 선정되지 못하는 사례가 발생할 수 있으므로, 재정부담 능력과 타 심사기준을 합리적으로 형량하여 위탁자를 선정하여야 한다.

(4) 직업재활시설 종사자 관련사항

장애인 직업재활시설 종사자와 관련된 주요 사항을 살펴보면, 신규채용자 및 교육을 받지 아니한 직원은 국립재활원, 자활연수원, 한국장애인직업재활시설협회 등에서 실시하는 장애인직업재활시설 보수교육에 참가하여 소정의 교육을 수료하여야 한다. 인건비 지급 상한기준은 시설장의 경우 65세(단, 2002년 1월 1일 현재 재직 중인 설립자 및 설립자의 직계가족 1세대에 한해 70세까지 가능)이며, 종사자는 60세이다. 장애인직업재활시설 종사자의 채용은 공개모집을 원칙으로 한다.

시설장의 자격기준은 고등교육법에 따른 대학에서 직업재활이나 특수교육을 전공하고 졸업한 자로서 직업재활 관련 업무에 3년 이상 종사한 경력이 있는 사람, 특수학교의 교장 또는 교감이었던 자 및 초·중등교육법에 따른 특수학교 교사로서 해당 시설 입소 대상 장애인의 교육에 3년 이상 종사한 경력이 있는 사람, 사회복지사업법에 따른 사회복지사 자격증을 가진 사람으로서 사회복지 사업에 3년 이상 종사한 경력이 있는 사람, 직원이 50명 이상인 기업 또는 공공기관에서 부장급 이상으로 5년 이상 근무한 경험이 있는 전문경영인, 장애인 직업재활 또는 장애인 직업재활시설 운영 직종과 관련된 자격증 소지자로서 장애인복지사업에 5년 이상 종사한 경력이 있는 사람, 또는 이에 준하는 학력과 경력이 있다고 인정되는 사람이 해당된다.

사무국장의 자격기준은 고등교육법에 따른 대학에서 직업재활이나 특수교육을 전공하고 졸업한 자로서 직업재활 관련 업무에 1년 이상 종사한 경력이 있는 사람, 사회복지사업법에 따른 사회복지사 자격증을 가진 사람으로서 1년 이상 종사한 경력이 있는 사람, 직원이 50명 이상인 기업 또는 공공기관에서 부장급 이상으로 3년 이상 관련 업무에 근무한 경험이 있는 사람, 또는 이에 준하는 자격이 있다고 인정되는 사람이다.

직업훈련교사는 고등교육법에 따른 대학에서 직업재활이나 특수교육을 전공하고 졸업한 사람, 사회복지사업법에 따른 사회복지사, 장애인 직업재활시설 운영 직종과 관련된 자격증을 취득한 사람이 해당된다. 장애인 보호작업장 및 장애인 근로사업장에 직업훈련교사가 2명 이상 배치되는 경우, 그중 1명이 직업훈련교사 자격기준을 갖춘다면 나머지 인원은 마케팅 및 생산품 관련 전문가 등으로 채용 가능하다.

간호사는 간호사 또는 간호조무사 자격증을 소지한 사람, 영양사는 영양사 자격증을 소지한 사람이 해당된다. 사무원은 전산 또는 회계 등 관련 자격증 소지자를 우대한다. 생산 및 판매관리기사는 운영 직종 관련 자격증 소지자 또는 운영 직종 관련 경험이 있는 사람이 해당된다. 시설관리기사는 전기, 소방설비, 건축설비, 산업안전, 배관설비, 열관리 등 시설관리와 관련된 분야의 면허 또는 자격증을 소지한 사람이어야 한다. 조리원은 조리사 자격증 소지자 또는 이와 동등한 자격이 있

〈표 10-6〉 직업재활시설 자격기준

직종별	자격기준
1) 시설장	가) 「고등교육법」에 따른 대학에서 직업재활이나 특수교육을 전공하고 졸업한 사람으로서 직업재활 관련 업무에 3년 이상 종사한 경력이 있는 사람 나) 특수학교의 교장 또는 교감이었던 사람 및 「초·중등교육법」에 따른 특수학교교사(교사자격증 소지자)로서 해당 시설 입소 대상 장애인의 교육에 3년 이상 종사한 경력이 있는 사람 다) 사회복지사 자격증을 취득한 후 사회복지사업에 3년 이상 종사한 경력이 있는 사람 라) 장애인재활상담사 자격증을 취득한 후 장애인재활 분야에 3년 이상 종사한 경력이 있는 사람 마) 직원이 50명 이상인 기업 또는 공공기관에서 부장급 이상으로 5년 이상 근무한 경력이 있는 전문경영인 바) 장애인 직업재활 또는 장애인 직업재활시설 운영 직종과 관련된 자격증 소지자로서 장애인복지사업에 5년 이상 종사한 경력이 있는 사람 사) 그 밖에 가)부터 마)까지에 준하는 학력과 경력이 있다고 인정되는 사람
2) 사무국장	가) 「고등교육법」에 따른 대학에서 직업재활이나 특수교육을 전공하고 졸업한 사람으로서 직업재활 관련 업무에 1년 이상 종사한 경력이 있는 사람 나) 사회복지사 자격증을 취득한 후 사회복지사업에 1년 이상 종사한 경력이 있는 사람 다) 장애인재활상담사 자격증을 취득한 후 장애인재활 분야에 1년 이상 종사한 경력이 있는 사람 라) 직원이 50명 이상인 기업 또는 공공기관에서 부장급 이상으로 3년 이상 근무한 경력이 있는 사람 마) 그 밖에 가)부터 라)까지에 준하는 자격이 있다고 인정되는 사람
3) 직업훈련 교사	가) 「고등교육법」에 따른 대학에서 직업재활이나 특수교육을 전공하고 졸업한 사람 또는 법령에 따라 이와 같은 수준의 학력이 있다고 인정되는 사람 나) 사회복지사 다) 장애인재활상담사 라) 장애인 직업재활시설 운영 직종과 관련된 자격증을 취득한 사람
4) 시설관리 기사	전기, 소방설비, 건축설비, 산업안전, 배관설비, 열관리 등 시설관리와 관련된 분야의 면허 또는 자격증 소지자

는 사람이 해당된다.

장애인 직업재활시설의 직종별 배치기준은 시설장은 시설당 1명을 배치한다. 사무국장은 이용장애인이 30명 이상인 경우 1명을 배치한다. 직업훈련교사는 이용장애인 8명당 1명을 배치하며, 8명을 초과하는 경우 초과인원을 반올림하여 지원한다.

간호사는 이용장애인이 50명 이상인 시설에 1명을 배치한다. 다만, 이용장애인의 건강상태 및 근로환경 등을 고려하여 간호사의 배치 필요성이 낮다고 판단될 경우에는 배치하지 않을 수 있다. 영양사는 훈련장애인을 포함한 장애인이 30명 이상이고, 집단급식 제공기능이 있는 경우 1명을 배치한다. 사무원은 시설당 1명을 배치한다. 생산 및 판매관리기사의 경우, 장애인 근로사업장에서는 근로장애인 10명당 1명을 배치하며(10명 초과 시 초과인원을 반올림하여 지원), 장애인 보호작업장에서는 근로장애인 20명당 1명을 배치한다(훈련장애인은 미포함, 20명 초과 시 초과인원을 반올림하여 지원). 시설관리기사는 자체시설이나 기숙시설을 운영하거나 제조업을 주 업종으로 하고 있으며, 장애인(근로장애인과 훈련장애인)과 시설종사자(시설장 포함)를 합산하여 50명 이상인 경우 시설당 1명을 배치한다. 조리원은 훈련장애인을 포함한 장애인이 30명 이상이고, 집단급식 제공기능이 있는 경우 1명을 배치한다. 위생원은 급식시설 및 기숙시설이 있는 경우 1명을 배치한다.

이러한 배치기준은 장애인 직업재활시설의 규모와 특성에 따라 적절한 인력을 확보하여 시설 이용자들에게 질 높은 서비스를 제공하기 위한 것이다. 각 직종별 배치기준은 시설의 효율적인 운영과 이용자의 안전 및 복지를 고려하여 설정되었다.

장애인직업재활시설 종사자 배치기준은 다음 표와 같다.

직종명	배치 기준	비고
가. 시설장	1명	시설당 1명
나. 사무국장	1명	이용장애인 30명 이상인 경우 1명
다. 직업훈련교사	1명	이용장애인 8명당 1명(8명 초과 시 초과인원을 반올림하여 지원)
라. 간호사	1명	이용장애인이 50명 이상인 시설에 배치. 다만, 이용장애인의 건강상태 및 근로환경 등을 고려하여 간호사의 배치 필요성이 낮다고 판단될 경우에는 그러하지 아니하다.
마. 영양사	1명	훈련장애인을 포함한 장애인이 30명 이상이고, 집단급식 제공기능이 있는 경우 배치
바. 사무원	1명	시설당 1명
사. 생산 및 판매 관리기사	1명	- 장애인 근로사업장 : 근로장애인 10명당 1명(10명 초과 시 초과인원을 반올림하여 지원) - 장애인 보호작업장 : 근로장애인 20명당 1명(훈련장애인은 미포함, 20명 초과시 초과인원을 반올림하여 지원)
아. 시설관리기사	1명	자체시설이나 기숙시설을 운영하거나 제조업을 주 업종으로 하고 있으며, 장애인(근로장애인과 훈련장애인)과 시설 종사자(시설장 포함)를 합산하여 50명 이상인 경우 시설당 1명
자. 조리원	1명	훈련장애인을 포함한 장애인이 30명 이상이고, 집단급식 제공기능이 있는 경우 배치
차. 위생원	1명	급식시설 및 기숙시설이 있는 경우 배치

(5) 시설 운영위원회 설치 및 운영

장애인 직업재활시설은 사회복지사업법에 따라 시설운영위원회를 설치하고 운영하여야 한다.

운영위원회의 위원은 위원장을 포함하여 5명 이상 15명 이하의 위원으로 구성한다. 다만, 각 호에 해당하는 위원이 2명을 초과해서는 안 된다. 위원회의 위원은 시설의 장, 시설 이용장애인 대표, 시설 이용장애인의 보호자 대표, 시설 종사자의 대표, 해당 시·군·구 소속의 사회복지업무를 담당하는 공무원, 후원자 대표 또는 지역주민, 공익단체에서 추천한 사람, 그 밖에 시설의 운영 또는 사회복지에 관하여 전문적인 지식과 경험이 풍부한 사람 중에서 시설의 장의 추천을 받아 관할 시장·군수·구청장이 임명 또는 위촉한다. 이 중 시설의 장부터 사회복지업무를 담당하는 공무원까지는 반드시 포함하고, 나머지는 선택하여 위촉한다. 위원회의 위원장은 위원 중에서 호선하며, 위원의 임기는 3년으로 한다.

시설운영위원회의 심의사항은 시설운영계획의 수립·평가에 관한 사항, 사회복지프로그램의 개발·평가에 관한 사항, 시설 종사자의 근무환경 개선에 관한 사항, 시설 이용자의 생활환경 개선 및 고충처리 등에 관한 사항, 시설 종사자와 이용자의 인권보호 및 권익증진에 관한 사항, 시설과 지역사회의 협력에 관한 사항, 그 밖에 시설의 장이 운영위원회의 회의에 부치는 사항이 포함된다.

시설장은 시설운영위원회에 시설의 회계 및 예산·결산에 관한 사항, 후원금 조성 및 집행에 관한 사항, 그 밖에 시설운영과 관련된 사건·사고에 관한 사항 등을 보고해야 한다.

(6) 장애인직업재활시설의 재무회계 관리 및 장부비치

장애인 직업재활시설의 재무회계관리와 각종 장부 비치에 관한 사항은 재무회계관리에 있어서, 장애인 직업재활시설의 재무회계는 법인회계와는 별도로 구분하여 독립채산제로 운영한다. 모든 회계는 예산사용의 투명성을 확보하기 위해 사회복지법인 및 사회복지시설 재무·회계규칙의 시설회계를 준용하여 단식부기로 처리하되, 회계사무소에 의뢰하여 처리할 수 있다. 다만, 수익사업 등으로 인해 복식부기가 필요한 경우 복식부기를 병행하여야 한다. 동 규칙에서 정하지 아니한 사항은 국가재정법, 지방재정법 및 물품관리법 등 정부 재무회계 관련법령을 준용한다.

각종 장부의 비치와 관련하여, 장애인 직업재활시설은 장애인복지법 시행규칙 제42조 별표 5에 규정된 장부를 비치하여야 한다. 이는 크게 기본 비치서류, 추가 장부로 구분된다. 기본 비치서류는 관리관련 장부, 사업관련 장부, 재무·회계 관련

〈표 10-7〉 장애인 직업재활시설 장부 비치 목록

<table>
<tr><th colspan="2">구분</th><th>내용</th></tr>
<tr><td rowspan="3">기본
비치
서류</td><td>관리관련
장부</td><td>• 직원관계철, 회의록철, 사업일지, 문서철, 문서 접수·발송대장, 차량운행일지</td></tr>
<tr><td>사업관련
장부</td><td>• 근로장애인 관계서류(근로계약서, 명부, 건강기록부, 입·퇴소자의 명단, 보호의 경과, 지도, 개별 상담 등 관계철)
• 훈련장애인 관계서류
• 재활프로그램 관리대장
• 교육·훈련관계서류(훈련일지 및 평가관계서류)
• 급식관계대장(해당 시설에 한함)</td></tr>
<tr><td>재무·회계
관련 장부</td><td>• 총계정원장 및 수입·지출보조부
※ 매출채권, 매입채무, 제품매출, 원자료구매 계정에 대한 보조부 포함
• 금전출납부 및 그 증명서류
• 예산서·결산서, 비품수불대장, 비품관리대장, 장비관리대장
• 재산대장·재산목록과 그 소유권에 관한 증명서류
• 사회복지법인 및 사회복지시설 재무·회계규칙 제20조 제1항 제4호부터 제13호까지의 서류
• 각종 증명서류 및 그 밖에 필요한 서류</td></tr>
<tr><td colspan="2">추가 장부
(생산 및 판매
관련 장부)</td><td>• 근로장애인 임금대장 및 임금산정 기준(입금증빙자료 포함)
• 훈련장애인 훈련수당 대장 및 수당산정 기준(입금증빙자료 포함)
• 자재(원료) 구매대장, 제품매출대장
• 수입장부, 지출장부
• 자재(원료)수불부, 제품수불부</td></tr>
</table>

※ 직업적응훈련시설은 위 장부 비치 목록 중 근로장애인 관련서류 제외

장부로 나뉜다. 관리관련 장부에는 직원관계철, 회의록철, 사업일지, 문서철, 문서 접수·발송대장, 차량운행일지가 포함된다. 사업관련 장부에는 근로장애인 및 훈련장애인 관계서류, 재활프로그램 관리대장, 교육·훈련관계서류, 급식관계대장(해당 시설에 한함)이 포함된다. 재무·회계 관련 장부에는 총계정원장 및 수입·지출보조부, 금전출납부 및 그 증명서류, 예산서·결산서, 비품수불대장, 비품관리대장, 장비관리대장, 재산대장·재산목록과 그 소유권에 관한 증명서류, 사회복지법인 및 사회복지시설 재무·회계규칙 제20조 제1항 제4호부터 제13호까지의 서류, 각종

증명서류 및 그 밖에 필요한 서류가 포함된다.

추가 장부로는 생산 및 판매 관련 장부가 있으며, 여기에는 근로장애인 임금대장 및 임금산정 기준, 훈련장애인 훈련수당 대장 및 수당산정 기준, 자재(원료) 구매대장, 제품매출대장, 수입장부, 지출장부, 자재(원료)수불부, 제품수불부가 포함된다. 단, 직업적응훈련시설은 위 장부 비치 목록 중 근로장애인 관련서류는 제외된다.

(7) 지도·감독 등 (장애인복지법 제61조, 사회복지사업법 시행규칙 제26조의2)

시·도지사와 시·군·구청장은 장애인 직업재활시설을 설치·운영하는 자의 소관업무 및 시설 이용장애인의 인권실태 등을 지도·감독한다. 필요한 경우 그 시설에 관한 보고 또는 관련 서류의 제출을 명하거나, 소속 공무원에게 그 시설의 운영상황·장부, 그 밖의 서류를 조사·검사하거나 질문하게 할 수 있다.

지도·감독에 있어 사업의 특수성과 전문성을 충분히 이해하고, 이에 대한 지도·감독체계를 확립하여 장애인 직업재활시설 운영의 전문성과 자율성을 해치지 않도록 조치하여야 한다.

장애인직업재활시설이 사회복지사업법 시행규칙의 행정처분의 요건에 해당할 경우 시설의 개선, 사업의 정지, 시설의 장의 교체를 명하거나, 시설의 폐쇄를 명할 수 있다.

장애인직업재활시설 운영지원에 적정을 기하기 위하여 근로장애인 수 등 운영현황을 확인한 결과, 6개월 동안 지속적으로 최소인원을 충족하지 못하는 경우, 사회복지사업법 제40조, 장애인복지법 제62조, 장애인복지법 시행규칙 별표 5의 5에 따라 조치를 취할 수 있다. 필요한 경우 지자체의 장은 장애인 근로사업장을 장애인 보호작업장으로 변경하도록 지도할 수 있다.

(8) 작업활동 프로그램 운영

장애인 보호작업장 및 장애인 근로사업장의 시설장은 작업활동 프로그램의 운영 여부를 자율적으로 결정할 수 있다. 프로그램의 대상자는 최소 10인 이상으로 구성하되, 근로장애인보다 생산능력이 떨어져 당장 유상적 임금을 제공할 수 없는 장애인을 대상으로 한다. 장애인복지법 시행규칙 별표 1의 규정에 의한 장애등급 3급 이상인 장애인이 프로그램 대상 현원의 80% 이상 되도록 유지해야 한다.

훈련장애인은 일정기간 훈련을 통해 능력과 기능이 향상될 수 있도록 하여 3년 후에는 장애인 보호작업장 또는 장애인 근로사업장, 그 밖의 경쟁적인 고용 시장으로 옮겨갈 수 있도록 노력하여야 한다. 3년 후 전이되지 못한 훈련장애인은 3년을 더 연장하여 훈련할 수 있다.

직원 배치에 있어 직업훈련교사는 훈련장애인이 10명일 때 1명을 배치하며, 추가 배치인원은 종사자 배치기준을 적용한다. 직업훈련교사는 프로그램 운영을 전담하여야 한다. 프로그램 운영은 장애유형, 정도, 연령별 특성을 고려하여 지속적으로 개발하여 실시하여야 한다. 주당 20시간 이상 일상생활 및 가사생활훈련, 사회적응훈련, 작업훈련, 직업평가, 통근훈련, 취미 및 여가활동 등의 내용으로 훈련을 실시하여야 한다. 작업활동 프로그램에 참여하는 훈련장애인에게는 소정의 훈련수당을 지급할 수 있다. 보건복지부장관, 시·도지사 및 시·군·구청장은 작업활동 프로그램의 운영실태 파악을 위해 한국장애인직업재활시설협회에 실태조사를 위임할 수 있다.

국내 참고문헌

1. 나운환 (2017). 장애인 직업재활시설의 고용 및 임금 결정요인 분석. **장애와 고용**, 27(1), 5-28.
2. 이상춘 (2014). 장애인직업재활시설 운영 실태와 개선방안. **한국장애인복지학**, 25(3), 25-48.
3. 김진호 (2013). 장애인 직업재활정책의 현황과 과제. **장애와 고용**, 23(4), 5-32.
4. 변용찬, 김성희, 윤상용, 강민희, 최미영, 손창균, 오혜경 (2009). **2008년 장애인 실태조사**. 한국보건사회연구원.
5. 김성천 (2017). 장애인 직업재활시설 종사자의 직무만족도에 관한 연구. **재활복지**, 21(2), 67-92.
6. 이준우 (2018). 장애인 직업재활시설의 운영 성과와 영향요인. **장애와 고용**, 28(3), 5-30.
7. 김태완, 김성희, 정희선 (2017). **장애인 직업재활시설의 유형별 특성과 발전방안**. 한국장애인고용공단 고용개발원.
8. 이혜경 (2016). 장애인 직업재활시설 종사자의 전문성 향상 방안. **장애와 고용**, 26(1), 69-94.
9. 송창근 (2017). 장애인 직업재활시설의 재정 운영 실태와 개선방안. **한국장애인복지학**, 35, 81-106.
10. 박희찬 (2019). 장애인직업재활시설의 경영효율성 분석. **직업재활연구**, 29(1), 1-19.
11. 강동욱 (2018). 장애인 직업재활시설의 취업지원 서비스 질 향상 방안. **재활복지**, 22(1), 1-25.
12. 김성칠 (2020). 장애인 직업재활시설의 네트워크 구축 현황과 과제. **장애인복지연구**, 11(1), 67-90.
13. 이달엽 (2016). 장애인 직업재활시설의 생산품 판로 확대 방안. **직업재활연구**, 26(3), 41-64.
14. 조성열 (2019). 장애인 직업재활시설의 운영 효과성 제고를 위한 성과관리 체계 구축. **장애와 고용**, 29(4), 33-58.

외국 참고문헌

Wehman, P. (2012). Supported Employment : What is it?. *Journal of Vocational Rehabilitation*, 37(3), 139-142.

Bond, G. R., Drake, R. E., & Becker, D. R. (2008). An update on randomized controlled trials of evidence-based supported employment. *Psychiatric Rehabilitation Journal*, 31(4), 280-290.

Cimera, R. E. (2011). Does being in sheltered workshops improve the employment outcomes of supported employees with intellectual disabilities?. *Journal of Vocational Rehabilitation*, 35(1), 21-27.

Kregel, J., & Dean, D. H. (2002). Sheltered vs. Supported Employment : A Direct Comparison of Long-Term Earnings Outcomes for Individuals with Cognitive Disabilities. In *Achievement and Opportunity for Persons with Disabilities*, 63-84.

Migliore, A., Mank, D., Grossi, T., & Rogan, P. (2007). Integrated employment or sheltered workshops : Preferences of adults with intellectual disabilities, their families, and staff. *Journal of Vocational Rehabilitation*, 26(1), 5-19.

Butterworth, J., Smith, F. A., Hall, A. C., Migliore, A., & Winsor, J. (2009). *State Data : The National Report on Employment Services and Outcomes*. Boston, MA : Institute for Community Inclusion, University of Massachusetts Boston.

웹사이트

한국장애인직업재활시설협회 : https://www.kavrd.or.kr/

보건복지부 : http://www.mohw.go.kr/

한국장애인고용공단 : https://www.kead.or.kr/

법제처 국가법령정보센터 : https://www.law.go.kr/

제11장 재활시설 홍보 및 마케팅

제1절 재활시설 홍보

1. 홍보의 개념과 기능

(1) 홍보의 정의

홍보는 '공중관계(Public Relations)'의 머리글자를 따서 일반적으로 PR이라 하는데, 19세기 후반 현대적 의미의 PR이 태동한 이후 무려 472개의 PR 정의가 존재할 만큼 그 개념과 범위를 정확히 규정하기란 어렵다. 홍보(PR)는 기업의 경영활동과 시민단체, 각종 기구, 정부활동에서 목적과 목표를 달성하기 위해 목표 공중과의 상호교환 기능을 수행하는 커뮤니케이션 활동이다(조계현 등, 2023). 한국PR학회(2021)에서는 '홍보(PR)는 조직과 공중이 쌍방향 소통으로 상호 호혜적인 관계를 형성하고, 유지하며, 지속가능발전을 추구하는 전략적 관리 과정'이라고 정의하였다.

그렇다면, 여기서 공중(public)이란 무엇인가? 공중(public)이라는 단어가 PR(Public Relations)의 한 단어일 정도로 홍보서 중요한 개념인데, 공중이란 '그들에게 영향을 주는 이슈나 문제를 중심으로 형성'된 집단이라는 의미이다. 하버마스(Habermas, 1989)에 따르면, 공중(public)이라는 용어는 '민중'을 뜻하는 라틴어

'publicus'에서 유래되었는데, 초기에는 서로 다른 두 개의 뜻으로 사용되었다고 한다. 하나는 공개성(openness)와 이용가능성(availability)의 의미이고, 다른 하나는 공공의 이익(common interest)과 공공선(common good)을 의미하였다. 유사한 개념으로 군중, 대중이 있는데, 이 용어들 사이에는 다음과 같은 차이가 있다.

먼저, 공중에 대한 사회학적 개념들은 19세기 말, 20세기 초에 등장한 군중심리학(crowd psychology)이하는 학문과 함께 발전해왔다. 라스웰과 카플란(Laswell & Kaplan)에 따르면 군중(群中, crowd)은 공통된 의견에 의해 결집하여 모이는 비교적 소수의 집합체이다. 이에 비해 공중(公衆, public)은 공통 관심사를 갖는다는 점에서는 군중과 유사하지만, 군중과는 달리 분산되어 있고 간접적으로 연결되어 있다. 군중은 원시사회 이래로 찾아볼 수 있으나, 공중은 근대 인쇄술의 발달로 출현한 근대 사회의 산물이다. 군중은 갈등에서 무비판적이고 충동적인데 반해, 공중은 비판적이고 이지적이라는 특징을 지닌다. 공중과 유사한 또 다른 개념으로 대중(大衆, mass)이 있다. 대중은 익명의 개인들로 구성되어 있고, 개인들간의 상호작용이나 의사소통이 거의 없다는 특징을 가진다. 또한, 대중은 사회의 모든 계층과 부류의 사람들을 포함하기 때문에 극단적으로 이질적이기도 하다. 블루머(Blumer, 1966)는 대중(mass)은 동일한 대중매체를 이용하거나 똑같은 도시에 살기 때문에 구성된 집합체라면, 공중(public)은 그들에게 영향을 미치는 동일한 문제나 이슈를 중심으로 형성된 집단이라고 구분하며, 대중은 이질적이고 공중은 동질적이라고 하였다.

정리하면, 공중(public)은 공동의 이익과 관심을 갖는 흩어져 있는 사람들의 집단으로, 구체적인 성원의식을 갖는 것도 아니면서 대중매체 등을 통해 간접적으로 상호작용하며 여론을 형성하는 집단이다. 따라서, 홍보(PR)란 특정 이슈나 문제를 중심으로 그것에 대해 관심을 갖는 공중을 대상으로 커뮤니케이션 활동을 통해 관계를 형성하고 유지하며 지속가능발전을 추구하는 전략적 관리과정'이라고 정의할 수 있다(조계현 등, 2023).

(2) 홍보의 유사 개념들 : 퍼블리시티(PR), 광고, 선전

일반적으로 홍보(PR : Public Relations)는 광고와 그 기능이 유사하게 인식되고 있다. 실제로 일반인을 대상으로 PR이라는 용어에 대해 무엇인지 떠오르지 조사한 결과를 보면 PR의 기능을 '널리 알리는 활동'이라고 생각하여 광고와 거의 동일한 것으로 인식하는 것으로 나타났다(조삼섭, 2021). 하지만, 미국PR협회가 제시한 것처럼 홍보(PR)는 분명한 목적을 갖고 그 목적을 달성하기 위한 구체적 목표를 달성하기 위해 실행하는 커뮤니케이션 프로그램의 전략적 관리활동이다.

① PR : **퍼블리시티**(publicity)

퍼블리시티(publicity)는 PR(Public Relations)와 동의어로 인식될 만큼 홍보의 중요한 도구다. 웹스터 사전에 의하면 퍼블리시티란 '장소, 사람, 주의 또는 기관의 이익을 촉진하기 위한 뉴스, 가치있는 정보로써 보통 공적 인쇄물(대중매체)에 게재되는 것'이라고 정의하고 있으며, 영어에서는 보통 보도자료 또는 퍼블리시티 자료 등으로 쓰인다. 즉, 퍼블리시티란 홍보(PR) 주체의 이익을 반영하는 메시지가 신문, 잡지, 방송 등 대중매체의 게이트키퍼를 거쳐 기사, 논설, 사진, 만평 등의 형식으로 게재되는 공적인 정보다(김정기, 1981). 우리나라에서는 '홍보'라는 용어를 광의의 PR, 혹은 협의의 publicity 두 경우에 모두 혼용하여 사용하고 있다.

퍼블리시티는 홍보(PR) 커뮤니케이션의 수단으로써 기능한다. 퍼블리시티는 뉴스성과 홍보성을 동시에 담고 있고, 매체측의 편집 게이트키퍼를 거치면서 공공성과 객관성을 갖게 되어, 수용자로부터 신뢰롭고 진실한 공적인 정보라는 효과적인 반응을 얻을 수 있다(Miller, 1965). 특히, 기업이나 공공단체는 퍼블리시티를 통하여 공중과의 커뮤니케이션을 유지할 수 있어 홍보 주체의 호의적 이미지를 유지, 강화할 수 있다. 또한, 퍼블리시티는 마케팅 커뮤니케이션 수단으로서 기능하는데, 광고에 비해 퍼블리시티는 공공성, 권위성을 가짐으로써 PR 객체인 공중으로부터 더 많은 공신력을 유발할 수 있기 때문에 마케팅 촉진의 좋은 지원 수단이 되는 것이다.

② **광고**(advertising)

사람들은 흔히 광고를 선전이라고 하기도 하고, 광고와 홍보를 구분하지 않고 사용하기도 한다. 하지만, 광고는 전통적으로 대중매체를 이용하여 광고주가 유료로 대중(공중 혹은 소비자)에게 제시하는 통제된 메시지이다. 광고의 어원적 정의를 보면 광고, 즉, advertising이란 용어는 '방향을 바꾸다'. '주의를 기울이다'라는 의미의 라틴어 'advertere'에서 유래했다. 현재 사용하고 있는 광고의 의미에 가까운 '공적인 고지를 사용해 일반 사람의 주의를 끌다'라는 뜻으로 사용하기 시작한 것은 18세기 중반 이후이다. 광고라는 용어는 영어표현으로 advertising과 advertisement를 혼용하고 있는데, 'advertising'은 광고 행위 또는 광고 과정 전체를 뜻하고, advertisement는 광고물 또는 광고 메시지를 지칭한다. 따라서, advertisement는 advertising의 하위 개념으로 보아야 하고, 우리가 일반적으로 사용하는 광고의 개념은 advertising이다. 또한, 광고를 'commercial'로 지칭하기도 하는데, 이는 주로 상업적인 방송광고를 뜻한다.

광고의 정의는 학자에 따라 다양하지만, 한국광고학회(1994)는 '광고주가 청중을 설득하거나 영향력을 미치기 위하여 대중매체를 이용하는, 유료의 비대면적인 커뮤니케이션 메시지이다'라고 정의하였고, 미국마케팅협회(AMA)는 '광고는 명시된 광고주에 의해 아이디어, 상품 또는 서비스가 비대인적으로 제시되고 촉진되는 유료의 것이다'라고 정의하였다. 여기서 주목해야 할 주요 개념으로는 명시된 광고주, 유료, 비대인적, 설득을 목표로 하는 것 등이다. 이에 비해 선전(propaganda)은 메시지 제공자가 누구인지 식별할 수 없이 대중에게 제시되는 선동을 목적으로 하는 메시지를 말하여, 진위를 판별하기 어려운 경우가 많다. 따라서, 광고주가 확인되는 유료의 메시지인 광고와는 구별된다(김재휘 등, 2008).

광고는 목적에 따라 영리 광고와 비영리 광고로 크게 구분할 수 있다. 영리 광고는 상업광고(Business Ads.)라고도 하는데, 영리를 추구하는 개인이나 기업이 유료로 광고를 게재할 매체를 구매하여 자신이 원하는 메시지를 대중에게 전파하는 행위이고, 비영리 광고(Non-business Ads.)는 영리적 목적 이외에 대중을 교육하거나 공익적 메시지를 전파하려는 목적에서 행해지는 광고를 말한다(예 : 공익광고, 지자체별 광고 등). 따라서, 재활시설이 광고를 집행할 때에 재활시설의 공익적 필요성이나 대중의 장애인에 대한 인식제고 등을 위한 광고를 한다면 비영리 광고가 될 것이고, 재활시설에서 생산한 제품의 판매촉진을 위한 메시지를 제시한다면 영리광고가 될 것이다.

(3) 홍보의 기능

그루닉과 헌트(Grunig & Hunt, 1984)는 '홍보(PR)란 조직체와 공중 사이의 커뮤니케이션관리다'라고 간단명료하게 정의하였는데, 여기에는 조직(organization), 공중(public), 관리(manage)라는 세 가지 개념이 들어있다. 이것이 바로 홍보의 핵심적 기능으로, 쌍방향적 커뮤니케이션(홍보 주체와 객체), 관리(홍보 주체가 공중의 호의적 이미지 형성이라는 목적) 및 통제(계획적이고 지속적으로)기능이 포함되어 있다. 미국 PR협회(PRSA)는 홍보의 목적과 기능을 보다 명확히 다음과 같이 제시하였다.

 # 홍보(PR : Public Relations)와 퍼블리시티(PR)

PR과 관련된 개념 중 일반적으로 가장 혼동하는 용어가 홍보(弘報)다. 한국홍보학회(KASPR)에서는 1997년 PR과 홍보를 동일한 개념으로 규정하였는데, 이 때의 홍보는 Public Relations(공중 관계), 즉 PR와 동의어로 이해할 수 있다. 하지만, PR이 홍보와 구별되어 사용되기도 하는데, 이 때의 홍보는 퍼블리시티(publicity), 즉 보도자료 배포 등의 언론 대응 활동이라는 협의의 의미이다.

- **여론분석기능** : 조직의 운영과 계획에 영향을 미칠 수 있는 여론, 태도, 쟁점들을 예측, 분석, 해석하는 기능
- **커뮤니케이션 상담기능** : 공중 관계와 사회적 책임 업무에 관한 조직의 정책결

정, 행동방향, 커뮤니케이션 등에 관하여 경영진에게 조언하는 기능

- **대외활동과 커뮤니케이션 프로그램의 수행기능** : 조직의 목적 달성에 중요한 조직 활동을 공중에게 알리기 위한 홍보활동 및 커뮤니케이션 프로그램을 지속적으로 조사, 수행, 평가하는 기능. 이 프로그램에는 마케팅, 금융관계, 기금모금, 종업원 관계, 지역사회 관계, 정부 관계, 기타 프로그램이 포함되어 있다.
- **공공정책에 대한 대응기능** : 공공정책을 PR 조직체에 유리하도록 변화시키거나 그 정책에 영향을 미치기 위한 PR 조직체의 노력을 계획하거나 수행하는 기능
- **PR 자원관리기능** : 위와 같은 기능을 수행함에 있어 소요되는 자원들을 관리하는 기능으로, 목표설정, 기획, 예산, 스텝 선발과 훈련, 그리고 시설조달 등의 기능을 말한다.

 # 홍보(Public Relations)와 광고(Advertising)의 차이

코헨(D. Cohen, 1972)은 광고의 목적을 '기업목표의 달성을 위한 제품 수요의 개발, 기업 이미지의 제고와 소비자에 대한 만족의 제공, 사회적, 경제적 복지의 개발 등에 있다'고 하였다. 이러한 광고의 목적은 단순히 상품에 대한 판매촉진을 위한 설득메시지 전달이라는 협의의 개념에서 나아가 기업에 대한 홍보, 그리고 사회와 공중을 위한 공익적 메시지 제공이라는 사회지향적 마케팅 개념이 포함되어 있다. 따라서, 코헨의 광고 정의에 의하면 광고와 홍보는 유사한 목적을 갖는 기업의 활동이다. 하지만, 목적을 실행하는 과정적 측면에서 PR과 광고는 차이가 존재한다. 우선, 광고는 통제적인 마케팅 수단이라고 할 수 있지만, 퍼블리시티는 메시지 주체가 메시지 내용을 통제할 수 없다는 차이점이 있다. 즉, 광고는 광고주가 메시지의 내용과 전파 방식에 대해 영향력을 행사할 수 있는 주체가 되지만, 퍼블리시티는 메시지의 내용을 게이트키퍼라 할 수 있는 언론의 메시지 관리자와 매체가 통제하므로, PR주체가 통제하기 어렵다. 둘째, PR은 광고에 비해 비용이 저렴하거나 비용이 들지 않고 상업적이라는 인식을 주지 않으므로, 대중에게 거부감이 적고 신뢰감이 높다는 장점이 있다. 소비자 또는 공중은 광고는 잘 보지 않지만, 언론보도 내용은 주목한다. 셋째, 광고는 대체로 광고 목표를 분명히 하여 기간을 정해놓고 집행하는 마케팅 활동으로 효과 측정이 비교적 수량적으로 가능하지만, PR메시지의 효과는 직접 확인할 수 없고 효과가 있더라도 장기간에 걸쳐 나타나므로 효과를 측정하는 것은 매우 어렵다.

2. 홍보의 과정과 효과

PR이란 어떤 PR 주체가 특정 메시지 또는 행위를 통해 특정 채널을 이용하여 공중과 지속적으로 상호작용함으로써 공중과의 호의적인 관계를 유지, 지속시키기 위해 행하는 일련의 과정이다.

(1) 홍보의 5 구성 요소

이런 일련의 과정을 구성하는 요소로는 PR 주체, PR 메시지 또는 행위, PR 매체, 대상 공중, PR 효과가 있다.

- PR 주체(PR communicator) : 홍보 행위의 주체가 되는 개인이나 조직을 말한다. 미국 PR협회에 따르면, 기업, 상업적 조합, 정부기관, 자생적 협회, 기구, 각종 사회단체, 병원, 교육기관, 종교기관 등이 포함된다고 하였다.
- PR 메시지 또는 행위(PR message or activity) : PR 주체가 목표 공중과의 원활한 관계형성을 위하여 메시지 혹은 의미를 주고받는 과정으로, 초기에는 주로 메시지를 통하여 커뮤니케이션이 이루어졌으나 최근의 PR은 행위를 통하여 의미를 전달하는 경우도 많아졌다. 예컨대, 판촉활동이나 이벤트 연출을 통하여 목표 공중과 의사소통하고 관계를 맺는 경우가 이에 해당한다.
- PR 매체(PR channel) : PR 메시지 혹은 행위를 통해 의미를 전달하고자 할 때 사용하는 경로로, 대인 채널(personal channel)과 매개 채널(mediated channel)로 구분할 수 있다. 대인 채널은 PR 주체와 목표 공중이 직접 만나 메시지를 제시하는 것으로, 세일즈맨의 대인 판매가 해당된다. 매개 채널은 TV, 신문 등의 대중매체를 통한 PR이다. 또한, PR메시지가 소통되는 상황이 대인간 상황, 집단 상황, 대중 상황인가에 따라 구분할 수도 있다. 전화나 온라인 채팅을 통한 1 : 1 소통은 2인 매개 커뮤니케이션, 이벤트 등의 PR은 집단적 대인 커뮤니케이션이며, 퍼블리시티나 광고는 대중적 매개 커뮤니케이션이다.

- 대상 공중(object public) : PR주체와 직·간접적인 이해관계를 가져 PR대상으로 삼는 사람들의 집합을 말하는 것으로, 대상 공중은 일반 공중과 특수 공중으로 나눌 수 있다. 일반 공중은 대중이라 불리는 불특정 다수의 인간군을 말하고, 특수 공중이란 PR 주체(회사, 조직 등)와 직접적인 이해관계를 갖는 인간집단을 말한다.
- PR 효과(PR effect) : PR의 효과는 PR의 목표와 밀접한 관련이 있다. 효과란 '목표가 달성된 정도'를 뜻하는 것으로, PR활동의 결과로 형성된 PR 주체에 대한 공중의 호의적인 반응을 말한다. 따라서, PR 목표가 무엇인지에 따라 인지적 효과(인지, 기억 등), 정서적 효과(태도, 호감 등), 행동적 효과(행동의도) 등으로 측정하여 평가할 수 있다.

(2) 홍보의 4단계 순환과정 및 단계별 활동내용

① 4단계 과정 모형

홍보를 이해하고 실천하기 위해서는 PR의 과정을 알아야 한다. 마스톤(Marston, 1979)에 의해 제시된 'RACE 과정모형'은 조사(research) → 실행(action) → 커뮤니케이션(communication) → 평가(evaluation)의 네 단계 머리글자를 모아 만든 단어이다. 이 모델 이후 여러 학자들에 의해 유사한 과정모형이 제시되었는데, 조사(research) - 계획(planning) - 실행과 커뮤니케이션(action and communication) - 평가(evaluation) 혹은 조사(research) - 계획(planning) - 실행(implementation) - 평가(evaluation) 등으로, 용어만 약간 다를 뿐 의미는 동일한 4단계를 제시한다.

첫 단계인 조사 단계는 '문제'가 무엇인지 확인하는 단계이다. 즉, PR 문제를 정의하는 단계로, 조직체를 둘러싸고 있는 상황을 분석하고, 공중에 관한 정보를 수집하는 단계라고 할 수 있다. 두 번째 단계는 계획 혹은 실행 단계로서 문제를 해결하기 위한 정책 혹은 전략을 수립하거나 PR 프로그램을 수립하는 단계다. 첫 번째 단계에서 수집된 정보를 토대로 조직의 정책, 프로그램의 목적 및 목표, 공중, 활동 및 커뮤니케이션의 전략과 전술을 결정하게 된다. 세 번째 단계는 행동하고 알리는 단계다. 이 단계에서는 정책이나 전략 혹은 프로그램을 실행하는 단계인데, 주로 커뮤니케이션을 통해서 이뤄지기 때문에 커뮤니케이션 단계라고도 부른다. 이 단계에서는 '누가, 언제, 어디서, 어떻게, 이미 계획된 것을, 행동하고 말해야 하는가?'를 다룬다. 네 번째 단계는 PR 프로그램을 평가하는 단계다. 이 단계는 문제가 계획했던 대로 잘 해결되었는지 평가하는 단계로, 처음 수립한 PR의 목적과 목표가 얼마나 달성되었는지 평가하게 되며, 이 결과를 토대로 프로그램이 끝난 뒤 혹은 실행 중에 프로그램 내용을 조정할 수 있다.

② 4 **단계별 활동내용 및 효과평가**

앞서 소개한 4가지 단계는 PR 캠페인을 추진하는 과정에서 매우 중요한 절차로서, 각 단계별로 실행해야 하는 세부적인 절차와 활동은 다음과 같다(오두범, 1997).

첫째, PR 조사단계에서는 한 조직체의 행위나 정책과 관련된 사람들의 의견, 태도, 반응 등을 체계적으로 관찰하여 현재 상황을 파악한다. 조사의 유형으로는 사전조사, 중간조사, 사후조사 등이 있다. 조사의 절차로는 질문문항 선정 → 조사대상 표집 → 조사 진행 → 조사 결과 분석 및 해석 등을 들 수 있다.

둘째, PR 기획단계에서는 평가된 의견, 태도 반응들에 따라 이들을 조직이 바람직하다고 생각하는 방향으로 바꾸거나 새로운 태도를 형성시킬 수 있는 구체적인 활동 목표, 활동내용, 업무분담, 일정과 예산 등을 수립한다.

셋째, 커뮤니케이션 단계에서는 PR 목표를 달성하기 위해서 소정의 계획에 따라 대상 공중과의 커뮤니케이션과 다양한 프로그램을 시행한다. 커뮤니케이션 단계의 활동은 목표 공중(target public)에 대한 활동 요강을 수립하고, 구체적 활동에 들어간다.

넷째, 평가 단계에서는 일정한 목표를 가지고 일정 기간 행한 PR 활동을 객관적이고 과학적인 방법에 의해 분석하게 된다. 평가활동에서는 ① 평가의 목적과 범위를 정한 후 ② 효과 조사를 실시한다. 효과 조사에는 주의 및 인지효과, 태도효과,

행동효과별로 나누어 분석하는 것이 필요하다.

(3) 재활시설의 홍보 전략

2008년 개정된 장애인복지법 제58조(장애인복지시설)는 장애인 복지시설의 유형을 장애인 거주시설, 장애인 지역사회 재활시설, 장애인 직업재활시설, 장애인 의료재활시설, 그 밖의 기타 시설로 장애인생산품 판매시설이라고 지정하고 있다. 이들 시설들은 각각의 기능이 구분되어 각 시설과 기관에 필요하고 적합한 홍보 이슈를 갖지만, 홍보는 매체를 이용하여 집행하기 때문에 공통적으로 활용하게 될 매체별 홍보관리 전략과 온라인 홍보전략에 대해 살펴보고, 시대변화에 맞게 모든 재활시설들이 관심을 갖고 추진해야 할 장애인식개선 홍보 사례를 소개하고자 한다.

① 매체별 PR 관리 전략

홍보활동에 사용할 수 있는 매체는 매우 다양하지만, 대표적인 것으로 TV, 라디오, 신문, 잡지 등의 올드 미디어, DM(소식지, 전단, 엽서, 편지 등), 카달로그 등의 소책자, 전화, 영화 등의 영상물, 이벤트 등이 있고, 뉴미디어로서 PC와 모바일을 이용한 메일링, 웹진, 블로그, 소셜미디어 등 다양한 채널이 활용될 수 있다.

전통적인 대중매체(TV, 라디오, 신문, 잡지)의 퍼블리시티는 메시지의 게이트키퍼(언론사 혹은 보도자료 작성자)가 제공하는 공적 커뮤니케이션의 성격을 갖게 되어 공신력을 갖는 메시지라는 점이 중요한 장점이다. 이에 비해 디지털 매체(뉴미디어)는 PR 주체의 입장에서 보면, 메시지의 제한성이 없고 메시지 전달 시의성이 높으며 제공되는 정보량과 커뮤니케이션 행태 또한 무제한적이라는 장점이 있다. 또한, 디지털 매체는 목표 공중의 선별성이 높고 사용자 공중의 태도 또한 능동적이며, 효과 측면에서도 행동 촉발 단계에 있다는 점에서 기존의 전통 미디어와는 차별화 전략이 필요한 PR 매체이다.

각각의 매체별 특성을 정리하면 다음과 같다(조계현 등, 2023).

- **DM(direct mailing)** : 불특정 다수를 대상으로 광범위하게 커뮤니케이션을 행하는 홍보 방법으로, 타깃 공중에게 우편으로 직접 광고물을 우송하는 것이다. 현재 대부분의 재활시설은 규모와 관계없이 소식지, 전단, 엽서 등을 제작 발행하고 있다.
- **전화** : PR 매체로서 전화는 시간, 공간, 거리의 장벽을 극복하여 PR 대상자와 실시간 커뮤니케이션이 이루어질 수 있는 쌍방향 미디어라는 점에서 대상자와의 커뮤니케이션 효과를 극대화할 수 있는 가능성이 높은 방법이다. 하지만, 시간적, 인적 노력이 많이 소요되어야 하는 단점이 있으며, 대상자가 전화 수신을 거부할 경우 커뮤니케이션 자체가 일어나지 않는다.
- **영화, 비디오 등 영상물** : 영화나 비디오는 실물 그대로를 보여줄 수 있다는 점에서 좋은 PR 매체이다. 예를 들어, 재활시설에서 실제 일어나는 일, 장애인들의 실제 삶의 모습을 흥미롭게 제작하여 PR 메시지로 사용할 때 언어적 메시지에 비해 생생한 정보를 제공할 수 있으므로 메시지 전달력이 뛰어나다.
- **신문** : 인쇄 매체로서 신문은 대중적인 PR 수단이지만, 문자로 제시되는 메시지이기 때문에 문자해독력을 가진 사람만이 대상이 될 수 있고, 메시지 전달 속도와 범위에서도 제약을 갖는다. 또한, 온라인 매체가 생활의 중심이 된 이후로는 신문 구독자가 크게 줄어들어 효과적인 PR매체로서의 기능이 점차 줄어들고 있다. 하지만, Wright(1989)는 신문의 장점에 대해 '잡지나 영화보다 쉽게 접근가능하며, 신문 독자는 일정한 교양 및 생활 수준 이상의 중산층이기 때문에 안정된 목표 공중이라는 점을 지적하기도 하였다.
- **이벤트(Event)** : 이벤트는 영어로 사건을 뜻하지만, '이벤트 주최자가 뚜렷한 목적을 가지고 사전계획을 세워 목표 대상을 현장에 참여시켜 실현하는 현장커뮤니케이션활동을 총칭하는 말'이라고 정의할 수 있다. 재활시설의 PR 방법으로 이벤트를 실시하는 경우라면, 특정 기관이 목표 공중의 후원 동기를 유발하기 위하여 사전 계획하에 준비된 활동을 특정 장소에서 일정 기간 동안 벌이는 커뮤니케이션 과정이다. 이벤트의 대표적인 예로는 모금만찬회, 일일호프나

일일찻집, 후원음악회나 후원발표회, 전시회 등이 있다.

- **디지털 PR** : 인터넷, PC, 스마트폰 등 디지털 기기와 IT 기술을 활용하여 사이버 공간 속에서 전개하는 PR 커뮤니케이션 활동을 총칭하는 말로, 디지털 PR은 1:1 쌍방향 커뮤니케이션뿐 아니라 1:다수(one to many), 다수:다수(many to many)의 커뮤니케이션이 모두 이루어질 수 있다. 또한, 저비용, 시공간적 제약이 없다는 장점이 있다.
- **웹진(Webzine)** : 웹 매거진의 줄임말로 인터넷 상에서 발행되는 전자잡지를 말한다. 누구나 편리하게 접속가능한 인터넷의 장점과 다양한 정보를 전달하는 잡지 매체의 특성을 활용한 웹진은 멀티미디어적 요소를 도입할 수 있고 독자와 양방향 커뮤니케이션이 가능하므로 디지털 시대에 적합한 기업 사보의 형태라고 볼 수 있다.
- **블로그(Bolg)** : 웹(web)과 로그(log)의 합성으로 개인의 생각과 의견, 전문지식 등을 자유롭게 글로 써서 인터넷 상에 올릴 수 있는 웹사이트이다. 한사람 또는 소수의 사람이 자유롭게 자신의 관심사를 글로 올리는 일종의 1인 미디어로서, 수 많은 온라인 사용자들이 구독하고 공유할 수 있는 확장성이 있다.
- **SNS(Social Network Services)** : 온라인 인맥 구축을 목적으로 개설된 커뮤니티형 웹사이트이다. 온라인상에서 다양한 사람들과 관계를 맺고 자신의 정보를 올리며 대화를 나눌 수 있다. 글과 이미지, 동영상으로 소통할 수 있으며, '좋아요'나 '댓글', '공유하기' 등의 기능을 통해 관심사가 유사한 사람들과의 무한한 확장성을 갖고 있다. 예컨대, 카카오톡, 밴드, 페이스북, 인스타그램 등의 SNS 서비스는 전 국민의 절반 이상이 사용하므로, 저비용의 효율적인 PR매체이다.
- **유튜브(YouTube)** : 구글이 운영하는 동영상 공유 서비스로, 사용자가 동영상을 업로드하고 시청하며 공유할 수 있다. 스마트폰과 디지털 기술의 발달로 누구나 영상을 만들 수 있는 디지털 환경이 구축되면서 폭발적으로 이용자가 증가해 현재 전세계적으로 가장 많이 사용되는 온라인 미디어 채널이다.

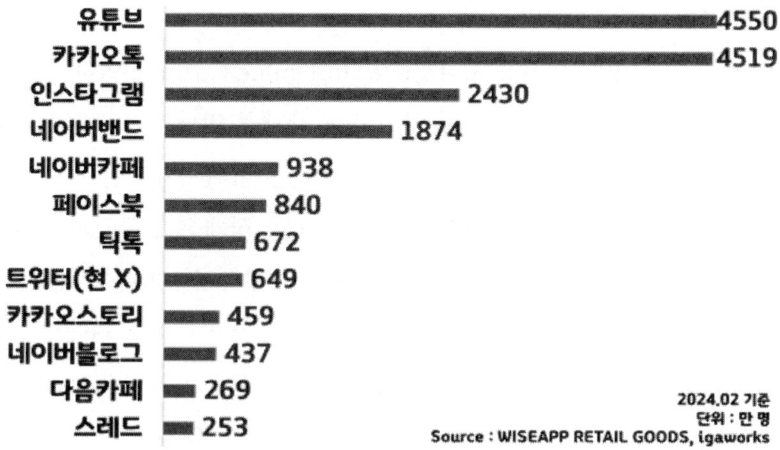

〈그림 11-1〉 국내 소셜미디어 월간 이용자 수 (2024)

② 디지털 세대에 맞는 PR전략

디지털 기술을 향유하며 성장한 디지털 세대의 소통방식은 기존과는 전혀 다르다. 긴 글과 설명보다는 사진과 영상, 짧은 단어로 즉각적으로 소통하기를 즐긴다. 디지털 세대는 관심을 갖는 사안에는 주도적으로 참여하여 의견을 내는 '생산자'이자 공유하기 등을 통해 '전달자'의 역할에도 적극적이지만, 그렇지 않은 사안에 대해서는 전혀 무관심하다. 따라서, 재활기관 PR에서도 디지털 세대에 맞는 소통방식으로의 전환이 매우 필요하다. 오늘날과 같은 온라인 매체가 중심인 환경에서는 DM과 같은 전통적 PR 매체보다 대다수의 사람들이 흔히 사용하는 SNS를 중심으로 하는 홍보 방법에 비중을 늘리는 것이 효과적이라고 할 수 있다.

디지털 매체가 다양화되고 디지털 세대가 전달자, 생산자의 역할을 하면서 재활시설 구성원, 장애 당사자 또는 일반 대중이 직접 만드는 UCC, 바로 참여하고 공감하는 SNS 이벤트 등의 소통 방식을 적극적으로 활용할 필요가 있다. 즉, 재활시설별로 자체적인 전용 SNS 채널을 개설해서 다양한 소식을 전하고, 동영상 등으로 제작된 커뮤니케이션 메시지를 SNS, 유튜브와 같은 채널을 운영하는 등 온라인 미디어를 적극적으로 활용하여 소통해야 한다.

③ **장애인식개선 홍보 전략 사례**

디지털 미디어 세대의 특징을 도파밍(De Dopamine Farming)이라고 할만큼 재미를 좇는 일이 일상이 된 10대~20대 성인 전후 세대를 겨냥하여 소셜미디어 플랫폼을 활용하는 방식으로 재활시설을 홍보하는 것은 미래지향적인 홍보 전략으로서 바람직하다. 예를 들어, 한국장애인개발원 장애인식개선 전문강사로 활동하고 있는 이진영 강사(지체장애1급/선천성 근육장애)의 세바시 1293회 방송의 경우 유튜브에서 18만 회 조회를 기록하였다. 이처럼 디지털 뉴미디어 시대에 소셜미디어는 주요 소통 및 상호작용의 도구로 일상화되었기 때문에, 전국민을 대상으로 하는 홍보에도 장애인식개선 관련 콘텐츠를 노출하기에 매우 유용한 채널이다.

또 다른 사례로, 2019년 4월 문화체육관광부가 ㈜롯데컬쳐웍스와 함께 펼친 '문화를 통한 장애인 인식개선 캠페인'에 사람들의 관심이 집중되었다. 이 캠페인은 4월 문화가 있는 날(24일)과 장애인 주간(20~26일)을 기념해 롯데시네마에서 진행되었는데, 4차원(4D) 영화관에 입장해 관람석에 앉아 영화 상영을 기다리던 관객들은 극장의 모든 불이 꺼진 뒤에 시각장애인이 거리를 걸으며 만날 수 있는 다양한 상황을 4D 효과를 통해 간접적으로 체험하는 프로그램으로 진행되었으며, 관람객들의 큰 관심과 호응을 이끌어내었고, 2019 대한민국 광고대상을 수상하기 하였다(연합뉴스, 2019. 6. 10.).

이처럼 장애인식개선 실천 사례 발굴 및 미디어 노출, 장애인식개선교육 관련 다양한 콘텐츠 제작 및 소셜미디어 공유, 시민참여 장애인식개선 활동 관련 영상 공모전, 장애인식개선 숏츠 영상 제작 및 소셜미디어 플랫폼 정기 업로드, 소셜미디어를 활용한 릴레이 캠페인 진행 등을 전략적으로 계획하고 집행하는 것을 고려할 수 있다.

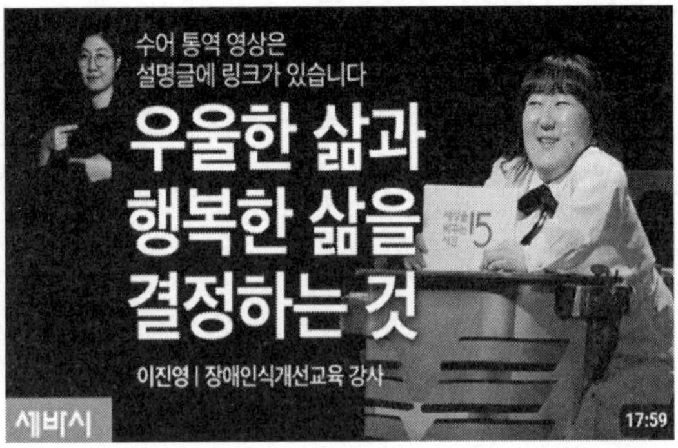

〈유튜브 채널 "나의 장애는 내 인생의 +a이다"〉

4D효과 활용 '장애인식 개선 캠페인' 온라인서 화제

송고시간 | 2019-06-10 11:09

이웅 기자

| 문체부-롯데컬쳐웍스, 영화 관람객 체험프로그램 진행

(서울=연합뉴스) 이웅 기자 = 문화체육관광부가 ㈜롯데컬쳐웍스와 함께 펼친 '문화를 통한 장애인 인식 개선 캠페인'이 관심을 끌고 있다.

지난 4월 문화가 있는 날(24일)과 장애인 주간(20~26일)을 기념해 펼친 이 캠페인에 롯데시네마 청량리점을 찾은 일반 시민 70여 명이 참여했다.

4차원(4D) 영화관에 입장해 관람석에 앉아 영화 상영을 기다리던 관객들은 극장의 모든 불이 꺼진 뒤에 시각장애인이 거리를 걸으며 만날 수 있는 다양한 상황을 4D 효과를 통해 간접적으로 체험했다.

〈문화를 통한 장애인 인식개선 캠페인〉

자료 : 장애인인식개선효과 지표개발 및 발전방안 연구(한국장애인개발원, 2023)에서 발췌함.
자료 URL (좌) https://www.youtube.com/watch?v=HpY6nl-cs-Q&t=211s
(우) https://www.yna.co.kr/view/AKR20190610062400005

〈그림 11-2〉 장애인식개선 PR 캠페인 사례

제2절 장애인직업재활시설의 마케팅

우리나라 직업재활시설의 시작은 1979년 삼육아동불구원(현, 삼육재활센터)에 수산장을 개설한 것이 최초이다. 이후 1981년 심신장애자복지법과 동 법률에 근거하여 1986년 자립작업장 설치운영계획에 의해 22개 보호작업장이 설치되면서 본격화되었다. 직업재활시설은 당장 경쟁고용이 어려운 장애인들에게 유상적인 임금을 제공하고 직업훈련을 제공하거나 제품을 생산(중증장애인 생산품)하는 시설로 정의할 수 있다. 따라서, 직업재활시설은 영리를 추구하는 일반 기업과는 다른 가치를 추구하며, 기능과 역할에서도 영리 기업과는 차이가 있어 일반적인 영리 기업들의 시장 환경과는 다른 특별한 환경에서 법과 제도(예, 장애인생산품 우선구매제도)의 지원과 보호를 받으며 운영되고 있다. 하지만, 2023년 12월 기준 등록된 직업재활시설은 790개소, 근로시설에 종사하는 장애인 근로자는 17,400여 명(이 중 증증장애인 비율 90.7%)에 이를 정도로 장애인 직업재활시설은 양적으로 팽창하였다[1]. 이제 직업재활시설 간에도 경쟁이 치열해지고, 더 이상 장애인생산품에 대한 제도적 지원과 보호 아래서 직업재활시설의 생존과 성장을 기대하는 것은 현실적으로 한계가 있다. 이에 직업재활시설에서 생산되는 제품과 서비스 역시 마케팅적 관점과 기법을 도입하여 직업재활시설의 성장을 도모할 필요가 있다.

1. 마케팅의 개념과 발전과정

(1) 마케팅의 개념

마케팅 활동이 무엇인지 이해하기 위해서는 마케팅에 대한 정의를 살펴볼 필요가 있다. 미국마케팅협회(AMA)에서는 시대 변화에 따라 여러 차례 마케팅의 정의

---

1 2024 중증장애인생산품 우선구매촉진위원회(비공개 회의자료) 중 일부 내용 발췌함.

를 수정해 왔다. 1956년에 내린 고전적 정의에는 '마케팅이란 개인과 조직의 목표를 충족시켜주는 교환을 창출하기 위하여 아이디어, 재화 및 서비스의 개념화, 가격, 촉진 및 유통을 계획하고 실행하는 과정'이라고 되어 있다. 그런데, 2004년 수정한 마케팅의 정의는 '고객을 위한 가치를 창출하고 이를 커뮤니케이션하고 전달하기 위해, 그리고 조직과 이해 관계자들에게 이득이 되는 방식으로 고객관계를 관리하기 위해 요구되는 조직의 기능과 그런 과정들의 집합'이다. 한국 마케팅학회(2002)에서는 마케팅을 '조직이나 개인이 자신의 목적을 달성시키는 교환을 창출하고 유지할 수 있도록 시장을 정의하고 관리하는 과정'이라고 정의하였다. 마케팅 학계의 저명학자인 Kotler & Keller(2006)는 보다 명료하게 '마케팅 관리란 표적시장을 선택하고, 우월한 고객가치의 창조, 제공, 의사소통을 통해 고객을 획득, 유지, 확대하는 과정'이라고 정의하였다. 이렇게 여러 정의를 종합해 보면, 마케팅이란 기업이 자신과 이해관계자들의 이익 창출을 위하여 소비자의 욕구와 필요를 충족시켜줄 것으로 기대되는 제품을 구매하도록 촉진함으로써 상호 만족스러운 교환이 이루어지도록 관리하는 기능이다. 그런데, 마케팅의 정의가 변화된 내용을 보면, 마케팅 관리활동이 초기에는 기업의 관점에서 이익을 증대시키는 것에 집중되었다면 점차 기업 이익의 원천은 소비자라는 인식에 따라 소비자 관점으로 변화되었음을 알 수 있다. 이런 변화는 마케팅의 중심이 '고객'이기 때문인데, 고객의 욕구는 시대에 따라 변하기 때문에 기업의 마케팅 활동의 정의도 시대에 따라 변화하게 되고, 점차 마케팅 관리활동의 범위와 대상, 그리고 방법도 확장되고 있다.

피터 드러커(Druker, P.)는 "마케팅이란 비즈니스의 모든 것이다. 그리고 그 결과는 소비자다. 그래서 모든 비즈니스의 목적은 결국 고객의 창출이다"고 말한 바 있다. 다시 말해서 과거에는 마케팅을 '자사의 제품을 광고와 프로모션을 통해 많은 소비자에게 필요한 시간에 편리한 장소에서 정확하게 전달하는 것'이라고 여겨서 모든 활동이 이것에 초점을 맞췄다면, 현대의 마케팅은 제품 판매에 국한되지 않고, 제품 혹은 기업과 관련된 다양한 소비자 집단에 대해 우호적인 관계를 맺고, 호의적 태도를 형성하도록 하는 일체의 활동으로 확장되어 마케팅과 홍보(PR)의 경계가 모호해졌다(조계현 외, 2023).

(2) 마케팅 목표의 발전 과정

마케팅 활동의 정의가 시대에 따라 변화하는 것과 같이 마케팅 활동의 목표와 방향성도 시대에 따라 달라져 왔다. 마케팅 활동이 그 어느 곳보다 활발하게 발전한 미국을 중심으로 마케팅 개념과 목표가 어떻게 변화되어왔는지 살펴보도록 하자.

마케팅 활동이 시작되던 1900년대 초반 기업활동의 목표는 생산지향성, 제품지향성이라고 볼 수 있다. 그 당시는 시장의 수요가 기업의 생산능력을 초과하는 상황이었기 때문에 기업은 생산성을 증가시키는 방법을 찾는데 총력을 기울여야 했고, 그것이 생산지향적 개념(production-concept)의 마케팅이다. 이 시대를 대표하는 경영 이념은 '공급이 수요를 낳는다'라는 세이의 법칙[2]으로 정리될 수 있다. 즉, 만들면 팔린다는 것이다. 다음으로, 제품지향개념(product concept)은 대량생산 활성화로 인해 수요와 공급이 대등해짐에 따라 기업은 고품질의 제품을 생산하고 개선하는데 총력을 기울이게 된다. 그런데, 이 제품지향적 마케팅 활동의 단점은 마케팅 근시안을 초래할 수 있다는 점이다. 마케팅 근시(marketing myopia)란 소비자의 본원적인 욕구보다 표면적인 욕구와 제품 그 자체에만 집착하여 제품 경쟁자의 범위를 협소하게 정의하여 소비자의 진정한 욕구를 제대로 파악하지 못하는 것을 말한다. 예를 들어, 소비자의 교통수단에 대한 본원적 욕구는 '빠르고 편리한 이동'이라 할 수 있다. 우리나라 철도 기업은 KTX를 개발하면서 육상교통 중에서 가장 빠르고 편리한 이동 수단이라는 점을 제품의 특징이자 장점이라고 강조하였다. 그래서 당시 이동 수단의 또 다른 방법인 비행기를 운항하는 항공업계는 KTX의 출현에 큰 관심을 두지 않았다. 하지만, 소비자 입장에서는 빠르고 편리한 KTX를 이용할 수 있게 되자 이전에는 빠른 이동이 필요할 때 비행기를 이용하던

---

2 프랑스의 경제학자인 장 바티스트 세이(Jean-Baptiste Say, 1767~1832)는 공급은 생산단계에서의 수요를 가정하고 공급과 수요의 불균형은 가치의 변동을 통해 안정화되므로 수요의 크기는 공급의 크기와 같아진다고 주장하였다.

국내선 비행기 탑승자들이 KTX 철도를 이용하게 되면서 국내선 비행기 탑승객의 수가 현저히 줄어들게 되었다. 이런 현상은 항공업체로서는 전혀 예상하지 못했던 경쟁자의 출현이었다. 항공사가 동종 업종인 항공사의 마케팅 활동에만 신경을 쓰는 동안, 전혀 경쟁업체라고 생각하지 않았던 기차가 경쟁우위 요소를 갖추게 되면서 항공업계는 새로운 경쟁자 문제에 직면하게 된 것이다. 이처럼 마케팅 근시란 소비자의 본원적 욕구를 인식하지 못한 채 좁은 범위에서 경쟁자를 규정하게 되면 기업의 경쟁력에 한계가 초래되는 현상을 말한다.

두 번째로, 1930년대부터는 마케팅의 목표가 판매지향적 개념(selling-concept)의 마케팅으로 변화되었다. 대량생산 체계가 확립됨에 따라 공급 과잉이 일어나게 되고, 동시에 1차 세계대전의 패전으로 '경제 대공황'이라는 어려운 경제 여건에 의해 생산된 과잉 제품들의 판매로 목표의 중심이 이동하게 된다. 판매지향 마케팅의 단점은 소비자의 욕구를 무시한 채 기업이 생산한 제품의 판매에만 주력하기 때문에, 장기적으로는 시장의 요구를 반영하지 못하여 비효율적인 기업활동이 이루어진다는 점을 들 수 있다.

세 번째, 1950년대 무렵에는 마케팅 지향적(marketing-oriented) 마케팅으로 변화가 이루어졌다. 제네럴 일렉트릭(GE)사의 1952년 연례보고서에 이 용어가 처음 등장하였는데, 그 당시 기업 환경은 공급 과잉과 경쟁 심화 현상이 두드러진 한편, 소비자의 교육수준과 소득수준이 높아지면서 개별 소비자들의 욕구는 다양화되고 이질화되어 대량 생산된 제품에 대한 구매 저항이 심화되었다. 이런 시장 환경의 변화에 따라 기업들은 고객의 욕구 충족과 만족을 통해서만이 수익이 창출된다는 점을 인식하게 된다. 또한, 모든 잠재적 소비자를 대상으로 하기보다는 최선의 성과를 낼 수 있는 목표시장(target market)을 선정해서 그들을 대상으로 기업의 노력을 집중해야 한다는 인식도 일어나게 되었는데, 이것이 곧 현대적 의미의 마케팅 활동의 시작이라고 하겠다.

네 번째로 1970~80년대 이후 기업활동의 목표는 사회지향적 마케팅 개념(societal marketing-concept)으로 변화한다. 인구증가, 자원부족, 환경오염 등 주요 사회 경제적 문제들이 부각되면서 소비자 보호, 환경 보호에 대해 기업이 책임을 인식해야 한다는 목소리가 등장하게 된 것이다. 즉, 기업이 마케팅 활동을 수행하는 과정에서 사회 전체의 이익을 지향하고 공익적 측면과 윤리적 측면을 고려해야 한다는 요구가 대두되면서, 기업은 이윤을 추구함에 있어 사회 전체의 이익도 함께 고려하며 기업 활동을 수행해야 함을 인식하게 된 것이다. 대표적인 사회지향적 마케팅의 실천전략으로는 그린마케팅, 에코마케팅과 같은 환경보호 가치를 담은 전략, 사회적 약자나 소외계층을 위한 기부활동에 참여시키는 공익연계 마케팅 등이 대표적이다. 이와 같은 사회지향적 마케팅개념은 현재 점점 더 강력하게 기업이 지향해야 할 목표로 요구받고 있으며, 이는 ESG(Environment, Social, Governance) 경영으로 그 개념이 확장되었다.

① 기업의 사회적 책임과 전략적 사회공헌활동

우리나라 기업들도 2000년대 이후 기업의 사회적 책임(Corporate Social Responsibility)을 인식하고 적극적으로 마케팅 활동에 적용하는 사례가 늘고 있다. 기업의 공익적이고 윤리적 활동을 소비자들이 인식할 때, 기업의 평판과 이미지가 좋아지고 그 기업의 제품에 대해서 호의적인 평가와 구매의도가 높아지는 등 긍정적 효과가 나타나기 때문이다.

기업의 사회적 책임(Corporate Social Responsibility : CSR)은 기업경영을 통해서 발생하는 부정적 영향을 최소화하는 동시에 긍정적인 영향을 최대화할 수 있도록 하는 일련의 경영실천을 말한다(Pinnet, 2001). 기업이 자선활동을 사회문제와 연결시켜 전략적으로 활용하게 되면 기업의 가치와 신뢰형성에 크게 기여하게 된다. 대다수의 소비자들이 가격과 품질이 동일하다면 공익과 관련된 브랜드나 구입처를 선택할 의향을 가지고 있기 때문이다. 이런 소비성향을 소구하는 마케팅을 공익연계 마케팅(CRM : cause-related marketing)이라고 부른다. 마크로밀엠브레인이 진행한 2017년 조사 결과에 따르면, '66%의 응답자가 윤리적인 기업의 제품이거나 누군가에게 도움이 되는 제품이라면 약간 비싸더라도 구매의향이 있다'

고 한다. 유사한 내용으로 2016년 콘 커뮤니케이션(Cone Communication) 조사에서는 '약 64%의 응답자가 직장을 선택할 때 기업의 사회적, 환경적 책임을 다하는지 고려하고, 약 88%의 응답자가 CSR가 뚜렷한 기업에 더 충성도를 갖는다'고 나타났다. 더 나아가 소비자들은 비윤리적인 기업이나 사회적 책임을 등한시하는 기업에 대해 온라인과 오프라인을 넘나들며 불매운동을 벌이기도 하는데, 이는 일종의 화폐 투표(dollar vote)로 소비자 자신들의 윤리적 가치를 표현하며 기업을 망하게도 흥하게도 한다(조계현 등, 2023).

장애인 근로자가 일하는 장애인직업재활시설의 경우, 장애인생산품은 중증장애인생산품우선구매특별법에 따른 공공기관을 대상으로 하는 기업간(B2B) 거래 의존도가 높지만, 이런 제도에 머물지 않고 민간 시장을 대상으로 유통을 확대하여 일반 소비자들의 구매기회를 높이도록 개별 소비자들을 대상(B2C)으로 하는 마케팅 활동이 활성화될 필요가 있다. 이렇게 개별 소비자를 대상으로 직업재활시설의 마케팅활동이 이루어진다면 공익연계 마케팅(CRM : Casse- Related Marketing), 사회지향적 마케팅(societal marketing)의 관점에서 접근할 수 있을 것이다.

② CSR 추진 전략과 방향

성공적인 CSR 캠페인은 몇 가지 공통점을 가지는데, 이를 요약하면 다섯 가지 속성이 있다.

첫째, 캠페인의 주제가 기업의 비즈니스 영역과 '적합성'을 갖는다. 예를 들어, 에이즈퇴치를 위한 CSR활동은 제약회사나 보험회사가 적합하다. 둘째, 캠페인을 ' 지속적'으로 진행하며, 셋째, 기업 스스로가 잘할 수 있는 아이템을 차별적으로 추진한다. 지속적으로 CSR 활동을 진행한다는 것은 생각보다 어려운 일이다. 우리나라의 최초 환경보호 관련 CSR 사례는 유한킴벌리의 '우리강산 푸르게 푸르게'라는 나무심기 캠페인으로 1984년부터 지속되었다. 세계적인 청소회사 카처(KARCHER)는 1935년 설립된 글로벌 청소장비 전문회사다. 이 회사의 대표적 CSR 활동은 '세계문화유산클리닝' 캠페인으로 1980년부터 40여 년 동안 지속적으로 수행하고 있다. 유한킴벌리, 카처 모두 다른 회사들과의 차별성 있는 CSR 캠페인이 지속적으로 이뤄졌다는 점이 성공적인 CSR의 핵심이다. 넷째, '일관성'있게 추진되어야 하며, 마지막으로 CSR의 '순수성'이 공중에게 전달되어야 한다. 일관성은 기업이 여러 CSR 캠페인을 진행할 경우, 활동이 하나의 큰 주제 아래에 얼마나 긴밀하고 일관성있게 연계되는가와 관련된 것이다. 마지막으로 '순수성'은 기업이 CSR의 범위나 투자 규모를 기업의 이윤과 상관없이 결정할 때 순수성을 갖는 것으로 지각된다. 반대로, 자사 제품의 매출과 연동하여 매출액의 특정 비율을 CSR에 투입하는 방식으로 시행하는 CSR은 순수성이 낮게 평가된다. 다수의 기업들이 위법행위나 비윤리적, 비도덕적 행위로 사회적으로 문제를 일으켰을 때 사재를 털어 사회적 책임을 다한다거나 사회에 헌납한다는 발표 등으로 CSR을 시행하는 경우가 있다. 하지만, 이는 CSR에 대한 순수성이 결여되어 긍정적 효과를 얻기 어렵다(조계현 등, 2023).

자료 : 조계현, 김원석, 김흥기, 문효진(2023). PR 실전론. 커뮤니케이션북스. p. 275.

〈그림 11-3〉 CSR 활동시 고려할 요소들

2. 마케팅 전략수립과 마케팅 믹스[3]

(1) 마케팅 환경분석과 전략수립

마케팅 전략이란 단일한 대중시장(mass market)에 대하여 특정한 기준을 설정하여 시장을 세분화하고 그중에서 목표 시장을 설정한 다음, 각각의 목표 시장에 가장 적합한 마케팅 수단과 방법을 개발하는 과정을 말한다. 전략(strategy)은 기업 조직의 목표를 명확히 세우고 조직 활동의 제약조건이 되는 환경을 분석하여 대응해 나가는 과정을 의미한다.

① 마케팅 환경분석

마케팅 전략을 수립하기 위한 첫 단계는 환경분석으로, 기업이 처한 환경을 이해하고 상황을 명확히 분석하여야 한다. 즉, 기업이 처한 내·외부 환경에 대한 분석이 이루어져야 하는데, 환경분석에는 경제적, 정치적, 기술적, 법률적 환경 등에 대한 분석이 포함되며 거시적 수준과 미시적 수준에서 이루어진다. 거시적 환경은 정치, 사회, 경제, 법률적 환경이다. 예컨대, 직업재활시설에 대한 법적인 제한과 보호적 제도 등을 파악하는 일은 거시적 환경 분석에 속한다. 미시적 환경은 기관의 구조분석 및 내부환경 분석, 경쟁자 분석, 외부집단 분석 등이 포함된다. 이렇게 기업이 자신을 둘러싼 환경을 먼저 분석하여 자사의 강정과 약점은 무엇인지, 마케팅 활동에서의 기회요인과 위협요인은 무엇인지 등을 파악하는 일이 우선되어야 한다.

또한, 마케팅하려는 제품·서비스에 대한 시장 규모, 경쟁 상황, 타겟 소비자 특성 등에 관한 분석도 함께 이루어져야 한다. 시장분석은 소비자 분석이라고도 할 수 있는데, 기업의 제품이나 서비스가 속한 시장을 분석하는 것으로, 이 과정을 통해 기업은 시장의 크기, 성장률, 주요 경쟁업체, 소비자 행동 및 선호도 등을 파악할

3 이 장의 내용은 "온오프라인통합시대 소비자행동의 심리"(박은아, 2022) 1장 내용을 바탕으로 재구성됨.

수 있다. 경쟁분석은 경쟁 업체들을 분석하는 과정이다. 경쟁 분석은 경쟁 업체의 웹사이트 광고물, 보도자료, 소비자 리뷰 등을 조사하여 수행될 수 있는데, 이를 통해 경쟁 업체의 강점과 약점을 파악해야 한다. 환경분석, 소비자 분석 및 경쟁 분석은 일반적으로 SWOT(strength-weakness-opportunity-threat)의 분석적 틀을 적용하여 이루어진다.

② STP 전략

마케팅 환경분석이 끝나면 이를 기반으로 마케팅 전략을 수립하게 된다. 마케팅 전략수립의 과정은 3단계로 구분할 수 있다. 첫 번째로 자사의 능력을 고려하여 전체 시장을 작은 시장으로 분할하는 단계가 필요한데, 이를 시장세분화(segmentation)라고 부른다. 시장세분화는 인구통계적(demographic), 심리묘사적(psychographic), 지리적(geographic) 요건 등을 고려하여 이루어진다. 두 번째는 구분된 세분 시장 중에서 자사의 능력을 집중할 수 있는 목표시장을 선택하는 단계인데, 이를 타겟팅(targeting)이라고 한다. 즉, 기업이 전체 시장(mass market)을 대상으로 마케팅 활동을 하는 것은 자원과 능력의 한계를 갖기 때문에, 자사의 역량을 집중하기에 가장 적합한 시장을 선택하는 것이다. 타겟 시장을 결정하게 되면 그 시장을 구성하는 소비자의 특성을 파악해야 한다. 타겟 소비자층의 필요를 분석하고 잠재 욕구를 발굴하며, 그들에게 적합한 제품, 가격, 유통, 촉진 방법 등을 파악하고 개발하는 과정이 포함된다. 세 번째는 선정한 목표시장에 가장 적합한 마케팅 방법을 구사하기 위한 제품 포지셔닝(positioning)을 해야 한다. 포지셔닝은 자사의 제품이 경쟁 시장 내에서 다른 제품들과 차별화되는 특징을 찾아내는(만들어내는) 과정으로, 제품 속성이나 다양한 마케팅 믹스 요인을 이용하여 타겟 소비자에게 자사 제품의 특징적 위치를 인식시키는 것이다. 즉, 마케팅 전략 수립이란 세그멘테이션-타겟팅-포지셔닝이라는 일련의 과정을 통해 제품판매를 촉진하기 위한 방법과 수단을 계획하는 과정을 말한다.

1. 자사의 능력을 고려한 세분시장 설정 (Segmentation)

↓

2. 자신의 모든 능력을 집중할 목표시장 선택 (Targeting)

↓

3. 목표시장에 가장 적합한 마케팅 전략과 방법 사용 (Positioning)

〈그림 11-4〉 STP 마케팅 전략

이와 같은 과정은 재활시설의 마케팅 전략 수립에도 그대로 적용된다. 먼저 재활시설의 사명(미션)과 목표와 일관되게 마케팅 목표를 설정하고, 재활시설의 내·외부적 환경과 경쟁사 분석 및 소비자 분석을 통하여 재활시설의 현재 상황을 SWOT 관점에서 정확히 파악해야 한다. 다음으로 적합한 목표시장을 선택하고, 시설에서 생산하는 제품·서비스가 목표시장에서 좋은 성과를 낼 수 있도록 재활시설이 보유하고 있는 마케팅 자원을 효율적으로 활용하는 방법에 관해 결정하고 실행전략을 수립한다.

(2) 4P 중심의 마케팅 믹스

마케팅 전략은 주로 4가지 측면을 중심으로 수립된다. 이를 '마케팅의 4p'라고 부른다. 4P란 제품(product), 가격(price), 유통(place), 촉진(promotion)의 첫 영문 이니셜을 모은 용어로, 4P 요소들을 중심으로 마케팅 전략이 기획되고 실행된다. 제품(product : 유형의 제품뿐 아니라 무형의 서비스, 용역도 포함한다)은 제품 기획 및 개발에서부터 제품의 디자인과 포장에 이르기까지 제품에 관한 모든 것이 포함되고, 가격(price)은 제품의 가격 정책 수립에 관한 것이며, 유통(place : 장소를 의미하는 영어 단어이지만 폭넓게 유통을 뜻한다)은 영업과 판매방식 및 판매 장소를, 촉진(promotion)은 광고를 포함한 모든 판매 촉진을 위한 활동을 의미한다. 이 4P 요소를 마케팅 상황과 문제에 맞게 적절히 조합하고 결합하여 마케팅 전략을 수립하는 것을 마케팅 믹스(Marketing Mix)라고 부른다.

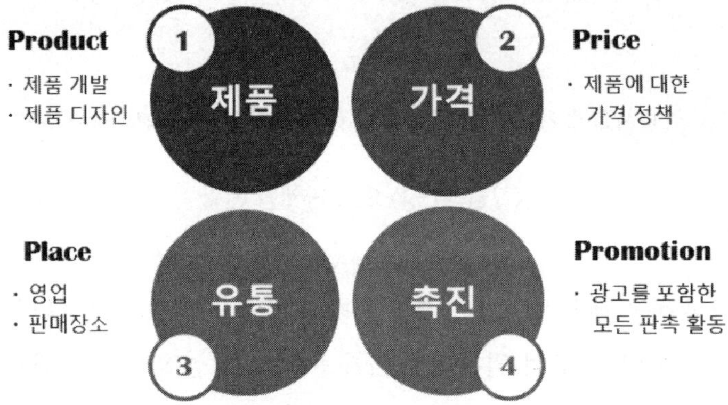

〈그림 11-5〉 4P 마케팅 요소

① **제품**(product)

제품은 시장의 소비자 욕구를 만족시키고자 제공되는 물리적이고 기능적인 형태를 갖는 물건, 서비스, 아이디어, 사람, 장소, 조직 등으로 정의할 수 있다. 제품은 소비자의 욕구(needs)와 욕망(wants)을 충족시켜 줄 것으로 기대되는 상품으로, 구매의 대상이다. 그런데, 소비자가 구매하는 것은 유·무형의 제품(서비스)이지만, 제품이라는 용어에는 소비자가 추구하는 혜택(benefit)의 의미가 포함되어 있다. Lee & Kotler(2011)는 제품을 핵심제품, 유형제품, 확장제품이라는 3가지 차원으로 구분해서 개념화하였다. 먼저, 유형제품(physical/actual product)은 물리적 형태를 유형화한 것으로서의 제품을 말한다. 즉, 소비자가 구매하는 실제 제품(서비스)이다. 핵심제품(core product)은 타겟 소비자가 제품을 통해 얻을 것으로 기대하는 혜택 또는 이익으로, 상위 개념으로서의 제품이라 할 수 있다. 즉, 소비자가 구매하는 것은 유형의 제품이지만, 구매를 통해 추구하는 혜택(benefit)이 바로 핵심제품이다. 예컨대, 4분의 1인치 드릴을 구매하는 행위를 통해 추구하는 핵심 제품

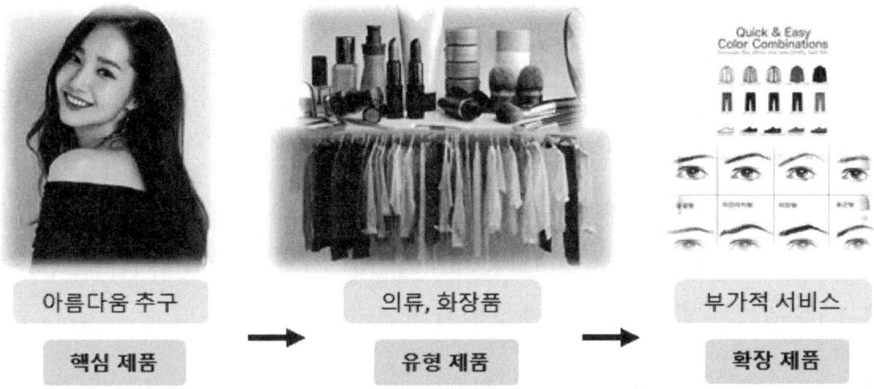

자료 URL : 1) http://enews.imbc.com/News/RetrieveNewsInfo/271384
2) https://www.huffingtonpost.kr/nakyeong-lee/story_b_9424146.html
https://www.zipdeco.co.kr/hs/portfolio/imgsearch/View.do?r_seq=6740
3) https://theqoo.net/square/263287624

〈그림 11-6〉 제품의 3차원

은 4분의 1인치 구멍(holes)인 것이다. 모든 제품은 구매자의 문제를 해결해 주는 서비스의 조합이 되어야 한다. 확장제품(augmented product)은 유형의 제품을 사용하기 위해 사용되는 추가 제품을 말한다. 예를 들어, 화장품이 유형제품이라면 화장품의 핵심제품은 소비자가 추구하는 혹은 달성하고자 하는 아름다움이고, 확장제품은 아름다움을 달성하는데 부가적으로 필요한 화장도구나 옷, 액세서리 등까지도 포함될 수 있을 것이다.

② 가격(price)

마케팅 4p의 두 번째 요소는 가격이다. 가격은 소비자 입장에서는 특정한 제품이나 서비스를 구매함으로써 얻게 되는 효용에 부여된 시장적 가치이고, 기업 입장에서 제품의 가격은 기업의 총수익과 총이익에 영향을 미치는 이익의 원천이다. 가격은 소비자의 제품에 대한 반응을 이끌어내는 핵심적 요인이자, 제품에 대한 품질 인식의 중요한 단서이기도 하다. 따라서, 가격은 소비자 입장에서는 제품 구매를 결정하는 데 결정적 고려 요소가 되고, 기업 입장에서는 기업 활동의 결과인 이익 창출이라는 목표 달성에 주요한 요소가 된다. 또한, 가격은 마케팅 믹스 4p 요소 중 쉽게 변경이 가능하기 때문에 시장환경 변화에 따른 단기적인 마케팅 전략을 수립하는 데에 활용하기 좋은 요소이기도 하다.

제품 가격을 결정하는 데에는 생산 원가, 제품의 수요와 공급, 제품의 가격민감성, 시장에서의 경쟁력, 타겟 소비자층의 소득수준, 경제적 요인(경기불황, 인플레이션 등)과 법적 규제 등 외부 환경 요인이 고려된다.

가. 품질의 단서 정보로서의 가격

제품의 가격과 관련해서 가장 중요하게 고려해야 할 사항은 가격은 제품의 가치를 소비자에게 인식시키는 중요한 단서라는 점이다. 소비자는 제품의 가격과 품질 간의 관련성에 대해 강한 신념을 형성하고 있어서, '싼 게 비지떡이다'라든가 '비싸면 품질이 좋다'와 같은 인식이 강하다. 따라서, 시장에 출시되는 제품의 가격을 어떻게 책정하는가는 소비자에게 제품에 대해 어떤 인상을 심어 주느냐의 문제로 직결된다.

나. 단수가격효과

가격에 관한 전략적 접근의 좋은 예로서 단수가격효과(odd price effect)[4]를 들 수 있다. 일반적으로 제품 가격은 1000원, 5000원, 1만 원, 5만 원 등과 같이 끝자리가 떨어지는 방식으로 책정한다. 이를 관습가격이라 한다. 그런데, 이렇게 딱 떨어지는 숫자 대신에 9,900원, 19,900원 등 정확하게 끝나는 가격보다 약간 모자라는 금액으로 책정된 가격을 흔히 볼 수 있는데, 이를 단수가격이라 한다. 단수가격으로 책정된 경우, 즉, 제품의 가격이 1만원인 경우보다 9,900원일 때 소비자 입장에서는 제품의 품질은 비슷하지만 더 저렴한 것으로 상품으로 지각되어 지갑을 쉽

4 단수가격효과 : 제품가격의 끝자리를 00와 같이 정수로 정하지 않고, .900와 같이 홀수(단수)로 정함으로써 정수 가격에 비해 저렴하다는 인식을 주어 구매저항을 낮추거나 구매욕구를 자극하는 효과

게 열게 된다. 이런 현상을 단수가격 효과라고 부른다.

③ **유통**(Place)

마케팅 4p의 세 번째 요소는 유통 장소(place)로, 유통은 distribution이라는 용어가 더 정확하나 영어 이니셜을 p로 통일하기 위해 place 라는 단어를 사용하였다. 적정한 가격을 가진 좋은 제품이 생산되었다 하더라도 이것이 소비자에게 유통될 수 있는 방법이 부족하다면 제품 판매, 즉, 기업의 마케팅 활동에는 문제가 초래된다. 즉, 유통 혹은 유통 경로(Distribution Channel)란 제조업체가 생산한 제품이나 서비스를 소비자가 구매 또는 사용할 수 있도록 하는 과정과 관련된 일체의 상호의존적 조직과 그 기능을 말한다. 유통경로를 통한 상품의 이동 과정에 참여하는 중간상은 제조업자와 소비자 사이에서 활동하는 조직체나 개인으로, 도매상(wholesalers)과 소매상(retailers)이 있다. 즉, 제품의 유통은 전형적으로 제조업자 – 도매상 –소매상 –최종 소비자에 이르는 경로가 대부분이다. 하지만, 최근 인터넷을 통한 온라인 마켓의 활성화에 따라, 제조업체로부터 소비자에게 물리적 형태의 중간상이 아닌, 물류를 이동시켜 배송하는 유통업체들이 새로운 유통 채널로 부상하였다.

유통의 궁극적인 목적은 5R이라는 다섯 가지 목표를 달성하는 데 있다. 다섯 가지 목표는 최종 소비자에게 적절한 제품(Right Product)을, 적절한 시간(Right Time)에, 적절한 가격(Right Price)으로, 적절한 양(Right Quantity)을, 적절한 장소(Right Place)로 이동시켜 제공하는 것이다. 이와 같은 목표를 달성하기 위해 유통 조직은 소비자와 생산자 간의 교환을 촉진하는 기능, 제품의 가격이나 구입 단위, 지불 조건 등 거래를 표준화하는 기능, 다양한 제품 구색을 갖추는 기능 등을 수행한다.

가. 매장 이미지

대표적인 유통 장소로서 최종 소비자와의 접점에 있는 소매상(retail store)은 흔히 매장 혹은 점포이다. 매장은 제품과 서비스가 제공되는 장소로서 효과적인 매장은 제품 구색을 잘 갖추고 있어서 소비자가 제품을 선택하여 구매를 결정하는 의사결정을 수월하게 해주는 곳이어야 한다. 또한, 매장의 분위기, 제품 구색, 매장의 물리적 디자인, 판매원의 태도 등에 따라서 매장에서 소비자가 느끼는 기분과 제품에 대한 전반적 인상이 달라지며 이것은 해당 브랜드에 대한 이미지 형성에도 영향을 미친다. 즉, 매력적으로 보이는 제품과 매장 디스플레이 환경 디자인은 소비자가 제품이나 서비스, 브랜드에 대한 이미지를 형성하고 호감을 형성하는 데 결정적인 요인이 되기도 한다.

나. 온라인 매장 : 새로운 유통 강자들

한편, 온라인 쇼핑이 소비자의 일상 깊숙이 침투한 현재는 유통이 더욱 중요한 매출 창출의 중요한 요소로 자리 잡게 되었다. 이제는 오프라인 매장 없이 온라인으로만 유통하는 기업도 많으며, 이들의 경우 오프라인 매장 운영에 필요한 비용을 절감함으로써 상대적으로 저렴한 가격으로 소비자에게 제품을 제공할 수 있다. 온라인 매장들은 이런 강점을 바탕으로 시장 기회를 넓힌다.

하지만, 오프라인 매장이 없으면 소비자와 실제로 만날 수 있는 접점이 부재하기 때문에, 자사 제품이나 브랜드를 인식시킬 수 있는 가능성이 낮아 필연적으로 온라인 검색광고라든가 온라인 노출광고 등을 통한 온라인 마케팅에 집중한다. 또한, 온라인 쇼핑의 대중화로 인하여 구매한 물품을 배송해주는 또 하나의 유통채널이 활성화되었고, 배송시스템을 근간으로 하는 온라인 유통업(예 : G마켓, 쿠팡, 배달의 민족 등)이 새로이 시장의 주역으로 자리잡게 되었다.

④ 촉진(promotion)

네 번째 4p 요소는 촉진이다. 프로모션이라는 것은 제품이나 서비스 혹은 제품을 생산하는 기업 그 자체를 알리는 다양한 활동을 말한다. 대표적인 촉진 방법으로 광고를 들 수 있다. 광고(advertising)는 확인할 수 있는 광고주(기업)가 목표 소

〈표 11-1〉 다양한 촉진 수단 및 특성

촉진 종류	내용 방법
1. 견본(sample)	제품을 무료 또는 저렴한 가격에 이용하도록 제공
2. 쿠폰(coupon)	가격할인권 , 무료이용권 등 특정 제품 구매시 혜택을 제공
3. 사은품 (premium)	특정 제품 구매시 제공되는 증정품, 선물이라고도 함
4. 리베이트(rebate)	일정 기간 혹은 일정 금액 기준으로 구매액의 일정 비율을 현금 반환하는 것 (예 : 30만 원 구매시 상품권 1만원 증정 등)
5. 시연(trial)	실제 판매하는 제품에 대한 사용 기회 제공 (예 : 식품코너의 무료시식, 고가의 안마의자에 대한 1주일 무료 체험권 등)
6. POP(point of purchase)	제품에 대한 설명 목적의 배너, 포스터, 매장에 설치된 광고판 등
7. 콘테스트(contest)	제품구매시 추가적 노력을 통해 상품, 가격할인권 등을 취할 수 있는 기회 제공 (예 : 영수증 경품 추첨 행사 등)
8. 단골고객보상	지속적 구매를 유도하고자 제공하는 혜택 (예 : 마일리지제도, 쿠폰 모으기 등)
9. 스페셜티 (specialty)	기업의 상징물(기업, 제품 혹은 브랜드명, 로고, 메시지 등)을 활용한 소형 제품 제공 (예 : 볼펜, 비누, 물티슈 등)
10. 가격할인 (Price-off Deal)	제품가격을 일시적으로 인하시켜 구매를 유인 (예 : 오후 4시부터 30분간 30% 할인, 자정부터 새벽 6시까지 50% 할인 등)
11. 보너스팩 (Bonus Pack)	정상가격에서 제공할 수 있는 것보다 많은 양을 제공하거나 추가적인 혜택 제공 (예 : 1+1 행사, 2달 이용시 1달 무료 이용 등)
12. 이벤트(Event)	특정 행사나 프로그램을 개최하거나 지원하여 잠재 고객들을 유인하여 제품(브랜드)에 대한 노출, 관심, 사용 기회를 제공하는 것
13. 공동마케팅 (Co-Marketing)	콜라보 마케팅(브랜딩)이라고도 하며, 둘 이상의 기업 혹은 브랜드가 협동하여 제품판매 강화를 위해 전략적으로 제휴하여 펼치는 일련의 활동 (예 : 맥도널드와 BTS의 협업으로 탄생한 BTS 버거, 지역 대형마트가 골목시장의 제품을 선별하여 판매하는 방식의 협업 등)
14. 체험마케팅 (Experiential Marketing)	소비자가 직접 제품 체험, 제품에 대한 긍정적인 경험의 기회를 제공함으로써 구매를 유도하는 것
15. SNS 마케팅	SNS를 활용하여 소비자와 직접 온라인으로 소통하며 구매유도 (예 : 밴드, 페이스북, 인스타그램 등의 소셜미디어 활용)

주) 나운환 등(2014).직업재활시설론, pp.357-360을 바탕으로 재구성함.

비자 집단에게 제품에 관한 정보 제공이나 타겟 소비자 설득을 위해 유료로 대중매체를 이용하여 메시지를 제공하는 것으로 정의한다. 광고 이외의 촉진 수단으로는 시장에서 이루어지는 다양한 판매촉진 활동이 있다. 즉, 제품의 샘플이나 가격 할인권, 물건을 구매할 때 혹은 다양한 이유로 제공되는 경품 등으로 소비자에게 직접적인 유인(incentive)을 제공하여 구매동기를 자극하는 활동이다. 식품매장에서 흔히 볼 수 있는 '시식코너'는 대표적인 판촉활동이라고 할 것이다. 또한, PR (Public Relations)도 대표적인 촉진 활동의 하나이다.

판매촉진의 목표는 매우 다양하다. 판촉의 목표는 단기적 판매증대, 장기적인 시장점유율 증대일 수도 있고, 신제품에 대한 소비자의 시험구매를 유도하거나 자사 제품에 대한 충성도가 높은 고객을 유지하기 위한 것일 수도 있다. 이처럼 다양한 목표를 달성하기 위해 사용할 수 있는 판매촉진 방법은 수없이 많을 수 있지만, 대표적인 것들을 정리한다면 다음과 같다. 온라인 쇼핑이 활발해진 현재는 온라인에서도 여러 가지 방법으로 촉진 전략이 실행된다. 이 방법들은 판촉의 목표, 경쟁상황, 각 방법의 비용대비 효과성 등을 검토해서 적용하게 된다.

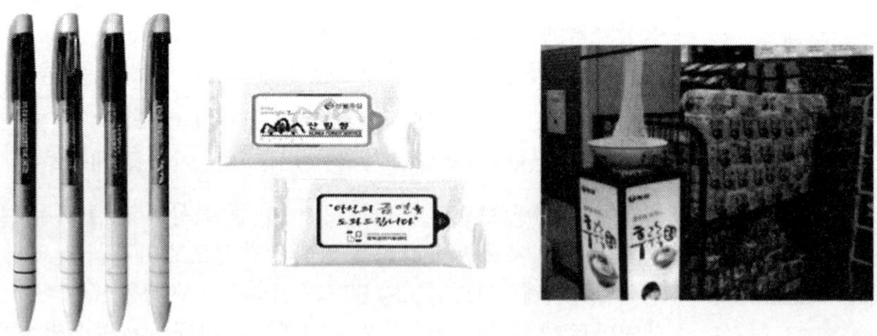

자료 URL : https://thehyundaiblog.com/entry/Brand-Shop
https://lifemap.tistory.com/entry/pop%EA%B4%91%EA%B3%A0%EB%A7%88%EC%BC%80%ED%8C%85-%EB%8

〈그림 11-7〉 스페셜티 판촉물(좌), 매장 내 눈에 띄는 POP 광고(우)

자료 URL : https://www.instagram.com/p/CuGNpkKJLkY/?igsh=MTVzdjBrZG1zamNhbQ==

〈그림 11-8〉 인스타그램의 멋진 여행지와 호텔(좌/중간), 장애인생산품 동구밭(우)

3. 장애인직업재활시설의 마케팅 전략

(1) 장애인직업재활시설의 환경 변화

현대사회에서 마케팅은 영리 기관뿐 아니라 비영리 기관에도 필요하며 직업재활시설 또한 예외가 아니다. 미국에서도 직업재활시설 운영에 대한 개선의 목소리가 커지면서, 직업재활시설의 경영마인드 개발, 분석과 계획에 기초한 마케팅 강조, 가격경쟁력 향상, 조달확대, 생산 및 계약과정에서의 정보기술 활용, 자동화의 증설, 비장애인 근로자와의 통합 등이 강조되고 있다(Gary & Dan, 1998). 상품과 서비스의 공급자로서의 직업재활시설은 어떤 제품과 서비스를 누구에게, 어떤 가격으로, 어떤 유통경로를 통해 판매할 것이며, 자사의 제품을 어떤 방법으로 소비자에게 알릴 것인가를 계획하고 실행해야 한다(나운환 등, 2014).

21세기가 시작되면서 직업재활시설을 둘러싼 마케팅 환경은 크게 변화하고 있다. 첫째, 직업재활시설의 급격한 증가로 경쟁의 시대에 돌입하였다. 1986년 22개 보호작업장으로 시작된 직업재활시설은 2023년 12월 기준 788개소로 증가하였고(등록된 인증기관), 2000년대 이후 사회적 기업과 협동조합의 출현으로 인적, 물적 자원 획득을 위한 다양한 경쟁이 이뤄지고 있으며, 정부 정책의 변화, 장애인의 다양한 욕구로 보호고용 기능과 역할 강화 등으로 직업재활시설을 둘러싼 내·외부 환경이 모두 경쟁 지향적으로 변화하고 있다.

둘째, 디지털 기술의 발전으로 우리 사회의 거의 모든 산업 분야에 SNS(Social Network Service)를 활용한 디지털 경제가 변화와 혁신을 일으키고 있다.

셋째, 디지털 기술에 익숙한 소비자 집단의 출현이다. 이들은 과거와는 다르게 PC, 특히 스마트폰을 중심으로 한 "손 안의 컴퓨터"에 익숙하여 거의 모든 일상활동이 모바일로 이루어진다. 그런데, 온라인 환경은 쌍방향적, 즉시적 소통이 가능하다. 이런 환경적 변화는 개별 소비자들이 자신이 관심 갖는 모든 이슈에 능동적으로 참여하고, 적극적으로 소통하며 자신의 취향과 가치관에 따라 온라인상에서 자유롭게 모이고 흩어지며 파워를 행사할 수 있게 되었다. 즉, 기업이 제공하는 상품을 수동적으로 구매하던 소비자(consumer)에서 기업에 영향력을 행사하고 제품생산에 참여하는 프로슈머(prosumer)가 되었고, 기업이 제공하는 정보를 받아들이던 수용자(message receiver)에서 개인들 스스로 정보를 생산하고 전달하는 정보 창출자(message/content creator)가 되었다.

이와 같은 환경변화로 디지털 시대의 소비자는 제품이나 서비스 자체의 품질이나 혜택만을 고려하여 구매를 결정하지 않고, 브랜드 이미지와 브랜드 가치, 기업의 사회적 책임, 기업윤리와 평판, 사회적 이슈 등에 민감하게 반응하며 자신의 태도와 가치를 드러내고 표현하는 능동적인 존재들이다. 따라서, 직업재활시설은 각 시설에서 생산하는 제품과 서비스를 구매하는 소비자의 특성을 파악하고, 이들의 욕구와 필요에 대응하기 위해 마케팅 활동을 전략적으로 펼쳐야 하는 시대적 요구에 직면하고 있다.

(2) 장애인생산품 판매 현황

직업재활시설은 영리 기업이 일반 소비시장을 대상으로 마케팅 활동을 통해 제품을 판매하는 방식과는 달리, 중증장애인생산품 우선구매제도(Preferential Purchase System)라는 법적 보호 속에서 중증장애인들이 생산한 제품을 국가 및 지방자체단체, 공공기관 등을 대상으로 판매하여 시설을 운영하는 경영방식이 주를 이루고 있다. 2008년 제정된 「중증장애인우선구매특별법」은 중증장애인생산품 생산시설에서 생산된 제품 및 노무용역 등의 서비스를 국가 및 지방자치단체, 공공병원, 교육기관 등의 기타 공공기관별로 연간 기관 총 구매액의 1% 이상을 우선 구매하도록 규정하고 있다. 하지만, 법 제정이 이뤄지고 약 15년이 지났음에도 우선구매 비율 1%를 달성하지 못한 공공기관의 비율이 47.1% 정도로 나타났다. 즉, 장애인생산품에 대한 제도적 우대 ①조치 속에서도 장애인생산품의 판매 실적은 기대 목표에 미치지 못하고 있고, 반면 양적으로 팽창한 직업재활시설로 인해 장애인생산품은 현재의 의무구매 비율인 1%를 2%로 상향 조정하더라도 충분히 공급이 가능한 수준인 것으로 밝혀져서(한국장애인개발원, 2022), 직업재활시설의 생산품 공급량과 판매량 사이의 불균형이 심화되고 있음을 알 수 있다. 이하에서는 공공기관의 우선구매실태를 분석한 보고서를 통해 장애인생산품 판매 현황과 문제점에 관해 살펴보고자 한다(한국장애인개발원, 2023).

① 공공기관의 우선구매 현황

2023년 공공기관의 1% 우선구매실적을 달성률 56.3%로 나타났고, 총 구매비율은 1.07%로 나타났다. 공공기관 유형별로 이행 비율을 보면 교육청, 공기업 등에 속하는 기관은 이행률이 높고(50~90%), 국가기관(53.3%), 지방자치단체(36.3%)가 낮은 것으로 나타났다[5]. 또한, 2017년부터 2021년까지의 분석 결과에 의하면, 각 기관의 우선구매제품 구매 담당자가 우선구매제도에 관해 인식하는 정도는 81%

5 2024 중증장애인생산품 우선구매촉진위원회 회의자료(비공개 보고서) 중 발췌함

정도로 높게 나타났으나, 우선구매제도를 이행해야 하는 공공기관 중 중증장애인 생산품을 최우선 구매대상으로 하는 정책을 제정한 기관은 43.2% 로 나타났다[6]. 즉, 우선구매특별법(2008)의 규정에 의하면 중증장애인생산품을 다른 우선구매 대상 제품(예, 중소기업제품 혹은 여성기업가 제품 등)에 비해 우선적으로 구매하도록 규정한 것인데, 이를 이행하기 위해 내부 규정을 갖는 기관 비율이 절반에 못 미치는 것이다.

② 장애인생산품 구매방식 및 정보습득 경로

먼저, 우선구매제도에 근거한 물품구매 현황을 2022년 자료를 기준으로 살펴보면, 대상 물품의 85.2%가 수의계약 방식으로 이루어졌다.

둘째, 구매 방식은 생산시설 직접 거래(37.4%)가 가장 많고, 다음으로 장애인생산품 판매시설(21.0%), 나라장터 쇼핑몰(17.4%), 꿈드래 쇼핑몰 (12.1%) 순이다. 즉, 재활시설의 마케팅 활동 결과라고 할 수 있는 직접 거래가 가장 높은 비중을 보이고, 장애인생산품 판매시설(21%)이 공공기관의 구매를 중개하는 유통의 역할을 한다. 온라인 판매는 예상보다 낮아서 나라장터 쇼핑몰(17.4%), 장애인생산품 전용 쇼핑몰인 꿈드래 쇼핑몰(12.1%)을 통해서도 약 30% 정도 이루어진다. 즉, 생산자인 직업재활시설이 직접 공공기관과 거래하거나 공공기관 구매담당자의 온라인 구매를 통한 거래가 전체 중증장애인생산품 판매의 약 68% 정도 차지하고 있다.

셋째, 제품 관련 정보를 습득하는 경로는 꿈드래(54.3%) > 장애인생산품 판매시설(47.1%) > 나라장터 쇼핑몰(37.0%) > 생산시설 개별 홍보(27.0%) 순으로 나타났다.

넷째, 공공기관이 주로 구매한 품목(1+2_3순위)은 사무 및 문구류(89.2%)가 가장 높은 비중을 차지하고, 인쇄 및 광고(50.5%) > 생활용품(47.6%) > 일회용품(39.1%) >시설 및 설비(19.3%) > 용역 서비스(14.1%) > 가구류(10.9%) > 디지털

6 2023년 중증장애인우선구매제도 발전방안 연구보고서(한국장애인개발원) 중 발췌함

및 가전(8.9%) 순서로 구매가 이루어졌다.

③ 장애인생산품 구매시 고려 요인

우선구매제품 구매시 주된 고려 사항이 무엇인지 응답한 결과를 보면 가장 높은 응답을 보인 것은 기관평가(26.7%)와 우선구매실적 인정 여부(26.6%)이며, 품질/성능/기능(21.9%), 사회적 가치구현(13.3%), 동일 품목 대비 가격(9.8%)으로 나타나서, 제품에 대한 평가나 가격 요인에 대한 고려보다는 우선구매제도라는 법률적 의무 이행에 관련된 요인들이 제품을 구매할 때 고려하는 요인인 것을 알 수 있다. 더욱 구체적으로 구매 이유를 묻는 '주된 구매 이유'에 대한 응답을 보면, 우선구매실적 준수(82.8%) > 제도적 유효성(9.3%) > 가격의 적정성(3.0%) > 품질 우수성(2.5%) 순으로 밝혀졌다. 즉, 장애인생산품을 구매하는 것은 법률이 규정하는 의무적 이행 사항이라는 인식이 강해서, 제품의 특성이나 장점, 대안이 되는 경쟁 제품과의 비교과정을 통한 구매 선택 같은 민간 부문에서의 소비자 구매의사결정과는 매우 다른 양상으로 구매가 일어난다는 것을 알 수 있다.

또한, 장애인생산품 우선 구매시 '어떤 어려움이 있는가'를 묻는 질문에 대해서는 품목 다양성 부족으로 선택의 폭이 좁음(45.2%)을 가장 높게 응답하였고, 다음으로 생산품의 가격이 타제품보다 높음 (17.9%) > 품질에 대한 불신(11.4%) > 관련

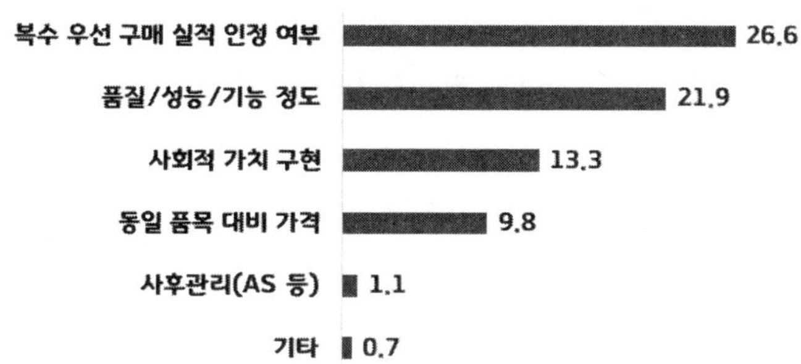

자료 : 중증장애인생산품 우선구매제도 개선방안 연구(한국장애인개발원, 2023)

〈그림 11-9〉 생산품 구매시 우선적 고려사항

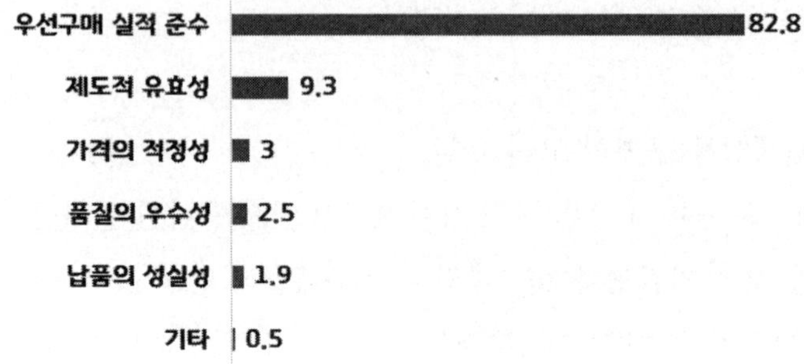

자료 : 중증장애인생산품 우선구매제도 개선방안 연구(한국장애인개발원, 2023)

〈그림 11-10〉 구매 주된 이유

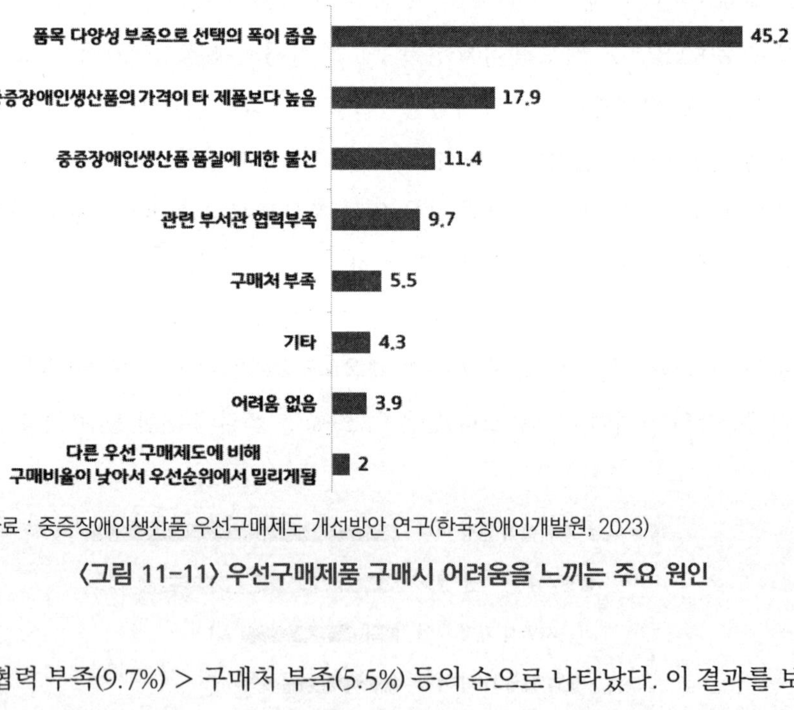

자료 : 중증장애인생산품 우선구매제도 개선방안 연구(한국장애인개발원, 2023)

〈그림 11-11〉 우선구매제품 구매시 어려움을 느끼는 주요 원인

부서간 협력 부족(9.7%) > 구매처 부족(5.5%) 등의 순으로 나타났다. 이 결과를 보면 직업재활시설들이 주목해야 할 부분으로 생산 품목의 다양성 확대, 가격 경쟁력 확보와 같은 제품 요인, 가격 요인, 구매 편리성 증진과 같은 유통 요인에서의 개선이 이뤄져야 한다는 것을 알 수 있다. 더불어서, 제품에 대한 불신(11.4%) 요인은 장애인생산품에 대한 인식개선을 위한 홍보 노력이 필요하다는 점도 시사하고 있다.

 # 중증장애인우선구매특별법(2008)

주요 내용은 중증장애인생산품 생산시설에서 생산된 제품 및 노무용역 등의 서비스를 국가 및 지방자치단체, 공공병원, 교육기관 등의 기타 공공기관별로 연간 기관의 총 구매액의 1% 이상을 우선 구매하도록 규정한 것이다. 이 법은 직업재활시설의 주된 근로자가 중증장애인으로, 이들이 직접 생산한 생산품에 대하여 중증장애인생산품우선구매라는 제도로서 중증장애인 생산품의 판매촉진을 지원하는 적극적인 우대조치의 하나이다.

(3) 장애인직업재활시설의 마케팅 믹스

앞장에서 살펴본 바와 같이, 장애인생산품은 주로 공적 영역에서 우선구매제도(Preferential Purchase System)와 같은 법적 지원과 보호를 받으며 판매가 이루어졌다. 하지만, 재활시설간의 경쟁이 심화된 현재 상황을 고려할 때, 직업재활시설도 공공 시장뿐 아니라 민간 시장을 대상으로 적극적인 마케팅 활동을 펼쳐야 한다. 마케팅의 전통적인 4p 요소, 즉, 제품, 가격, 유통, 촉진 요소들에 대해 예산 및 전략을 어떻게 수립하고 실행하느냐에 따라 직업재활시설의 성과가 달라질 것이기 때문이다.

① 제품(장애인생산품)

현재 전국의 직업재활시설에서 생산되는 생산 품목은 약 12개 품목군에 1만여 개의 상품이 꿈드래 홈페이지에 등록되어 있을 정도로 매우 다양하게 확대되었다. 하지만, 공공기관의 구매담당자 입장에서는 제품 구색이 부족하고, 품목이 다양하지 못하여 구매 어려움을 호소한다는 조사 결과(한국장애인개발원, 2023)에서 보듯이, 민간 시장의 제품들과 비교하면 생산 제품의 종류가 부족한 것이 사실이다.

하지만, 보다 중요한 문제는 제품에 대한 부정적인 품질 인식일 것이다. 많은 재활시설들이 영리 기업에 비해 규모가 작고 자원이 부족하여 생산 과정에서부터 규모의 경제를 달성하는 것은 불가능한 목표일 수 있으나, 타겟 시장에 가장 적합한 제품을 개발하고, 생산하는 제품의 품질을 개선하는 일은 공적 시장과 민간 시장을 불문하고 무엇보다도 우선되어야 하는 요소이다. 중증장애인생산품의 품질향상 및 경쟁력 제고가 우선구매제도 활성화를 위해 가장 필요한 요소라는 점은 우선구매제도 개선방안 연구(2023)에서도 제시되었다.

소비자가 우수한 품질의 제품으로 인식하기 위해서는 기본적으로 제품의 본원적 기능과 성능이 중요하지만, 제품의 디자인, 포장 상태와 같은 시각적 요소들 또한 품질 지각에 영향을 끼지는 중요 요인이다. 따라서, 재활시설에서 생산하는 제품을 개발하고 기획할 때에 소비자가 제품의 품질과 가치를 추론하고 판단하게 되는 제품의 외형적 완성도를 높이는 것에도 체계적인 관리가 필요하다.

② 가격

가격은 구매자들이 제품의 지각된 효용가치에 대하여 지불하는 금전적 비용이다. 가격은 또한 구매자들이 제품에 대하여 평가하는 가장 기본적인 요인이며, 제품의 품질을 추론하도록 하는 중요한 단서로서 구매결정의 주요 고려 요인이 된다. 소비자가 제품에 대하여 준거가격을 명확히 가지고 있는 경우는 가격 탄력성이 높아지지만, 제품의 준거가격을 부정확하게 알고 있거나 제품지식이 부족하여 가격에 관해서도 제한된 정보를 가진 경우에는 가격을 통해 품질을 추론하는 경향이 더욱 강해진다.

일반 시장에서 장애인생산품이 노출되는 기회가 적어 소비자들이 장애인 생산품에 대한 지식과 경험이 부족할 수 있는데, 그런 경우에는 가격이 구매의사결정에 미치는 영향력은 더 커질 수 있다. 따라서, 장애인생산품의 가격은 제품전략, 유통전략, 촉진전략 등과 함께 연계하여 효과적인 마케팅 전략이 될 수 있도록 설정되어야 한다. 예컨대, 일반 소비재들과의 가격경쟁력을 확보하기 위해서, 시장점유율을 높이기 위해서, 혹은 신규 소비자의 시험구매를 유발하기 위해서 가격할인 정책을 실행할 수 있는데, 시장 상황을 고려하지 않은 저가 전략을 취하는 것은 바람직하지 않다. 원가 이하의 가격정책을 취하는 것은 직업재활시설의 생존에 직접적으로 부정적 영향을 미치게 될 뿐만 아니라 민간 시장의 소비자에게 장애인생산품에 대한 인식을 저품질 제품(저가=저품질)으로 형성할 가능성이 높으므로, 저가 정책 혹은 할인 정책은 조심스럽게 그리고 전략적 필요에 의해 단기적으로 활용되어야 한다.

직업재활시설의 생산품이 경쟁 제품에 비해 상대적인 차별화 포인트를 갖는다면, 상대적으로 높은 가격을 책정할 수 있다. 경쟁 제품과의 차별적 요소는 제품의 기능과 속성에서의 차별성뿐 아니라 직업재활시설의 이미지, 장애인 혹은 장애인 생산품에 대한 소비자의 인식, 소비자의 심리적 특성(예, 이타성), 재활시설의 시장에서의 평판 등 제품 외적인 요소에서도 확보할 수 있다.

 # 제품 가격에 따라 소비자의 상품에 대한 인식은 얼마나 차이가 날까?

고급스러운 제품이나 브랜드에 대해서는 품질이 좋다고 생각하기 때문에 높은 가격을 당연하게 받아들인다. 하지만, 경험이 없는 제품이나 브랜드가 출시될 때 우리는 품질에 대해서 어떻게 생각할까?

1974년 우드사이드는 콜롬비아와 사우스캐롤라이나에 사는 72명의 건설노동자를 실험참여자로 선정하여 실험했다. 각 그룹당 12명의 건설노동자를 배정하고 보온 도시락을 제공했다. 배정된 건설노동자들은 도시락을 먹은 후 휴식 시간에 보온 도시락의 가격에 대한 (각 4, 5, 6, 8, 10달러라는) 정보를 듣고 도시락에 대해서 12개의 형용사(긍정적인 형용사 6개와 부정적 형용사 6개) 목록 중 가장 잘 설명해주는 3가지의 단어로 평가했다. 한 그룹은 통제조건으로 도시락에 대한 어떠한 정보도 받지 못했다.

연구 결과, 제품이 비싸다는 정보를 받은 실험 참여자일수록 해당 제품의 품질을 더욱 좋다고 지각하였고, 제품에 대한 평가 또한 더욱 긍정적으로 평가하였다. 이러한 결과에서 알 수 있듯이, 우리는 제품에 대해 판단하는 기준으로 가격을 사용하기도 한다. 가격이 비쌀수록 좋은 제품일 것이라는 우리의 인지적 도식은 매번 적중하는 것이 아니라 때로는 무참히 빗나가기도 한다. 따라서, 합리적 소비자로서의 조건은 가격과 품질을 잘 따져보는 자세가 늘 필요할 것으로 보인다(Woodside A. G., 1974).

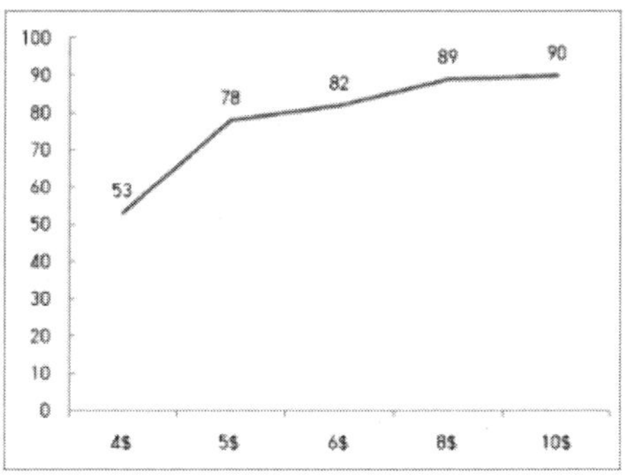

자료 : 온·오프라인 통합시대 소비자행동의 심리, 박은아 저, 에이스북, p.317.

③ **장애인직업재활시설의 유통**

제품의 유통은 제조업자-도매상-중간상-소매상-최종 소비자에 이르는 다단계의 경로가 대부분이지만, 직업재활시설의 경우에는 각 유통단계를 거치지 않고 생산시설의 직접 판매 혹은 장애인생산품 판매시설을 통한 간접판매 방식으로 이루어진다. 직접 유통경로는 직업재활시설이 공공 기관(최종 소비자)에 직접 판매하는 경우, 간접 유통경로는 장애인생산품 판매시설, 혹은 중간상이나 소매상을 거쳐 장애인생산품 판매가 이루어지는 경우이다. 또한, 꿈드래 쇼핑몰이나 각 판매시설의 자체 쇼핑몰, 또는 나라장터 등에서 온라인으로 판매가 이루어지기도 한다.

온라인 공간에 쇼핑몰 채널을 구축하는 것은 무점포 소매상의 대표적 형태이다. 시공간적 제약이 없는 온라인 매장은 유통업자에게는 점포 비용의 절감, 입지 조건에 관계없는 손쉬운 접근성 등이 장점이고, 소비자 입장에서는 언제 어디서나 구매 활동이 가능하여 시간 효용이 높고 편리하다. 직업재활시설은 자사의 제품을 온라인 유통채널에 입점시키는 방법(예, 네이버 스마트스토어, 쿠팡 등)과 자사 쇼핑몰을 직접 운영하는 방식으로 온라인 채널을 활용할 수 있다. 직업재활시설이 온라인 채널을 직접 운영하는 방식은 중간상의 개입없이 직접 거래가 이루어지므로 업무처리가 단순해지고 수수료를 지불할 필요가 없으며, 유통경로가 단순화됨에 따라 제품 가격이 낮아질 수 있다. 하지만, 각각의 직업재활시설이 개별적으로 온라인 유통채널을 운영하는 것은 생각보다 많은 자원이 필요하다. 온라인 매장을 효과적으로 운영하기 위해서는 신속하고 지속적인 온라인 매장 관리가 중요하고, 다양한 온라인 광고와 판촉 전략으로 소비자를 온라인 마켓으로 끌어들일 수 있어야 한다. 반면, 장애인생산품 온라인 쇼핑몰 '꿈드래'는 전국의 모든 직업재활시설에서 생산되는 장애인생산품이 하나의 온라인 매장에서 판매되는 온라인 중간상이다. 개별 재활시설이 독립적으로 온라인 채널을 운영하는 것보다는 비용과 노력 측면에서 효율적일 수 있으나, 꿈드래 홈페이지가 일반 소비자에게 자주 노출되지 않는다면 온라인 중간상으로서의 역할이 원활히 이루어진다고 하기 어렵다.

온라인 유통채널 운영에서 무엇보다도 중요한 점은 일반 사용자(소비자)에게 해당 제품이 노출될 기회를 많이 만드는 것이다. 장애인생산품에 대한 친숙함과 정보 습득 가능성을 높여 장애인생산품에 대한 관심과 호의적 태도가 형성된다면 구매 행동으로 연결될 가능성은 높아지게 된다. 즉, 온라인 마켓은 누구나 접근가능한 열린 채널이지만 반대로 온라인 소비자에게 노출될 기회를 갖지 못하면 오프라인 유통채널에 비해 접근 가능성이 더 낮을 수 있다는 사실을 반드시 염두에 두어야 한다.

④ 장애인직업재활시설의 판매촉진

판매촉진(promotion)은 특정 제품의 조기판매 또는 다량 판매를 도모하기 위해 중간 도매상이나 소비자 또는 판매원들에게 제공하는 단기적이고 직접적인 유인 수단으로서, 광고, 인적판매 및 홍보활동을 제외한 일체의 촉진활동을 말한다. 장애인생산품의 경우, 우선구매제도에 따라 주로 중간상과 소매상, 즉 공공기관의 조달업무를 수행하는 조달청과 개별 공공기관을 대상으로 판매시설에 의해 혹은 생산시설이 직접 촉진활동을 실시하지만, 그 방법은 제한적으로 설계되고, 주로 우선구매제도에 의존적이기 때문에 판촉활동은 제한적으로 이루어졌다.

중증장애인 생산품의 민간 시장에서의 판매촉진을 위해 판촉 활동의 유형을 결정한다면 제품의 특성, 시장의 특성, 유통 방법, 비용 대비 효과 측면을 종합적으로 검토한 후에 전략을 수립해야 한다. 직업재활시설이 총체적 판매촉진프로그램을 개발하기 위해서는 몇 가지 의사결정을 내려야 한다. 첫째, 판매촉진 규모의 결정이다. 촉진활동이 성공적으로 수행되기 위해서는 최소한 어느 정도의 인센티브가 필요한지 먼저 결정해야 한다. 둘째, 판매촉진 조건(대상 소비자)에 대한 결정이다. 인센티브는 모든 소비자를 대상으로 하기보다는 표적 집단, 즉 목표집단을 구체적으로 설정하여 효율적으로 시행해야 한다. 셋째, 촉진 프로그램을 어떤 것으로 할 것인지를 구체적으로 결정해야 한다. 예컨대, 할인쿠폰을 사용하고자 한다면 할인쿠폰을 제품 포장에 부착하는 방법, 이메일이나 우편으로 발송하는 방법, 온라인 소셜미디어를 활용하는 방법 등 다양한 방법 중에서 가장 효과적일 수 있는 방법을 선택해야 한다. 넷째, 촉진 기간의 결정이다. 판매촉진 기간이 너무 짧으면 촉진을 통해 얻을 수 있는 판매증대의 효과를 충분히 획득하지 못할 수 있고, 판매촉진 기간이 너무 길다면 판촉행사에 대한 소비자의 기대가 낮아져 즉각적인 반응을 얻지 못할 수도 있다. 다섯째, 판매촉진활동 예산 결정이다. 판매촉진활동을 위해서는 반드시 예산 수립이 필요하며, 이때에는 판촉활동의 비용 대비 예상되는 효과를 계산하여 효율적인 예산을 책정해야 한다(나운환 등, 2014).

한편, 우리나라의 온라인 쇼핑 총액은 2020년에 오프라인 쇼핑 총액을 넘어설 정도로, 소비자들은 모든 연령대에서 온라인 활동에 익숙하다. 따라서, 직업재활시설의 경우도 민간 소비시장을 타켓으로 마케팅 활동을 펼치기 위해서는 온라인 채널을 적극적으로 활용할 필요가 있다. 온라인 판매촉진을 활성화하기 위해서는 다양한 온라인 광고와 판매촉진 이벤트 등을 전략적으로 개발해야 한다. 최근에는 소셜미디어의 사용이 보편화되어 있으므로, 개별 직업재활시설별로 홈페이지를 구축하거나 온라인 마켓을 개설하여 운영하는 방법보다는 소셜미디어 플랫폼에 재활시설 계정을 만들고, 소셜미디어 사용자들과 지속적으로 직업재활시설과 생산품에 대하여 소통하는 방법이 효과적이다. 인스타그램, 페이스북, 밴드, 카카오톡, 유튜브 등 다양한 플랫폼이 직접 유통채널로 활용될 수 있다.

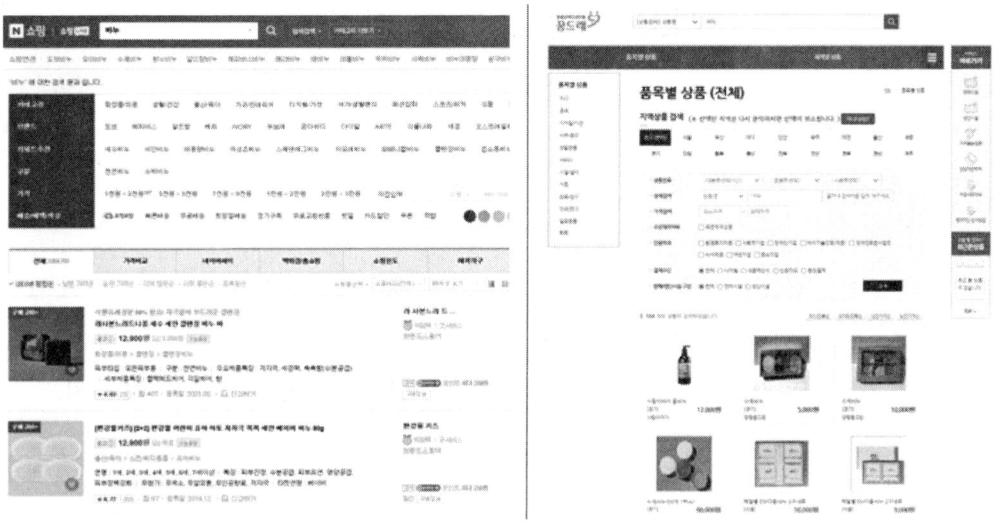

자료 URL (좌) https://search.shopping.naver.com/search/all?query=%EB%B9%84%EB%88%84
(우) https://www.goods.go.kr/sm/main.do

〈그림 11-12〉 온라인 쇼핑몰 플랫폼 : 네이버 스마트 스토어(좌), 꿈드래(우)

제3절 브랜드와 소비자 심리[7]

1. 브랜드의 개념과 기능

오늘날 기업들이 실행하는 마케팅 활동은 브랜드 마케팅이라고 해도 과언이 아닐 정도로, 소비자의 행동, 특히 구매 선택에 결정적 영향을 미치는 브랜드란 무엇이며, 브랜드는 어떤 기능을 하는지 소비자와 기업 측면에서 살펴보도록 하자.

(1) 브랜드의 정의

브랜드(brand)의 사전적 정의는 특정 기업의 제품 및 서비스를 식별하는 데 사용되는 명칭, 기호, 디자인 등의 총칭으로, 언어로 표현할 수 있는 것을 브랜드네임, 언어로 표현할 수 없는 기호, 디자인, 레터링 등을 브랜드마크라고 하며, 그 가운데 배타적 사용이 법적으로 보증되어 있는 것은 상표(트레이드마크)라고 한다(두산백과, http://www.doopedia.co.kr). 미국 마케팅협회(American Marketing Association)에서는 브랜드를 한 기업의 특정 제품이나 서비스를 식별하도록 하고 경쟁기업의 제품이나 서비스와 구별하기 위해 사용하는 이름, 사인, 상징물, 디자인 등의 조합이라고 정의한다. 그러나, 이 정의들은 제품 생산과 유통 과정에서 브랜드가 갖는 기능적 역할에 국한된 것으로, 현대 소비사회의 브랜드 기능을 충분히 포괄하고 있지 못하다. 브랜드는 한 제품의 이름, 기호, 로고 디자인 같이 식별과 구별을 위한 언어적, 시각적 요소 그 이상의 무엇이다.

---

7 이 장의 내용은 "온오프라인 통합시대 소비자행동의 심리"(박은아 저, 2022) 8장의 내용을 바탕으로 함.

① 브랜드의 4요소

브랜드는 4가지 요소로 구성된다. 첫째는 언어적 요소로서 브랜드 네임, 예컨대, '삼성 갤럭시'라고 발음되는 문자나 단어, 둘째는 브랜드 표식, 이것은 시각적 요소로서 각 브랜드만의 독특한 기호나 디자인 등의 상징물, 셋째는 법률적 요소로서 독점적으로 사용권을 보호받는 등록상표, 넷째는 경제적 차원으로서 특정 제품이 브랜드를 가졌기 때문에 창출되는 가치를 경제적 단위(돈)으로 환산한 것으로 이를 브랜드 자산(brand equity)이라 칭한다.

자료 URL : http://www.sisajournal-e.com/news/articleView.html?idxno=213759
http://m.enuri.com/knowcom/detail.jsp?kbno=1695086
https://www.urbanbrush.net/downloads/%EC%82%BC%EC%84%B1-%EA%B0%A4%EB%9F%AD%EC%8B%9C-%EB%A1%9C%EA%B3%A0-ai-%EC%9D%BC%EB%9F%AC%EC%8A%A4%ED%8A%B8-samsung-galaxy-logo/
https://imgun.tistory.com/27
http://www2.etomato.com/Home/itemAnalysis/ItemNewsTomatoView.aspx?no=995810

〈그림 11-13〉 삼성 '갤럭시 S' 스마트폰의 브랜드 4요소

② 제품(product)과 브랜드(brand) 차이

한 의류기업이 우리나라 시장에 가디건 제품을 출시하기 전에 소비자 조사를 진행했는데, 가디건의 브랜드를 알려준 집단과 브랜드를 알려주지 않은 집단의 반응

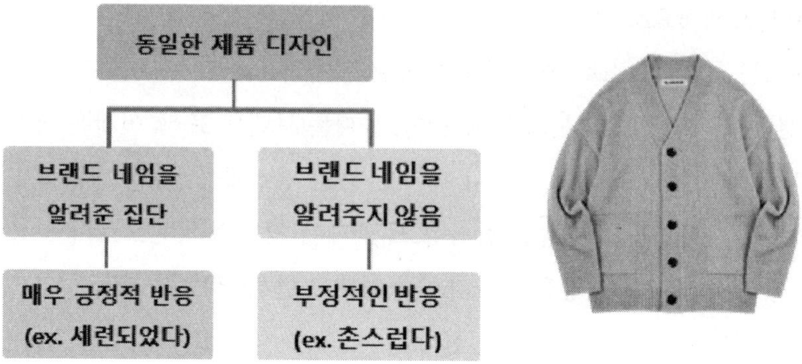

자료 URL : https://store.musinsa.com/app/goods/1149138
자료 : 우석봉 저(2010), 브랜드 심리학

〈그림 11-14〉 제품 평가에서 브랜드의 영향력

은 너무나도 다르게 나타났다. 즉, 브랜드네임을 알려준 집단에서는 가디건에 대해 '세련됐다', '좋다', '구매할 의향이 있다'고 매우 긍정적인 반응이 나온 반면, 브랜드네임을 알려주지 않은 집단에서는 정반대로 '촌스럽다', '투박해 보인다' 등 부정적인 반응이 나온 것이다. '폴로(Polo)'라는 브랜드네임이 제시되었는가 아닌가에 따라서 소비자가 동일한 제품에 대해 형성한 인상과 느낌이 얼마나 다른지를 보여주는 좋은 사례이다. 왜 이런 현상이 나타나는 것일까?

오늘날의 소비 환경에서 제품은 브랜드(brand)로 이해해야 한다. 브랜드란 자사 제품을 경쟁사와 차별화하기 위하여 이름, 상징, 기호 디자인 등을 결합한 것이다. 예컨대 우유는 제품이고 '서울우유', '매일우유'는 브랜드이다. 동일한 제품(product)이라도 브랜드(brand)가 부착된 제품과 부착되지 않은 제품은 소비자에게 다르게 인식된다. 제품은 소비자가 얻고자 하는 기능이나 성능을 담은 유형의 물건 혹은 대상이라면, 브랜드는 그 대상에 이름이 부착됨으로써 부가되는 기능적 속성 이외의 모든 요소들이다. 그런데, 브랜드가 부착되면 대개의 경우 동일한 기능적 속성을 갖는 제품도 달리 지각되곤 한다. 이것이 브랜드를 주목해야 하는 중요한 이유이다.

자료 URL : https://www.flaticon.com/kr/free-icon/milk_1555078
https://www.maeil.com/brand/view_brand1.jsp?dpid=A0000291
http://www.seoulmilk.co.kr/enterprise/product/product_view.sm?subname=02&gubun=&nmNo=10000000000306&page=1

〈그림 11-15〉 제품(product) vs. 브랜드(brand)

(2) 브랜드의 기능

앞서 동일한 제품이라 하더라도 브랜드가 부착된 경우와 그렇지 않은 경우 소비자가 해당 제품에 대해 갖는 태도와 인상은 전혀 다른 것을 살펴보았다. 이것이 바로 브랜드의 기능이라 할 수 있는데, 소비자와 기업 각각의 입장에서 브랜드의 기능을 정리해 보면 다음과 같다.

① 소비자 입장에서 브랜드의 기능

첫째, 브랜드는 구매 위험을 감소시키는 기능을 한다. 이것은 우리가 잘 알지 못하는 생소한 브랜드 제품을 구매할 때 느끼는 불안감을 생각하면 쉽게 이해가 된다. 대체로 소비자가 잘 아는 브랜드들은 전국적으로 판매되고 광고도 많이 하는 대기업의 제품들인데, 그렇지 않은 잘 모르는 제조기업의 처음 보는 제품에 대해서 구매를 선뜻 결정하기란 쉽지 않다. 그래서 소비자는 유명한 브랜드를 찾는다. 이렇게 소비자가 구매에 앞서 느끼는 불안감과 위험을 지각된 위험(perceived risk)

이라고 하는데, 여기에는 여러 종류의 위험이 있다. 이 모든 종류의 위험을 그 제품이 특정 '브랜드' 표식을 부착하고 있으면, 다양한 형태의 위험이 줄어들 수 있다. 예컨대, 소비자가 블루투스 이어폰을 하나 구매하려고 인터넷으로 제품을 검색해 보니, 다양한 회사의 여러 브랜드가 가득 검색이 되었다고 하자. 그중에는 익히 잘 아는 브랜드도 있지만, 처음 보는 모르는 브랜드 제품도 있다. 이럴 때 소비자는 취하는 전형적인 행동은 해당 이어폰이 어떤 '브랜드'인가를 살펴봄으로써 그 제품에 대해 느끼는 다양한 위험을 감소시킬 방법을 찾는다. 즉, 제품에 특정 '브랜드'가 부착되어 있음으로 해서, 소비자는 해당 브랜드에 대한 이미지와 인식을 중심으로 위험 지각을 감소시켜 주는 브랜드를 선택하게 될 것이다.

둘째, 브랜드는 제품에 관한 정보를 탐색하는 시간을 줄여준다. 소비자는 특정 브랜드에 대해 과거의 구매 경험이나 광고 및 각종 마케팅 자극을 통해 브랜드 관련 지식, 이미지 등을 형성하고 있기 때문에, 구매를 결정하기 위해 제품 정보를 탐색할 때 그 제품이 특정 브랜드라는 사실을 알면 해당 제품의 성능, 품질, 이미지 등이 자동적으로 떠오르게 되고, 그것을 중심으로 제품 정보를 처리한다. 따라서, 브랜드를 알면 해당 제품의 속성이나 특성에 대해 상세한 정보탐색에 투입하는 탐색 시간이 줄어든다.

셋째, 브랜드는 신호(signal)로서, 상징으로서 기능한다. 소비자가 제품을 선택하기 위해 정보를 탐색할 경우에 모든 것을 다 알아보고 결정할 수는 없을 것이다. 그럴 때 어떤 브랜드인가를 알게 되면, 그것이 그 제품에 대한 여러 가지 특성을 함축하는 신호가 되는 것이다. 또한, 브랜드는 상징(symbol)이기도 하다. 제품의 기능이 거의 대동소이한 애플의 아이폰과 삼성전자의 갤럭시폰에 대해 사용자들이 생각하는 브랜드 성격은 다른 것으로 나타나고 있다. 예를 들어, 자신이 혁신적이고 세련된 사람이고픈 소비자는 애플의 스마트폰을 선호하고, 자신을 보편적이고 실용적인 사람이라고 생각하는 소비자는 갤럭시폰을 선호한다고 한다. 이렇게 브랜드는 자기를 표현하는 상징으로서 기능한다.

② **기업 입장에서 브랜드의 기능**

기업 입장에서 브랜드의 기능을 몇 가지로 정리해 보면 다음과 같다.

첫째, 강력한 브랜드를 구축하게 되면 가격 프리미엄을 누릴 수 있다. 시장에 출시되어 있는 동일한 기능의 전자제품들을 살펴보면, 삼성이나 LG 같은 내셔널 브랜드는 똑같은 기능을 갖는 중국의 샤오미나 하이얼과 가격 면에서 차이가 있다. 그 가격만큼이 브랜드 프리미엄이라고 보면 된다. '브랜드'가 부착되어 있는 것의 다양한 이점을 앞서 살펴보았듯이, 소비자는 브랜드를 누리는 비용을 프리미엄 가격으로 지불한다.

둘째, 신제품을 출시할 때 성공 확률을 높일 수 있다. 특히, 브랜드 확장(brand extension) 방식으로 기존에 잘 형성되어 있는 브랜드 이미지를 신제품에 사용하게 되면 유사 경쟁제품과 차별화가 용이하게 이루어질 수 있고, 소비자의 인식 상에도 신제품을 쉽게 기억시킬 수 있다.

셋째, 강력한 브랜드를 구축하면 유통에서도 우위를 가질 수 있다. 소비자에게 이미 잘 알려진 브랜드의 경우라면 시장에서 소비자에게 선택될 확률이 높으므로, 유통망을 확보하기가 쉽고 새로운 유통 경로의 침투가 용이할 수 있다.

넷째, 소비자의 브랜드 충성도를 기대할 수 있다. 특정 브랜드를 좋아해서 구매하는 소비자의 경우라면 해당 브랜드의 이미지와 특성 등을 선호하는 것이기 때문에, 반복 구매가 일어날 가능성도 그만큼 높을 것이다. 브랜드에 대해 소비자의 선호를 확보하게 되면 제품이나 기업에 대한 부정적 이슈가 있는 경우에도 그 부정적 영향력이 완화되는 효과도 발생한다. 2018년 삼성의 갤럭시 노트 7시리즈의 배터리 폭발사건이나, 2017년 애플의 구형 아이폰 OS의 고의적 기능 저하 사건이 있었지만, 두 기업 모두 강력한 브랜드 파워의 영향력으로 이런 문제들을 비교적 쉽게 극복하였다.

마지막으로 강력한 브랜드 개념을 정립하고 있는 브랜드는 기업 내 의사소통과 업무 명확성이 높기 때문에, 마케팅의 목표와 방향성도 뚜렷하게 정할 수 있으며 따라서 업무 효율성이 높고 일관된 전략을 추진하는 것이 가능하다.

 # 맛보다 강한 브랜드의 힘

브랜드 즉, 상표의 효과를 실험적으로 살펴본 연구를 하나 살펴보자. Hoyer & Brown (1990)은 식품매장에서 판매하는 땅콩버터의 상표와 품질을 통제하는 실험을 통해 상표의 힘을 확인하였다. 그들은 슈퍼마켓의 진열대에 잘 알려진 브랜드의 땅콩버터와 잘 알려지지 않은 브랜드의 땅콩버터를 진열하였는데, 93.5%의 소비자가 잘 알려진 브랜드를 선택하였다. 또한 유명한 브랜드의 병에는 맛있는 땅콩버터를, 유명하지 않은 브랜드의 병에는 덜 맛있는 땅콩버터를 넣어 시식하게 한 결과, 77%의 소비자가 유명브랜드를 선택하였다. 그러나 흥미로운 점은 유명하지 않은 브랜드의 병에 맛있는 땅콩버터가 들어있고 유명한 브랜드의 병에 덜 맛있는 땅콩버터가 들어있는 경우에는 두 제품의 맛 차이가 확연함에도 불구하고 단지 20%의 소비자만이 유명하지 않은 브랜드를 선택했다는 것이다.

이러한 결과는 객관적인 품질이 더 우수한 제품일지라도 브랜드가 유명하지 않은 경우에는 소비자의 선택을 받지 못할 확률이 높다는 것을 보여준다. 다시 말해, 똑같은 품질의 제품이라도 무명 브랜드일 때에는 선택될 확률이 지극히 낮지만 유명 브랜드 라벨이 부착되었을 때에는 구매 비율이 극적으로 상승할 수 있고, 이러한 현상은 땅콩버터처럼 깊은 고민 없이 자주 구매하는 일상적인 제품일수록 더욱 강하게 나타날 수 있다.

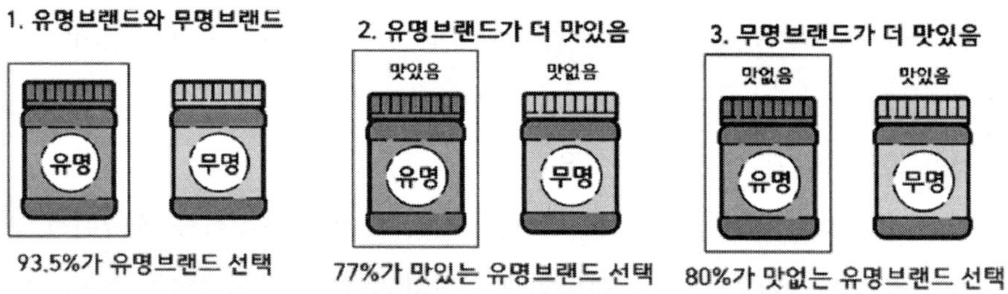

자료 : 온오프라인 통합시대의 소비자행동의 심리, 박은아, 2022. 에이스북. p.344-345.

2. 브랜드 자산과 브랜드 관리

(1) 브랜드 이미지와 브랜드 지각의 원리

브랜드에 관한 기업과 학계의 관심은 1960년대부터 시작되었는데, 초기에는 주로 브랜드 이미지(brand image)를 중심으로 소비자 행동을 이해하고자 하였다. 이후 풍요한 소비사회로의 지속적 발전과 함께 1990년대 이후에는 브랜드를 마치 살아있는 생명체처럼 의인화하며 브랜드와 교류하는 소비자의 정서적, 심리적 변화에 주목하여 브랜드 개성 혹은 브랜드 성격(brand personality) 개념이 제안되었고, 이 과정에서 브랜드 아이덴티티(brand identity), 브랜드 자산(brand equity) 등 다양한 용어와 개념이 등장하였다.

① 브랜드 이미지 구성 요소

브랜드 이미지(brand image)는 특정 브랜드를 떠올릴 때 생각나는 모든 연상과 지식, 느낌과 태도 등 브랜드에 대해 소비자가 갖는 인식의 총체이다. 소비자는 특정 브랜드의 제품, 가격, 포장 및 패키지, 광고, 이벤트, 유통 장소 등 다양한 브랜드의 모습과 활동을 개별적으로 인식하지 않고 총체적으로 지각한다. 이 모든 요소들이 브랜드에 대한 이미지를 형성하는데, 그 내용을 좀 더 구체적으로 세분하면 5개 정도의 요소로 나누어 볼 수 있다.

첫째, 브랜드에 대한 인간적 특성인 브랜드 성격(brand personality)을 인식한다. 예를 들면, 세련됐다, 섹시하다, 유능하다 등 사람에 대해 지각하는 특성 형용사들을 특정 브랜드에 대하여 인식하는 것이다. 둘째는 그 브랜드를 접했을 때 떠오르는 브랜드의 고유한 특성이다. 이는 제품의 가장 현출한 기능이나 특별한 속성과 관련된다. 신라면 하면 '매운맛'이 제일 먼저 떠오르는 것과 같다. 또한, 그로부터 빨간색, 강렬함, 또는 스트레스 해소 등이 연상되는데, 이 모든 것들이 브랜드 특성으로 인식된다. 셋째, 그 브랜드를 사용하면서 얻을 수 있는 기능적인 혜택과 편익이 브랜드 이미지를 구성한다. 'LG 그램' 하면 종이처럼 얇다, 가볍다, 이동시 편리하다 등이다. 넷째는, 해당 브랜드의 전형적인 사용자 프로필이 떠오른다. 예컨대, BMW 하면 '성공한 젊은 전문 직업인'을 떠올리고, 벤츠 하면 '점잖은 혹은 중후한 기업인'을 떠올리는 것처럼, 소비자는 특정 브랜드의 전형적인 사용자에 대하여 연상을 형성한다. 마지막으로 브랜드 이미지에는 특정 브랜드와 어울리는 사용 상황에 대한 지식도 들어있는 경우가 많다. 작업복으로서는 Levi's, Lee 같은 청바지 브랜드를 떠올리지만, 주말의 데이트에는 디젤(Diesel) 같은 청바지 브랜드를 떠올릴 수 있을 것이다.

브랜드 성격	▪ 브랜드에 대해 소비자가 느끼는 인상(사람처럼 인식하는 특성, 섹시한, 활기찬 등)
브랜드 암시	▪ 소비자가 브랜드를 마주쳤을 때 떠오르는 것(ex. 신라면-매운 맛)
브랜드 이점	▪ 특정 브랜드를 사용함으로써 소비자가 얻는 구체적인 편익
사용자 프로필	▪ 특정 브랜드의 사용자 유형, 브랜드를 사용하는 사람이 누구인가? (ex. 말보로 담배는 거친 서부의 사나이처럼 강한 남성을 연상시킴)
사용 상황	▪ 어떤 브랜드는 특정 시점에 강한 연상작용을 일으킬 수 있음 (ex. 밀러(Miller)는 하루 일을 마치고 마시는 맥주)

〈그림 11-16〉 브랜드 이미지를 구성하는 5가지 요소들

② 브랜드 지각의 원리

그러면 소비자는 어떻게 브랜드의 상징적 특성을 지각하게 될까?

가. 소비자의 기존 지식에 근거한 브랜드 지각

어떤 브랜드가 처음 보는 것이고 사전 경험이나 지식이 전혀 없다면 해당 제품의 특성을 감각적 정보에 근거해서 브랜드 특성을 인식하게 될 것이다. 그러나, 특정 브랜드가 이미 시장에 잘 알려져 있어서 해당 브랜드에 대한 이미지가 형성되어 있거나 개인적인 사용 경험이 있으면 자신의 경험에 근거해서 해당 브랜드의 특성을 일관되게 인식하려고 한다. 즉, 브랜드의 특성을 있는 그대로 보는 것이 아니라 보고자 하는 대로 보는 것이다. 예컨대, 식품 브랜드 '풀무원'에 대해 소비자가 '정직하고 신뢰로운' 브랜드라고 인식하고 있다면 해당 브랜드가 가격을 인상할 경우 '원재료 가격이 올랐으니 그렇겠지'라고 긍정적으로 받아들일 것이다. 하지만, 해당 브랜드를 평소에도 '가격이 비싼' 브랜드라고 인식하고 있다면, 제품의 가격을 인상하였을 때 '이윤을 높이려고 가격을 올리는구나'라고 자신의 평소 브랜드 인식에 맞춰 일관되게 생각할 것이다.

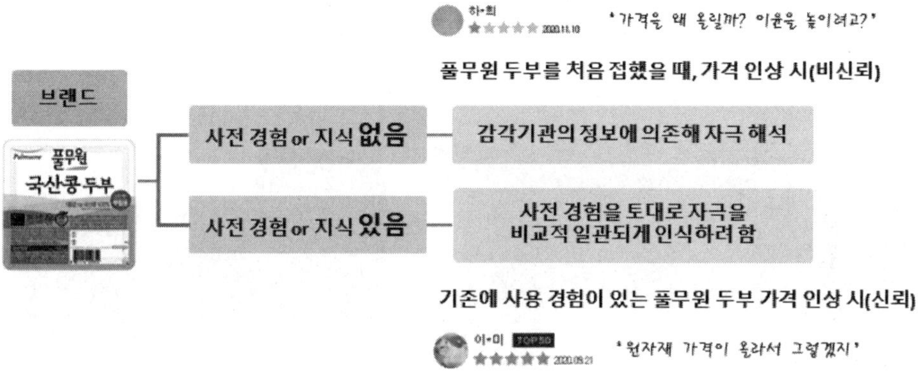

〈그림 11-17〉 브랜드 가격인상에 대한 소비자의 반응 차이

나. 브랜드 지각의 전경-배경 원리

게스탈트 심리학의 전경-배경의 원리(figure-ground principle)는 특정 브랜드를 인식하는 데에도 작동한다. 동일한 자극물에 대해 어떤 것을 전경으로 인식하는가에 따라 배경 요소로 인식되는 것이 달라지고 동일한 자극에 대해서도 사람은 전경을 중심으로 대상을 지각하기 때문에, A라는 브랜드에 대해 무엇을 전경(중심)으로 지각하느냐에 따라 그 브랜드에 대한 인식에 차이가 발생한다. 예를 들어, 제품의 기능적 속성에서는 거의 차이가 없는 두 브랜드 A, B가 있을 때, A 브랜드는 디자인이 뛰어나다고 강조하고, B 브랜드는 기능이 우수하다고 강조하는 제품이라고 하자. 그런 경우, 사람들은 A 브랜드는 디자인을 중심으로 지각하기 때문에 B 브랜드보다 훨씬 디자인이 좋은 제품이라는 인식을 강하게 갖게 된다. 반대로, B 브랜드는 기능이 뛰어난 제품을 잘 만드는 기업의 제품이라는 이미지 때문에 디자인은 배경으로 처리된다. 따라서, B 브랜드는 기능적인 제품으로 소비자에게 인식되는 것이다.

이런 현상은 소비자가 하나의 브랜드를 바라볼 때에 자신의 사전경험이나 지식,

기대를 바탕으로 브랜드를 전체로서 지각(게스탈트)하기 때문에, 사람마다 브랜드에 대한 지각이 다를 수 있음을 보여주는 사례이다. 기업이 자신의 브랜드를 소비자에게 어떻게 인식시키고자 하는가에 따라 브랜드 지각이 달라진다는 것을 의미한다. 이것은 브랜드 포지셔닝 전략에도 그대로 적용된다.

자료 URL : (좌 상단) https://www.youtube.com/watch?v=v-4wbTlwZFo
(좌 하단) https://www.samsung.com/sec/bespoke-infinite-line/
(우) https://www.youtube.com/watch?v=OKVr7NSSJuQ

〈그림 11-18〉 디자인을 강조한 비스포크 광고(좌), 기능을 강조한 매직스페이스 광고(우)

(2) 기업의 브랜드 관리

① 브랜드 자산과 브랜드 가치

브랜드 자산(brand equity)의 사전적 의미는 브랜드의 명칭, 상징과 관련하여 형성된 기업의 자산 총액에서 부채를 뺀 것으로, 기업이 생산하는 제품에 브랜드를 부착함으로써 추가된 재무적 가치라고 정의할 수 있다. 소비자 관점에서는 소비자가 특정 브랜드에 대해 지각하는 총체적 가치를 수량화한 것이라고 보면 된다. 소비자가 특정 브랜드에 대해 명확한 브랜드 개성을 인식하고 그 가치를 수용하는 것이 기업의 생존과 성장에 필수적이기 때문에, 현대 기업들이 행하는 모든 마케팅 활동은 한마디로 브랜딩(branding) 즉, 브랜드 구축 및 관리 활동이라고 할 정도로 기업의 가치는 브랜드의 가치로 평가된다.

그런데, 이 시대의 기업들은 제품을 생산하는 기술적 격차가 거의 없어지고 있기 때문에 거의 모든 제품들이 기능과 성능 면에서 동등한 수준이다. 이를 브랜드 동위(brand parity)라고 한다. 스마트폰의 경우만 하더라도 애플의 아이폰, 삼성의 갤럭시폰, 중국의 화웨이폰 등은 기능적인 면에서는 거의 차이가 없다고 할 정도지만, 소비자가 지각하는 브랜드 가치 면에서는 분명히 차이가 존재한다. 그 차이는 제품의 기능적 특성에서 나온 것이 아니라 무형적인 특성, 바로 브랜드의 상징성에서 나온 것이다. 그것이 브랜드의 핵심적인 힘이다. 즉, 브랜드마다의 실제적 차이가 아닌 '지각된' 차이와 우월성에 기반하여 경쟁 브랜드와 다르다는 것을 소비자에게 인식시키는 작업이 바로 현대 기업들의 브랜딩(branding) 활동이다. 브랜드 관리 이론의 권위자 데이비드 아커(David Aaker, 2001)는 기업이 강력한 브랜드를 만들기 위해서는 소비자의 브랜드 지각, 브랜드 연상, 브랜드의 품질 지각, 그리고 브랜드 충성도를 핵심적으로 관리해야 한다고 제안한다.

② 브랜드를 관리해야 하는 이유

그렇다면, 기업들이 브랜드를 구축하고 관리해야 하는 이유는 무엇일까? 또한, 브랜드를 관리하는 목적은 무엇일까? 바로 브랜드 가치와 브랜드 자산을 강화하기 위해서이다. 앞서 서술한 바와 같이 경쟁 브랜드 제품들 간의 기능과 성능 차이는 대동소이하지만, 소비자가 지각하는 브랜드 간의 차이는 분명히 존재한다.

브랜드를 명확히 구축하면 다른 브랜드와의 경쟁에서 그 브랜드를 두드러지게 만들고, 소비자의 선호를 높일 수 있다. 우리나라 스마트폰 시장은 삼성, 애플, LG 3개 브랜드가 10년 넘게 경쟁을 벌여왔는데, LG는 고전을 면치 못하다가 2021년

4월 결국 시장에서 철수를 결정했다. 세 기업의 시장 점유율을 보면, 2020년 기준 갤럭시는 47.7%, 아이폰은 31.8%, LG 9.6%로 나타났다(매일경제, 2020.11.15). 그런데, 관련업계 종사자들에 의하면 LG 스마트폰이 기능적으로 좋은 점을 많이 가지고 있음에도 불구하고 소비자들은 찾지 않는다고 말한다. 왜 LG 스마트폰은 소비자에게 선택받지 못한 것일까? LG 스마트폰의 기능적 열등성과 결점을 지적하는 많은 분석들이 있지만, 그보다는 궁극적으로 LG 스마트폰의 강점과 특별한 개성을 소비자가 인식하지 못했기 때문일 것이다.

(3) 다양한 브랜드 관리전략

마케팅 관리자들은 어떻게 브랜드를 관리하는지 대표적인 방법들 몇 가지만 정리하면 다음과 같다.

① 제품 카테고리의 원형이 되라

브랜드를 관리하는 방법으로서 우선 가장 먼저 생각할 수 있는 것은 제품 카테고리의 원형이 되는 것이다. 원형(prototype)이란 어떤 한 범주에서 가장 중심부에 자리 잡고 있어서 그 범주를 가장 잘 대표하는 것을 말한다. 예컨대, 우리는 일회용 반창고라는 제품 범주를 '대일밴드'라고 부르곤 한다. 서류나 종이묶음을 한데 묶기 위해 사용하는 도구는 스테이플러라는 이름이 있지만, '호치키스'라고 부른다. 이 명칭들은 모두 브랜드이다. 해당 제품 카테고리에서 가장 전형적인 제품들인데, 그것이 바로 그 제품 카테고리를 대표하는 보통 명사가 되었다.

② 경쟁자와 다른 차별적 개성을 입혀라

두 번째 방법은 단순히 원형에만 머물지 말고, 차별성을 갖는 브랜드가 되는 것이다. 고급 승용차 시장에는 여러 브랜드가 있고, 그 중에서 '볼보(Volvo)'라는 스웨덴의 명차는 '튼튼하고 안전한' 브랜드 개성을 명확히 갖고 있다. 안전이 그 어느 때보다 중요하게 다가온 2020년의 코로나19 펜데믹 시대의 영향에서인지, 2020년 대한민국에서 볼보 자동차를 구매하려면 최소 6개월 이상 대기해야 할 정도로 인기가 높아졌다. 볼보는 미국에서 소비자들의 차량에 대한 인식변화를 확인하기 위해 설문 조사를 실시하였다. 조사의 결과에 따르면 소비자들은 코로나19로 인해서 1년 전보다 자신과 자신이 사랑하는 사람들의 안전에 대해 더 많이 걱정하고, 자동차를 '안전한 보호막을 제공하는 곳'으로 인식하는 것으로 나타났다. 소비자들은 '볼보=안전'이라고 볼보 브랜드에 대해 인식한다. 코로나 대유행 상황에서 소비자들은 안전을 더욱더 중시하게 되었고 이는 다른 경쟁사의 차량과는 비교할 수 없는 차별성으로 인식된 것이다. 이런 튼튼한 브랜드 성격 덕분에 볼보는 대형 트럭 시장에서도 선두 브랜드이다. 즉, 볼보는 성공적으로 브랜드 포지셔닝이 확립되면서 '볼보=튼튼함'이라는 브랜드 성격이 볼보의 독보적인 브랜드 이미지를 형성하면서 볼보의 브랜드 가치를 높이게 되었다고 볼 수 있다.

③ **현출성과 일관성으로 브랜드 포지셔닝을 강화하라**

세 번째는 자사 브랜드의 현출성(salience)을 강화하는 방법이다. 현출성이란 대상이 도드라져서 눈에 잘 띄는, 그래서 주목을 끄는 특성입니다. 예를 들어 대형 강의실 안에 가득 찬 학생들 사이에 단 한 사람만 모자를 쓰고 있다면, 그 사람은 다른 사람들과 다른 특징이 도드라지기 때문에 눈에 잘 띄고, 따라서 주목을 끌 수밖에 없다. 이것이 현출성이다. 브랜드의 경우에도 자신의 브랜드 특징을 소비자가 쉽게 인지할 수 있도록 명확하게 만들어야 한다. 최근 몇 년 사이 진공청소기 시장에도 큰 변화가 일어나 가격이 기존 제품들의 4-5배 정도 높아진 제품군이 형성됐다. 이들은 청소할 때의 자유로움을 특징으로 한 코드 제로와 강력한 흡입력을 내세운 터보엔진 등을 강조한다. 그러데, 이런 변화는 바로 '다이슨(Dyson)'이라는 혁신적 기업의 청소기가 소비자들 사이에서 인기를 얻으면서 생겨난 변화이다. 다이슨은 날개 없는 선풍기, 전선(code) 없는 청소기 등 다이슨 하면 바로 떠오르는 현출성을 가지고 있다. 이런 명확한 특성은 곧 그 브랜드를 소비자의 머릿속에 해당 브랜드의 포지션을 강하게 인식시키는 강점이 된다. 물론 그 현출한 특성은 좋은 기능으로 인식되어서 소비자에게 혜택(benefit)으로 지각되어야 한다.

현출성을 잘 만드는 구체적인 방법은 독특성(uniqueness)을 갖도록 하는 방법이다. 제품도 독특한 특징을 갖게 되면 바로 현출한 자극으로 소비자에게 다가갈 수 있다. 김치냉장고 시장에 스탠드형 김치냉장고가 처음 등장했을 때, 매우 독특하게 인식되었다. 그런데, 여기서 하나 더 기억할 사항은 물리적 특성에서의 독특성은 곧 평준화 될 수 있다는 점이다. 처음에 스탠드형 김치냉장고가 시장에 출시되었을 때는 독특했지만 1년이 지나지 않아 모든 기업들이 스탠드형 김치냉장고를 출시하기 때문이다. 따라서, 물리적 특성에서 유형적인 독특성을 유지하는 것은 현실적으로 어려운 일이 되었다. 브랜드는 무형의 독특성, 상징적인 독특성을 가져야 한다. 이와 같은 상징적인 독특성을 소비자에게 인식시키기 위해서는 다양하게 이루어지는 브랜드 관리 활동이 일관성(consistency)을 갖고 조화롭게 이루어져야 한다는 점을 반드시 기억해야 한다. 브랜드 성격을 만들어내는 가장 좋은 방법은 지속적으로 한 가지 의미를 반복해서 제시하는 것이다. 제품의 외형적 특징, 가격, 유통, 광고, PR 등 모든 마케팅 활동이 브랜드의 특성(상징적 의미)을 조화롭게 일관적으로 반복할 때 소비자는 기억하고 학습하게 된다. 우리가 잘 아는 명품 브랜드들이 전 세계인들이 갖고 싶어 하는 글로벌 브랜드가 된 이유의 핵심에도 바로 이와 같은 반복과 일관성이 있다. 명품 브랜드라고 불리는 브랜드들은 대체로 100년 이상의 역사를 갖고 있는데, 지속적으로 일관된 개성을 강조해 왔다는 공통점이 있다.

④ 브랜드의 활동 맥락을 중시하라

마지막으로 강조할 사항은 브랜드의 유통 장소이다. 우리가 특정 브랜드를 어디서 만나는가, 어느 장소에서 그 브랜드를 접하는가는 해당 브랜드의 특성을 지각하는 데 매우 큰 영향을 미친다. 예를 들어, 똑같은 사과가 있다. 그 사과를 길거리 좌판에서 팔고 있을 때와 백화점 식품매장에서 하나씩 정성스럽게 포장되어 팔고 있을 때, 여러분은 어떤 사과를 더 비싸고 좋은 것으로 생각하게 될까?

브랜드가 놓여있는 장소나 위치는 그 브랜드의 가치를 암시해주는 중요한 단서가 된다. 이를 맥락효과(context effect)라고 한다. 맥락 효과는 동일한 자극이라도 그 자극이 놓이는 위치나 상에 따라 다르게 지각되는 현상을 말한다. 자사의 브랜드를 고급스런 이미지로 가져가고 싶다면 절대로 할인행사를 하거나 마트 같은 대중 시장에서 1+1 판매촉진을 하는 식의 할인행사를 하면 안 된다. 이런 모든 마케팅 활동이 통합적으로 브랜드의 특성으로 인식되기 때문에, 고급스런 브랜드로 포지셔닝 하고자 한다면 유통 장소와 판촉 전략 등도 고급스러운 장소와 고가 전략을 선택해 일관성을 유지해야 한다. 소비자가 어떤 제품을 백화점 명품 매장에서 처음 보고 매우 고급스런 브랜드라는 이미지를 가졌는데, 동네의 마트에서도 똑같은 브랜드를 보게 된다면 이 소비자가 처음에 가졌던 그 브랜드에 대한 인상은 혼란스러워질 것이다. 예컨대, 재활시설이 기관 홍보를 위해 제공하는 작은 스페셜티 판촉물조차도 그 기관의 전반적 이미지를 형성하는데 영향을 미치며, 홍보물은 저가의 질 낮은 제품을 제공하면서 장애인생산품에 대해 고가 전략을 취한다면, 소비자 입장에서는 재활시설에 대한 이미지가 혼란스럽고 재활시설의 제품에 대해서도 일관된 이미지 형성이 어려워 신뢰감과 호감을 형성하기 어려울 것이다. 이처럼 브랜드라는 것은 무생물인 상품이지만 마치 살아있는 생명체처럼 일거수일투족이 소비자에게 통합적으로 인식되기 때문에, 그 브랜드만의 독특한 성격을 일관되고 조화롭게 반복하는 브랜드 관리 방법이 지속적으로 이루어져야만 한다.

국내 참고문헌

김정기(1981). **새 PR론**. 탐구당.

김재휘, 박은아, 손영화, 우석봉, 이병관, 유승엽(2008). **광고심리학**. 커뮤니케이션북스.

나운환, 이창희, 김춘만, 김동주, 이운식, 이혜경(2014). **직업재활시설론**. 집문당.

박은아(2022). **온·오프라인시대 소비자행동의 심리**. 에이스북.

오두범(1997). **PR 커뮤니케이션 이론**. 서울 : 나남. pp. 39-43.

장미화(2008). 트렌드 : 윤리적 소비자. *Future Strategy & Business Development*. 2008년 2월호.

조계현, 김원석, 김흥기, 문효진(2023). **PR 실전론**. 커뮤니케이션북스.

조삼섭(2021). 일반인들의 PR개념과 기능에 대한 인식연구. *Journal of Speech, Media and Communication Research, 20*(1), 57-78.

한국장애인개발원(2022). "중증장애인생산품 생산시설 생산능력 분석연구" 연구보고서.

한국장애인개발원(2023). "장애인식개선교육 효과성 측정을 위한 지표개발 및 발전방안 연구" 연구보고서.

한국장애인개발원(2023). "장애인 인식개선교육 효과성 측정을 위한 지표개발 및 발전방안 연구". 연구보고서.

외국 참고문헌

Aaker, D. A. (2001). *Brand Leadership*. Brand and Company.

Blumer, Herbert (1966). The Mass, the Public, and Public Opinion. in Benard Brrelson & Morris Janowitz(eds.), *Reader in Public Opinion And Communication(2nd ed.)*, New York : Free Press.

Cohen, Dorothy(1972). *Advertising*. New York : John Wiley & Sons. Inc.

Fombrun, C. J., & Van Riel, C. (2003). Fame and Fortune : How Successful Companies Build Winning Reputations (1st *ed.*). New York : Financial Times Prentice Hall.

Grunig, J. E. & Hunt, T. (1984). *Managing Public Relations*. NY : Holt, Rinehart & Winston. p.8.

Habermas, J. (1989). *The Structural Transformation of the Public Sphere : An*

Inquiry into a Category of Bourgrois Society. Cambridge, MA. : MIT Press. pp.6-11.

Kotler, P. & Keller, K.(2006). *Marketing Management*(12th Edition). Prentice Hall, Upper Saddle River.

Marston, John, E. (1979). *Modern Public Relations.* New York : McGraw Hill. pp.185-203.

Lee, Nancy & Kotler, Philip (2011). *Social Marketing : Changing Behaviors for Good.* Sage.

Pinnet, X. (2001). *Imagine Speaks Out, How to Manage Corporate Social Responsibility and Reputation in a Global Marketplace.* The Challenge for Canadian Business.

저자 소개

나운환(羅雲煥)

대구대학교 재활과학대학 직업재활학과 교수로 대구대학교와 단국대학교에서 사회복지를 전공하고 광운대학교에서 행정학으로 박사학위를 받았다. 주요 저서로는 장애인복지개론(1997), 복지정보체계론(1998), 직업재활개론(2001), 장애학(2008), 재활상담과 사례관리(2008) 등이 있고 역서로는 장애인의 성과 결혼(1994)이 있다. 주요 활동으로는 한국직업재활사협회장, 한국직업재활학회 부회장, 한국장애인재활협회 부회장과 보건복지부를 비롯한 정부 부처와 지방자치단체 위원회, 장애인 재활기관의 자문위원으로 활동하고 있으며 주요 관심영역은 직업재활, 재활정책, 장애학, 정보격차 등이다.

박경순(朴景淳)

대구사이버대학교 재활상담학과 교수로 대구대학교와 단국대학교에서 직업재활, 사회복지를 전공하고 대구대학교에서 이학박사학위를 받았다. 주요 저서로는 직업재활개론(2009) 등이 있고 주요 활동으로는 한국장애인재활상담사협회장, 한국직업재활학회장과 동천을 비롯한 장애인 재활기관의 운영위원 및 자문위원으로 활동하고 있으며 주요 관심영역은 직업재활, 재활정책 등이다.

류정진(柳正珍)

한국장애인고용공단 고용촉진국장으로 대구대학교에서 직업재활 전공으로 학사, 석사, 이학박사학위를 받았다. 주요 저서로는 직업재활개론(2009), 한국사회와 장애인정책(2011) 등이 있고 주요활동으로는 한국직업재활학회 이사, 대구대학교 및 가톨릭대학교 겸임교수로 활동하였으며 주요 관심영역은 직업재활, 고용정책 등이다.

김동주(金東柱)

우석대학교 재활상담학과 교수로 대구대학교와 가톨릭대학교에서 직업재활, 사회복지를 전공하고 대구대학교에서 이학박사학위를 받았다. 주요 저서로는 직업재활개론(2009) 등이 있고 주요 활동으로는 한국직업재활사협회, 한국직업재활학회이사와 보건복지부 및 장애인 재활기관 자문위원으로 활동하였으며 주요 관심영역은 직업재활, 직업재활시설 평가 등이다.

강윤주(姜允珠)

한경대학교 사회통합학부 교수로 대구대학교와 단국대학교에서 직업재활, 특수교육을 전공하고 대구대학교에서 이학박사학위를 받았다. 주요 저서로는 장애인을 위한 직업적응훈련(2013), 재활상담론(2013) 등이 있고 주요 활동으로는 한국직업재활사협회, 한국직업재활학회 부회장과 청음회관을 비롯한 많은 장애인 재활기관의 자문위원으로 활동하였으며 주요 관심 영역은 직업재활, 청각장애 등이다.

박은아(朴恩娥)

대구대학교 심리학과 교수로 고려대학교에서 소비자 및 광고심리학으로 문학박사학위를 받았다. 주요 저서로는 온오프라인 통합시대 소비자행동의 심리, 아름다움의 권력, 광고심리학, 한국인의 미디어와 소비트렌드 등이 있고 주요 활동으로는 한국소비자 · 광고심리학회 부회장, 한국장애인재활상담사협회 이사로 활동중이며, 주요 관심 영역은 소비자 및 광고심리학이다. 최근 장애를 가진 사람들을 위한 연구를 위해 대구사이버대학에서 재활상담학을 공부하고 장애인생산품 광고마케팅에 많은 관심을 가지고 있다.